# So sind Sie richtig versichert



Autoversicherung
Privathaftpflicht- und
Hausratversicherung
Lebensversicherung
Rechtsschutz
Reiseversicherung
Kranken- und
Unfallversicherung
Risikoversicherung
Gebäudeversicherung

Ktipp RATGEBER

## Zu diesem Ratgeber

Dieser K-Tipp-Ratgeber ist eine Kooperation von K-Tipp und VZ Vermögenszentrum.

Der K-Tipp bringt vierzehntäglich Konsumenteninformation und ist die meistgelesene Zeitschrift der Schweiz.

Das VZ Vermögenszentrum berät Privat- und Firmenkunden unabhängig bei Fragen zu Geldanlagen, Hypotheken, Steuern, Versicherungen, Pensionierungs- und Nachlassplanungen.

6. Auflage, April 2012



Autoren: Ernst Meierhofer, Stefan Thurnherr VZ, Tatjana Merz-Kursawe VZ
Mitarbeit: René Schuhmacher, Michael Gäumann VZ, Dominic Mathis VZ
Redaktion: Ernst Meierhofer
Layout: Beat Fessler
Korrektorat: Esther Mattille
Titelfoto: Svenja-Foto/zefa/Corbis/RDB

Bestelladresse:
K-Tipp-Ratgeber
Postfach 431, 8024 Zürich
ratgeber@ktipp.ch
www.ktipp.ch

ISBN: 978-3-906774-54-1

# Vorwort

## Entscheidungshilfe für Konsumentinnen und Konsumenten

Wer nichts hat, kann nichts verlieren – und muss auch nichts versichern. Sobald aber ein gewisser Lebensstandard erreicht ist, kommt bei den meisten Zeitgenossen das Bedürfnis auf, das Erreichte und damit die gegenwärtige, angenehme Lebenssituation abzusichern.

Dieser Ratgeber erläutert in allen Details, worauf es dabei ankommt. Zur Sprache kommen die Krankenversicherung, die Unfallversicherung sowie die freiwilligen privaten Versicherungen wie zum Beispiel die Risiko-Lebensversicherung oder die Privathaftpflicht-Police. Das sind jene Bereiche, in denen Konsumentinnen und Konsumenten selber aktiv werden müssen.

Nicht behandelt werden hingegen AHV und Pensionskasse sowie der private Vermögensaufbau fürs Alter.

Sehr vielen Schweizerinnen und Schweizern sind Versicherungen ein Gräuel. Das ist verständlich – denn die Angebote sind in ihrer Vielfalt äusserst verwirrend, und die Geschäftsbedingungen sind oft in einer Sprache gehalten, die ein Laie kaum verstehen kann. Zudem ist in der Regel sehr schwer abzuschätzen, ob das, was einem der Vertreter der Versicherung erzählt, für bare Münze zu nehmen ist oder nicht.

Trotzdem: Wer den ersten Schritt tut und sich ein bisschen in die Materie einarbeitet, wird zur Erkenntnis gelangen, dass die Grundprinzipien der einzelnen Versicherungssparten gar nicht so kompliziert sind.

Dieser Ratgeber will Ihnen dazu Mut machen. Er hilft Ihnen, Ihre Grundbedürfnisse zu ermitteln, damit Sie einen sinnvollen, auf Sie persönlich abgestimmten Versicherungsschutz einkaufen.

Und nicht nur das: Mit Hilfe der Prämientabellen können Sie auch sicherstellen, dass Sie für Ihre Policen nicht zu viel zahlen. Natürlich können sich die Prämien und Leistungen der einzelnen Gesellschaften ändern; die Angaben in den Tabellen sind also lediglich eine Momentaufnahme. Die ausführlichen Erläuterungen zu einzelnen Punkten der Tabellen bieten Ihnen jedoch auch dann noch eine Entscheidungshilfe beim Versicherungsabschluss, wenn die Gesellschaften die Tarife geändert haben.

Fazit: Es ist sehr wohl möglich, den Versicherungsgesellschaften als mündiger und informierter Konsument gegenüberzutreten. Wer dieses Buch liest, ist dafür gut vorbereitet.

Verlag und Autoren
Zürich, April 2012

# Inhalt

# 1 Der richtige Umgang mit der Versicherung
## Das sind die wichtigsten Grundregeln

**Nur die nötigsten Policen abschliessen und dafür nicht zu viel zahlen: Das ist das oberste Ziel für Versicherungskunden. Wichtig ist auch, ein paar entscheidende Grundprinzipien zu beachten.**

REGEL 1

**Zuerst den Bedarf abklären**

Wer sich richtig versichern will, sollte zu Beginn eine Risikoanalyse machen: Was kann meiner Person, meiner Familie oder meinem Hab und Gut passieren? Würde dieses Ereignis meine finanzielle Existenz bedrohen? Oder könnte ich den Schaden problemlos selber tragen? Es gilt also, die grossen und folgenschweren Risiken von den kleinen, unbedeutenden Gefahren zu trennen.

Grosse Risiken sollten Sie unbedingt versichern, bei kleineren Bagatellrisiken können Sie sich die Versicherungsprämie sparen.

Ein folgenschweres und grosses Risiko ist beispielsweise die Möglichkeit, dass Sie nach einer Krankheit invalid werden. Jetzt fällt der

### Die überflüssigsten Versicherungen

Grundsätzlich sind nur finanziell existenzbedrohende Ereignisse versicherungswürdig. Gut verzichten kann man deshalb auf:

- Spitaltaggeld: Zahlt nur im Falle eines Spitalaufenthalts, ist zu teuer und kein Ersatz für eine «richtige» Lohnausfall-Versicherung.
- Insassenversicherung für Automobilisten.
- Fahrausweis-Versicherung bei Ausweisentzug.
- Ski- und Snowboard-Bruchversicherung: Schäden sind selten (siehe Kasten auf Seite 233). **Achtung:** Viele Käufer von Ski oder Snowboards erhalten beim Kauf ein «Sorglos-Paket» oder eine «Schneesport-Versicherung» der Elvia gratis für ein Jahr geschenkt. Nach einem Jahr kommt dann aber eine Rechnung für das Folgejahr. Fallen Sie nicht auf diesen Trick herein!
- Langzeitpflege: Ist zu teuer. Leistungen fliessen erst spät oder nur bei hoher Pflegebedürftigkeit (siehe Kasten auf Seite 91).
- Hausratkasko für Haushaltgeräte: zu teuer.
- Kreditkartendeckung bei Unfall: Deckung tief und beschränkt.
- Die Angebote von Kredit- oder Kundenkarten sind meist unnötig und teuer oder haben ungünstige Versicherungsbestimmungen. Sie heissen etwa Versicherungsschutz vor Zahlungsunfähigkeit, Kontoschutz-Versicherung, Versicherungsschutz für Diebstahl und Verlust der Kundenkarte, Shopping-Versicherung, Fixkosten-Versicherung zur «finanziellen Absicherung der laufenden Monatsrechnungen», Raten-Versicherung, Saldo-Versicherung oder «Kauf-Weiter-Versicherung».
- Kontoschutzbrief der Allianz: Soll vor Kreditkartenmissbrauch und Plünderung des Online-Bankkontos schützen. Bringt den Versicherten nichts.
- Krebsversicherung für Frauen der Versicherungsgesellschaft AIG Europe (heisst heute Chartis): kein echter Schutz. Bei Produkten der Chartis ist stets Zurückhaltung geboten.
- Prämienrückerstattungsversicherung der Allianz: Übernimmt die Prämie der Autoversicherung bei Arbeitsunfähigkeit oder Arbeitsplatzverlust infolge Entlassung. Unnötig, denn der Schutz vor Invalidität und Arbeitslosigkeit ist in der Schweiz gut ausgebaut.
- Handtaschenversicherung der Nationale: Überflüssig, wenn man eine Hausratversicherung hat.
- «Schutzbrief des öffentlichen Verkehrs» für Bahnkunden: Kann man sich sparen.

## IN DIESEM KAPITEL



Zahltag aus – und Sie stehen vielleicht nur mit den mageren Zahlungen der staatlichen Invalidenversicherung (IV) da.

Gerade Personen mit Unterstützungspflichten (etwa Familienväter) und Hausbesitzer sollten das bedenken.

Ein kleines Risiko ist hingegen zum Beispiel die Versicherung des Reisegepäcks. Wenn Sie keine superteuren Gegenstände in die Ferien mitnehmen, können Sie einen Verlust verkraften, ohne dass Sie deswegen in ernste Geldschwierigkeiten kommen. Das Gleiche gilt beim Glasbruch im Hausrat.

Mit anderen Worten: Vergessen Sie bei Versicherungsangeboten die verlockenden Werbesprüche. Prüfen Sie das Produkt einzig auf den Nutzen für Sie persönlich.

Überlegen Sie immer, ob ein allfälliger Schaden Ihr Haushaltbudget aus dem Lot bringen würde. Je kleiner diese finanzielle Bedrohung ist, desto weniger nötig ist ein Versicherungsschutz.

Fazit: Wenn Sie Ihre Versicherungen korrekt auf Ihre Bedürfnisse ausrichten, sind Sie nie über- oder unterversichert, und Sie zahlen auch nirgends Geld für Doppeldeckungen.

**Tipp:** Immer mehr Versicherungsdeckungen lassen sich individuell nach dem Baukastensystem und mit unterschiedlichen Leistungsstufen zusammenstellen. Das bietet Ihnen sehr gute Möglichkeiten, auf Ihre persönlichen Bedürfnisse abgestellte A-la-carte-Versicherungslösungen abzuschliessen. Machen Sie sich das zunutze.

Die genaue Ermittlung des Bedarfs ist insbesondere bei den Risikoversicherungen nötig, wo es wichtig ist, vor einem Abschluss eine Vorsorgeanalyse zu machen.

Bei diesen Ereignissen lohnt sich jeweils ein Policen-Check, also eine Überprüfung der eigenen Versicherungssituation:

TIPP

## Ungewöhnliche Vertragsklauseln gelten nicht!

In der Police einer Betriebsinhaberin stand, die Leistungsdauer für ihre Taggeldversicherung betrage 720 Tage. Als die Frau krank wurde und effektiv Taggelder beanspruchte, kündigte die Versicherung den Vertrag und zahlte ab Vertragsende nur noch 180 Tage lang. So entgingen der Frau 33 200 Franken.

Begründung der Versicherung: In den Versicherungsbedingungen stand versteckt in Artikel 22 unter dem Titel «Ende des Versicherungsschutzes», bei Erlöschen des Vertrages gebe es höchstens noch 180 Taggelder. Statt für 720 Tage, wie es vorne in der Police stand.

Diese Klausel sei ungewöhnlich und deshalb ungültig, befand das Bundesgericht. Ein Kunde müsse «vernünftigerweise» nicht damit rechnen. Würde sie gelten, könnte «der Versicherer nach Belieben eine bereits entstandene Leistungspflicht durch Kündigung des Vertrages reduzieren» (Bundesgerichtsurteil 4A_419/2008).

Das Beispiel zeigt: Sind Klauseln in den AVB ungewöhnlich, so gelten sie nicht. Ungewöhnlich sind Klauseln dann, wenn sie den Kunden Rechte quasi durch die Hintertür wegnehmen. Gemäss Bundesgericht gelten diejenigen Klauseln nicht, «auf deren Vorhandensein die schwächere oder weniger geschäftserfahrene Partei nicht gesondert aufmerksam gemacht worden ist». Es sei nämlich davon auszugehen, «dass ein unerfahrener Vertragspartner ungewöhnlichen Klauseln, die zu einer wesentlichen Änderung des Vertragscharakters führen oder in erheblichem Masse aus dem gesetzlichen Rahmen des Vertragstypus fallen, nicht zustimmt».

Das Bundesgericht hatte sich auch mit dem folgenden Fall zu befassen: Auf Anfang 2007 wurden viele Hausratversicherungen teurer. Denn der Bundesrat hatte für Elementarschäden einen höheren Selbstbehalt und höhere Prämien diktiert.

Obwohl Prämienerhöhungen dem Kunden üblicherweise ein Kündigungsrecht geben, wollten dies viele Gesellschaften in diesem konkreten Fall nicht zulassen. Bei der Helvetia hiess es in den Bedingungen sogar explizit, staatlich diktierte Prämienerhöhungen gäben kein Recht auf eine Kündigung.

Diese Klausel wurde vom Bundesgericht ebenfalls als ungewöhnlich und damit als ungültig taxiert. Sie widerspreche «der allgemeinen Erwartungshaltung» der Versicherten, weil Kündigungen bei Prämienerhöhungen im Normalfall gestattet seien (Bundesgerichtsurteil 4A_299/2008).

- nach einem Wohnungswechsel oder Umzug
- nach dem Kauf von Wohneigentum
- nach grösseren Anschaffungen ab 10 000 Franken
- nach der Heirat bzw. nach dem Zusammenlegen zweier Haushalte
- nach Geburt eines Kindes
- nach dem Auszug der Kinder
- bei der Pensionierung
- nach Todesfällen in der Familie
- generell alle 5 Jahre.

REGEL 2

### Vergleichen Sie Prämien und Deckungsumfang

Vor jedem Versicherungsabschluss sollte ein Prämienvergleich stehen. Der Konkurrenzkampf unter den Versicherungsgesellschaften hat zur Folge, dass Sie für praktisch gleichwertige Versicherungslösungen bis zur Hälfte der Prämie sparen können.

Das finden Sie aber nur heraus, wenn Sie vor dem Abschluss mehrere Offerten einholen. Nutzen Sie für Prämienvergleiche auch Internet-Vergleichsdienste (siehe Hinweise auf www.ktipp.ch).

Der Prämienvergleich bedingt, dass Sie Gleiches mit Gleichem vergleichen und dass Sie überdies den offerierten Deckungsumfang genau studieren. Das ist mühsam – aber es lohnt sich. Nach der Lektüre der entsprechenden Kapitel in diesem Ratgeber wissen Sie, auf welche Punkte Sie dabei achten müssen.

Scheuen Sie sich nicht, beim Versicherungsvertreter oder bei der Gesellschaft nachzufragen, falls Sie etwas nicht verstehen. Schon die Klarheit der Antwort kann Ihnen den Entscheid für oder gegen eine Gesellschaft erleichtern.

FRAGE

## Kann ich den unterschriebenen Antrag widerrufen?

**Ich hatte gestern einen wortgewandten Krankenkassen-Vertreter im Haus, der mir die Vorteile einer Privatspital-Zusatzversicherung anpries. Schliesslich habe ich unterschrieben. Ich will aber gar nicht in der privaten Abteilung liegen. Kann ich trotzdem noch vom unterschriebenen Antrag zurücktreten?**

**Im Prinzip nein.** Bei Versicherungsverträgen gilt das siebentägige Rücktrittsrecht wie bei Haustürgeschäften nicht (vielleicht bringt die geplante Revision des Vesicherungsvertragsgesetzes eine Änderung). Sie sind deshalb laut geltendem Gesetz für eine bestimmte Frist an den Antrag gebunden:

- Wenn **ärztliche Untersuchungen** nötig sind – was bei Zusatzversicherungen der Krankenkasse oder bei Risikoversicherungen oft der Fall ist –, sind Sie vier Wochen lang zwingend dabei und können Ihren Antrag nicht widerrufen.

Stellt Ihnen die Versicherung die Police innert dieser Frist zu, ist ein gültiger Vertrag zustande gekommen, und Sie sind vorerst gebunden.

Das heisst: Sie können die Police zwar sofort kündigen, aber die Kündigung wird erst auf den nächsten ordentlichen Kündigungstermin wirksam. Nach Ablauf der vier Wochen wären Sie aber wieder frei: Eine später ausgestellte Police müssten Sie nicht akzeptieren.

- Bei Verträgen, die **keine ärztlichen Abklärungen** erfordern, sind Kunden laut Gesetz 14 Tage lang an den Antrag gebunden.

So weit die aktuelle gesetzliche Lösung. Viele Krankenkassen gehen genau so vor. Einige wenige Kassen sind aber in diesem Punkt kundenfreundlich: Bei ihnen gibt es gemäss Versicherungsbedingungen ein 7- oder 14-tägiges Rücktrittsrecht nach Unterzeichnung des Antrages. Auch bei anderen Versicherungen ist das teilweise der Fall.

**Ein «Antrag» ist verbindlich!** Gerade beim Wechsel der Krankenkasse unterschreiben viele einen «Antrag», ohne zu realisieren, dass solche «Anträge» bindend sind. Viele sind der Meinung, damit eine unverbindliche Offerte zu verlangen – und sie werden von Vermittlern auch gerne in diesem Glauben gelassen. Das ist aber nicht der Fall. Passen Sie auf!

**Tipp:** Verlangen Sie mehrere Offerten, bevor Sie einen Antrag unterschreiben. Wenn Sie dann für das beste Angebot unterschreiben und sich so binden, haben Sie wenigstens die Gewissheit, dass Sie eine gute Wahl getroffen haben.

Ganz wichtig: Schliessen Sie nur Versicherungen ab, die Sie verstehen. Und lesen Sie vor dem Abschluss die Vertragsbedingungen.

REGEL 3

### Beim Abschluss nichts übereilen

Die schlimmsten Fehler machen Leute, die überstürzt einen Antrag unterschreiben. Lassen Sie sich nie von einem Versicherungsvertreter unter Zeitdruck setzen – etwa mit dem Argument, schon in wenigen Tagen sei dieses Sonderangebot nicht mehr erhältlich.

Viele aggressive Versicherungsverkäufer verlassen das Haus ungern ohne Unterschrift des Kunden oder der Kundin. Da gilt es, einen kühlen Kopf zu bewahren (siehe Seite 23 ff.). Wenn Ihnen ein Versicherungsvertreter keine Bedenkzeit einräumt und dazu keine schriftlichen Unterlagen (und nicht einmal ein Visitenkärtchen) überreicht, sollten Sie ihn sehr rasch aus der Wohnung weisen.

FRAGE

## Die Gesellschaft hat nicht reagiert: Gilt die erweiterte Deckung?

**Vor Jahren habe ich eine Hausratversicherung abgeschlossen. Weil in unserer Umgebung schon viele Velos gestohlen wurden, schrieb ich vor zwei Monaten meiner Versicherung, dass ich das Risiko «einfacher Diebstahl auswärts» zusätzlich versichern möchte. Die Versicherung hat bis heute auf mein Schreiben nicht reagiert. Prompt wurde nun das abgeschlossene Fahrrad meines Sohnes gestohlen. Muss die Versicherung diesen Schaden übernehmen?**

**Ja.** Wenn die Versicherung Ihren Antrag auf Einbezug des Risikos «einfacher Diebstahl auswärts» hätte ablehnen wollen, so hätte sie Ihnen spätestens 14 Tage nach Ihrem Antrag Bescheid geben müssen.

Keine Antwort heisst also, dass der Antrag angenommen ist.

**Tipp:** Schicken Sie ein Schreiben mit solchen gewünschten Deckungsänderungen immer eingeschrieben, damit sich die Versicherung nicht nachträglich mit dem Argument herausreden kann, sie habe den Antrag nicht erhalten.

Dies gilt aber nur dort, wo ein schon bestehender Versicherungsvertrag verlängert oder der Deckungsbereich abgeändert werden soll.

Wer hingegen einen neuen Versicherungsvertrag abschliessen oder die Versicherungssumme erhöhen will, ist in der Regel erst versichert, wenn ihm dies die Versicherung schriftlich bestätigt hat.

### Versicherungskunden haben kein Rücktrittsrecht

Bedenken Sie, dass Sie bei Versicherungsverträgen nach Unterzeichnung des Antrags nach geltendem Recht in aller Regel kein siebentägiges Rücktrittsrecht haben, von dem Konsumentinnen und Konsumenten sonst bei Haustürgeschäften profitieren können (siehe Kasten auf der vorhergehenden Seite).

Ein paar weitere **Tipps** für den Abschluss:

- Erkundigen Sie sich, ab welchem Termin der Versicherungsschutz beginnt. Das kann schon nach der Unterschrift unter den Antrag der Fall sein, spätestens aber dann, wenn Sie die Police erhalten. **Wichtig:** Verlangen Sie, dass die Deckung ab Antragsunterzeichnung gilt, und lassen Sie sich das schriftlich bestätigen.
- Lassen Sie sich spezielle Abmachungen schriftlich bestätigen.

### Die AVB müssen vorliegen – sonst gelten sie nicht

Das Gesetz verlangt, dass die allgemeinen Versicherungsbedingungen (AVB) beim Abschluss des Vertrages dem Kunden vorliegen müssen (siehe Kasten auf Seite 17).

Umgekehrt heisst das: Konnte der Kunde die AVB nicht vor dem Abschluss zur Kenntnis nehmen, sind sie auch nicht anwendbar – sondern erst nachdem er sie bekommen hat.

Das zeigte sich an einem Fall einer Reiseversicherung. Ein Mann buchte Ferien und kaufte gleichzeitig eine Reisegepäck-Versicherung. Zwei Tage später flog er ab.

Schon in der ersten Woche geschah es: Der Mann war in einem Sammeltaxi unterwegs, als ein Dieb durchs offene Fenster griff und ihm Rucksack und Digitalkamera entriss. Das Opfer meldete den Diebstahl der Polizei.

Von der Versicherung gab es eine Abfuhr: «Gestützt auf die allgemeinen Versicherungsbedingungen sind wir leider nicht in der Lage, Leistungen zu erbringen.» Der Diebstahl sei nicht genügend nachgewiesen.

Als der Mann einen Anwalt einschaltete, zahlte die Versicherung doch; allerdings zog sie vom Neuwert der Kamera und des Zubehörs 20 bis 30 Prozent ab. Das sei in den AVB so vorgesehen.

Die AVB habe er erst nach seiner Rückkehr aus den Ferien erhalten, intervenierte der Mann wieder. Deshalb seien sie nicht anwendbar.

Antwort der Versicherung: «Wer im Wissen darum, dass AVB bestehen müssen, einen Versicherungsvertrag abschliesst und Prämien bezahlt, bringt zum Ausdruck, dass er sich den geltenden Bestimmungen stillschweigend unterwirft.»

Eine haarsträubende Rechtsauffassung. Laut Vito Roberto, Reiserechtler und Professor an der Uni St. Gallen, waren die AVB im konkreten Fall klar nicht anwendbar: «Der Kunde kann doch nicht wissen, welche AVB sich eine Versicherung ausgedacht hat, bevor er sie erhalten hat.»

Verlassen Sie sich nie auf mündliche Leistungszusagen des Versicherungsvertreters.

- Prüfen Sie nach Erhalt die Police auf ihre Richtigkeit und ob sie das enthält, was Sie auf dem Antrag unterzeichnet haben. Achten Sie darauf, dass man Ihnen keine Vertragsbestimmungen unterjubelt, die für Sie ungünstig sind.

  Verlangen Sie sofort eine Berichtigung, falls Sie nicht einverstanden sind. Gemäss dem Gesetz haben Sie dafür vier Wochen Zeit.

- Bei Änderungen des Vertrages (zum Beispiel Anpassung der Versicherungssumme, Umwandlung von Vollkasko in Teilkasko oder Umstellung auf ein neues Produkt) pflegen viele Gesellschaften die Unsitte, eine neu beginnende mehrjährige Laufzeit in die Police zu schreiben. Lassen Sie sich das nicht gefallen (siehe Seite 19 f.).
- Unterschreiben Sie keinen Antrag, wenn Sie nicht die Versicherungsbedingungen vor sich haben (siehe Kasten oben).
- Vergessen Sie nicht: Ein brennendes Haus kann man nicht versichern. Das heisst: Wenn der Schaden schon da ist, kommen Sie mit Ihrem Versicherungswunsch zu spät. Sie können zwar abschliessen und sind künftig versichert, aber der schon bestehende Schaden ist nicht gedeckt.

Fortsetzung auf Seite 13

## Das Versicherungsloch bei bestehenden Leiden

«Ein brennendes Haus kann man nicht versichern»: Dies besagt populär übersetzt der Artikel 9 des Versicherungsvertragsgesetzes (VVG). Bereits eingetretene Schadenfälle können also nicht mehr abgedeckt werden. Dies gilt etwa für Gepäck, das schon gestohlen ist.

Für Lebensversicherungen und Zusatzversicherungen der Krankenkassen besagt Artikel 9 analog, dass bereits bestehende Leiden grundsätzlich nicht versicherbar sind.

Die Konsequenz kann für Versicherte verheerend sein, wie ein Urteil des Bundesgerichts vom Oktober 2000 zeigt. Es hat entschieden, «dass das erneute Auftreten von Symptomen einer vorbestandenen Krankheit nicht als selbständige Neuerkrankung aufzufassen ist, sondern als Fortdauern einer bereits eingetretenen Krankheit».

Mit dieser Begründung liess das Gericht eine Patientin im Regen stehen, die vor dem Abschluss einer Versicherung einmal kurzzeitig an Gelenkschmerzen gelitten und dies im Gesundheitsfragebogen auch korrekt deklariert hatte. Als die Frau nach acht beschwerdefreien Jahren einen Rückfall hatte, sahen die Ärzte darin den «zweiten Schub einer chronischen Polyarthritis». Folge: Die Versicherung musste nicht zahlen.

**Prämie bezahlt, aber keine Leistung erhalten.** Ein anderes Beispiel: Ein Mann gab bei der Anmeldung für eine Versicherung an, er leide an einer Nasennebenhöhlen-Entzündung. Die Gesellschaft versicherte ihn trotzdem ohne irgendwelche Vorbehalte. Als jedoch eine Nasenoperation anstand, zahlte die Versicherung dennoch nichts; sie konnte sich auf Artikel 9 VVG berufen.

Das heisst: Der Kunde hatte zwar die Prämien gezahlt, aber als es darauf ankam, erhielt er keine Leistung. Da nützte es auch nichts, dass er die Krankheit im Gesundheitsfragebogen angegeben hatte.

Schlimmer noch: Die Versicherung darf sogar dann kneifen, wenn der Kunde gar nichts von seiner Krankheit wusste, als er den Antrag ausfüllte. Das kann der Fall sein, wenn jemand bei Versicherungsabschluss bereits ein Herzleiden hatte, von dem noch nichts zu spüren war.

Noch ein Beispiel: Ein Mann aus der Türkei genoss den einmonatigen Besuch bei Sohn und Schwiegertochter in Au SG. Doch zwei Tage vor der Heimreise in die Türkei erkrankte der 67-Jährige an einer Nierenbecken-Entzündung. Die Behandlung im Spital kostete rund 12 000 Franken.

Bei der Elvia hatte der Vater eine Heilungskosten-Versicherung für die Dauer seines Aufenthalts in der Schweiz abgeschlossen. Doch diese winkte ab: Die Entzündung sei auf einen Nierenstein zurückzuführen, der – unbemerkt – schon vor der Reise bestanden habe.

Parlamentarische Bemühungen, diese tückische Patientenfalle im Gesetz zu beseitigen, sind bislang gescheitert. Dass das Parlament wenig Gehör für wichtige Konsumentenanliegen hat, ist allerdings kein Zufall: Viele «Volksvertreter» sind mit der Versicherungsbranche verbandelt.

**Jetzt ist die Frage nach Gentests erlaubt.** Übrigens: Im April 2007 ist das Bundesgesetz über genetische Untersuchungen beim Menschen (GUMG) in Kraft getreten. Es erlaubt den Versicherungen bei Spar- oder Risikoversicherungen mit sehr hohen Summen die Frage an den Antragsteller, ob er je einen Gentest durchführen liess. Mit Gentests lassen sich Erbkrankheiten erkennen, lange bevor sie ausbrechen werden.

Wird ihm diese Frage gestellt, muss sie der Antragsteller richtig beantworten. Erlaubt ist diese Frage aber einzig bei Sparversicherungen mit einer Versicherungssumme von über 400 000 Franken oder bei freiwilligen Invalidenversicherungen mit einer Jahresrente von über 40 000 Franken. Pensionskassen und Sozialversicherungen dürfen nicht nach Gentests fragen.

Und: Vor dem Abschluss einen Gentest verlangen dürfen die Versicherer nicht.

Fortsetzung von Seite 11

**Regel 4**

### Machen Sie keine falschen oder unvollständigen Angaben

Falls Sie beim Ausfüllen des Versicherungsantrages eine falsche Angabe machen, ist das Gesetz unerbittlich: Falls die Gesellschaft davon erfährt, darf sie den Vertrag per sofort und auch rückwirkend auflösen. Dies ergibt sich aufgrund von Artikel 6 des Versicherungsvertragsgesetzes (VVG).

Das kann zur Folge haben, dass Sie (wenn Kausalität vorliegt) für einen aktuellen Schaden kein Geld erhalten, und die Gesellschaft kann in einem solchen Fall sogar das Geld zurückverlangen, das sie Ihnen für einen früheren Schadenfall ausgezahlt hat. Und die bereits bezahlten Prämien sind verloren.

Falschangaben lohnen sich also nicht.

In diesem Ratgeber betrifft dies vor allem die Autoversicherung (wo die Prämien entscheidend vom Profil des häufigsten Fahrers abhängen, siehe Seite 312 ff.) sowie die Risiko-Lebensversicherungen und die Zusatzversicherungen der Krankenkasse, bei deren Abschluss die Gesellschaften in der Regel das Ausfüllen eines Gesundheitsfragebogens verlangen.

### Die Gesetzesrevision hat eine Konsumentenfalle aufgehoben

Wie gnadenlos die Gesellschaften bei unwahren Angaben vorgehen, zeigt ein Beispiel einer Rechtsschutz-Versicherung: Sie kündigte einem Kunden, weil er im Antragsformular verschwiegen hatte, dass er vorher bereits bei einem anderen Anbieter rechtsschutzversichert gewesen war.

Immerhin: Bezüglich der Fragen im Antragsformular hat die Revision des VVG auf Anfang 2006 eine Verbesserung gebracht:

Der alte Artikel 6 des VVG war eine Konsumentenfalle. Er besagte: Verschweigt ein Antragsteller zum Beispiel für eine Lebensversicherung ein bestehendes Leiden, muss die Versicherung auch dann nicht zahlen, wenn später ein anderes Leiden akut wird, das mit dem verschwiegenen gar nichts zu tun hat.

Seit Anfang 2006 sind solche Leistungsverweigerungen nur noch erlaubt, falls zwischen der nicht deklarierten Gesundheitsstörung und dem neu aufgetretenen Leiden ein klarer sachlicher Zusammenhang besteht, eine sogenannte Kausalität.

Fortsetzung auf Seite 15

**STICHWORT**

### Versicherungsvertragsgesetz (VVG)

Das Kürzel «VVG» steht für das «Bundesgesetz über den Versicherungsvertrag» aus dem Jahr 1908. Es regelt die grundlegenden Prinzipien der meisten in diesem Buch behandelten Versicherungsarten (ausser für die Grundversicherung der Krankenkassen).

Alle Bundesgesetze finden Sie in der jeweils aktuellen Fassung im Internet unter www.admin.ch bei den Menüpunkten «Dokumentation» und «Systematische Sammmlung». Dort geben Sie das Kürzel «vvg» ein – und schon haben Sie das Gesetz auf Ihrem Bildschirm.

## «Vereinzelte Unpässlichkeiten» muss man nicht angeben

Ein Mann hatte eine Schleimbeutelentzündung am Knie und ging deswegen einmal zum Arzt. Dieser verschrieb ihm eine Sportsalbe – damit war die Sache erledigt. Als der Mann vier Jahre später wegen eines Rückenleidens halbinvalid wurde, wollte ihm die Pensionskasse keine Rente zahlen.

Begründung: Er habe im Gesundheitsfragebogen bei der Frage nach «Beschwerden der Gelenke» die Schleimbeutelentzündung nicht erwähnt. Nach altem Gesetz wäre die Ablehnung ohne Kausalität zwischen Rücken- und Kniebeschwerden noch erlaubt gewesen (siehe Seite 13f.).

Die Pensionskasse ist aber vor Bundesgericht dennoch abgeblitzt und muss zahlen. «Vereinzelt aufgetretene Unpässlichkeiten» müssten nicht angegeben werden, schreibt das höchste Gericht. Gemeint seien Vorfälle, «die der Antragsteller in guten Treuen als belanglose, vorübergehende Beeinträchtigungen des körperlichen Wohlbefindens betrachten darf und bei der gebotenen Sorgfalt nicht als Erscheinungen eines ernsthafteren Leidens beurteilen muss».

Und weiter: «Gemeint sind damit gelegentlich erlittene Erkältungskrankheiten oder grippale Infekte, die jeweils als abgeschlossenes Geschehen ohne bleibende gesundheitliche Beeinträchtigungen angesehen werden dürfen. Stehen jedoch die erwähnten geringfügigen Beschwerden im Verdacht, Symptome einer möglicherweise erst zum Ausbruch gelangenden oder noch nicht überwundenen Erkrankung zu sein, so hat sie der Antragsteller in der Gesundheitserklärung anzugeben.»

**Strenge Offenbarungspflicht.** Im gleichen Urteil vom Dezember 2007 hat das Bundesgericht aber auch zum wiederholten Male festgehalten, wie streng es die Offenbarungspflicht des Antragstellers sieht:

Die Anzeigepflicht richte sich «nicht danach, ob und wie bedeutsam der Antragsteller selber eine Krankheit oder einen krankheitsverdächtigen Sachverhalt subjektiv einschätzt. Vielmehr ist die Beurteilung der Frage, ob und unter welchen Voraussetzungen eine Krankheit oder Krankheitsanlage von Belang oder anzeigepflichtig ist, ausschliesslich Sache der Versicherung.»

Deshalb gelte: «Wird in einer Gesundheitserklärung nach bestehenden Krankheiten und bestimmten Krankheitsanlagen gefragt, ist daher ohne Rücksicht auf die persönlichen Wertungen des Aufnahmebewerbers jede vorhandene Gesundheitsstörung anzuzeigen und – nach Massgabe des Fragenkataloges – ebenso jedes irreguläre gesundheitliche Geschehen, das auf eine möglicherweise bestehende oder künftige Erkrankung hinweist.»

**Tipp:** Geben Sie im Zweifelsfall lieber zu viel als zu wenig an!

**Was ist «erheblich»?** Im Gesetz steht übrigens auch, die Antragsteller müssten alle «erheblichen Gefahrstatsachen» angeben.

Was aber ist erheblich? Ganz einfach gesagt: Alles, wonach gefragt wird.

Das Bundesgericht schreibt, erheblich seien alle Angaben, «auf welche die schriftlichen Fragen des Versicherers in bestimmter, unzweideutiger Fassung gerichtet sind» (Urteil 9C_671/2008).

**Joint-Lüge ohne Folgen.** Nicht «erheblich» ist hingegen, wenn man verschweigt, dass man in der Jugend gelegentlich Cannabis konsumiert hat, entschied das Bundesgericht in einem anderen Fall.

Hier wollte die Allianz bei einem Kunden kneifen, der an einer Zwangsstörung erkrankte. Die Allianz hatte aus seinem IV-Dossier erfahren, dass der Mann früher ab und zu einen Joint geraucht hatte.

Die Richter kamen aufgrund von Statistiken zum Schluss, dass heute etwa jede dritte Person unter 25 Jahren bereits einmal Cannabis konsumiert hat. Das stelle also eine Alltäglichkeit dar (Urteil 4A_163/2010).

Fortsetzung von Seite 13

Dies betrifft also Policen, die seit Anfang 2006 abgeschlossen wurden.

Ein Beispiel: Jemand verschweigt sein Knieleiden. Bis Ende 2005 konnte die Versicherung die Zahlung selbst dann verweigern, wenn später eine Ellbogenoperation anstand. Bei neueren Verträgen hingegen darf die Versicherung nur noch bei Knieproblemen kneifen. Den Vertrag sofort kündigen darf die Versicherung aber trotzdem. Oder: Eine Haushaltversicherung (Kombination von Hausrat und Privathaftpflicht) kann die Übernahme eines Jacken-Diebstahls in einem Restaurant nicht verweigern, wenn im Antrag ein früherer Mieterschaden verschwiegen wurde.

Voraussetzung für eine Leistungsverweigerung bzw. einen Rücktritt vom Vertrag ist immer, dass Sie etwas «Erhebliches» nicht oder falsch angegeben haben und dass die Fragen im Formular klar waren (siehe Kasten rechts).

**Deshalb die Tipps:**

- Halten Sie sich beim Ausfüllen des Antragsformulars äusserst genau an die Wahrheit. Im Zweifelsfall ergänzen Sie den Gesundheitsfragebogen durch folgenden Hinweis: «Ich bin mir nicht sicher, ob die Angaben vollständig sind. Bitte erkundigen Sie sich bei meinem Hausarzt, Doktor XY, der Ihnen Auskunft geben kann.»
- Füllen Sie das Antragsformular wenn möglich selber aus. Falls ein Versicherungsmakler das Formular für Sie ausfüllt, vergewissern Sie sich, dass die Antworten wahrheitsgetreu und vollständig sind. Verlangen Sie nötigenfalls eine Korrektur.

## Die Fragen im Gesundheitsfragebogen müssen präzis sein!

Ein Mann war taggeldversichert. Im Gesundheitsfragebogen hatte er die Frage «Konsumieren Sie oder haben Sie regelmässig Alkohol oder Drogen konsumiert?» mit «Nein» beantwortet.

Als sich später herausstellte, dass der Mann Cannabis rauchte, trat die Versicherung wegen Anzeigepflicht-Verletzung vom Vertrag zurück und verlangte bereits ausbezahlte Taggelder zurück.

Vor Bundesgericht ist die Versicherung jedoch abgeblitzt. Der Mann hatte nur während seiner Jugendzeit regelmässig gekifft. In den fünf Jahren vor dem Zeitpunkt, da er den Fragebogen ausfüllen musste, hatte er aber nur noch gelegentlich Haschisch konsumiert.

Deshalb durfte er gemäss Bundesgericht das Wort «regelmässig» als «ständiges Rauchen» interpretieren – und daher als Gelegenheits-Kiffer die unpräzise Frage mit «Nein» beantworten.

Fazit: Wenn eine Frage interpretationsbedürftig ist, darf der Versicherer seinem Kunden nicht so schnell eine Anzeigepflicht-Verletzung vorwerfen.

Davon profitierte auch ein Gipser, der seine Alkoholprobleme nicht angab, als er beim Eintritt in die Pensionskasse seines Arbeitgebers nach allfälligen Krankheiten gefragt wurde.

Die Frage im Aufnahmeformular, ob in den letzten fünf Jahren jemals Krankheiten bestanden, beantwortete er mit Nein. Dies, obwohl er seit Jahren alkoholabhängig und seine Leber derart geschädigt war, dass er bald invalid wurde.

Laut Bundesgericht habe der Gipser unter «Krankheit» nur eine Störung verstehen müssen, die zu einer nicht ganz kurzen Arbeitsunfähigkeit geführt hätte. In den letzten fünf Jahren vor Vertragsabschluss habe der Gipser bei der Arbeit aber nie gefehlt (Bundesgerichtsurteil 9C_99/2008).

**FRAGE**

### Nach dem Antrag erkrankt: Muss ich die Versicherung informieren?

**Ich habe bei einer Versicherung einen Antrag für eine Risikoversicherung eingereicht. Bei den Gesundheitsfragen gab ich an, dass ich mich gesund fühle und voll arbeitsfähig bin. Eine Woche nachdem ich das Formular abgeschickt hatte, diagnostizierte der Hausarzt bei mir eine Nierenkrankheit. Muss ich der Versicherung, von der ich noch keine Aufnahmebestätigung erhalten habe, dies noch nachträglich melden?**

**Ja.** Sie sind zwei Wochen lang an Ihren Antrag gebunden (siehe Kasten auf Seite 9). Während dieser Zeit müssen Sie der Versicherung von sich aus eine Mitteilung machen, falls sich Ihr Gesundheitszustand erheblich verändert. Am besten schicken Sie der Versicherung einen eingeschriebenen Brief.

Wenn Sie dies unterlassen, darf die Versicherung vom Vertrag zurücktreten, sobald sie von der nicht angezeigten Krankheit erfährt. Konkret heisst das, dass zum Beispiel eine Krankenkasse aus der Zusatzversicherung keine Leistungen erbringen muss.

Wären Sie bereits im Besitz der Aufnahmebestätigung gewesen, als das Nierenleiden festgestellt wurde, hätten Sie dieses nicht mehr angeben müssen.

- Es besteht absolut kein Grund, den Gesundheitsfragebogen in Anwesenheit eines Policenverkäufers auszufüllen. Nehmen Sie sich dafür genügend Zeit.

**Tipp:** Falls Sie im Gesundheitsfragebogen heikle Angaben machen müssen, die Ihnen vielleicht peinlich sind und die den Policenverkäufer nichts angehen, können Sie den Gesundheitsfragebogen auch direkt an den Vertrauensarzt der Gesellschaft schicken.

- Machen Sie eine Kopie des Antragsformulars oder verlangen Sie nachträglich eine Kopie Ihres Antrages bei der Versicherung. Dann wissen Sie, welche Angaben Sie bei Vertragsabschluss gemacht haben.
- Es kommt leider immer wieder vor, dass Versicherungsvertreter den Antrag nachträglich noch abändern. Seien Sie auf der Hut.
- Falls Sie später das Gefühl haben, dass Sie den Gesundheitsfragebogen unwahr oder unvollständig ausgefüllt haben, sollten Sie dies sofort mit eingeschriebenem Brief Ihrer Versicherung mitteilen. Die Versicherung wird Sie dann entweder nachträglich ablehnen oder die Nachmeldung ohne weitere Folgen zur Kenntnis nehmen. Informieren Sie die Versicherung ebenfalls per Einschreiben, falls sich Ihr Gesundheitszustand vor Erhalt der Police verändert oder Sie ein ärztliches Untersuchungsergebnis erfahren (siehe Kasten links).

### Alles ist wichtig – auch wenn der Agent etwas anderes sagt

Lassen Sie sich niemals vom Versicherungsagenten zu irgendwelchen Ungenauigkeiten verleiten – etwa wenn er sagt, eine bestimmte Frage sei nicht wichtig oder eine von Ihnen erwähnte frühere Gesundheitsstörung sei nicht meldungswürdig. Der Antrag trägt Ihre Unterschrift. Vermittler denken oft zuerst an ihre Provision – und dieses Geld erhalten sie nur, wenn sie den Antrag bei der Versicherung durchbringen.

Dass Sie vom Versicherungsvertreter dazu verleitet wurden, unwahre oder ungenügende Angaben zu machen, können Sie im Streitfall kaum beweisen – und die Gesellschaft kann den Vertrag nachträglich auflösen.

Deshalb hatte eine Frau Pech, die vergass, ihre psychiatrische Behandlung zu erwähnen. Der anwesende Versicherungsagent wusste davon, tat aber nichts, um die Frau richtig zu instruieren.

Als die Frau erkrankte, wollte die Versicherung keine Taggelder zahlen. Die Begründung: Die Patientin habe den Versicherungsantrag nicht wahrheitsgemäss ausgefüllt.

Die Patientin klagte ihre Forderung gerichtlich ein und machte geltend, sie habe sich auf den Agenten verlassen, der ihre Angaben auf dem Formular stillschweigend akzeptiert habe.

Das Bundesgericht stellte sich jedoch auf die Seite der Versicherung: Zwar sei der Agent verpflichtet, die Kundschaft gewissenhaft zu beraten und allfällige Missverständnisse zu beseitigen. Auf-

## Die Informationspflicht der Versicherungen

Die Revision des Versicherungsvertragsgesetzes (VVG) hat auch eine Erweiterung der Informationspflicht des Versicherers beim Abschluss gebracht. Seit 1. Januar 2007 muss der Versicherer gemäss diesen Bestimmungen vor Abschluss des Vertrages insbesondere über Folgendes informieren – und zwar «verständlich»:

- die versicherten Risiken,
- den Umfang des Versicherungsschutzes,
- die geschuldeten Prämien,
- die für die Überschussermittlung und -zuteilung geltenden Berechnungsgrundlagen,
- die Rückkaufs- und Umwandlungswerte,
- macht eine Gesellschaft bei Fondspolicen Angaben zur möglichen künftigen Rendite aufgrund der Fondsperformance, so muss sie mehrere Varianten mit unterschiedlichen Fondsentwicklungen aufzeigen (zum Beispiel bei angenommenen Fondsrenditen von 0%, 2%, 4% usw.). Die Unsitte, dass Kunden mit übertriebenen Prognosen geködert werden, wird so ein Stück weit eingedämmt.

Zusätzlich muss der Antragsteller bei der Vertragsunterzeichnung im Besitz der allgemeinen Versicherungsbedingungen (AVB) sein (siehe Kasten auf Seite 11). Das Gesetz verlangt aber nicht, dass der Versicherer die einzelnen Kostenanteile der Prämie aufschlüsseln muss. Das erweist sich gerade bei Sparversicherungen (siehe Seite 176 ff.) als Nachteil: Müssten die Gesellschaften hier die tatsächlichen (hohen) eigenen Kosten und die Provision für den Verkäufer getrennt ausweisen (die der Kunde mit seiner Prämie zahlt), würde manch ein Antragsteller auf die Unterschrift verzichten.

Ein permanentes Ärgernis sind auch die Überschüsse (siehe Kasten auf Seite 161). Das Gesetz verlangt zwar Aufklärung über deren Berechnungsgrundlagen. Doch in der Praxis zeigt sich, dass Versicherungen dazu nur unvollständige, unklare und nicht nachvollziehbare Erläuterungen abgeben. Oft werden weder die Grundlagen der Berechnung noch die Höhe der Beteiligung detailliert offengelegt.

Auch über die Rückkaufswerte liefern etliche Gesellschaften mangelhafte Unterlagen.

**Wichtig:** Bei Verletzung der Informationspflicht kann der Kunde oder die Kundin kündigen. Im Gesetz steht: «Hat der Versicherer die Informationspflicht verletzt, so ist der Versicherungsnehmer berechtigt, den Versicherungsvertrag schriftlich zu kündigen.»

Möglich ist eine Kündigung längstens bis ein Jahr nach Vertragsabschluss.

grund der unmissverständlichen Frage auf dem Formular hätte die Klägerin aber wissen müssen, dass ihre schwere Depression als eine Krankheit zu bewerten sei. Indem sie diese verschwieg, habe sie die Anzeigepflicht verletzt und müsse jetzt die Folgen tragen.

Und: Die mangelhafte oder fehlerhafte Beratung des Versicherungsagenten entlaste die Klägerin nicht.

Fein raus sind Versicherungskunden nach der Gerichtspraxis nur in folgenden Fällen:

- Wenn der Versicherungsvermittler, der das Formular ausgefüllt hat, ein Angestellter der Versicherungsgesellschaft ist. Dann muss sich die Versicherung das Verhalten ihres Mitarbeiters anrechnen lassen.
- Wenn der Vermittler im Antrag für den Interessenten eine unklare oder schwierige Frage falsch beantwortet hat. In einem solchen Fall kann man dem Antragsteller nicht vorwerfen, dass er den Fehler hätte bemerken müssen.

Hat der Kunde das Formular selber ausgefüllt und eine unklare oder schwierige Frage falsch beantwortet, müsste er beweisen, dass er vom Agenten über die Bedeutung der Frage nicht richtig aufgeklärt wurde – ein oft aussichtsloses Unterfangen.

- Wenn der Antragsteller dem Agenten richtige Angaben gemacht hat, dessen Antworten auf

**FRAGE**

## Muss ich für zehn Jahre unterschreiben?

**Ich wollte über einen Versicherungsberater eine Hausratversicherung abschliessen. Er offerierte mir eine Police der Generali mit einer zehnjährigen Laufzeit. Diese lange Vertragszeit sei heute üblich, sagte er. Und er behauptete auch, ich könne bei keiner anderen Gesellschaft mit einer kürzeren Vertragsdauer abschliessen. Stimmt das?**

**Nein.** Kundinnen und Kunden können die Versicherungsdauer in der Hausrat- und Privathaftpflicht-Versicherung in den meisten Fällen frei wählen – auch bei der Generali.

Es ist also möglich, mit einer einjährigen Vertragsdauer abzuschliessen; der Vertrag läuft dann jeweils stillschweigend für ein Jahr weiter, falls er nicht gekündigt wird. Diese Möglichkeit räumen sehr viele Gesellschaften ausdrücklich ein. Einige wenige Versicherer kennen bei der Hausrat- und Privathaftpflicht-Versicherung grundsätzlich nur die einjährige Dauer mit stillschweigender Erneuerung.

Mit der einjährigen Kündigungsmöglichkeit bleiben Kundinnen und Kunden flexibel und können sich bei Bedarf jederzeit nach einer neuen Versicherung umsehen.

Nennenswerte Nachteile sind mit der einjährigen Vertragsdauer nicht verbunden. Die meisten Gesellschaften betonen ausdrücklich, die Prämie sei immer gleich, also unabhängig von der Vertragsdauer. Einige wenige Gesellschaften geben bei mehrjähriger Vertragsdauer einen Dauerrabatt von beispielsweise fünf Prozent.

Ein Vorteil ergibt sich durch die langjährige Vertragsdauer einzig für den Verkäufer: Etliche Gesellschaften honorieren das lange Anbinden der Kundin oder des Kunden mit einer höheren Provision für den Verkäufer.

dem Fragebogen aber wegen mangelnder Sprachkenntnisse nicht überprüfen konnte.

Übrigens: Wenn eine Versicherung den Vertrag wegen Falschangaben im Antrag rückwirkend kündigen will, muss sie im Kündigungsschreiben genau angeben, welche Frage damals falsch beantwortet wurde und inwiefern die erteilte Antwort nicht der Wahrheit entsprach.

REGEL 5

### Binden Sie sich nicht zu lange

In den Sachversicherungen (zum Beispiel Hausrat oder Auto), aber auch bei der Haftpflicht- oder Rechtsschutz-Versicherung versuchen die Verkäufer nach wie vor, den Kundinnen und Kunden Verträge mit langen Laufzeiten zu verkaufen.

Die Versicherungsgesellschaften behaupten auch gerne, eine zehnjährige Laufzeit sei «marktüblich». Der wahre Grund ist aber, dass die meisten Verkäufer bei langen Laufzeiten höhere Verkaufsprovisionen kassieren als bei Kurzfristverträgen.

### Stabile Prämien dank langjährigem Vertrag? Nein

Für die Kundschaft sind bei den Sachversicherungen einjährige Verträge mit stillschweigender Erneuerung vorteilhafter. So kann man jederzeit von anderen Angeboten profitieren.

Das Argument, mit einem langjährigen Vertrag könnten Sie die Prämie über Jahre stabil halten, ist übrigens falsch. Jede Gesellschaft kann auf das Ende eines Versicherungsjahres die Prämie erhöhen – Laufzeit hin oder her.

Dazu haben die Gesellschaften in den Versicherungsbedingungen die sogenannte Prämienanpassungsklausel eingebaut. Sie lautet sinngemäss immer gleich: «Ändern während der Vertragsdauer die Prämien des Tarifs, kann die Versicherung die Anpassung des Vertrags vom folgenden Versicherungsjahr an verlangen. Zu diesem Zweck hat sie dem Versicherungsnehmer die neue Prämie spätestens 25 Tage vor deren Fälligkeit bekannt zu geben.»

Eine solche Prämienanpassungsklausel findet sich in allen Verträgen für Sachversicherungen – und sie gibt dem Kunden ein Kündigungsrecht.

### Zur Not hilft eine Sonderklausel

Meiden Sie also Gesellschaften, die für Kurzfristverträge Zuschläge verlangen.

Oder umgekehrt ausgedrückt: Die paar Franken, die Sie als Rabatt für einen langjährigen Vertrag erhalten, sind die lange Bindung nicht wert.

**Tipp:** Die meisten Gesellschaften, die formell auf langjährigen Verträgen bestehen, sind bereit, dem Kunden als Sondervereinbarung dennoch ein jährliches Kündigungsrecht einzuräumen. Machen Sie sich das zunutze.

Konkret: Im Vertrag steht dann ganz vorne immer noch eine lange Vertragsdauer. Aber der Vertrag enthält eine zusätzliche Bestimmung – oft unter dem Titel «Besondere Bedingungen».

Dort steht dann beispielsweise: «In Ergänzung der Allgemeinen Versicherungsbedingungen ist diese Versicherung jeweils per Ende jedes Versicherungsjahres, unter Einhaltung einer dreimonatigen Kündigungsfrist, schriftlich kündbar.»

Enthält Ihr Vertrag eine solche oder eine ähnlich formulierte Klausel, so bleiben Sie flexibel und können jedes Jahr kündigen.

Bei den Sparversicherungen sollten Sie nur dann einen langfristigen Vertrag eingehen, wenn Sie absolut sicher sind, dass Sie die Prämien bis ans Vertragsende zahlen können – sonst verlieren Sie viel Geld (siehe Seite 176ff.).

TIPP

## Günstiger versichert dank Online-Abschluss

Wer eine Versicherung abschliessen oder erneuern will, schaut mit Vorteil ins Internet und schliesst vielleicht online ab. Denn beim Online-Abschluss locken ab und zu (aber nicht immer!) Rabatte für die gleiche Deckung. Das betrifft nicht nur Sachversicherungen wie Auto- oder Privathaftpflicht-Versicherung, sondern auch Hausrat- und Reiseversicherungen sowie Rechtsschutz.

Online abschliessen heisst in der Regel: Der Kunde stellt sich im Internet die Deckung zusammen, schaut die allgemeinen Versicherungsbedingungen an und erfährt den zu bezahlenden Preis. Dann bestellt er online die Offerte. Diese kommt per Post oder per E-Mail.

Der Versicherungsvertrag kommt aber erst zustande, wenn der Kunde die Offerte (bzw. den Antrag) unterschreibt und per Post an die Versicherung zurückschickt. Es gibt auch Versicherungen, bei denen der online abgeschlossene Vertrag erst in Kraft tritt, wenn der Kunde die erste Prämie eingezahlt hat.

Bei den Online-Angeboten in diesem Ratgeber gilt es zu unterscheiden:

- Smile direct und DAS-Rechtsschutzversicherung verkaufen ihr **normales Standard-Produkt** zusätzlich auch noch übers Internet. Online-Käufer erhalten dabei die exakt gleiche Deckung wie Kunden, die von einem Berater beim Abschluss begleitet werden – aber mit einem Online-Rabatt von jeweils 10 Prozent.
- Die anderen Anbieter haben **eigenständige Online-Produkte** im Angebot, die nur über Internet erhältlich sind und die sich vom Standard-Produkt unterscheiden; meistens ist es eine abgespeckte Variante. Das heisst: Kunden haben hier oft weniger Auswahlmöglichkeiten, höhere Selbstbehalte, geringere Deckungssummen und eine kleinere Auswahl an möglichen Zusatzdeckungen.

Zudem können eigenständige Online-Angebote starre Paketlösungen sein, die keine individuelle Zusammenstellung zulassen. Die Angebote für die Autoversicherung etwa bestehen teilweise aus Haftpflicht- und Kaskoversicherung zusammen. Nur Haftpflicht oder nur Kasko abzuschliessen, ist dann beim betreffenden Online-Produkt nicht möglich.

Übrigens: Die Autoversicherungstabellen in Kapitel 11 zeigen, dass die eigenständigen Online-Produkte oft teurer sind als das Standard-Produkt der jeweiligen Gesellschaft.

Auch einzelne Krankenkassen geben Rabatte auf Zusatzversicherungen, falls der Kunde im Internet eine Offerte verlangt und dann abschliesst. Aber: Bei der Grundversicherung der Krankenkassen bringt ein Online-Abschluss prämienmässig nichts, weil solche Rabatte hier verboten sind.

**Achtung:** Lassen Sie sich bei Offertanfragen nicht austricksen! Es kommt immer wieder vor, dass Interessenten eine Offerte mit einer einjährigen Laufzeit verlangen – doch die Gesellschaft ignoriert den ausdrücklichen Wunsch und schlägt einen Mehrjahresvertrag vor. Beharren Sie auf Ihrem Wunsch!

TIPP

### Provisionen gehören den Kunden

Im Jahr 2006 hat das Bundesgericht entschieden: Vermögensverwalter müssen alle Entschädigungen, die sie hinter dem Rücken des Kunden von Banken und Anbietern von Finanzprodukten erhalten (sogenannte Retrozessionen), ihren Kunden abgeben.

Der Grundsatz dazu steht im Obligationenrecht: «Der Beauftragte ist schuldig, auf Verlangen jederzeit über seine Geschäftsführung Rechenschaft abzulegen und alles, was ihm infolge derselben aus irgendeinem Grunde zugekommen ist, zu erstatten.»

Das Urteil des Bundesgerichts betraf Banken und Retrozessionen. Doch auch selbständige Versicherungsmakler sind solche «Beauftragte»; sie kassieren von den Gesellschaften Provisionen für die Vermittlung von Policen. Und solche Provisionen gehören im Prinzip ebenfalls dem Kunden und müssen ihm herausgegeben werden.

**Die Tipps dazu:**

- Verlangen Sie vom Vermittler, dass er Ihnen die Provisionen offenlegt, die er kassiert. Sie gehören Ihnen. Falls Sie mehrere Offerten erhalten, so fragen Sie, wie die einzelnen dahinterstehenden Gesellschaften provisionieren. So können Sie erkennen, ob der Vertreter eine bestimmte Gesellschaft nur wegen der höheren Provision bevorzugt empfiehlt.
- Sie können freiwillig auf diese Provisionen verzichten, indem Sie eine Verzichtserklärung unterschreiben. Diese Verzichtserklärung ist nur gültig, wenn Sie die Höhe der Provision kennen.
- Sie können ein Beratungshonorar vereinbaren und im Gegenzug die Herausgabe der Provision verlangen.

REGEL 6

## Optimieren Sie Ihre Versicherungsausgaben

### ■ Erster Schritt: Bagatellrisiken nicht versichern

Wenn Sie gewisse Risiken nicht versichern und damit einen Teil der möglichen Risiken selber tragen, sparen Sie Prämien. Das ist sinnvoll bei Bagatellrisiken, die im Schadenfall finanziell nicht allzu stark ins Gewicht fallen (zum Beispiel Reisegepäck).

Bei existenzbedrohenden Risiken hingegen (zum Beispiel Lohnausfall) ist es gefährlich, auf einen Versicherungsschutz zu verzichten. Um die Risiken zu bestimmen, die Sie selber tragen können, müssen Sie mögliche Schadenereignisse und die finanziellen Folgen abschätzen.

### ■ Zweiter Schritt: Selbstbehalt prüfen

Sie können einen Selbstbehalt vereinbaren oder einen bereits bestehenden Selbstbehalt erhöhen. Bei jedem Schadenereignis müssen Sie so eine gewisse Summe selber tragen.

Selbstbehalte führen zu einer mehr oder weniger deutlichen Reduktion der Prämie. Beträgt zum Beispiel der Selbstbehalt 500 Franken und die sich daraus ergebende Prämieneinsparung 300 Franken pro Jahr, so lohnt sich der Selbstbehalt bereits im zweiten schadenfreien Jahr.

Selbstbehalte sind also das Richtige für eher vermögende Leute, die die Versicherung bewusst

## Eingetragene Partnerschaft

Auf den 1. Januar 2007 ist das Bundesgesetz über die eingetragene Partnerschaft in Kraft getreten. Es schafft für gleichgeschlechtliche Paare eine vom Staat anerkannte Lebensgemeinschaft. Solche Paare haben mit wenigen Ausnahmen dieselben gegenseitigen Rechte und Pflichten wie Eheleute.

Für diesen Ratgeber heisst das: Wo von Ehe und Eheleuten die Rede ist, sind automatisch auch die gleichgeschlechtliche eingetragene Partnerschaft bzw. die eingetragenen Partner mitgemeint.

nur zur Deckung von Grossrisiken brauchen und ihre Prämien radikal senken wollen.

Übrigens: Lassen Sie sich auf keinen Fall vom Versicherungsagenten zu höheren Selbstbehalten drängen. Denn viele Verkäufer machen Ihnen die höheren Selbstbehalte nur deswegen schmackhaft, weil sie dann eine höhere Provision kassieren.

Den Entscheid für oder gegen einen höheren Selbstbehalt sollten Sie allein treffen – abgestimmt auf Ihre eigenen Präferenzen und finanziellen Möglichkeiten. Das gilt übrigens auch bei den Krankenkassen (siehe Seite 67 ff.).

Mehr noch: Es kann durchaus vorkommen, dass Ihnen ein Verkäufer wider besseres Wissen weismachen will, es sei gar nicht möglich, die Versicherung ohne Selbstbehalt abzuschliessen. Bleiben Sie solchen Behauptungen gegenüber skeptisch.

#### ■ Dritter Schritt: Vergleichen

Wer mehrere Offerten einholt, die Angebote vergleicht und bei der günstigsten Versicherung abschliesst, fährt nochmals günstiger.

Sie sollten auch «märten». Oft haben die Versicherungsagenten ein gewisses Rabatt-«Kontingent». Das können Sie nutzen, indem Sie der einen Versicherung Konkurrenzofferten von anderen Anbietern vorlegen mit der Frage, ob noch was drinliege. Oft ist das der Fall, und die ursprüngliche Offerte wird flugs günstiger.

Das Prinzip des «Märtens» gilt übrigens auch für laufende Verträge. Wenn Versicherungskunden die neue Jahresrechnung erhalten, können sie durchaus bei der Gesellschaft anrufen und erwähnen, dass sie sich eine Kündigung überlegen. Es ist immer wieder erstaunlich, wie schnell und unbürokratisch Versicherungen dann bereit sind, eine neue, tiefere Rechnung zu schicken – ohne dass der Kunde deswegen schlechter versichert wäre.

Einer der Gründe dafür: Es kommt oft vor, dass eine Versicherung die Tarife für Neukunden senkt, von der bisherigen Stammkundschaft aber weiterhin ungeniert die höhere Prämie verlangt.

### Die Tücken der Einstiegsrabatte

Am Schluss dieses Optimierungsprozesses bleiben die künftigen Versicherungsausgaben – oft ist das bis 20 Prozent weniger als ursprünglich veranschlagt.

**Tipp:** Wenn Sie die Prämien halbjährlich oder in noch kürzeren Intervallen zahlen, kostet Sie das mehr, als wenn Sie die ganze Jahresprämie aufs Mal zahlen. Davon ist also eher abzuraten.

Viele Gesellschaften verlangen etwa für die halbjährliche Zahlung einen Zuschlag von 20 Franken pro Rate.

**Und noch ein Tipp:** Lassen Sie sich nicht von Einstiegsrabatten blenden. Wenn Ihnen eine teure Versicherung die Hälfte der ersten Jahresprämie schenken will, so fahren Sie vielleicht mit einem günstigeren Angebot langfristig dennoch billiger.

Und: Achten Sie darauf, dass Sie bei Prämienvergleichen Gleiches mit Gleichem vergleichen. So sollte zum Beispiel bei Sachversicherungen die fünfprozentige gesetzliche Stempelabgabe in den offerierten Prämien inbegriffen sein.

**REGEL 7**

### Hüten Sie sich vor den Tricks der Versicherungsvertreter

Um ihren Kundinnen und Kunden ein neues Versicherungsprodukt zu verkaufen, greifen Vertreter manchmal zu eher hemdsärmeligen Methoden. Eine Gesellschaft schrieb einer Kundin unverblümt: «Sie werden ersucht, den beiliegenden Antrag unterschrieben zurückzusenden. Sofern innert einer Woche weder Ihr Antrag noch eine

## Registrierungspflicht für Vermittler

Am 1. Januar 2006 ist nebst dem revidierten Versicherungsvertragsgesetz (VVG) auch das totalrevidierte Versicherungsaufsichtsgesetz (VAG) in Kraft getreten. Es verlangt unter anderem ein öffentliches Register für freischaffende Makler und Broker, die Versicherungsverträge vermitteln und abschliessen.

Konkret heisst das: Alle sogenannt «ungebundenen» Versicherungsverkäufer müssen sich registrieren lassen. Dies gilt also für Personen, die nicht Angestellte einer bestimmten Versicherungsgesellschaft sind oder nicht mehrheitlich für eine einzige Gesellschaft Geschäfte vermitteln. (Die angestellten Aussendienstmitarbeiter können sich freiwillig registrieren lassen.)

Für den Eintrag in dieses Register prüft die Finanzmarktaufsicht (Finma, siehe Anhang auf Seite 360), wichtige Voraussetzungen – ob beispielsweise eine ausreichende berufliche Qualifikation vorhanden ist.

Und ob eine finanzielle Sicherheit zum Beispiel in Form einer Berufshaftpflicht-Versicherung existiert.

**Tipp** für Kundinnen und Kunden von ungebundenen Versicherungsvermittlern: Verlangen Sie vom Vermittler den Nachweis, dass er registriert ist. Versicherungsvermittler müssen dabei angeben, mit welchen Versicherungsgesellschaften sie Zusammenarbeitsverträge haben. So sehen Sie sofort, ob der Vermittler nur bestimmte Produkte von wenigen Gesellschaften verkauft oder ob er Ihnen eine grosse Auswahl zu bieten hat. Diese Informationen muss der Versicherungsvermittler seinen Kundinnen und Kunden unaufgefordert und schriftlich beim ersten Kontakt abgeben.

Achtung: Gerade Krankenkassenvermittler kommen oft ins Haus, ohne das vorgeschriebene Informationsblatt abzugeben; solche Leute sollten Sie gleich wieder vor die Türe stellen. Noch besser: Lassen Sie sich das Blatt im Voraus zufaxen oder zusenden. Legen Sie es dann zu Ihren Akten.

Die registrierten Versicherungsvermittler und weitere Infos dazu finden Sie auch im Internet unter www.vermittleraufsicht.ch.

schriftliche Nachricht von Ihnen eingeht, erhalten Sie eine neue Police gemäss Vorschlag.» Die Prämie der Hausratversicherung erhöhe sich damit von 190 auf 320 Franken im Jahr.

Dieses Vorgehen ist nicht zulässig. Das Stillschweigen des Kunden heisst nicht einfach «Ja».

### Wahrheitswidrige Verkaufsargumente im Standardbrief

Vielmehr gilt: Einer belastenden Vertragsänderung – zum Beispiel einer höheren Prämie oder schlechteren Bedingungen – muss der Versicherungsnehmer ausdrücklich zustimmen. Die Gesellschaft darf nicht vom stillschweigenden Einverständnis des Kunden ausgehen, falls sie nichts von ihm hört.

Ein anderes Beispiel aus der Praxis: Eine Gesellschaft operierte jahrelang mit einem Standardbrief, in dem wahrheitswidrig stand, der bestehende Vertrag müsse «gemäss Tarifvorschriften» erneuert werden.

Solche internen Weisungen sind für die Versicherten nicht bindend. Deshalb der **Tipp:** Lassen Sie sich nicht zum Abschluss eines neuen Vertrages drängen, wenn von «erneuern müssen» oder «nunmehr notwendiger Anpassung», «Umstellung», «Neuordnung», «Anpassung an die heutigen Verhältnisse» oder «veraltetem Informatiksystem» die Rede ist.

Ihre bisherige Police verlängert sich in der Regel nach Ablauf der vereinbarten Dauer automatisch um ein weiteres Jahr. Wenn die Versicherung den Vertrag nicht mehr weiterführen will, muss sie ihn formell kündigen und dabei die dreimonatige Kündigungsfrist einhalten.

Prüfen Sie vielmehr das neue Angebot und fragen Sie nach den Unterschieden. Falls Sie das Gefühl haben, dass Ihnen ein neuer Vertrag wegen der Änderungen einen Vorteil bringt, können Sie ihn akzeptieren.

Das gilt natürlich auch, wenn Sie Ihre Versicherung wegen veränderter Lebensumstände (Zivilstand, Familie, Haushalt) anpassen wollen.

Wenn Ihnen der neue Vertrag hingegen nichts bringt, können Sie den Vertreter wieder nach Hause schicken, und der alte Vertrag läuft weiter.

Sie sind nicht verpflichtet, auf das neuste Produkt Ihrer Versicherung umzusteigen.

Aber: Falls Sie einer vorgeschlagenen Vertragserneuerung nicht zustimmen, könnte es sein, dass Sie die Kündigung erhalten. Eine Gesellschaft schrieb einem

**TIPP**

### Ratgeber zum Prozessrecht

Es kommt immer wieder vor, dass Versicherte ihre Ansprüche an die Versicherung vor Gericht durchsetzen müssen. Das ist aber nicht immer einfach.

Die wichtigsten Tipps dazu und die genauen Details zum richtigen Vorgehen stehen im Saldo-Ratgeber «So kommen Sie zu Ihrem Recht». Sie können das Buch im Internet unter www.saldo.ch bestellen oder über Telefon 044 253 90 90.

**FRAGE**

## Muss ich die Blanko-Vollmacht unterzeichnen?

**Ich bin seit sechs Monaten krank. Meine Krankenkasse verlangt nun, dass ich eine Generalvollmacht unterschreibe. Damit würde ich Spitäler, Ärzte, Therapeuten, Behörden, Arbeitgeber, Sozial- und Privatversicherungen sowie Rechtsvertreter von ihrer Schweigepflicht gegenüber der Krankenkasse befreien. Muss ich diese Vollmacht unterzeichnen?**

**Nein.** Derart weitgehende Vollmachten verletzen die Persönlichkeitsrechte der Versicherten und sind ungültig. Laut Datenschutzgesetz dürfen generell nur Daten an Dritte bekanntgegeben werden, welche für den konkreten Fall erforderlich sind. Das betrifft alle Arten von Versicherungen.

Grundsätzlich gilt: Wenn eine Versicherung Einsicht in die Krankengeschichte eines Kunden nehmen will, braucht sie die schriftliche Einwilligung des Patienten. Und: Wer einen Anspruch gegenüber einer Versicherung hat, ist verpflichtet, der Versicherung bei der Abklärung der Umstände zu helfen. Sonst kann diese sich weigern zu zahlen.

Das Gesetz macht aber klare Einschränkungen: Die Versicherung darf nur so weit Einsicht in Dossiers verlangen, wie die Unterlagen für die Abklärungen der konkreten Zahlungspflicht notwendig sind. In Ihrem Fall braucht die Versicherung dafür nicht alle Ihre bisherigen Akten bei Ärzten, Spitälern, Behörden usw. Es reicht, der Versicherung eine Vollmacht zur Einsicht in alle Unterlagen bezüglich der aktuellen Krankheit und Behandlung zu erteilen.

Auch die Unfallversicherer dürfen keine solchen Globalvollmachten verlangen, hält der Eidgenössische Datenschutzbeauftragte fest. Die Vollmacht muss vielmehr klar auf die Übermittlung von Informationen und Unterlagen beschränkt sein, die für den konkreten Unfall notwendig sind. Darüber hinaus kann eine solche Vollmacht nicht als gültig betrachtet werden.

Entsprechend darf die Verweigerung der Unterschrift unter eine Globalvollmacht nicht als Verletzung der Mitwirkungspflicht des Versicherten betrachtet werden. Die Androhung von Rechtsnachteilen wäre unrechtmässig.

langjährigen Kunden: «Ihre Police gehört zu einer Generation von Versicherungsprodukten, welche wir seit Jahren nicht mehr in unserer Produktepalette führen. Wir sehen uns nicht mehr in der Lage, diese Verträge unverändert weiterzuführen. Aus diesem Grund sehen wir uns leider gezwungen, Ihren Vertrag aufzuheben.»

Eine Vertragskündigung durch die Versicherung kann aber eine Chance sein: Vielleicht erhalten Sie bei einer anderen Gesellschaft ein günstigeres Angebot. Holen Sie Offerten ein!

### Aufdringliche Verkäufer vor die Tür stellen!

Beachten Sie beim Umgang mit Versicherungsverkäufern die folgenden Tipps:

- Achten Sie darauf, ob der Berater schnell auf Ihre Anliegen reagiert (nicht nur beim Abschluss), ob er Ihre Fragen gut beantworten kann und ob er Ihnen verständliche Unterlagen gibt.
- Gute Beraterinnen und Berater reden nicht nur über die Vorteile, sondern auch über die Grenzen der von ihnen verkauften Produkte.

TIPP

**Auf mündliche Auskünfte ist kein Verlass!**

Im Umgang mit Versicherungen sollten Sie das Telefon im Grunde vergessen. Es gibt immer wieder Versicherungskunden, die sich telefonisch nach einer Leistung erkundigen, dann (scheinbar) eine Zusage erhalten oder eine Kostengutsprache – und am Ende enttäuscht sind, weil sie doch nichts erhalten.

Der **Tipp** ist deshalb klar: Verlassen Sie sich nie auf mündliche Aussagen von Mitarbeiterinnen oder Mitarbeitern; verkehren Sie grundsätzlich nur schriftlich (oder allenfalls per E-Mail). So haben Sie immer alle Zusagen oder Einwände schwarz auf weiss in der Hand.

Versicherte müssten eine telefonisch erteilte Kostengutsprache beweisen können – und das ist entweder schwierig oder unmöglich. Sich auf eine telefonische Kostengutsprache zu verlassen, ist also eine unsichere Sache. Lassen Sie sich solche Zusicherungen immer schriftlich geben.

- Ganz wichtig: Im mündlichen Verkaufsgespräch machen Versicherungsvertreter immer wieder Versprechungen, die sich im Nachhinein als übertrieben oder gar als glatte Lügen entpuppen. Glauben Sie nur das, was Sie in den Versicherungsbedingungen schwarz auf weiss nachlesen können, oder lassen Sie sich solche Zusicherungen schriftlich geben.
- Stellen Sie aufdringliche Verkäufer gleich wieder vor die Tür.

### Bei magerer Auswahl: Mehr Offerten verlangen!

- Seien Sie skeptisch, wenn ehemalige Bekannte Sie aus heiterem Himmel anrufen und einen Termin wollen, ohne genau zu sagen, worum es geht. In der Regel sind das schlecht geschulte Mitarbeiter von Strukturvertrieben; sie wollen Ihnen teure Sparversicherungen verkaufen und damit einen Versicherungsschutz, den Sie vielleicht gar nicht brauchen (siehe S. 183ff.).
- Diese «Strukkis», wie sie in Deutschland heissen, versuchen auch, Sie als Mitarbeiter zu gewinnen, und gaukeln Ihnen dabei unrealistische Verdienstmöglichkeiten vor. Es gilt: Hände weg!
- Die Agenten der Versicherungen verkaufen immer nur die Produkte ihrer eigenen Gesellschaft. Da lohnt es sich auf jeden Fall, auch bei anderen Gesellschaften anzuklopfen und Konkurrenzofferten einzuholen.
- Unabhängige Versicherungsvermittler hingegen sind im Prinzip keiner Gesellschaft verpflichtet. Dennoch haben die meisten von ihnen Verträge mit nur wenigen Gesellschaften (sind also nach der Definition der Vermittleraufsicht «gebunden»).

Verlangen Sie deshalb, dass Ihnen der Vermittler die eingeholten Offerten offen auf den Tisch legt. Und verlangen Sie zusätzliche Offerten, falls Ihnen die Auswahl dürftig erscheint. Der unabhängige Versicherungsvermittler muss auch transparent machen, mit welchen Gesellschaften er einen Zusammenarbeitsvertrag hat (siehe Kasten auf Seite 23).

- Treffen Sie mit Ihrem Versicherungsberater eine Abmachung bezüglich des Honorars und der Provisionen. Falls Sie gratis beraten werden möchten, können Sie mit ihm vereinbaren, dass er dafür die

Provisionsgelder behalten darf, die er von den Versicherungen für die Vermittlung erhält (siehe Kasten auf Seite 21).

Möglich ist aber auch, dass Sie für die Beratung ein Honorar zahlen. In diesem Fall sollten Sie jedoch darauf bestehen, dass der Vermittler die Provisionen an Sie abgibt.

■ Vergessen Sie nicht, dass Versicherungsvertreter meist von den Verkaufsprovisionen leben. Die höchsten Ansätze erhalten sie beim Verkauf von (oft überflüssigen) Sparversicherungen. Für eine Privathaftpflicht-Versicherung hingegen, die für Konsumentinnen und Konsumenten zu den wichtigsten Deckungen gehört, erhalten sie nur sehr wenig.

REGEL 8

### Beachten Sie Ihre Pflichten im Schadenfall

Die allgemeinen Versicherungsbedingungen (AVB) Ihrer Police enthalten ausführliche Bestimmungen darüber, was Sie in einem Schadenfall tun müssen.

Der wichtigste Grundsatz lautet: Schäden immer sofort melden.

Ein zweiter Punkt ist die Schadenverhütungs-Pflicht in der Sachversicherung. Das heisst: Wenn

FRAGE

### Verspätete Meldung: Muss die Versicherung trotzdem zahlen?

**Mir wurde im Ausland die Kamera gestohlen. Noch am gleichen Tag erstattete ich Anzeige bei der Polizei. Eine Woche später kehrte ich aus den Ferien zurück und zeigte den Verlust meiner Reiseversicherung an. Diese weigerte sich jedoch, die Kosten zu übernehmen. Ihre Begründung: In den allgemeinen Versicherungsbedingungen sei eine Anzeigefrist von fünf Tagen vorgeschrieben. Wer sich nicht innerhalb dieser Frist melde, verliere jeglichen Anspruch. Muss mich die Versicherung trotzdem entschädigen?**

**Ja.** Die generelle Verweigerung sämtlicher Leistungen ist nicht zulässig – auch wenn es so in den Versicherungsbedingungen angedroht wird. Erlaubt ist lediglich eine Kürzung, wie sie im Versicherungsvertragsgesetz (VVG) festgehalten ist: «Hat der Anspruchsberechtigte die Anzeigepflicht schuldhafterweise verletzt, so ist der Versicherer befugt, die Entschädigung um den Betrag zu kürzen, um den sie sich bei rechtzeitiger Anzeige gemindert haben würde.»

Konkret heisst das: Wenn der Schaden grösser wird, weil Sie schuldhaft nicht sofort reagiert haben, muss die Versicherung nur den ursprünglichen Schaden bezahlen.

Das ist bei Ihnen nicht der Fall. Ihr Schaden ist mit Hilfe von Polizeiprotokoll, Zeugen und Kaufbeleg für die Kamera problemlos ausgewiesen. Und die Versicherung hätte nichts unternehmen können, um ihn zu vermindern. Folglich muss Ihnen die Versicherung den Verlust ungekürzt ersetzen.

**Tipp:** Im Ausland lohnt es sich, die Notfallnummer der Reiseversicherung stets griffbereit zu haben oder auf dem Handy zu speichern. Vor allem bei gesundheitlichen Problemen kann sich die Hilfe der Help-Center als segensreich erweisen, zum Beispiel wenn es darum geht, rasch eine qualifizierte medizinische Betreuung zu finden.

klar absehbar ist, dass ein Schaden eintritt, und Sie nichts tun, um diesen voraussehbaren Schaden zu verhüten, kann die Versicherung ihre Zahlung kürzen.

Das könnte der Fall sein, wenn ein Keller schon oft unter Wasser stand, eine neue Überschwemmung klar voraussehbar war und Sie trotzdem teure Gegenstände nicht aus dem Keller in die oberen Stockwerke transportiert haben.

Die anfallenden Kosten für diese präventive Verhütung von Schäden müssen die Gesellschaften nicht zahlen.

Ein dritter wichtiger Punkt ist die Schadenminderungs-Pflicht. Das Gesetz verpflichtet die Versicherten, «nach Eintritt des befürchteten Ereignisses tunlichst für Minderung des Schadens zu sorgen».

Beispiel: Wenn ein Sturm Ihr Dach abdeckt, sollten Sie nach Möglichkeit versuchen, das Leck mit einer Blache abzudecken, damit kein Regen ins Innere des Hauses dringt. Solche Kosten für die Minderung des Schadens sind in der Regel bezahlt.

**Das sind weitere Tipps für den Schadenfall:**

- Lassen Sie sich nach einem Ereignis nie mit der mündlichen (telefonischen) Auskunft abspeisen, der Schaden sei nicht gedeckt.

Verlangen Sie vielmehr das Schadenformular und füllen Sie es aus. So zwingen Sie die Versicherung, ihre Ablehnung schriftlich zu begründen.

Damit können Sie sich beispielsweise an die Ombudsstelle wenden (Adresse auf Seite 360f.) oder an den K-Tipp.

- Melden Sie auch Schäden an, die laut den Versicherungsbedingungen nicht gedeckt sind. Vielleicht hat ja die Gesellschaft in der Zwischenzeit ihre Praxis geändert und lässt bei Ihnen Gnade vor Recht gelten.

### Der Anspruch auf Leistungen verjährt nach zwei Jahren

- Achten Sie darauf, dass Sie Ihr Geld rechtzeitig bekommen. Sie haben in der Sachversicherung einen gesetzlichen Anspruch auf eine Vergütung des Schadens innert vier Wochen. Voraussetzung ist freilich, dass die Gesellschaft alle Angaben erhält, die sie für die Überprüfung der Richtigkeit des Anspruchs benötigt; von diesem Moment an beginnt die Vier-Wochen-Frist zu laufen.
- Bewahren Sie die Belege auf. Sie sind verpflichtet, die Höhe des Schadens im Rahmen des Zumutbaren zu beweisen. Am besten geht das, wenn Sie Quittungen haben. Die Versicherung muss sich aber auch mit anderen schlüssigen Hinweisen oder Tatsachen zufriedengeben.
- Nicht vergessen: Zwei Jahre nach dem Ereignis, das zum Scha-

## Wer von der Versicherung Geld will, muss den Schaden beweisen

Wer seiner Versicherung gegenüber einen Schaden geltend macht, ist dafür beweispflichtig. In der Regel genügt es, wenn der Versicherungsnehmer die überwiegende Wahrscheinlichkeit des Schadenereignisses glaubwürdig darlegen kann.

## Wer viele Schäden anmeldet, erhält die Kündigung

Gemäss Gesetz haben die Versicherungen das Recht, im Schadenfall sofort vom Vertrag zurückzutreten – unabhängig von der Laufzeit des Vertrages.

Das heisst: Zahlt die Versicherung nach einem Schadenfall eine Entschädigung an den Versicherten aus, darf sie gleichzeitig vom Vertrag zurücktreten. Die Gesellschaft muss dann aber die Prämie für den Rest des Versicherungsjahres zurückerstatten.

Dieses Kündigungsrecht gilt für alle privaten Versicherungen, also beispielsweise für die Hausrat-, Privathaftpflicht-, Rechtsschutz-, Auto- oder die Tierversicherung. (Bei den Zusatzversicherungen der Krankenkassen gilt das im Prinzip ebenso, aber dort verzichten die Kassen auf dieses Kündigungsrecht.)

Häufig kündigen die Versicherer, wenn eine versicherte Person viele Schäden anmeldet, also mehr Geld für Leistungen bezieht, als sie Prämien gezahlt hat. Das kann übrigens auch bei Rechtsschutzversicherungen passieren.

Die Gesellschaften reden dann von einem «ungünstigen Schadenverlauf» der Police oder von einer Police, die es zu «sanieren» gilt. Oder sie schreiben, der Kunde habe die Versicherung «über Gebühr» in Anspruch genommen oder dass die «Schadenhäufigkeit und die geleisteten Zahlungen über dem üblichen Durchschnitt liegen».

Dies kann sogar dann passieren, wenn Betroffene in einem Gebiet wohnen, das regelmässig überschwemmt wird – und sie am Schaden keinerlei Schuld trifft.

Allerdings muss diese einseitige Kündigung nicht einen endgültigen Bruch zwischen Kunde und Gesellschaft nach sich ziehen. Oft schlagen die Versicherungen vor, den bestehenden Vertrag zwar formell zu kündigen, aber mit neuen Bedingungen weiterzuführen: In Frage kommen in erster Linie Einführung (oder Erhöhung) des Selbstbehaltes, Auflagen zur Verminderung des Risikos, Erhöhung der Prämie oder Ausschluss des betreffenden Teilrisikos (etwa, dass Velos nicht mehr versichert sind). Es kann sogar sein, dass die Gesellschaft den Abschluss einer Sparversicherung vorschlägt, um so anderweitig an Geld vom Kunden zu kommen.

Wer das nicht schlucken will, fliegt aber endgültig raus – und hat erst noch etliche Mühe, einen neuen Versicherer zu finden. Denn die neue Gesellschaft will im Antragsformular wissen, ob und warum der Antragsteller von einem anderen Versicherer die Kündigung erhalten hat.

Viele Versicherungsnehmer reagieren mit Unverständnis, wenn ihnen nach einem Schadenfall plötzlich und ohne Vorwarnung gekündigt wird.

Immerhin: Es gibt Gesellschaften, die einen solchen Schritt früh genug ankündigen. Es kann also sein, dass Sie nach einem Schadenfall vorerst nur mal eine «Warnung» erhalten, die sinngemäss lautet: «Beim nächsten Schaden werfen wir dich raus.» Wer eine solche Ankündigung erhält, kann sich beim nächsten (kleineren) Schadenfall zuerst überlegen, ob er ihn der Versicherung melden soll.

den führte, verjährt Ihr Anspruch auf Leistungen der Versicherung (siehe Kasten auf der nächsten Seite). Bei einem Diebstahl beispielsweise ist das «Ereignis» der Tag des Vorfalls und nicht der Tag, an dem der Bestohlene den Diebstahl bemerkt (falls er ihn später bemerkt). Diese zweijährige Verjährungsfrist gilt auch bei den Zusatzversicherungen der Krankenkassen.

- Passen Sie auf, wenn Sie nach dem Schadenfall plötzlich eine neue Police mit einem Hinweis auf zusätzliche Versicherungsbedin-

TIPP

## Beachten Sie die kurze Verjährungsfrist von zwei Jahren

Forderungen aus privaten Versicherungen verjähren gemäss dem aktuell geltenden Versicherungsvertragsgesetz (VVG) schon nach zwei Jahren. Deshalb kommt es immer wieder vor, dass Versicherte ihre Ansprüche und damit viel Geld verlieren – selbst wenn sie die Prämie jahrelang pünktlich gezahlt haben.

So zum Beispiel eine IV-Bezügerin. Sie verlor 7500 Franken, weil sie ihren Anspruch aus einer «Kapitalversicherung bei Invalidität infolge Krankheit» der Krankenkasse Groupe Mutuel zu spät meldete.

Auch bei Arztrechnungen ist die aktuell geltende zweijährige VVG-Verjährungsfrist eine Konsumentenfalle. Der Arzt kann sich mit der Rechnung bis fünf Jahre Zeit lassen – also bis zu einem Zeitpunkt, da der Anspruch der versicherten Person auf Vergütung der (noch nicht eingetroffenen) Rechnung längst vorüber ist. Das ist auch deswegen ärgerlich, weil dies nur Rechnungen für Leistungen aus Zusatzversicherungen betrifft. Denn bei der Grundversicherung der Krankenkassen beträgt die Verjährungsfrist jetzt schon fünf Jahre.

**Tipp:** Reden Sie mit der Versicherung, falls Sie in diese Falle getappt sind. Es kann sein, dass Sie bei einer kulanten Gesellschaft sind, die es in solchen Fällen nicht so streng nimmt und auch mal ein Auge zudrückt.

Inzwischen ist aber klar: Die Tage der kurzen, konsumentenfeindlichen Verjährungsfrist dürften gezählt sein. Im Gesetzesentwurf zur Revision des VVG, den der Bundesrat dem Parlament vorgeschlagen hat, ist die Verjährungsfrist auf fünf Jahre verlängert.

gungen erhalten. Die Gesellschaften nutzen solche Gelegenheiten gerne, um bei Kunden mit hoher Schadenfrequenz eine (heimliche) Verschlechterung der Vertragsbedingungen durchzusetzen (etwa einen höheren Selbstbehalt).

- Merke: Nach jedem Schadenfall darf die Sachversicherung den Vertrag kündigen (siehe Kasten auf der vorhergehenden Seite). Das gleiche Recht haben aber auch Versicherte (siehe nächste Seite).

REGEL 9

### So kündigen Sie richtig

Um einen Vertrag aufzulösen, haben Sie diese Möglichkeiten:

- **Kündigung bei Ablauf:** Falls Ihr Versicherungsvertrag das Ende der vereinbarten Laufzeit erreicht, können Sie in der Regel drei Monate vorher schriftlich (am besten eingeschrieben) kündigen. Der Brief muss am letzten Tag vor Beginn der Kündigungsfrist bei der Versicherung eingetroffen sein, schicken Sie ihn also früh genug ab. Sie finden den Ablauf in Ihrer Police; er muss nicht mit dem Ende eines Kalenderjahres übereinstimmen.

Bei langjährigen Verträgen kommt dieser «Ablauf» erst nach Ende der beispielsweise fünfjährigen Vertragsdauer. Vorher sind Sie also grundsätzlich gebunden und können nicht von günstigen Konkurrenzofferten profitieren.

Achtung: Falls Sie nicht kündigen, verlängert sich die Police trotz «Ablauf» stillschweigend um ein weiteres Jahr (s. Kasten rechts).

- **Kündigung bei Prämienerhöhung:** Falls die Gesellschaft die Prämie anhebt oder den Selbstbehalt ändert oder die Bedingungen sonstwie für Sie verschlechtert, haben Sie ebenfalls ein Kündigungsrecht. Solche Änderungen muss Ihnen die Gesellschaft vor dem Inkrafttreten (meist auf Beginn eines neuen Versicherungsjahres) rechtzeitig mitteilen – zum Beispiel mit einer Frist von 25 oder 30 Tagen. Sie können dann in der Regel bis zum letzten Tag vor Prämienverfall kündigen – das heisst, die Kündigung muss am letzten Tag bei der Gesellschaft eingetroffen sein.

  Die Gesellschaft muss Sie auf die Erhöhung der Prämie oder auf die Änderungen in den Geschäftsbedingungen und auf Ihr Kündigungsrecht aufmerksam machen.

  Diese Ausstiegsmöglichkeit gilt auch bei langjährigen Verträgen (ausser wenn die Prämienerhöhung auf eine Änderung Ihres persönlichen Risikoprofils oder auf eine von Ihnen gewünschte Änderung der Versicherungsdeckung zurückzuführen ist).

- **Kündigung nach einem Schadenfall:** Nachdem die Versicherung für einen Schadenfall eine Entschädigung gezahlt hat, können beide Parteien kündigen.

  Kündigt die Gesellschaft, muss sie den noch nicht verbrauchten Teil der Jahresprämie zurückzah-

FRAGE

## Versicherung trotz «Ablauf» noch formell kündigen?

**Auf der Police meiner Hausratversicherung steht ausdrücklich, dass sie am 1. September 2006 beginnt und am 31. August 2011 abläuft. Ich war deshalb sehr erstaunt, als ich von der Versicherung Mitte Juni 2011 erneut eine Rechnung für die Prämie 2011/2012 erhielt. Auf meine Reklamation hin teilte mir die Versicherung mit, ich hätte mindestens drei Monate vor Ablauf der Versicherungsdauer kündigen müssen. Weil ich das unterlassen habe, laufe die Versicherung jetzt für die Dauer eines Jahres weiter. Hätte ich die Versicherung wirklich noch formell kündigen müssen, wenn doch auf der Police die klare Formulierung «Ablauf 31. August 2011» steht?**

**Ja.** Es ist zwar verständlich, dass Sie sich von der Formulierung auf der Police irreführen liessen. Sie haben indes zusammen mit der Police auch die allgemeinen Versicherungsbedingungen (AVB) erhalten; und dort wird klar und unmissverständlich auf die Notwendigkeit einer Kündigung hingewiesen.

Die Formulierung «Ablauf» auf der Versicherungspolice bezieht sich lediglich auf das Ende der vereinbarten festen Vertragsdauer, in der eine Kündigung im Prinzip nicht möglich ist. Nach Ablauf dieser festen Vertragsdauer wird die Versicherung – falls sie von keiner Seite gekündigt wird – von Jahr zu Jahr erneuert. Eine ordentliche Kündigung ist dann in Ihrem Beispiel immer auf den 31. August möglich.

Diese Regelung ist vom Gesetz her gestattet und üblich – und sie ist auch im Sinne der Versicherten: Das Gesetz verhindert so, dass die Versicherten den «Ablauf» vergessen und plötzlich unerwartet ohne Versicherungsschutz dastehen.

len (ausser wenn der Vertrag noch kein ganzes Jahr lang gelaufen war).

Kündigt hingegen der Versicherte im ersten Versicherungsjahr, verliert er den Rest der noch nicht verbrauchten, aber für ein ganzes Jahr vorausbezahlten Prämie.

Falls nach einem Totalschaden beispielsweise eines Autos die Kaskoversicherung den Schaden ersetzt, darf die Gesellschaft die Restprämie für das laufende Versicherungsjahr behalten.

Will der Kunde nach einem Schadenfall kündigen, muss er dies gemäss Gesetz spätestens dann tun, wenn die Gesellschaft das Geld für den Schaden ausbezahlt hat. Etliche Versicherer sind aber in diesem Punkt grosszügiger und räumen in den Versicherungsbedingungen zusätzliche 14 Tage nach Auszahlung ein.

Achtung: Falls Sie als versicherte Person die Police im Schadenfall kündigen, erlischt die Versicherungsdeckung 14 Tage nachdem der Kündigungsbrief bei der Gesellschaft eingetroffen ist.

Übrigens: Das Kündigungsrecht im Schadenfall gilt nicht, wenn der Schaden kleiner war als der vertraglich vereinbarte Selbstbehalt.

Und: Es ist nicht nötig, dass Sie bei der Kündigung eigens hinschreiben, dass Sie «im Schadenfall» kündigen. Die Kündigung ist gültig, wenn Sie schreiben, dass Sie «per sofort» kündigen.

- **Kündigung bei Wegfall des Risikos:** Wenn Sie eine versicherte Sache (zum Beispiel ein Auto) verschrotten lassen oder den Hausrat wegen Wegzugs ins Ausland auflösen, dann existiert dieses Risiko nicht mehr und Sie können sofort kündigen. Die vorausbezahlte Prämie erhalten Sie dann anteilsmässig zurück.

- **Kündigung bei Handänderung:** Wird zum Beispiel ein Haus, eine Wohnung oder ein Auto verkauft oder vererbt, so geht der Versicherungsvertrag auf den neuen Eigentümer über, die versicherte Sache bleibt also versichert. Der neue Besitzer kann aber den Vertrag innert 30 Tagen kündigen.

- **Kündigung bei Policenübertragung:** Wenn eine Gesellschaft ihre Kundschaft einer anderen Versicherungsgesellschaft «verkauft», also die Policen freiwillig auf eine andere Gesellschaft überträgt, haben die Betroffenen grundsätzlich ein Kündigungsrecht.

**TIPP**

### Termin verpasst: Die Kündigung gilt nun automatisch auf den nächsten Termin!

Was gilt, wenn man die Kündigung zu spät abgeschickt und dadurch den Kündigungstermin verpasst hat?

Die Kündigung bleibt wirksam und tritt automatisch auf den nächsten Termin in Kraft! Bei Versicherungen ist das in der Regel ein Jahr später.

Dies gilt unabhängig davon, was Ihnen die Gesellschaft zurückschreibt.

Mit anderen Worten: Falls Ihre Kündigung zu spät eingetroffen ist, müssen Sie ein Jahr später nicht noch einmal kündigen – auch wenn die Gesellschaft etwas anderes behauptet.

FRAGE

## Police gekündigt: Erhalte ich eine schriftliche Bestätigung?

**Ich habe meine Autoversicherung termingerecht und eingeschrieben gekündigt. Doch anstelle einer schriftlichen Bestätigung, dass die Kündigung akzeptiert sei, erhielt ich fünf Wochen später wie jedes Jahr zuvor dennoch eine neue Prämienrechnung. Jetzt bin ich natürlich verunsichert. Es wäre doch nichts als anständig, wenn die Versicherungen Kündigungen ihrer Kunden kurz bestätigen würden. Sind die Gesellschaften dazu verpflichtet?**

**Nein.** Versicherte, die den Versicherungsschutz kündigen, haben rein rechtlich gesehen keinen Anspruch darauf, dass ihnen die Gesellschaft die Kündigung bestätigt. Grund: Die Kündigung eines Vertrages ist eine einseitige Willenserklärung von einer Partei; sie wird ohne Weiteres dann wirksam, wenn die andere Partei sie in Empfang genommen hat.

So gesehen ist eine Kündigungsbestätigung auch gar nicht nötig; die Kündigung wird allein durch den Empfang gültig.

Das ist auch der Grund, warum es «provisorische» Kündigungen nicht gibt; gekündigt ist gekündigt.

Eine einmal abgeschickte Kündigung kann man nur dann rückgängig machen, wenn die andere Seite einverstanden ist.

Die Gesellschaft muss rein rechtlich betrachtet selbst dann nicht reagieren, wenn eine Kündigung des Versicherten gar nicht möglich ist – etwa weil sie zu spät eingetroffen oder der Vertrag noch gar nicht abgelaufen ist.

Kundenfreundliche Gesellschaften werden sich aber beim Kunden melden, falls seine Kündigung ungültig war. Es entspricht den Gepflogenheiten im Geschäftsverkehr, dass dies innerhalb von zwei bis drei Wochen geschieht.

Die Gesellschaften müssen die Kundinnen und Kunden über diesen Wechsel informieren – und sie sind seit Anfang 2006 auch verpflichtet, die Kundschaft auf ihr Kündigungsrecht aufmerksam zu machen. Das Kündigungsrecht läuft drei Monate ab Publikation im «Schweizerischen Handelsamtsblatt». Die Versicherten erhalten hier den noch nicht «verbrauchten» Teil der vorausbezahlten Prämie anteilsmässig zurück – ausser wenn der Vertrag noch kein Jahr lang in Kraft war.

Handelt es sich aber um eine Fusion, also um einen eigentlichen Zusammenschluss von zwei Versicherungsgesellschaften, haben die Versicherten nach Ansicht der obersten Aufsichtsbehörde kein Kündigungsrecht.

Achtung: Bei den Spar- und Risikoversicherungen gelten andere Kündigungsregeln (siehe die Angaben in den entsprechenden Kapiteln).

**Wichtig:** Diese Kündigungsregeln gelten nicht für die obligatorische Grundversicherung der Krankenkasse. Diese ist gesetzlich anders geregelt; die Details stehen auf Seite 75 ff.

# 2 Die Grundversicherung ist obligatorisch
## Die Zusatzversicherungen sind freiwillig

**Die obligatorische Krankenpflege-Versicherung der Krankenkassen ist gesetzlich geregelt – bis ins kleinste Detail. Sogar die Prämien müssen amtlich bewilligt werden. Vorteil für Versicherte: Sie können die Krankenkasse jedes Jahr wechseln, ohne Nachteile befürchten zu müssen. Bei den freiwilligen Zusatzversicherungen hingegen ist alles anders.**

Im Umgang mit der Krankenkasse gilt es stets, zwischen der obligatorischen Krankenpflege-Versicherung und den freiwilligen Zusatzversicherungen zu unterscheiden.

Die obligatorische Krankenpflege-Versicherung (meistens Grundversicherung genannt) ist das Thema im ersten Teil dieses Kapitels. Alle wichtigen Informationen zu den freiwilligen Zusatzversicherungen stehen im zweiten Teil dieses Kapitels ab Seite 83.

Das sind die wesentlichen Unterschiede zwischen Grund- und Zusatzversicherung, die Sie kennen müssen:

- **Gesetzesgrundlage.** Die Grundversicherung (Krankenpflege-Versicherung) untersteht dem Krankenversicherungsgesetz (KVG, siehe Kasten unten).

Die Zusatzversicherungen hingegen folgen den Regeln des privatrechtlichen Bundesgesetzes über den Versicherungsvertrag (VVG, siehe Kasten auf Seite 13).

Diese Trennung ist für die meisten Versicherten schon auf dem Versicherungsausweis ersichtlich. Wo das Kürzel KVG auftaucht, handelt es sich um die obligatorische Grundversicherung. Das Kürzel VVG deutet auf freiwillige Zusatzversicherungen.

Viele Versicherte haben jetzt sogar zwei Versicherungsausweise: einen für die KVG-Deckungen, einen für die VVG-Zusatzprodukte.

Beim Lesen der Versicherungsbedingungen gilt es ebenso, sich stets des Unterschieds zwischen KVG und VVG bewusst zu sein.

- **Obligatorium.** Die Grundversicherung nach KVG ist obligatorisch. Jede Person mit Wohnsitz in der Schweiz – egal ob Schweizer oder Ausländer – muss sich spätestens drei Monate nach der Wohnsitznahme versichern.

Eltern müssen ihre Kinder spätestens drei Monate nach der Geburt versichern lassen. Es empfiehlt sich aber, das schon vor der Geburt zu erledigen.

Ein Versicherungsverhältnis entsteht aber nicht automatisch. Je-

**STICHWORT**

### KVG

Das Kürzel KVG steht für «Bundesgesetz über die Krankenversicherung»; das KVG ist 1996 in Kraft getreten. Zum KVG gehören auch die KVV, also die «Verordnung über die Krankenversicherung», sowie die KLV, die «Verordnung des EDI über Leistungen in der obligatorischen Krankenpflege-Versicherung».

Alle Bundesgesetze finden Sie in der jeweils aktuellen Fassung im Internet unter www.admin.ch bei den Menüpunkten «Dokumentation» und «Systematische Sammlung». Dort geben Sie das Kürzel «kvg» oder «kvv» oder «klv» ein – und schon haben Sie das Gesetz im Wortlaut auf Ihrem Bildschirm.

de Person, die dem Obligatorium untersteht, muss eine Beitrittserklärung abgeben. Falls sie das nicht tut, wird sie von der zuständigen kantonalen Behörde einem Versicherer zugewiesen.

Eltern sind nicht verpflichtet, ihre Kinder bei derjenigen Kasse anzumelden, bei der sie selber versichert sind.

Die Zusatzversicherungen hingegen sind freiwillig – sowohl für die Versicherten als auch für die Krankenkassen. Bei den Zusatzversicherungen haben die Kassen bei Neuabschlüssen die gleiche Handlungsfreiheit wie die privaten Versicherungsgesellschaften bei den Sachversicherungen.

### Freie Wahl der Kasse – auch für Kranke, Ältere und Schwangere

■ **Aufnahmepflicht.** In der obligatorischen Grundversicherung haben die Versicherten die freie Kassenwahl. Jedermann darf seine Krankenkasse unter Einhaltung der Kündigungsfrist verlassen und sich einer beliebigen neuen Kasse anschliessen – selbst im hohen Alter. Es gibt rund 60 Krankenkassen (Stand 2012), davon sind etwa zwei Drittel gesamtschweizerisch tätig.

Die neue Kasse muss Interessenten in jedem Fall in die Grundversicherung aufnehmen – auch wenn sie krank oder schon älter oder in Behandlung sind oder im Spital liegen. Die Kassen dürfen auch schwangere Frauen nicht ablehnen.

Kleine Einschränkung: Es gibt viele Kassen, die nur örtlich oder

**IN DIESEM KAPITEL**

regional oder nur im betreffenden Kanton tätig sind. Solche Kassen haben teils sehr günstige Prämien – müssen aber Bewerber aus der «falschen» Gegend ablehnen.

Und: Wer aus dem Tätigkeitsgebiet einer solchen Kasse wegzügelt, muss diese Krankenkasse verlassen.

Bei den Zusatzversicherungen hingegen dürfen die Versicherer Interessenten ohne Angabe von Gründen ablehnen (etwa wenn Antragsteller alt sind oder bereits ein Leiden haben).

■ **Gesundheitsprüfung.** In der Grundversicherung dürfen die Krankenkassen keine Gesundheitsprüfung verlangen und auch keine Gesundheitsvorbehalte machen.

Das gilt auch dann, wenn die Krankenkasse mit einem kombinierten Antragsformular arbeitet, welches sowohl für die Grundversicherung als auch für die Zusatzversicherungen gilt und deswegen einen Gesundheitsfragebogen enthält. Wer nur die Grundversicherung will, muss die Gesundheitsfragen nicht beantworten.

Für die Aufnahme in eine Zusatzversicherung ist hingegen das Ausfüllen eines Gesundheitsfragebogens unausweichlich; unter Umständen wird die Kasse auch weitere medizinische Unterlagen oder einen Arztbesuch verlangen. Und die Krankenkassen dürfen lebens-

FRAGE

### Kann ich die Krankenkasse in den Ferien auf Eis legen?

**Ich mache ein halbes Jahr lang Ferien in Asien. Im Reisebüro sagte man mir, ich könne für diese Zeit meine obligatorische Krankenpflege-Versicherung ruhen lassen und eine spezielle Reiseversicherung abschliessen. Ist diese Auskunft korrekt?**

**Nein.** Solange Sie in der Schweiz Ihren Wohnsitz behalten, bleiben Sie bei Ihrer Krankenkasse in der Grundversicherung und müssen die entsprechenden Prämien bezahlen – auch bei einem längeren Auslandaufenthalt. Ein Unterbruch der Krankenkassendeckung für diese Zeit ist nicht möglich (wohl aber bei längerem Militärdienst, siehe Kasten auf S. 72).

Dafür sind Sie aber auch grundversichert, falls Sie in den Ferien erkranken: Die Kosten für die Behandlung in einem solchen Notfall muss Ihre Krankenkasse übernehmen. Mit einer Einschränkung: Arzt- und Spitalleistungen im Ausland sind begrenzt auf höchstens den doppelten Betrag der Kosten, die im Wohnkanton (im Spital auf der allgemeinen Abteilung) vergütet würden (siehe Seite 53).

**Tipp:** Wer in Länder reist, wo ein Spitalaufenthalt extrem teuer werden kann (USA etwa), oder wer sich lieber in einer teuren Privatklinik als im öffentlichen Spital behandeln lässt (insbesondere in Asien, Lateinamerika und Afrika), der sollte im Zweifel zusätzlich eine auf die Dauer der Ferien begrenzte Ferienheilungskosten-Versicherung bei der Krankenkasse abschliessen (siehe Kasten auf Seite 294). Oft enthalten auch gewisse Zusatzversicherungen einen guten Auslandschutz (siehe Seite 293 f.).

Zusatzversicherungen für die Dauer eines längeren Urlaubs zu sistieren ist entweder nicht möglich oder teils sehr teuer (siehe Seite 86 f.).

lange Gesundheitsvorbehalte anbringen (oft auch Leistungsausschluss genannt, siehe Kasten auf Seite 84). Das alles hat auch zur Folge, dass Kassen bei Anzeigepflichtverletzung (siehe Seite 13 ff.) vom Zusatzversicherungsvertrag zurücktreten können.

■ **Wartefrist.** In der obligatorischen Grundversicherung gibt es keine Karenzfristen. Wer neu in eine Kasse eintritt, ist sofort für alle Leistungen und auch für schon bestehende Leiden versichert.

Bei den Zusatzversicherungen hingegen gelten oft Karenzfristen (Wartefristen), der Anspruch auf Leistungen entsteht also vielfach erst nach einer gewissen Versicherungsdauer. Das ist insbesondere bei Zahnbehandlungen und Mutterschaft der Fall.

### Gleicher Leistungsumfang und gleiche Prämien für alle

■ **Leistungsumfang.** Alle Grundversicherten nach KVG haben Anspruch auf die gleichen Leistungen; der Leistungskatalog der obligatorischen Krankenpflege-Versicherung ist im Gesetz und in den Verordnungen für alle verbindlich festgelegt. Bezüglich dieser Leistungen haben die Krankenkassen im Prinzip keinen (Kulanz-)Spielraum, sie dürfen also weder weniger noch mehr bezahlen.

Bei der Ausgestaltung der freiwilligen Zusatzversicherungen hingegen sind die Krankenkassen frei. Deshalb sind hier die einzelnen Versicherungsprodukte von Kasse zu Kasse verschieden.

■ **Einheitsprämien.** In der Grundversicherung sind die Prämien im Prinzip einheitlich. Beispiel: Bei der Krankenkasse X zahlen alle Erwachsenen in der jeweiligen Region gleich viel; Frauen zahlen somit gleich viel wie Männer, Betagte gleich viel wie 30-Jährige, Arbeiter gleich viel wie Millionäre. Das ist das sogenannte Kopfprämiensystem.

Kinder haben tiefere Kopfprämien, und auch junge Erwachsene zwischen 19 und 25 Jahren erhalten bei vielen Krankenkassen einen Rabatt (siehe Seite 58 f.).

Andere Prämienrabatte sind hier grundsätzlich nicht erlaubt (aber es gibt Sparvarianten, siehe Seite 66 ff.).

Es gibt also in der Grundversicherung keine günstigeren Kollektivverträge, keine Gruppenrabatte, keine Extras für Vereinsmitglieder und auch keine Vergünstigungen für bestimmte Firmenangehörige. Wo Werbeschreiben von Krankenkassen zum Beispiel von «Familienkassen» reden oder mit «exklusiven Rabatten» und Prämienersparnis locken, betrifft das immer nur die Zusatzversicherungen.

### Bei den Zusatzversicherungen sind Prämienrabatte erlaubt

Bei den freiwilligen Zusatzversicherungen hingegen dürfen die Krankenkassen die Prämien nach dem Risikoprofil der betreffenden Personengruppe beziehungsweise nach dem altersgemässen Krankheitsrisiko abstufen: Je grösser die Wahrscheinlichkeit ist, dass die versicherte Personengruppe

Kosten verursacht, desto höher wird die Prämie ausfallen.

Weil Ältere öfter krank sind und so mehr Kosten verursachen, sind sie schlechtere «Risiken» und zahlen dann etwa für die Zusatzversicherung «Spital halbprivat» mehr als Junge. Frauen im gebärfähigen Alter zahlen oft mehr als Männer.

Die Prämien können auch regional unterschiedlich sein.

Prämienrabatte jeglicher Art sind hier erlaubt. Auch Kollektivverträge mit Vergünstigungen – etwa für Verbandsmitglieder – sind bei den Zusatzversicherungen möglich (siehe Seite 97).

▪ **Kürzung bei Selbstverschulden.** In der Grundversicherung dürfen die Kassen die Leistungen nicht kürzen, wenn sich jemand grobfahrlässig oder zu waghalsig verhält (und so zu einem Gesundheitsschaden kommt) oder sonstwie unvernünftig handelt (zum Beispiel übermässiges Alkoholtrinken, gefährliche Risikosportart, Rauchen, Drogensucht oder Übergewicht).

Kürzungen bei Selbstverschulden sind also in der Grundversicherung nicht erlaubt. Das Bundesgericht hat festgehalten, «dass die Frage, ob eine Krankheit verschuldet ist oder nicht, in der sozialen Krankenversicherung rechtsunerheblich ist».

In den Zusatzversicherungen hingegen drohen gemäss den Versicherungsbedingungen Kürzungen oder gar Leistungsverweigerungen wegen Grobfahrlässigkeit und anderer Gründe.

▪ **Folgen für Nichtzahler.** Wer die Prämien nicht zahlt, bleibt in der Grundversicherung weiterhin versichert (doch riskieren Säumige, dass der Kanton einen Leistungsstopp verhängt, bis die Ausstände bezahlt sind, siehe Kasten auf S. 58). Bei den Zusatzversicherungen hingegen droht Nichtzahlern die baldige und definitive Kündigung durch die Kasse (S. 94).

▪ **Kündigung.** In der Grundversicherung sind die Modalitäten für einen Wechsel der Krankenkasse im Gesetz einheitlich festgelegt.

Bei den Zusatzversicherungen hingegen sind Kündigungen jeweils in den allgemeinen Versicherungsbedingungen geregelt und deshalb von Kasse zu Kasse unterschiedlich. Zudem können Versicherte eine Krankenkassen-Zusatzversicherung auch nach einem Schadenfall kündigen, wie das auf Seite 31f. beschrieben ist.

## Der Leistungskatalog: Was die obligatorische Grundversicherung zahlt

Die Grundversicherung der Krankenkassen (genauer: die obligatorische Krankenpflege-Versicherung nach KVG) ist von der Idee her komplett: Sie bietet einen umfassenden Versicherungsschutz für die notwendige medizinische Behandlung.

Auch wer «nur» die Grundversicherung hat, hat Anspruch darauf, dass die Krankenkasse seine vollen Heilungskosten (Arzt, Spital, Medikamente usw.) zahlt.

### Wer arbeitet, kann die Unfalldeckung der Krankenkasse sistieren

Alle Krankenkassen-Versicherten sind automatisch auch gegen Unfall versichert. Die Grundversicherung zahlt also auch bei einem Unfall Arzt- und Spitalkosten – genau wie bei Krankheit.

Das betrifft insbesondere Kinder, Jugendliche, Hausfrauen, Selbständigerwerbende, Erwerbslose, die nicht stempeln, Ausgesteuerte sowie alle Seniorinnen und Senioren, die nicht mehr im Erwerbsleben stehen.

Bei Angestellten ist das anders – sie sind über die Unfallversicherung des Betriebes gegen Unfallfolgen versichert.

Das heisst: Alle in der Schweiz beschäftigten Arbeitnehmerinnen und Arbeitnehmer sind obligatorisch gegen die finanziellen Folgen von Berufsunfällen am Arbeitsplatz und Berufskrankheiten versichert. Diese Versicherung gilt automatisch auch für Unfälle, die sich in der Freizeit ereignen.

Diese Personen können die Unfalldeckung in der Grundversicherung vorübergehend sistieren und so Prämien sparen (Details im Kasten auf Seite 67).

Das Gleiche gilt auch für Teilzeitbeschäftigte, die mindestens acht Stunden pro Woche bei *einem* Arbeitgeber beschäftigt sind: Auch sie sind via Arbeitgeber für Freizeitunfälle versichert und können die Unfalldeckung der Krankenkasse sistieren.

Detaillierte Informationen zum Leistungsumfang der obligatorischen Unfallversicherung und die wichtigsten Besonderheiten dazu stehen in Kapitel 3.

Mit anderen Worten: Die medizinische Grundversorgung ist für alle gewährleistet, Zusatzversicherungen sind aus unmittelbar medizinischen Gründen nicht nötig. Aber in einigen Punkten bieten Zusatzversicherungen doch Ergänzungen, die im Einzelfall wichtig sein können (siehe zweiter Teil dieses Kapitels ab Seite 83).

Im Folgenden steht, was die obligatorische Krankenpflege-Versicherung zurzeit (Stand 2012) zahlt. Dieser Leistungskatalog wird regelmässig angepasst.

Alle Details dazu stehen in der KLV (Krankenpflege-Leistungsverordnung), die Sie im Internet in der jeweils aktuellen Fassung finden (siehe Kasten auf Seite 34).

Zur KLV gehört auch die «Mittel- und Gegenständeliste (MiGeL)». Darin sind alle medizinischen Hilfsmittel aufgezählt, die aus der Grundversicherung bezahlt sind, falls der Arzt sie verordnet – zum Beispiel Stützverbände, Absauggeräte, Krücken, Prothesen, Halskragen, Insulinspritzen, Inkontinenzhilfen, Inhalationsapparate oder Blutzuckermessgeräte.

In der MiGeL steht auch, welche Beträge die Kassen für diese Hilfsmittel maximal vergüten dürfen – entweder für den Kauf oder für die Miete. So kann es zum Beispiel passieren, dass Stützstrümpfe in der Apotheke effektiv mehr kosten, als die Kasse vergüten darf.

Wichtig: Der Leistungskatalog gilt für alle Krankenkassen gleichermassen, die bezahlten Leistungen sind also identisch, egal ob man bei einer teuren oder bei einer günstigen Krankenkasse versichert ist.

Allerdings gibt es immer wieder neue Heilverfahren und Operationsmethoden, bei denen strittig ist, ob sie zum Leistungskatalog gehören oder nicht, weil ihre Zweckmässigkeit und Wirksamkeit noch nicht klar belegt sind. Da kann es durchaus vorkommen, dass die eine Kasse zahlt, die andere hingegen nicht.

Beachten Sie aber, dass die Versicherten stets Franchise und Selbstbehalt selber übernehmen müssen (Details auf Seite 63 ff.).

Bedenken Sie auch: Bei **Unfällen** zahlt die Krankenkasse zwar im Grundsatz auch. Die meisten Angestellten sind aber über den Betrieb obligatorisch unfallversichert – und dann springt die Unfallversicherung ein (siehe Kasten auf der vorhergehenden Seite).

### Alle Ärzte sind bezahlt – selbst die allerteuersten

Grundsätzlich deckt die obligatorische Krankenpflege-Versicherung alle anerkannten Behandlungen, die von einem zugelassenen Arzt oder einer zugelassenen Ärztin vorgenommen werden. Politische Versuche, besonders teuer arbei-

### Behandlung nur im Inland – ausser in Notfällen

Im Prinzip übernimmt die Grundversicherung nur Leistungen, die in der Schweiz erbracht werden. Das gilt etwa für Arztbesuche: Wer für eine spezielle Behandlung gezielt ins Ausland fährt, kann nicht mit einer Bezahlung rechnen (es sei denn, diese Behandlung ist in der Schweiz gar nicht möglich).

Aber: Falls Schweizerinnen und Schweizer als Touristen im Ausland eine Notfallbehandlung brauchen, zahlt die Grundversicherung trotzdem – mit gewissen Einschränkungen (siehe Details auf Seite 53 ff.).

Auch Medikamente müssen in der Schweiz bezogen werden. Kauft jemand Medikamente gezielt im Ausland, muss die Kasse aus der Grundversicherung im Prinzip nichts zahlen. Viele Kassen tun es aber trotzdem, weil solche Einkäufe im Ausland oft billiger sind.

Auch bei Zahnarztbesuchen im nahen Ausland (etwa nach einem Unfall) übernehmen etliche Kassen die entsprechenden Kosten. Es lohnt sich, nach der Praxis der Kasse zu fragen.

Mehr noch: Einige Krankenkassen haben Verträge mit süddeutschen Rehabilitationskliniken geschlossen und ermuntern ihre Versicherten, sich dort in die Reha zu begeben – auch wenn die Behandlung aus der Grundversicherung gezahlt wird. Für Operationen findet ebenfalls eine zaghafte Öffnung mit grenzüberschreitenden Pilotversuchen statt.

Ein Hinweis: Dass die Grundversicherung im Prinzip nur im Inland zahlt, entspricht nach vorherrschender Meinung dem sogenannten Territorialprinzip des KVG.

Diese Auffassung hat das Bundesgericht bestätigt: Ein Mann liess in Innsbruck beide Hüftgelenke gleichzeitig operieren. Die Grundversicherung seiner Krankenkasse muss daran keinen Rappen zahlen, entschied das höchste Gericht. Das Freizügigkeitsabkommen zwischen der Schweiz und der Europäischen Union ändere daran nichts.

Die Krankenkasse müsste nur einspringen, wenn die Operation in der Schweiz nicht angeboten würde oder hier mit einem viel grösseren Risiko verbunden wäre. Beides war im konkreten Beispiel nicht der Fall.

Sein Einwand, die Klinik in Österreich habe mehr Erfahrung, half dem Patienten auch nicht weiter (Bundesgerichtsurteil 9C_1065/2008).

In neueren Urteilen ist das Bundesgericht bei dieser Auffassung geblieben (Urteile 9C_35/2010, 9C_630/2010 und 9C_238/2011).

tende Ärztinnen und Ärzte von der Grundversicherung generell auszuschliessen, sind bis anhin gescheitert.

Bezahlt sind auch alle Kosten für vom Arzt angeordnete Untersuchungen (zum Beispiel Labor oder Röntgen). Das gilt für alle Krankheiten und Unfälle und deren Folgen (bei Unfällen nur, wenn dafür nicht die obligatorische Unfallversicherung des Betriebes aufkommt, siehe Kasten auf Seite 39).

## Die Krankenversicherung im Internet

Auf diesen Internetseiten finden Sie viele nützliche Infos zur Krankenversicherung:

- www.bag.admin.ch. Auf der Homepage des Bundesamts für Gesundheit (BAG) stehen alle offiziellen Verlautbarungen und sämtliche Ausführungsbestimmungen und Verordnungen für die obligatorische Grundversicherung. Die Seite enthält auch gut verständliche Erläuterungen, die sich explizit an Laien richten.
- www.priminfo.ch. Auf dem Rechner des BAG können Sie die Prämien der Grundversicherung vergleichen.
- www.kvg.org. Hier gibts Infos zur Europäischen Krankenversicherungskarte und zu Ferien im Ausland sowie zur Versicherungspflicht von Grenzgängern und Schweizer Rentnern im Ausland.
- www.santesuisse.ch. Auch die Homepage des Verbandes der Schweizer Krankenversicherer bietet viele nützliche Infos.

### Kantonsgrenzen schränken die freie Arztwahl ein

Wer zum Arzt muss, kann in der Schweiz im Grundsatz jeden Arzt für ambulante Behandlungen aufsuchen. Die Kasse muss aber (ausser in Notfällen) nur denjenigen Tarif übernehmen, der am Wohnort (oder am Arbeitsort) der betreffenden Person beziehungsweise «in deren Umgebung» gilt.

Wer also wahllos in der ganzen Schweiz von Arzt zu Arzt reist, muss damit rechnen, dass seine Krankenkasse nicht die ganzen Arztrechnungen vergütet. Diese «Umgebung» ist aber nicht strikt auf das Kantonsgebiet begrenzt. Das Bundesgericht hat präzisiert, dass die «Umgebung» auch ausserhalb des Kantonsgebiets liegen kann – aber beschränkt auf einen engen Umkreis.

Daher musste eine Krankenkasse einer Frau mit Wohn- und Arbeitsort Basel-Stadt den markant höheren Tarif für eine ambulante Behandlung im basellandschaftlichen Bruderholzspital zahlen. Denn dieses Spital liege «in unmittelbarer Nähe von Basel», und zwar nur drei Kilometer vom Wohnort der Frau und weniger als einen Kilometer von der Kantonsgrenze entfernt.

In **Notfällen** aber vergütet die Krankenkasse jede Arztrechnung – unabhängig vom jeweiligen kantonalen Tarif.

### Behandlung durch Angehörige von Pflegeberufen

Den Ärztinnen und Ärzten gleichgestellt sind Chiropraktoren. Für die Behandlung durch Chiropraktoren braucht es also keine ärztliche Überweisung (ausser in HMO- und Hausarztmodellen, siehe Seite 71 ff.).

Auch die Leistungen der Hebammen werden durch die Grundversicherung vergütet.

### Psychotherapie: Es muss (meist) ein Arzt sein

Die Grundversicherung zahlt Gruppen- oder Einzelbehandlungen, wenn sie ein Arzt (in der Regel ein Psychiater) durchführt. Oder wenn angestellte nicht ärztliche Therapeuten in einer Arztpraxis oder in einem Spital unter ärztlicher Aufsicht und Verantwortung behandeln.

Therapien zur Selbsterfahrung, Selbstverwirklichung oder Persönlichkeitsentfaltung werden nicht übernommen.

Bezahlt sind höchstens 40 Abklärungs- und Therapiesitzungen.

Falls die Therapie länger dauert, muss der behandelnde Arzt mit dem Vertrauensarzt der Krankenkasse Kontakt aufnehmen und für die Weiterbehandlung das Einverständnis des Versicherers einholen.

Bisher nicht anerkannt sind Behandlungen durch freischaffende nicht ärztliche Psychotherapeuten. Diese haben nicht Medizin, sondern beispielsweise Psychologie oder Pädagogik studiert oder haben sich an einem nicht universitären Institut ausbilden lassen. Ihre Zulassung für die Grundversicherung wird aber politisch diskutiert.

Wer auch Behandlungen bei nicht ärztlichen Psychotherapeuten versichern will, kann das mit einer Zusatzversicherung tun (siehe Seite 92).

Bezahlt sind auch die Verrichtungen durch Angehörige von Pflegeberufen, falls sie auf Anordnung eines Arztes oder einer Ärztin einen Patienten oder eine Patientin behandeln.

Die Liste dieser Berufsgattungen ist gesetzlich genau festgelegt: Sie umfasst die zugelassenen Ergotherapeuten, Physiotherapeuten, Apotheker, Krankenpfleger, Logopäden, Ernährungsberater (aber nur bei schweren Krankheiten) – und natürlich auch die weiblichen Vertreterinnen dieser Berufsgattungen.

Die nicht ärztlichen Psychotherapeuten gehören im Prinzip nicht dazu (siehe Kasten oben).

Bei den Ergotherapeuten und Physiotherapeuten sind höchstens neun Sitzungen in drei Monaten bezahlt (bei Logopäden zwölf in drei Monaten); danach braucht es eine neue ärztliche Verordnung.

Auch bei den anderen medizinischen Berufen sind der Umfang der kassenpflichtigen Leistungen und die entsprechenden Tarife genau festgelegt.

Bei der Ergotherapie zeigt sich übrigens eine typische Schwierigkeit der Krankenversicherung: Sie zahlt nach Gesetz nur, wenn eine behandlungsbedürftige Krankheit vorliegt. Bei der Ergotherapie ist das oft strittig, wenn es «nur» darum geht, zum Beispiel auf Wunsch der Eltern Entwicklungsstörungen bei schulschwachen Kindern zu beheben.

### Im Spital ist die allgemeine Abteilung bezahlt

Bei Spitalaufenthalten übernimmt die Grundversicherung zeitlich unbeschränkt die Kosten der allgemeinen Abteilung eines Spitals im Wohnkanton, das auf der kantonalen Spitalliste mit entsprechendem Leistungsauftrag aufgeführt ist. Auf der allgemeinen Abteilung haben Patientinnen und Patienten aber keine freie Arztwahl.

Wer nur die Grundversicherung hat und sich aus privaten Gründen (oder weil ein bevorzugter Arzt nur dort operiert) in einem ausserkantonalen Listenspital behandeln lässt, hat diese Wahlfreiheit zwar ganz offiziell. Er muss aber damit rechnen, dass die Kasse nicht alles zahlt, sondern nur die Ansätze bzw. Pauschalen gemäss dem Tarifniveau des Wohnkantons.

Das kann ins Auge gehen, wenn im anderen Kanton höhere Pauschalen zur Anwendung kommen.

Wer sich ausserkantonal behandeln lässt, sollte sich deshalb vorher unbedingt bei der Kasse nach den Kostenfolgen erkundigen (oder er hat schon früher eine Zusatzversicherung abgeschlossen, siehe Kasten auf Seite 102).

Allerdings: Wenn eine bestimmte medizinische Behandlung im Wohnkanton nicht möglich ist, ist die Behandlung in einem anderen Kanton voll bezahlt; dazu ist eine Kostengutsprache des Kantonsarztes notig.

Auch in Notfällen ist volle Kostenübernahme in jedem Spital der Schweiz gemäss kantonaler Spitalliste gewährleistet.

Aufpassen müssen Sie jedoch, wenn Sie nur die obligatorische Grundversicherung haben und notfallmässig in einem Spital landen, das keine allgemeine Abteilung hat. Die Krankenkasse muss in einem solchen Fall nur den entsprechenden Tarif der allgemeinen Abteilung zahlen.

Lassen Sie sich deshalb in solchen Fällen sofort in ein anderes Spital verlegen, sobald das medizinisch möglich ist. Falls Sie sich nicht sofort verlegen lassen, müssen Sie den Aufpreis selber zahlen.

### Die medizinische Rehabilitation bei «Spitalbedürftigkeit»

Vor allem nach schweren Operationen brauchen Patientinnen und Patienten oft eine gezielte Rehabilitation, um ihre körperlichen oder geistigen Fähigkeiten wiederzuerlangen. Diese kann ambulant oder stationär durchgeführt werden. Zu den Behandlungen gehören die ärztliche und pflegerische Betreuung sowie die nötigen Therapien wie Physiotherapie, Ergotherapie, Logopädie usw.

Vor einem Klinikeintritt muss man bei der Krankenkasse zwingend eine Kostengutsprache verlangen.

Die Kasse wird die vollen Kosten (inklusive Unterbringung und Verpflegung) aber nur dann begleichen, wenn der Aufenthalt medizinisch notwendig ist und wenn er von einem Arzt angeordnet wurde – wenn also eine sogenannte Spitalbedürftigkeit vorliegt.

Streitereien über diese «Spitalbedürftigkeit» sind aber häufig, weil auch der Begriff der Rehabilitation unklar und im Gesetz nicht näher umschrieben ist. Letzten Endes ist entscheidend, wie gut der Arzt in seinem Gesuch zuhanden der Krankenkasse argumentiert – und ob der Vertrauensarzt der Krankenkasse zur gleichen Ansicht kommt.

Punkto Wahl der Rehaklinik gilt das Gleiche wie bei den Spitälern: Wer sich freiwillig in einem anderen Kanton behandeln lässt, muss unter Umständen den Aufpreis gegenüber dem Referenztarif im Wohnkanton selber zahlen.

Eine Form der Rehabilitation sind auch Bade- und Erholungskuren (siehe Kasten unten).

### Diese Spitex-Massnahmen werden übernommen

Aus der Grundversicherung sind die Kosten für die vom Arzt verordnete Krankenpflege zu Hause (spitalexterne Pflege, Spitex) zumindest teilweise bezahlt. Dies gilt auch im Pflegeheim und auch bei Kindern.

Eine solche Pflege kann nötig sein nach einem Unfall, nach der Geburt, nach einem ambulanten Eingriff, nach der Entlassung aus dem Spital, für die Zeit der Rekonvaleszenz, bei Behinderung, bei chronischer Krankheit oder bei allgemeiner Altersschwäche.

Zu den von der Krankenkasse bezahlten Massnahmen gehören die Abklärung des Pflegebedarfs, die Untersuchung und Beratung sowie die eigentliche Behandlungspflege (Beispiele: Bestimmung des Zuckers in Urin und Blut, Einführen von Sonden und Kathetern, Spritzen verabreichen, Wunden pflegen, Anlegen von Verbänden).

Über die Grundversicherung gedeckt ist auch die einfache Grundpflege (Körperpflege des Patienten, Hilfe beim Aufstehen oder Essen, Anziehen, Bewegungsübungen, Beine einbinden usw.).

### Kochen und Putzen muss die Krankenkasse nicht zahlen

Aber: Die eigentliche Haushaltshilfe (einkaufen, kochen, waschen, putzen, Begleitung beim Spazieren) ist aus der Grundversicherung nicht bezahlt (allenfalls über eine Zusatzversicherung).

Die Krankenkasse zahlt die Spitex-Pflegekosten nicht in unbegrenzter Höhe. Die Tarife müssen sich in einem Rahmen halten, der vom Gesetz vorgegeben ist. Und sie sind in drei Leistungsstufen eingeteilt – abhängig von der Hilfebedürftigkeit des Patienten.

Vorgeschrieben ist auch, dass die Pflegeleistungen durch eine kassenanerkannte Spitex-Organisation mit einer kantonalen Konkordatsnummer erbracht werden.

Eine Liste der privaten Spitex-Organisationen in der Schweiz, die ebenfalls über eine Betriebsbewilligung und eine Konkordatsnummer verfügen, finden Sie im Internet unter www.spitexpriveesuisse.ch; Auskünfte dazu erhalten Sie unter Tel. 031 370 76 86.

## Kuren nur in anerkannten Heilbädern

An die Kosten von ärztlich angeordneten Badekuren zahlt die Grundversicherung während höchstens 21 Tagen pro Kalenderjahr einen täglichen Unkostenbeitrag von nur gerade 10 Franken. Voll übernommen werden die Kosten für Arzt, Medikamente und (anerkannte) Therapien.

Für Unterbringung und Verköstigung gibt es hier aber im Unterschied zur eigentlichen Rehabilitation kein zusätzliches Geld aus der Grundversicherung.

Das Heilbad muss zugelassen sein. Die Liste der zugelassenen Heilbäder finden Sie im Internet auf www.bag.admin.ch.

## Alternativmedizin: Die Grundversicherung zahlt nur wenig

Am 17. Mai 2009 hat das Schweizer Stimmvolk Ja gesagt zu einem Artikel in der Bundesverfassung, der die Behörden verpflichtet, die Komplementärmedizin in der obligatorischen Grundversicherung besser zu berücksichtigen. Nun ist es Aufgabe des Parlaments, konkrete Massnahmen zugunsten der Komplementärmedizin zu formulieren.

Noch ist es aber nicht so weit. Vielmehr ist Anfang 2012 lediglich eine Übergangsregelung in Kraft getreten. Gemäss diesem Provisorium vergüten die Krankenkassen aus der obligatorischen Grundversicherung wieder fünf Methoden der Alternativmedizin: anthroposophische Medizin, Homöopathie, Neuraltherapie nach Huneke (Störfeld-Therapie), Phytotherapie und traditionelle chinesische Medizin. Dies gilt befristet bis Ende 2017. In dieser Zeit soll der Nachweis erbracht werden, dass diese Methoden wirksam, zweckmässig und wirtschaftlich sind.

Ein solches Provisorium hatte es schon von 1999 bis Mitte 2005 gegeben.

Aber Achtung: Damit die Grundversicherung zahlt, muss der Arzt eine entsprechende Zusatzqualifikation für Komplementärmedizin haben. Eine solche haben nur rund 1000 Ärztinnen und Ärzte. Sie finden diese im Internet unter www.unioncomed.ch oder www.doctorfmh.ch.

Rechnungen von nicht ärztlichen Therapeutinnen und Therapeuten ohne medizinisches Staatsexamen hingegen werden weiterhin nur von entsprechenden Zusatzversicherungen übernommen. Diese Therapeuten (oft Naturärzte genannt) bieten eine Vielzahl von weiteren Alternativmethoden an. Wer davon profitieren möchte, sollte deshalb allfällige Zusatzversicherungen nicht kündigen (siehe Seite 90f.).

Normal kassenpflichtig ist – wie bisher auch schon – die Akupunktur. Bedingung ist aber auch hier, dass sie ein zugelassener Schulmediziner (Arzt oder Ärztin) durchführt; Bedingung ist auch, dass der Mediziner eine Weiterbildung in Akupunktur nachweisen kann, die von der Verbindung der Schweizer Ärzte (FMH) anerkannt ist.

In der Spezialitätenliste aufgeführt und damit kassenpflichtig sind auch einige Medikamente, die im Rahmen einer komplementärmedizinischen Behandlung eingesetzt werden.

Das Gesagte gilt auch für psychisch kranke Menschen.

Die Krankenkassen zahlen die gesetzlich festgelegten Tarife – jedoch abzüglich Franchise und Selbstbehalt, wie das in der Grundversicherung üblich ist.

In einigen Kantonen müssen sich die Pflegebedürftigen noch zusätzlich mit höchstens Fr. 15.95 pro Tag an den Kosten beteiligen. Je nach Kanton kann dieser Betrag tiefer sein – oder der Kanton verlangt gar nichts.

Die Verrechnung von Zuschlägen für Wegzeiten, Nacht- oder Wochenendeinsätze oder Ähnlichem ist nicht erlaubt. Zuschläge oder Spesen dürfen Spitex-Organisationen nur bei Leistungen erheben, die nicht kassenpflichtig sind – also bei der Haushalthilfe.

Betroffene sollten prüfen, ob sie Anspruch auf Hilflosenentschädigung oder Ergänzungsleistungen haben. Allenfalls springt die Sozialhilfe ein.

### Tarife decken die Kosten im Pflegeheim bei Weitem nicht

Auch im Alters- oder Pflegeheim zahlt die Grundversicherung nur die medizinisch begründete Pflege. Für die Hotelkosten (Zimmer, Essen, Kleiderwaschen) müssen Patientinnen und Patienten selber aufkommen – und das kann unter Umständen sehr teuer werden.

Für die medizinisch notwendige Pflege werden die Bewohner vom Arzt je nach Pflegebedürftigkeit in zwölf Pflegebedarfsstufen eingeteilt. Diese Einstufung ist entscheidend dafür, wie viel die Grundversicherung der Krankenkasse beitragen muss.

Für diese medizinische Pflege im Pflegeheim müssen Betroffene – zusätzlich zur normalen Franchise und zum üblichen Selbstbehalt der Krankenkasse – noch höchstens Fr. 21.60 pro Tag bzw. Fr. 7884.– pro Jahr maximal selber zahlen – je nach Kanton.

Zudem gibt es neu noch die Leistungskategorie der sogenannten Akut- und Übergangspflege der Spitex (oder im Pflegeheim). Sie wird während maximal zwei Wochen direkt anschliessend an einen Spitalaufenthalt erbracht, falls der Spitalarzt sie anordnet. Hier müssen die Betroffenen nur den normalen Selbstbehalt und die Franchise bezahlen.

Falls diese Akut- und Übergangspflege aber in einem Pflegeheim erfolgt, müssen die Betroffenen auch hier Kost und Logis selber zahlen.

### Medikamente müssen auf der Spezialitätenliste sein

Medikamente sind im Prinzip dann bezahlt, wenn sie vom Arzt verschrieben wurden. Voraussetzung ist aber auch, dass sie in der sogenannten Spezialitätenliste aufgeführt sind; die Liste umfasst zurzeit rund 2400 Medikamente und wird laufend dem medizinischen Fortschritt angepasst.

In der Regel ist beim entsprechenden Präparat auch festgehalten, für welchen Zweck (bzw. für welche Indikation) es zugelassen ist. Zudem gibt es bei einigen Medikamenten eine sogenannte

## Brillengläser und Kontaktlinsen sind nicht mehr bezahlt

Seit Anfang 2011 zahlt die obligatorische Grundversicherung im Normalfall nichts mehr an Brillengläser und Kontaktlinsen. Nur bei sehr starken Sehfehlern oder bei bestimmten Erkrankungen zahlt die Grundversicherung einen Beitrag an Brillen oder Kontaktlisen, im Maximum 630 Franken pro Auge. Fragen Sie Ihren Augenarzt.

Übrigens: Sollte die Krankenkasse etwas zahlen, so würde auch auf diesen Betrag die normale Kostenbeteiligung erhoben.

Wer von seiner Kasse dennoch Beiträge an Brillengläser und Kontaktlinsen will, kann dies über die Zusatzversicherungen erreichen: Sie zahlen oft auch ohne ärztliches Rezept und auch bei Kauf im Ausland (siehe Kasten auf Seite 94). Es lohnt sich aber nicht, einzig wegen einer Mehrvergütung für Brillengläser eine Zusatzversicherung abzuschliessen.

Aufgrund von politischen Bestrebungen kann man davon ausgehen, dass die Kassen Sehhilfen für Kinder und Jugendliche unter 18 Jahren bald wieder aus der Grundversicherung bezahlen müssen. Die Details waren bei Redaktionsschluss dieses Ratgebers noch nicht bekannt.

Limitation, also eine mengenmässige Beschränkung.

Es ist also keineswegs so, dass die Krankenkasse automatisch und unbesehen alles zahlt, was der Arzt verschreibt. Und allein die Tatsache, dass ein Medikament vom Heilmittelinstitut Swissmedic für den Markt freigegeben wurde, bedeutet noch nicht, dass es auch kassenpflichtig ist. Die Spezialitätenliste finden Sie im Internet auf www.sl.bag.admin.ch.

Sogenannte Lifestyle-Medikamente wie etwa Viagra oder Haarwuchsmittel sind dort nicht aufgeführt. Das gilt zurzeit auch noch für Raucherentwöhnungsmedikamente (das muss aber jetzt gemäss dem Bundesgerichtsentscheid 137 V 295 geprüft werden).

**Tipp:** Es kommt oft vor, dass Ärzte oder Spitäler ein zugelassenes Medikament für eine Behandlungsart einsetzen, für die es in der Spezialitätenliste gar nicht vorgesehen ist. Fachleute nennen das den Off-Label-Use.

Das betrifft oft Krebsmedikamente, die für eine bestimmte Krebsart zugelassen sind, aber gegen eine andere Art von Krebs zum Einsatz kommen, oder Epilepsiemedikamente.

Eine solche Verwendung ausserhalb der zugelassenen Indikation müssen die Krankenkassen gemäss Gesetz dann zahlen, wenn für den Patienten Lebensgefahr besteht, die Behandlung erfolgversprechend ist und es keine therapeutischen Alternativen gibt. Es braucht dazu einen Entscheid des Vertrauensarztes.

Das Gleiche kann auch für Medikamente gelten, die noch nicht auf der Spezilitätenliste aufgeführt sind.

In solchen Fällen kann eine Zusatzversicherung sinnvoll sein (siehe Seite 92f.).

Wichtig: Falls der Arzt oder das Spital ein Medikament verordnet, das von der Grundversicherung nicht vergütet wird, muss der Patient darüber informiert werden.

### Die Apotheken können auch ein Generikum abgeben

Die Apotheken dürfen anstelle der verschriebenen Originalpräparate Nachahmermedikamente (Generika) abgeben, sofern der Arzt nicht ausdrücklich das Originalmedikament verschrieben hat.

Besteht der Arzt aus medizinischen Gründen auf dem Originalmedikament, schreibt er das Kürzel «sic!» auf das Rezept oder die Bemerkung «Aus medizinischen Gründen nicht substituiert.»

Auch für Patienten lohnt es sich, bei kassenpflichtigen Mitteln ein Generikum zu wählen. Denn seit 2006 bezahlt man quasi zur Strafe einen Selbstbehalt von 20 statt 10 Prozent, wenn man sich absichtlich vom Arzt ein Originalpräparat verschreiben lässt, von dem es in der Spezialitätenliste ein Generikum gibt, das mindestens 20 Prozent günstiger ist als das günstigste Drittel der vergleichbaren Originalmedikamente mit dem gleichen Wirkstoff.

Weiterhin 10 Prozent beträgt der Selbstbehalt, wenn der Arzt aus medizinischen Gründen auf der Verwendung des Originals beharrt.

Seit Mitte 2011 können sogar Generika vom 20-Prozent-Selbstbehalt betroffen sein, falls sie viel teurer sind als vergleichbare Generika.

Informationen zu Generika finden Sie im Internet unter www.pro-generika.ch, www.nachahmer.ch oder www.mymedi.ch.

**Tipp:** Es kommt immer häufiger vor, dass Krankenkassen ihre Versicherten auffordern, Medikamente im Versandhandel zu kaufen oder in besonders günstigen Apotheken. Dagegen spricht nichts, weil Medikamente hier oft billiger sind. Aber: Wer verschriebene Medikamente weiterhin in seiner Hausapotheke kauft, hat auch weiterhin Anspruch auf Vergütung des allenfalls höheren Preises.

Noch ein Detail: In Ausnahmefällen darf die Krankenkasse bei der Vergütung von Medikamenten ein Kostendach aufstellen. Dies entschied das Bundesgericht im Falle einer Patientin mit einem Augenleiden. Sie hatte lange hohe Medikamentenkosten, die von der Grundversicherung bezahlt wurden. Da schrieb ihr die Kasse, sie werde sich künftig «nur noch mit einem Höchstbetrag pro Monat an den Medikamentenkosten beteiligen».

Ein solches Kostendach ist in der obligatorischen Grundversicherung erlaubt, sagt das Bundesgericht. Denn die Kassen müssen darauf achten, dass ihre Leistun-

### Die Kostenübernahme bei Fettleibigkeit

Damit die Grundversicherung eine Behandlung gegen Übergewicht bezahlt, ist jeweils ein gewisser Body-Mass-Index (BMI) vorausgesetzt. BMI-Berechnung: Körpergewicht in Kilogramm geteilt durch Körpergrösse in Metern im Quadrat. Im Internet: www.fettrechner.de/berechnungstools/bmi/bmi.html oder www.ebalance.ch → BMI-Rechner.

Die Krankenkassen übernehmen im Rahmen der Grundversicherung Ernährungsberatung (durch diplomierte Beraterinnen) ab BMI 30, sofern Folgekrankheiten (Diabetes, Gelenkprobleme, hoher Blutdruck usw.) vorhanden sind und die Zuweisung durch den Arzt erfolgt. Dies gilt für zweimal sechs Konsultationen; für eine Fortführung braucht es die Zustimmung des Vertrauensarztes der Kasse.

Das rezeptpflichtige Medikament Xenical wird ab BMI 28 übernommen.

Chirurgische (bariatrische) Eingriffe wie Magenband und Magenbypass werden übernommen bei BMI über 35. Dazu braucht es die Zustimmung des Vertrauensarztes der Krankenkasse. Magenballons sind ausgeschlossen.

Zuvor muss aber die fettleibige Person während mindestens zwei Jahren eine konventionelle und adäquate Therapie (Ernährungs- und Bewegungsberatung, evtl. Medikamente) erfolglos versucht haben. Diese Therapie muss nicht zwingend zusammenhängend gewesen sein, Unterbrechungen (zum Beispiel bei einer Schwangerschaft oder bei psychischen Störungen) sind möglich.

Ergänzende Infos dazu finden Sie bei der Schweizerischen Adipositas-Stiftung, www.saps.ch oder Tel. 044 251 54 13.

Für übergewichtige und adipöse Kinder und Jugendliche bezahlt die Grundversicherung ärztlich geleitete Gruppenprogramme. Nähere Angaben dazu unter www.akj-ch.ch oder über Telefon 044 251 54 45.

gen «zweckmässig und wirtschaftlich» sind. Mehrere Fachärzte hatten im konkreten Fall einen «überbordenden Konsum von Medikamenten» festgestellt (Bundesgerichtsurteil 9C_649/2009).

Und noch ein Hinweis: Es gibt gewisse verschreibungspflichtige Medikamente, die man nicht nur in Apotheken, sondern auch in Drogerien kaufen kann. Wer diese in der Drogerie kauft, kann von der Krankenkasse keine Vergütung verlangen, weil Drogerien keine anerkannten «Leistungserbringer» gemäss KVG sind.

### Babys vom Arzt: Das ist bezahlt

Chirurgische Eingriffe und medikamentöse Therapien zur Überwindung der Sterilität gehören bei Verheirateten und bei Konkubinatspaaren zu den Pflichtleistungen der obligatorischen Krankenpflege-Versicherung.

Das Gleiche gilt für eine bestimmte Form der künstlichen Befruchtung, nämlich für die intrauterine Insemination (instrumentelles Einspritzen von Samenzellen in die Gebärmutter); dazu gehören auch die Hormonspritzen. Es können Samen des Partners oder eines unbekannten Samenspenders sein. Es werden maximal drei Behandlungszyklen bezahlt.

Bezahlt sind auch die Abklärungen zur Feststellung, bei wem die Unfruchtbarkeit liegt.

Andere Fortpflanzungshilfen wie etwa In-vitro-Fertilisation oder Embryo-Transfer (Retortenbabys) sind nicht bezahlt. Und auch nicht die Behandlung von Erektionsstörungen.

### Was gilt bei Vorsorgeuntersuchungen und Impfungen?

- Bei Neugeborenen gehören zu den Pflichtleistungen: die Hüftsonografie zur Erkennung von Hüftmissbildungen, sechs weitere Screenings sowie zwei prophylaktische Vitamingaben während des ersten Lebensjahres.
- Kinder im Vorschulalter haben acht Untersuchungen zur Kontrolle des Gesundheitszustandes und der normalen Entwicklung zugut.

Übrigens: Für Geburtsgebrechen wird wie bei Krankheit bezahlt, sofern nicht die Invalidenversicherung (IV) zuständig ist. Kinder mit einem Geburtsgebrechen sollten frühzeitig bei der IV angemeldet werden.

- Gynäkologische Vorsorgeuntersuchungen (inklusive Krebsabstrich) sind zuerst zwei Jahre hintereinander je einmal bezahlt. Ergeben sich bei diesen zwei Untersuchungen keine aussergewöhnlichen Befunde, ist eine Vorsorgeuntersuchung anschliessend alle drei Jahre bezahlt – sonst (bei Verdachtsmomenten) nach Anordnung des Arztes.
- Bei Frauen bis 50 Jahre sind Untersuchungen der Brust (Mammografie) bezahlt, falls der Arzt einen Krebsverdacht hat oder wenn ein familiär erbbedingtes erhöhtes Erkrankungsrisiko besteht.

Bei Frauen ab 50 ist die Mammografie alle zwei Jahre bezahlt, falls diese im Rahmen eines kantonalen Programms zur Früherkennung des Brustkrebses stattfindet. In diesem Fall ist die Brustuntersuchung von der Franchise befreit.

Solche Programme haben bislang die Kantone Freiburg, Genf, Graubünden, Jura (inkl. Berner Jura), Neuenburg, St. Gallen, Thurgau, Waadt und Wallis (Stand Anfang 2012).

- Aus der obligatorischen Grundversicherung sind auch eine Reihe von Impfungen bezahlt (unter Umständen auch eine Grippeimpfung, aber keine Reiseimpfungen wie etwa Gelbfieber- oder Malariaprophylaxe). Die Details stehen in der Krankenpflege-Leistungsverordnung (KLV). Sie können auch Ihre Krankenkasse fragen.

Es kann sein, dass gewisse Impfungen von der Franchise befreit sind, falls der Bund eine Impfung als wichtig erachtet.

**Falle bei Gratisimpfungen!** Seit Juni 2007 empfiehlt das Bundesamt für Gesundheit, dass sich Mädchen und junge Frauen bis 19 Jahre gegen humane Papillomaviren (HPV) impfen lassen. Diese Viren sind die Hauptursache für Gebärmutterhalskrebs. Erfolgt die Impfung im Rahmen eines kantonalen Impfprogramms, müssen sich die Eltern nicht um die Kosten kümmern: Der Kanton bezahlt Impfstoff und Ärzte.

Wer das nicht beachtet (oder die Impfung macht, bevor das offizielle Programm im jeweiligen Kanton startet), muss die Impfung selber zahlen.

**Tipp:** Infos zu diesem Impfprogramm finden sich unter www.sichimpfen-hpv.ch.

**Wichtig:** Alle diese Massnahmen, die der Prävention dienen, sind auch dann bezahlt, wenn kein Verdacht auf eine Erkrankung besteht. Falls aber solche Anhaltspunkte existieren, kann der Arzt weitere Untersuchungen anordnen, die dann von der Grundversicherung übernommen werden müssen.

An Fitnesscenter zahlt die Grundversicherung übrigens nichts. Dafür gibt es Zusatzversicherungen.

**TIPP**

### Auf mündliche Auskünfte ist kein Verlass!

Verlassen Sie sich in wichtigen Dingen nie auf eine telefonische Auskunft durch das Krankenkassenpersonal. Dies gilt insbesondere bei Kostengutsprachen – also dann, wenn Sie anfragen, ob eine Behandlung bezahlt wird oder nicht.

Denn telefonische Auskünfte sind nicht beweisbar. Lassen Sie sich solche Deckungszusagen immer schriftlich geben.

Dass es bei telefonischen Kostengutsprachen Probleme geben kann, wissen auch die Krankenkassen. Die häufigste Schwierigkeit: Kundinnen und Kunden stellen eine allgemein gehaltene Frage nach den bezahlten Leistungen ihrer Versicherungsdeckung – und schliessen dann aus der Auskunft fälschlicherweise auf eine definitive Kostengutsprache für ihren konkreten Fall. Allgemeine Beratungsanfragen können also zu Fallen werden.

Kostengutsprachen sind üblich bei Spital-, Kur- und Reha-Aufenthalten, für Spitex- und Pflegeheimleistungen, spezielle Medikamente, Physiotherapie, gewisse Zahnbehandlungen, Haushalthilfe und Alternativmedizin.

Bei Spitalaufenthalten sind es meist die Spitäler, die eine Kostengutsprache verlangen.

Für eine Kostengutsprache muss die Krankenkasse genau wissen, worum es geht. Lassen Sie sich von Ihrem Arzt helfen, wenn Sie unsicher sind.

Sie dürfen durchaus Ihre Kasse anrufen und nach dem konkreten Leistungsumfang Ihrer Police fragen. Aber Sie dürfen diese Auskunft nicht als formelle Kostengutsprache auffassen. Denn für eine Kostengutsprache muss die Kasse auch prüfen können, ob Sie die nötige Deckung haben, ob ein Vorbehalt oder eine Leistungssperre wegen unbezahlter Prämien besteht und ob die Leistungen schon ausgeschöpft sind.

### Das gilt bei Mutterschaft, Verhütung und Abtreibung

Bei einer normal verlaufenden Schwangerschaft zahlt die Krankenversicherung acht Kontrollen (davon eine nach der Geburt) sowie zwei Ultraschalluntersuchungen. Die Kasse zahlt auch die Kosten für die Geburt (zu Hause, im Spital oder in einem Geburtshaus).

- Wer ein Kind in einem Geburtshaus zur Welt bringen will, muss vorher abklären, für welche Kosten die Krankenkasse aufkommt.

Nur die Aufwendungen für Hebamme, Material und Medikamente gemäss Spezialitätenliste werden auf jeden Fall übernommen. An die Aufenthaltskosten (Hotellerie) hingegen zahlt die obligatorische Grundversicherung nur, falls das Geburtshaus auf der Spitalliste des Kantons figuriert (eventuell zahlt eine Zusatzversicherung dazu).

- Bei Risikoschwangerschaften übernimmt die obligatorische Grundversicherung alle ärztlich angeordneten Untersuchungen und Behandlungsmassnahmen.
- An Geburtsvorbereitungskurse von anerkannten Hebammen werden 100 Franken bezahlt, die Stillberatung bei ausgebildeten Fachpersonen wird für maximal drei Sitzungen voll übernommen.
- Ein eigentliches Stillgeld ist im Leistungskatalog der Grundversicherung nicht enthalten (wohl aber bei gewissen Zusatzversicherungen).

**Tipp:** Auf alle im Gesetz aufgezählten Leistungen bei normal verlaufender Mutterschaft müssen die versicherten Frauen keine Kostenbeteiligung (Franchise und Selbstbehalt) übernehmen (mehr dazu im Kasten auf Seite 63).

- Die Pflege des gesunden Neugeborenen sowie seinen Spitalaufenthalt zahlt die Grundversicherung der Mutter (ebenfalls ohne Kostenbeteiligung). Ist ein Neugeborenes krank, geht die Behandlung zulasten der Krankenversicherung des Kindes.
- Bei straflosem beziehungsweise legalem Schwangerschaftsabbruch übernimmt die Kasse die anfallenden Kosten – und zwar nicht nur den Eingriff, sondern auch das vorangehende ärztliche Gespräch.

Die Abtreibungspille Mifegyne wird von der Kasse ebenfalls bezahlt, falls die Schwangere die Voraussetzungen für einen straflosen Schwangerschaftsabbruch erfüllt.

- Verhütungsmittel werden von der Krankenkasse nicht bezahlt.
- Die Sterilisation gehört bei Frau oder Mann nur dann zu den bezahlten Pflichtleistungen, wenn der Frau durch eine Schwangerschaft ein erhebliches Gesundheitsrisiko droht und andere Methoden der Schwangerschaftsverhütung aus medizinischen Gründen nicht in Betracht kommen. Eine «normale» Unterbindung ist also nicht bezahlt.

### Kosmetische Behandlungen: Nur bei «Krankheitswert»

Schönheitsoperationen, die nur aus ästhetischen Gründen erfol

Fortsetzung auf Seite 53

## Wenn die Krankenkasse nicht zahlen will...

Es kommt immer wieder vor, dass eine Krankenkasse eine Rechnung aus der Grundversicherung nicht zahlen will.

Denn die Krankenkassen können sich bei der Verweigerung der Kostenübernahme auf einen Artikel im Gesetz stützen, der verlangt, dass die medizinische Behandlung «wirksam, zweckmässig und wirtschaftlich» sein muss (KVG-Artikel 32).

Beispiele: Der Arzt arbeitet nach einer Methode, die neu und noch umstritten ist. Oder: Der Arzt verschreibt bei einer Grippe ein teures Herzmedikament. Oder: Der Arzt ordnet eine Laboruntersuchung an, die der Vertrauensarzt der Krankenkasse als unnötig erachtet.

Oder: Ein Spital ordnet den Aufenthalt in einer Rehabilitationsklinik an, die der Vertrauensarzt der Kasse als nicht angebracht taxiert.

**Erhaltende Therapie statt Bypass.** Ein anderes Beispiel: Das Bundesgericht hat einer Krankenkasse recht gegeben, die eine teure Bypass-Herzoperation an einer 81-jährigen Frau nicht übernehmen wollte. Der Allgemeinzustand der Frau und ihres Herzens sei schon so schlecht gewesen, dass der Eingriff unzweckmässig war, sagten die höchsten Richter.

Vielmehr sei lediglich eine «erhaltende Therapie» angezeigt gewesen.

In einem anderen Urteil ging es um einen Patienten, den die Ärzte für eine medikamentöse Behandlung von Herzproblemen 19 Tage im Spital behielten. Das war übertrieben, sagte das Bundesgericht, die Krankenkasse muss nur das zahlen, was die Behandlung ambulant – also ausserhalb des Spitals – gekostet hätte.

Die Krankenkassen dürfen zudem die Kostengutsprache für einen Spitalaufenthalt zeitlich befristen und die Verlängerung von einem Arztbericht abhängig machen. Behält das Spital den Patienten dann ohne einen solchen Bericht länger, kann sich die Krankenkasse gemäss Bundesgerichtsentscheid weigern, die Kosten für die Zeit der Verlängerung zu zahlen.

**Das sind die wichtigsten Tipps in diesem Zusammenhang:**

- Für den Versicherten sind Streitigkeiten um die Effizienz so lange kein Problem, als die Rechnung direkt an die Krankenkasse geht: Die Krankenkasse wird die Rechnung nicht bezahlen oder den Betrag (oder einen Teil davon) vom Spital oder vom Arzt zurückfordern, falls die Geldsumme bereits überwiesen wurde.
- Schwierig wird es, wenn der Versicherte die Rechnung selber bezahlen muss. Es kommt immer wieder vor, dass sich eine Kasse etwa nach einem Aufenthalt in einer Rehaklinik weigert, die Kosten zu übernehmen. In solchen Fällen sind die Krankenkassen verpflichtet, den Versicherten kostenlos beizustehen bzw. mit der Klinik zu verhandeln.
- Wenn solche Patienten vorgängig weder vom Arzt noch vom Spital darüber aufgeklärt wurden, dass es mit der Bezahlung durch die Krankenkasse Probleme geben könnte, so kann ihnen nicht zugemutet werden, die Rechnung zu bezahlen. Ärzte und Spitäler sind verpflichtet, Patienten auch über Kostenfragen aufzuklären. Tun sie dies nicht, kann sich der Patient weigern, die Rechnung des Leistungserbringers zu zahlen.
- Mehr Infos über die Patientenrechte finden Sie im Saldo-Ratgeber «Die Rechte der Patienten». Sie können das Buch über Telefon 044 253 90 70 bestellen oder im Internet unter www.saldo.ch.
- Auf Seite 38 wurde es schon erwähnt: Wer an einem Gesundheitsschaden selber schuld ist, riskiert in der Krankenpflege-Versicherung keine Kürzung der Zahlung. Bei den Krankentaggeldern nach KVG hingegen (siehe Kasten auf Seite 151) sind Kürzungen erlaubt, falls sich jemand vorsätzlich selber schädigt.

Fortsetzung von Seite 51

gen, zahlt die Grundversicherung nicht. Das betrifft etwa Augenlidkorrekturen, Entfernung von Tätowierungen, Tränensackentfernungen oder Brustvergrösserungen.

Das Bundesgericht schreibt dazu, die äusserliche Verunstaltung müsse objektiv ein gewisses Ausmass erreichen. Was nur «eine gängige Abweichung vom Schönheitsideal» sei, gelte nicht als als entstellende Beeinträchtigung (Urteil 9C_126/2008).

Allerdings: Läuft eine Schönheitsoperation schief und entstehen Komplikationen, sind die Folgekosten von der Grundversicherung bezahlt – ein Umstand, den viele stossend finden.

In gewissen Fällen sind aber Eingriffe für ein besseres Aussehen bzw. für die Behebung eines ästhetischen Mangels bezahlt, falls ein medizinisches Problem mit Krankheitswert besteht oder der psychische Leidensdruck Krankheitswert erreicht – zum Beispiel bei:

- **Brustwiederaufbau** nach Amputation wegen Krebs.
- **Brustverkleinerung.** Verursachen zu grosse Brüste zum Beispiel im Nackenbereich Beschwerden, die mit herkömmlicher Therapie (etwa Physiotherapie) nicht weggebracht wurden, und entnimmt der Chirurg pro Brust mehr als 500 Gramm Gewebe, so zahlt die Krankenkasse die Operation aus der Grundversicherung – aber nur, falls die Frau kein Übergewicht aufweist.
- **Die Behandlung von Krampfadern,** falls ein solcher Eingriff aus medizinischen Gründen notwendig wird.
- **Narbenbehandlung,** falls die Narbe nicht mit Kleidern verdeckt werden kann und medizinische (psychische) Probleme mit Krankheitswert verursacht.
- **Nasenkorrektur,** falls die Atmung beeinträchtigt ist.
- **Abstehende Ohren** bei Kindern, falls die Operation eine psychische Belastung wegen der «Segelohren» beheben soll.

## Bei Notfällen im Ausland: Höchstens der doppelte Tarif

Falls Sie im Ausland einen medizinischen Notfall haben, deckt die Grundversicherung maximal das Doppelte dessen, was die Behandlung im Wohnkanton gemäss Tarif in einem Listenspital gekostet hätte.

In gewissen Ländern kann diese Deckung aber ungenügend sein, sodass eine Zusatzversicherung nötig ist (siehe Seite 289 ff.).

Kein Notfall besteht, wenn sich der Versicherte gezielt ins Ausland begibt, um sich dort behandeln zu lassen (siehe Kasten auf Seite 40).

## Die Beiträge an Rettungs- und Transportkosten

Die Grundversicherung muss an medizinisch notwendige Transport- und Rettungskosten nur einen Beitrag bezahlen. Dabei ist zwischen Rettung und Transport zu unterscheiden.

- **Rettung.** Unter medizinisch notwendiger Rettung versteht man die

Befreiung aus einer Notlage oder aus einer Lebensgefahr und den anschliessenden Nottransport ins Spital (zum Beispiel Bergung eines Bergsteigers aus einer Gletscherspalte und Transport mit einem Helikopter ins nächste Spital). Um eine «Rettung» handelt es sich auch, wenn eine Person, die zu Hause einen Herzinfarkt erleidet, notfallmässig ins Spital transportiert werden muss.

Kein Geld erhielten aber zwei Alpinisten, die sich verirrten, im Nebel nicht mehr weiterwussten und dann von der Air Zermatt abgeholt wurden. Das sei keine Rettung im Sinne des Gesetzes, sagte das Bundesgericht 2009. Das Argument der Berggänger, ein Weiterlaufen im Nebel sei sehr unfallträchtig gewesen, half ihnen nicht (Urteil 9C_876/2007).

Rettungskosten werden nur beglichen, wenn die Bergung in der Schweiz durchgeführt wurde. Hier bezahlen die Krankenkassen aus der Grundversicherung 50 Prozent pro Fall, maximal jedoch 5000 Franken pro Kalenderjahr.

Wie stark Rettungskosten ins Geld gehen können, zeigt ein Fall

TIPP

## Eine zweite Meinung kann Kosten sparen

Viele Operationen sind nicht unbedingt nötig (ausser in Notfällen). Es kann sich deshalb lohnen, vor einer solchen Operation freiwillig eine zweite Meinung einzuholen, in der Fachsprache «Second Opinion» genannt. Vielleicht kommt der zweite, bisher unbeteiligte Arzt zum Schluss, dass es auch ohne Eingriff geht. Oder er kennt zusätzliche Risiken des geplanten Eingriffs. Oder er findet, eine andere Behandlungsmethode bringe bessere Resultate. Oder er kennt eine neuere Methode.

Aber: Nach dem Einholen der Zweitmeinung ist der Patient in seinem Entscheid über die Behandlung frei.

Auch Patienten, die nur die obligatorische Grundversicherung haben, können grundsätzlich von dieser Möglichkeit Gebrauch machen.

Vorher sollten Sie aber das Vorgehen unbedingt mit Ihrer Krankenkasse absprechen. Beachten Sie dazu die folgenden Punkte:

- In der Regel haben die Versicherer im Prinzip nichts gegen das Einholen einer zweiten Meinung und bezahlen den zweiten Arzt anstandslos; allerdings unter Abzug der üblichen Kostenbeteiligung des Versicherten.
- Die CSS fördert diesen Schritt ganz gezielt; wer sich das Einholen der Zweitmeinung durch diese Kasse organisieren lässt, muss keine Kostenbeteiligung zahlen. Dies gilt auch für die Versicherten der CSS-Tochtergesellschaften Arcosana und Intras.
- Es könnte aber sein, dass gewisse Kassen dem Kunden vielleicht unnötige Doppelspurigkeiten oder Arzttourismus vorwerfen und sich dann weigern, die Rechnung des zweiten Arztes zu übernehmen.
- Achtung: Wenn Sie ein HMO- oder ein Hausarztmodell gewählt haben, können Sie eine Zweitmeinung nicht ohne Weiteres einholen. Es braucht dazu eine Überweisung des Hausarztes.
- Viele Grundversicherte haben die Möglichkeit, kostenlos auf eine medizinische Hotline anzurufen (siehe Seite 75). Auf diesem Weg können Betroffene in einem gewissen Sinne ebenfalls zu einer zweiten Meinung kommen.

Wie Sie bei den Spital-Zusatzversicherungen von einer Second Opinion profitieren können, steht auf Seite 103 f.

aus der Stadt Zürich, über den der Gesundheits-Tipp im Sommer 2009 berichtete. Eine Ambulanz stellte für den Transport von einem Aussenquartier ins Kinderspital 1246 Franken in Rechnung. Die Eltern des Kindes mussten die Hälfte selber zahlen.

Im Ausland zahlt die Grundversicherung keine Rettungskosten. Wer das versichern möchte, tut dies am besten mit einer Reiseversicherung (siehe Seite 307 f.).

Ebenfalls nicht vergütet werden die Suche nach einem Vermissten, die Bergung und Rettung von unverletzten Personen sowie die Bergung von Toten.

Beachten Sie, dass die Regagönnerschaft keine Versicherung ist (siehe Kasten auf Seite 288).

■ **Transportkosten.** Unter Transportkosten versteht man zusätzliche Kosten, die dann entstehen, wenn eine erkrankte Person – ohne unmittelbare Lebensgefahr – zum Arzt oder ins Spital gebracht werden muss, um sich behandeln zu lassen, und dies aus medizinischen Gründen weder zu Fuss noch mit einem öffentlichen Verkehrsmittel möglich oder zumutbar ist. In der Regel sind das Kosten für Ambulanzfahrzeuge.

Die Grundversicherung muss allenfalls auch Taxikosten übernehmen, falls der Gesundheitszustand des Patienten eine Fahrt mit öffentlichen Verkehrsmitteln nicht zulässt. Für Transporte mit dem Privatauto gibt es hingegen keine Vergütung.

Achtung: Erfolgt eine medizinisch notwendige Verlegung von einem Spital ins andere (zum Beispiel für spezielle Untersuchungen), so sind diese Kosten bei den Grundversicherten in der allgemeinen Abteilung vollumfänglich über die Spital-Pauschaltarife gedeckt. Bei Privat- und Halbprivatpatienten hingegen darf das Spital den Transport gesondert in Rechnung stellen.

Falls der Patient eine solche Verlegung hingegen aus rein persönlichen Gründen wünscht, muss die Krankenversicherung dafür nicht aufkommen.

Bei den Transportkosten übernimmt die Grundversicherung 50 Prozent pro Fall; dies gilt sowohl für die Schweiz als auch fürs Ausland. Die Kasse vergütet aber maximal 500 Franken pro Kalenderjahr; dies unter der Voraussetzung, dass der Transport aus medizinischer Sicht unvermeidlich war.

### Der Zahnarzt wird nur in sehr seltenen Fällen bezahlt

Aus der Grundversicherung wird der Zahnarzt nur bezahlt, wenn der Patient oder die Patientin eine «schwere, nicht vermeidbare Erkrankung des Kausystems» hat. Solche Krankheiten sind selten und in einer Liste der Krankenpflege-Leistungsverordnung (KLV) abschliessend aufgezählt.

Übernommen werden auch die Zahnbehandlungen, die durch eine schwere Allgemeinerkrankung oder deren Folgen bedingt sind und deswegen medizinisch notwendig werden. Auch diese Liste von schweren Allgemeinkrankheiten (zum Beispiel Leukämie oder Aids) ist in der KLV abschliessend festgelegt.

«Abschliessend festgelegt» bedeutet: Führt eine andere schwere Krankheit, die nicht auf der Liste ist, dazu, dass Zahnbehandlungen nötig werden, muss die Grundversicherung nicht zahlen. Diese Liste der Krankheiten wird vom Gesetzgeber festgelegt.

Bei den schweren Allgemeinerkrankungen braucht es zudem die Zustimmung des Vertrauensarztes der Krankenkasse.

Bezahlt wird der Zahnarzt auch, wenn seine Massnahmen «zur Unterstützung und Sicherstellung der ärztlichen Behandlungen» nötig sind. Das trifft etwa dann zu, wenn vor einer schweren Operation Zähne gezogen werden müssen, um Infektionsherde zu beseitigen (dann wird sogar eine Prothese bezahlt), oder wenn Zähne vorgängig behandelt werden müssen, um den erfolgreichen Verlauf einer Chemotherapie sicherzustellen. Auch diese Behandlungen sind im Gesetz abschliessend aufgezählt.

**Tipp:** Wenn die Krankenkasse die Behandlung des Zahnarztes aus der Grundversicherung zahlt, so darf dieser nur fixe Taxpunktzahlen und den sogenannten Sozialtarif in Rechnung stellen, also einen Taxpunktwert von zurzeit Fr. 3.10 (Stand Anfang 2012).

### Für schlechte Mundhygiene ist die Kasse nicht zuständig

Löcherflicken und Zahnfleischbehandlungen wegen schlechter Mundhygiene sind aus der Grundversicherung nicht bezahlt. Die üblichen Zahnfehlstellungs-Korrekturen (etwa bei Kindern und Jugendlichen) werden ebenfalls nicht übernommen, ebenso wenig Amalgamsanierungen.

Auch für sogenannte Michigan-Schienen müssen die Krankenkassen nicht aufkommen, hat das Bundesgericht entschieden. Das sind 2 Millimeter dicke Formen aus Kunststoff, die nachts auf die Zähne aufgesetzt werden. Sie verhindern das Zähneknirschen, schützen Zähne und Kiefergelenk und können Verspannungen lösen (Bundesgerichtsurteil 136 V 84).

Zahnunfälle hingegen sind immer gedeckt (falls nicht die obligatorische Unfallversicherung für Arbeitnehmer einspringt).

Das heisst: Hat zum Beispiel ein Kind einen Zahnunfall, so zahlt die Krankenkasse den Zahnarzt. Das gilt auch bei Erwerbslosen (siehe Kasten auf Seite 39).

Bei Angestellten hingegen zahlt bei Unfällen die Unfallversicherung des Betriebes den Zahnarzt (siehe Seite 112 ff.).

Das Bundesgericht muss sich immer wieder mit Spezialfällen auf dem Gebiet der Zahnbehandlung befassen und hat dazu schon viele Entscheide gefällt, auf die hier nicht eingegangen werden kann.

**Tipp:** Wenden Sie sich an den Ombudsman der Krankenversicherung (Adresse auf Seite 361) oder an eine Patientenberatungsstelle, falls Sie das Gefühl haben, Ihre Kasse lehne eine Leistung zu Unrecht ab.

## Prämien: So viel kostet die obligatorische KVG-Grundversicherung

In der Krankenpflege-Grundversicherung gibt es bei den Prämien eine gewisse Solidarität: Die Gesunden zahlen für die Kranken, die Jungen für die Älteren, Männer und Frauen zahlen gleich viel. Wer häufig krank ist, muss also nicht höhere Prämien zahlen.

Anders ausgedrückt: Alle Erwachsenen zahlen beim gleichen Versicherer und in der gleichen Prämienregion die gleiche Prämie.

### In den Städten teuer, in den ländlichen Gebieten günstig

Das sind die wichtigsten Spielregeln der Prämiengestaltung in der Grundversicherung:

- Die Krankenkassen dürfen die Prämien nicht beliebig festsetzen; vielmehr müssen die Tarife vom zuständigen Bundesamt für Gesundheit (BAG) jedes Jahr neu genehmigt werden.
- Die Prämien unterscheiden sich von Kanton zu Kanton – abhängig von den Krankheitskosten, die im betreffenden Kanton in Spitälern, Arztpraxen, Labors und Apotheken anfallen.

  **Tipp:** Prüfen Sie, ob Sie allfällige Skonti in Anspruch nehmen wollen. Bei jährlicher Prämienzahlung dürfen die Kassen einen Rabatt von maximal 2 Prozent gewähren, bei halbjährlicher Zahlung ist maximal 1 Prozent erlaubt.
- 15 Kantone haben eine Einheitsprämie, die jeweils für den ganzen Kanton gilt: AG, AI, AR, BS, GE, GL, JU, NE, NW, OW, SO, SZ, TG, UR und ZG. In 6 Kantonen gibt es 2 Prämienregionen, in denen sich die Prämien unterscheiden: BL, FR, SH, TI, VD und VS. Die restlichen 5 Kantone sind in 3 Prämienregionen eingeteilt: BE, GR, LU, SG und ZH.

Bei Kantonen mit mehreren Prämienregionen gilt: Teuer sind in der Regel die städtischen Gebiete, mittelteuer die Agglomerationen, günstig die ländlichen Bezirke. Die Prämien der Grundversicherung sind dann bei den einzelnen Kassen lediglich innerhalb dieser Prämienregionen gleich.

Wie Ihr Wohnort eingeteilt ist, steht bei den Prämieninfos, die Sie beim Bundesamt für Gesund-

**TIPP**

### Bestehen Sie auf einem Einzahlungsschein!

Die meisten Kassen versuchen, ihren Kunden für die Prämienzahlungen das Lastschriftverfahren (LSV bei den Banken, «Debit direct» bei der Post) beliebt zu machen. Das erlaubt der Kasse, die monatlichen Prämien direkt vom Konto des Versicherten abzubuchen.

Die Praxis zeigt, dass dieses Vorgehen zwar für die Kasse kostengünstig ist, für die Versicherten aber mühsam werden kann: Einmal zu Unrecht abgebuchtes Geld wieder zurückzuholen – etwa nach einem Kassenwechsel – kann sehr zeitraubend und umständlich sein.

**Deshalb der Tipp:** Bestehen Sie wenn möglich darauf, dass Ihnen Ihre Kasse für die Prämienzahlung weiterhin Einzahlungsscheine schickt.

Zahlen Sie mit diesen Einzahlungsscheinen aber nicht bar am Postschalter ein (das kostet die Krankenkasse unnötig Spesen), sondern nutzen Sie den spesenfreien Giroverkehr des Postkontos. Oder suchen Sie eine Bank, die den Zahlungsverkehr ohne oder nur mit geringen Bankspesen abwickelt.

### Prämien nicht bezahlt: Für Betroffene gibts nur noch Notfallmedizin

Wer die Prämien oder die Kostenbeteiligung der Krankenkasse nicht zahlt, muss mit gravierenden Konsequenzen rechnen. Die Kasse wird ihn mahnen und betreiben – und sobald sie in der Betreibung das Fortsetzungsbegehren gestellt hat, droht ein Leistungsstopp.

Seit Anfang 2012 gibt es dazu eine neue Regelung: Sobald ein Verlustschein vorliegt, muss der Kanton 85 Prozent der ausstehenden Prämien decken, der Rest geht auf Kosten der Krankenkasse. Anders als früher dürfen die Kassen selber jedoch keine Leistungen mehr aufschieben.

Aber: Das neue Gesetz erlaubt den Kantonen, schwarze Listen von Prämienschuldnern zu führen. Und die Kantone dürfen auch einen Leistungsaufschub verfügen, bis der Säumige die Schulden bezahlt hat. Das kann dazu führen, dass Apotheken keine Medikamente mehr abgeben. Oder dass Spitäler Patienten für eine terminlich planbare Operation (aber nicht bei Notfällen) abweisen. Betroffene können dann nur noch Notfallmedizin beanspruchen.

Bei Sozialfällen übernehmen die Fürsorgebehörden die fälligen Prämien.

Davon betroffen sind in der Schweiz insgesamt rund 120 000 Personen.

heit (BAG) erhalten (siehe Kasten auf der Seite rechts).

**Tipp:** Teilen Sie Ihrer Kasse sofort mit, wenn Sie zügeln. Der Wechsel in einen anderen Kanton oder in eine andere Prämienregion innerhalb des Kantons kann ab dem nächsten Monat zu einer tieferen Prämie führen.

Falls Sie diese Meldung zu spät machen, haben Sie unter Umständen keinen Anspruch auf Rückerstattung der zu viel bezahlten Prämien, weil Sie Ihre Meldepflicht verletzt haben (aber vielleicht ist Ihre Kasse kulant).

Wenn Sie umgekehrt in eine teurere Region kommen und sich nicht sofort melden, kann die Kasse die Prämiendifferenz auch später noch von Ihnen einfordern.

### Die Rabatte für Kinder und Jugendliche

- Kinder bis zum vollendeten 18. Altersjahr zahlen eine tiefere Prämie. Der Rabatt auf die Erwachsenenprämie beträgt im Schnitt um die 75 Prozent. Hat eine Familie bei der gleichen Kasse zwei Kinder oder mehr versichert, dürfen die Kassen ab dem zweiten Kind einen zusätzlichen Rabatt geben.
- Den jungen Erwachsenen zwischen dem 19. und dem vollendeten 25. Altersjahr dürfen die Krankenkassen eine Prämienermässigung geben (sie müssen aber nicht). Dabei spielt keine Rolle, ob junge Erwachsene noch in Ausbildung sind oder nicht. Die Rabattzuteilung geschieht automatisch, ein Antrag ist nicht erforderlich.

Der Wechsel von der Kinder- zur Jugendprämie erfolgt am 1. Januar nachdem das Kind den 18. Geburtstag gefeiert hat. Der Wechsel von der Jugendlichen- zur Erwachsenenprämie erfolgt am 1. Januar nachdem die Person den 25. Geburtstag gefeiert hat.

Aber eben: Der Rabatt ist freiwillig und von Kasse zu Kasse verschieden. Er bewegt sich zwischen 0 und 30 Prozent, die Krankenkassen haben ihn in den letzten Jahren stetig heruntergefahren. Immer mehr Krankenkassen streichen den Rabatt für Jugendliche komplett.

**Tipp für Jugendliche:** Wenn Sie zu einer Kasse mit grossem Jugendrabatt wechseln (und so vielleicht ein Dumping-Angebot annehmen), erhalten Sie einen markanten Prämiensprung, wenn die Kasse später – sobald Sie 26 werden – den Rabatt nicht mehr geben darf. Das macht aber nichts, denn die Grundversicherung kann jedes Jahr gewechselt werden.

### Grosse Prämienunterschiede für die gleiche Leistung

- Zwischen den einzelnen Krankenkassen gibt es teils markante Prämienunterschiede – für die gleiche, gesetzlich festgelegte Leistung. Wer die Kasse wechselt, kann ohne Nachteile viel Geld sparen (siehe Seite 75ff.).
- Wochenaufenthalter zahlen die Prämie desjenigen Ortes, wo sie die Schriften deponiert haben.
- Kollektivverträge mit Rabatten für bestimmte Gruppen von Versicherten sind in der obligatorischen Krankenpflege-Versicherung nicht erlaubt (aber bei den Zusatzversicherungen, siehe Seite 97).

### Gesundheitsförderung und Umweltabgabe

- In den genehmigten Prämien von allen versicherten Personen sind monatlich 20 Rappen enthalten, die nicht für die Krankenkasse selber bestimmt sind, sondern für die «Stiftung Gesundheitsförderung Schweiz».

Mit diesem Geld werden Projekte zur Verhutung von Krankheiten finanziert. Die Kassen müssen diese Fr. 2.40 pro Person und Jahr (Stand 2012) an die Stiftung weiterleiten, die Versicherten haben damit nichts zu tun. Die Krankenkassen müssen darauf hinweisen, dass diese 20 Rappen in der Monatsprämie inbegriffen sind.

- Auf der Prämienübersicht ausgewiesen sein muss auch die Gutschrift für Umweltabgaben. Das sind einerseits Gelder, die via Lenkungsabgaben auf Umweltgifte in Farben und Lacken erhoben und dann wieder auf die Bevölkerung verteilt werden. Seit 2010 werden auch Gelder aus der $CO_2$-Abgabe verteilt, welche auf fossile Brennstoffe erhoben wird.

**TIPP**

### So kommen Sie zu Prämieninfos

- Der K-Tipp publiziert in jedem Herbst – sobald die Prämien für das nächste Jahr offiziell genehmigt und bekannt sind – die wichtigsten Prämieninfos. Interessierte können dann auch einen kostenpflichtigen persönlichen Prämienvergleich bestellen, der unter anderem wertvolle Infos zu den Zusatzversicherungen enthält.
- Das Bundesamt für Gesundheit (BAG) veröffentlicht jedes Jahr eine kostenlose und vollständige Prämienübersicht (siehe Kasten auf Seite 77).
- Wer über einen Internetanschluss verfügt, kann die Prämien über www.priminfo.ch in Erfahrung bringen; das ist der Prämienrechner des BAG, der für die Krankenkassen nichts kostet.
- Ebenfalls empfehlenswert ist www.vzonline.ch.
- Daneben gibt es zahlreiche kommerzielle Internetportale, die von den Krankenkassen Geld kassieren, wenn Interessierte via dieses Portal eine Offerte bestellen. Wer seiner Kasse beim Kostensparen helfen will, bestellt Online-Offerten deshalb nicht über solche Portale, sondern direkt bei der Krankenkasse.

Kommerziellen Dienste sind zum Beispiel www.comparis.ch oder www.tagesanzeiger.ch.

Für das Jahr 2012 werden so allen Versicherten Fr. 42.– pro Jahr (Fr. 3.50 pro Monat) zurückerstattet. Die Umweltabgaben verringern entsprechend die monatlich zu bezahlende Prämie. Der Betrag muss auf der Police separat ausgewiesen sein. Er ist jedes Jahr anders.

**Tipp:** Achten Sie bei Prämienvergleichen darauf, dass die Umweltabgaben nicht dabei sind. Es gibt Krankenkassen, die auf ihren eigenen Internetrechnern die Umweltabgaben automatisch abziehen und so die Prämien optisch nach unten drücken.

### Übernahme der Kosten: Es gibt zwei Systeme

Für ihre einbezahlten Prämien haben die Versicherten im Gegenzug Anspruch darauf, dass ihre Krankenkasse die anfallenden Arzt-, Medikamenten- und Spitalkosten übernimmt (abzüglich der Kostenbeteiligung, siehe Seite 63ff.).

Diesbezüglich gibt es in der Schweiz zwei verschiedene Systeme; sie sind das Resultat der Tarifverhandlungen zwischen den Kassen auf der einen Seite und den sogenannten Leistungserbringern auf der anderen Seite: Ärzte, Spitäler, Pflegeheime, Apotheken, Spitex-Verbände usw.

### Versicherte haben Anspruch auf eine Rechnungskopie

- Für **Arztrechnungen** gilt: In den allermeisten Kantonen erhält der Versicherte die Rechnung vom Arzt nach Hause zugestellt; er muss sie dann bezahlen. So kann der Versicherte die Rechnung kontrollieren.

Der Versicherte schickt dann das Original der Rechnung (bzw. den «Beleg für die Rückerstattung») an seine Krankenkasse, die ihm den Betrag vergütet (abzüglich Kostenbeteiligung).

**Tipp:** Spielen Sie nie «Bank», sondern bezahlen Sie eine Arzt- oder Spitalrechnung erst, wenn Ihnen die Krankenkasse das Geld vergütet hat.

Neu ist in diesen Kantonen: Einige Krankenkassen ermuntern ihre Versicherten, sich mit der elektronischen Abrechnung einverstanden zu erklären. Dann geht die Arztrechnung direkt per Datenleitung zur Krankenkasse. Falls Sie und Ihr Arzt einverstanden sind: Achten Sie in einem solchen Fall darauf, dass Sie eine Kopie erhalten – zur Kontrolle.

- In einigen wenigen Kantonen schicken die Ärzte ihre Rechnung direkt der Krankenkasse, welche sie dann bezahlt. Der Arzt muss dem Patienten eine (kostenlose!) Kopie der Rechnung schicken, damit er sie kontrollieren kann.

**Tipp:** Alle Details, die Sie zur Kontrolle von Arztrechnungen kennen müssen, stehen im Saldo-Ratgeber «Die Rechte der Patienten». Sie können das Buch über Telefon 044 253 90 70 oder im Internet unter www.saldo.ch bestellen.

- **Spitalrechnungen** gehen meistens direkt an die Krankenkassen. Auch hier gilt: Das Spital muss dem Patienten gratis eine Kopie der Rechnung schicken, damit er sie kontrollieren kann.

Es kann aber auch vorkommen, dass Spitalrechnungen direkt zum Patienten kommen (besonders bei Privat- und Halbprivatpatienten).

- **Apothekerrechnungen** gehen meist direkt an die Krankenkasse, die sie bezahlt und beim Versicherten die Kostenbeteiligung oder den Anteil für die nicht versicherten Medikamente einfordert.

Und auch hier: Die Apotheke muss dem Patienten gratis eine Kopie der Rechnung geben.

Einige wenige Krankenkassen (zum Beispiel Assura, Intras, Supra, Sanagate oder Sanatop) scheren hier aus: Sie zwingen ihre Versicherten, die Medikamente direkt beim Kauf dem Apotheker zu zahlen (oder sich von der Apotheke eine Rechnung geben zu lassen).

Erst anschliessend dürfen diese Versicherten die Rechnung bzw. Kaufquittung zur Vergütung ihrer Kasse einreichen – eine konsumentenfeindliche Praxis, die bei vielen betroffenen Chronischkranken mit Mindestfranchise immer wieder für Unmut sorgt. Besonders dann, wenn sie auf teure Medikamente angewiesen sind.

### Das lange Warten auf die Rückerstattungen

Bedauerlicherweise schreibt das Gesetz den Kassen keine Frist vor, innerhalb derer sie dem Versicherten die Rechnung vergüten müssen. Oft dauert es ungebührlich lang. Im Normalfall sollte die Krankenkasse die Abrechnung innerhalb von 30 Tagen erledigen (ausser wenn zusätzliche medizinische Abklärungen nötig sind).

## Rechnungen sammeln oder laufend einschicken?

Gerade Versicherte mit einer hohen Wahlfranchise stehen vor der Frage: Soll ich Arztrechnungen laufend einschicken oder sie sammeln und zuwarten, bis meine Kostenbeteiligung «aufgefüllt» ist?

Einige Kassen empfehlen, mit dem Einschicken der Rechnungen zu warten, bis die ganze Kostenbeteiligung erreicht ist. Das spare Verwaltungskosten, weil man sonst jedes Mal den Verwaltungsapparat in Gang setzen müsse, nur um dem Kunden mitzuteilen, dass er (noch) nichts erhält.

Es hat auch keinen Sinn, der Krankenkasse eine Rechnung von beispielsweise 100 Franken einzuschicken, wenn man genau weiss, dass es die einzige Rechnung im laufenden Kalenderjahr ist.

Andere Kassen hingegen (wie zum Beispiel die Helsana) empfehlen, sämtliche Rechnungen fortlaufend einzusenden. So werde auch verhindert, dass Rechnungen des Versicherten beim Horten verloren gehen.

Die Rechnungen sofort einzuschicken hat einen weiteren Vorteil: Falls der Arzt eine Behandlung durchführte, welche die Krankenkasse gar nicht zahlen muss, wird Ihnen die Krankenkasse das mitteilen. Wenn Sie das frühzeitig genug erfahren, können Sie sich allenfalls weigern, die Rechnung des Arztes zu zahlen.

Die meisten Krankenkassen setzen sich selber das Ziel, die Vergütung innert 10 oder 14 Tagen zu schicken.

Wenn Ihr Geld lange nicht kommt, können Sie die Krankenkasse schriftlich und eingeschrieben mahnen oder gar eine Verfügung verlangen.

Zahlen Sie Arztrechnungen erst, wenn Sie das Geld von der Kasse erhalten haben. Bitten Sie den Rechnungssteller (Arzt, Ärztekasse, Spital) schriftlich um eine verlängerte Zahlungsfrist.

Die Kasse zu betreiben ist hingegen sinnlos. Das verursacht nur Kosten, beschleunigt die Abrechnung aber nicht. Zahlen Sie die Prämien aber trotzdem termingerecht. Sie dürfen Prämien nicht mit noch offenen Vergütungen verrechnen.

**Tipp:** Wenden Sie sich bei verzögerten Kostenrückerstattungen an den Ombudsman oder an das BAG (Adressen im Anhang).

Und: Zahlt eine Krankenkasse lange nicht, sollten Sie den Arzt oder das Spital informieren und um Geduld bitten.

Noch ein paar Details zur Kostenrückerstattung:

- Nutzen Sie beim Einschicken der Rechnungen allfällige Klebeetiketten, die von der Kasse zur Verfügung gestellt werden. Diese müssen auf die eingesendeten Rechnungen geklebt werden, was die Rückerstattung beschleunigen kann.
- Neuerdings gibt es Kassen, die von den Kunden verlangen, dass sie für Rückerstattungen auf der Internetseite der Kasse ein Deckblatt herunterladen und ausfüllen. Sonst gebe es kein Geld. Für die-

## Kostenbeteiligung: Was Versicherte in der Grundversicherung maximal zahlen müssen

### Maximale Kostenbeteiligung für alle Erwachsenen ab 19 Jahren (Stand 2012)

| | Jahresfranchise | Maximaler Selbstbehalt | Maximale Kostenbeteiligung |
|---|---|---|---|
| **Mit ordentlicher Franchise nach Gesetz** | 300.– | 700.– | 1000.– |
| **Mit wählbaren Jahresfranchisen** | 500.– | 700.– | 1200.– |
| | 1000.– | 700.– | 1700.– |
| | 1500.– | 700.– | 2200.– |
| | 2000.– | 700.– | 2700.– |
| | 2500.– | 700.– | 3200.– |

### Maximale Kostenbeteiligung für Kinder bis 18 Jahre (Stand 2012)

| | Jahresfranchise | Maximaler Selbstbehalt | Maximale Kostenbeteiligung |
|---|---|---|---|
| **Mit ordentlicher Franchise nach Gesetz** | 0.– | 350.– | 350.– |
| **Mit wählbaren Jahresfranchisen** | 100.– | 350.– | 450.– |
| | 200.– | 350.– | 550.– |
| | 300.– | 350.– | 650.– |
| | 400.– | 350.– | 750.– |
| | 500.– | 350.– | 850.– |
| (Angaben in Franken) | 600.– | 350.– | 950.– |

se Forderung gibt es keine rechtliche Grundlage.

- Geben Sie Ihrer Krankenkasse für die Rückerstattung eine Bankverbindung oder ein Postkonto an, damit die Krankenkasse Ihr Geld kostengünstig darauf überweisen kann.
- Falls Sie als versicherte Person auf einem Auszahlungscheck bestehen, mit dem Sie das Geld bar auf der Post abholen können, riskieren Sie, dass Ihnen die Kasse dafür jedesmal eine Gebühr von beispielsweise 10 Franken belastet.

## Franchise und Selbstbehalt: Die Kostenbeteiligung der Versicherten

Alle Versicherten müssen einen Teil der von ihnen verursachten Kosten mittragen. Der Umfang dieser obligatorischen Kostenbeteiligung steht im Gesetz.

Da ist zunächst die ordentliche, gesetzlich vorgegebene Jahresfranchise von 300 Franken (Stand 2012, siehe die Tabelle links). Die Franchise ist ein fester Jahresbetrag und damit ein Sockelbeitrag, den alle Erwachsenen ab 19 Jahren pro Jahr als Beitrag an die eigenen Heilungskosten selber bezahlen müssen.

Die Jahresfranchise gilt für sämtliche Leistungen, die aus der Grundversicherung bezahlt sind, also für Arzt- und Spitalrechnungen, Medikamente, Brillen, Pflegeheim- und Spitex-Rechnungen sowie für gynäkologische Vorsorgeuntersuchungen, aber auch für Unfallbehandlungen, falls keine obligatorische Unfallversicherung zahlt (siehe Kasten auf Seite 39).

**TIPP**

### Keine Kostenbeteiligung bei Mutterschaft!

Bei Leistungen für Mutterschaft sind in der Grundversicherung weder Franchise noch Selbstbehalt, noch die 15 Franken pro Spitaltag geschuldet.

Zur Mutterschaft gehören nicht nur die Geburt, sondern auch die Vorsorgeuntersuchungen und übrigen Leistungen im Zusammenhang mit einer normal verlaufenden Schwangerschaft.

**Tipp:** Nicht immer merken die Kassen allein aufgrund der Rechnung, dass es sich um eine Behandlung im Zusammenhang mit Mutterschaft handelt. Bitten Sie deshalb den Arzt und das Spital ausdrücklich, auf den jeweiligen Rechnungen den Vermerk «Mutterschaft» anzubringen.

Bei **Schwangerschaftskomplikationen** ist die Kostenbeteiligung aber geschuldet. Wenn es also Probleme gibt und der Arzt weitere Therapien oder Medikamente verschreibt, so gilt das als Krankheit, und die Frau muss sich mit der üblichen Franchise sowie dem Selbstbehalt an diesen Kosten beteiligen (es sei denn, die Krankenkasse drückt ein Auge zu, was sie aber nicht dürfte).

Das gilt also zum Beispiel für Kompressionsstrümpfe, Hospitalisation zur Vermeidung einer Frühgeburt, Physiotherapie infolge Rückenbeschwerden, Behandlung von Schwangerschaftsdiabetes, Medikamente zur Behandlung einer Infektion, weitere Operationen oder Psychotherapie wegen Depression nach der Geburt. Und es gilt auch für Milchpumpen sowie bei Fehlgeburten beziehungsweise Totgeburten vor der 28. Schwangerschaftswoche. Und auch dann, wenn eine Frau eine Spritze braucht, weil zwischen Mutter und Kind eine Blut-Unverträglichkeit besteht.

Ein aus medizinischen Gründen vorgenommener Kaiserschnitt ist hingegen keine Komplikation.

Zurzeit laufen politische Bemühungen, auch Schwangerschaftskomplikationen von der Kostenbeteiligung zu befreien.

**FRAGE**

## Bei der Krankenkasse gegen Unfall versichert: Erhalte ich Franchise und Selbstbehalt zurück?

**Ich war mit dem Velo unterwegs, als ein Autofahrer, der am Strassenrand parkierte, die Autotüre öffnete und mich umstiess; ich landete im Spital. Ich bin Studentin und arbeite nur wenige Stunden pro Woche, also bin ich für Freizeitunfälle nicht über die Unfallversicherung eines Betriebes versichert, sondern über die Krankenkasse. Mich stört aber, dass mir die Kasse nicht die ganze Rechnung vergütet: Die Franchise sowie den 10-prozentigen Selbstbehalt hat sie mir abgezogen. Ist das korrekt, wenn ich doch vollkommen unschuldig bin?**

Aus der Sicht der Krankenkasse ja, aber Sie als Unfallopfer können Ihre Kostenbeteiligung zurückfordern – und zwar vom Autofahrer beziehungsweise von seiner Haftpflicht-Versicherung.

Wenn eine Krankenkasse für die Behandlung von Unfallfolgen aufkommt, müssen die Versicherten für Unfall-Behandlungskosten die gleiche Kostenbeteiligung übernehmen wie bei Krankheit.

Aber: Wenn der Unfallverursacher zu 100 Prozent schuldig ist, muss seine Haftpflicht-Versicherung den gesamten Schaden ersetzen; dazu zählt auch die Kostenbeteiligung des Unfallopfers.

Auch die Krankenkasse wird übrigens Ihre Behandlungskosten nicht selber tragen, sondern dafür ebenfalls den Haftpflicht-Versicherer belangen.

Mit anderen Worten: Im Prinzip müssen Sie selber aktiv werden.

Es gibt freilich Krankenkassen, die ihre Versicherten dabei unterstützen; erkundigen Sie sich. Es ist nämlich denkbar, dass Sie Ihre Ansprüche an die Krankenkasse abtreten können, die dann wiederum Ihren Teil (Ihre Kostenbeteiligung) bei der Haftpflicht-Versicherung des Unfallverursachers hereinholt und Ihnen dann auszahlt.

Übrigens: Das Gesagte gilt nicht nur für die gesetzliche Basisfranchise und den Selbstbehalt der Grundversicherung, sondern auch für allfällige freiwillige höhere Wahlfranchisen in der Grund- und/oder Zusatzversicherung.

Kinder bis 18 müssen keine Franchise zahlen (Eltern dürfen aber für ihre Kinder freiwillig eine Franchise abschliessen).

### Die Regeln des zehnprozentigen Selbstbehaltes

Zur Jahresfranchise kommt noch ein Selbstbehalt von 10 Prozent dazu, der ebenfalls vom Gesetz obligatorisch vorgesehen ist – auch für Kinder.

Das heisst: Wenn der Versicherte seine Franchise im betreffenden Jahr schon abbezahlt hat, muss er weiterhin von jeder Rechnung 10 Prozent selber übernehmen (in Ausnahmefällen 20 Prozent, siehe Seite 47 f.).

Dieser Selbstbehalt ist aber bei Erwachsenen ab 19 Jahren auf maximal 700 Franken pro Jahr begrenzt (bei Kindern auf 350 pro Jahr, Stand 2012). Die Tabelle auf Seite 62 zeigt die Einzelheiten.

Drei Beispiele dazu:

- Wer einmal im Jahr zum Arzt geht und dafür eine Rechnung im Betrag von 290 Franken erhält, zahlt alles selber.
- Wer im Jahr eine einzige Arztrechnung von 400 Franken präsentiert, erhält nicht 100, sondern 90 Franken rückerstattet (400.– minus Jahresfranchise 300.– minus 10 Prozent Selbstbehalt, bezogen auf den Restbetrag).
- Betragen die Arztkosten 2000 Franken im Jahr, bezahlen Sie 300 Franken Jahresfranchise, dazu 170 Franken Selbstbehalt (10 Prozent von 1700.–). Das ergibt total eine Kostenbeteiligung von 470 Franken. Den Rest von 1530 Fran-

ken übernimmt die Krankenversicherung.

Dieses System hat aber nicht zur Folge, dass die Kostenbeteiligung des Patienten unbezahlbar wird.

Kostet etwa eine Herzoperation 100 000 Franken, muss der Versicherte deswegen nicht 10 Prozent, also 10 000 Franken, selber zahlen. Der 10-prozentige Selbstbehalt ist nämlich bei erwachsenen Versicherten auf 700 Franken pro Jahr begrenzt. Das heisst: Der Versicherte muss zusammen mit der ordentlichen Normalfranchise (300 Franken) pro Jahr höchstens 1000 Franken selber berappen (300.– plus 700.–).

Ist dieser Beitrag einmal erbracht, muss die Krankenkasse anschliessend alle Rechnungen zur Gänze übernehmen – immer vorausgesetzt, dass der Versicherte die ordentliche Jahresfranchise hat.

Mit einer freiwilligen höheren Wahlfranchise ist die Kostenbeteiligung entsprechend höher (aber ebenfalls nicht unbegrenzt, siehe Tabelle auf Seite 62).

Die geschilderte Kostenbeteiligung ist auch dann nur einmal zu bezahlen, wenn der Versicherte im Verlauf des Jahres die Krankenkasse wechselt oder in einen anderen Teil der Schweiz zügelt. Sie ist also pro Jahr geschuldet und nicht pro Krankenkasse.

**Tipp:** Bei einem Krankenkassenwechsel während des Jahres müssen Sie belegen können, dass

**FRAGE**

## Behandlung über Neujahr: Die Franchise zweimal zahlen?

**Ich war von November 2011 bis Februar 2012 in ärztlicher Behandlung. Jetzt hat mir meine Krankenkasse zweimal die Franchise verrechnet, obwohl ich sonst nie zum Arzt ging. Ist das zulässig?**

**Ja.** Auf den ersten Blick sieht es zwar so aus, als würde Ihnen die Kasse die ordentliche Jahresfranchise von 300 Franken zu Unrecht für zwei Kalenderjahre belasten. Dem ist aber nicht so, weil Ihre Behandlung Ende 2011 begann und ins neue Kalenderjahr weiterdauerte.

Weil Sie 2011 Ihrer Krankenkasse überhaupt nichts zum Begleichen eingeschickt haben, darf Ihre Kasse jetzt bei dieser ersten Behandlung die Jahresfranchise für 2011 verrechnen, aber auch für 2012, zusammen also 600 Franken. Dies gilt auch, wenn Sie für die Behandlung nur eine Rechnung erhalten haben.

Massgebend ist nämlich das Behandlungsdatum, welches der Arzt auf seine Rechnung schreibt. Der Versicherte hat dann zweimal Franchise zu bezahlen, wenn in beiden Kalenderjahren Konsultationen stattgefunden haben.

Das Gesagte gilt gleichermassen, wenn man über Neujahr im Spital liegt.

**Tipp:** Bitten Sie den Arzt um eine Zwischenrechnung per Ende Jahr. Das erleichtert Ihnen die Kontrolle.

Sie müssen die Franchise unter Umständen auch dann zweimal zahlen, wenn Sie im Dezember zum Arzt gehen und das Labor die Analyse im Auftrag des Arztes erst im Januar macht – es sei denn, die Kasse lasse Kulanz walten.

Sie einen Teil der Franchise und des Selbstbehaltes bereits bei der bisherigen Kasse bezahlt haben. Es lohnt sich daher, die bisherigen Abrechnungen sorgfältig aufzubewahren.

Sie können Ihre bisherige Kasse auch bitten, der neuen Kasse mitzuteilen, dass Sie bereits Franchise bezahlt haben, falls Sie in der ersten Hälfte des Jahres beim Arzt waren.

### Erwachsene zahlen zusätzlich 15 Franken pro Spitaltag

Alle erwachsenen Personen ab 26 Jahren müssen dazu noch einen Kostenbeitrag von 15 Franken pro Spitaltag bezahlen – und zwar zusätzlich zum oben geschilderten Kostenbeteiligungsplafond. (Bis Ende 2010 galt dies nur für Alleinstehende.)

Kinder sind von dieser Regelung ausgenommen, ebenso junge Erwachsene zwischen 19 und 25 Jahren, die noch in Ausbildung sind, sowie Schwangere (siehe Kasten auf Seite 63).

Übrigens: Diese Kostenbeteiligung der Grundversicherung müssen Sie bei einem Spitalaufenthalt auch dann zahlen, wenn Sie eine Spital-Zusatzversicherung haben – also auch dann, wenn zum Beispiel im Prospekt der Zusatzversicherung steht, sie garantiere «volle Deckung der Kosten».

### Die Kostenbeteiligung der Kinder

Kinder bis und mit Alter 18 müssen keine ordentliche Jahresfranchise zahlen, aber ebenfalls den 10-prozentigen Selbstbehalt. Für sie gilt eine maximale Kostenbeteiligung von 350 Franken pro Jahr (Stand 2012, siehe Tabelle auf Seite 62).

Kinder dürfen aber eine freiwillige Wahlfranchise haben.

Hat eine Familie mehrere Kinder bei der gleichen Krankenkasse versichert und haben die Kinder keine freiwilligen Wahlfranchisen abgeschlossen, so beträgt die Kostenbeteiligung für alle Kinder zusammen höchstens 1000 Franken (Stand 2012).

## Prämien sparen in der KVG-Grundversicherung: Das sind die Möglichkeiten

Eine Möglichkeit zum Prämiensparen ist der Unfallausschluss. Die Details dazu stehen in den Kästen auf Seite 39 und rechts.

Zudem gibt es zwei weitere Arten, um in der Grundversicherung Prämien zu sparen:

- Einerseits das Kostenbeteiligungsmodell mit freiwillig erhöhter Franchise: Die versicherte Person zahlt einen höheren Teil der anfallenden Rechnungen selber und erhält dafür einen Rabatt.
- Die andere Variante ist die Einschränkung der Wahlmöglichkeiten: Die versicherte Person verpflichtet sich, nur bestimmte Ärzte oder Spitäler aufzusuchen, die günstig arbeiten und/oder mit denen die Krankenkasse günstige Tarife abgesprochen hat. Dieser Verzicht auf die sonst garantierte freie Arzt- und Spitalwahl trägt ebenfalls einen Rabatt ein.

## Die Unfalldeckung sistieren: Das sind die Details

Arbeitnehmerinnen und Arbeitnehmer, die mindestens acht Stunden pro Woche bei *einem* Arbeitgeber arbeiten, sind am Arbeitsplatz gegen Berufs- und Freizeitunfälle versichert; sie können also die Unfalldeckung bei ihrer Krankenkasse sistieren. Denn grundsätzlich ist die Unfalldeckung in der Grundversicherung immer dabei.

Das sind die Modalitäten, wenn Sie die Unfalldeckung (vorübergehend) sistieren wollen:

- Falls Sie in einen Betrieb eintreten und die Unfalldeckung bei der Krankenkasse streichen können, müssen Sie dies schriftlich beantragen – und eine Bestätigung des Arbeitgebers beilegen, dass Sie im Betrieb gegen Freizeitunfälle versichert sind.

Die Sistierung bei der Krankenkasse tritt dann ab dem ersten Tag des Folgemonats in Kraft; ab diesem Datum müssen Sie auch weniger Prämien zahlen.

- Das Sparpotenzial beträgt um 5 bis 10 Prozent, je nach Krankenkasse.
- Falls Sie diese Meldung an die Krankenkasse vergessen und sich beispielsweise erst Monate später melden, erhalten Sie die zu viel bezahlte Prämie nicht zurück.
- Wenn Sie aus einem Betrieb austreten (etwa wegen Pensionierung oder Arbeitslosigkeit) und folglich dort die Unfallversicherung verlieren, müssen Sie sich ebenfalls so bald wie möglich bei der Krankenkasse melden. Die Kasse wird dann die Unfalldeckung wieder einschliessen und Ihnen ab dem Folgemonat eine entsprechend höhere Prämie in Rechnung stellen.
- Sollten Sie die Meldung an die Krankenkasse vergessen, muss Ihre Krankenkasse bei einem Unfall trotzdem Arzt- und Spitalkosten zahlen. Versicherte müssen aber in einem solchen Fall die Mehrprämie rückwirkend (inklusive Verzugszinsen) nachzahlen.
- In der Grundversicherung muss Ihnen die Kasse den Unfallschutz auf Ihren Antrag hin ohne Wenn und Aber wieder gewähren; dabei darf sie keine Gesundheitsvorbehalte anbringen. In den Zusatzversicherungen ist das anders, siehe Seiten 95f. und 103.

Noch ein wichtiger Hinweis: Der obligatorische Unfallschutz beim Arbeitgeber deckt in der Regel nur die Kosten der allgemeinen Spitalabteilung. Wer bei der Krankenkasse einen Spitalzusatz hat (halbprivat oder privat) und die Unfalldeckung auch dort kündigt, ist deshalb nach einem Unfall nur noch für den Aufenthalt in der allgemeinen Abteilung des Spitals versichert. Wer dies nicht will, sollte bei der Krankenkasse die Unfalldeckung in der Spital-Zusatzversicherung beibehalten.

### Die Details zum Prämiensparen mit der Wahlfranchise

Die gesetzlich vorgeschriebene Normalfranchise pro Kalenderjahr beträgt 300 Franken (Stand 2012). Praktisch alle Krankenkassen bieten aber auch die Wahlfranchisen an (sie müssen aber nicht).

Wahlfranchise bedeutet: Wer freiwillig einen höheren Teil der anfallenden Arzt- und Behandlungskosten selber trägt, erhält eine Prämienreduktion. Möglich sind bei Erwachsenen die Franchisenstufen 500, 1000, 1500, 2000 und 2500 Franken pro Kalenderjahr. Damit liegen Ersparnisse von maximal rund 45 Prozent drin.

Die Tabelle auf Seite 62 zeigt die sich daraus ergebende maximale Kostenbeteiligung für das betreffende Kalenderjahr.

Ein Beispiel: Wer sich für eine Jahresfranchise von 1500 Franken entscheidet, zahlt in diesem Jahr zusammen mit dem 10-prozentigen Selbstbehalt (700.–) maximal 2200 Franken seiner Arzt- und Spitalkosten selber. Den Rest übernimmt die Kasse.

Versicherte müssen jeweils die Jahresfranchise für das nächste Jahr schon im vorangehenden Herbst wählen. Die genauen Arzt- und Spitalkosten sind dann noch nicht bekannt, sondern können höchstens grob geschätzt werden.

So gesehen ist es nicht sehr sinnvoll, mit ausgeklügeltem System zu berechnen, welche Jahresfranchise sich lohnt – denn das Resultat ist immer abhängig von den effektiven Arzt- oder Spitalkosten.

### Höchste Franchise: Das Risiko ist beschränkt

Im Prinzip gilt deshalb: Wer gesundheitlich angeschlagen ist und häufig zum Arzt muss, bleibt mit Vorteil bei der gesetzlichen Jahresfranchise von 300 Franken. Junge und Gesunde hingegen, die voraussichtlich nie oder wenig zum Arzt gehen, können ohne Weiteres die höchste Wahlfranchise von 2500 Franken wählen.

Und eine Faustregel dazu besagt: Übersteigen die jährlichen Arzt- und Spitalkosten den Betrag

**TIPP**

### Verlangen Sie Prämienverbilligung!

Wer «in bescheidenen wirtschaftlichen Verhältnissen» lebt, hat einen gesetzlichen Anspruch darauf, dass der Wohnkanton einen Teil seiner Krankenkassenprämien für die Grundversicherung übernimmt.

Seit Anfang 2012 muss die individuelle Prämienverbilligung gemäss Gesetz immer direkt an die Krankenkasse gehen, die dann die Prämienrechnung des Versicherten entsprechend reduziert (die Kantone haben aber bis 2014 Zeit, diese Vorgabe umzusetzen).

Jeder Kanton definiert anders, was «bescheidene wirtschaftliche Verhältnisse» sind. Deshalb sind die Anspruchsvoraussetzungen von Kanton zu Kanton verschieden – jeweils abhängig vom steuerbaren Einkommen, vom steuerbaren Vermögen und von den familiären Verhältnissen. Es kann auch sein, dass sogar Gutbetuchte von einer Prämienverbilligung profitieren.

Das Anmeldeprozedere ist ebenfalls unterschiedlich: Einige Kantone schreiben die Anspruchsberechtigten selber und direkt an, in anderen Kantonen müssen sich die Betroffenen selber melden. In vielen Kantonen erhalten auch Leute eine Prämienverbilligung, die bei sehr teuren Kassen versichert sind.

In einigen Kantonen sind aber die Anspruchsberechtigten – insbesondere Sozialhilfebezüger – gezwungen, eine günstigere Kasse zu suchen, weil sie sonst nicht mehr die volle Prämienverbilligung erhalten (siehe Kasten rechts).

Die Liste mit den zuständigen kantonalen Anlaufstellen für die Prämienverbilligung steht im Prämienspiegel, den das BAG jährlich veröffentlicht (Telefon 031 324 88 01, siehe Kasten auf Seite 77).

Grössere Krankenkassen veröffentlichen die Liste regelmässig in ihrer Mitgliederzeitung. Und sie steht auch im AHV-Merkblatt 6.07, zu finden im Internet unter www.ahv.ch. Sie finden die Liste auch auf www.priminfo.ch.

**Tipp:** Fragen Sie bei der Gemeindeverwaltung, falls Sie die Anlaufstelle nicht finden.

FRAGE

## Sozialhilfe und Prämienverbilligung: Muss ich wechseln?

**Ich wohne in einer Gemeinde im Kanton Bern und werde vom Sozialamt unterstützt. Dieses hat mir mitgeteilt, ich müsse die Grundversicherung auf den nächstmöglichen Kündigungstermin wechseln, da ich bei einer teuren Krankenkasse bin. Oder ich müsse ein Sparmodell wählen. Sonst müsse ich einen Teil der Prämie selber übernehmen. Stimmt das?**

**Ja.** Die Sozialgesetzgebung des Kantons Bern sieht diese Möglichkeit vor. Wenn Sie nichts unternehmen, erhalten Sie künftig weniger Geld. Konkret: Bis zum nächstmöglichen Kündigungstermin der Grundversicherung erhalten Sie vom Sozialamt genug Geld, um Ihre jetzige Prämie zu bezahlen.

Nach Ablauf dieses Termins wird Ihr Sozialhilfebudget angepasst – und zwar so, dass die volle Prämienverbilligung nur noch für die Prämie einer der 20 günstigsten Krankenkassen des Kantons ausreicht (bei ordentlicher Franchise von 300 Franken).

Sie haben auch die Möglichkeit, ein HMO- oder Hausarztmodell zu wählen, um Prämien zu sparen. Der Übertritt in ein solches Modell ist auf jeden Monatsanfang möglich.

Wechseln Sie hingegen Ihre teure Kasse nicht oder wählen Sie kein Sparmodell, müssen Sie die Differenz aus dem Grundbedarf für den Lebensunterhalt künftig selber berappen.

Andere Kantone verfügen über ähnliche Regelungen.

von 1700 bis 1800 Franken, so ist die tiefste Franchise von 300 Franken empfehlenswert. Sind die Gesundheitskosten jeweils tiefer, so lohnt sich die höchste Franchise, nämlich 2500 Franken.

Die Franchisenvarianten dazwischen sind nicht empfehlenswert.

Das finanzielle Risiko mit der höchsten Franchisestufe ist durchaus tragbar, falls dann wider Erwarten doch hohe Arzt- oder Spitalrechnungen anfallen sollten.

Und es ist erst recht tragbar, wenn Sie die Rechnung über fünf Jahre machen.

So gesehen liegt selbst dann noch eine gesamthafte Ersparnis drin, wenn man in einem einzelnen Kalenderjahr eine sehr hohe Spitalrechnung hat.

Ein Berechnungstool dazu finden Sie auf www.ktipp.ch → Service → Rechner → Krankenkassen-Franchise.

**Achtung:** Wer eine hohe Franchise hat, sollte dieses Geld auf der Seite haben. Fällt dann nämlich schon Anfang Jahr eine hohe Spitalrechnung an, müssen Betroffene zum Beispiel 3200 Franken sofort zahlen können (2500.– plus 700.–)

Bei Kleinkindern lohnen sich freiwillige Wahlfranchisen nicht, ab einem Alter von rund 12 Jahren kann man es sich aber durchaus überlegen.

### Die Franchise kann man jedes Jahr wechseln

Das sind die wichtigsten Details zum Thema Wahlfranchise:

- Wahlfranchisen sind freiwillig. Lassen Sie sich nicht beeindrucken, wenn Ihnen eine Kasse eine

FRAGE

### Volle Franchise bei der bisherigen Krankenkasse zahlen?

**Ich bin bei der EGK versichert und habe eine Prämienerhöhung auf Anfang Mai erhalten. Deshalb werde ich die Kasse wechseln. Muss ich dennoch bei der EGK meine volle Jahresfranchise zahlen, falls ich bis dahin viele Arztbesuche habe?**

**Ja.** Ihre Kostenbeteiligung fällt dann an, wenn Sie vom Arzt oder in einem Spital behandelt werden. Massgebend ist also das Behandlungsdatum.

Bis Ende April sind Sie noch bei der EGK versichert. Falls Sie bis zu diesem Zeitpunkt Arzttermine haben, muss Ihnen die EGK die volle Franchise berechnen und auch den zehnprozentigen Selbstbehalt. Zusammen kann das bei der 300er-Franchise eine maximale Kosten beteiligung von 1000 Franken ergeben.

Falls Sie diese 1000 Franken bei der EGK erreichen, müssen Sie dafür bei der neuen Kasse keine Franchise mehr zahlen und auch keinen Selbstbehalt. Sie müssen das aber gegenüber der neuen Kasse belegen können.

Zu diesem Zweck können Sie zum Beispiel die letzte Leistungsabrechnung der EGK vorlegen, auf der jeweils der Restbetrag der Kostenbeteiligung ersichtlich ist. Oder Sie können von der EGK eine Bestätigung über die von Ihnen geleistete Kostenbeteiligung verlangen. Dasselbe gilt für Versicherte, die die höchste Franchise von 2500 Franken haben.

Generell heisst das: Man muss die auf den Beginn des Jahres gewählte Jahresfranchise während des ganzen Jahres beibehalten, auch wenn man die Krankenkasse während des Jahres wechselt.

höhere Franchise aufschwatzen will.

- Das gilt auch im Umgang mit der Helsana-Gruppe; sie hat versucht, ihr Hausarzt-Sparmodell «Benefit» nur mit gewissen Franchisestufen anzubieten (etwa 500.– und 1000.–), mit der 300er Franchise hingegen nicht. Solche Abwimmelungsversuche sind verboten.
- Versicherte können die Jahresfranchise jedes Jahr neu auf den Beginn des nächsten Kalenderjahres erhöhen oder senken – unabhängig davon, ob sich ihre Prämie ändert oder nicht. Und unabhängig vom Gesundheitszustand.

Es gibt noch keine Verpflichtung, über mehrere Jahre die gleiche Franchise beizubehalten (Bestrebungen, das zu ändern, sind gescheitert).

Auch wenn Sie die Kasse auf den Beginn eines neuen Kalenderjahres wechseln, sind Sie nicht verpflichtet, die bisherige Franchise zum neuen Versicherer «mitzunehmen».

- Wenn Sie allerdings die Kasse während des Jahres wechseln, müssen Sie die Franchise beibehalten (siehe Kasten oben).

#### Herabsetzung der Franchise: Bis am 30. November melden!

- Wer die bestehende hohe Wahlfranchise auf das nächste Jahr herabsetzen will, muss dies der Kasse bis spätestens am 30. November beziehungsweise bis am letzten Arbeitstag des Novembers mitgeteilt haben. Tun Sie es eingeschrieben, der Brief muss am letzten Novembertag beziehungsweise -Arbeitstag bei der Krankenkasse eingetroffen sein.

- Wollen Sie die Franchise für das nächste Jahr erhöhen, können Sie dies der Kasse auch noch im Dezember mitteilen. Tun Sie es aber besser frühzeitig, damit die Kasse für die Umstellung genug Zeit hat.
- Es kommt immer wieder vor, dass bei einer Kasse die Prämie mit der 2500er-Franchise nicht höher ist als diejenige mit der 2000er-Franchise. Dann können Sie die 2000er-Franchise wählen und so im schlimmsten Fall 500 Franken Kostenbeteiligung sparen.
- Eine Wahlfranchise kann Sie davon abhalten, unnötig zum Arzt zu gehen. Sie birgt aber die Gefahr, dass Sie aus finanziellen Überlegungen einen notwendigen Arztbesuch hinauszögern. Das könnte unliebsame gesundheitliche Folgen haben.
- Falls Sie während des Kalenderjahres die Krankenkasse wechseln oder an einen andern Wohnort zügeln, müssen Sie die Jahresfranchise dennoch nur einmal zahlen. Die neue Kasse muss den bereits bezahlten Betrag anrechnen. Auch die maximale Kostenbeteiligung pro Jahr wird so nicht höher (siehe dazu auch den Kasten links).

### Grundversicherung: Prämien sparen mit dem HMO-Modell

HMO-Versicherte verzichten freiwillig auf die freie Arztwahl: Sie verpflichten sich, im Krankheitsfall zuerst immer dieselbe HMO-Gruppenpraxis aufzusuchen (ausser in Notfällen und allenfalls für Besuche beim Frauen-, Zahn- oder Augenarzt). HMO heisst Health Maintenance Organization, wörtlich Gesundheitserhaltungs-Organisation.

In HMO-Zentren arbeiten Ärztinnen und Ärzte verschiedener Fachrichtungen (darunter oft auch Gynäkologen und Kinderärzte, teils auch Therapeuten), die meistens von der Kasse angestellt sind und pro Patient ein bestimmtes Budget zur Verfügung haben. Bei medizinischem Bedarf schicken die HMO-Mediziner ihre Patienten an Spezialisten, zum Chiropraktor oder ins Spital.

### Das Bonusmodell: Wenig Anklang

Einige wenige Krankenkassen führen auch das Sparmodell Bonusversicherung (Concordia, Helsana, Intras, Visana und ÖKK). Es belohnt Gesunde: Wer die Grundversicherung nicht beansprucht, also keine Rechnungen zur Rückerstattung einschickt, zahlt tiefere Prämien (Mutterschaft und medizinische Prävention ausgenommen). Dieses System funktioniert ähnlich wie die Autoversicherung mit dem Bonus-Malus-System.

Im ersten Jahr steigt zwar die Prämie um 10 Prozent, danach sinkt sie aber, bis nach fünf Jahren der Maximalrabatt von 45 Prozent erreicht ist.

Das Bonussystem hat einen grossen Nachteil: Versicherte müssen fünf Jahre lang dabei bleiben, um den maximalen Rabatt zu erreichen.

Versicherte haben aber keine Verpflichtung, mindestens fünf Jahre lang durchzuhalten. Sie können also die Kasse normal wechseln – wie alle anderen Versicherten auch. Und sie können auch am Ende jedes Kalenderjahres in die «normale» Grundversicherung wechseln oder in ein anderes Sparmodell.

Aus diesem Grund lohnt sich das Bonussystem höchstens für Junge und Gesunde. Zudem ist es nicht mit höheren Wahlfranchisen kombinierbar.

Beachten Sie: HMO-Versicherte haben Anspruch auf die gleichen medizinischen Leistungen wie alle anderen Versicherten auch.

HMO-Zentren (oft auch Gesundheitszentren genannt) gibt es vor allem in grösseren Städten und Agglomerationen. Welche Krankenkasse an welchem Standort das HMO-Modell anbietet, steht jeweils ausführlich im jährlichen Prämienspiegel des BAG (siehe Kasten auf Seite 77).

Die wichtigsten Details dazu:

- Mit dem HMO-Modell können Versicherte Prämieneinsparungen von bis zu 25 Prozent erzielen.
- Falls Sie die höchste Franchise (2500 Franken) haben, ergibt sich mit dem HMO-Modell oft keine zusätzliche Prämieneinsparung. Dann können Sie zum Beispiel die Franchise 2000.– nehmen. (Das gilt auch beim Hausarzt- und Telemedizinmodell.)
- Der Beitritt zum HMO-Modell ist auf Anfang jeden Monats möglich.
- Wer vom HMO-Modell in die «normale» Grundversicherung zurückwechseln will (immer nur auf Anfang Jahr möglich), muss dies bis Ende November der Kasse mitgeteilt haben.
- Falls Sie Ende Jahr die Krankenkasse wechseln, so sind Sie nicht verpflichtet, dieses Sparmodell zum neuen Versicherer «mitzunehmen».
- Falls Sie aus dem Einzugsgebiet Ihrer HMO-Praxis wegziehen, erfolgt die Umstufung in die «normale» Grundversicherung auf den Ersten des nächsten Monats, falls Ihre Krankenkasse an Ihrem neuen Wohnort kein HMO-Modell anbietet.

## Im Militär: Keine Prämien zahlen!

Soldaten und Offiziere müssen während der Militärzeit keine Grundversicherungsprämien zahlen. Das sind die Details:

- Die Prämienbefreiung gilt für Personen, die während mehr als 60 aufeinanderfolgenden Tagen im Dienst sind. Sie betrifft Militär- und Zivildienst sowie Zivilschutz.
- Diese Personen unterstehen nun der Militärversicherung, allfällige Rechnungen sind also dort einzureichen.
- Betroffene müssen den Marschbefehl mindestens acht Wochen vor Dienstantritt der Krankenkasse einschicken. Sie schickt dann für diese Zeit keine Rechnungen mehr.
- Wer den Marschbefehl zu spät einschickt, verursacht der Krankenkasse unnötige Umtriebe. Sie wird dann zu Unrecht bezahlte Prämien später (nach Dienstende) mit den neuen Prämienrechnungen verrechnen (oder allenfalls vorher schon zurückerstatten).
- Wenn die Dienstpflichtigen eingerückt sind, müssen sie von der zuständigen Armeestelle (meist vom Schulkommando) eine Bestätigung verlangen, dass sie eingerückt sind. Diese müssen sie der Krankenkasse schicken – sonst schickt sie weiterhin Prämienrechnungen.
- Bei den freiwilligen Zusatzversicherungen geben die allermeisten Krankenkassen keine Prämienbefreiung während der Militärzeit. Der Grund liegt darin, dass diese Zusatzversicherungen auch während der Militärzeit Leistungen zahlen würden, die in der Militärversicherung nicht inbegriffen sind – zum Beispiel für Fitnessbeitrag, Brillen oder die Spital-Zusatzversicherung halbprivat oder privat.

### Prämien sparen mit dem Hausarztmodell

Viele Krankenkassen führen eine oder mehrere Listen mit frei praktizierenden Allgemeinpraktikern, die sich einem Hausarztmodell (oder einem Ärztenetzwerk) angeschlossen haben.

Interessenten für das Hausarztmodell müssen dann einen dieser Ärzte als Hausarzt wählen; er ist für sie immer erster Ansprechpartner und Koordinator für alle medizinischen Belange (ausser in Notfällen, für gynäkologische Kontrolluntersuchungen und für den Augenarzt).

Der Hausarzt entscheidet also, ob der Beizug eines Spezialisten oder ein Spitalaufenthalt notwendig ist.

Folge: Lässt sich ein Patient ohne Wissen des Hausarztes von einem Spezialisten operieren oder von einem Chiropraktor behandeln, muss die Kasse dafür nicht aufkommen (das gilt auch beim HMO-Modell). Meist droht ein Ausschluss aus dem Modell auf Beginn des nächsten Monats und damit die Rückstufung in die ordentliche Grundversicherung – mit sofortigem Verlust des Rabatts.

Allerdings gilt es bei diesem Prämiensparmodell zu differenzieren, weil es in den letzten Jahren sehr vielfältig geworden ist:

### Die Auswahl an Ärzten ist mal gross, mal eingeschränkt

- Bei gewissen Hausarztmodellen einiger Krankenkassen kann jeder beliebige Arzt als erste Anlaufstelle gewählt werden. Beispiele: Beim Modell Med Direct der Visana gibt es dafür 20 Prozent Rabatt, beim Angebot Caremed von Sanitas und Wincare 10 Prozent. Kann jeder Arzt als erste Anlaufstelle bestimmt werden, schmerzt der Verzicht auf die freie Arztwahl nicht besonders.
- Andere Krankenkassen geben eine Auswahl von Ärzten vor – doch die ist oft so gross, dass der bisherige Hausarzt mit grosser Wahrscheinlichkeit als erste Anlaufstelle benannt werden kann. So ist kein Arztwechsel nötig.
- Bei «strengeren» Hausarztmodellen müssen die Versicherten aus einer eher eingeschränkten Liste von Ärzten beziehungsweise Ärztenetzen auswählen. Auch da liegen die Rabatte zwischen 10 und 20 Prozent.

Die Listen dieser Ärzte sind bei den Krankenkassen erhältlich. Sie können auch Ihren Arzt fragen, ob er auf einer dieser Listen steht.

- Neuerdings gibt es noch rigidere Hausarzt-Modelle: Sie verbinden die eingeschränkte Arztwahl mit der Verpflichtung, vorher ein medizinisches Callcenter anzurufen (z.B. Compact One). In solchen Modellen kann auch ein «Behandlungspfad» vorgeschrieben werden, das heisst, dass sich Versicherte an die Anweisungen einer Telefon-Hotline halten müssen.
- Es gibt auch Hausarztmodelle, bei denen die Versicherten nur eine beschränkte Auswahl von Spitälern zur Verfügung haben. Oder bei denen sie sich verpflichten, anstelle eines Originalpräparats ein Generikum zu nehmen, falls es ein solches gibt. Oder in denen sie Medikamente im Versandhandel oder bei günstigen Apothekenketten beziehen müssen.
- Verwirrung stiften jene Krankenkassen, die gleich mehrere Haus-

arztmodelle mit unterschiedlichen Rabatten und unterschiedlicher Zahl von möglichen Ärztinnen und Ärzten haben.

Zum Beispiel Sanitas und Wincare mit ihren Hausarztmodellen Caremed, Netmed 12 %, Netmed 15 % und Netmed 20 %. Je nach Region ist ein Modell dann erhältlich oder eben nicht.

Punkto Übertritt, Austritt, Kündigung und Zügeln gilt das Gleiche wie bei der HMO-Versicherung (siehe Seite 72).

Welche Krankenkasse an welchem Standort das Hausarztmodell anbietet, steht jeweils ausführlich in der jährlichen Prämienübersicht des BAG (siehe Kasten auf Seite 77).

TIPP

## Sparen mit dem Hausarztmodell: Das müssen Sie beachten

- Lesen Sie in den Versicherungsbedingungen nach, in welchen Fällen Sie ohne Überweisung des Hausarztes zum Facharzt gehen können.

Beispiel Frauenarzt: Die meisten Kassen verzichten bei gynäkologischen Vorsorgeuntersuchungen und Geburten auf eine Überweisung, bei «allgemeinen gynäkologischen Erkrankungen» verlangen sie aber eine. Die Unterscheidung ist nicht immer einfach. Grosszügigere Kassen hingegen machen beim Gynäkologen – je nach Modell – keine Einschränkungen nach Art des «Leidens».

Beispiel Augenarzt: Oft ist der direkte Gang nur für eine jährliche Untersuchung oder fürs Verschreiben von Brillen oder Kontaktlinsen erlaubt – oder bei einer «augenärztlichen Routineuntersuchung» beziehungsweise bei «periodischen Augenkontrollen». Sonst muss man zuerst zum Hausarzt.

**Tipp:** Sie können eine Überweisung beim Hausarzt auch nachträglich einfordern. Es könnte allerdings sein, dass sich der Hausarzt weigert, wenn Sie dies wiederholt tun.

- Fragen Sie Ihre Kasse, wie lange die Überweisung an den Spezialisten gültig ist. Es kann sein, dass Sie nach einem halben Jahr eine neue brauchen.
- Wenn Sie innerhalb des Hausarztmodells den von Ihnen gewählten Hausarzt (erste Anlaufstelle) wechseln möchten, ist dies nicht beliebig möglich. Lesen Sie dazu die Versicherungsbedingungen.
- Bei Weiterverweisungen durch den Spezialisten verlangen die meisten Kassen in den Bedingungen sinngemäss: Wenn ein Facharzt den Patienten an einen weiteren Facharzt überweist, muss dies wiederum über den Hausarzt geschehen.
- Wer die Regeln nicht einhält, kann sogar ohne Vorwarnung ausgeschlossen werden. Einige Kassen sagen, es gebe zuerst eine Verwarnung, und der Ausschluss erfolge erst nach wiederholtem Nichteinhalten der Regeln.
- Einige Kassen schreiben in ihren Bedingungen, bei Missachtung der Systemregeln erfolge nicht nur die Rückstufung. Vielmehr müsse die versicherte Person den Spezialisten (oder allenfalls den Spitalaufenthalt) ganz oder zur Hälfte selber zahlen, falls dies ohne Segen des Hausarztes geschehen sei.
- Bei besonders strengen Modellen (zum Beispiel Compact One, die zur Sanitas gehört) ist sogar ein rückwirkender Ausschluss auf Anfang Jahr möglich. Betroffene müssen hier den erhaltenen Rabatt der Kasse zurückerstatten.
- Es kann sein, dass die Kasse Leistungen aus einer Zusatzversicherung nicht zahlt, wenn Sie in der Grundversicherung vom vorgegebenen Behandlungspfad abkommen.

### Das Sparmodell «vorgängige telefonische Beratung»

Ebenfalls sparen kann man mit dem Modell «vorgängige telefonische Beratung», auch Telemedizin genannt. Die Versicherten erhalten hier eine Prämienreduktion bis 20 Prozent – je nach Kasse.

Wer sich so versichert, muss vor jedem Arztbesuch oder vor jedem Eintritt ins Spital ein medizinisches Callcenter anrufen und sich telefonisch beraten lassen.

Dann sind die Versicherten aber meist frei im Entscheid, ob sie dennoch zum Arzt gehen oder nicht. Die Empfehlung der Person am Telefon ist unverbindlich (ausser z. B. bei Compact One, siehe Seite 73).

Und die Strafe fürs Fehlverhalten ist meist harmlos. Die meisten Kassen, die das Modell im Angebot haben, legen fest: Falls Versicherte dennoch ohne vorherigen Anruf zum Arzt gehen, riskieren sie die sofortige Zurückstufung in die Grundversicherung – mit Verlust des Prämienrabatts ab diesem Zeitpunkt.

Allerdings: Es kann sein, dass die Krankenkasse in einem solchen Fall nur die Hälfte der anfallenden Arztkosten zahlt. Bei Compact One erfolgt gar eine rückwirkende Prämienerhöhung.

Noch ein paar Details zu dieser Sparvariante:

- Die medizinischen Callcenter heissen Medgate und Medi24. Viele Kassen, die kein eigentliches Sparmodell führen, ermöglichen es ihren Versicherten trotzdem, dort vor einem Arztbesuch telefonisch und gratis medizinische Auskünfte einzuholen.
- Die Verpflichtung, vorher anzurufen, gilt meist nicht in Notfällen. Und auch nicht bei gynäkologischen Vorsorgeuntersuchungen und Besuchen beim Augenarzt. Je nach Reglement sind noch weitere Behandlungen nicht «meldepflichtig» – zum Beispiel Impfungen oder Besuche beim Zahnarzt.

### Der Beitritt ist auch während des Kalenderjahres möglich

- Der Beitritt zu diesem Modell ist auch während des Kalenderjahres auf Beginn des Folgemonats möglich. Die Kündigung kann aber nur auf Ende Jahr erfolgen.
- Einige Kassen kombinieren das Telemedizinmodell mit einem HMO- oder Hausarztmodell. Dann kann die Prämienersparnis grösser sein, weil nun nicht mehr die freie Arztwahl gilt. Dafür sind die Sanktionen schärfer.
- Möglicherweise liegt mit dem Telemedizinmodell sogar mit Franchise 2500 noch ein zusätzliches Sparpotenzial drin. Es kann auch sein, dass bei einer Kasse das Telemedizinmodell mit Franchise 2500.– günstiger ist als ein Hausarztmodell mit Franchise 2500.–.

## Die Fristen für das Wechseln der Grundversicherung

Wer sich nicht nur um die Prämiensparmöglichkeiten kümmern, sondern auch noch eine günstigere Kasse suchen will, kann das in der obligatorischen Grundversicherung jedes Jahr ohne Probleme tun: Der Leistungsumfang ist überall gleich, die Kassen müssen jede Person ohne Vorbehalt und ohne Wartefrist aufnehmen – egal ob sie alt, schwanger oder krank ist.

Ein solcher Wechsel kann sich lohnen: In etlichen Fällen können Einzelpersonen mit einem «Zügeln» der Grundversicherung locker 1000 Franken im Jahr sparen.

Das sind die Details, die Sie beim Kassenwechsel der Grundversicherung beachten müssen (für die Zusatzversicherungen gelten komplett andere Regeln, siehe Ausführungen auf Seite 95 ff.):

- **Prämienmitteilung abwarten.** Warten Sie, bis Ihnen Ihre Krankenkasse die neue Prämie für das nächste Jahr mitteilt; das geschieht im Oktober. Dann können

TIPP

## Kassenwechsel von der teuren «Mutter» zur günstigen «Tochter»

Viele Krankenversicherte möchten die Grundversicherung zu einer günstigeren Krankenkasse wechseln, zögern aber, weil sie noch Zusatzversicherungen haben, die sie nicht «mitzügeln» können oder wollen. Sie befürchten, dass sie sich dann mit zwei verschiedenen Krankenkassen herumschlagen müssen.

Oft ist dies auch effektiv der Fall (siehe Kasten auf Seite 96).

Wenn aber grosse Krankenkassen eigene Billigkassen (Tochtergesellschaften) führen, ist die Angst meist unbegründet.

Zum Beispiel bei der Helsana. Zu ihr gehören unter anderem Progrès, Sansan und Avanex. Wer hier die Grundversicherung von der Helsana zu einer Tochter wechselt, hat es leicht: Interessenten können auch die Zusatzversicherungen unverändert und zu den gleichen Bedingungen «mitnehmen».

Und: Sie erhalten auch künftig nur eine Prämienrechnung, und für ihre Arzt- und Spitalrechnungen haben sie weiterhin nur eine einzige Einsendeadresse. Von der Tochter erhalten sie eine einzige Leistungsabrechnung für Rückerstattungen aus Grund- und Zusatzversicherung. Und dieses Geld kommt mit nur einer Zahlungsanweisung auf ihr Konto.

Mit anderen Worten: Es gibt für Helsana-Versicherte keinen Grund, die eher hohen Grundversicherungsprämien der Helsana zu zahlen.

Ein Wechsel der Grundversicherung zu einer günstigeren Tochtergesellschaft ist unter Einhaltung der Kündigungsfristen problemlos möglich, weil man allfällig vorhandene Helsana-Zusatzversicherungen unverändert und zum gleichen Prämientarif «mitzügeln» kann.

Das gilt auch für Sanitas- und Wincare-Kunden. Wechseln sie ihre Grundversicherung zu Compact One, können sie allenfalls bestehende Zusatzversicherungen quasi «mitnehmen», damit sie es nicht mit zwei verschiedenen Versicherungen zu tun haben.

Die gleichen Erleichterungen gelten für viele Grundversicherte der CSS. Sie machen vielerorts einen Fehler, wenn sie nicht zur CSS-Tochtergesellschaft Arcosana wechseln.

Wer allerdings zur CSS-Tochter Sanagate wechselt, kommt nicht in den Genuss solcher Vorteile, sondern hat weiterhin zwei getrennte Versicherer.

Den gleichen Vorteil haben übrigens auch Versicherte, die bei einer der vier Mitgliedkassen der Groupe Mutuel sind (Avenir, Philos, Easy Sana und Mutuel Assurances). Auch hier gibt es punkto Grundversicherung oft grosse Prämienunterschiede, die Zusatzversicherungen aber bleiben jeweils «erhalten».

Den gleichen Vorteil haben auch Kunden der Visana, die ebenfalls zwei Billigkassen führt (Sana24 und Vivacare).

Sie in aller Ruhe eine Kündigung überlegen; diese Kündigung muss bis am 30. November bei der Krankenkasse eingetroffen sein. Der Wechsel erfolgt dann auf den folgenden 1. Januar.

Dies gilt für alle Versicherten und für sämtliche Franchisenstufen – egal ob die Prämie steigt, sinkt oder gleich bleibt. Und egal ob man einem HMO-, einem Hausarzt- oder einem Telemedizinmodell angeschlossen ist oder die Bonusversicherung hat.

Es ist also sinnlos, die Grundversicherung schon im September quasi «vorsorglich» zu kündigen. Wenn Sie das tun und es sich im Oktober doch noch anders überlegen und bei der gleichen Kasse bleiben, haben Sie Ihrer Krankenkasse nur unnötige Umtriebe beschert.

Mit der Prämienmitteilung für das nächste Jahr muss die Kasse die Versicherten auch auf ihr Kündigungsrecht aufmerksam machen.

■ **Wechseln zur Jahresmitte.** Falls Sie die obligatorische Grundversicherung mit der ordentlichen Franchise 300 Franken abgeschlossen haben, können Sie die Kasse zusätzlich noch Mitte Jahr wechseln, also auf Ende Juni.

Voraussetzung ist dabei jedoch, dass Sie «normal» versichert sind, also weder mit HMO- noch mit Hausarzt-, noch mit Telemedizinmodell.

In diesem Fall gilt eine dreimonatige Kündigungsfrist, die Kündigung muss Ende März bei der Krankenkasse eingetroffen sein.

STICHWORT

### Prämienübersicht des BAG

Das Bundesamt für Gesundheit (BAG) veröffentlicht jedes Jahr die kostenlose «Prämienübersicht». Sie zeigt alle genehmigten Prämien für alle Franchisestufen sowie für HMO-, Hausarzt- und weitere Sparmodelle. Und zwar von sämtlichen Krankenkassen, die im jeweiligen Kanton tätig sind.

Dazu enthält die Übersicht die kantonalen Anlaufstellen für die Prämienverbilligung und die Adressen sämtlicher Krankenkassen.

In der Prämienübersicht können Sie auch nachschauen, in welche Prämienregion Ihr Wohnort eingeteilt ist.

Die Übersicht zeigt zudem, in welchen Kantonen welche Kasse ein HMO- oder Hausarztmodell führt.

Schicken Sie für eine Bestellung eine an Sie selber adressierte Selbstklebe-Etikette (kein Couvert) mit Angabe des gewünschten Kantons an: Bundesamt für Gesundheit, Prämien-Service, 3003 Bern. Bestell-Hotline: Telefon 031 324 88 01, Fax 031 324 88 00. E-Mail: priminfo@bag.admin.ch.

Das alles finden Sie auch im Internet: www.bag.admin.ch → Themen → Krankenversicherung.

Unter www.priminfo.ch läuft zudem ein elektronischer Prämienvergleich. Er zeigt Ihnen Ihre individuelle Prämie von allen an Ihrem Wohnort tätigen Krankenkassen.

■ **Wechsel bei unterjähriger Prämienerhöhung.** Es kann vorkommen, dass die Kasse die Prämie während des Kalenderjahres erhöht. Das ergibt ebenfalls ein Kündigungsrecht – egal mit welchem Modell man versichert ist (siehe Kasten auf Seite 70).

■ **Es gilt das Empfangsdatum.** Für alle Kündigungen der Krankenkasse gilt das Datum des Empfangs. Die Kündigung muss demnach am letzten Arbeitstag vor Beginn der Kündigungsfrist bei der Krankenkasse eingetroffen sein.

CHECKLISTE

## Die wichtigsten Tipps für den Wechsel der Grundversicherung

- Mit einem Wechsel der Grundversicherung können Sie viel Geld sparen. Die Leistungen sind überall gleich.
- Ein Wechsel ist in jedem Fall möglich – egal ob die Prämie steigt, sinkt oder gleich bleibt.
- Für einen Wechsel der Grundversicherung müssen Sie keine Gesundheitsfragen beantworten.
- Auch ältere Menschen, Schwangere oder Kranke können die Grundversicherung problemlos wechseln.
- Alle an Ihrem Wohnort tätigen Kassen müssen Sie in die Grundversicherung aufnehmen.
- Kinder müssen nicht bei der Krankenkasse ihrer Eltern versichert sein.
- Lassen Sie sich nicht abwimmeln. Melden Sie sich schriftlich und eingeschrieben an – ohne vorher eine Offerte zu verlangen.
- Holen Sie Prämieninfos ein, damit Sie wissen, welche Kassen an Ihrem Wohnort günstig sind. Wie Sie zu diesen Angaben kommen, steht in den Kästen auf den Seiten 59 und 77.
- Achten Sie bei Prämienvergleichen darauf, dass Sie Gleiches mit Gleichem vergleichen (zum Beispiel Prämie mit Franchise 300 Franken inkl. Unfallschutz). Auch das verglichene Sparmodell sollte identisch sein.
- Versuchen Sie herauszufinden, ob die günstigen Kassen auch einen guten Service haben. Vielleicht wissen Freunde oder Bekannte Bescheid.
- Seien Sie sehr skeptisch, wenn Ihnen freischaffende Krankenkassenvermittler Angebote unterbreiten. Solche Verkäufer empfehlen in der Regel nur Krankenkassen, die ihnen für die Vermittlung von Zusatzversicherungen hohe Provisionen zahlen – und das sind nicht unbedingt die günstigsten und besten Krankenkassen.
- Sie können die Grundversicherung auch wechseln, wenn Sie jetzt eine Wahlfranchise haben oder ein Sparmodell mit HMO-, Hausarzt- oder Telemedizinmodell. Falls Sie die HMO- beziehungsweise Hausarztversicherung bei der neuen Kasse weiterführen möchten, können Sie dies auf dem Anmeldebrief so vermerken (falls die neue Kasse das Modell überhaupt im Angebot hat).
- Falls Sie die Grundversicherung bei Ihrer Krankenkasse kündigen, die Zusatzversicherungen aber beibehalten wollen, so achten Sie darauf, dass Sie in Ihrem eingeschriebenen Brief nur die Grundversicherung kündigen und nicht die ganze Police. Und passen Sie auf, dass Ihnen Ihre jetzige Versicherung nur die Kündigung der Grundversicherung und nicht etwa der ganzen Police mitsamt Zusatzversicherungen bestätigt (siehe dazu auch Seite 95).
- Wenn Sie die Grundversicherung wechseln, müssen Sie nicht befürchten, dass Ihnen Ihre bisherige Kasse auch allfällig vorhandene Zusatzversicherungen kündigt. Es kann allerdings sein, dass Sie gewisse Rabatte verlieren.

**Wichtig:** Vergessen Sie nicht, dass alle diese Infos nur für die obligatorische Grundversicherung gelten. Bei den Zusatzversicherungen sind die Spielregeln anders.

Es zählt also nicht etwa der Poststempel mit dem Datum des Abschickens, sondern das rechtzeitige Eintreffen bei der Krankenkasse.

**Tipp:** Schicken Sie Kündigungen eingeschrieben und rechtzeitig ab. Denken Sie daran, dass der letzte Tag des Monats auf einen Sonn- oder Feiertag fallen kann, an dem die Krankenkasse keine Post abholt. (Bei den freiwilligen Zusatzversicherungen hängt die Fristwahrung vom Wortlaut des jeweiligen Reglements der Krankenkasse ab.)

Das sind noch ein paar wichtige Details zu den Kündigungsmodalitäten in der obligatorischen Grundversicherung:

- **In aller Ruhe auswählen.** Falls Sie die Grundversicherung bei Ihrer Krankenkasse im November kündigen, genügt es, wenn Sie sich im Dezember bei der neuen Krankenkasse anmelden. Sie können also in aller Ruhe entscheiden, wo Sie sich versichern wollen.

Schicken Sie aber die Anmeldung auch nicht zu spät ab, damit Ihre neue Kasse noch genügend Zeit hat, Ihrer bisherigen den Übertritt zu melden (siehe übernächsten Punkt).

- **Ohne Bestätigung versichert.** Wenn Sie sich schriftlich und eingeschrieben bei einer Kasse anmelden, sind Sie auch ohne Bestätigung versichert.
- **Es braucht eine Meldung der Kasse.** Das Versicherungsverhältnis bei der alten Krankenkasse ist erst dann offiziell beendet, wenn die neue Krankenkasse der bisherigen mitteilt, dass der Neukunde bei ihr ohne Unterbrechung des Versicherungsschutzes versichert ist; so will es das Gesetz.

Die neue Krankenkasse muss also Ihrer bisherigen melden, dass Sie jetzt bei ihr versichert sind. Schickt die neue Kasse diese Meldung zu spät, erfolgt der Wechsel auf den 1. Februar.

Dann gilt aber auch: War die bisherige Krankenkasse teurer, muss die säumige neue Krankenkasse ihrem Neukunden die Prämiendifferenz für den Monat Januar ersetzen.

**Tipp:** Es schadet nichts, wenn Sie den neuen Versicherer darauf aufmerksam machen, dass er die Versicherungsbestätigung umgehend dem bisherigen Versicherer schicken soll.

Damit der neue Versicherer überhaupt weiss, wo Sie vorher versichert waren, empfiehlt es sich, bei der Neuanmeldung immer eine Kopie des bisherigen Ver-

FRAGE

### Nach dem Wechsel der Krankenkasse: Gilt die Kostengutsprache weiter?

**Ich werde meine Grundversicherung auf Mitte Jahr wechseln. Das ist möglich, weil ich die Franchise von 300 Franken habe. Nun bin ich wegen Rückenbeschwerden in Behandlung. Meine jetzige Krankenkasse hat mir für die nächsten 12 Monate eine schriftliche Kostengutsprache für 18 Physiotherapie-Behandlungen erteilt. Falls ich nun die Kasse wechsle: Muss sich die neue Kasse an die von der alten Kasse erteilte Kostengutsprache halten?**

**Nein.** Die jetzt vorliegende Kostengutsprache wurde nur von Ihrer jetzigen Krankenkasse erteilt. Eine neue Krankenkasse ist nicht an diese gebunden. Daher gilt: Verlangen Sie vor dem Wechsel von Ihrer neuen Krankenkasse eine schriftliche Bestätigung, dass sie sich an die früher erteilte Kostengutsprache hält oder beispielsweise selber eine solche neu abgibt.

Achten Sie darauf, dass sich die Kostengutsprache eindeutig auf eine bestimmte medizinische Massnahme und einen bestimmten Leistungserbringer – zum Beispiel einen bestimmten Arzt – bezieht.

In der Grundversicherung gibt es häufig Kostengutsprachen für Spitalaufenthalte, Physiotherapie oder Spitexleistungen.

## **Musterbrief** für die Anmeldung der Grundversicherung bei einer neuen Krankenkasse

*(Absender)*
Vorname Name
Strasse, PLZ/Ort
Geburtsdatum

**Einschreiben**
*(Adresse der Krankenkasse)*

**Anmeldung für die obligatorische Grundversicherung**

Sehr geehrte Damen und Herren
Hiermit melde ich mich bei Ihrer Krankenkasse für die obligatorische Krankenpflege-Versicherung nach KVG ab *(Datum einsetzen)* wie folgt an:

Gewünschte Franchise ____________________
(300, 500, 1000, 1500, 2000, 2500 Franken)
Unfalldeckung (ja/nein) ____________________
Prämienzahlung ____________________
(monatlich, zweimonatlich, viertel-, halbjährlich, jährlich)
Meine Bank- oder Postverbindung ____________________
(Konto und Adresse)

Bitte teilen Sie meiner bisherigen Krankenkasse (Police in Kopie beiliegend) mit, dass ich ab *(Datum einsetzen)* bei Ihnen versichert bin.

Ort/Datum

Mit freundlichen Grüssen

*(Unterschrift)*

Beilagen:
– Kopie meines aktuellen Krankenkassen-Ausweises
– Kopie der Kündigung an den bisherigen Versicherer

sicherungsausweises beizulegen (siehe Musterbrief oben).

- **Versichert bis Ende Jahr.** Wenn Sie gekündigt haben, muss Ihre bisherige Kasse alle Rechnungen zahlen, die bis zum Versicherungsbeginn bei der neuen Kasse (in der Regel auf Beginn des neuen Kalenderjahres) anfallen.

Sollte sich eine ärztliche Behandlung oder ein Spitalaufenthalt über den Jahreswechsel hinziehen, müssen Sie den jeweiligen Grundversicherungsanteil von zwei Kassen einziehen. Entscheidend ist das Behandlungsdatum.

**Tipp:** Um hier Probleme zu vermeiden, können Sie Ihren Arzt bitten, auf Ende Jahr eine Zwischenabrechnung zu machen.

Achtung: Dauerte eine Behandlung über den Jahreswechsel hinaus, wird Ihnen Ihre bisherige Kasse nur die Behandlung bis Ende Jahr zahlen. Dass Sie aber noch einen Anspruch an die neue Kasse wegen des Anteils des neuen Kalenderjahres haben – das müssen Sie selber merken; Ihre bisherige Kasse wird Sie vielleicht nicht darauf aufmerksam machen.

■ **Kein Wechsel bei Prämienausstand.** Ein Kassenwechsel ist nur möglich, wenn Sie der bisherigen Kasse am 31. Dezember weder Prämien noch Kostenbeteiligungen schulden und auch keine Verzugszinsen und Betreibungskosten.

Gemeint sind offene Forderungen, für die Sie die Kasse bis Ende November gemahnt hat.

Das bedeutet: Wenn Sie die Dezemberprämie nicht zahlen, so werden Sie dafür kaum bis Ende November gemahnt. Dieser Ausstand spielt also keine Rolle.

Das Gleiche gilt für offene Kostenbeteiligungen bei einer laufenden Arzt- oder Spitalbehandlung. Solange Sie dafür nicht bis Ende November gemahnt wurden, dürfen Sie die Kasse trotzdem wechseln.

Falls Sie bei Säumigkeit trotzden per Ende Jahr die Kasse wechseln möchten, müssen Sie die gemahnten offenen Forderungen bis Ende Jahr begleichen.

■ **Kein Verlust von Zusatzversicherungen.** Falls Sie die Grundversicherung von einer Krankenkasse «wegzügeln», bei der Sie auch noch Zusatzversicherungen haben, so darf Ihnen Ihre bisherige Kasse die Zusatzversicherungen deswegen nicht kündigen (siehe Kasten auf Seite 96).

Allerdings können in Einzelfällen Rabatte verloren gehen.

Bei der Intras verlieren Kunden mit gewissen Zusatzversicherungen die Auslandleistungen der betreffenden Zusatzversicherung.

TIPP

### Die Ombudsstelle: Eine Alternative zum Gerichtsweg

Bevor Sie einen Rechtsstreit gegen die Krankenkasse einleiten, können Sie Ihren Fall kostenlos der Ombudsstelle Krankenversicherung in Luzern unterbreiten (Adresse auf Seite 361). Das gilt sowohl für die Grundversicherung als auch für die Zusatzversicherungen.

Der Ombudsmann vermittelt zwischen Versicherten und Krankenkasse mit dem Ziel, gerichtliche Auseinandersetzungen zu vermeiden.

Falls die Ombudsstelle zum Schluss kommt, das Anliegen des Versicherten sei gerechtfertigt, wird sie der betreffenden Kasse empfehlen, auf ihren Entscheid zurückzukommen.

Der Ombudsmann ist aber weder eine Gerichtsinstanz noch ein Anwalt der Versicherten. Die Krankenkassen sind nicht verpflichtet, auf seine Empfehlungen einzugehen.

**Achtung:** Falls gerichtliche Fristen laufen, die Sie einhalten müssen, so laufen diese weiter, während Ihr Fall bei der Ombudsstelle liegt.

**Tipp:** Die wichtigsten Tipps zum Prozessrecht und die genauen Details zum richtigen Vorgehen stehen im Saldo-Ratgeber «So kommen Sie zu Ihrem Recht». Sie können das Buch im Internet unter www.saldo.ch bestellen oder über Telefon 044 253 90 90.

### Ein Wechsel ist auch ohne vorgängige Offerte möglich

**Tipp:** Wer die Grundversicherung wechseln will, muss vorher nicht unbedingt eine Offerte einholen. Denn Sie können sich auch direkt schriftlich und eingeschrieben anmelden.

Grund: Im Oktober und November sind die Krankenkassen-Angestellten oft überlastet, sie nehmen die Telefone nicht mehr ab oder haben nicht genug Kapazitäten, um Offerten zu erstellen. Es kommt auch vor, dass Offertanfragen von älteren Interessenten mit Absicht «vergessen» werden.

Dagegen gibt es ein sicheres Gegenmittel: die schriftliche Anmeldung für die Grundversicherung. So gehen Sie vor:

**1.** Finden Sie heraus, welche Kasse die obligatorische Grundversicherung an Ihrem Wohnort günstig anbietet. Dazu finden Sie Tipps in den Kästen auf den Seiten 59 und 77.

**2.** Kündigen Sie die Grundversicherung eingeschrieben bei Ihrer jetzigen Kasse. Die Kündigung muss spätestens am 30. November bei der Kasse eingetroffen sein. Sie können auch kündigen, falls die Prämie nicht steigt. Die Anmeldung für die neue Kasse hingegen können Sie auch noch im Dezember abschicken. Sie haben also genug Zeit, um Ihre Wahl zu treffen.

**3.** Melden Sie sich schriftlich und eingeschrieben bei der Krankenkasse Ihrer Wahl für das nächste Jahr an (Versicherungsbeginn auf den nächsten 1. Januar). Benutzen Sie dazu als Vorlage den Musterbrief auf Seite 80.

Falls Sie so vorgehen, darf Ihnen die neue Kasse die Aufnahme in die Grundversicherung nicht verweigern – auch wenn Sie vorher nie eine Offerte verlangt oder erhalten haben.

TIPP

### Ratgeber zum Prozessrecht

Es passiert immer wieder: Der Krankenversicherer fällt einen negativen Entscheid. Er weigert sich zum Beispiel, die Kosten für eine Behandlung oder ein bestimmtes Medikament zu übernehmen.

Kommt es zum Rechtsstreit, müssen Versicherte vor Gericht gehen. Das ist aber für Laien nicht einfach.

Die wichtigsten Tipps zu den verschiedenen Rechtsmitteln und die genauen Details zum richtigen Vorgehen stehen im Saldo-Ratgeber «So kommen Sie zu Ihrem Recht». Sie können das Buch im Internet unter www.saldo.ch bestellen oder über Telefon 044 253 90 90.

# Die Zusatzversicherungen
## Freiwillig und voller Konsumentenfallen



**In der Ausgestaltung der Zusatzversicherungen sind die Krankenkassen völlig frei. Die verschiedenen Produkte sind deshalb unterschiedlich. Erschwerend kommt dazu, dass die Zusatzversicherungen dem Privatrecht unterstehen.**

Die freiwilligen Zusatzversicherungen unterstehen dem Privatrecht nach VVG (siehe Kasten auf Seite 13): Die wichtigsten Konsequenzen daraus sind:

- **Kein Obligatorium.** Die Zusatzversicherungen (oft Ergänzungsversicherungen genannt) sind nicht nur für die Versicherten freiwillig, sondern auch für die Krankenkassen: Jedem Versicherer steht es nach dem Prinzip der Vertragsfreiheit frei, ob und zu welchen Bedingungen er Interessenten versichern möchte. Die Kassen können also Versicherungsanträge ohne Begründung ablehnen.
- **Alterslimiten.** Die meisten Kassen verweigern älteren Leuten generell die Neuaufnahme in Zusatzversicherungen (ausser bei der Reise- oder Ferienversicherung). In der Regel liegt die Altersgrenze zwischen 50 und 70 Jahren. Einige Kassen kennen sogar unterschiedliche Altersgrenzen – abhängig vom jeweiligen Versicherungsprodukt.
- **Gesundheitsvorbehalte.** Die Kassen dürfen eine Gesundheitsprüfung verlangen und lebenslange Gesundheitsvorbehalte aufgrund der medizinischen Krankengeschichte anbringen (siehe Kasten auf der nächsten Seite). Solche Vorbehalte heissen auch «Erschwerung». Das führt dazu, dass faktisch nur Gesunde und Jüngere mit ihren Zusatzversicherungen von einer Kasse zur anderen «zügeln» können.

  Und es bedeutet auch: Wer im Gesundheitsfragebogen etwas Wichtiges verschweigt, muss im Schadenfall mit der sofortigen Kündigung der Versicherung rechnen (siehe Seite 13ff.).

  Und: Nur die wenigsten Kassen nehmen Kinder noch vor der Geburt in die Privatspitalversicherung auf. Die meisten schauen zuerst, ob das Neugeborene gesund ist oder nicht. Kleinere Krankenpflege-Zusätze hingegen sind für Kinder oft vorgeburtlich erhältlich.
- **Sonderbedingungen.** Viele Versicherer setzen für den Abschluss von gewissen Zusatzversicherungen voraus, dass der Interessent auch die Grundversicherung bei der betreffenden Kasse hat. Und es gibt etliche Kassen, die den Abschluss einer bestimmten Zusatzversicherung vom Abschluss von anderen Zusatzversicherungen abhängig machen.

### Wirrwarr bei der Produktegestaltung

- **Wartefristen.** Die Kassen dürfen sogenannte Warte- oder Karenzfristen setzen. Ein Beispiel: Bei Mutterschaft werden die reglementarischen Leistungen erst bezahlt, wenn die Frau bereits ein oder zwei Jahre lang für die entsprechende Versicherungsdeckung Prämien bezahlt hat.

Karenzfristen von ein bis zwei Jahren sind auch bei den Zahnbehandlungsversicherungen üblich, die auch die üblichen Zahnarzt-

**STICHWORT**

## Gesundheitsvorbehalt

Gesundheitsvorbehalt bedeutet: Die Person ist zwar versichert, die Kasse zahlt aber aus der betreffenden Zusatzversicherung nichts für die künftige Behandlung von genau bezeichneten Krankheiten oder Unfallfolgen, die bei Vertragsabschluss schon bestehen.

Oder sie zahlt nichts für Krankheiten und Unfallfolgen, die schon früher bestanden haben und erfahrungsgemäss zu Rückfällen führen können.

Die Kasse muss Ihnen einen Vorbehalt schriftlich mitteilen und dabei auch Beginn und Ende der Vorbehaltsfrist bezeichnen. Und sie muss den Vorbehalt präzis umschreiben. Allgemeine Ausdrücke wie zum Beispiel «laufende Psychotherapie» oder «Übergewicht, einschliesslich Ursachen und Folgen» sind ungültig.

Achten Sie darauf, dass die Kasse den Vorbehalt möglichst eng umschreibt und nicht ausufernd breit wie zum Beispiel «Schmerzsyndrome der Lendenwirbelsäule». Mit einem solchen schwammigen Vorbehalt kann die Kasse alle nur denkbaren Rückenbehandlungen von der Leistungspflicht ausnehmen. Das Gleiche gilt für «Neurotische Störungen».

Versicherte mit Vorbehalt können jederzeit den medizinischen Nachweis erbringen, dass der Vorbehalt nicht mehr gerechtfertigt ist. Die Versicherung wird den Vorbehalt nicht von sich aus überprüfen, Kundinnen und Kunden müssen selber aktiv werden.

Achtung: Wer bei der Gesundheitsdeklaration etwas verschweigt oder unrichtig darstellt, geht ein hohes Risiko ein. Die Kasse wird für die Behandlung der Folgen des verschwiegenen Leidens nichts zahlen (siehe Details auf Seite 13 ff.).

Wer unter Vorbehalt aufgenommen ist, zahlt trotzdem die volle Prämie.

Oft meinen Betroffene, sie könnten der Kasse eine Mehrprämie zahlen, um so einen Vorbehalt zu verhindern. Doch das geht nicht.

kosten (etwa Löcher flicken oder Zahnfleischbehandlung) zahlen.

Die Groupe Mutuel hat die Spital-Zusatzversicherung «Hôpital senior» im Angebot, die man «sogar noch im Rentenalter abschliessen» kann, wie die Groupe Mutuel betont. Doch sie zahlt erst nach einer Karenzfrist von einem Jahr.

- **Freie Produktegestaltung.** In der Ausgestaltung der einzelnen Zusatzversicherungen sind die Krankenkassen frei. Sie können einzelne Leistungen beliebig untereinander kombinieren (und jederzeit ändern) sowie Leistungsgrenzen und Selbstbehalte bzw. Franchisen in allen Variationen festlegen.

Dieser Wirrwarr ist bei der kleinen Zusatzversicherung für Alternativmedizin besonders augenfällig: Dort entscheidet jede Kasse selber und nach eigenen (oft wenig transparenten) Kriterien, welche Komplementärmethode bezahlt wird, und jede Kasse bestimmt auch selber, welche Therapeuten dafür in Frage kommen (siehe Details auf Seite 90 ff.).

### Bei Grobfahrlässigkeit dürfen die Kassen kneifen

- **Leistungskürzungen.** Die Versicherer dürfen den Versicherungsschutz für bestimmte Ereignisse ausschliessen oder die Leistungen kürzen. Solche Ausschlüsse gelten etwa bei Selbstverstümmelung, bei Teilnahme an Raufereien und Schlägereien, bei der Ausübung von Risikosportarten, bei missbräuchlichem Konsum von Alkohol und Drogen, bei Erdbeben, bei ionisierenden Strahlen beziehungsweise Schäden aus Atomenergie oder bei Krieg.

Wer von einer solchen Einschränkung betroffen ist, hat für die medizinische Behandlung nur noch den Schutz der Grundversicherung, aber nicht mehr denjenigen seiner Zusatzversicherung.

Es gibt auch Krankenkassen, die ihre Leistungen gemäss Reglement dann kürzen, wenn «das versicherte Ereignis grobfahrlässig herbeigeführt worden ist». Das kann bedeuten: Ein Autofahrer mit Privatspitalversicherung (inklusive Unfalldeckung), der grobfahrlässig einen Unfall baut – zum Beispiel wegen Überfahrens einer Sicherheitslinie –, muss damit rechnen, dass die Kasse den Privatspitalanteil nicht voll zahlt.

- **Mutterschaft.** Die Kassen dürfen Mutterschaft ausschliessen. Es kann also sein, dass sich Frauen, die Kinder wünschen, anders versichern müssen als Frauen, die keine Kinder (mehr) wollen oder keine Kinder bekommen können.
- **Prämien.** Die Prämien richten sich nach dem Risikoprofil der ent-

## Zusatzversicherungen: Nur Gesunde sind willkommen

«Aufgrund Ihrer Deklaration können wir die gewünschte Zusatzversicherung nicht abschliessen»: Solche oder ähnliche Sätze bekommen viele Interessenten zu hören, die eine Zusatzversicherung beantragt haben.

Denn die Versicherer sind gnadenlos: Sie schauen genau hin, wenn Interessenten eine neue Zusatzversicherung (oder die Erweiterung einer bestehenden) wollen. Ist auch nur der geringste medizinische Hinweis vorhanden, dass die Person die gewünschte Versicherung auch effektiv in Anspruch nehmen wird, darf die Kasse – völlig legal – die Zusatzversicherung verweigern.

Schon eine leichte Allergie, hoher Blutdruck, Übergewicht, Diabetes oder regelmässige Ohrenentzündungen genügen den Kassen, um Interessenten für Zusatzversicherungen abzulehnen. Die Kassen führen auch Listen mit Geburtsgebrechen und chronischen Leiden, die automatisch zu einer Ablehnung führen.

Abgelehnte Bewerber haben keinerlei Rechtsmittel, um eine Aufnahme zu erzwingen – auch wenn sie vorher eine entsprechende Offerte erhalten haben. Die Kassen müssen die Ablehnung nicht begründen.

Dennoch gibt es für abgelehnte Interessenten ein paar Tipps, die hilfreich sein können, damit sie die gewünschte Zusatzversicherung eventuell doch noch erhalten:

- Lassen Sie sich von einem ersten Ablehnungsschreiben nicht entmutigen. Schreiben Sie einen Brief an die Direktion. Hartnäckigkeit kann sich auszahlen.
- Bitten Sie Ihren Arzt, sich für Sie einzusetzen. Er kann bestätigen, dass ein früheres Leiden vollständig geheilt ist und keine Nachwirkungen zu befürchten sind.
- Versuchen Sie es bei mehreren Kassen.
- Bitten Sie die Kasse, Sie nicht abzulehnen, sondern unter Vorbehalt aufzunehmen (siehe Kasten auf der Seite links). Das machen die Krankenkassen ungern, es ist aber möglich.

**Das Recht auf Einsicht.** Wenn eine Krankenkasse persönliche Daten über Sie sammelt, um Ihren Gesundheitszustand zu überprüfen (wenn sie also beispielsweise weitere Auskünfte bei Ärztinnen oder Ärzten über Sie eingeholt hat), haben Sie gemäss Datenschutzgesetz ein Anrecht auf Einsicht in diese Daten.

TIPP

## «Ungebetene Gäste» können Sie ablehnen

Die Krankenkasse Helsana teilt ihren Versicherten ungefragt Zusatzversicherungen zu. Zum Beispiel die Zahnversicherung Denta: Werden Jugendliche 20 Jahre alt (und haben sie bereits die Zusatzversicherung «Top»), setzt ihnen die Helsana von sich aus die Zahnversicherung Denta auf die Police.

Die Helsana begründet die automatische Zuteilung mit dem Kleingedruckten bei der Zusatzversicherung «Top». Dort steht, 20-Jährige würden «automatisch» in die Denta «umgeteilt».

Ein anderes Beispiel: Zusatzversicherten im Pensionierungsalter setzt die Helsana die Langzeitpflege-Versicherung Cura automatisch auf die Police (siehe Kasten auf Seite 91).

Das muss sich niemand gefallen lassen. Natürlich kann so – durch die Hintertüre – keine gültige Versicherung zustande kommen. Denn die Klausel in den Versicherungsbedingungen ist so ungewöhnlich, dass Kunden nicht mit einem solchen Vorgehen der Krankenkasse rechnen müssen.

Der Ombudsman der Krankenversicherung sprach in diesem Zusammenhang auch schon von «ungebetenen Gästen» und äusserte den Vorwurf, Krankenkassen würden so von der «Trägheit der Versicherten» profitieren.

Die **Tipps** dazu:

- Prüfen Sie Ihre Police Anfang Jahr noch einmal auf Zusatzversicherungen, die Sie nicht ausdrücklich gewünscht haben. Sie können die Zahlung verweigern. Die Helsana sagt dazu, ihre Versicherten würden schon vorher per Brief auf die automatische Zuteilung aufmerksam gemacht. Sie hätten die Möglichkeit, die Versicherung abzulehnen – bis drei Monate nach erfolgter Zuteilung. Zudem sei es ein Vorteil, weil die Betroffenen so ohne Gesundheitsprüfung zur Zusatzdeckung kämen.
- Falls Sie die Zwangszuteilung nicht bemerken und diese Zusatzdeckung monatelang zahlen, können Sie keine Rückerstattung verlangen. Denn durch die Zahlungen haben Sie die Vertragsänderung stillschweigend akzeptiert. Und ein Richter würde vermutlich einwenden, Sie hätten die neue Police besser kontrollieren müssen.

sprechenden Person: Ältere Versicherte, die mit einem grösseren Krankheitsrisiko behaftet sind, zahlen mehr als Junge.

Das hat zur Folge, dass die Spital-Zusatzversicherungen für viele im Alter unbezahlbar werden.

Ferner sind die Prämien oft abhängig von der Wohnregion (und natürlich vom Deckungsumfang).

Bei einigen Kassen zahlen Frauen bei den Zusatzversicherungen (besonders im gebärfähigen Alter) mehr als Männer.

Das alles hat zur Folge, dass Prämienerhöhungen in den Zusatzversicherungen in Einzelfällen viel höher ausfallen können als in der Grundversicherung. Gegen Prämienerhöhungen in den Zusatzversicherungen können Betroffene nichts tun – ausser kündigen.

- **Rabatte.** Anders als in der Grundversicherung nach KVG sind im Zusatzversicherungsbereich nach VVG Rabatte möglich (etwa Familien-, Treue- oder Schadenfreiheitsrabatte) oder Gratismonate für Babys bzw. für Neukunden.
- **Militär.** Anders als in der Grundversicherung kann man Zusatzversicherungen während eines länger dauernden Militärdienstes nur bei den wenigsten Kassen sistieren und damit Prämien sparen.
- **Sistierung bei Auslandaufenthalt.** Viele Krankenkassen bieten die Möglichkeit, Zusatzversicherungen während längerer Auslandaufenthalte zu sistieren. Prämienmässig ist das vor allem bei der Halbprivat- oder Privatspitalversicherung interessant. So lässt sich

eine Kündigung umgehen, nach der eine Wiederaufnahme nicht garantiert ist. Doch viele Krankenkassen verlangen für eine solche Sistierung hohe Gebühren – oder sie lehnen sie komplett ab.

- **Prämienverzug.** Wer die Prämien nicht bezahlt, kann – anders als in der Grundversicherung – relativ bald komplett ausgeschlossen werden (siehe Kasten auf Seite 94).
- **Laufzeit und Kündigung.** Auch die Laufzeiten und die Kündigungsmodalitäten sind bei den Zusatzversicherungen anders als in der Grundversicherung. Die Kassen haben es hier in der Hand, die Kundschaft mit längerfristigen Verträgen an sich zu binden – zum Beispiel für drei oder fünf Jahre.

Bei sehr vielen Kassen sind Kündigungen nur einmal pro Jahr mit einer drei- oder sechsmonatigen Kündigungsfrist möglich.

- **Kündigung im Schadenfall.** Die Versicherten haben bei den Zusatzversicherungen das Recht, im «Schadenfall» zu kündigen (siehe Details auf Seite 31 f.).

Auch den Krankenkassen steht theoretisch das Rücktrittsrecht im Schadenfall zu. Sie verzichten aber in den Bedingungen ihrer Zusatzversicherungen auf dieses Recht (ausser bei Versicherungsmissbrauch).

### Ein glitschiges Parkett mit vielen Konsumentenfallen

Das betrübliche Fazit: Die Zusatzversicherungen nach VVG sind für die Versicherten ein glitschiges Parkett geworden: Im Umgang mit den Zusatzversicherungen drohen unzählige Fallstricke. Vergleiche unter den Krankenkassen sind schwierig, die Prämien intransparent.

## Die kleinen Krankenpflege-Zusätze für besondere Leistungen

Bei den freiwilligen Zusatzversicherungen der Krankenkassen gilt es, zwischen zwei Hauptgruppen zu unterscheiden:

- Die bekanntesten sind die «grossen» und teuren Zusatzversicherungen für die halbprivate oder private Deckung im Spital. Sie werden auf den Seiten 99 bis 110 ausführlich behandelt.
- Viel stärker verbreitet sind die kleineren und nicht so teuren Zusatzversicherungen für besondere Leistungen als Ergänzung zur Grundversicherung nach KVG; sie kosten für Erwachsene meist zwischen 20 und 60 Franken pro Monat.

Diese kleinen Krankenpflege-Zusätze (oft auch ambulante Zusätze genannt) werden nachfolgend thematisiert.

### Unterschiedlichste Deckungen in den diversen Produkten

**Wichtig:** Bedenken Sie aber, dass jede Kasse selber bestimmt, was genau in den jeweiligen Zusatzversicherungen enthalten ist. Die einzelnen Angebote sind deshalb nicht direkt untereinander vergleichbar, weil die Krankenkassen die unterschiedlichsten Leistungselemente in beliebig zusammengewürfelte Kombiprodukte verpackt haben.

Zudem sind diese Kombiprodukte teils sogar noch in unterschiedlich hohen Leistungsvarianten erhältlich.

Ein Vergleich ist nur möglich, wenn man einzelne Teil-Leistungsbereiche definiert und dann schaut, in welchen Kombiprodukten welche Kasse dafür wie viel bietet (siehe Tipp unten).

Bei einigen Krankenkassen sind typische Leistungen eines Krankenpflege-Zusatzes in einer Spitalversicherung enthalten.

Im Folgenden finden Sie eine kleine Übersicht über die häufigsten ambulanten Krankenpflege-Zusätze. Welche Krankenkassen in den jeweiligen Leistungsbereichen überdurchschnittliche Angebote haben, erfahren Sie aus der jährlich aktualisierten Übersicht des VZ (siehe Kasten links).

TIPP

## Der jährliche Vergleich der «kleinen» Krankenpflege-Zusätze

In jedem Herbst bietet der K-Tipp seinen Leserinnen und Lesern für 22 Franken einen persönlichen Vergleich der Krankenkassenprämien an.

Wer ihn bestellt, erhält auch eine informative Broschüre des VZ Vermögenszentrums. Darin findet sich jeweils auch eine aktuelle und detaillierte Übersicht über die ambulanten Zusatzversicherungen, und zwar für die Bereiche Alternativmedizin, Brillengläser/Kontaktlinsen, Auslandschutz, nicht kassenpflichtige Medikamente, Beiträge ans Fitnesscenter, Vorsorgeuntersuchungen, Ambulanz- und Rettungstransporte, nicht ärztliche Psychotherapie sowie Leistungen für Zahnfehlstellungs-Korrekturen (Spangen usw.) bei Kindern und Jugendlichen.

Jede Tabelle zu diesen Bereichen enthält in der Regel auch eine Leistungsbeurteilung; diese besagt, welche Kasse für die genannten Leistungsbereiche überdurchschnittliche, durchschnittliche oder nur unterdurchschnittliche Zahlungen bietet.

Die Broschüre kann auch einzeln beim K-Tipp oder beim VZ bestellt werden (Adressen im Anhang auf Seite 362).

Die entsprechende Tabelle mit den Angeboten für den Auslandschutz der Krankenkassen ist in diesem Ratgeber im Kapitel 10 zur Reiseversicherung abgedruckt (Kasten auf Seite 292).

### ■ Zusatzversicherungen für besondere Leistungen

Bei der Helsana heisst sie zum Beispiel «Top»; sie zahlt auch nicht kassenpflichtige Medikamente, mehr Transportkosten in der Schweiz sowie mehr Geld für Brillengläser und andere Hilfsmittel, und sie bietet besseren Schutz im Ausland als die obligatorische Grundversicherung.

Dazu zahlt «Top» 75 Prozent der Kosten für Zahnfehlstellungs-Korrekturen bei Kindern.

Bei anderen Kassen sind etwa noch Bade- und Erholungskuren, Impfungen, wenige Hundert Franken für allgemeine Zahnbehandlungen, Patientenrechtsschutz, die freie Spitalwahl für die allgemeine Abteilung ganze Schweiz, nicht ärztliche Psychotherapie, zusätzliche gynäkologische Vorsorgeuntersuchungen oder mehr Ultraschallkontrollen bei Schwangerschaft bezahlt.

Ein anderes Beispiel: Bei der Swica sind die Methoden der Alternativmedizin in der Ergänzungsversicherung «Completa» verpackt, zusammen mit Stillgeld, Schutzimpfungen, Haushalthilfe, Badekuren, Zahnfehlstellungs-Korrekturen und besonderen Leistungen im Ausland. Andere Krankenkassen zahlen übrigens komplementärmedizinische Behandlungen aus eigens dafür geschaffenen Produkten.

Schon aus diesen knappen Erläuterungen zeigt sich: Versicherte müssen die verschiedenen Angebote genau studieren und erst dann entscheiden, was sie versichern bzw. welches Kombiprodukt sie abschliessen wollen.

Denn die unterschiedlich zusammengestellten Versicherungspakete haben einen grossen Nachteil: Wer zum Beispiel das jeweilige Produkt nur deswegen wählt, weil es etwa an die Zahnfehlstellungs-Korrekturen bei seinen Kindern mitzahlt, muss so zwangsweise auch für ebenfalls enthaltene Angebote Prämien zahlen, die seine Kinder vielleicht nie in Anspruch nehmen werden.

Hinzu kommt, dass die Krankenkassen dazu neigen, auch umstrittene Angebote in ihre Versicherungspakete einzubauen – wie zum Beispiel Beiträge für die Benützung eines Fitnessstudios: Befürworter von solchen Zahlungen betonen den Aspekt der Gesundheitsvorsorge, Kritiker hingegen halten solche Beiträge für komplett verfehlt.

Sicher ist, dass die Krankenkassen mit solchen Zückerchen junge Neumitglieder anwerben wollen – was die Fitnessbeiträge auch als reine PR-Aktion entlarvt.

Auch die kleinen Geschenke für Gesundheitsbewusste, die in etlichen Zusatzversicherungen der Krankenkassen enthalten sind, sind in erster Linie Lockvögel zur Kundengewinnung (siehe Kasten auf Seite 93).

### ■ Zusatzversicherungen für Zahnfehlstellungs-Korrekturen bei Kindern

Die Korrekturen von Fehlstellungen der Zähne werden aus der Grundversicherung in den meisten Fällen nicht bezahlt – können aber über Jahre hinweg durchaus bis 15 000 Franken kosten. Deshalb empfiehlt es sich, hierfür eine Zusatzversicherung abzuschliessen.

**Wichtig:** Schliessen Sie eine solche Zusatzversicherung für Ihr Kind sehr früh ab – am besten noch bevor es drei Jahre alt wird. Sonst besteht die Gefahr, dass Sie die Deckung nicht mehr erhalten, weil die Fehlstellung der Zähne schon absehbar ist.

**Tipp:** Achten Sie beim Abschluss auf eine möglichst hohe Versicherungsdeckung. Es lohnt sich.

Und: Wer die hier üblichen hohen Selbstbehalte reduzieren und die begrenzte Kostenübernahme erweitern will, kann bei den meisten Kassen zusätzlich noch eine eigentliche Zahnversicherung oder ein anderes Produkt abschliessen, sodass es unter dem Strich mehr Geld für eine Zahnfehlstellungs-Korrektur gibt – bis zu 90 Prozent der Kosten.

Beachten Sie aber, dass etliche Krankenkassen bei diesen Zahn-Zusatzversicherungen nur einen Taxpunktwert von Fr. 3.10 zahlen (entspricht dem «Sozialtarif», der auf Seite 56 erwähnt ist).

Übrigens: Die eigentlichen Zahnversicherungen, die auch das Löcherflicken zahlen, lohnen sich in der Regel nicht.

## ■ Zusatzversicherungen für Alternativmedizin

Wer von der Wirksamkeit von erfahrungs-, komplementär- oder naturmedizinischen Methoden überzeugt ist (und dies nicht selber zahlen will), kann eine entsprechende freiwillige Zusatzversicherung abschliessen. Die obligatorische Grundversicherung bietet hier wenig (siehe Kasten auf Seite 45).

Einen solchen Zusatz brauchen auch all jene, die sich von nicht ärztlichen Therapeuten behandeln lassen wollen. Aus solchen Zusätzen werden in der Regel auch gewisse Heilmittel übernommen, bei denen die Grundversicherung passen muss.

**Wichtig:** Holen Sie vor Beginn der Behandlung eine schriftliche Kostengutsprache ein – und zwar für die von Ihnen gewünschte Methode *und* für den von Ihnen gewünschten Therapeuten. Klären Sie auch ab, wie viele Therapiesitzungen pro Behandlung übernommen werden; oft ist die Zahl der Sitzungen begrenzt. Lassen Sie sich die Kostengutsprache schriftlich geben.

Bei länger dauernden Behandlungen (mehr als etwa neun oder zehn Sitzungen) kann es durchaus sein, dass die Krankenkasse eine ärztliche Verordnung oder einen Bericht des Therapeuten verlangt, welche die medizinische Notwendigkeit der Therapieweiterführung begründen sollen. Verlangt ist nämlich grundsätzlich eine «Behandlungsbedürftigkeit» oder ein «Krankheitswert» der vorliegenden Beschwerden.

Die Krankenkasse Sanitas beispielsweise schrieb einer Kundin: «Verspannungen im Nacken- und Schulterbereich oder gelegentliche Rückenschmerzen erfüllen den Krankheitsbegriff nicht» – und lehnte eine Kostenübernahme für Massagen ab. Eine «bloss subjektiv empfundene Einschränkung» sei keine objektive Gesundheitsstörung.

Diese zögerliche Übernahme durch die Kassen bedeutet übrigens auch: Wenn eine Krankenkasse in den Bedingungen sagt, Alternativbehandlungen würden bis zu einer bestimmten Summe (zum Beispiel 4000 Franken) oder gar «unbegrenzt» übernommen, so stimmt das nur theoretisch. Faktisch ist nach dem ersten Behandlungszyklus sehr oft Schluss mit der Kostenübernahme.

### Methode und Therapeut müssen auf der Liste sein

Die Krankenkassen führen Listen mit den Methoden, die sie vergüten – und Listen mit Therapeutinnen und Therapeuten, die für die jeweilige Methode zugelassen sind. Wenn Versicherte diese zwei Listen nicht berücksichtigen, zahlen sie selber.

Die Krankenversicherer können diese Listen jederzeit abändern;

die Liste der Methoden ändert selten, diejenige der Therapeuten häufiger. Einige Kassen haben die Liste der von ihnen anerkannten Therapeuten auf ihrer Homepage aufgeschaltet.

Viele Krankenkassen sind dem Erfahrungsmedizinischen Register (EMR) angeschlossen. Das EMR überprüft Aus- und Weiterbildung der Therapeuten und hilft so den Kassen bei der Therapeutenauswahl.

Auf der Homepage des EMR (www.emr.ch) sind die rund 125 Methoden aufgelistet, für die sich Therapeutinnen und Therapeuten registrieren lassen können (→ EMR Public → EMR-Methoden).

Auf www.emindex.ch findet sich eine (unvollständige) Liste mit Therapeutinnen und Therapeuten. Es sind im Prinzip nur diejenigen aufgeführt, die in diesem Verzeichnis genannt sein wollen und dafür zahlen.

## Die Pflegeversicherung: Ein problematisches Produkt

Wer im Alter Pflege braucht und in einem Pflegeheim wohnt, riskiert zu verarmen. Selbst ein grosses Vermögen kann relativ schnell aufgebraucht sein. Denn aus der Grundversicherung sind nur die rein medizinischen Behandlungskosten bezahlt, Unterkunft und Verpflegung hingegen nicht.

Wer kein Vermögen hat, ist dann oft auf die Hilflosenentschädigung oder auf Ergänzungsleistungen der AHV angewiesen; unter Umständen muss auch das Sozialamt einspringen; dieses kann dann anschliessend sogar die Kinder zur Kasse beten.

Einige wenige Krankenkassen (und auch ein paar andere Versicherer) haben deshalb Langzeitpflege-Versicherungen im Angebot – übrigens mit langen Wartezeiten.

Diese sind aber relativ teuer. Und sie sind eher mit Skepsis zu betrachten. Denn im Notfall springt für die Betroffenen wie gesagt die AHV oder gar die Sozialhilfe der Gemeinde ein. Von den Pflegetaggeld-Leistungen profitiert in solchen Fällen nur der Staat: Sie schmälern den Anspruch auf staatliche Unterstützungsbeiträge.

Eine Pflegeversicherung nützt also höchstens den Reichen, die damit ihr Vermögen schützen können – damit ihre Erben profitieren.

Ein typisches Beispiel für eine solche Pflegeversicherung ist die Cura der Helsana. Das versicherte Taggeld wird erst nach einer Wartefrist von 720 Tagen ausbezahlt – danach allerdings zeitlich unlimitiert.

Pflegebedürftige erhalten also erst nach zwei Jahren einen Zustupf an jene Pflegekosten, die nicht von der obligatorischen Grundversicherung übernommen werden. Doch viele ältere Menschen werden durch eine schwere Krankheit zum Pflegefall und sterben noch vor Ablauf dieser Zweijahresfrist.

Übrigens: Wer die Wartefrist von 720 Tagen beispielsweise auf 360 herabsetzen will, muss eine Gesundheitsprüfung bestehen – und das ist in diesem Alter nicht leicht.

Immerhin zahlt Cura das Taggeld – im Gegensatz zu anderen Pflegeversicherungen – nicht erst dann, wenn der Versicherte in ein Pflegeheim muss, sondern schon, wenn er noch zu Hause gepflegt werden kann. Allerdings ist eine klare Pflegebedürftigkeit nötig, bei der man gemäss den Bedingungen «mehrmals wöchentlich die Hilfe Dritter» in Anspruch nimmt. Leichte Fälle sind also nicht gedeckt.

Von dieser Versicherung profitieren also höchstens Personen, die sehr lange pflegebedürftig sind.

**Achtung:** Selbst wenn eine Kasse dem EMR angeschlossen ist, heisst das noch nicht, dass sie auch alle EMR-zertifizierten Therapeuten anerkennt. Die Helsana zum Beispiel hat für den Bereich Massage eigene, schärfere Selektionskriterien aufgestellt.

In der Regel übernehmen die Versicherer jedoch die EMR-Therapeutenliste für die jeweilige Methode vollständig.

### ▪ Zusatzversicherungen für Beiträge an Fitnesscenter

An die Kosten eines Fitnesscenter-Besuches zahlt die obligatorische Grundversicherung nichts. Einige Kassen zahlen aber einen bescheidenen Beitrag (meist 200 Franken pro Jahr) aus einer der kleinen Zusatzversicherungen.

Wichtig: Fragen Sie Ihre Krankenkasse, ob Ihr Center anerkannt ist. Verlangen Sie eine Liste derjenigen Fitnesscenter, die von Ihrer Kasse geprüft und anerkannt wurden. Etliche Kassen zahlen nur Studios, die das sogenannte Qualitop-Gütesiegel tragen.

Meistens ist mindestens ein Halbjahres- oder gar ein Jahresabonnement Voraussetzung für die Kostenvergütung.

Oft zahlen die Krankenkassen auch für spezielle Kurse wie Aerobic, Rückengymnastik, Schwangerschaftsturnen, Rückbildungsgymnastik oder Beckenbodentraining.

Der Zustupf der Kasse ist aber so klein, dass es sich nicht lohnt, diesen Zusatz allein wegen des Fitnesscenter-Beitrages zu versichern.

### ▪ Zusatzversicherungen für nicht ärztliche Psychotherapie

Die Grundversicherung übernimmt die Kosten für eine psychotherapeutische Behandlung nur, wenn sie von einem Arzt oder von einer Ärztin durchgeführt wird oder delegiert ist (siehe Kasten auf S. 42).

Wer sich hingegen eine Behandlung beim nicht ärztlichen Psychotherapeuten zahlen lassen will, kann dies mit einer Zusatzversicherung abdecken. Meist ist eine ärztliche Anordnung verlangt.

Die Krankenkassen führen Listen mit den von ihnen anerkannten Therapeutinnen und Therapeuten (die sie auch oft ändern können).

Verlangen Sie in jedem Fall vor Therapiebeginn eine schriftliche Kostengutsprache und fragen Sie, wie viele Therapiesitzungen pro Behandlung übernommen werden. Übrigens: Diese Zusatzversicherungen zahlen keine Beiträge für Therapien, die nur der Selbstverwirklichung, Selbsterfahrung oder Persönlichkeitsreifung dienen.

Auskünfte erhalten Sie auch bei der Pro Mente Sana: Beratungstelefon 0848 800 858 (Mo, Di und Do 9–12 Uhr, Do 14–17 Uhr) oder www.promentesana.ch.

### ▪ Zusatzversicherungen für nicht kassenpflichtige Medikamente

Die obligatorische Grundversicherung zahlt die Medikamente, die ein Arzt verschreibt und die auf der Spezialitätenliste aufgeführt sind (siehe Seite 46 ff.). Daneben gibt es eine Reihe von Medikamenten, welche zwar amtlich zugelassen sind, aber die Voraussetzungen für eine Rückerstattung durch die Grundversicherung (noch) nicht erfüllen. Diese zahlen die Kassen aus der jeweiligen Zusatzversicherung. Das ist oft bei neuen und sehr teuren Krebsmedikamenten der Fall.

Die Kassen führen Listen mit den von ihnen anerkannten Medikamenten. Erkundigen Sie sich!

### ■ Zusatzversicherungen für Rettungen und Transporte

Insbesondere bei grösseren Rettungsaktionen können auch in der Schweiz Kosten entstehen, die durch die Grundversicherung nicht gedeckt sind (siehe Seite 53ff.).

Das ist auch bei Transporten im Ausland oder bei Rücktransporten aus dem Ausland in die Schweiz der Fall – also bei den sogenannten Repatriierungen.

Beachten Sie aber das Kleingedruckte. In den Allgemeinen Versicherungungsbedingungen der Helsana steht zum Beispiel, Repatriierungen seien nur bezahlt, wenn sie durch die Notrufzentrale der Helsana organisiert werden. Wer also den Rücktransport selber organisiert und das Geld dafür im

**CHECKLISTE**

## Der Abschluss einer «kleinen» Krankenpflege-Zusatzdeckung

- Prüfen Sie, ob Sie diese Deckung wirklich brauchen. Häufig sind die Leistungen aus der Grundversicherung ausreichend. Sie gehen kein grosses finanzielles Risiko ein, wenn Sie auf Krankenpflege-Zusätze verzichten und die entsprechende Behandlung selber zahlen.
- Bei vielen Zusätzen zahlt man für kleine Annehmlichkeiten unverhältnismässig hohe Prämien.
- Definieren Sie vor dem Abschluss Ihr Bedürfnis. Erst dann entscheidet sich, welches Kombipaket für Sie geeignet ist.
- Die Krankenpflege-Zusätze sind meistens nur in ganzen Leistungspaketen – und teils erst noch in verschiedenen Leistungsstufen – erhältlich und enthalten die unterschiedlichsten Deckungen. Wer also ein Versicherungsprodukt wählt, weil es zum Beispiel einen Beitrag an die Kosten eines Fitnesscenters übernimmt, zahlt ungewollt auch für Deckungen, die gar nicht erwünscht sind. Es lohnt sich also nicht, nur wegen des Fitnesscenter-Beitrages eine Zusatzversicherung abzuschliessen.
- Bei vielen kleinen Zusatzversicherungen erhalten Sie Gutscheine für allerlei Kurse, die im weitesten Sinne mit Gesundheitsförderung zu tun haben. Auch hier: Nur wegen solcher Gutscheine lohnt es sich nicht, eine Zusatzversicherung abzuschliessen.
- Achten Sie darauf, ob das Reglement der Zusatzversicherung einen obligatorischen Selbstbehalt (allenfalls Franchise) vorsieht.
- Meiden Sie mehrjährige Verträge.
- Füllen Sie das Antragsformular gewissenhaft aus und verschweigen Sie keine früheren Leiden oder Unfälle (siehe Seite 13ff.).
- Falls Sie die Grundversicherung nicht bei der gleichen Kasse haben: Fragen Sie, was das für Konsequenzen für die Zusatzversicherungen hat.
- In Dübendorf ZH gibt es den Verein Asisa, der mit seinem Angebot «Prezisa» Hilfe verspricht in Fällen, in denen die Krankenkasse nichts oder nicht alles zahlt. Fachleute raten ab, das Preis-Leistungs-Verhältnis sei schlecht. Zudem besteht bei «Prezisa» kein Rechtsanspruch auf Leistungen.

## Wer die Prämie nicht zahlt, verliert den Versicherungsschutz

Anders als in der KVG-Grundversicherung (siehe Kasten auf Seite 58) gehen säumige Prämienzahlerinnen und -zahler bei den Zusatzversicherungen ein hohes Risiko ein: Sie können den Versicherungsschutz relativ schnell verlieren – und zwar endgültig.

Zuerst wird die Kasse eine Zahlungserinnerung schicken. Passiert dann nichts, schickt sie eine eingeschriebene formelle Mahnung mit einer letzten Zahlungsfrist, verbunden mit der Drohung, dass nach Ablauf einer letzten Zahlungsfrist von mindestens 14 Tagen die Leistungspflicht der Kasse ruht.

Die Kasse wird also anschliessend allfällige Kosten aus dem Bereich der Zusatzversicherungen nicht mehr übernehmen, falls Säumige diesen letzten Termin verpassen.

**Achtung:** Diese 14 Tage beginnen gemäss Gesetz ab Absendedatum des Briefes zu laufen und nicht erst dann, wenn der Empfänger die Drohung entgegennimmt.

Mehr noch: Der Versicherer kann nach Ablauf der 14 Tage sofort vom Vertrag zurücktreten, falls das Geld bis dann nicht gekommen ist; das darf er aber nur, wenn er diesen Schritt im Mahnschreiben auch angedroht hat. In einem solchen Fall verlieren Sie Ihre Zusatzversicherung – wohl endgültig.

Falls die Kasse nicht binnen zwei Monaten nach Ablauf der Mahnfrist die Betreibung einleitet oder Klage auf Zahlung erhebt, erlischt die Zusatzversicherung, falls sie der Versicherer nicht weiterführen will.

Falls Sie die Prämien nach Ablauf der Mahnfrist, aber noch innerhalb von zwei Monaten einzahlen, nützt Ihnen das nichts, wenn der Versicherer es nicht will. Er muss die Zahlung nicht annehmen, sondern kann sie ablehnen.

Wenn die Kasse allerdings die Zahlung annimmt, lebt der Versicherungsschutz wieder auf – aber nicht etwa rückwirkend, sondern erst wieder ab dem Datum der Zahlungsannahme. Schäden, die in dieser Deckungslücke entstanden sind, werden also nicht vergütet.

Gar nichts nützt eine Zahlung nach Ablauf der zweimonatigen Frist: Der Vertrag ist in diesem Falle von Gesetzes wegen erloschen.

Versuchen Sie also, es nicht so weit kommen zu lassen. Reden Sie mit Ihrer Kasse und versuchen Sie, einen Zahlungsaufschub oder einen Abzahlungsplan zu vereinbaren. Das ist möglich, die Agenturen haben – je nach Kasse – einen gewissen Handlungsspielraum. Denn das Gesetz schreibt nicht vor, ab welchem Termin formell gemahnt werden muss.

Nachhinein von der Versicherung verlangt, könnte Pech haben.

### ■ Zusatzversicherungen für Auslandreisen

Alle Informationen dazu finden Sie im Kapitel 10 zur Reiseversicherung ab Seite 288.

### ■ Zusatzversicherungen für Brillengläser und Kontaktlinsen

Die obligatorische Krankenpflege-Versicherung zahlt im Prinzip nichts mehr an Brillengläser und Kontaktlinsen (siehe die Seite 46). Einen Zustupf an solche Kosten gibt es nur über eine entsprechende Zusatzversicherung. Er ist aber so klein, dass es sich nicht lohnt, diesen Zusatz nur wegen der Brillengläser oder Kontaktlinsen zu versichern.

### ■ Zusatzversicherungen für Beiträge an Vorsorgeuntersuchungen

Aus der Grundversicherung ist nur eine eng begrenzte Zahl von Vorsorgeuntersuchungen bezahlt. Wer mehr will, findet Zusatzversicherungen – etwa für freiwillige Vorsorgeuntersuchungen ohne Krankheitsverdacht (Check-up) oder für mehr gynäkologische Untersuchungen.

## Kündigung: So wechseln Sie die Zusatzversicherungen richtig

Die Kündigungsmodalitäten in den Zusatzversicherungen sind dann wichtig, wenn Sie künftig auf einen Zusatz verzichten wollen und ihn deswegen kündigen möchten (siehe Kasten auf Seite 98).

Es kann aber auch sein, dass Sie die Zusatzversicherung weiterhin wollen, sie aber bei einer anderen Krankenkasse versichern möchten.

Bei einem solchen Wechsel müssen Sie Folgendes beachten:

- Das Wichtigste: Kündigen Sie Ihre alte Zusatzversicherung erst dann, wenn Sie von der neuen Kasse die schriftliche Bestätigung haben, dass man Sie aufnehmen wird – und zwar ohne Gesundheitsvorbehalt (ausser Sie nehmen einen Gesundheitsvorbehalt bewusst in Kauf).
- Damit Sie nicht in Zeitnot geraten, sollten Sie deshalb frühzeitig anfangen, sich nach einer neuen Versicherung umzusehen. Denn es kann durchaus sein, dass es bei der Kasse Ihrer Wahl länger dauert, bis sie Ihren Antrag bearbeitet hat. Normalerweise müssen Sie dazu mindestens einen Monat einrechnen.
- In der Regel passieren solche Wechsel auf Ende des Kalenderjahres. Sie sollten also schon im Juli mit der Suche nach einer neuen Kasse beginnen. Oder noch früher, falls die Kündigungsfrist bei Ihrem bisherigen Versicherer in den Zusatzversicherungen sechs Monate beträgt.

## «Kleine» Zusatzversicherungen: So können Sie Prämien sparen

Das sind die Möglichkeiten zum Prämiensparen bei den kleinen Zusatzversicherungen:

- **Unfallausschluss.** Je nach Kasse und Reglement können Sie – wie in der Grundversicherung – bei gewissen Zusatzversicherungen den Unfall ausschliessen. Angesichts der tiefen Prämien lohnt sich das allerdings nicht; bei einigen Kassen ist es gar nicht möglich.

Fortsetzung auf Seite 97

**TIPP**

### Richtig kündigen: Der wichtigste Punkt

Wenn Sie eine oder mehrere Zusatzversicherungen kündigen wollen, müssen Sie vor allem darauf achten, dass Sie nicht die Grundversicherung gleich mitkündigen (und umgekehrt, siehe den Kasten auf Seite 78).

Kündigen Sie also nicht die «Krankenkasse» und nicht die «Mitgliedschaft», sondern machen Sie detaillierte Angaben. Falls Sie nur einige, aber nicht alle Zusatzversicherungen kündigen wollen, müssen Sie eine genaue Aufzählung machen, damit keine Missverständnisse entstehen.

Was sonst noch zum Thema Kündigung von VVG-Versicherungen gilt, steht im Kasten auf Seite 98 sowie im Kapitel 1 auf den Seiten 30 bis 33.

TIPP

## Grund- und Zusatzversicherungen bei zwei Kassen? Das geht!

Es ist möglich und erlaubt, die obligatorische Krankenpflege-Versicherung bei der Kasse X, die Zusatzversicherung hingegen (zum Beispiel halbprivate Deckung im Spital) bei der Kasse Y zu versichern.

Dieses «Splitten» betrifft alle Versicherten, die ihre Grundversicherung regelmässig zur günstigsten Kasse wechseln, die Zusätze jedoch immer beim gleichen Versicherer behalten wollen oder (aus Altersgründen) müssen.

Viele stellen sich aber die Frage, ob es nicht zu kompliziert ist, die Grundversicherung und die Zusatzversicherungen bei unterschiedlichen Kassen zu haben; sie fürchten einen hohen administrativen Aufwand und sehen Abrechnungsprobleme auf sich zukommen.

**Ängste sind meist unbegründet.** So müssen Sie vorgehen:

**1.** Schicken Sie die Originalrechnung des Arztes oder des Labors zuerst jener Kasse, bei der Sie die Grundversicherung haben. Falls Sie von der Rechnung kein Doppel erhalten haben (zum Beispiel als «Beleg für den Patienten»), sollten Sie eine Fotokopie der Rechnung machen.

**2.** Weisen Sie Ihre Grundversicherung gleichzeitig darauf hin, dass Sie noch Zusatzversicherungen bei einer anderen Krankenkasse haben.

**3.** Nachdem Sie den Vergütungsentscheid der Grundversicherung erhalten haben, sehen Sie, ob diese gewisse Leistungen nicht übernommen hat. In diesem Fall schicken Sie die Abrechnung der Grundversicherung mit dem Doppel oder der Fotokopie der ursprünglichen Arztrechnung an die Krankenkasse, bei der Sie Ihre Zusatzversicherung(en) haben.

Die Originalrechnung bleibt also in der Regel beim Grundversicherer, und der Zusatzversicherer muss sich mit der ersten Vergütungsabrechnung und einer Kopie begnügen.

Sie erhalten dann von der Zusatzversicherung noch eine weitere Vergütung, falls Sie bei dieser Kasse eine entsprechende Deckung haben.

- **Spitäler** rechnen fast immer direkt mit den beteiligten Krankenkassen ab und sind verpflichtet, ihre erbrachten Leistungen nach Grund- und Zusatzversicherungen aufzusplitten. Bei Spitalaufenthalten entsteht somit mit getrennten Kassen kein administrativer Mehraufwand für die Patienten.
- Beim Bezug von Medikamenten in der **Apotheke** legen Sie einfach beide Versicherungsausweise vor. Falls Sie die Rechnung der Apotheke selber zahlen müssen (siehe Seite 61), gehen Sie wie bei Arztrechnungen vor.

**Ein paar Details zum «Splitten».** Das müssen Sie zum Thema noch wissen:

- In Einzelfällen kann es sein, dass Sie gewisse Zusatzversicherungen bei einer bestimmten Kasse nur erhalten, wenn Sie dort auch die Grundversicherung haben. Aber: Wenn Sie so abschliessen und später die Grundversicherung dennoch «wegzügeln», darf Ihnen diese Krankenkasse die bestehenden Zusatzversicherungen nicht kündigen. Wegen eines Wechsels der Grundversicherung verliert also niemand seine Zusätze; das gilt auch für «kleine» Zusatzversicherungen für besondere Leistungen.
- Wenn Sie die Grundversicherung vom bisherigen Versicherer «wegzügeln», kann es sein, dass Sie Rabatte bei den (verbleibenden) Zusatzversicherungen ganz oder teilweise verlieren. Die Ersparnis durch den Wechsel der Grundversicherung ist aber meist höher.
- In ganz wenigen Fällen kann es sein, dass eine Kasse fixe Administrativzuschläge auf Zusatzversicherungen verlangt, wenn der Kunde die Grundversicherung kündigt.
- Beachten Sie den Kasten auf Seite 76. Dort steht, dass bei einem Wechsel der Grundversicherung innerhalb einer Kassengruppe (zum Beispiel Helsana) keinerlei Splitting-Probleme entstehen.

Fortsetzung von Seite 95

Was Sie zum Unfallausschluss in den «grossen» Spital-Zusatzversicherungen wissen müssen, steht auf Seite 103.

- **Kollektivverträge.** Eine andere Sparmöglichkeit sind Kollektivversicherungen. Das sind Spezialverträge für Angehörige von bestimmten Firmen, Berufsverbänden und Vereinen, denen die Krankenkassen bei den Zusatzversicherungen teilweise sehr attraktive Sonderkonditionen gewähren.

In der Regel beträgt die Prämienersparnis hier 5 bis 20 Prozent.

Meistens kann ein Betriebs- oder Verbandsangehöriger seine ganze Familie über den Kollektivvertrag versichern.

**Tipp:** Erkundigen Sie sich bei Ihrem Arbeitgeber oder beim (Berufs-)Verband, dem Sie angehören. Vergessen Sie aber nicht: Wenn Sie den Job wechseln oder pensioniert werden, so kann es durchaus sein, dass Sie dann einen Firmenrabatt verlieren.

- **Familienrabatt.** Falls Sie die ganze Familie bei der gleichen Kasse versichern, winken bei einigen Kassen Familienrabatte.
- **Einstiegsrabatte.** Siehe Kasten auf dieser Seite.
- **Skonto.** Einige Kassen geben auch in den Zusatzversicherungen einen Skonto für Prämienzahler, die die ganze Jahresprämie im Voraus zahlen. Davon zu profitieren kann sich lohnen.
- **Schadenfreiheitsrabatte.** Eine weitere Sparmöglichkeit in den Zusatzversicherungen sind die sogenannten Leistungsfreiheitsrabatte (Schadenfreiheitsrabatte): Wer in einem bestimmten Zeitraum keine Rechnungen einschickt (also keine Leistungen bezieht und somit keinen «Schaden» hat), wird mit einem Rabatt belohnt, der bis 50 Prozent betragen kann.

Fortsetzung auf Seite 99

**FRAGE**

## Höhere Prämien ab Mai: Ist das korrekt?

**Unsere Familie ist bei der Sansan versichert. Bisher musste ich für alle zusammen 497 Franken zahlen (Grundversicherung plus Zusatzversicherungen). Doch ab Mai lautet die Rechnung auf 519 Franken – ohne dass ich vorher eine entsprechende Mitteilung erhalten habe. Muss ich das akzeptieren?**

**Ja.** In Ihrem Fall handelt es sich nicht um eine übliche Prämienerhöhung. Ihre Familie muss mehr zahlen, weil sie Rabatte verliert. Der Grund ist ihr Kind, das jetzt ein Jahr alt wird. Seit der Geburt hatte es auf die Zusatzversicherung Completa einen «Kinder-Startrabatt 50 Prozent im ersten Jahr».

Zudem erhielt es die Spitalzusatz-Versicherung Eco im ersten Lebensjahr gratis. Nun fallen diese beiden Rabatte weg, und Sie müssen entsprechend mehr zahlen. Diese Rabatte sind auf Ihrer aktuellen Police ausgewiesen.

Und bei der Anmeldung des Kindes haben Sie von der Sansan einen Brief erhalten, in dem die einjährigen Rabatte deutlich erwähnt sind. Das ist auch der Grund, warum die Sansan den Verlust der Rabatte nicht extra ankündigt, sondern einfach eine höhere Rechnung schickt, sobald das Vergünstigungsjahr vorbei ist.

Ein Kündigung ist damit erst auf Ende Jahr möglich, wobei Sie die Kündigung im September abschicken müssen.

## Kündigung einer Zusatzversicherung: Das müssen Sie wissen

- **Kündigung im Normalfall.** Die meisten Verträge laufen ein Kalenderjahr lang und erneuern sich danach stillschweigend, falls die versicherte Person nichts unternimmt.

In sehr vielen Fällen haben Sie pro Jahr nur eine einzige ordentliche Kündigungsmöglichkeit, und zwar auf Ende Dezember mit einer dreimonatigen Kündigungsfrist. Der Kündigungsbrief muss dann spätestens am 30. September bei der Kasse eingetroffen sein.

Einige wenige Kassen schreiben in ihrem Reglement, es gelte der Poststempel. Dann genügt es im Prinzip, wenn Sie die Kündigung am 30. September zur Post bringen.

Es gibt Verträge, die drei oder fünf Jahre lang laufen und sich anschliessend um je ein weiteres Jahr verlängern. Hier haben Sie erst nach Ablauf dieser Jahre eine erste ordentliche Kündigungsmöglichkeit. Je nach Reglement ist hier eine sechsmonatige Kündigungsfrist zu beachten.

- **Kündigung im Schadenfall.** Im Schadenfall können Sie nach Gesetz sofort vom Vertrag zurücktreten und den ganzen Vertrag (oder nur die betreffende Teildeckung, je nach Kasse) kündigen. Dies ist also dann der Fall, wenn Sie vom Krankenversicherer Geld für eine medizinische Leistung erhalten haben, die aus einer Zusatzversicherung bezahlt wurde.

Das kann für die Versicherten dann eine gute Gelegenheit sein, wenn sie aus einem langfristigen Vertrag aussteigen und künftig auf diese Deckung verzichten wollen.

Doch aufgepasst: Ein Wechsel der betreffenden Zusatzdeckung zu einem anderen Versicherer dürfte gerade nach einem Schadenfall schwieriger oder gar unmöglich sein, weil die neue Kasse Sie wegen Ihrer medizinischen Vorgeschichte ablehnen kann.

Mehr Details zur Kündigung von VVG-Versicherungen im Schadenfall stehen auf Seite 31f.

- **Kündigung bei Prämienerhöhung.** Sie haben ein spezielles, verkürztes Kündigungsrecht, wenn die Kasse die Prämie auf Beginn des nächsten Kalenderjahres erhöht; entsprechende Ankündigungen erfolgen jeweils im Oktober.

Die Termine: Bei einigen wenigen Krankenkassen muss die Kündigung spätestens am 31. Dezember eingetroffen sein, bei anderen spätestens Ende November. Und bei einigen Kassen muss man die Kündigung spätestens 25 oder 30 Tage nach Erhalt der Ankündigung, dass die Prämie steigt, abschicken.

Falls Sie nicht kündigen, gilt die Prämienerhöhung als akzeptiert. Wichtig: Dieses Ausstiegsrecht bei Prämienerhöhung gilt auch bei langjährigen Verträgen!

Wenn man mehrere Zusatzversicherungen hat, kann es durchaus sein, dass einige «Sparten» von einer Prämienerhöhung betroffen sind, andere hingegen nicht. Bei kundenfreundlichen Kassen kann man dann sämtliche Zusatzversicherungen kündigen, bei anderen nur diejenigen, die teurer werden.

Oft bekommen Versicherte eine höhere Prämie, weil sie in eine höhere Altersgruppe umgeteilt werden, die teurer ist; die Prämien der Zusatzversicherungen richten sich ja oft nach dem Alter der Person. Bei einem solchen Wechsel der Altersgruppe ist eine Kündigung «infolge Prämienerhöhung» ebenfalls möglich.

Kein spezielles, verkürztes Kündigungsrecht haben Sie aber, wenn die Prämie steigt, weil Sie einen Leistungsfreiheits- oder anderen Rabatt verloren haben. Oder wenn Sie den Wohnort gewechselt haben.

- **Kündigung bei Änderung der Bedingungen.** Wenn die Krankenkasse die Vertragsbedingungen ganz oder teilweise ändert, haben Sie ebenfalls ein spezielles, verkürztes Kündigungsrecht wie bei einer Prämienerhöhung. Sie können aber auch darauf bestehen, dass der alte Vertrag weiterläuft.
- **Kündigung bei Übertrag in eine AG.** Wenn eine Kasse ihre Zusatzversicherungen in eine neu gegründete Aktiengesellschaft überträgt, können Sie ebenfalls kündigen.

Fortsetzung von Seite 97

Es kann sogar sein, dass alle Interessentinnen und Interessenten bei Neuabschlüssen automatisch einen Leistungsfreiheitsrabatt als Einstiegszückerchen erhalten – in Einzelfällen sogar den maximal möglichen. Wer beim Abschluss davon profitiert, muss aber wissen, dass die Spital-Zusatzversicherung nach einem Spitalaufenthalt plötzlich massiv teurer wird – weil nun der (hohe) Einsteigerrabatt ganz oder teilweise verloren geht.

Es lohnt sich, für solche Fälle nach den genauen Modalitäten der jeweiligen Krankenkasse zu fragen.

Wenn Ihre Prämie nach dem Verlust des Schadenfreiheitsrabatts im nächsten Jahr höher wird, so berechtigt Sie dies nicht zu einer Kündigung infolge Prämienerhöhung.

### Oft kann es sich lohnen, die Vergütung zurückzuzahlen

**Tipp** für Versicherte mit Schadenfreiheitsrabatt: Falls Sie Ihren Rabatt nicht verlieren möchten, könnte es sich lohnen, eine kleine Rechnung nicht einzuschicken und selber zu zahlen, um den Rabatt für die unmittelbare Zukunft nicht zu gefährden.

Mehr noch: Es kann durchaus passieren, dass Sie eine Vergütung erhalten und erst im Nachhinein merken, dass die Prämie dadurch massiv steigt. In einem solchen Fall geben kulante Kassen ihren Kundinnen und Kunden die Möglichkeit, die Vergütung zurückzuzahlen, damit der Rabatt erhalten bleibt.

Andere Kassen räumen diese Möglichkeit nicht ein. Viele Kassen finden es übrigens nicht nötig, die Kunden auf den drohenden Rabattverlust aufmerksam zu machen.

**Tipp:** Fragen Sie vor einem Spitaleintritt, ob und wie Sie Ihren Rabatt in der Spital-Zusatzversicherung allenfalls erhalten können. Ein solches Beibehalten resultiert etwa dann, wenn Sie für einen kurzen, kleinen Eingriff freiwillig in die allgemeine Abteilung gehen.

## Die Spital-Zusatzversicherungen halbprivat und privat: Ein teurer Komfort

Wer nur die obligatorische Grundversicherung hat, muss bei einem Spitalaufenthalt auf der allgemeinen Abteilung im Mehrbettzimmer liegen – und er hat im Spital keine freie Arztwahl.

Zudem müssen allgemein Versicherte im Wohnkanton ins Spital (siehe Seite 42 f.).

Wer diese kantonale Beschränkung umgehen will, kann die Versicherungsdeckung «allgemeine Abteilung ganze Schweiz» wählen (Infos im Kasten auf Seite 102). Sie ist nicht so teuer.

Viele Versicherte wünschen aber mehr Komfort, insbesondere ein Zweier- oder Einerzimmer – und sie wollen selber bestimmen, welcher Arzt oder welche Ärztin sie operieren soll.

TIPP

## Vor jedem Spitaleintritt: Unbedingt die Krankenkasse fragen!

Holen Sie vor jedem planbaren und terminierten Spitalaufenthalt bei der Krankenkasse eine schriftliche Kostengutsprache für die vollumfängliche Kostenübernahme ein. Nennen Sie der Kasse das von Ihnen gewünschte Spital und auch die Art der Operation sowie den Arzt. So gehen Sie auf Nummer sicher.

Sie können auch das Spital bitten, die Kostengutsprache für Sie einzuholen; lassen Sie sich aber in einem solchen Fall eine Kopie der Antwort der Kasse geben.

**Achtung:** Mündliche Kostengutsprachen von Krankenkassenangestellten sind in der Regel nicht beweisbar. Sie sollten sich also nie auf eine nur telefonisch gewährte Kostengutsprache verlassen.

Das Einholen einer Kostengutsprache ist auch deswegen wichtig, weil heute selbst Patienten mit einer Privatversicherung nicht mehr die absolute Sicherheit haben, dass sie in jede Privatklinik ihrer Wahl eintreten dürfen und die Kasse dann auch anstandslos alles zahlt. Es kann auch sein, dass Arzthonorare von Belegärzten nicht voll übernommen werden.

Das hängt in erster Linie davon ab, ob die Kasse mit der jeweiligen Privatklinik oder den betroffenen Ärzten einen Vertrag hat. Eine absolute Garantie, dass die Behandlung in der Privatklinik auch vollumfänglich bezahlt wird, gibt es heute nicht mehr. Das ist notabene nicht nur bei Privatkliniken so, sondern auch bei anderen Spitälern.

Aufpassen müssen auch Leute, die schon einmal in einer Klinik waren, mit der es keine Probleme gab. Treten sie später wieder in die gleiche Klinik ein, müssen sie trotzdem eine neue Kostengutsprache einholen. Es kann nämlich sein, dass die Klinik neu auf die «Sperrliste» der Kasse geraten ist.

Das bieten die Spital-Zusatzversicherungen halbprivat und privat. Zudem bieten sie die Vorzüge und die Privatsphäre eines Zweierzimmers (bei halbprivater Deckung) oder eines Einerzimmers (bei der Privatversicherung).

Dazu kommen frei wählbare Mahlzeiten, immer häufiger Internetanschluss sowie weitere Annehmlichkeiten.

Zudem erlaubt die klassische Spital-Zusatzversicherung im Prinzip auch die freie Wahl des Spitals in der ganzen Schweiz.

Das sind die wichtigsten Punkte, die Sie über die Halbprivat- und Privatspitalversicherung wissen müssen:

- Diese Spitaloption hat ihren (stolzen) Preis. Die Prämien sind sehr hoch und machen schnell mal mehrere Hundert Franken pro Monat aus.
- Die Prämien werden im Alter immer höher. Viele Ältere müssen ihre stetig teurer gewordene Spital-Zusatzversicherung aus finanziellen Gründen kündigen – und das ist besonders bitter: Gerade im Alter ist die Wahrscheinlichkeit grösser, dass ein Spitalaufenthalt nötig wird.

### Auch in der Spitalversicherung gibt es keine Aufnahmepflicht

- Auch hier sind die Prämienunterschiede zwischen den Krankenkassen hoch. Holen Sie mehrere Offerten ein.

Fragen Sie dabei auch, nach welchem System die Prämien berechnet werden, und lassen Sie sich die mutmasslichen künftigen Prämiensteigerungen aufzeigen.

Berechnet die Krankenkasse die Prämien nach effektivem Alter (Lebensalter), so sind sie für Jüngere noch bezahlbar, für Ältere hingegen oft nicht mehr. Denn Ältere müssen häufiger ins Spital, und diese Altersklasse zahlt entsprechend mehr, das heisst bei der Prämie kommt es regelmässig zu Alterssprüngen.

Sind die Prämien hingegen nach Eintrittsalter tarifiert, so zahlen Jüngere mehr, als sie eigentlich kosten, dafür bleiben die Prämiensteigerungen im Alter moderater, beziehungsweise erhöhen sich im Prinzip nur gemäss den steigenden Gesundheitskosten.

Solche Prämien nach Eintrittsalter sind allerdings tückisch. Denn das Prinzip setzt voraus, dass es der Krankenkasse gelingt, laufend «Nachwuchs» für die betreffende Versicherungskategorie zu finden. Schafft sie das nicht, steigen die Prämien wie beim Le-

CHECKLISTE

## Das müssen Sie vor einem Spitaleintritt beachten

- Fragen Sie vor jedem Spitaleintritt früh genug, zu welchen Bedingungen Ihre Kasse die geplante Operation beim betreffenden Arzt im jeweiligen Spital vollumfänglich zahlt. Verlangen Sie eine schriftliche Kostengutsprache (siehe Kasten auf Seite 50).
- Beachten Sie, ob die Krankenkasse die Kostengutsprache auf eine bestimmte Zahl Spitaltage beschränkt. Es kann zum Beispiel sein, dass für eine Geburt nur fünf Tage gewährt werden. Falls der Spitalaufenthalt (aus welchen Gründen auch immer) länger dauert, ist die Verlängerung nur bezahlt, falls der Arzt gegenüber der Krankenkasse medizinische Gründe geltend machen kann.
- Gehen Sie nicht in eine höhere Abteilung, wenn Sie nur allgemein oder halbprivat versichert sind. Die Kosten, die Sie selber übernehmen müssen, können sehr hoch ausfallen. Es gibt zwar Kassen, die Ihnen zur Abdeckung solcher Zusatzkosten eine Spitaltaggeld-Versicherung verkaufen wollen. Das ist trügerisch, weil die Mehrkosten in der Regel massiv höher ausfallen als das Taggeld, das Sie dann erhalten (siehe Kasten auf S. 150).
- Wer keine Halbprivat- oder Privatspitalversicherung hat, muss dennoch nicht immer ins Mehrbettzimmer. Etliche Spitäler bieten den allgemein Versicherten die Möglichkeit, im Einzelfall ein Zweier- oder Einerzimmer zu buchen. Fragen Sie vorher nach dem Preis. Im Kantonsspital Baden zum Beispiel kostet der Aufpreis für Allgemeinversicherte, die in ein 1-Bett-Zimmer wollen, 250 Franken pro Tag (Stand 2012).
- Fragen Sie Ihre Krankenkasse, ob sie ein sogenanntes Payback-System hat. Es kann zum Beispiel sein, dass Halbprivat- oder Privatversicherte, die sich freiwillig in die allgemeine Abteilung begeben, für jeden Tag einen bestimmten Betrag erhalten – zum Beispiel 100 Franken bei der Assura.

  Das Angebot ist für Leute geeignet, die lediglich einen kurzen Spitalaufenthalt oder nur einen einfachen chirurgischen Eingriff vor sich haben.

  Auch für gebärende Frauen mit Spital-Zusatzversicherung kennen einige Kassen Anreizsysteme, falls sie freiwillig in der allgemeinen Abteilung gebären.
- Lesen Sie die Bedingungen Ihrer Spital-Zusatzversicherung. Es kann zum Beispiel sein, dass Sie nach der Entlassung aus dem Spital Anspruch auf Haushalthilfe oder Ähnliches haben. Hier sind allerdings die Bedingungen sehr streng. Die Helsana zum Beispiel zahlt nur, wenn die Person zu 100 Prozent arbeitsunfähig ist und wenn damit ein Spital- oder Kuraufenthalt vermieden oder verkürzt werden kann.

bensaltertarif. Oder noch schlimmer, wenn die Kasse das entsprechende Produkt gar nicht mehr verkauft, wie es zum Beispiel die Assura mit der Versicherungsvariante Optima Plus getan hat.

- Denken Sie daran, dass auch die Spitalversicherungen dem Versicherungsvertragsgesetz (VVG) unterstehen. Es gibt also keine Aufnahmepflicht, es werden Gesundheitsprüfungen verlangt, und es gibt Alterslimiten.
- Das hat Konsequenzen für Kassenwechsler: Wenn Sie eine bestehende Spital-Zusatzversicherung zu einer anderen Kasse «zügeln» möchten, dann sollten Sie Ihren Spitalzusatz bei Ihrer jetzigen Kasse erst dann kündigen, wenn Sie von der neuen Kasse eine schriftliche Bestätigung für

## Der Zusatz «allgemeine Abteilung ganze Schweiz»

Ein sinnvoller Zusatz im Spitalbereich kann die «kleine» Deckung «allgemeine Abteilung ganze Schweiz» sein. Sie zahlt dann, wenn Versicherte Ihre Wahlfreiheit nutzen und sich ausserkantonal behandeln lassen (siehe Seite 42f.). Steht das betreffende Spital auf der Spitalliste seines Kantons und sollte der ausserkantonale Tarif höher sein, so übernimmt diese Versicherung die Differerenz zum Wohnkanton.

Mehr noch: Diese Versicherung zahlt die vollen Kosten auch dann, wenn Sie sich ausserkantonal in einem sogenannten Vertragsspital behandeln lassen. Vertragsspitäler sind Spitäler, die nicht auf der kantonalen Spitalliste sind und somit keine Kostenbeiträge des Kantons für den Grundversicherungsteil einer Spitalbehandlung erhalten, mit denen ein Krankenversicherer aber einen Tarifvertrag hat.

Diese Zusatzversicherung zahlt – je nach Krankenkasse – auch dann, wenn man im Wohnkanton in ein Privatspital bzw. Vertragsspital geht, das zwar nicht auf der Spitalliste des Wohnkantons figuriert, aber eine allgemeine Abteilung hat. Erkundigen Sie sich!

Das Gesagte gilt auch für Reha-Kliniken und Geburtshäuser.

Dieser Zusatz ermöglicht aber nicht die freie Arztwahl.

Die Zusatzdeckung «ganze Schweiz» kann in ländlichen Regionen interessant sein, wo das Kantonsspital des Nachbarkantons näher liegt als dasjenige des eigenen Kantons.

In Kantonen mit vielen Spitälern hingegen (zum Beispiel Zürich) ist sie eher überflüssig. Viele haben sie dort aber trotzdem und machen diese Versicherung damit zu einer lukrativen Milchkuh für die Krankenkassen.

Zu bedenken ist allerdings: Wenn Sie aus einem gut mit Spitälern bestückten Kanton später vielleicht wegziehen in einen Kanton mit begrenztem Angebot, dann können Sie diese Versicherung wegen der Altersgrenze vielleicht nicht mehr abschliessen.

Einige Krankenkassen haben für diesen Zusatz eine separate Versicherungsdeckung im Angebot. Andere Kassen führen ihn im Kombiprodukt zusammen mit anderen «kleinen» Krankenpflege-Zusätzen.

Achten Sie beim Abschluss auf die genaue Formulierung in den allgemeinen Versicherungsbedingungen. Es kann sein, dass man ausserkantonal nur auf der allgemeinen Abteilung eines «öffentlichen Spitals» versichert ist. Damit sind viele Privatkliniken nicht bezahlt, obwohl sie auf der Spitalliste des Kantons stehen, eine allgemeine Abteilung haben und Subventionen erhalten. Gerade im Kanton Bern ist das ein grosses Problem.

**Tipp:** Auch hier ist es wichtig, dass Sie vor dem Spitaleintritt eine schriftliche Kostengutsprache verlangen, damit Sie keine bösen Überraschungen erleben.

die vorbehaltlose Aufnahme in der Hand haben. Ein Wechsel kommt also praktisch nur für Junge und Gesunde in Frage.

- Beachten Sie die Leistungseinschränkungen im Reglement. Sie betreffen vor allem Chronischkranke, Pflegebedürftige und psychisch Kranke.

### Schwangere Frauen: Beachten Sie die Wartefristen!

- Eine Falle für werdende Mütter sind die Karenzfristen bei Schwangerschaft. Oft sind Geburten aus der Halbprivat- oder Privatspitalversicherung erst bezahlt, nachdem die Frau schon ein oder zwei Jahre lang Prämien gezahlt hat.

Viele Versicherungsverkäufer machen aber Frauen nicht auf diesen Umstand aufmerksam – worauf diese dann in der allgemeinen Abteilung gebären oder den Aufpreis selber zahlen müssen, weil der Versicherungsschutz für die höhere Abteilung noch nicht gilt.

- Viele Kassen bieten innovative Spezialmodelle an, die bedeutend günstiger sind als die klassischen Halbprivat- und Privatversicherungen (siehe Seite 107 ff.).

### Prämien sparen in den Spital-Zusatzversicherungen

Auch in den Spital-Zusatzversicherungen gibt es diverse Möglichkeiten, um Prämien zu sparen.

- **Unfall ausschliessen.** Sie können in den Spital-Zusatzversicherungen den Unfall ausschliessen. Daraus resultiert eine Prämienersparnis zwischen 5 und 10 Prozent. Dieser Unfallausschluss ist dann interessant, wenn Sie über den Arbeitgeber gegen Unfall besser (also zum Beispiel privat) als zum gesetzlichen Minimum versichert sind. Im Normalfall zahlt nämlich die obligatorische Unfallversicherung nur die allgemeine Abteilung.

**Tipp:** Fragen Sie Ihren Personalchef nach Ihrer Unfallversicherungsdeckung.

Wenn Sie den Unfall ausschliessen, müssen Sie aber aufpassen: Falls Sie Ihre grosszügig dotierte Arbeitsstelle verlassen (oder pensioniert werden) und den Unfall im Spitalzusatz Ihrer Krankenkasse wieder einschliessen wollen, dürfen die Kassen eine Gesundheitsdeklaration verlangen, einen Vorbehalt anbringen und Sie ablehnen.

Wer also in der Zwischenzeit einen Unfall erlitt oder krank wurde, hat Pech gehabt, weil nun eine Ablehnung droht.

Einige Krankenkassen setzen für den Wiedereinschluss des Unfallrisikos sogar Alterslimiten, teils schon bei 50 Jahren, spätestens aber bei Erreichen des AHV-Alters.

- **Geburt ausschliessen.** Frauen im gebärfähigen Alter können bei einigen Krankenkassen die Geburt ausschliessen und so bis maximal rund 60 Prozent ihrer Prämien sparen.

- **Die Sparmöglichkeit Zweitmeinung/Second Opinion**. Einige wenige Krankenkassen gewähren einen Rabatt, falls sich die versicherte Person verpflichtet, bei einer Reihe von genau definierten Operationen vor dem Eingriff noch die Meinung eines zweiten Arztes einzuholen.

Danach können die Patientinnen und Patienten immer noch selber entscheiden, ob sie die Operation durchführen lassen oder nicht.

Die Liste der Operationen steht in den jeweiligen Reglementen.

Diese Sparmöglichkeit wird es über kurz oder lang nicht mehr geben. Die Helsana zum Beispiel gewährt einen Rabatt von nur noch 3 Prozent – und sie bietet dieses Sparmodell den Neukunden nicht mehr an.

Viele Versicherte mit einer Spital-Zusatzversicherung können aber dennoch von einer Zweitmeinung profitieren. Erkundigen Sie sich!

Die Concordia zum Beispiel fördert die Zweitmeinung insofern, als Kunden mit einer konventionellen Spital-Zusatzversicherung (aber nicht beim Flex-Modell) keine Kostenbeteiligung für den zweiten Arzt zahlen müssen.

Was Leute, die nur eine Grundversicherung haben, zum Thema Second Opinion wissen müssen, steht im Kasten auf Seite 54.

■ **Sparvariante eingeschränkte Spitalwahl.** Etliche Kassen führen für die Halbprivat- oder Privatspitalversicherung Varianten mit eingeschränkter Wahl der Spitäler.

Wer diese Einschränkung der Spitalwahlfreiheit akzeptiert und sich nur noch in denjenigen Spitälern behandeln lässt, die auf der kasseneigenen Liste figurieren, erhält einen Prämienrabatt von bis zu 25 Prozent.

Die Kassen setzen diejenigen Spitäler auf diese Listen, mit denen sie attraktive Verträge mit günstigen Tarifen abgeschlossen haben. In den Bedingungen ist deshalb oft von «Listenspitälern» die Rede.

### Krankenkassen ändern die Spitallisten häufig

Doch Vorsicht: Wer sich einmal für eine Spitalwahleinschränkung entschieden hat und später wieder zurückwill, muss mit Nachteilen rechnen. Der Wechsel von der «tieferen» Kategorie in die «höhere», also in die Variante mit allen Spitälern, ist in der Regel mit einer Gesundheitsprüfung bzw. mit einer Alterslimite verbunden.

Es könnte also durchaus sein, dass die Kasse einer solchen Höherversicherung gar nicht zustimmt oder sie nur noch unter einem Gesundheitsvorbehalt akzeptiert.

Es lohnt sich, vorgängig nach den Modalitäten zu fragen.

Ein weiterer Haken an der Spitalwahleinschränkung: Die Krankenkassen behalten sich das Recht vor, die Liste regelmässig anzupassen, also auch Spitäler zu streichen; es kann sogar sein, dass dies während des Versicherungsjahres passiert.

Bei solchen Streichungen handelt es sich im Grunde genommen um eine Änderung der Vertragsbedingungen, die dem Versicherten ein Kündigungsrecht gibt.

Die meisten Krankenkassen räumen ihren Kundinnen und Kunden dieses Recht auch ein oder erlauben es der versicherten Person, wieder ins konventionelle Modell mit freier Spitalwahl zurückzukehren (dann allenfalls auch ohne eine Gesundheitsprüfung).

**Deshalb der Tipp:** Fragen Sie Ihre Krankenkasse, welche Rechte sie Ihnen einräumt, wenn die Spitallisten geändert beziehungsweise angepasst werden.

Und wenn Sie solchen unliebsamen Scherereien gänzlich aus dem Weg gehen möchten, dann sollten Sie ein Modell mit eingeschränkter Spitalliste schon gar nicht wählen.

TIPPS

## Der richtige Umgang mit der Spital-Zusatzversicherung

- Vergleichen Sie die Prämien. Lassen Sie sich dabei von der Kasse auch aufzeigen, wie sich Ihre Prämie mit zunehmendem Alter voraussichtlich entwickeln wird. Das ist abhängig davon, ob die Kasse den Lebensalter- oder den Eintrittsaltertarif anwendet.
- Lesen Sie die Reglemente. Viele Kassen bieten in den Spital-Zusatzversicherungen noch weitere Leistungen.
- Meiden Sie wenn möglich Mehrjahresverträge. Bei einigen Kassen sind sie zwingend vorgeschrieben, bei anderen Kassen gibt es eine Prämienersparnis, falls man sich freiwillig länger bindet.
- Schliessen Sie keine Summenversicherung ab, die bei einem Spitalaufenthalt nicht sämtliche Kosten deckt, sondern nur bis zum versicherten Betrag (zum Beispiel 40 000 Franken). Das ist trügerisch, denn solche Versicherungssummen können bei unerwartet langen Spitalaufenthalten ungenügend sein.
- Die Spitaltaggeld-Versicherungen der Krankenkassen sind eher überflüssig (siehe Kasten auf Seite 150).
- Falls Sie die Spital-Zusatzversicherung kündigen und nicht mehr bei bester Gesundheit oder schon älter sind, erhalten Sie höchstwahrscheinlich keinen neuen Spitalzusatz mehr (oder nur noch mit einem Gesundheitsvorbehalt).
- Falls Sie den Spitalzusatz von einer Krankenkasse zur andern «zügeln» wollen, sollten Sie Ihren bisherigen erst kündigen, wenn Sie von der neuen Krankenkasse die schriftliche Bestätigung haben, dass Sie ohne Gesundheitsvorbehalte aufgenommen sind (ausser Sie nehmen den Gesundheitsvorbehalt bewusst in Kauf).
- Passen Sie auf, dass Sie nur die Spital-Zusatzversicherung kündigen, wenn Sie die Grundversicherung beibehalten wollen – und umgekehrt (siehe den Tipp auf Seite 95).
- Nutzen Sie die Sparmöglichkeiten – aber erst, nachdem Sie sich über die Konsequenzen Klarheit verschafft haben.
- Fragen Sie, wie die Modalitäten sind, wenn Sie die betreffende Sparvariante (etwa eine höhere Franchise) wieder rückgängig machen wollen. Es kann sein, dass Sie bei einer solchen Rückstufung einen Vorbehalt akzeptieren müssen oder die Rückstufung abgelehnt wird. Lassen Sie sich die Bedingungen schriftlich bestätigen, die Reglemente der Kassen sind gerade in diesem Punkt oft unklar.
- Denken Sie bei der Spitalwahleinschränkung daran, dass die Kassen die Listen jederzeit ändern können.
- Fragen Sie die Krankenkasse nach Kollektivverträgen, die Ihnen einen Rabatt einbringen könnten.

■ **Sparen mit freiwilliger Franchise.** Eine weitere Sparmöglichkeit sind bei den meisten Kassen freiwillige Wahlfranchisen für die Halbprivat- oder Privatabteilung. Damit zahlen Betroffene die im Spital anfallenden Kosten bis zum vereinbarten Betrag selber.

Die möglichen Franchisen bewegen sich in der Regel zwischen 1000 und 10 000 Franken. Damit lassen sich Prämieneinsparungen von bis zu 70 Prozent erzielen.

Beachten Sie aber: Wenn Sie eine Wahlfranchise bei der Spital-Zusatzversicherung abschliessen, kann ein Spitalaufenthalt sehr teuer werden – denn Sie müssen schon die Franchise aus der Grundversicherung zahlen (falls Sie nicht vorher schon viele Arztrechnungen hatten).

Beispiel: Mit einer Wahlfranchise von 2500 Franken aus der Grundversicherung und einer freiwilligen Kostenbeteiligung von 3000 Franken beim Spitalzusatz müssen Sie – falls Sie beispielsweise schon Anfang Jahr ins Spital gehen – umgehend 5500 Franken selber zahlen (plus Selbstbehalt der Grundversicherung).

Sie sollten also die freiwillige Kostenbeteiligung bei der Spital-Zusatzversicherung Ihrem Ersparten anpassen.

### Franchise zahlen bei Mutterschaft? Bei den Zusätzen ja!

Bei Mutterschaft müssen Sie die freiwillige Wahlfranchise im Spital – anders als in der obligatorischen Grundversicherung – ebenfalls zahlen. Für jüngere Frauen mit Kinderwunsch sind also Franchisen eher nicht geeignet.

### Herabsetzen der Franchise kann zum Problem werden

Das müssen Sie zum Thema Spitalfranchise auch noch beachten:

■ Diese Franchise ist freiwillig. Schauen Sie allfällige Offerten genau an: Vielleicht hat die Versicherung ohne Ihren ausdrücklichen Wunsch eine Franchise hineingeschmuggelt, um die Prämie nach unten zu drücken, damit sie so im Konkurrenzvergleich besser dasteht.

■ Falls Sie Ihre Franchise wieder herabsetzen oder sogar aufheben wollen, so ist das in der Regel nur auf den Anfang des nächsten Jahres unter Einhaltung einer dreimonatigen Kündigungsfrist möglich. Es sind aber auch längere Kündigungsfristen denkbar.

■ Es kann sein, dass die Krankenkasse für das Herabsetzen oder Aufheben der Franchise eine Alterslimite setzt oder eine Mindestversicherungsdauer (zum Beispiel drei Jahre) verlangt, bevor Herabsetzen oder Aufheben der Wahlfranchise wieder möglich ist.

■ Falls Sie Ihre Kostenbeteiligung herabsetzen oder aufheben, ist dies im Prinzip eine Höherversicherung, und die meisten Krankenkassen verlangen einen formellen Antrag mit Fragen zur Gesundheit.

Das hat zur Folge, dass die Krankenkassen die Reduktion beziehungsweise Annullierung der freiwilligen Kostenbeteiligung sogar ablehnen können, falls sich Ihr

Gesundheitszustand in der Zwischenzeit verschlechtert hat.

- Fragen Sie vor dem Abschluss einer Spitalfranchise, unter welchen Umständen das spätere Herabsetzen oder Aufheben der Franchise möglich ist. Diese Restriktionen stehen meist nicht in den Versicherungsbedingungen, sondern nur in den internen Richtlinien der Krankenkassen.
- Wer über Silvester/Neujahr im Spital liegt, muss gemäss Reglement einiger Kassen die Spitalfranchise der Zusatzversicherung nur einmal zahlen. Andere Kassen hingegen sind da gnadenlos und verlangen bei einem Spitalaufenthalt über den Jahreswechsel die Kostenbeteiligung zweimal – je für das betreffende Kalenderjahr.
- Sie können die Bezahlung der Franchise ganz oder zumindest teilweise umgehen, indem Sie sich freiwillig in der allgemeinen Abteilung behandeln lassen statt in der Kategorie, in der Sie sonst versichert sind.
- Schliessen Sie Jahresfranchisen immer auf Beginn eines Kalenderjahres ab. Falls Sie nämlich die Franchise während des Jahres abschliessen, müssen Sie bei vielen Kassen die Jahresfranchise trotzdem voll übernehmen, falls Sie noch im gleichen Kalenderjahr ins Spital müssen.

## Alternative Modelle für die Spital-Zusatzversicherung

Wie gesagt: Die klassischen Spital-Zusatzversicherungen halbprivat und privat sind teuer. Deshalb haben die Krankenkassen auch Varianten im Angebot, die durchaus prüfenswert sind. Allerdings haben nicht alle Kassen solche Spezialmodelle im Angebot – und wenn sie sie führen, dann nicht in allen Kantonen.

- **Das Modell «flexible Spitalabteilungswahl».** Viele Versicherte können und wollen sich den teuren Luxus des Einerzimmers gerade im Alter nicht mehr leisten. Der Anteil der Privatversicherten liegt je nach Kasse nur noch bei rund drei bis sieben Prozent der Kunden.

Auch die halbprivate Abteilung wird für viele immer teurer.

Eine Alternative dazu heisst Flex-Versicherung. Wer sich so versichert, hat nicht mehr fix eine Spitalabteilung gebucht, sondern entscheidet erst kurz vor Spitaleintritt, in welche Abteilung er gehen will.

In der allgemeinen Abteilung kostet das weiter nichts; wer sich jedoch in der halbprivaten oder privaten Abteilung behandeln lässt, zahlt einen vorher festgelegten Selbstbehalt – entweder der Rechnung oder pro Tag. Aufs Jahr gerechnet ist dieser Selbstbehalt auf einen Maximalbetrag limitiert.

Die Prämie der Flex-Versicherung ist dafür günstiger als für die herkömmliche Halbprivat- oder Privatspitalversicherung (siehe Tabelle auf der nächsten Seite).

Viele grosse Krankenkassen haben inzwischen eine solche Ver-

Fortsetzung auf Seite 109

## Flex-Versicherung: Prämien und Selbstbehalte

Die Tabelle zeigt die Prämien für das Modell «flexible Wahl der Spitalabteilung». Dargestellt sind auch die jeweiligen Selbstbehalte, die Versicherte pro Jahr übernehmen müssen, wenn sie von ihrem Wahlrecht Gebrauch machen und in die halbprivate bzw. private Abteilung gehen. Krankenkassen mit zwei Varianten im Angebot tauchen doppelt auf. Assura, KPT, Visana und Wincare fehlen, weil sie kein Flex-Modell haben.

**Angaben für einen 35-jährigen Mann mit Wohnort Bern, inkl. Unfalldeckung**

| Krankenkasse | Monatsprämie in Fr. | Selbstbehalt pro Fall und pro Jahr in % oder Franken | |
|---|---|---|---|
| Sanitas | 8.90 | **Halbprivat:** 25 %, max. 10 000.– | **Privat:** 50 %, max. 20 000.– |
| CSS | 13.90 | **Halbprivat:** 20 %, max. 4000.– | **Privat:** 35 %, max. 7000.– |
| Atupri | 24.80 | **Halbprivat:** 40 %, max. 4000.– | **Privat:** 50 %, max. 8000.– |
| Groupe Mutuel | 25.20 | **Halbprivat:** 400.–/Tag, max. 4000.– | **Privat:** 600.–/Tag, max. 5000.– |
| Helsana-Gruppe | 26.60 | **Halbprivat:** 35 %, max. 3000.– | **Privat:** 50 %, max. 9000.– |
| CSS | 29.40 | **Halbprivat:** 20 %, max. 2000.– | **Privat:** 35 %, max. 4000.– |
| Concordia | 31.50 | **Halbprivat:** 20 %, max. 2000.– | **Privat:** 35 %, max. 4000.– |
| Atupri | 36.– | **Halbprivat:** 20 %, max. 2000.– | **Privat:** 30 %, max. 4000.– |
| Helsana-Gruppe | 38.90 | **Halbprivat:** 20 %, max. 2000.– | **Privat:** 35 %, max. 4000.– |
| ÖKK | 46.20 | **Halbprivat:** 15 %, max. 1500.– | **Privat:** 25 %, max. 4500.– |
| EGK | 47.90 | **Halbprivat:** 15 %, max. 6000.– | **Privat:** 25 %, max. 8000.– |
| Sympany | 54.40 | **Halbprivat:** 15 %, max. 1500.– | **Privat:** 25 %, max. 4500.– |
| Swica | 56.70 | **Halbprivat:** 300.–/Tag, max. 6000.– | **Privat:** 400.–/Tag, max. 8000.– |

**Angaben für eine 45-jährige Frau mit Wohnort Aarau, inkl. Unfalldeckung und Geburtendeckung**

| Krankenkasse | Monatsprämie in Fr. | Selbstbehalt pro Fall und pro Jahr in % oder Franken | |
|---|---|---|---|
| Sanitas | 11.10 | **Halbprivat:** 25 %, max. 10 000.– | **Privat:** 50 %, max. 20 000.– |
| CSS | 24.40 | **Halbprivat:** 20 %, max. 4000.– | **Privat:** 35 %, max. 7000.– |
| Helsana-Gruppe | 31.90 | **Halbprivat:** 35 %, max. 3000.– | **Privat:** 50 %, max. 9000.– |
| Atupri | 41.80 | **Halbprivat:** 40 %, max. 4000.– | **Privat:** 50 %, max. 8000.– |
| Concordia | 47.– | **Halbprivat:** 20 %, max. 2000.– | **Privat:** 35 %, max. 4000.– |
| Helsana-Gruppe | 48.40 | **Halbprivat:** 20 %, max. 2000.– | **Privat:** 35 %, max. 4000.– |
| CSS | 51.50 | **Halbprivat:** 20 %, max. 2000.– | **Privat:** 35 %, max. 4000.– |
| ÖKK | 56.– | **Halbprivat:** 15 %, max. 1500.– | **Privat:** 25 %, max. 4500.– |
| Atupri | 60.80 | **Halbprivat:** 20 %, max. 2000.– | **Privat:** 30 %, max. 4000.– |
| Swica | 66.90 | **Halbprivat:** 300.–/Tag, max. 6000.– | **Privat:** 400.–/Tag, max. 8000.– |
| Groupe Mutuel | 67.50 | **Halbprivat:** 400.–/Tag, max. 4000.– | **Privat:** 600.–/Tag, max. 5000.– |
| EGK | 68.80 | **Halbprivat:** 15 %, max. 6000.– | **Privat:** 25 %, max. 8000.– |
| Sympany | 70.30 | **Halbprivat:** 15 %, max. 1500.– | **Privat:** 25 %, max. 4500.– |

QUELLE: VZ VERMÖGENSZENTRUM, STAND 2012

Fortsetzung von Seite 107

sicherung im Angebot. In der Regel taucht das Kürzel «flex» im Namen auf, sie kann aber auch «Opti» (Atupri), «Libero» (Concordia) oder «Liberty» (Sanitas) heissen.

Einige Krankenversicherer haben neuerdings sogar zwei Flex-Varianten im Angebot; beim günstigeren Angebot sind die Selbstbehalte entsprechend höher.

### Spottbillig, aber mit einem sehr hohen Selbstbehalt

Für finanziell wagemutige Gesunde eignet sich das Sanitas-Produkt. Es ist unschlagbar günstig, kostet aber im Ernstfall auf der Privatabteilung einen Selbstbehalt von happigen 20 000 Franken.

Grundsätzlich gilt: Je höher die Kostenbeteiligung durch den Versicherten, desto tiefer die Prämien.

Das Problem bei der Flex-Versicherung: Sie ist nicht für jedermann erhältlich. Wie bei fast allen freiwilligen Zusatzversicherungen nehmen die Kassen nur Gesunde auf.

Selbst wer bei der gleichen Kasse bereits eine Halbprivat- oder Privatspitalversicherung hat, kann nicht ohne Weiteres in die hauseigene Flex-Variante wechseln. Auch in diesem Fall sind Gesundheitsprüfungen und auch Alterslimiten (zum Beispiel 60 oder 65 Jahre) weit verbreitet.

**Tipp:** Fragen Sie Ihre Kasse, unter welchen Bedingungen der Übertritt von einer Halbprivat- oder Privatspitalversicherung in die Versicherung mit flexibler Spitalwahl möglich ist. Bei etlichen Kassen ist das sogar auf Anfang des nächsten Monats möglich.

### Das müssen Sie zum Thema Flex-Versicherung wissen

- Wenn Frauen bei der gleichen Kasse von der Halbprivat- oder Privatspitalversicherung in die Flex-Versicherung wechseln, so kann es sein, dass es für Geburten eine neu beginnende Wartefrist (zum Beispiel ein Jahr) gibt. Kurz vor oder während einer Schwangerschaft ist also ein Wechsel tückisch. Generell kann man sagen, dass Frauen mit Kinderwunsch eher keine Flex-Versicherung abschliessen sollten.
- Fragen Sie Ihre Krankenkasse, ob Sie auch mit der Flex-Versicherung die absolut freie Wahl des Spitals haben. Das ist nicht immer der Fall. Unter Umständen ist sogar eine freiwillige Beschränkung der Spitalwahl auf eine engere Spitalliste möglich, was einen Prämienrabatt ergibt.
- Sie können die Flex-Versicherung bei einer bestimmten Kasse auch kaufen, wenn Sie die Grundversicherung nicht dort haben.
- Wie schon gesagt: Wenn Sie mit der günstigeren Flex-Versicherung für einen kurzen und harmlosen Eingriff «nur» in die allgemeine Abteilung gehen, kostet Sie das (ausser der Prämie) zusätzlich keinen Rappen.

**Tipp:** Fragen Sie wenn möglich beim Spital nach einem Kostenvoranschlag sowie der voraussichtlichen Dauer des Spitalaufenthalts. Und zeigen Sie dies der Krankenkasse.

- Umgekehrt gilt: Wenn Sie halbprivat oder privat liegen, müssen Sie den vereinbarten Selbstbehalt einrechnen – zu dem übrigens noch eine allfällige hohe Franchise aus der Grundversicherung kommen kann. Es könnte also teuer werden.

- **Die Hotelversicherung.** Wer eine klassische Spital-Zusatzversicherung wählt, tut dies wegen des Zimmerkomforts oder wegen der freien Arztwahl – erhält aber beides. Und wer sich den Luxus des Spitalzusatzes nicht mehr leisten kann und ihn kündigt, verliert auch beides.

Viele Versicherte stört das: Sie wünschen sich zwar die Annehmlichkeiten eines Einer- oder Zweierzimmers, würden aber gerne auf den teuren Chefarzt verzichten – oder umgekehrt.

Deshalb haben einige Krankenkassen spezielle Deckungen unter dem Motto «Das Privatzimmer für allgemein Versicherte» im Angebot. Wer sich so versichert, wird medizinisch als Allgemein-Patient betreut, verzichtet also auf die freie Arztwahl, erhält aber den üblichen Komfort eines (wahlweise) Zwei- oder Einbettzimmers.

### Das Modell hängt vom guten Willen der Kantone ab

Solche Angebote (auch Spitalzimmerversicherung genannt) sind aber auf diejenigen Kantone beschränkt, in denen die Spitäler auch Hand zu einer solchen Lösung bieten – was immer seltener der Fall ist.

Vor dem Abschluss sollten Sie sich also erkundigen, ob es dieses Modell in Ihrem Kanton auch effektiv gibt. Es kann sein, dass Sie pro Spital wenigstens ein Taggeld erhalten, falls die Kasse mit dem betreffenden Spital keinen Vertrag hat und Sie trotzdem gegen Aufpreis in ein Zweier- oder Einerzimmer gehen.

Wer sich für eine Hotelversicherung entscheidet, spart im Vergleich zu den klassischen Spital-Zusatzversicherungen bis zu 70 Prozent der Prämie, weil so keine hohen Chef- oder Belegarzthonorare mitfinanziert werden müssen.

Übrigens: Einige wenige Krankenkassen haben auch das Gegenstück zur Hotelzimmerversicherung im Angebot, nämlich die Variante «Privatarzt». Wer so versichert ist, liegt im Mehrbettzimmer auf der allgemeinen Abteilung, hat aber Anspruch auf Behandlung durch den Privatarzt.

Die KPT zum Beispiel hat diese Variante auf Anfang 2012 eingeführt – vorerst allerdings nur im Kanton Bern.

Beachten Sie aber: Auch beim Wechsel von einem klassischen Spital-Zusatzversicherungsmodell in eine andere «alternative» Variante müssen Sie in vielen Fällen eine Gesundheitsprüfung oder Alterslimiten akzeptieren – was möglicherweise eine Ablehnung zur Folge hat.

# 3 Die Unfallversicherung für Angestellte
## Und Tipps für Selbständigerwerbende

**Die meisten Beschäftigten unterstehen dem Schutz der obligatorischen Unfallversicherung. Falls ihnen etwas zustösst, sind sie finanziell gut abgesichert. Voraussetzung ist allerdings, dass das Ereignis auch wirklich als Unfall gilt. Selbständige müssen darauf achten, dass ihr Schutz gegen Lohnausfall nach einem Unfall ausreichend ist.**

Dieses Kapitel enthält folgende Themenblöcke:

- **Informationen für Angestellte.** Auf Seite 39 ist es schon erwähnt: Alle in der Schweiz beschäftigten Arbeitnehmerinnen und Arbeitnehmer sind über den Arbeitgeber obligatorisch gegen die Folgen von Berufsunfällen am Arbeitsplatz und gegen Berufskrankheiten versichert – auch Teilzeitbeschäftigte mit einem Minipensum.

Umgekehrt heisst das: Kinder, Jugendliche, Hausfrauen, Erwerbslose, die nicht stempeln, Ausgesteuerte sowie alle Seniorinnen und Senioren, die nicht mehr im Erwerbsleben stehen, sind in diesem Kapitel im Prinzip kein Thema, weil sie ihren Unfallschutz bei der Krankenkasse haben.

Die meisten Arbeitnehmerinnen und Arbeitnehmer sind aber nicht nur für Unfälle versichert, die sich am Arbeitsplatz ereignen. Wer mindestens acht Stunden pro Woche bei *einem* Arbeitgeber arbeitet, ist automatisch auch gegen Unfälle in der Freizeit versichert; im Gesetz heissen sie Nichtberufsunfälle (NBU).

Die Prämien für die Versicherung gegen Berufsunfälle zahlt der Arbeitgeber.

Die Prämien für die Nichtberufsunfall-Versicherung hingegen werden im Prinzip den Angestell-

### Wer ist wo unfallversichert?

Viele Betriebe – vor allem beim Bund, im Baugewerbe und in der Industrie – sind von Gesetzes wegen obligatorisch bei der Suva versichert. Das betrifft gut die Hälfte aller Beschäftigten.

Die restlichen Angestellten sind nicht bei der Suva versichert. Ihre Arbeitgeber können sich eine private Versicherungsgesellschaft auswählen.

Das gilt für «bürolastige» Betriebe – also insbesondere Firmen aus dem Dienstleistungs- und Beratungsbereich sowie aus dem Detailhandel. Sie geniessen bei den privaten Anbietern den gleichen Schutz und die gleichen obligatorischen Leistungen wie bei der Suva, denn für alle gilt dasselbe Gesetz: das Bundesgesetz über die Unfallversicherung (UVG, siehe Kasten auf Seite 115).

Folge: Suva-Kunden können ihre Versicherung nicht wechseln, die anderen hingegen schon – und so unter Umständen Prämien sparen (siehe Seite 130 ff.).

Immer aber gilt: Die Beschäftigten müssen sich nicht selber um diesen Schutz bemühen: Der Arbeitgeber ist verpflichtet, sie zu versichern. Auch Putzfrauen müssen übrigens vom Arbeitgeber gegen Unfall versichert werden – selbst wenn sie nur eine Stunde pro Woche ins Haus kommen.

Selbständigerwerbende müssen sich selber um ihre Unfallversicherung kümmern (siehe Seite 135 ff.).

ten vom Lohn abgezogen. Es gibt aber Betriebe, die sich freiwillig an den NBU-Kosten der Angestellten beteiligen.

- **Informationen über die Unfallversicherung.** Ab Seite 115 steht, was ein Unfall rechtlich betrachtet genau ist, und es werden die Leistungen der Unfallversicherung kurz beschrieben.

- **Infos zur Abredeversicherung.** Ab Seite 119.

- **Prämienvergleich.** Die betriebliche Unfallversicherung läuft über den Arbeitgeber. Er wählt die Versicherungsgesellschaft aus (falls er nicht zwangsläufig bei der Suva ist, siehe Kasten links). Die Tarife der Gesellschaften sind unterschiedlich, es lohnt sich demnach für den Betrieb, die Prämien zu vergleichen und allenfalls den Anbieter zu wechseln. Ab Seite 130.

- **Zusatzversicherungen für Angestellte.** Ab Seite 133.

- **Hinweise für Selbständigerwerbende.** Ab Seite 135.

IN DIESEM KAPITEL



3 Unfallversicherung

## Unfall oder Krankheit? Der Unterschied ist folgenschwer

Bei jedem Gesundheitsschaden muss als Erstes abgeklärt werden, ob es sich um einen Unfall oder um eine Krankheit handelt. Denn im schweizerischen Gesundheitssystem sind zwei Gesetze für die Gesundheit zuständig: das Krankenversicherungs- und das Unfallversicherungsgesetz.

Die Unterscheidung zwischen Unfall und Krankheit ist deshalb von Bedeutung, weil je nachdem unterschiedliche Leistungen ausbezahlt werden. Generell werden Geschädigte bei einem Unfall bes-

Fortsetzung auf Seite 115

TIPP

## Haushalte müssen Putzfrauen gegen Unfall versichern

Wer privat eine Putzhilfe beschäftigt, muss für sie eine Unfallversicherung abschliessen und für die Putzfrau AHV-Beiträge bezahlen – auch wenn sie nur ein paar Stunden pro Woche ins Haus kommt.

Die Regel, dass auf geringfügige Einkommen unter 2300 Franken keine AHV zu zahlen ist, gilt für Putzfrauen seit Anfang 2008 nicht mehr; sie müssen auf jeden verdienten Franken AHV zahlen.

Am besten benutzen Arbeitgeber dazu das vereinfachte Abrechnungsverfahren: Damit können Privathaushalte Hausangestellte mit einem einzigen Formular bei der Sozialversicherung anmelden. Einzige Bedingung: Die Putzfrau darf in diesem Haushalt nicht mehr als 20 880 Franken pro Jahr verdienen (Stand 2012).

Das Formular «Vereinfachtes Abrechnungsverfahren» können Sie auf der Homepage Ihrer kantonalen Ausgleichskasse herunterladen.

Sie finden es auch im AHV-Merkblatt 2.07 (im Internet: www.ahv-iv.info). Infos dazu finden Sie unter www.keine-schwarzarbeit.ch.

Mit diesem Formular erledigen Haushalte das Nötige und Vorgeschriebene punkto AHV, Arbeitslosenversicherung und Quellensteuer. Sie erhalten dann einmal pro Jahr eine Rechnung.

**Die Unfallversicherung für Putzfrauen.** Auf dem erwähnten Anmeldeformular müssen Sie auch angeben, bei welcher Unfallversicherung Sie die Putzfrau versichert haben. Sie müssen dazu eine Privatversicherungsgesellschaft wählen, bei der Suva ist das nicht möglich. Die Liste der privaten Unfallversicherer finden Sie ebenfalls auf www.keine-schwarzarbeit.ch.

Sie können aber auf dem Formular auch angeben, bei welchem Versicherer Sie die Unfalldeckung abschliessen möchten. Die Ausgleichskasse wird dann die Anmeldung beim betreffenden Unfallversicherer für Sie erledigen.

Falls Sie auf dem Anmeldeformular keine Angaben zur Unfallversicherung machen, wird die Ausgleichskasse Sie bei der sogenannten Ersatzkasse UVG anmelden – und diese wird die Putzfrau wiederum zu einer privaten Versicherungsgesellschaft vermitteln.

Die Prämie für die Unfallversicherung kostet für Arbeitgeber 100 Franken pro Jahr, falls die Putzfrau – was der Normalfall ist – nur ein paar Stunden pro Woche kommt. Arbeitet eine Putzfrau in mehreren Haushalten, müssen alle Haushalte diese 100 Franken zahlen.

Die Rechnung kommt direkt vom Versicherer und muss vom betreffenden Haushalt bezahlt werden.

Arbeitet die Putzhilfe regelmässig länger als acht Wochenstunden im gleichen Haushalt, braucht sie zusätzlich eine Nichtberufsunfall-Versicherung. Diese muss sie selber bezahlen. Kostenpunkt: ebenfalls 100 Franken im Jahr.

Wichtig: Wenn ein Privathaushalt das vereinfachte Abrechnungsverfahren ignoriert und sich auch nicht um die Unfallversicherung kümmert, so sind Putzleute dennoch gegen Unfall versichert – und zwar bei der Ersatzkasse UVG. Der Arbeitgeber muss aber die Prämien für die Unfallversicherung nachträglich für maximal 5 Jahre nachzahlen.

**Zu einer korrekten Anstellung gehört auch ein Arbeitsvertrag.** Einen Mustervertrag können Sie direkt in mehreren Sprachen auf www.saldo.ch herunterladen (→ Service → Musterbriefe → Recht + Arbeit).

Noch ein Detail zur Nichtberufsunfall-Versicherung: Arbeitet eine Putzfrau in mehreren Haushalten weniger als acht Stunden pro Woche, zusammengezählt aber über acht Stunden pro Woche, so ist sie für Freizeitunfälle dennoch nicht versichert (Bundesgerichtsurteil 8C_328/2008).

Fortsetzung von Seite 113

ser entschädigt (siehe Seite 130). Deshalb gibt es oft Streit darüber, ob ein Leiden auch tatsächlich auf einen Unfall zurückzuführen ist – denn es geht um viel Geld. Opfer mit einem Gesundheitsschaden sind daran interessiert, dass ihr medizinisches Leiden als Unfallfolge taxiert wird. So erhalten sie bessere Leistungen.

**Tipp:** Falls strittig ist, ob die Krankenkasse oder die Unfallversicherung zahlen muss (ob also ein Unfall vorliegt oder nicht), so fallen Sie deswegen nicht in ein Versicherungsloch. In diesem Fall muss vorerst die Krankenkasse die Arzt- und Spitalkosten zahlen. Sie kann diese dann immer noch vom Unfallversicherer zurückverlangen.

## Was ist ein Unfall? Es braucht fünf Voraussetzungen

Das Gesetz definiert den Unfall als «die plötzliche, nicht beabsichtigte schädigende Einwirkung eines ungewöhnlichen äusseren Faktors auf den menschlichen Körper». Damit sind fünf konkrete Voraussetzungen verlangt:

### 1. Die schädigende Einwirkung

Nötig ist eine medizinisch feststellbare Verminderung der physischen und/oder psychischen Gesundheit. Wer einen heftigen Schlag auf den Kopf erhält, ohne dass er Kopfschmerzen verspürt oder sonstwie gesundheitlich beeinträchtigt wird, erleidet keine schädigende Einwirkung.

### 2. Die plötzliche Einwirkung

Während eine Krankheit oft schleichend verläuft, kennzeichnet sich der Unfall durch eine plötzliche Einwirkung von aussen. In der Regel dauert diese nur einige Sekunden oder Minuten (Sturz, Stich, Schuss, Stoss oder Schlag). Ein Sonnenbrand oder Erfrierungen gelten deshalb normalerweise nicht als Unfall.

Körperschäden bzw. Erkrankungen nach Insektenstichen und Tierbissen – von Bienen, Wespen, Hornissen, Schlangen, Skorpionen oder Zecken – gelten als Unfall (nicht aber die Malaria-Übertragung durch Insektenstich).

Abnützungserscheinungen sind keine Unfälle, weil ihnen das Kriterium der Plötzlichkeit fehlt. Ein Bauarbeiter, der täglich mit schweren Werkzeugen (Hammer, Bohrer usw.) arbeitet, wobei die Handgelenke mit der Zeit Schaden nehmen, erleidet keinen Unfall. Ist das Handgelenk aber verletzt, weil der schwere Bohrer plötzlich auf die Hand fällt, muss man von einem Unfall sprechen.

**STICHWORT**

### UVG

Das Kürzel UVG steht für «Bundesgesetz über die Unfallversicherung»; das UVG ist 1984 in Kraft getreten. Zum UVG gehört auch die UVV, also die «Verordnung über die Unfallversicherung».

Alle Bundesgesetze finden Sie in der jeweils aktuellen Fassung im Internet unter www.admin.ch bei den Menüpunkten «Dokumentation» und «Systematische Sammlung». Dort geben Sie das Kürzel «uvg» oder «uvv» ein – und schon haben Sie das jeweilige Gesetz im Wortlaut auf Ihrem Bildschirm.

**3. Die nicht beabsichtigte Einwirkung**
Sie ist dann gegeben, wenn der Schaden ohne Willen des Versicherten eingetreten ist. Selbstverstümmelung und Selbstmord sind deshalb in der Regel keine Unfälle im Sinne des Unfallversicherungsgesetzes.

**4. Der äussere Faktor**
Im Unterschied zur Krankheit, deren Ursache im Inneren des Körpers liegt, handelt es sich bei einem Unfall um eine von aussen wirkende Ursache.

Die Folgen können sich aber unter Umständen im Inneren zeigen, zum Beispiel dann, wenn jemand durch einen Schlag eine Hirnerschütterung erleidet.

Von einem äusseren Faktor spricht man beispielsweise auch, wenn jemand sein künstliches Gebiss verschluckt und dabei erstickt. Oder wenn ein Fremdkörper verschluckt wird und dieser die Darmwand verletzt.

**5. Die ungewöhnliche Ursache**
Der äussere Faktor, der auf den Körper einwirkt, muss zudem ungewöhnlich sein. Das Ereignis, das als Unfall gelten soll, muss also den Rahmen des Alltäglichen überschreiten. In diesem Zusammenhang spricht das Bundesgericht oft von «unkoordinierten Bewegungen» oder vom «natürlichen Ablauf einer Körperbewegung», der durch einen äusseren Faktor «programmwidrig» gestört wurde.

Dazu zwei Beispiele aus konkreten Gerichtsurteilen: Wenn eine Krankenpflegerin zusammen mit einer Praktikantin eine kollabierende Patientin auffangen muss und sich dabei an der Schulter verletzt, so ist das kein Unfall, weil das noch dem «natürlichen Bewegungsablauf» entspricht und keine Überanstrengung zur Folge hat (Bundesgerichtsurteil 8C_ 444/2009).

Wer sich hingegen beim Aufschlagen des Kopfes gegen das Lenkrad eines Auto-Scooters eine Zahnverletzung zuzieht, erleidet einen Unfall im Rechtssinn (Bundesgerichtsurteil 134 V 72).

Gerade der Putschauto-Fall zeigt, wie schwierig und teilweise willkürlich die Abgrenzung im Einzelfall jeweils ist. Denn noch drei Jahre zuvor hatte das gleiche Bundesgericht genau das Gegenteil entschieden.

Klar ist aber: Wer den ganzen Tag an der Sonne liegt und sich einen Sonnenbrand holt oder einen Hitzschlag erleidet, muss mit solchen Konsequenzen rechnen – folglich ist das also nichts Ungewöhnliches. Auch wer sich während eines Fussmarsches Blasen an den Füssen einfängt, kann dies nicht als Unfall deklarieren.

Der Begriff der Ungewöhnlichkeit spielt bei den Zahnschäden eine wichtige Rolle (siehe Kasten rechts).

## Berufs- und Nichtberufsunfall

Wer mindestens acht Stunden pro Woche bei einem Arbeitgeber arbeitet, ist automatisch auch gegen

## Zähne als Juristenfutter: Was ist «ungewöhnlich»?

Wer sich beim Essen einen Zahn beschädigt, kriegt den Schaden unter Umständen von der Unfallversicherung ersetzt (oder allenfalls von der Krankenkasse, falls eine Person die Unfalldeckung dort versichert hat). Voraussetzung ist, dass man auf etwas «Ungewöhnliches» gebissen hat, also auf einen Fremdkörper im Nahrungsmittel, der darin normalerweise nicht vorkommt.

Die Gerichte hatten schon verschiedentlich die Frage zu beurteilen, ob ein Bestandteil im Essen ungewöhnlich war oder nicht.

**In den folgenden Fällen wurde die Ungewöhnlichkeit und damit ein Unfall vom Gericht bejaht,** die Versicherung musste zahlen:

- Kirschenstein in einer Wähe, die der Verkäufer ausdrücklich als entsteint angeboten hatte;
- Knochensplitter in Wurstwaren;
- Knochensplitter in Schweins-, Rinds- oder Kalbsvoressen;
- nicht entsteinte Olive in Eintopfgericht;
- Nussschale in Nussbrot, Nusstorte, Nussgipfel oder Nussschokolade;
- Fruchtstein in Fruchtkuchen;
- Steinchen in einem Reisgericht;
- kleiner Stein in Spaghetti Vongole;
- Olivenstein im selbstgebackenen Brot, falls die Oliven als «entsteint» gekauft wurden.

**In folgenden Fällen haben Gerichte einen Unfall verneint** (die Unfallversicherung oder die Krankenkasse musste demnach nicht zahlen):

- Zwetschgenstein in Wähe, die mit nicht entsteinten Früchten zubereitet wurde;
- Knorpel in Wurstwaren;
- Knochensplitter in Lamm- oder Kaninchenvoressen;
- Figur in Dreikönigskuchen;
- Dekorationsperlen auf Torte;
- Meersalzkorn in Roastbeef;
- unzermahlene Gewürze (Pfefferkörner, Nelken usw.);
- Zerbeissen von Bonbons;
- Zerbeissen von «Totenbeinli»;
- hart gebratene Haut eines Lammgigots;
- nicht geplatztes Maiskorn im Popcorn;
- Schrotkügelchen im Hirschpfeffer.

**Tipp:** Bewahren Sie den ungewöhnlichen Bestandteil auf, mit dem Sie sich einen Zahnschaden geholt haben, damit Sie ihn der Versicherung präsentieren können.

Falls Sie den Gegenstand nicht mehr haben, müssen Sie mindestens noch Zeugen haben, die das ausgespuckte Corpus Delicti gesehen haben. Es kommt immer wieder vor, dass Gerichte Klagen mangels Beweisen ablehnen.

Unfälle in der Freizeit versichert; im Gesetz heissen sie Nichtberufsunfälle (NBU).

Was ist ein Berufsunfall? Ein Unfall gilt dann als Berufsunfall, wenn er einem Beschäftigten zustösst, während er eine Arbeit für seinen Arbeitgeber ausführt. Die Dauer der Arbeitspausen ist ebenfalls versichert.

Dasselbe gilt für Angestellte, die sich vor oder nach der Arbeit auf ihrer Arbeitsstelle aufhalten; sie sind auch während des Sichumziehens in der Garderobe gegen Berufsunfall versichert und auch dann, wenn sie in der Betriebskantine ihre Mahlzeit einnehmen.

### Kundenbesuch nach Feierabend: Die Versicherung zahlt

Ein Beispiel dazu: Eine Aussendienstmitarbeiterin besuchte für ihre Firma nach Feierabend noch einen Kunden. Sie rutschte auf dem nassen Vorplatz vor dem Haus des Kunden aus und verletzte sich am Fussgelenk. Ihr Chef hatte diesen Kundenbesuch nicht ausdrücklich angeordnet.

Wird die Berufsunfall-Versicherung trotzdem bezahlen müssen?

Die Antwort lautet Ja, denn die Arbeit wurde im Interesse der Firma erledigt. Entscheidendes Kriterium ist die Frage, ob das Ergebnis dem Arbeitgeber zugute kommt.

### Der Nichtberufsunfall: Schutz auch in Ferien und Freizeit

Alle anderen Unfälle, die nicht zu den Berufsunfällen zählen, gehö-

**CHECKLISTE**

## Der Umgang mit der obligatorischen Unfallversicherung

- Vergewissern Sie sich, ob Ihr Betrieb eine Unfallversicherung abgeschlossen hat.
- Melden Sie einen Unfall unverzüglich Ihrem Arbeitgeber, dem RAV oder dem Vorgesetzten in einem Beschäftigungsprogramm. Falls Sie das unterlassen, riskieren Sie eine Kürzung des Taggeldes und der Rente.
- Achten Sie darauf, dass Sie nach einem Unfall alle gesetzlich vorgeschriebenen Leistungen erhalten: Dazu zählen nicht nur die Heilungskosten (ohne Franchise und Selbstbehalt), sondern auch Geldzahlungen wie Taggelder usw.
- In der Regel gehen Arzt- und Spitalrechnungen direkt an die Unfallversicherung; Sie haben damit nichts zu tun. Im Ausland kann es sein, dass Sie die Rechnung selber bezahlen müssen; die Kosten werden Ihnen dann von der Versicherung zurückerstattet.
- Falls Sie beim Arbeitgeber gegen Berufs- und Nichtberufsunfälle versichert sind, können Sie die Unfalldeckung bei der Grundversicherung und allenfalls auch bei den Zusatzversicherungen Ihrer Krankenkasse sistieren (Details dazu auf den Seiten 67, 95 und 103).
- Bei vielen Vorkommnissen ist unklar, ob und wieweit es sich um einen Unfall handelt – und die Unfallversicherung zahlt nicht oder nur wenig. In solchen Fällen empfiehlt es sich, professionelle Beratung zu holen; entweder bei einem spezialisierten Anwalt oder bei gut ausgewiesenen Beratungsstellen – zum Beispiel bei der Rechtsberatungsstelle UP für Unfallopfer und Patienten, Adresse auf S. 361 f.
- Wichtig zu wissen: Falls bei Ihrem Gesundheitsschaden unklar ist, ob es sich um einen Unfall handelt oder nicht, so muss zunächst die Krankenkasse zahlen. Es ist also nicht möglich, dass Betroffene zwischen Stuhl und Bank fallen.
- Bei der Wahl der Unfallversicherung, die der Arbeitgeber abschliessen muss, haben die Angestellten kein Mitspracherecht. Viele Betriebe (mehrheitlich in Industrie, Baugewerbe und beim Bund) müssen sich bei der Suva versichern. Betriebe aus dem Dienstleistungsbereich hingegen können sich nur bei den privaten Gesellschaften (Zürich, Basler usw.) versichern. Bei den privaten Gesellschaften gibt es teils markante Prämienunterschiede, für Betriebe lohnt es sich, Vergleiche anzustellen und allenfalls den Versicherer zu wechseln (siehe Seite 130 ff.).
- Will ein Betrieb seine Angestellten besser versichern, als das Gesetz im Minimum vorschreibt, so kann er bei einer privaten Versicherungsgesellschaft eine Zusatzversicherung abschliessen. Möglich ist etwa, dass Gutverdienende für mehr versichert sind, als es die vom Gesetz festgelegte Höchstgrenze vorsieht. Oder dass die Versicherung bei einem Spitalaufenthalt die Privatabteilung zahlt (siehe Seite 133 ff.). Bei der Suva ist es nicht möglich, solche überobligatorischen Leistungen zu versichern.

ren in die Kategorie Nichtberufsunfälle (NBU). Es handelt sich dabei um Unfälle, die sich in der Freizeit oder in den Ferien ereignen. In der Regel gehört auch der Arbeitsweg dazu.

In diesem Punkt gibt es zwei Besonderheiten:

- Unfälle während Fahrten mit betriebseigenen Fahrzeugen von und zum Arbeitsplatz gelten als Berufsunfälle.
- Für Teilzeitbeschäftigte mit sehr geringem Pensum gilt eine Sonderregelung: Weil sie gegen Unfälle in der Freizeit (Nichtberufsunfälle NBU) nicht versichert sind, wird bei ihnen der Weg zur Arbeit und zurück ebenfalls in die Berufsunfall-Versicherung eingeschlossen.

## Die unfallähnlichen Verletzungen

Versichert sind weiter Berufskrankheiten (siehe Kasten auf der nächsten Seite) sowie die sogenannten «unfallähnlichen Körperschädigungen»: Das sind Schäden, die grundsätzlich den Unfällen gleichgestellt sind – auch wenn sie ohne ungewöhnliche äussere Einwirkung entstehen.

Wichtig: Das ist nur der Fall, wenn der Körperschaden nicht eindeutig auf Erkrankung oder Degeneration zurückzuführen ist.

Das sind die unfallähnlichen Körperschädigungen:

- Knochenbrüche;
- Verrenkungen von Gelenken;
- Meniskusrisse;
- Muskelrisse;
- Muskelzerrungen;
- Sehnenrisse;
- Bandläsionen;
- Verletzungen des Trommelfells.

## Oft sehr sinnvoll: Die Abredeversicherung für Freizeitunfälle

Falls jemand seine Arbeitsstelle verliert oder aufgibt und nicht sofort eine neue antritt, so gilt: Diese Person bleibt nach Ende des Arbeitsverhältnisses noch 30 Tage gegen Nichtberufsunfälle versichert – und zwar prämienfrei.

Da kann es sich lohnen, diesen Schutz um maximal 6 aufeinanderfolgende Monate zu verlängern – mit der sogenannten Abredeversicherung.

Die Prämie kostet sowohl bei der Suva als auch bei den meisten privaten UVG-Versicherern 25 Franken pro ganzen oder angefangenen Monat; die Axa Winterthur verlangt dafür 40 Franken (Stand 2012).

Der Abschluss einer Abredeversicherung ist ohne umständliche Formalitäten möglich: Interessierte verlangen bei der Unfallversicherung ihres Betriebes bzw. bei ihrem Arbeitgeber einen Einzahlungsschein, zahlen für die gewünschte Anzahl Monate ein – und schon sind sie weiter gegen Freizeitunfälle versichert.

Die Abredeversicherung muss innerhalb der genannten 30-tägigen Nachdeckungsfrist abgeschlossen werden.

Voraussetzung für den Abschluss ist, dass man vorher am Arbeitsplatz auch schon gegen

Nichtberufsunfall (Unfälle in der Freizeit) versichert war.

Wichtig: Sie sollten die Quittung unbedingt aufbewahren, sie gilt als Versicherungsbestätigung!

Die Abredeversicherung empfiehlt sich besonders für Angestellte, die einen längeren unbezahlten Urlaub einlegen. Betroffene erhalten während des unbezahlten Urlaubs sogar Lohnersatz, falls sie in dieser Zeit verunfallen.

**Tipp:** Melden Sie einen Unfall während des unbezahlten Urlaubs unverzüglich Ihrem (letzten) Arbeitgeber oder direkt der zuständigen Versicherungsagentur.

Übrigens: Sowohl Arbeitgeber als auch Versicherung sind verpflichtet, die Beschäftigten ausreichend über die Abredeversicherung zu informieren; dies kann vor oder nach der Kündigung geschehen. Für die Versicherung reicht es, wenn sie nachweisen kann, dass sie den Arbeitgeber zuhanden des Arbeitnehmers informiert hatte. Für das Weiterleiten der In-

STICHWORT

## Berufskrankheit

Berufskrankheiten werden in der obligatorischen Unfallversicherung nach UVG wie Unfälle behandelt.

Das Gesetz enthält eine abschliessende Liste von schädigenden Stoffen, die eine Berufskrankheit auslösen können. Die Liste zählt rund 120 Stoffe auf, darunter Azeton, Ammoniak, Arsen, Asbeststaub, Benzine, Benzol, Brom, Chlor, Essigsäure, Fluor, Formaldehyd, Holzstaub, Jod, Kohlenmonoxid, Latex, Mineralöle, Natriumchlorat, Ozon oder Teer.

Im Weiteren zählt das Gesetz eine Reihe von Krankheiten auf, welche durch bestimmte Arbeiten ausgelöst werden können.

Wer beispielsweise in lärmiger Umgebung arbeitet, muss mit einer Schädigung des Gehörs rechnen. Bestimmte Arbeiten können etwa zu einer chronischen Erkrankung der Schleimbeutel, einer Drucklähmung der Nerven oder zu sogenannten Sehnenscheidenentzündungen führen. Gelbfieber, Hepatitis und Malaria können durch beruflich bedingte Auslandaufenthalte ausserhalb Europas ausgelöst werden, eine Staublunge durch Arbeiten in Stäuben von Aluminium, Silikaten, Graphit usw.

Mehr noch: Als Berufskrankheiten anerkannt werden unter bestimmten Voraussetzungen auch Schädigungen, die in der Liste der schädigenden Stoffe und den arbeitsbedingten Erkrankungen nicht eigens aufgeführt sind.

Im Gesetz heisst es dazu wörtlich: «Als Berufskrankheiten gelten auch andere Krankheiten, von denen nachgewiesen wird, dass sie ausschliesslich oder stark überwiegend durch berufliche Tätigkeit verursacht worden sind.»

Der Nachweis einer Erkrankung durch die Berufsausübung ist aber in solchen Fällen schwieriger zu erbringen, wenn man weder einen schädigenden Stoff noch eine arbeitsbedingte Erkrankung gemäss der erwähnten Aufzählung geltend machen kann.

Eine weitere Hürde hat das höchste Gericht 1988 gesetzt: Eine Berufskrankheit sei erst dann «stark überwiegend» eine Folge der beruflichen Tätigkeit, wenn sie zu mindestens 75 Prozent durch die berufliche Tätigkeit verursacht wurde.

Stressbedingte Erkrankungen zählen nicht zu den Berufskrankheiten. Das Gleiche gilt für die Abnützung von Gelenken und des Rückens durch anstrengende Arbeiten.

formation über die Abredeversicherung ist dann der Arbeitgeber zuständig.

Falls die Versicherung oder der Arbeitgeber nicht nachweisen kann, dass sie bzw. er ausreichend informiert hat, erhält der Versicherte die ihm zustehenden Leistungen trotzdem. Bezahlen muss derjenige, der die Information nicht weitergegeben hat.

## Die Leistungen der Unfallversicherung: Das alles wird bezahlt

Im Folgenden sind die Leistungen beschrieben, welche die Unfallversicherung aufgrund des Gesetzes den Unfallopfern zahlen muss. Diese Leistungen sind markant besser als die Zahlungen der Grundversicherung der Krankenkassen, denn nach einem Unfall fliessen auch Geldleistungen an die Betroffenen – unter anderem in Form von Taggeldern und Renten.

### So vergütet die Unfallversicherung die Heilungskosten

- Der Verunfallte hat Anspruch auf die zweckmässige Behandlung seiner Unfallfolgen. Die Unfallversicherung zahlt also sämtliche Heilungskosten bei Ärzten, Zahnärzten, Chiropraktoren und medizinischen Hilfspersonen (Masseure, Heilgymnasten, Physiotherapeuten und Krankenpfleger), sofern der Arzt das anordnet.
- Die Unfallversicherung zahlt auch die notwendigen Arzneimittel und Laboranalysen.
- Die Versicherten können ihren Arzt frei wählen. Es gibt hier also keine Sparmodelle mit eingeschränkter Ärztewahl wie bei der Krankenkasse.
- Die Versicherten können auch ihr Spital frei wählen – und zwar in der ganzen Schweiz. Das Spital muss aber eine allgemeine Abteilung haben, denn im Spital zahlt die Unfallversicherung nur die allgemeine Abteilung.

### UVG-Versicherte zahlen weder Franchise noch Selbstbehalt

Eine unfallversicherte Person muss bei den Heilungskosten – anders als in der obligatorischen Krankenpflegeversicherung der Krankenkassen – keine Franchise und auch keine sonstigen Kostenbeteiligungen selber übernehmen.

- Vom Arzt verordnete Nach- und Badekuren sind vollständig bezahlt, falls sich die verunfallte Person in eine Klinik oder in eine Bäderheilanstalt begibt, mit der die UVG-Versicherer einen Tarifvertrag abgeschlossen haben (was man vor Kurantritt klären sollte).
- Die ärztlich verordnete Hauspflege (Spitex) nach den örtlichen Tarifen ist von der Unfallversicherung ebenfalls gedeckt – aber nicht die Haushalthilfe (beispielsweise das Putzen der Wohnung oder das Einkaufen).
- Übernommen werden auch alle Kosten für zweckmässige Hilfsmittel wie Prothesen (Miete oder Kauf). Die zugelassenen Hilfsmittel und deren maximal übernommenen Kosten sind in einer speziellen Liste einzeln aufgeführt.

■ Muss ein Versicherter im Ausland notfallmässig zum Arzt oder ins Spital, erhält er maximal das Doppelte dessen vergütet, was die Behandlung in der Schweiz im Wohnkanton gekostet hätte. Voraussetzung ist hier natürlich, dass die Person gegen Nichtberufsunfälle versichert ist.

Wer hingegen für eine Behandlung gezielt ins Ausland reist (etwa weil es dort billiger ist), erhält von der Unfallversicherung dafür kein Geld.

■ Reise-, Transport- und Rettungskosten werden ebenfalls vollständig vergütet, falls sie sich als notwendig erweisen (im Ausland beschränkt auf 25 200 Franken, Stand 2012). Dazu gehören auch Repatriierungskosten, also die Rückführung in die Schweiz.

Repatriierungskosten werden vergütet, falls im Ausland keine ausreichende medizinische Versorgung gewährleistet ist.

■ Für den Leichentransport sind die notwendigen Kosten bis an den Bestattungsort gedeckt (vom Ausland in die Schweiz aber beschränkt auf 25 200 Franken, Stand 2012).

■ An die Bestattungskosten zahlt die Unfallversicherung höchstens 2422 Franken (Stand 2012).

■ Welche Sachschäden die Unfallversicherung übernimmt, steht im Kasten unten.

**FRAGE**

## Sachschaden nach einem Unfall: Ist mein Ring bezahlt?

**Ich hatte am Arbeitsplatz einen Unfall, bei dem meine linke Hand schwer verletzt wurde. Bei der Behandlung mussten die Ärzte meinen Ehering aufschneiden, der bei der Heirat 1100 Franken gekostet hatte. Ich bin der Ansicht, dass meine Unfallversicherung, die Suva, mir diesen kaputten Ring ersetzen muss. Sehe ich das richtig?**

**Nein.** Sachschäden nach einem Unfall sind gemäss Gesetz nur dann versichert, wenn Dinge kaputtgehen, «die einen Körperteil oder eine Körperfunktion ersetzen». Dabei muss man unterscheiden:

■ Prothesen, fest sitzende Zahnbrücken oder einzelne Kronen sind auch dann bezahlt, wenn die verunfallte Person sonst gar keine Verletzung erleidet, der Beizug eines Arztes also nicht nötig ist. Beispiel: Treppensturz mit Bruch der Prothese.

■ Für Brillen, Kontaktlinsen, Hörapparate sowie herausnehmbare künstliche Gebisse (Zahnprothesen) besteht ein Ersatzanspruch nur, wenn der Unfall gleichzeitig irgendeine Verletzung zur Folge hat, die ein Arzt oder Samariter behandeln muss.

**Tipp:** Anders sieht es aus, wenn eine fremde Person für den Unfall verantwortlich ist. Der Unfallverursacher bzw. seine Haftpflichtversicherung muss dann sämtliche Schäden bezahlen – auch Sachschäden.

In der Regel ersetzt aber die Haftpflichtversicherung nur den aktuellen Zeitwert des Gegenstandes und nicht den Neuwert, den man beim Kauf gezahlt hat.

Es gibt aber namhafte Juristen, die die Ansicht vertreten, bei Gegenständen des täglichen Lebens (wie zum Beispiel Kleider) müsse die Haftpflichtversicherung den Neupreis ersetzen.

**STICHWORT**

## Versicherter Verdienst

Massgebend für die Berechnung von Taggeldern und Renten ist der versicherte Verdienst. Ausgangspunkt ist der für die AHV massgebende Lohn inklusive Familienzulagen (etwa Kinderzulagen), 13. Monatslohn, Gratifikationen und andere Nebenbezüge.

Der versicherte Verdienst ist aber nach oben plafoniert. Zurzeit sind es maximal 126 000 Franken Jahreslohn oder 10 500 Franken pro Monat oder 346 Franken pro Tag (Stand 2012). Wer mehr verdient, erhält dennoch nur so viel Taggelder und Renten, als würde er 126 000 verdienen.

Der Höchstbetrag des versicherten Verdienstes wird regelmässig vom Bundesrat angepasst. Denn dieser muss dafür sorgen, dass mindestens 92 Prozent, höchstens aber 96 Prozent der Arbeitnehmerinnen und Arbeitnehmer zum vollen Lohn versichert sind.

Dies bedeutet, dass zurzeit zwischen 4 und 8 Prozent der obligatorisch Versicherten mehr als 126 000 Franken verdienen (Stand 2012).

Einen höheren Lohn können Gutverdienende über eine freiwillige Zusatzversicherung abdecken (siehe Seite 135).



### Die Geldleistungen der Unfallversicherung

Die UVG-Versicherung erstattet dem Versicherten nicht nur die nötigen Heilungskosten, sondern sie zahlt auch Geldleistungen in Form von Taggeldern, Invalidenrente, Integritätsentschädigung, Hilflosenentschädigung und Hinterlassenenrenten aus.

### 1. Das Taggeld ersetzt den kurzfristigen Lohnausfall

Verunfallte, die vom Arzt als ganz oder teilweise arbeitsunfähig erklärt werden, erhalten ein Taggeld. Es soll den Lohnausfall ersetzen, der durch den Unfall entstanden ist. Die Höhe des Taggeldes ist bei voller Arbeitsunfähigkeit auf 80 Prozent des versicherten Verdienstes beschränkt (siehe Kasten oben).

Die Versicherung zahlt das Taggeld ab dem dritten Tag nach dem Unfall aus – bis zur Wiedererlangung der vollen Arbeitsfähigkeit oder der Auszahlung einer Rente oder bis zum Tod des Versicherten. Die ersten zwei Tage muss der Betrieb übernehmen, falls sich diese Pflicht aus dem Arbeitsvertrag ergibt.

Ausgangspunkt für die Berechnung des Taggeldes ist der versicherte Verdienst. Dabei geht man vom Bruttolohn (inkl. 13. Monatslohn und Grati) aus, der auch für die Berechnung der AHV-Beiträge gilt, und fügt sämtliche Nebenbezüge und die Familienzulagen hinzu. Dieses Einkommen nennt sich «versicherter Verdienst» (siehe Kasten oben).

Von dieser Summe erhalten die Versicherten 80 Prozent als Taggeld.

#### Das Taggeld ist abhängig vom Mass der Arbeitsunfähigkeit

Der versicherte Verdienst als Basis für die Berechnung des Taggeldes hat eine Obergrenze: 126 000 Franken (Stand 2012).

Wer mehr verdient, kann das höhere Salär mit einer Zusatzversicherung über seinen Arbeitgeber abdecken (siehe Seite 135); machen Gutverdienende das nicht, erhalten sie nur ein Taggeld auf der Basis eines versicherten Verdienstes von höchstens 126 000 Franken.

Um das Taggeld zu berechnen, nimmt man den Monatsgrundlohn, den Dreizehnten sowie die Familienzulagen und kommt so auf den versicherten Jahresverdienst; dieser Jahresverdienst wird durch 365 dividiert, darauf multipliziert man diese Summe mit 0,8.

Diesen Betrag multipliziert man mit der Anzahl der Tage, die man wegen eines Unfalls aussetzen musste; dabei werden alle Kalendertage mitgezählt, also auch Sonn- und Feiertage sowie Samstage.

Beispiel: Ein Mann hat einen versicherten Verdienst von 86 000 Franken. Er erhält ein Taggeld von Fr. 188.50 pro Tag (86 000 : 365 x 0,8). Aufs Jahr gerechnet ergibt das einen Betrag von 68 800 Franken.

Bei nur teilweiser Arbeitsunfähigkeit wird das Taggeld entsprechend gekürzt. Auch dazu ein Beispiel: Ein Mann hat einen versicherten Verdienst von 35 000 Franken und ist nach dem Unfall zu 50 Prozent arbeitsunfähig. Daraus resultiert bei einer 50-prozentigen Arbeitsfähigkeit ein versicherter Lohn von 17 500 Franken. 80 Prozent davon ergeben – auf ein ganzes Jahr gerechnet – Taggelder in der Höhe von 14 000 Franken.

**2. Die Invalidenrente nach UVG: Lohnersatz bis ans Lebensende**

Ist der gesundheitliche Schaden von Dauer, haben Verunfallte Anspruch auf eine Invalidenrente von maximal 80 Prozent des versicherten Lohnes – und zwar lebenslang über die Pensionierung hinaus. Invalid sind all jene Personen, die voraussichtlich für immer oder jedenfalls für längere Zeit in ihrer Erwerbsfähigkeit eingeschränkt sind.

Im Unterschied zum Taggeld ist für die Berechnung der Invalidenrente nicht der letzte Monatslohn, sondern der Jahreslohn massgebend, der während des Jahres vor dem Unfall bezogen wurde.

### Die Invalidenrente hängt vom Invaliditätsgrad ab

Zusätzlich hängt die Höhe der Invalidenrente vom Grad der Invalidität ab (siehe Kasten rechts).

Beispiel: Ein Mann ist zu 80 Prozent invalid und hatte vor dem Unfall einen versicherten Jahresverdienst von 54 000 Franken. Multipliziert man seinen Lohn mit dem Faktor 0,8 (Unfallversicherung bezahlt 80 %), ergibt dies eine Summe von 43 200 Franken; multipliziert man nun diesen Betrag mit dem Faktor 0,8 (Invaliditätsgrad 80 %), erhält man eine UVG-Invalidenrente von 34 560 Franken pro Jahr.

Ein anderes Beispiel: Ein Kranführer erleidet durch einen Unfall einen Rückenschaden. Er verdiente zuvor 60 000 Franken. Nach dem Unfall kann er nur noch leichte Hilfsarbeiten erledigen und verdient noch 30 000 Franken; er ist also zu 50 Prozent invalid. Die Invalidenrente beträgt 80 Prozent der fehlenden 30 000 Franken, das sind 24 000 Franken. Das Gesamteinkommen des teilinvaliden Kranführers beträgt heute also 54 000 Franken.

Es gilt aber auch: Wenn etwa ein kaufmännischer Angestellter nach einem Unfall eine Prothese erhält, kann er seinen Job trotz Beinverlust weiterhin ohne Einschränkung erledigen – es besteht keine Invalidität (aber es gibt eine Integritätsentschädigung, siehe unten).

Invalidenrenten der Unfallversicherung gibt es erst ab einem Invaliditätsgrad von 10 Prozent.

### Eine Überentschädigung ist nach Gesetz verboten

Wer neben einer UVG-Rente noch eine IV- oder AHV-Rente bezieht, könnte theoretisch mehr als 100 Prozent des versicherten Lohnes erhalten. Das lässt das Gesetz aber nicht zu.

In solchen Fällen hat der Versicherte von der Unfallversicherung nur eine Ergänzungsrente zugut (eine sogenannte Komplementärrente). Diese Komplementärrente darf bei einer 100-prozentigen Invalidität zusammen mit den anderen Renten höchstens 90 Prozent des versicherten Verdienstes ausmachen.

### 3. Für bleibende Schäden: Die Integritätsentschädigung

Wer durch einen Unfall «eine dauernde erhebliche Schädigung der körperlichen, geistigen oder psy-

**STICHWORT**

### Invaliditätsgrad

Für die Berechnung der Unfallversicherungsrente muss zuerst der Invaliditätsgrad festgestellt werden.

Der Grad der Invalidität richtet sich bei Erwerbstätigen nicht nach den gesundheitlichen Nachteilen, sondern einzig nach einer theoretischen Lohneinbusse.

Der Arzt macht zwar Angaben zum Gesundheitszustand des Versicherten und gibt an, bei welchen Tätigkeiten und in welchem Umfang der Geschädigte behindert ist. Doch massgebend ist die Auswirkung auf die Erwerbsfähigkeit bzw. die Lohneinbusse.

Die Lohneinbusse wird mit dem sogenannten Einkommensvergleich ermittelt und in einer Prozentzahl ausgedrückt. Dabei werden zwei Eckwerte einander gegenübergestellt:

- Zu ermitteln ist einerseits das Valideneinkommen; das ist die Summe, die die Person ohne gesundheitliche Behinderung mutmasslich verdienen würde.
- Die zweite Bestimmungsgrösse ist das Invalideneinkommen, also das, was die Person angesichts ihrer gesundheitlichen Behinderung jetzt noch zumutbarerweise verdienen könnte (bei ausgeglichener Arbeitsmarktlage). Dabei wird einerseits auf die medizinische Beurteilung abgestellt, andererseits entweder auf das effektiv noch erzielte Einkommen oder auf statistische Lohnerhebungen.

Beispiel: Ein Arzt attestiert einer Person, sie könne nur noch vier Stunden am Tag arbeiten, und zwar abwechslungsweise sitzend, stehend, gehend, und sie dürfe nicht mehr als 5 Kilogramm heben. Darauf gestützt muss die Unfallversicherung festlegen, wie viel diese Person unter diesen Umständen noch verdienen kann.

Und ein Rechenbeispiel dazu: Bei einem Valideneinkommen von 46 405 Franken und einem Invalideneinkommen von 21 107 Franken beträgt der Invaliditätsgrad 54,5 Prozent. Die Formel lautet: Differenz zwischen Valideneinkommen und Invalideneinkommen mal 100 geteilt durch das Valideneinkommen.

Eine Invalidenrente bekommt also nur, wer nach einem Unfall weniger verdient. Eine Gesundheitsschädigung kann sich folglich je nach Job verschieden stark auswirken.

chischen Integrität» erleidet, hat Anspruch auf eine angemessene Entschädigung. Diese wird unabhängig von einer allfälligen Rente zusätzlich ausbezahlt.

«Dauernd» ist die Schädigung dann, wenn sie aller Voraussicht nach während des restlichen Lebens bestehen bleibt, und zwar im gleichen Umfang.

Und «erheblich» ist sie, wenn die «Integrität», unabhängig vom Grad der Erwerbsfähigkeit, stark beeinträchtigt wird.

## Skala der Integritätsschäden

*Siehe Erläuterungen dazu auf Seite 125 ff.*

| | Prozent | Stand 2012 in Fr. |
|---|---|---|
| Verlust von mindestens zwei Gliedern eines Langfingers oder eines Gliedes des Daumens | 5 % | 6300.– |
| Verlust eines Daumens | 20 % | 25 200.– |
| Verlust einer Hand | 40 % | 50 400.– |
| Verlust eines Arms im Ellbogen oder oberhalb desselben | 50 % | 63 000.– |
| Verlust einer Grosszehe | 5 % | 6300.– |
| Verlust eines Fusses | 30 % | 37 800.– |
| Verlust einer Niere | 20 % | 25 200.– |
| Verlust der Milz | 10 % | 12 600.– |
| Verlust der Geschlechtsorgane oder der Fortpflanzungsfähigkeit | 40 % | 50 400.– |
| Verlust des Geruchs- oder Geschmackssinns | 15 % | 18 900.– |
| Verlust des Gehörs auf einem Ohr | 15 % | 18 900.– |
| Verlust des Sehvermögens auf einer Seite | 30 % | 37 800.– |
| Vollständige Taubheit | 85 % | 107 100.– |
| Vollständige Blindheit | 100 % | 126 000.– |
| Habituelle Schulterluxation | 10 % | 12 600.– |
| Verlust eines Beines im Kniegelenk | 40 % | 50 400.– |
| Verlust eines Beines oberhalb des Kniegelenks | 50 % | 63 000.– |
| Verlust einer Ohrmuschel | 10 % | 12 600.– |
| Verlust der Nase | 30 % | 37 800.– |
| Skalpierung | 30 % | 37 800.– |
| Sehr schwere Entstellung im Gesicht | 50 % | 63 000.– |
| Schwere Beeinträchtigung der Kaufähigkeit | 25 % | 31 500.– |
| Sehr starke schmerzhafte Funktionseinschränkung der Wirbelsäule | 50 % | 63 000.– |
| Paraplegie (Halbkörperlähmung) | 90 % | 113 400.– |
| Tetraplegie (Ganzkörperlähmung) | 100 % | 126 000.– |
| Sehr schwere Beeinträchtigung der Lungenfunktion | 80 % | 100 800.– |
| Sehr schwere Beeinträchtigung der Nierenfunktion | 80 % | 100 800.– |
| Beeinträchtigung von psychischen Teilfunktionen wie Gedächtnis und Konzentrationsfähigkeit | 20 % | 25 200.– |
| Posttraumatische Epilepsie mit Anfällen oder in Dauermedikation ohne Anfälle | 30 % | 37 800.– |
| Sehr schwere organische Sprachstörungen, sehr schweres motorisches oder psychoorganisches Syndrom | 80 % | 100 800.– |

QUELLE: UVV ANHANG 3

Die Integritätsentschädigung ist mit der Genugtuung (Schmerzensgeld) vergleichbar, die Geschädigte für seelische Unbill erhalten; sie ist eine Entschädigung für bleibende körperliche Nachteile.

### Voll arbeitsfähig – aber eine Entschädigung gibts dennoch

Zur Auszahlung kommt eine Integritätsentschädigung sogar dann, wenn jemand zwar verletzt wurde, aber eine Verminderung der Erwerbsfähigkeit gar nicht gegeben ist. So beeinträchtigt etwa der Verlust des Geschmackssinnes in den meisten Berufen die Erwerbsfähigkeit nicht. Der vollständige Verlust des Geschmacks- oder Geruchssinnes entspricht aber dennoch einem Integritätsschaden von 15 Prozent.

Eine Person, die nach einem Unfall ihren Geschmackssinn verliert, erhält also – selbst wenn sie normal weiterarbeiten kann – eine einmalige Integritätsentschädigung von 18 900 Franken (siehe Kasten links). 100 Prozent sind übrigens 126 000 Franken, und das entspricht dem höchstversicherbaren Verdienst (siehe Kasten auf Seite 123).

Umgekehrt kann es auch sein, dass jemand eine Teilinvalidenrente erhält, aber keine Integritätsentschädigung.

Eine Tetraplegikerin (eine vollständig gelähmte Person) erhält natürlich neben der Integritätsentschädigung auch eine volle UVG Rente, weil sie zu 100 Prozent arbeitsunfähig ist.

Die Liste auf der Seite links ist insofern nicht vollständig, als die Gerichte auch dann Entschädigungen zusprechen können, wenn die Funktion von Organen nur teilweise vermindert ist. Es sind also noch weitere Abstufungen möglich.

## 4. Die Hilflosenentschädigung der Unfallversicherung

Verunfallte, die wegen ihrer Invalidität dauernd die Hilfe Dritter oder gar eine dauernde persönliche Überwachung brauchen, erhalten eine monatliche Hilflosenentschädigung. Damit sollen die Versicherten die Mittel erhalten, die für ihre Betreuung wegen Hilflosigkeit erforderlich sind. Wer also dauernd Hilfe braucht, um die alltäglichen Lebensverrichtungen wie Ankleiden, Körperreinigung, Essen usw. zu erledigen, kann eine Hilflosenentschädigung beantragen.

### Entscheidend ist der Grad der Hilflosigkeit

Die Höhe der Hilflosenentschädigung ist nur vom Grad der Hilflosigkeit abhängig (und nicht davon, wie viel der Verunfallte vorher verdiente).

Die Entschädigung verwendet als Berechnungsgrundlage den Höchstbetrag des versicherten Tagesverdienstes von aktuell 346 Franken (höchster versicherter Verdienst [126 000] geteilt durch 365, Stand 2012):

- Bei schwerer Hilflosigkeit wird die Summe von 346 Franken mit dem Faktor 6 multipliziert; das sind maximal 2076 Franken pro Monat.

- Bei mittelschwerer Hilflosigkeit kommt der vierfache höchste Tagesansatz pro Monat (4 x 346 = 1384 Franken) zur Auszahlung.
- Bei leichter Hilflosigkeit wird maximal der doppelte höchste Tagesansatz von 346 Franken pro Monat ausbezahlt (alle Angaben Stand 2012).

### Hinterlassenenrenten: Das erhalten Witwen und Waisen

Wenn Unfallversicherte an den Folgen des Unfalls sterben, haben Ehepartner Anspruch auf eine Witwen-/Witwerrente, Kinder erhalten eine Waisenrente. Diese zwei Leistungen werden im Gesetz zusammenfassend als Hinterlassenenrenten bezeichnet.

Witwer und Witwe haben Anspruch auf eine Hinterlassenenrente, falls

- sie eigene, rentenberechtigte Kinder haben, d.h. Kinder unter 18 Jahren oder Kinder, die noch in Ausbildung stehen, oder falls
- sie mit Kindern im gemeinsamen Haushalt leben, die rentenberechtigt sind (das sind beispielsweise adoptierte oder uneheliche Kinder oder Pflegekinder des Verstorbenen), oder falls
- sie selber zu zwei Dritteln invalid sind oder es binnen zweier Jahre nach dem Tode des Ehepartners werden.

Die Witwe hat in zwei weiteren Fällen ein Anrecht auf eine Hinterlassenenrente, nämlich falls

- sie beim Tode des Ehemannes Kinder hat, die nicht mehr rentenberechtigt sind,
- oder falls sie das 45. Altersjahr bereits zurückgelegt hat.

Geschiedene Ehefrauen oder Ehemänner erhalten eine Rente, falls der Verunfallte ihnen einen Unterhaltsbeitrag (Alimente) bezahlen musste. Dieser Anspruch muss durch ein Gerichtsurteil bestätigt sein.

Die Höhe der Hinterlassenenrente beträgt für die Witwe und für den Witwer 40 Prozent des versicherten Verdienstes des Verstorbenen. Vollwaisen erhalten von der Unfallversicherung 25 Prozent und Halbwaisen 15 Prozent des versicherten Verdienstes des Verstorbenen.

«Verwitwete» Konkubinatspartner erhalten von der Unfallversi-

Fortsetzung auf Seite 130

**TIPP**

## Unfallversicherung für Hausfrauen

Hausfrauen (und Hausmänner) sind keiner obligatorischen Unfallversicherung angeschlossen. Sie haben das Unfallrisiko automatisch bei der obligatorischen Grundversicherung ihrer Krankenkasse versichert (siehe Kasten auf Seite 39). Genauer: Der Unfallschutz ist bei der Grundversicherung grundsätzlich immer dabei, Nichterwerbstätige dürfen ihn gar nicht ausschliessen.

Hausfrauen können aber überlegen, ob Sie eine Einzel-Unfallversicherung abschliessen sollen (siehe Details auf Seite 133 ff.). Damit kaufen sie die Annehmlichkeit eines 1-Bett-Zimmers sowie die freie Artzwahl nach einem Unfall (aber nicht bei Krankheit).

Bei Bedarf können Hausfrauen auch ein Taggeld sowie eine Erwerbsunfähigkeitsrente versichern. Hinweise dazu stehen im Kasten auf Seite 145.

## Unfallversicherung: Die Kürzung der Leistungen

**Die Kürzung bei einer bereits bestehenden Krankheit.** Hat eine bereits bestehende Krankheit die Unfallfolgen verschlimmert, so gilt: Bei den Pflegeleistungen, bei den Kostenvergütungen (zum Beispiel Prothesen), beim Taggeld sowie bei der Hilflosenentschädigung spielt es keine Rolle, ob auch andere Ursachen im Spiel sind. Die Unfallversicherung bezahlt also die Arzt- und Spitalkosten, Taggelder sowie eine allfällige Hilflosenentschädigung selbst dann, wenn der gesundheitliche Schaden nur teilweise auf den Unfall zurückzuführen ist.

Anders bei der Invalidenrente, bei der Integritätsentschädigung und bei den Hinterlassenenrenten der Unfallversicherung: Diese werden gekürzt, falls die Gesundheitsschädigung oder der Tod nur teilweise die Folgen eines Unfalls sind.

Bei Selbstmord sind nur die Bestattungskosten bezahlt.

**Die Kürzung bei Grobfahrlässigkeit.** Kürzungen wegen Grobfahrlässigkeit sind nur bei Freizeitunfällen erlaubt. Und es dürfen bei Freizeitunfällen nur die Taggelder gekürzt werden – aber nicht die Arzt- und Spitalkosten. Auch die übrigen Geldleistungen (Integritätsentschädigung, Invalidenrente, Hinterlassenenrente, Hilflosenentschädigung) dürfen bei Freizeitunfällen nicht gekürzt werden.

Was ist grobfahrlässig? Nach Rechtsprechung des Bundesgerichts lässt sich grobe Fahrlässigkeit wie folgt definieren: «Grob fahrlässig handelt, wer unter Verletzung elementarster Vorsichtsgebote das ausser Acht lässt, was jedem verständigen Menschen in gleicher Lage und unter gleichen Umständen hätte einleuchten müssen, um eine nach dem natürlichen Lauf der Dinge voraussehbare Schädigung zu vermeiden.»

Den Unterschied zwischen einfacher und grober Fahrlässigkeit könnte man so formulieren: Der fahrlässig Handelnde wird mit der Feststellung getadelt «Er hätte besser aufpassen oder sich zweckmässiger verhalten sollen.» Auf eine grobfahrlässige Handlungsweise dagegen reagiert man gemeinhin mit dem Ausspruch «Wie konnte er nur...»

Bei grobfahrlässig verursachten Unfällen am Arbeitsplatz gibt es keine Kürzungen.

**Die Kürzung bei Vergehen und Verbrechen.** Wenn Versicherte einen Unfall verursachen, während sie ein Vergehen oder Verbrechen ausüben, so können die Geldleistungen (Taggelder, Invalidenrente, Integritätsentschädigung, Hilflosenentschädigung sowie die Hinterlassenenrenten) gekürzt oder in besonders schweren Fällen gänzlich verweigert werden.

Folge: Wer betrunken einen Unfall baut, läuft Gefahr, dass ihm nicht die volle Leistung ausbezahlt wird. Die Kürzung hängt davon ab, wie gross das Verschulden ist. Je mehr Alkohol im Spiel ist, desto grösser ist die Kürzung.

**Die Kürzung bei aussergewöhnlichen Gefahren.** Wer sich an einer Rauferei oder Schlägerei beteiligt, riskiert eine Kürzung der Geldleistungen (Taggelder, Invalidenrente, Integritätsentschädigung, Hilflosenentschädigung sowie Hinterlassenenrenten) um mindestens die Hälfte.

**Die Kürzung bei Wagnissen.** Wer in seiner Freizeit zu wilden Abenteuern oder Mutproben neigt, muss eine massive Kürzung der Versicherungsleistungen in Kauf nehmen. Im Ergebnis kann das bedeuten, dass Witwen oder Waisen, deren Gatte bzw. Vater bei einem Wagnis umkommt, keine Rente erhalten.

Das gilt etwa bei Base-Jumping, Motocross-Rennen, Auto-Bergrennen, Go-Kart-Rennen, Catch-as-catch-can, Fullcontact-Wettkämpfe, Karate-extrem, Motorbootrennen inklusive Training, Motorradrennen inklusive Training, Abfahrtsrennen mit Mountain- oder Citybikes inklusive Training auf der Rennstrecke oder Ski-Geschwindigkeitsrekord-Fahrten.

Fortsetzung von Seite 128

cherung des verstorbenen Partners keine Rente.

**Tipp:** Eine ausführliche Übersicht mit sämtlichen Details zu den Leistungen der Unfallversicherer finden Sie im Saldo-Ratgeber «Unfall-Opfer: Das sind ihre Ansprüche». Sie können ihn unter Tel. 044 253 90 70 bestellen oder im Internet unter www.saldo.ch.

### Fazit: Die UVG-Versicherten haben Glück im Unglück

Vergleicht man die hier geschilderten Leistungen der Unfallversicherung mit denjenigen der obligatorischen Krankenversicherung nach KVG, drängt sich ein klares Fazit auf: Wer verunfallt und nur den Schutz der KVG-Grundversicherung geniesst, ist nicht so gut gestellt wie die UVG-Versicherten:

- Die obligatorische Krankenpflegeversicherung zahlt nur die Heilungskosten und der Versicherte muss erst noch Franchise und Selbstbehalt übernehmen (siehe Ausführungen auf Seite 63 ff.).
- In der Unfallversicherung nach UVG hingegen muss der Verunfallte bei den Heilungskosten praktisch keine Selbstbehalte zahlen, und darüber hinaus erhält er noch Taggelder bei Arbeitsunfähigkeit, eine Integritätsentschädigung sowie eine Rente im Invaliditätsfall. Auch Hinterlassene erhalten Geld.

Wer UVG-versichert ist, hat bei einem Unfall also Glück im Unglück. Das gilt sowohl für die obligatorisch als auch für die freiwillig nach UVG versicherten Personen.

## Vergleich: Betriebe können den Anbieter wechseln und so Prämien sparen

Auf den ersten Blick könnte man meinen, die betriebliche Unfallversicherung müsse nur den Arbeitgeber interessieren. Denn er muss alle Angestellten kollektiv gegen Unfälle versichern, die am Arbeitsplatz passieren. So will es das Gesetz. Der Betrieb wählt die Versicherungsgesellschaft aus – und er muss auch die entsprechenden Prämien zahlen.

Doch die gesetzlich vorgeschriebene Unfallversicherung bietet zwingend auch Schutz gegen Unfälle, die den Angestellten in der Freizeit passieren. Diese sogenannten Nichtberufsunfälle (NBU) sind ebenfalls versichert. Und diese Prämie zahlen in der Regel die Angestellten – via Lohnabzug.

Der Clou dabei: Der NBU-Prämienanteil für Angestellte ist im Schnitt rund zehn- bis zwölfmal höher als die Summe, die der Arbeitgeber für den Unfallschutz am Arbeitsplatz zahlen muss. Und genau deswegen kann es den Angestellten nicht egal sein, bei welcher Gesellschaft ihr Betrieb kollektiv versichert ist.

Das zeigt die Prämientabelle rechts – zum Beispiel bei den Angaben für das Reisebüro. Ist der Betrieb bei der Zürich versichert, kostet die Freizeitunfall-Versicherung für alle 36 Angestellten zusammen 28 733 Franken pro Jahr.

Fortsetzung auf Seite 132

## Unfallversicherung: Prämien für fünf unterschiedliche Betriebe

Die Tabelle zeigt die Jahresprämien für die obligatorisch vorgeschriebene Unfallversicherung für Betriebe. In Klammer steht der jeweilige Promillesatz.

| Gesellschaft | Prämie Betriebsunfall (in ‰) | Prämie Freizeitunfall NBU (in ‰) | Totalprämie | Zusatzprämie 1-Bett-Zimmer im Spital |
|---|---|---|---|---|
| **Betrieb 1: Reisebüro (36 Beschäftigte, Lohnsumme: 2 302 363.–)** | | | | |
| Basler | 1450.– (0,63 ‰) | 18 672.– (8,11 ‰) | 20 123.– | 3408.– |
| Mobiliar | 1934.– (0,84 ‰) | 21 550.– (9,36 ‰) | 23 484.– | 2579.– |
| Allianz | 1980.– (0,86 ‰) | 26 730.– (11,61 ‰) | 28 710.– | 3960.– |
| Axa Winterthur | 2533.– (1,10 ‰) | 27 030.– (11,74 ‰) | 29 562.– | 5158.– |
| Helsana | 2648.– (1,15 ‰) | 27 260.– (11.84 ‰) | 29 908.– | 3914.– |
| Zürich | 2118.– (0,92 ‰) | 28 733.– (12,48 ‰) | 30 852.– | 2799.– |
| **Betrieb 2: Werbeagentur (26 Beschäftigte, Lohnsumme: 2 217 258.–)** | | | | |
| Basler | 3304.– (1,49 ‰) | 18 470.– (8,33 ‰) | 21 773.– | 3659.– |
| Mobiliar | 4035.– (1,82 ‰) | 18 913.– (8,53 ‰) | 22 949.– | 2483.– |
| Axa Winterthur | 2040.– (0,92 ‰) | 26 031.– (11,74 ‰) | 28 070.– | 4966.– |
| Helsana | 3459.– (1,56 ‰) | 26 252.– (11,84 ‰) | 29 711.– | 3769.– |
| Allianz | 4102.– (1,85 ‰) | 25 742.– (11,61 ‰) | 29 844.– | 3814.– |
| Zürich | 4390.– (1,98 ‰) | 27 671.– (12,48 ‰) | 32 062.– | 3659.– |
| **Betrieb 3: Grosshandel (8 Beschäftigte, Lohnsumme: 464 603.–)** | | | | |
| Axa Winterthur | 864.– (1,86 ‰) | 5454.– (11,74 ‰) | 6319.– | 1236.– |
| Helsana | 1120.– (2,41 ‰) | 5501.– (11,84 ‰) | 6621.– | 934.– |
| Basler | 1004.– (2,16 ‰) | 5905.– (12,71 ‰) | 6909.– | 994.– |
| Zürich | 1199.– (2,58 ‰) | 6086.– (13,10 ‰) | 7285.– | 855.– |
| Allianz | 966.– (2,08 ‰) | 6351.– (13,67 ‰) | 7317.– | 962.– |
| Mobiliar | 1329.– (2,86 ‰) | 7647.– (16,46 ‰) | 8976.– | 720.– |
| **Betrieb 4: Datenverarbeitungsdienste (6 Beschäftigte, Lohnsumme: 528 746.–)** | | | | |
| Mobiliar | 455.– (0,86 ‰) | 4711.– (8,91 ‰) | 5166.– | 714.– |
| Allianz | 370.– (0,70 ‰) | 4986.– (9,43 ‰) | 5356.– | 1031.– |
| Helsana | 370.– (0,70 ‰) | 5626.– (10,64 ‰) | 5996.– | 1010.– |
| Basler | 471.– (0,89 ‰) | 6081.– (11,50 ‰) | 6551.– | 941.– |
| Axa Winterthur | 486.– (0,92 ‰) | 6207.– (11,74 ‰) | 6694.– | 1332.– |
| Zürich | 486.– (0,92 ‰) | 6599.– (12,48 ‰) | 7085.– | 872.– |
| **Betrieb 5: Baugenossenschaft (61 Beschäftigte, Lohnsumme: 2 936 815.–)** | | | | |
| Basler | 4112.– (1,40 ‰) | 29 809.– (10,15 ‰) | 33 920.– | 4846.– |
| Mobiliar | 5433.– (1,85 ‰) | 35 036.– (11,93 ‰) | 40 469.– | 3201.– |
| Helsana | 5081.– (1,73 ‰) | 35 594.– (12,12 ‰) | 40 675.– | 4993.– |
| Allianz | 5551.– (1,89 ‰) | 45 902.– (15,63 ‰) | 51 453.– | 5051.– |
| Zürich | 6872.– (2,34 ‰) | 46 930.– (15,98 ‰) | 53 802.– | 6050.– |
| Axa Winterthur | 6138.– (2,09 ‰) | 48 663.– (16,57 ‰) | 54 801.– | 7166.– |

Angaben in Franken, rangiert nach der Totalprämie. Berücksichtigt sind die sechs Gesellschaften mit dem höchsten Prämienvolumen.

QUELLE: VZ VERMÖGENSZENTRUM, STAND ANFANG 2012

Fortsetzung von Seite 130

Bei der Basler hingegen würden sie zusammen lediglich 18 672 Franken zahlen – 35 Prozent weniger. Und dies bei völlig identischen Leistungen.

Für einen Angestellten mit einem Brutto-Monatslohn von 5000 Franken heisst das konkret: Ist sein Betrieb bei der Zürich, macht sein monatlicher Lohnabzug für Freizeitunfälle Fr. 62.40 aus. Bei der Basler würde er nur Fr. 40.55 pro Monat zahlen.

Es lohnt sich also, den Anbieter zu wechseln. Angestellte müssen jedoch ihre Arbeitgeber bitten, die nötigen Schritte in die Wege zu leiten.

Allerdings können davon nur «bürolastige» Betriebe profitieren, die sich nicht bei der Suva versichern müssen – also insbesondere Firmen aus dem Dienstleistungs- und Beratungsbereich sowie aus dem Detailhandel (siehe Kasten auf Seite 112).

Bundesbetriebe hingegen sowie der gesamte Bau- und Industriesektor sind zwingend bei der Suva versichert und können nicht zu einem privaten Anbieter wechseln.

### Details zur Tabelle: Das müssen Sie beachten

- Die Vergleiche gelten für Dienstleistungsbetriebe unterschiedlicher Grösse. Wichtigste prämienbestimmende Kennzahl ist die Lohnsumme, also das, was alle Angestellten zusammen verdienen.
- Die Prämienangaben gelten für die obligatorische Versicherung. Die Spalte ganz rechts in der Tabelle zeigt die Zusatzprämie für den freiwilligen Zusatz «1-Bett-Zimmer bei Spitalaufenthalten» für alle Angestellten.

Übrigens: Wenn ein Betrieb für seine Angestellten diesen Spitalzusatz will, muss er ihn nicht unbedingt bei jenem Versicherer abschliessen, bei dem er die betriebliche Unfallversicherung hat.

- Bei den Frankenbeträgen stehen jeweils auch die Promillesätze (Verhältnis von Lohnsumme und Prämie). Diese sind für den Arbeitgeber wichtig, denn sie beziffern – etwa bei den Nichtberufsunfällen – den exakten Lohnabzug, den er bei den Angestellten machen muss, egal ob Mann oder Frau. Der Promille-Abzug erfolgt vom Bruttolohn.

### Entscheidend ist die Risikoeinstufung

Das sind die wichtigsten Tipps für Betriebe, die ihre Unfallversicherung wechseln möchten:

- Holen Sie mehrere Offerten ein und vergleichen Sie. Es kann sich lohnen, dazu einen erfahrenen Broker um Hilfe zu bitten. Die Tabelle zeigt, dass keine Gesellschaft prämienmässig immer vorne liegt.
- Die Verträge laufen üblicherweise fix für drei Jahre und verlängern sich danach automatisch um ein Jahr – mit einer Kündigungsfrist von drei Monaten. In der Regel muss man vor Ende September kündigen.

- Ganz wichtig ist die Risikoeinstufung des Betriebes. Die Gesellschaften stufen die angeschlossenen Betriebe in unterschiedliche Risikoklassen und -stufen ein. Die verschiedenen Klassen und Stufen haben je nach statistischer Unfallhäufigkeit der betreffenden Branche mehr oder weniger hohe Prämien.

Diese Einteilung in Gefahrenklassen ist allerdings völlig intransparent und lässt viel Ermessensspielraum offen. Wenn eine Gesellschaft den Betrieb als Kunden unbedingt gewinnen möchte, kann sie seine Risikostufe bewusst «verbessern» und so die Prämie senken.

Auch die Schadenhäufigkeit spielt hier eine Rolle, also die Tatsache, ob im betreffenden Betrieb bis anhin viele Leute verunfallten oder nicht.

Das bedeutet konkret: Falls ein Betrieb mit einer Offerte nicht einverstanden ist, kann er nachverhandeln.

- Übrigens: Auch Betriebe, die die Gesellschaft gar nicht wechseln möchten, können regelmässig bei ihrem Versicherer vorstellig werden und um die Einteilung in eine günstigere Gefahrenklasse «märten». Falls ein Betrieb in den Vorjahren relativ wenig Unfälle hatte, liegen Tarifsenkungen um 30 Prozent durchaus drin.

## Zusatzversicherungen für Angestellte

Eine ergänzende Zusatzversicherung zum Standardangebot der gesetzlichen Unfallversicherung brauchen in erster Linie Personen, die nach einem Unfall im Spital halbprivat oder privat liegen möchten, sowie Gutverdienende.

Das sind die am weitesten verbreiteten sogenannten UVG-Zusätze. Es gibt aber noch weitere Möglichkeiten, siehe Kasten auf der nächsten Seite.

Wer zahlt jeweils die Prämien für solche freiwilligen Zusatzdeckungen? Grosszügige Betriebe übernehmen die ganzen Kosten, es gibt allerdings auch das 50:50-Modell, bei dem die Angestellten die Hälfte via einen monatlichen Lohnabzug zahlen.

### Die Zusatzversicherung für das Einer- oder Zweierzimmer im Spital

Wer nach einem Unfall im Spital in einem Einer- oder Zweierzimmer bzw. privat oder halbprivat liegen möchte, muss folgende Punkte beachten:

- Leute, die im Spital Wert auf Komfort legen und auch ihren behandelnden Arzt frei wählen möchten, haben in der Regel bei ihrer Krankenkasse eine entsprechende Zusatzversicherung mit Unfalleinschluss.

Das bedeutet nach einem Unfall: Die «normale» Unfallversicherung zahlt bei Spitalbehandlungen die allgemeine Abteilung, den Aufpreis für die Halbprivat- oder Privatbehandlung hingegen übernimmt bei solchen Patienten die Krankenkasse.

- Versicherte mit Halbprivat- oder Privatspitaldeckung bei der Krankenkasse müssen folglich darauf achten, dass sie bei dieser Zusatzversicherung der Krankenkasse den Unfall mitversichert bzw. nicht ausgeschlossen haben.

■ Es gibt aber immer wieder Firmen, die sämtliche Angestellten oder zumindest die Kaderleute über die Unfallversicherung des Betriebes privat versichern. Der Prämienvergleich auf Seite 131 zeigt, was dieser Einschluss zusätzlich kostet (siehe dort die Angaben in der Spalte ganz rechts). Diese Privatdeckung gilt dann jeweils weltweit.

So versicherte Angestellte können bei der Spitalzusatz-Versicherung der Krankenkasse den Unfall ausschliessen und so Prämien sparen. Das hat allerdings seine Tücken (siehe Seite 103).

■ Wer hingegen bei Krankheit mit der allgemeinen Abteilung zufrieden ist, hingegen nur für den Fall eines Unfalls ein Einerzimmer will (und das nicht via Arbeitgeber hat), kann diese Zusatzdeckung privat einkaufen; das ist die sogenannte Einzel-Unfallversicherung. Sie gilt jeweils weltweit.

Sie ist beispielsweise für Sportler interessant – auch deswegen, weil die Privatversicherung die freie Wahl des Spitals (und des Arztes) umfasst.

## Weitere Zusatzversicherungen für Angestellte

Betriebe können für ihre Angestellten – oder für einen Teil der Angestellten – noch weitere Ergänzungen zum gesetzlichen Mindestschutz versichern, falls Sie das möchten.

Auch hier gilt: Der Arbeitgeber kann alles zahlen, viele belasten aber die Hälfte der Mehrkosten den Angestellten.

Das sind die Möglichkeiten:

■ Zusatz, damit Taggeld und Rente nicht 80 Prozent des versicherten Verdienstes decken, sondern 90 Prozent.

■ Zusätzliches Todesfallkapital, das nach einem Unfall an die Hinterbliebenen ausbezahlt wird.

■ Zusatzversicherung, damit nicht nur Verheiratete Hinterlassenenleistungen erhalten, sondern auch Konkubinatspartner.

■ Zusätzliches Kapital für den Fall von Invalidität, um einen allfälligen Sofortbedarf zu decken (für Haus-/Wohnungsumbau, zur Finanzierung der Ausbildung von Kindern).

Die hier aufgezählten besseren Leistungen können lediglich auf dem gesetzlichen Jahreshöchstlohn von 126 000 Franken beruhen, bei Mehrverdienenden aber auch auf dem Gesamtlohn oder einzig auf dem überobligatorischen Lohnanteil.

Und das sind noch einige weitere Möglichkeiten für Zusatzdeckungen in der Unfallversicherung:

■ Zusatzdeckung, um Kürzungen bei Wagnissen wettzumachen.

■ Spätschadendeckung. Das bedeutet: Wenn zum Beispiel ein Student verunfallt, ist er bei der Krankenkasse allgemein versichert. Hat er nach Studienabschluss einen Job und braucht er zur Nachbehandlung des früheren Unfalls noch einmal einen Spitalaufenthalt, so muss immer noch die Krankenkasse zahlen. Deshalb hat der Ex-Student jetzt – obwohl angestellt – keinen Lohnersatz.

Das kann man mit einem UVG-Zusatz versichern (wie übrigens auch die Behandlung auf der Privatabteilung).

■ Zusätzliche Zahlungen an Kuraufenthalte, Rettungskosten oder Hauspflege.

Bei der Krankenkasse CSS zum Beispiel heisst das entsprechende Produkt «Heilungskostenversicherung bei Unfall» und kostet für Erwachsene zwischen 26 und 60 Jahren 90 Franken pro Jahr für die Privatabteilung mit 1-Bett-Zimmer.

Günstige Angebote haben auch die Krankenkassen ÖKK, Sympany und Swica. ÖKK und Sympany setzen aber voraus, dass Interessenten noch andere Zusatzversicherungen bei der gleichen Krankenkasse haben.

### Höherversicherung für gutverdienende Angestellte

Angestellte können gemäss Gesetz nur einen Jahres-Höchstlohn von 126 000 Franken (Stand 2012) bei der Suva (oder einem privaten UVG-Versicherer) versichern lassen. Was aber, wenn jemand mehr verdient und auch die höhere Summe gegen die materiellen Folgen von Unfällen versichern möchte? Wenn er also ein entsprechend höheres Taggeld und eine höhere Rente will und auch entsprechend höhere Hinterlassenenleistungen?

Dazu können die Arbeitgeber bei den privaten Versicherungsgesellschaften (aber nicht bei der Suva) einen sogenannten UVG-Zusatz abschliessen. Dann sind auch Jahreslöhne über 126 000 Franken gedeckt.

**Tipp:** Falls Vielverdiener vom Arbeitgeber nicht die Möglichkeit erhalten, einen höheren Lohn zu versichern, können sie ihren Versicherungsschutz mit einem privaten Unfall-Taggeld ergänzen.

## Die Unfallversicherung für Selbständige

Selbständigerwerbende sind nicht verpflichtet, sich gegen Unfall zu versichern. Es ist aber sehr empfehlenswert.

Wichtig ist vor allem der Lohnersatz nach einem Unfall. Selbständigerwerbende sollten deshalb ein **Taggeld** versichert haben für den kurzfristigen Lohnausfall sowie eine **Invalidenrente** für den Fall, dass sie invalid werden:

- Einen Prämienvergleich für ein **Taggeld** plus weitere Informationen dazu finden Sie auf Seite 146. Das dort in der Prämientabelle gezeigte Taggeld zahlt bei Krankheit und Unfall, ist also für Selbständigerwerbende das Richtige.

Bei den gezeigten Prämien auf Seite 146 beträgt die Wartefrist 30 Tage. Je nach persönlicher Situation können Selbständigerwerbende die Wartefrist auf 60 Tage heraufsetzen (was rund 30 Prozent günstiger ist) oder gar auf 90 Tage, was dann nur noch rund die Hälfte kostet.

Bei diesem Taggeld gibt es übrigens keine Prämienbefreiung, die Leistungsbezüger erhalten also weiterhin Rechnungen von der Versicherung.

- Prämienvergleiche für eine **Invalidenrente** – ebenfalls mit Unfalleinschluss – finden Sie in diesem Ratgeber auf Seite 158 f.

### UVG-Lösung oder VVG-Variante: Selbständige haben die Wahl

Bevor Selbständigerwerbende eine Unfallversicherung abschliessen, müssen sie eine entscheidende Wahl treffen: Sollen sie sich freiwillig dem Unfallversicherungsgesetz UVG unterstellen? Oder sollen sie ihren Unfallschutz nach privatrechtlichen Grundsätzen selber organisieren, also bei einer Versicherungsgesellschaft abschliessen, bei der die Regeln des Versicherungsvertragsgesetzes (VVG) gelten?

### ■ Die «normale» UVG-Lösung ist standardisiert

Selbständigerwerbende können sich – auch wenn sie Inhaber der eigenen Aktiengesellschaft oder GmbH sind – von der eigenen Firma anstellen lassen. Dann gilt für sie punkto Unfallversicherung das Gleiche wie für die Belegschaft.

Auch Freiberufler ohne Angestellte wie zum Beispiel Anwälte, Ärzte, Architekten, Vermögensverwalter, Künstler, Apotheker oder Unternehmensberater können sich freiwillig nach UVG versichern, also bei der Suva oder bei einem anderen Unfallversicherer nach UVG (je nach ausgeübter Tätigkeit).

Damit kaufen Selbständigerwerbende die «normale» Unfallversicherung mit dem vollständigen Leistungskatalog, der am Anfang dieses Kapitels beschrieben ist. Inklusive Hilflosenentschädigung, Integritätsentschädigung und Hinterlassenenleistungen.

Ein Vorteil dieser Lösung: So kommen auch diejenigen Selbständigerwerbenden zu einem Unfallschutz, die gesundheitlich angeschlagen sind und keine VVG-Lösung erhalten würden, weil auf dem Gebiet des Privatversicherungsrechts eine Gesundheitsprüfung stattfindet und gesundheitlich Angeschlagene abgelehnt werden.

Nachteil dieser UVG-Variante: Das Leistungspaket ist nicht abänderbar und eher teurer. Zudem ist der Schutz gegen die materiellen Folgen von Krankheit nicht dabei und muss separat organisiert werden. Und das Risiko, wegen Krankheit invalid zu werden, ist bedeutend grösser als das Unfallrisiko (siehe Grafik auf Seite 155).

### ■ Die VVG-Variante ist flexibel

Anders sieht es aus, wenn Selbständigerwerbende ihren Vorsorge- und Versicherungsschutz bei

## Vergleich für Selbständige: Freiwillige UVG-Gesamtlösung oder flexible Einzelbausteine?

Angaben für eine 35-jährige Architektin mit Jahreslohn 126 000.– (Jahresprämien in Franken)

| UVG-Lösung | |
|---|---|
| Freiwillige UVG-Unterstellung (z. B. bei Suva), UVG zahlt Heilungskosten, Taggeld und lebenslange Rente | |
| **Kosten total** | **Fr. 1764.–** |

| Lösung mit Einzelbausteinen | |
|---|---|
| Unfalltaggeld | ca. Fr. 500.– |
| Einschluss Unfallrisiko für Heilungskosten bei der Krankenkasse | ca. Fr. 170.– |
| Invalidenrente (nur bis Pensionierung, nur Unfall) | ca. Fr. 500.– |
| **Kosten total** | **ca. Fr. 1170.–** |

Unfall von A bis Z selber organisieren und à la carte zusammenstellen. Dazu gibt es flexible Angebote (inkl. Krankheitsdeckung), die dem Privatversicherungsrecht unterstehen (siehe die Kapitel 4 und 5 in diesem Ratgeber).

Bei dieser flexiblen Gestaltung können sich Selbständigerwerbende folgende Fragen stellen:

- Brauche ich überhaupt ein Unfalltaggeld? Und wenn ja, mit welcher Wartefrist? Oder reicht eine Rente bei Invalidität? Diese Frage kann sich bei älteren Unternehmern stellen, die nach einem Unfall ihren Betrieb sowieso einstellen würden.
- Brauche ich Hinterlassenenleistungen nach Unfalltod, also eine Witwen- und Waisenrente? Für Alleinstehende ist das beispielsweise überflüssig.

### UVG-Lösung oder VVG-Variante? Die Unterschiede

Ein konkretes Beispiel soll die Vor- und Nachteile der beiden Varianten sowie den Kostenunterschied einander gegenüberstellen (siehe Kasten links): Eine selbständige 35-jährige Architektin wählt die standardisierte UVG-Lösung und versichert den maximal möglichen Lohn von 126 000 Franken pro Jahr. Das kostet sie eine Jahresprämie von 1764 Franken (Stand 2012).

Dafür erhält sie nach einem Unfall ab dem dritten Tag ein Taggeld von 100 800 Franken pro Jahr (80 Prozent von 126 000 Franken), und zwar bis zum Zeitpunkt der Genesung.

Sollte sie für immer arbeitsunfähig bleiben, erhält sie anschliessend ans Taggeld eine Invalidenrente in der gleichen Höhe – und zwar lebenslang, also über die Pensionierung hinaus.

Nun zum Vergleich die Varianten mit Einzelbausteinen.

Der **erste Baustein** ist das Unfalltaggeld. Hier nutzt die Architektin die sich bietende Flexibilität bei der Wartefrist, und sie versichert ein VVG-Taggeld bei einer Krankenkasse mit einer Wartefrist von 14 Tagen (siehe auch die Taggeld-Prämientabelle auf Seite 146, wo die Wartefrist sogar 30 Tage beträgt).

So zahlt sie für ein Unfalltaggeld von 100 800 Franken pro Jahr (80 Prozent von 126 000 Franken) eine Jahresprämie von rund 500 Franken (das Krankheitsrisiko ist hier nicht inbegriffen).

Das ist günstiger als die Variante mit zwei Tagen Wartefrist, die 900 Franken pro Jahr kosten würde.

**Zweiter Baustein**: Weil die Architektin keine UVG-Lösung wählt, muss Sie zur Deckung der Arzt- und Spitalkosten die Unfalldeckung bei ihrer Krankenkasse beibehalten. Das ergibt Mehrkosten gegenüber der UVG-Variante von rund 170 Franken im Jahr.

**Dritter Baustein**: Im Vergleich zur «kompletten» UVG-Versicherung fehlt der Architektin jetzt aber noch eine lebenslange Invalidenrente in der Höhe von 80 Prozent des versicherten Lohnes.

Die meisten Versicherungsgesellschaften bieten jedoch eine

private lebenslange Erwerbsunfähigkeits-Rente (Invalidenrente) gar nicht an.

In der Regel schliesst man eine Police ab, die für eine bestimmte Vertragsdauer, z. B. bis zur Pensionierung, einen Erwerbsersatz verspricht (siehe Tabellen auf Seite 158 f.). Dabei wird in Koordination mit der üblicherweise bestehenden Taggeldversicherung, die ja den Lohnausfall maximal zwei Jahre lang vergütet, eine Wartefrist von zwei Jahren festgelegt.

Will sich also die Architektin für das Unfallrisiko eine Erwerbsausfall-Rente für 30 Jahre (bis zur Pensionierung) sichern, muss sie mit einer jährlichen Prämie von rund 500 Franken rechnen (dann ist das Krankheitsrisiko nicht dabei).

### Ein klarer Vorteil macht die höheren Kosten wett

Für das Unfalltaggeld, die Krankenkassen-Heilungskosten bei Unfall und die Invalidenrente bei Unfall während 30 Jahren zahlt die Architektin somit im Rahmen einer VVG-Lösung insgesamt rund 1170 Franken pro Jahr (siehe Kasten auf Seite 136). Die genauen Kosten variieren je nach Versicherungsgesellschaft und Produkt.

Übrigens: Falls die Architektin die Wartefrist beim Taggeld auf 30 Tage setzt, spart sie nochmals Geld.

Fazit: Der Abschluss einer freiwilligen UVG-Unfallversicherung kostet die Architektin zwar mehr als eine VVG-Versicherung, nämlich rund 1764 Franken. Aber: Die UVG-Lösung hat den grossen Vorteil, dass sie eine lebenslange Invalidenrente bietet (und nicht nur bis zur Pensionierung). Zudem sind bei der UVG-Lösung beispielsweise noch die Integritätsentschädigung sowie Hinterlassenenleistungen dabei.

Kommt dazu, dass im UVG-Bereich in der Regel auch gesundheitlich Angeschlagene Unterschlupf finden, während bei Versicherungen nach VVG stets eine Gesundheitsprüfung verlangt wird.

### Selbständige: Das Risiko Krankheit nicht vergessen!

Die reine UVG-Variante hat aber auch einen grossen Nachteil: Das viel grössere Krankheitsrisiko ist so nicht abgedeckt. Gerade Selbständigerwerbende müssen aber daran denken, dass sie auch infolge Krankheit erwerbsunfähig werden können.

Selbständige brauchen daher als Lohnersatz unbedingt ein Taggeld, das sowohl bei Krankheit als auch bei Unfall zahlt. Für Selbständigerwerbende gibt es dafür spezielle Firmenversicherungen, auch für Ein-Personen-Firmen und Landwirte.

Mehr noch: Für den Fall von Invalidität sollten Selbständige auch eine private Invalidenrente abschliessen, die ebenfalls sowohl Krankheit als auch Unfall abdeckt. Sie wird oft auch Erwerbsausfall- oder Erwerbsunfähigkeits-Versicherung genannt; alle Infos dazu stehen in Kapitel 4.

Hier drängt sich aber eine Gesamtberatung auf. Diese muss alle Risiken einbeziehen, die man als Selbständigerwerbender versichern will. Nur so kann die günstigste massgeschneiderte Lösung erarbeitet werden.

Eine Gesamtberatung sollte zudem auch die Vorsorge miteinbeziehen, also das Sparen für das Alter, bei dem zum Beispiel die steuerbegünstigte 3. Säule eine Rolle spielen kann oder gar der freiwillige Anschluss an eine Pensionskasse.

# 4 Die Risiken Tod und Invalidität

## Wenn plötzlich der Lohn ausbleibt

**Ein Unfall oder eine Krankheit können das Aus im Beruf bedeuten. Und der Tod des Ernährers kann eine Familie in schwere Geldnot stürzen. Gegen solche finanziellen Risiken kann man sich wappnen – mit der richtigen Versicherung.**

Die meisten sind auf einen Lohn angewiesen – und haben folglich ein finanzielles Problem, wenn der Zahltag ausfällt.

Das Risiko des Lohnausfalls stellt sich auf drei Ebenen. Und Sie können es mit drei unterschiedlichen Versicherungen auffangen (siehe auch das Stichwort auf Seite 156):

**1.** Wer länger krank wird und am Arbeitsplatz vorübergehend für mehrere Monate ausfällt, braucht ein Taggeld als Lohnersatz. Um dieses kurzfristige Ersatzeinkommen müssen sich viele selber kümmern.

Wie man das genau macht, steht im 1. Teil dieses Kapitels auf den Seiten 142 bis 154.

**2.** Wer wegen einer Krankheit invalid wird und damit dauernd erwerbsunfähig (ganz oder teiweise), braucht in der Regel eine Invalidenrente als langfristigen Lohnersatz bis zum Pensionierungsalter.

Wichtige Details zur Erwerbsunfähigkeits-Versicherung stehen in Teil 2 dieses Kapitels auf Seite 154 ff.

**3.** Wer stirbt, hinterlässt unter Umständen eine Familie – und die kann in arge finanzielle Not geraten, falls der Familienversorger ausfällt. Das gilt insbesondere, wenn die Familie ein Haus mit Hypotheken hat. Dieses monetäre Risiko kann man mit einer Todes-

### Die Versicherungslücke bei Krankheit (für Angestellte)

| Arbeitsfähig | Ereignis | Nicht arbeitsfähig *(maximal 2 Jahre lang)* | Ab Invalidität *(spätestens nach 2 Jahren)* |
|---|---|---|---|
| 100 % Lohn | Krankheit | Drohende Versicherungslücke mit Einzeltaggeld füllen (falls kein Kollektivtaggeld vorhanden) | Evtl. Invalidenrente versichern (nur knappe Renten von IV und Pensionskasse) |

### Zum Vergleich: Bei Unfall sind alle Angestellten sehr gut abgesichert

| Arbeitsfähig | Ereignis | Nicht arbeitsfähig *(maximal 2 Jahre lang)* | Ab Invalidität *(spätestens nach 2 Jahren)* |
|---|---|---|---|
| 100 % Lohn | Unfall | Keine Versicherungslücke, Unfallversicherung zahlt Taggelder (max. 80 % des letzten Lohnes, bis max. 126 000.–) | Ausreichende Rente (Rente von Unfallversicherung, IV und Pensionskasse, max. 90 % des letzten Lohnes, bis max. 126 000.–) |

fallrisiko-Police absichern (Teil 3 dieses Kapitels auf Seite 168 ff.).

**4.** In einem gewissen Sinne könnte man auch das Alter als Risiko betrachten. Genau wie bei Invalidität und Tod fällt auch bei der Pensionierung der bisherige Lohn weg – und wer dann nicht einzig mit AHV und Pensionskasse auskommen will, kann sich vorsehen.

Zur Sicherung eines Zusatzeinkommens im Alter bieten sich – nebst dem klassischen Sparen mit Bankprodukten – die Sparversicherung und die Leibrente als Versicherungslösungen an.

Was Sie zum Thema Sparversicherung und Leibrente wissen müssen, steht im Kapitel 5 dieses Buches.

Eltern sollten bedenken, dass auch Kinder invalid werden können. Damit ist zwar kein Lohnausfall verbunden wie bei Erwachsenen, unter Umständen fallen aber Mehrkosten für Pflege und Betreuung an.

Auch gegen solche Mehrkosten kann man sich absichern; die Renten der staatlichen Versicherungen sind nämlich bescheiden (siehe Infos auf Seite 164 ff.).

### Die meisten Unfallopfer sind sehr gut versichert

Bedenken Sie immer: Gegen die Folgen eines Unfalls sind die meisten Schweizerinnen und Schweizer gut bis sehr gut versichert (siehe Grafik links). Die Leistungen der Unfallversicherung sind in Kapitel 3 erläutert, wo Sie alle nötigen Informationen dazu finden. Gegen Tod und Invalidität infolge Krank-

### IN DIESEM KAPITEL

heit hingegen müssen sich viele privat zusätzlich versichern – und genau diese Versicherungslücke ist das Thema der folgenden Seiten.

## Bei Krankheit: So lange gibts Lohn

Sofern der Arbeitsvertrag oder der Gesamtarbeitsvertrag keine günstigere Regelung vorsieht und keine Betriebs- oder Einzel-Krankentaggeld-Versicherung besteht, richtet sich die sogenannte Lohnfortzahlung bei Krankheit und Schwangerschaft nach einer der folgenden Skalen.

Welche Skala in Ihrem Fall gilt, erfahren Sie beim Bezirksgericht des Arbeitsortes.

Achtung: Die Tabelle gilt nur für privatrechtliche Anstellungsverhältnisse, aber nicht für öffentliche Betriebe wie zum Beispiel Kantonsspitäler.

| | Dauer des Arbeitsverhältnisses | Lohnanspruch |
|---|---|---|
| Basler Skala | 4. bis 12. Monat | 3 Wochen |
| | 2. und 3. Jahr | 2 Monate |
| | 4. bis 10. Jahr | 3 Monate |
| | 11. bis 15. Jahr | 4 Monate |
| | 16. bis 20. Jahr | 5 Monate |
| | ab 21. Dienstjahr | 6 Monate |
| Berner Skala | 4. bis 12. Monat | 3 Wochen |
| | 2. Jahr | 1 Monat |
| | 3. und 4. Jahr | 2 Monate |
| | 5. bis 9. Jahr | 3 Monate |
| | 10. bis 14. Jahr | 4 Monate |
| | 15. bis 19. Jahr | 5 Monate |
| | 20. bis 24. Jahr | 6 Monate |
| | pro weitere 5 Jahre | plus 1 Monat |
| Zürcher Skala | 4. bis 12. Monat | 3 Wochen |
| | 2. Jahr | 8 Wochen |
| | 3. Jahr | 9 Wochen |
| | 4. Jahr | 10 Wochen |
| | pro weiteres Jahr | plus 1 Woche |

## Für den kurzfristigen Lohnersatz: Das Taggeld

Ein Taggeld kommt zum Zug, wenn man längere Zeit krank ist oder wegen eines Unfalls nicht arbeiten kann und kein Erwerbseinkommen mehr hat – jedoch immer noch Aussicht auf Heilung besteht.

Das Taggeld fliesst aber höchstens zwei Jahre lang. Ist die betroffene Person nach einem Jahr immer noch erwerbsunfähig und besteht keine Aussicht mehr auf Heilung, kommt in der Regel jetzt (oder spätestens nach zwei Jahren) eine Rente von der staatlichen Invalidenversicherung (IV) sowie von der Pensionskasse (falls vorhanden).

Wer den Abschluss einer Taggeld-Versicherung ins Auge fasst, muss sich zuerst mit den möglichen Ursachen befassen. Es spielt nämlich eine grosse Rolle, ob eine Krankheit oder ein Unfall zur Arbeitsunfähigkeit geführt hat:

- Wer verunfallt, hat versicherungstechnisch Glück. Denn die Unfallversicherung ist in der Schweiz sehr gut ausgebaut.

Falls ein Angestellter nämlich wegen der Unfallfolgen lange nicht mehr zur Arbeit erscheinen kann, muss er sich um sein Einkommen nicht sorgen: Die Unfallversicherung zahlt zunächst ein Taggeld von 80 Prozent des letzten Lohnes (obere Limite: 126 000 Franken, Stand 2012).

Meist reicht das, um über die Runden zu kommen.

Das gilt auch für Unfälle in der Freizeit und für Teilzeitangestellte, falls sie vor dem Unfall mindestens acht Stunden pro Woche bei *einem* Arbeitgeber beschäftigt waren.

### Extremfall bei Krankheit: Lohn nur drei Wochen lang

■ Bei längerer *Krankheit* ist das ganz anders: Hier fallen die Angestellten im Prinzip schon nach relativ kurzer Zeit in eine Versicherungslücke – mit null Einkommen (siehe Grafik auf Seite 140).

Der Grund: Kann eine angestellte Person wegen einer langwierigen Krankheit nicht mehr arbeiten, muss ihr der Betrieb nur noch für eine bestimmte Zeit den vollen Lohn (100 Prozent) zahlen – je nach Anstellungsdauer.

Diese Lohnzahlungspflicht des Arbeitgebers bei Krankheit hört im ersten Dienstjahr schon nach drei Wochen auf. Selbst nach zehn Dienstjahren kommt ab dem vierten oder fünften Monat nichts mehr aufs Lohnkonto (je nach Gerichtspraxis, siehe Tabelle auf der Seite links). Alle Angestellten müssen also wissen, dass es diese Versicherungslücke bei längerer Krankheit gibt – und sich allenfalls mit einer Taggeldversicherung als Lohnersatz vorsehen.

Vergessen Sie nicht: Krankheiten führen viel häufiger zu Arbeitsunfähigkeit als Unfälle (siehe Grafik auf Seite 155).

Für Selbständigerwerbende ist ein Taggeld ein wichtiger Einkommensersatz und damit ein Muss (siehe Prämientabelle auf Seite 146); das Unfallrisiko sollte natürlich mitversichert sein. Selbstän-



**FRAGE**

### Lohnzahlung und Kollektiv-Krankentaggeld: Zwei Tage ohne Lohn?

**Wir sind beim Arbeitgeber gegen Krankheit über eine Kollektivversicherung versichert. Diese Versicherung zahlt die Taggelder aber erst ab dem dritten Krankheitstag aus. Unser Chef meint nun, für die ersten zwei Tage schulde er uns keinen Lohn. Hat er recht?**

**Ja.** Im Grundsatz gilt: Laut Gesetz muss der Arbeitgeber den Lohn bei Krankheit schon ab dem ersten Tag während einer gewissen Zeit zu 100 Prozent vergüten.

Diese gesetzliche Lohnzahlungspflicht des Arbeitgebers ist vom Dienstjahr und Arbeitsort abhängig (gemäss der sogenannten Zürcher, Berner oder Basler Skala, siehe Tabelle auf der Seite links). Im Minimum beträgt sie drei Wochen. Im Arbeitsvertrag kann aber abgemacht sein, dass der Arbeitgeber dieses Risiko versichert, indem er für seine Angestellten freiwillig eine kollektive Krankentaggeld-Versicherung abschliesst. Diese deckt den Lohn zwar meist nur zu 80 Prozent, jedoch viel länger, als die gesetzliche Regelung dies vorschreibt – nämlich meistens während 720 Tagen.

Das Gesetz verlangt, dass die Versicherungsvariante für die Arbeitnehmer «mindestens» der gesetzlichen Regelung «gleichwertig» sein muss.

Was aber ist «gleichwertig»? Die Praxis der Gerichte ist in dieser Frage uneinheitlich. Die in Ihrem Betrieb gewählte Variante wird jedoch als zulässig erachtet. Also: Sie erhalten zwei Tage lang keinen Lohn, anschliessend dafür zwei Jahre lang 80 Prozent.

FRAGE

**Krankentaggeld: Gibt es erst Lohn, wenn die Versicherung zahlt?**

**Ich bin der kollektiven Krankentaggeld-Versicherung meines Arbeitgebers angeschlossen. Nun war ich über einen Monat krank, habe aber noch keinen Lohn erhalten. Mein Chef teilte mir mit, er werde mir meinen Zahltag erst überweisen, wenn er das Geld von der Versicherung erhalten hat. Darf er das?**

**Ja.** In solchen Fällen haben die Versicherten einen direkten Anspruch gegenüber der Versicherung auf Auszahlung der Taggelder. Dieses Taggeld ersetzt den Lohn, der Arbeitgeber muss nun nichts mehr zahlen.

Die Versicherung wird also zu Ihrem Ansprechpartner. Sie müssen sich direkt an sie wenden, falls sich die Überweisung des Taggeldes verzögert.

Aber: Geraten Sie durch die ausbleibende Überweisung in eine Notlage, ist Ihr Arbeitgeber verpflichtet, Ihnen das Geld vorzuschiessen.

digerwerbende sollten auch an die Unfallrente denken.

### Viele Betriebe haben eine Kollektivversicherung

Für viele Angestellte hat allerdings der Betrieb freiwillig (oder vorgeschrieben durch einen Gesamtarbeitsvertrag) vorgesorgt – und zwar mit einer Kollektiv-Krankentaggeld-Versicherung.

Konsequenz: Wer über eine Kollektivlösung des Betriebs abgesichert ist, hat in der Regel 80 Prozent des letzten Lohnes zugut; die Versicherungslücke ist also gestopft – allerdings nur für maximal zwei Jahre seit Beginn der Arbeitsunfähigkeit (siehe Grafik auf Seite 140).

Übrigens: Der Arbeitgeber ist verpflichtet, Sie über die Details dieser Versicherungslösung zu informieren, falls Sie Näheres wissen möchten.

### Der Betrieb darf die ganze Prämie übernehmen

Die Prämien werden in den meisten Fällen von Arbeitgeber und Arbeitnehmer je zur Hälfte bezahlt. Abmachungen, wonach der Arbeitgeber die ganze Prämie übernimmt, sind zulässig.

Alle übrigen Angestellten sollten den drohenden kurzfristigen Lohnausfall selber versichern – zunächst mit einem Einzel-Krankentaggeld, welches hier das Thema ist (anschliessend ist unter Umständen eine Invalidenrente nötig, siehe Seite 154 ff.).

**Das Wichtigste ist demnach:** Fragen Sie Ihren Arbeitgeber, wie Sie bei längerer Krankheit versichert sind. Hat der Betrieb kein Kollektiv-Krankentaggeld abgeschlossen, müssen Sie selber aktiv werden.

**Tipp:** Falls Sie bereits ein Einzeltaggeld versichert haben und jetzt eine Stelle antreten, an der alle Angestellten über den Betrieb kollektiv versichert sind, sind Sie verpflichtet, sich dieser betrieblichen Taggeldversicherung anzuschliessen (ausser im Arbeitsvertrag steht etwas anderes).

Dies bedeutet aber nicht, dass Sie in Zukunft doppelt versichert sind – und doppelt Prämien zahlen müssen. Denn mit dem Eintritt in die kollektive Versicherung Ihres Arbeitgebers können Sie Ihre private Police problemlos kündigen. In der Regel sind die Krankenkassen und Versicherungen bereit, solche Verträge ausserterminlich auf Ende des laufenden Monats aufzulösen.

Es kann aber sein, dass Sie eine Bestätigung des Arbeitgebers vorlegen müssen.

Umgekehrt gilt: Wenn Sie aus einem Betrieb mit Kollektivtaggeld austreten, haben Sie das Recht, anschliessend innert 30 bis 90 Tagen (je nach Gesellschaft) in die Einzelversicherung überzutreten. In der Regel ist das aber mit einem markanten Prämiensprung verbunden. Dafür darf keine Gesundheitsprüfung stattfinden.

### Einzeltaggelder nach KVG: Nur noch geringe Bedeutung

Bei den Taggeldern gibt es einen wesentlichen Unterschied:



**FRAGE**

## Was brauchen Mütter nebst der Krankenkasse?

**Ich bin Mutter und Hausfrau. Kürzlich bin ich beim Fensterputzen von der Leiter gefallen. Ich blieb unverletzt, mache mir seither jedoch Gedanken, welche finanziellen Folgen es hätte, wenn ich durch Unfall oder Krankheit ausfallen würde. Kann ich mich absichern?**

**Ja.** Fällt die Hausfrau und Mutter aus, kommen unter Umständen hohe Ausgaben auf die Familie zu: Die Kinder und die kranke Mutter müssen betreut, der Haushalt muss gemacht werden. Es gibt Versicherungen, die helfen, die finanziellen Folgen zu mildern.

Grundsätzlich gilt: Nicht erwerbstätige Hausfrauen und Hausmänner sind nicht nur gegen Krankheit, sondern auch gegen Unfall obligatorisch bei ihrer Krankenkasse versichert. Die Arzt- und Spitalkosten sind damit durch die Grundversicherung gedeckt.

Weiter gehen die Leistungen der Krankenkasse aber nicht, es werden also keine Taggelder oder Renten ausbezahlt.

Zwar zahlt bei bleibender Invalidität die staatliche Invalidenversicherung (IV) eine Rente, diese ist aber eher knapp bemessen und kommt frühestens nach einem Jahr. Die längerfristig anfallenden Kosten sind also meist ungenügend gedeckt.

Hausfrauen und -männer können sich jedoch ein Stück weit selber absichern. Zum Beispiel mit einer Einzel-Taggeldversicherung bei der Krankenkasse oder einer privaten Versicherungsgesellschaft.

Eine zusätzliche Versicherungsmöglichkeit besteht darin, bei einer privaten Gesellschaft ein Todesfallkapital und/oder eine Invalidenrente – auch Erwerbsunfähigkeits-Versicherung genannt – zu versichern.

Das Todesfallkapital wird ausbezahlt, wenn die versicherte Person während der vereinbarten Versicherungsdauer infolge Unfall oder Krankheit stirbt. Die Invalidenrente wird bei Erwerbsunfähigkeit ausgezahlt. Die Prämie hängt im Wesentlichen vom Alter, von der Höhe der versicherten Rente und der Wartefrist ab. Die genannten Versicherungen haben ihren Preis, klären Sie also Ihre Bedürfnisse genau ab, bevor Sie eine Police abschliessen. Näheres zu diesen Versicherungen steht auf Seite 154 ff.

Billiger fahren Sie übrigens, wenn Sie sich nur gegen Unfall versichern, wie dies Krankenkassen und private Versicherungsgesellschaften anbieten. Dabei ist aber Vorsicht geboten: Zwar ist diese Versicherung erschwinglich, aber das viel höhere Krankheitsrisiko ist damit nicht gedeckt.

- Die Krankenkassen haben Taggelder im Angebot, die nach den sozialen Grundsätzen des Krankenversicherungsgesetzes (KVG) funktionieren. Diese spielen heute nur noch eine untergeordnete Rolle (siehe Kasten auf Seite 151 und Details auf Seite 152 ff.).
- Weitaus stärker verbreitet sind heute Taggelder nach Versicherungsvertragsgesetz (VVG), die nach anderen Regeln funktionieren als KVG-Taggelder. Diese sind sowohl bei Krankenkassen als auch bei privaten Versicherungsgesellschaften erhältlich.

### VVG-Taggeld: Prämie abhängig von Alter und Geschlecht

Die Tabelle unten zeigt, was es kostet, ein Krankentaggeld gemäss VVG von 274 Franken zu versichern – und zwar für einen selbständigerwerbenden 39-jährigen Mann. Weil Taggelder auch für Samstag und Sonntag ausbezahlt werden, ergeben die 274 Franken pro Tag einen versicherten Jahres-

## Das Taggeld für einen Selbständigerwerbenden

Jahresprämien für ein Taggeld von 274 Franken (entspricht einem Jahreslohn von 100 000 Franken) für einen 39-jährigen Unternehmensberater aus Bern, Wartefrist 30 Tage, Leistungsdauer 2 Jahre, Deckung bei Krankheit und Unfall, Summenversicherung. Angaben in Franken.

| Gesellschaft | Jahresprämie | Leistung ab wie viel Prozent Arbeitsunfähigkeit? |
|---|---|---|
| Sympany | 900.– | Ab 25%, dann entsprechend dem Grad der Arbeitsunfähigkeit |
| Nationale | 1368.80 | Ab 50%, dann entsprechend dem Grad der Arbeitsunfähigkeit |
| Visana | 1370.– | Ab 25%, dann entsprechend dem Grad der Arbeitsunfähigkeit[1] |
| ÖKK | 1430.– | Ab 25%, dann entsprechend dem Grad der Arbeitsunfähigkeit |
| Allianz | 1437.– | Ab 25%, dann entsprechend dem Grad der Arbeitsunfähigkeit |
| Swica | 1620.– | Ab 25%, dann entsprechend dem Grad der Arbeitsunfähigkeit |
| Vaudoise | 1690.– | Ab 25%, dann entsprechend dem Grad der Arbeitsunfähigkeit |
| Zürich | 1776.– | Ab 25%, dann entsprechend dem Grad der Arbeitsunfähigkeit[2] |
| Mobiliar | 1927.80 | Ab 25%, dann entsprechend dem Grad der Arbeitsunfähigkeit |
| Basler | 1958.– | Ab 25%, dann entsprechend dem Grad der Arbeitsunfähigkeit[2] |
| Axa Winterthur | 1972.– | Ab 25%, dann entsprechend dem Grad der Arbeitsunfähigkeit |
| Helsana | 2090.– | Ab 25%, dann entsprechend dem Grad der Arbeitsunfähigkeit |
| Generali | 2110.– | Ab 25%, dann entsprechend dem Grad der Arbeitsunfähigkeit |
| CSS | 2170.– | Ab 25%, dann entsprechend dem Grad der Arbeitsunfähigkeit[3] |
| Sanitas | 3435.60 | Ab 50%, dann entsprechend dem Grad der Arbeitsunfähigkeit |
| KPT | 3591.60 | Keine untere Begrenzung |

1 Volles Taggeld schon ab einer Arbeitsunfähigkeit von 66⅔% 2 Bei Unfällen keine untere Begrenzung
3 Volles Taggeld schon ab einer Arbeitsunfähigkeit von 70%

QUELLE: VZ VERMÖGENSZENTRUM, STAND ANFANG 2012

Ersatzlohn von 100 000 Franken. In diesem Prämienbeispiel beträgt die Wartefrist 30 Tage (siehe Ausführungen dazu auf Seite 148 f.).

Für höhere oder tiefere Taggelder verändern sich die Prämien linear, denn es gilt ein Prämiensatz pro Franken.

Die Prämien sind in erster Linie abhängig vom Eintrittsalter (je älter der Antragsteller, desto höher) sowie bei einigen Gesellschaften auch noch vom Wohnort und vom Beruf. Kollektivversicherungen sind günstiger als Einzelversicherungen.

Noch ein paar Details zur Taggeldversicherung:

- Voraussetzung für die Auszahlung eines Taggeldes ist immer ein Arztzeugnis, das die Arbeitsunfähigkeit infolge Krankheit bescheinigt. Insbesondere bei Taggeldern nach dem Prinzip der Schadenversicherung (siehe Stichwort rechts) verlangen die Anbieter aber zusätzlich den Nachweis, dass der Kranke tatsächlich einen Lohnausfall erleidet.

### Die Summenversicherung ist vorzuziehen

Bei Selbständigerwerbenden ist dieser Nachweis oft schwierig – etwa dann, wenn sie sich selber in der Aufbauphase nur einen geringen «Lohn» auszahlen. Auch später kann der «Lohn» von Selbständigen noch stark schwanken.

Selbständigerwerbende sollten also ihre Taggeldversicherung nach dem Prinzip der Summenversicherung abschliessen, bei der eine Bescheinigung vom Arzt genügt.

**STICHWORT**

### Schadenversicherung und Summenversicherung

Bei Taggeldern gemäss Versicherungsvertragsgesetz (VVG, siehe Stichwort auf Seite 13) sind für die Zahlungen im Schadenfall die Bestimmungen in den allgemeinen Versicherungsbedingungen (AVB) entscheidend. Und da gibt es zwei unterschiedliche Grundprinzipien:

- Taggelder nach dem Prinzip der **Schadenversicherung**. Hier wird nur der **effektive Schaden** (das Mindereinkommen) bezahlt.

Wer so versichert ist, muss in der Regel einen effektiven Lohnausfall nachweisen, damit ein Taggeld ausbezahlt wird.

Das heisst: Wer mit dem versicherten Taggeld auf eine Summe kommt, die höher ist als sein vorheriges Erwerbseinkommen oder sein Anspruch auf Arbeitslosen-Taggelder, muss eine Kürzung des vereinbarten Taggeldes hinnehmen.

Auch die KVG-Taggelder sind vom Prinzip her Schadenversicherungen.

- Taggelder nach dem Prinzip der **Summenversicherung**. Hier ist eine **feste Summe** versichert, die auch ausbezahlt werden muss.

Für den Bezug genügt es hier, dass ein Arzt die versicherte Person als ganz oder teilweise arbeitsunfähig erklärt. Ein abgemachtes VVG-Taggeld muss dann ohne Wenn und Aber ausbezahlt werden.

Kritische Juristinnen und Juristen sind der Ansicht, bei VVG-Taggeldern sei in jedem Fall von einer Summenversicherung auszugehen, falls nichts anderes im Vertrag steht. Die Versicherer sehen das hingegen teilweise anders.

Erschwerend kommt dazu, dass Laien aus den Formulierungen von Police und Versicherungsbedingungen oft nur schwer herauslesen können, um welchen Versicherungstypus es sich handelt.

Alle Angebote in der Prämientabelle auf der Seite links sind nach dem Prinzip der Summenversicherung offeriert. Anbieter, die keine Summenversicherung anbieten, sind gar nicht berücksichtigt.

- Das volle versicherte Taggeld wird bei den meisten Anbietern erst bei 100-prozentiger Arbeitsunfähigkeit ausbezahlt (mit Ausnahmen, siehe Tabelle auf Seite 146).
- Ein entsprechend gekürztes Taggeld (abhängig vom Arztzeugnis) gibt es bei allen Versicherern schon ab einer 25-prozentigen Arbeitsunfähigkeit.
- Für Selbständigerwerbende gibt es auch noch spezielle Firmenversicherungen (auch für Einmannbetriebe) mit Kollektivtarif. Dieser ist meist günstiger als der Einzeltarif. Erkundigen Sie sich! Auch für Landwirte gibt es Spezialprodukte.

### Das Taggeld für Hausfrauen und Hausmänner

Auch Hausfrauen und Hausmänner können bei einigen Anbietern ein VVG-Taggeld von bis zu 75 Franken pro Tag versichern; sinnvoll ist dann, den Unfall ebenfalls mitzuversichern. Ob Hausfrauen bei einer längeren Krankheit oder nach einem Unfall ein Taggeld brauchen, hängt von den Umständen ab (etwa davon, ob man für Haushalt und Betreuung der Kinder auf fremde Hilfe angewiesen ist).

Ein paar Details zum Taggeld für Hausfrauen (das Folgende gilt natürlich ebenso für die Hausmänner):

- Haushaltführende sollten sich nach den genauen Bedingungen erkundigen. Meist gibt es für sie spezielle Angebote.
- Auch hier sind die Prämienunterschiede gross. Gemäss VZ Vermögenszentrum kostet ein Taggeld von 27 Franken (Jahreslohn 10 000.–) für eine 42-jährige Frau zwischen 250 und 900 Franken pro Jahr (30 Tage Wartefrist, zwei Jahre Leistungsdauer, Stand Anfang 2012).
- Viele Anbieter gewähren den Hausfrauen (und Hausmännern) nur eine Leistungsdauer von einem Jahr. Das ist günstiger – aber mit einem gewissen Risiko verbunden, weil die staatliche Invalidenversicherung zwar theoretisch schon nach einem Jahr zahlen muss, die Abklärungen jedoch oft länger dauern.

### Probleme mit dem Nachweis eines Verdienstausfalls

- Auch für Hausfrauen gibt es Taggelder nach Schaden- oder Summenversicherung (siehe Stichwort auf der vorhergehenden Seite). Für Hausfrauen sind aber nur Summenversicherungen sinnvoll, weil sie keinen Verdienstausfall haben.
- Wichtig ist, ob das Taggeld auch bei einer Geburt bezahlt wird. Erkundigen Sie sich! In der Regel ist das Mutterschaftsrisiko bei Hausfrauen und selbständigerwerbenden Frauen in der Einzelversicherung nicht inbegriffen (während angestellte Frauen über die Mutterschaftsversicherung einen entsprechenden Schutz haben).

### Abschluss eines Taggeldes: Das müssen Sie wissen

Das sollten Sie in Betracht ziehen, bevor Sie eine Einzel-Krankentaggeld-Versicherung abschliessen:

- Passen Sie die **Wartefrist** (auch Karenzfrist genannt) der Lohnfortzahlungspflicht Ihres Arbeitgebers an. Je länger die Wartefrist ist, desto billiger ist das versicherte Taggeld. Wartefrist heisst: Das Taggeld wird erst ausbezahlt, wenn die vereinbarte Wartefrist seit dem Eintritt der Arbeitsunfähigkeit vorbei ist.

Eine Wartefrist von 30 Tagen braucht es vor allem im ersten Anstellungsjahr. Verlängern Sie die Wartefrist, wenn sich die Lohnzahlung des Betriebes bei Krankheit nach mehreren Dienstjahren ebenfalls verlängert.

Sie können aber auch bewusst Prämien sparen, indem Sie die Wartefrist von Beginn weg relativ lang ansetzen (etwa 60 oder 90 Tage) und eine allfällige Zeitspanne zwischen dem Ende der Lohnfortzahlungspflicht des Arbeitgebers und dem Beginn des Taggeldes mit Ihrem Ersparten überbrücken.



CHECKLISTE

### Der richtige Abschluss eines Krankentaggeldes für Private

- In erster Linie brauchen diejenigen Angestellten ein Einzeltaggeld bei Krankheit, deren Betrieb keine Kollektiv-Taggeldversicherung hat. Erkundigen Sie sich bei Ihrem Arbeitgeber. Der Lohnausfall nach einem Unfall ist durch die obligatorische Unfallversicherung gut abgedeckt; darum müssen sich Durchschnittsverdiener nicht kümmern. Alle wichtigen Details zur Unfallversicherung stehen im Saldo-Ratgeber «Unfall-Opfer: Das sind ihre Ansprüche». Zu bestellen über Telefon 044 253 90 70 oder über www.saldo.ch.
- Ein Einzeltaggeld dient dazu, den Lohnausfall (maximal zwei Jahre lang) zu versichern. Um Arzt- und Spitalkosten müssen Sie sich keine Sorgen machen, die sind über die Krankenkasse (oder die Unfallversicherung) gedeckt.
- Überlegen Sie vorab, wie viel Lohnausfall Sie versichern möchten; mehr als den effektiven Lohn zu versichern ist unnötig. Aber: Setzen Sie das versicherte Taggeld auch nicht zu knapp an. Grund: Wenn sich Ihr Lohn später erhöht, können Sie das Taggeld nicht mehr nach oben anpassen, falls Sie dannzumal gesundheitlich nicht mehr auf der Höhe sind.
- Holen Sie mehrere Offerten ein; die Tabelle auf Seite 146 zeigt, dass die Prämienunterschiede sehr gross sind.
- Sie müssen die Taggeldversicherung nicht bei jener Krankenkasse abschliessen, bei der Sie die Arzt- und Spitalkosten versichert haben. Auch Privatversicherungsgesellschaften haben Taggelder im Angebot.
- Passen Sie die Wartefrist der Lohnzahlungspflicht Ihres Arbeitgebers an (siehe Tabelle auf Seite 142).
- Bevorzugen Sie das System der Summenversicherung, falls Sie kein geregeltes Einkommen haben oder selbständigerwerbend sind (siehe Stichwort auf Seite 147).
- Falls Sie nicht angestellt sind, sollten Sie einem Taggeld, das bei Krankheit und Unfall zahlt, erste Priorität einräumen.
- Falls Sie angestellt sind, können Sie den Unfall jedoch ausschliessen und so Prämien sparen.
- Nach dem Abschluss: Melden Sie eine Krankheit sofort der Versicherung – auch wenn Sie eine lange Wartefrist haben. Sonst verletzen Sie unter Umständen die Meldepflicht.

Übrigens: Auch für Firmen lohnt es sich, vor dem Abschluss einer Kollektiv-Krankentaggeld-Versicherung mehrere Offerten einzuholen. Auch da sind die Prämienunterschiede gross.

- **Bezugsdauer.** In der Regel wird das vereinbarte Taggeld zwei Jahre (beziehungsweise 720 Tage) lang ausbezahlt. Eine Bezugsdauer von nur 360 Tagen wäre rund 10 Prozent günstiger – jedoch mit einem gewissen Risiko verbunden, weil die staatliche Invalidenversicherung zwar theoretisch schon nach einem Jahr zahlen muss, die Abklärungen aber oft länger dauern.

  Es kann also durchaus sein, dass die IV-Rente erst nach zwei Jahren kommt (dann allerdings rückwirkend für ein Jahr) oder noch später.
- **Prämiengarantie.** Zu beachten ist, dass die Prämien für Taggelder in der Regel nicht garantiert sind, sie können also während der Vertragsdauer steigen. Nur wenige Versicherer bieten Verträge mit Prämiengarantie an; erkundigen Sie sich.
- **Kündigungsverzicht.** In der Regel haben die Anbieter in den Versicherungsbedingungen festgehalten, dass sie auf ihre Kündigungsmöglichkeit im Schadenfall verzichten.
- **Ablauf der Versicherung.** Falls Sie Pech haben und lange krank sind und die maximale Bezugsdauer des Taggeldes von zwei Jahren voll ausschöpfen, erlischt das Taggeld bei den meisten Versicherern anschliessend automatisch. Ein neues Taggeld zu versichern, dürfte dann wegen der jetzt angeschlagenen Gesundheit praktisch unmöglich sein. Das betrifft zum Beispiel Teilinvalide, die nach zwei Jahren keine Rente der Invalidenversicherung erhalten, weil die staatliche IV eine Rente erst ab einem Invaliditätsgrad von 40 Prozent zahlt.
- **Keine Prämienbefreiung.** Anders als bei den übrigen Risikoversicherungen gibt es bei den VVG-Taggeldern nach dem Summenversicherungsprinzip keine Prämienbefreiung im Schadenfall. Leistungsbezüger müssen also weiterhin die volle Prämie zahlen.

Fortsetzung auf Seite 152

TIPP

### Spitaltaggeld-Versicherung? Nein!

Oft werben Versicherungsgesellschaften und Krankenkassen für Spitaltaggelder. Eine Spitaltaggeld-Versicherung zahlt der versicherten Person für jeden Tag, den sie im Spital verbringt, ein vereinbartes Taggeld bar aus.

Die Anbieter führen ins Feld, mit einer Spitaltaggeld-Versicherung könne man den Lohnausfall versichern. Das ist gefährlich – denn viele Patienten sind krank, müssen aber deswegen nicht ins Spital. In einem solchen Fall würde kein Spitaltaggeld ausbezahlt und damit auch kein Lohnersatz.

Wer also den Lohnausfall versichern will, muss dies richtig tun, nämlich so, dass der Erwerbsausfall in jedem Fall gesichert ist. Dafür bieten die Versicherer «richtige» Taggeldversicherungen an, die diesen Namen auch wirklich verdienen (Details siehe Seite 142 ff.).

Und persönliche Auslagen im Spital (wie etwa Telefon, TV-Miete, Coiffeur) sind selten so hoch, dass man diese mit einer Versicherung abdecken muss.

Die Anbieter argumentieren auch, allgemein Versicherte könnten ihr Taggeld dem Spital anbieten, um damit wenigstens ein Einbett- oder Zweibettzimmer zu erhalten (Behandlung aber immer noch als Allgemein-Patient). Dieses Argument ist schwach, weil gar nicht alle Spitäler zusätzliche Zimmer für allgemein Versicherte zur Verfügung stellen.

## Die Taggelder nach KVG sind dem Untergang geweiht

Die Krankenkassen bieten im Rahmen der sozialen Krankenversicherung auch eine Taggeldversicherung gemäss KVG an (siehe Stichwort auf Seite 34). Dabei müssen sie jeden Interessenten aufnehmen – unabhängig von seinem Gesundheitszustand.

Doch viele Krankenkassen haben sich ihrer sozialen Verpflichtung mit einem üblen Trick entzogen. Die allermeisten haben das versicherbare Einzeltaggeld gemäss KVG für Neukunden in der Höhe so massiv eingeschränkt und damit sabotiert, dass es seinen Zweck, den Lohnausfall zu ersetzen, nicht mehr erfüllt.

Mit anderen Worten: Sie bieten nur noch ein Taschengeld an. Und der Gesetzgeber hat es versäumt, ein minimales Taggeld festzulegen.

In der Regel liegt die obere Grenze des KVG-Taggeldes für Neuabschlüsse zwischen 10 und 30 Franken pro Tag.

**KVG-Taggelder wären vorteilhaft.** Die Vorteile des KVG-Taggeldes liegen auf der Hand:

- Die Krankenkassen müssen jeden Interessenten versichern – unabhängig von seinem Gesundheitszustand.
- Die Prämien sind für Männer und Frauen zwingend gleich (nur eine Abstufung nach Region und Eintrittsalter ist erlaubt).
- Die KVG-Taggeldprämie darf nicht nach gesundheitlichen oder anderen Kriterien abgestuft werden.
- Hat eine Person bereits ein gesundheitliches Leiden, so darf die Krankenkasse nach KVG zwar beim Taggeld für dieses Leiden einen Gesundheitsvorbehalt anbringen (siehe Stichwort auf Seite 84); er erlischt aber spätestens nach fünf Jahren automatisch.

**VVG-Taggelder sind günstiger – aber nicht für jedermann erhältlich.** Bei den Taggeldern nach dem Versicherungsvertragsgesetz (VVG) sieht es komplett anders aus:

- Die Limiten für die Versicherungsdeckung liegen sehr viel höher oder fehlen gar – was es den Kundinnen und Kunden erlaubt, den Lohnausfall auch wirklich zu decken.
- Die Versicherer können aber Interessenten ohne Angabe von Gründen ablehnen, sie können maximale Alterslimiten für die Aufnahme festlegen (zum Beispiel 55 Jahre), sie können die Prämien individuell dem jeweiligen Risikoprofil des Versicherten anpassen (zum Beispiel Alter, Wohnort, Geschlecht oder Beruf), und sie können auch lebenslange Gesundheitsvorbehalte anbringen.
- Arbeitslose und Hausfrauen bekommen bei einigen Anbietern überhaupt kein VVG-Taggeld. Im KVG-Bereich hingegen wäre das kein Problem.
- Weil die Krankenkassen dank dem VVG krankheits- und unfallgefährdete Personen ausschliessen können, sind die Prämien hier tendenziell günstiger als im KVG-Taggeld, wo die Krankenkassen jeden Interessenten aufnehmen müssen.

**Massive Prämiensteigerungen im KVG-Bereich.** Die KVG-Taggeldversicherung wird damit zum Sammelbecken für Personen mit einem überdurchschnittlichen Krankheitsrisiko, weil diese bei den VVG-Taggeldversicherungen vor verschlossenen Türen stehen.

Dies hat auch zur Folge, dass es bei der KVG-Taggeldversicherung in den letzten Jahren teilweise zu massiven Prämiensteigerungen gekommen ist. Das zeigt sich ebenfalls beim Übertritt aus der Kollektivversicherung in die KVG-Einzelversicherung (siehe Kasten auf der nächsten Seite).

**Tipp:** Viele Versicherte haben noch ein KVG-Taggeld – welches aber ständig teurer wird. Wer dieses KVG-Taggeld beibehalten will, kann zum Prämiensparen die Wartefrist verlängern oder das Taggeld herabsetzen (das ist meist auf jedes Monatsende möglich, erkundigen Sie sich).

**Achtung:** Wer das KVG-Taggeld kündigt und nicht mehr bei bester Gesundheit ist, kann sich praktisch nicht mehr neu versichern.

Fortsetzung von Seite 150

### Von der Kollektivlösung in die Einzelversicherung

Wer seine Stelle verlässt, um unmittelbar danach ein neues Arbeitsverhältnis einzugehen, kann von der bisherigen Kollektiv-Taggeldversicherung in eine neue eintreten – sofern der neue Arbeitgeber überhaupt ein Kollektiv-Krankentaggeld hat.

Bei einem solchen Wechsel innerhalb der vorgegebenen Fristen besteht in der Regel keine Gefahr, dass die neue Versicherung die Deckung wegen einer bereits bestehenden gesundheitlichen Beeinträchtigung verweigert oder einen Gesundheitsvorbehalt anbringt.

Schwierigkeiten kann es aber geben, falls Sie – aus welchen Gründen auch immer – Ihre Arbeitsstelle verlassen, ohne dass Sie eine neue Anstellung annehmen. Oder wenn Sie zu einem Arbeitgeber wechseln, der kein Kollektiv-Krankentaggeld abgeschlossen hat.

### Der Übertritt in die VVG-Einzelversicherung

Auch bei den Bestimmungen zum Übertritt von der Kollektiv- in die Einzelversicherung gilt es, zwischen KVG- und VVG-Taggeldern zu unterscheiden. Die Details zu diesen KVG-Taggeldern stehen im Kasten auf der vorhergehenden Seite.

Bei VVG-Kollektivversicherungen muss der Antrag auf Übertritt in die VVG-Einzelversicherung im Grundsatz innert 30 Tagen nach Beendigung des Arbeitsverhältnis-

## Sehr teuer: Der Übertritt in die KVG-Einzelversicherung

Nach den Bestimmungen des sozialen KVG haben Sie das Recht, von der KVG-Kollektivversicherung in die KVG-Einzelversicherung beim gleichen Versicherer überzutreten – und zwar mit dem gleichen versicherten Taggeld und ohne (neue) Gesundheitsvorbehalte, also zu den gleichen Bedingungen.

Der Versicherer muss Sie gemäss KVG sogar schriftlich auf dieses Recht aufmerksam machen.

Nach dieser Mitteilung haben Sie drei Monate Zeit, um sich zu entscheiden; die neue Prämie müssen Sie allerdings selber zahlen, was immer mit einer markanten Mehrbelastung verbunden ist.

Theoretisch ist diese Übertrittsmöglichkeit insbesondere dann interessant, wenn eine gesundheitlich angeschlagene oder ältere Person die Stelle aufgibt oder verliert: Eine Neuaufnahme in eine Taggeldversicherung bei einer anderen Krankenkasse zu vernünftigen Bedingungen käme für sie faktisch nicht mehr in Frage.

Und: Falls jemand in der KVG-Kollektiv-Taggeldversicherung ein hohes Taggeld von beispielsweise 150 Franken versichert hatte, so muss die Krankenkasse im KVG-Einzeltaggeld die gleiche Summe gewähren – selbst wenn sie in der Einzelversicherung ansonsten bei Neukunden nur noch das lächerliche Taschengeld von beispielsweise 10 Franken anbietet (siehe Kasten auf Seite 151).

Das Problem ist aber, dass es immer weniger kollektiv Versicherte nach KVG gibt, weil die Kassen neue Verträge nach den Bestimmungen des KVG nicht mehr abschliessen oder bestehende umstellen. Die Bestimmung wird also immer mehr zum toten Buchstaben.

ses erklärt werden (es sei denn, die Versicherungsbedingungen sehen eine andere Frist vor).

In der Praxis genügt als Übertrittserklärung das Verlangen einer Offerte von der Versicherungsgesellschaft. Diese offeriert dann die Einzelversicherung und die Prämie.

Die betroffene Person kann dann immer noch entscheiden, ob sie den Übertritt zu den offerierten Bedingungen will. Ein solches zweistufiges Vorgehen lohnt sich, weil Interessentinnen und Interessenten die Prämie der Einzelversicherung nicht im Voraus abschätzen können.

Im Gegensatz zu den KVG-Kollektivversicherern sind die VVG-Kollektivversicherer nicht verpflichtet, die Versicherten auf ihr Übertrittsrecht aufmerksam zu machen (ausser wenn die Person als arbeitslos gemeldet ist; dann gilt die gleiche Informationspflicht wie im KVG-Bereich).

### Die Informationspflicht des Arbeitgebers

Angesichts dieser fehlenden Informationspflicht der Versicherer im VVG-Bereich wechselt diese Pflicht auf den Arbeitgeber: Er ist aus arbeitsrechtlichen Grundsätzen verpflichtet, seine ausscheidenden Arbeitnehmer auf das Übertrittsrecht aufmerksam zu machen.

Unterlässt der Arbeitgeber die vorgeschriebene Information und wird dadurch die Frist (30 bis 90 Tage) für den Übertritt verpasst, muss er für den Schaden geradestehen.

**TIPP**

### Kleinst-Taggelder kündigen!

Viele Pensionierte haben bei ihrer Krankenkasse noch ein KVG-Minitaggeld von 2 oder 5 Franken versichert. Dieses ist völlig überflüssig, weil Pensionierte keinen Lohnausfall haben und dieses Taschengeld im Krankheitsfall ohnehin für nichts reicht.

Vielen Krankenkassen ist das egal, und sie kassieren die Prämie weiter, ohne die Kunden aufzuklären. Einzig VVG-Taggelder erlöschen bei der Pensionierung automatisch.

Der Tipp kann nur lauten: Solche Minitaggelder sofort kündigen!



Betrübliches Fazit also: Die Regelungen zum Krankentaggeld sind unübersichtlich, uneinheitlich und für die Versicherten voller Fallstricke.

### Nach langer Krankheit die Kündigung erhalten. Was nun?

Es ist denkbar, dass eine angestellte Person länger krank ist und nach einer gewissen Sperrfrist (in etlichen Fällen 180 Tage) vom Arbeitgeber die Kündigung erhält.

Zahlt jetzt die Kollektiv-Krankentaggeld-Versicherung des Betriebes über diese sechs Monate hinaus noch weiter?

Bei der Antwort auf diese Frage ist zwischen KVG und VVG zu unterscheiden:

- Im KVG-Bereich ist dies nicht der Fall. Hier muss die betroffene Person in die (teurere) Einzelversicherung übertreten, wenn sie weitere Leistungen beziehen will. Der Aufpreis kann sehr happig ausfallen – es ist aber die einzige Möglichkeit, den Versicherungsschutz für eine laufende Krankheit zu erhalten.

- Im VVG-Bereich gibt es dazu zwei Varianten: Entweder bleibt die versicherte Person gemäss den Versicherungsbedingungen weiterhin anspruchsberechtigt, die VVG-Kollektiv-Krankentaggeld-Versicherung muss also weiterzahlen, und zwar so lange, bis die maximale Anspruchsdauer (in der Regel 720 Tage) abgelaufen ist.

Es gibt aber auch Versicherungsbedingungen, die vorsehen, dass die Leistungsberechtigung endet, wenn das Arbeitsverhältnis gekündigt wird. Dann bleibt Betroffenen ebenfalls nur noch der Übertritt in die Einzelversicherung.

**Tipp:** Warten Sie nicht zu lange, wenn Sie von der VVG-Kollektiv- in die VVG-Einzelversicherung übertreten wollen. Es kann sein, dass die Frist schon nach 30 Tagen abläuft!

**FRAGE**

### Krankentaggelder: Keine Kinderzulagen mehr – ist das korrekt?

**Mein Mann ist seit über drei Monaten krank. Da er beim Arbeitgeber eine Krankentaggeld-Versicherung hat, erhält er den Lohn weiter. Die Ausgleichskasse zahlt jetzt aber die Kinderzulagen nicht mehr aus. Ist das richtig?**

**Ja.** Kranke Arbeitnehmerinnen und Arbeitnehmer erhalten Kinderzulagen für den laufenden Monat, in dem sie krank werden, und anschliessend noch für drei weitere volle Monate.

Falls nach Ablauf dieser drei Monate noch mindestens Lohn in der Höhe von 580 Franken pro Monat bzw. 6960 Franken im Jahr ausgerichtet wird, erhalten kranke Angestellte die Kinderzulagen ebenfalls weiterhin (Stand 2012, siehe AHV-Merkblatt 6.08).

Ihr Mann erhält aber nicht Lohn, sondern Krankentaggeld, also eine Versicherungsleistung. Deshalb hat er nach drei Monaten keinen Anspruch mehr auf die Kinderzulagen.

**Tipp:** Betriebe können bei der Kollektiv-Krankentaggeld-Versicherung für ihre Angestellten abmachen, dass Kinderzulagen ebenfalls versichert sind. Dann erhalten Angestellte die Kinderzulagen länger.

Übrigens: Bei der Unfallversicherung sind Kinderzulagen immer mitversichert (siehe Seite 123).

## Für den langfristigen Lohnersatz bei Krankheit: Die Invalidenrente

Im ersten Teil dieses Kapitels zum Thema Taggeld wurde aufgezeigt, wie Sie den kurzfristigen Lohnausfall für die Zeit einer vorübergehenden Krankheit (bis zur Genesung) mit einem Krankentaggeld versichern können.

Dann ist fürs Erste gesorgt (siehe Grafik auf Seite 140).

Doch spätestens nach zwei Jahren kommt das nächste, und zwar langfristige Geldproblem. Falls die erkrankte Person nicht mehr auf Heilung hoffen darf und invalid wird – was hier immer mit erwerbsunfähig gleichzusetzen ist –, droht die nächste Versicherungslücke. Denn die Krankentaggelder sind jetzt in jedem Fall erschöpft.

Zwar fliessen nun die IV-Renten der staatlichen Invalidenversicherung (IV) und der Pensionskasse – Betroffenen droht aber möglicherweise trotzdem eine empfindliche Einkommenseinbusse.

Die Lösung für dieses Problem: eine private Erwerbsausfall-Versicherung, also eine zusätzliche, selber organisierte Invalidenrente, die spätestens nach zwei Jahren (zusammen mit den Renten von IV und Pensionskasse) das Krankentaggeld ablöst und so einen langfristigen Lohnersatz garantiert.

Viele Gesellschaften sprechen hier von der Erwerbsunfähigkeits-Versicherung.

Wie bei der kurzfristigen Erwerbsunfähigkeit gilt auch bei bleibender Invalidität, dass Verunfallte viel besser versichert sind als Personen, bei denen eine Krankheit Ursache der Invalidität ist.

Von Unfallversicherung, Invalidenversicherung und Pensionskasse erhalten verunfallte Angestellte nämlich in der Regel total 90 Prozent des letzten Lohnes (siehe Grafik auf Seite 140).

Ganz anders ist es, wenn eine Krankheit zum beruflichen Aus führt. Die gut ausgebauten Leistungen der Unfallversicherung fallen weg, es bleiben noch IV und Pensionskasse. Und das kann zu wenig sein – sogar weniger als 60 Prozent des letzten Lohnes.

### Invalidität infolge Krankheit ist viel häufiger

Betroffene sollten aber daran denken, dass sie neben der IV eventuell noch Anspruch auf Hilflosenentschädigung oder Ergänzungsleistungen haben. Dazu haben die AHV-Ausgleichskassen gut verständliche Merkblätter im Angebot. Im Internet finden Sie diese unter www.ahv-iv.info. Oder fragen Sie bei Ihrer Ausgleichskasse.

**Fazit:** Viele haben bei krankheitsbedingter Invalidität spätestens nach zwei Jahren eine Versicherungslücke, die es zu stopfen gilt – umso mehr, als Invalidität infolge Krankheit rund neunmal häufiger ist als Invalidität infolge Unfalls.

## Die häufigsten Ursachen der Invalidität

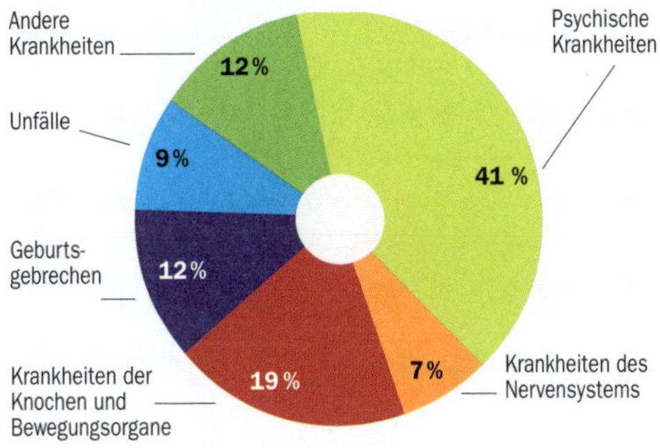


QUELLE: BUNDESAMT FÜR SOZIALVERSICHERUNGEN

Die Grafik oben zeigt das: So liegen bei den Gründen für Berufsunfähigkeit zum Beispiel psychische Krankheiten mit 41 Prozent an der Spitze. Unfälle hingegen sind nur in rund 9 Prozent der Fälle die Ursache, die dem Opfer ein weiteres Geldverdienen unmöglich macht (oder es mehr oder weniger stark einschränkt).

### Invalid wegen einer Krankheit: So sind Sie versichert

Wer nun seine eigene Versicherungssituation überprüfen will, sollte sich zuerst erkundigen, wie viel Geld bei einer krankheitsbedingten Invalidität überhaupt noch hereinkommt:

- Bei der staatlichen **Invalidenversicherung (IV)** ist der Fall relativ klar. Die maximale Einzelrente liegt zurzeit zwischen 1160 und

STICHWORT

## Risiko-Lebensversicherung

Eine Risiko-Lebensversicherung (Risikoversicherung) sichert die Risiken Tod und Invalidität ab (entweder einzeln oder in Kombination). Grundsätzlich sind also zwei Arten zu unterscheiden:

- Die Erwerbsunfähigkeits-Versicherung (auch private Invalidenrente genannt) zahlt einen Lohnersatz, falls die versicherte Person infolge Invalidität erwerbsunfähig ist. Details dazu ab Seite 154.
- Die Todesfallrisiko-Versicherung zahlt an die Hinterbliebenen die vereinbarte Summe aus, falls die versicherte Person stirbt. Sie ist ab Seite 168 beschrieben.

Davon zu unterscheiden ist die Sparversicherung oder gemischte Versicherung, die in der Regel ebenfalls die Risiken Tod und Invalidität absichert, dies aber noch mit einem Sparprozess verbindet (siehe Seite 176ff.).

Beide Versicherungsarten laufen oft unter dem Überbegriff «Lebensversicherung». Dieser Begriff ist aber zu unpräzis (siehe das Stichwort auf Seite 176).

2320 Franken pro Monat (Stand 2012).

Das Maximum erhält aber nur, wer keine Beitragslücken hat und ein gewisses Durchschnittseinkommen erzielte (mehr als 83 520 Franken pro Jahr, Stand 2012).

Wer Kinder unter 18 Jahren hat, erhält dazu Invaliden-Kinderrenten (zurzeit monatlich zwischen 464 und 928 Franken pro Kind, gilt auch für unter 25-jährige junge Erwachsene, falls sie noch in Ausbildung sind, Stand 2012).

Wie gross Ihr Anspruch wäre, können Sie bei der für Sie zuständigen AHV-Zweigstelle in Erfahrung bringen.

- Grosse Unterschiede gibt es bei der **Pensionskasse**. Hier gibt es Lösungen, die nur das gesetzliche Minimum bieten, aber auch Varianten mit grosszügigen überobligatorischen Leistungen. Das hängt jeweils davon ab, was der Arbeitgeber mit der Pensionskasse vereinbart.

Konkret: Hat der Arbeitgeber nur die gesetzliche Lösung versichert, erhalten Invalide nur gerade 15 bis 20 Prozent des letzten versicherten Lohnes. Bei einer überobligatorischen Lösung hingegen bekommen Betroffene 50 oder gar 60 Prozent des letzten versicherten Salärs.

Die effektive Höhe der Invalidenrente der Pensionskasse sollte aus Ihrem aktuellen Versicherungsausweis hervorgehen, den Sie in der Regel jährlich erhalten (sonst fragen Sie bei Ihrer Pensionskasse nach). Wer Kinder zu ernähren hat, hat von der Pensionskasse noch eine (bescheidene) Invaliden-Kinderrente zugut.

Alles Wichtige zur AHV und zur Pensionskasse steht im Saldo-Ratgeber «Gut vorsorgen: Pensionskasse, AHV und 3. Säule». Sie können das Buch unter Telefon 044 253 90 70 oder im Internet unter www.saldo.ch bestellen.

### Die private Initiative kann die Vorsorgelücke füllen

Wer anschliessend die Leistungen aus IV und Pensionskasse zusammenzählt, sieht sofort, wie sich diese Summe zum jetzigen Lohn verhält. Wer damit auskommt, muss nichts machen.

Wer jedoch zu wenig hat und diese Lücke durch private Vorsorge füllen will, um den jetzigen Lebensstandard zu halten, kann dies mit einer Erwerbsunfähigkeits-Versicherung tun. Das betrifft insbesondere Familienväter und Selbständigerwerbende, aber auch Hausfrauen und Studenten (das Thema Kinder und Invalidität ist auf Seite 164 ff. behandelt).

Die zwei Prämientabellen auf der nächsten Doppelseite zeigen im Detail, was eine solche Invalidenrente von 2000 Franken pro Monat kostet, und zwar für einen 35-jährigen Mann sowie eine 35-jährige Frau.

Wer sich so versichert, erhält bei einer Invalidität von mindestens 66⅔ Prozent (oder 70 Prozent, je nach Gesellschaft) eine Rente von 2000 Franken im Monat – und zwar konstant bis zum Ver-



## So lesen Sie die Prämientabellen in diesem Kapitel

- Die Spalte **Bruttoprämie pro Jahr** zeigt den Betrag, den Sie zahlen müssten, wenn die Gesellschaft keine Überschüsse gibt. In der Praxis geben etliche Gesellschaften Überschüsse an die Versicherten ab (siehe Kasten auf Seite 161), darauf ist aber kein Verlass.
- Die Spalten **Nettoprämie im 1. Jahr** und **Nettoprämie ab 2. Jahr** zeigen, wie viel Sie voraussichtlich effektiv bezahlen müssen; hier sind also die prognostizierten Überschüsse berücksichtigt, das heisst von der Bruttoprämie abgezogen. Oft bleibt die netto zu bezahlende Prämie bis zum Vertragsablauf unverändert – es sei denn, die Gesellschaft kürzt die nicht garantierten Überschüsse.

Einige Gesellschaften geben erst ab dem zweiten Versicherungsjahr Überschüsse, weshalb die Nettoprämie hier im ersten Jahr noch etwas höher ist.

- Die Spalte **Bruttoprämien-Barwert** zeigt die Gesamt-Bruttoprämie (ohne Überschüsse) für die ganze Vertragsdauer (mit 2 Prozent diskontiert). Das heisst: Es ist derjenige Betrag, den Sie theoretisch gleich zu Vertragsbeginn bereitstellen und auf ein Sparheft mit konstant 2 Prozent Zins legen müssten, um damit sämtliche künftig anfallenden Prämien zahlen zu können.

Diese Diskontierung ist nötig, weil beispielsweise einzelne Gesellschaften am Anfang höhere Prämienraten verlangen als am Schluss; die Prämien sind also auf der Zeitachse ungleich verteilt. Die Diskontierung gleicht das aus und berücksichtigt auch, dass man bei einigen Gesellschaften in den letzten Jahren der Vertragsdauer sogar keine Prämie mehr zahlen muss.

Würde eine Gesellschaft die nicht garantierten Überschüsse vollständig streichen, so müsste die versicherte Person diese Bruttosumme zahlen. Kürzungen sind aber keine Seltenheit.

Nach dieser Zahl (Bruttoprämien-Barwert) sind die Gesellschaften in den fünf Tabellen in diesem Kapitel rangiert.

- Die Spalte **Nettoprämien-Barwert** zeigt ebenfalls das diskontierte Prämientotal – aber unter Berücksichtigung der prognostizierten Überschüsse und allfälliger Bonuszahlungen (siehe Stichwort auf Seite 161). Für den Kunden gilt: Je höher dieser Barwert, desto teurer ist der Versicherungsschutz.

Falls die Summe in den beiden Spalten «Bruttoprämien-Barwert» und «Nettoprämien-Barwert» gleich hoch ist, so bedeutet dies, dass diese Gesellschaft hier keine Überschüsse gibt.

- Die Spalte **Prämienzahldauer** zeigt, dass einige Anbieter gegen Ende der vereinbarten Vertragsdauer keine Prämien mehr verlangen (dafür in den vorangehenden Jahren entsprechend mehr). Diese unterschiedliche Prämienzahldauer ist im Barwert berücksichtigt.

### Erwerbsunfähigkeits-Rente: Prämien für einen 35-jährigen Mann

Konstante Rente von 24 000 Franken pro Jahr bis Alter 65 (inkl. Unfall), Prämien für Nichtraucher, Wartefrist 24 Monate, Prämienbefreiung nach 3 Monaten, Überschüsse werden zur Prämienreduktion verwendet. Angaben in Franken. Rangiert nach dem Bruttoprämien-Barwert.

| Gesellschaft | Bruttoprämie pro Jahr | Nettoprämie im 1. Jahr[1] | Nettoprämie ab 2. Jahr[1] | Bruttoprämien-Barwert[2] | Nettoprämien-Barwert[2] | Prämienzahldauer | Prämiengarantie | Mehrprämie für Raucher |
|---|---|---|---|---|---|---|---|---|
| Zürich[3,6] | 861.– | 818.– | 818.– | 18 690.– | 17 756.– | 25 Jahre | Nein | Ja |
| Vaudoise[3] | 889.– | 889.– | 804.– | 19 297.– | 17 537.– | 28 Jahre | Nein | Nein |
| Swiss Life[3] | 934.– | 934.– | 934.– | 20 274.– | 20 274.– | 28 Jahre | Nein | Nein |
| Basler[3,4] | 936.– | 802.– | 802.– | 20 322.– | 17 409.– | 28 Jahre | 5 Jahre | Ja |
| Mobiliar[3] | 950.– | 950.– | 950.– | 20 615.– | 20 621.– | 28 Jahre | Nein | Nein |
| Axa Winterthur[3] | 1032.– | 991.– | 990.– | 21 797.– | 20 911.– | 27 Jahre | Nein | Ja |
| Nationale[3,7] | 1061.– | 823.– | 823.– | 23 038.– | 17 860.– | 28 Jahre | Nein | Nein |
| Raiffeisen[3] | 1084.– | 867.– | 867.– | 23 530.– | 18 820.– | 28 Jahre | Nein | Nein |
| Generali[3,5] | 1112.– | 1106.– | 1106.– | 24 138.– | 24 008.– | 28 Jahre | 5 Jahre | Nein |
| Helvetia[3] | 1133.– | 906.– | 906.– | 24 594.– | 19 666.– | 28 Jahre | Nein | Nein |
| Allianz[3] | 1204.– | 991.– | 991.– | 26 131.– | 21 511.– | 28 Jahre | Nein | Nein |
| Pax | 1233.– | 1233.– | 1233.– | 26 765.– | 26 765.– | 28 Jahre | Nein | Nein |

**So lesen Sie die Prämientabellen:** Siehe Kasten auf Seite 157.

1 Voraussichtliche Prämien ohne Garantie, Prämienanpassungen sind jederzeit möglich 2 Prämientotal über die gesamte Vertragslaufzeit (diskontiert mit 2 %) 3 Offerte für das günstigste Berufsrisiko, Prämie kann je nach Beruf höher ausfallen 4 Garantierte Höchstprämie in den ersten fünf Jahren: 802.– 5 Garantierte Höchstprämie in den ersten fünf Jahren: 1106.– 6 Prämienbefreiung nach 24 Monaten 7 Raucher erhalten tiefere Überschüsse Aktuelle Prämienvergleiche finden Sie im Internet unter www.vermoegenszentrum.ch.

QUELLE: VZ VERMÖGENSZENTRUM, STAND ANFANG 2012

tragsende, welches man mit Vorteil auf das Pensionierungsalter ansetzt (ab dann kommen nämlich die Altersrenten der staatlichen AHV und der Pensionskasse).

Die Wartefrist ist in den Prämientabellen mit zwei Jahren angesetzt. Die Vorgabe lautet also, dass die versicherte Person im Krankheitsfall noch zwei Jahre lang entweder durch ein Kollektiv-Krankentaggeld oder durch ein privates Krankentaggeld abgesichert ist und deshalb die Invalidenrente erst nach zwei Jahren braucht (siehe Teil 1 dieses Kapitels auf den Seiten 142 ff.).

Selbständigerwerbende müssen eine entsprechend kürzere Wartefrist von beispielsweise drei Monaten wählen (siehe S. 135).

Wer eine kleinere Rente oder eine höhere versichern will, kann aufgrund der Tabellen oben in etwa abschätzen, was das kosten würde. Denn die Prämien verhalten sich mehrheitlich linear.

Das bedeutet konkret: Wer beispielsweise eine Rente von 1000 Franken pro Monat braucht, zahlt

## Erwerbsunfähigkeits-Rente: Prämien für eine 35-jährige Frau

Konstante Rente von 24 000 Franken pro Jahr bis Alter 64 (inkl. Unfall), Prämien für Nichtraucherin, Wartefrist 24 Monate, Prämienbefreiung nach 3 Monaten, Überschüsse werden zur Prämienreduktion verwendet. Angaben in Franken. Rangiert nach dem Bruttoprämien-Barwert.

| Gesellschaft | Bruttoprämie pro Jahr | Nettoprämie im 1. Jahr[1] | Nettoprämie ab 2. Jahr[1] | Bruttoprämien-Barwert[2] | Nettoprämien-Barwert[2] | Prämienzahldauer | Prämiengarantie | Mehrprämie für Raucher |
|---|---|---|---|---|---|---|---|---|
| Zürich[3,6] | 877.– | 833.– | 833.– | 16 923.– | 16 076.– | 24 Jahre | Nein | Ja |
| Pax | 846.– | 846.– | 846.– | 17 860.– | 17 860.– | 27 Jahre | Nein | Nein |
| Mobiliar[3] | 862.– | 862.– | 862.– | 18 200.– | 18 200.– | 27 Jahre | Nein | Ja |
| Vaudoise[3] | 947.– | 947.– | 855.– | 20 004.– | 18 155.– | 27 Jahre | Nein | Nein |
| Raiffeisen[3] | 984.– | 787.– | 787.– | 20 777.– | 16 622.– | 27 Jahre | Nein | Nein |
| Swiss Life[3] | 1012.– | 1012.– | 1012.– | 21 372.– | 21 372.– | 27 Jahre | Nein | Nein |
| Helvetia[3] | 1027.– | 822.– | 822.– | 21 691.– | 17 355.– | 27 Jahre | Nein | Nein |
| Axa Winterthur[3] | 1085.– | 1014.– | 1012.– | 22 262.– | 20 763.– | 26 Jahre | Nein | Ja |
| Generali[3,5] | 1070.– | 1066.– | 1066.– | 22 595.– | 22 505.– | 27 Jahre | 5 Jahre | Nein |
| Nationale[3,7] | 1084.– | 839.– | 839.– | 22 899.– | 17 716.– | 27 Jahre | Nein | Ja |
| Basler[3,4] | 1113.– | 952.– | 952.– | 23 499.– | 20 107.– | 27 Jahre | 5 Jahre | Ja |
| Allianz[3] | 1237.– | 1017.– | 1017.– | 26 120.– | 21 472.– | 27 Jahre | Nein | Nein |

**So lesen Sie die Prämientabellen:** Siehe Kasten auf Seite 157.

1 Voraussichtliche Prämien ohne Garantie, Prämienanpassungen sind jederzeit möglich 2 Prämientotal über die gesamte Vertragslaufzeit (diskontiert mit 2 %) 3 Offerte für das günstigste Berufsrisiko, Prämie kann je nach Beruf höher ausfallen 4 Garantierte Höchstprämie in den ersten fünf Jahren: 1015.– 5 Garantierte Höchstprämie in den ersten fünf Jahren: 1066.– 6 Prämienbefreiung nach 24 Monaten 7 Raucher erhalten tiefere Überschüsse Aktuelle Prämienvergleiche finden Sie im Internet unter www.vermoegenszentrum.ch.

QUELLE: VZ VERMÖGENSZENTRUM, STAND ANFANG 2012

nur die Hälfte dessen, was die 2000-Franken-Rente in den beiden Tabellen kostet.

Allerdings wird die Jahresprämie höher, je älter man beim Abschluss ist. Während zum Beispiel ein 30-jähriger Mann (für eine Rente von 2000 Franken pro Monat) bei einer Laufzeit von 35 Jahren jährlich im Schnitt rund 800 bis 900 Franken zahlt, kostet das Gleiche den 47-jährigen Mann rund 40 Prozent mehr pro Jahr.

Für Frauen kostet eine Monatsrente von 2000 Franken im Durchschnitt 10 Prozent weniger als für gleichaltrige Männer.

### Volle Rente erst ab einem IV-Grad von 70 Prozent

Das sind ein paar wichtige Details, die Sie zum Thema Erwerbsunfähigkeits-Rente wissen müssen:

- Invalidität ist nicht immer gleichbedeutend mit vollständiger Invalidität. Das hat einen Einfluss auf die Höhe der ausbezahlten versicherten Rente: In der Regel zahlt

Fortsetzung auf Seite 161

TIPP

## Risikoeinschätzung: Nichtraucher zahlen weniger, Dicke mehr

Raucher sterben in der Regel früher oder werden eher schwer krank; sie sind deshalb aus Sicht der Versicherungsmathematiker ein höheres – und damit teureres – Risiko.

Etliche Gesellschaften berücksichtigen dies, indem sie von Rauchern höhere Tarife verlangen oder ihnen weniger Überschüsse auszahlen – insbesondere bei der Todesfallrisiko-Versicherung, seltener in der Erwerbsunfähigkeits-Versicherung. Die Prämien in den Tabellen auf den Seiten 158 und 159 sowie 170 bis 172 beziehen sich auf versicherte Personen, die angeben, Nichtraucher zu sein.

**Tipps für Nichtraucher:**

- Vor dem Abschluss einer Nichtraucher-Police verlangen die Gesellschaften in der Regel einen sogenannten Cotinintest, den der Arzt im Rahmen der üblichen Gesundheitsprüfung veranlasst (insbesondere bei Versicherungssummen ab 250 000 Franken oder bei älteren Antragstellern). Diesen Test können Sie nur bestehen, wenn Sie rund ein Jahr lang nicht geraucht haben.
- Aufgepasst: Wenn Sie eine Nichtraucher-Police haben, während der vereinbarten Versicherungsdauer aber trotzdem rauchen und dann sterben oder invalid werden, ohne den Wechsel zum Raucher der Gesellschaft gemeldet zu haben, erhalten die Begünstigten weniger oder unter Umständen gar kein Geld (es sei denn, das Rauchen hatte keinen Einfluss auf den Eintritt des Todes).
- Wer erst im Verlaufe der Versicherungsdauer mit Rauchen aufhört, kann eine Prämienreduktion verlangen. Voraussetzung dafür ist aber, dass man ein Jahr lang auf jeglichen Tabakgenuss verzichtet hat – und dass die Gesellschaft überhaupt einen Nichtraucher-Rabatt gewährt.
- Nichtraucher mit Todesfallrisiko-Police bei einer Gesellschaft, die keinen Rabatt beziehungsweise keinen Zuschlag für Raucher kennt, sollten Offerten bei Anbietern mit Rabattsystem einholen. Dabei sollte man aber das Total aller noch ausstehenden Prämien der alten Police mit dem Prämientotal der neuen Offerte vergleichen, bevor man aus seiner bisherigen Police aussteigt.

**Prämienzuschläge für Personen mit Gesundheitsrisiko.** Das Prinzip, dass gesund lebende Leute für die Risikoversicherung weniger zahlen müssen (und gesundheitlich Angeschlagene mehr), dürfte in Zukunft noch verfeinert werden.

Bereits gibt es Gesellschaften, die von Antragstellern mit einem hohen Body-Mass-Index (siehe Kasten auf Seite 48) einen höheren Tarif verlangen.

Gerade bei älteren Interessenten und höheren Versicherungssummen werden die Fragen zum Gesundheitszustand immer detaillierter. Und weil psychische Probleme sehr häufig zu Invalidität führen (siehe Grafik auf Seite 155), fragen Gesellschaften in diesem Punkt neuerdings nicht nur nach bisherigen Behandlungen beim Psychiater (also bei einem Arzt), sondern sie wollen auch wissen, ob die Person Hilfe bei einem Psychologen geholt hat.

Zudem zeichnet sich der Trend ab, dass nicht nur nach Behandlungen in den letzten fünf Jahren gefragt wird, vielmehr will die Gesellschaft die medizinische Geschichte der letzten zehn Jahre kennen.

Je höher die Gesellschaft das Risiko des Antragstellers einschätzt, desto höher fällt der Prämienzuschlag aus, den der Kunde zahlen muss. Oder der Antragsteller muss einen Gesundheitsvorbehalt akzeptieren (siehe Kasten auf Seite 84).

Auch der Beruf bzw. der Ausbildungsgrad kann bei der Risikoeinschätzung eine Rolle spielen. Statistiken zeigen, dass bei Erwachsenen mit nur obligatorischer Schulbildung die Wahrscheinlichkeit einer Invalidität markant höher ist als bei Hochschulabgängern.

Fortsetzung von Seite 159

die Gesellschaft erst ab einem Invaliditätsgrad von 25 Prozent überhaupt eine Rente, die volle Versicherungsleistung fliesst hingegen ab einer Invalidität von 66⅔ oder 70 Prozent. Einige Gesellschaften richten sich hier nach der staatlichen Invalidenversicherung (IV), die die volle Rente seit Anfang 2004 erst ab einem Invaliditätsgrad von 70 Prozent zahlt.

Dazwischen erfolgt die Auszahlung gemäss dem Grad der Erwerbsunfähigkeit. Den Grad der



STICHWORT

## Überschuss

Bei Risiko- und Sparversicherungen ist oft von Überschüssen die Rede. Das zeigt sich schon in den Offerten: Da ist jeweils die garantierte Leistung ausgewiesen sowie ein nicht garantierter «prognostizierter» Überschuss.

Das ist ein Konsumentenärgernis erster Güte, weil die Überschüsse zwar die Leistung der Gesellschaft in der Offerte gut aussehen lassen, aber selten in der vorausgesagten Höhe eingehalten werden.

Die garantierten Leistungen und Prämien sind – wie der Name sagt – garantiert; daran gibt es grundsätzlich nichts zu rütteln.

Die Überschüsse hingegen sind nicht garantiert, sondern stellen lediglich eine Prognose dar, die für die Gesellschaft nicht verbindlich ist.

Überschüsse entstehen etwa dann, wenn die Abschluss- und Verwaltungskosten der Gesellschaft tiefer ausfallen als budgetiert oder wenn der Schadenverlauf besser ausfällt, als aufgrund der Statistik anzunehmen war.

Anders ausgedrückt: Wenn die Gesellschaft zum Beispiel für weniger Invaliditätsfälle zahlen musste, als sie erwartet hatte.

Die Überschüsse sind aber insgesamt auch abhängig vom Geschäftsergebnis und von der Entwicklung der Kapitalanlagen. Davon geht erst mal der Gewinn für die Aktionäre weg. Ob dann noch ein Überschuss für die Versicherten übrigbleibt, entscheiden die Gesellschaften intransparent nach reiner Willkür.

Bei den Überschüssen ist zu unterscheiden:

- Bei Risikoversicherungen (Thema dieses Kapitels) können die Überschüsse die Prämien, die die versicherte Person zahlen muss, verringern.
- Bei Sparversicherungen und Leibrenten (siehe Kapitel 5) machen die Überschüsse zusammen mit den garantierten Leistungen das aus, was Versicherte oder Begünstigte am Schluss von der Gesellschaft erhalten.

Wählen Sie bei Risikoversicherungen für den Überschuss (falls die Gesellschaft solche überhaupt gibt) wenn möglich die Nettovariante (Überschussverrechnung): Die Überschüsse werden dann jeweils mit Ihrer nächsten Prämie verrechnet und nicht erst bei Ablauf als Ganzes ausbezahlt.

Einige Gesellschaften gewähren Rauchern kleinere Überschüsse als Nichtrauchern.

**Tipp:** Bewahren Sie nach dem Abschluss einer Risiko- oder Sparversicherung die Offerten auf. Sie können dann im Nachhinein überprüfen, wie sich der prognostizierte zum effektiv ausbezahlten Überschuss verhält. In der Police ist diese Prognose nämlich nicht mehr aufgeführt.

**Achtung:** Wenn Gesellschaften mit hohen Überschüssen locken, die in einem krassen Gegensatz zur garantierten Leistung stehen, sollten Sie sich davon nicht blenden lassen. Es könnte ein Lockvogelangebot sein!

Generell gilt: Rechnen Sie sicherheitshalber nur mit der garantierten Leistung.

Invalidität legen die Gesellschaften meist nach den gleichen Kriterien fest wie die staatliche IV, bzw. sie übernehmen ihn von der IV.

Beispiel: Wenn Sie zu 40 Prozent erwerbsunfähig sind, erhalten Sie auch nur 40 Prozent der vereinbarten Rente – anders als bei der staatlichen Invalidenversicherung, die bei einem Invaliditätsgrad zwischen 40 und 49,9 Prozent nur eine Viertelsrente zahlt.

- Sollte sich der Grad der Erwerbsunfähigkeit ändern, passt die Gesellschaft auch die laufende Rente an.

### So funktioniert die Prämienbefreiung

- Die Auszahlung der Rente erfolgt entweder monatlich oder vierteljährlich. Bei den meisten Anbietern kommt das Geld vorschüssig, das heisst zu Beginn der Fälligkeitsperiode, bei den anderen am Ende (erkundigen Sie sich). Bei der nachschüssigen Auszahlung muss der Kunde also auf die erste Zahlung entsprechend lange warten.
- Wird die versicherte Person von Arzt oder IV als invalid erklärt, muss sie (nach einer Wartefrist) auch keine Prämien mehr zahlen; das ist die sogenannte Prämienbefreiung bei Erwerbsunfähigkeit. In der Regel ist das nach drei Monaten der Fall (so auch bei den fünf Prämienbeispielen in diesem Kapitel).

Auch diese Prämienbefreiung wird dem Invaliditätsgrad angepasst. Wer beispielsweise nur eine halbe Rente bezieht, profitiert auch nur von der «halben» Prämienbefreiung.

- Bei einem Selbstmordversuch mit daraus resultierender Invalidität oder bei einer absichtlichen Selbstverstümmelung zahlt keine Gesellschaft eine Rente. Einige Versicherer behalten sich vor, die Rente auch bei Tabletten-, Alkohol- oder Drogensucht zu verweigern.
- Versicherte haben ein jährliches Kündigungsrecht. Die Erfahrung zeigt, dass sehr viele Kunden frühzeitig aussteigen – etwa dann, wenn sich ihre finanziellen Umstände wegen einer Erbschaft so geändert haben, dass eine Invalidenrente nicht mehr nötig ist. Künftig werden viele Versicherte vorzeitig aussteigen, weil wegen der fehlenden Prämiengarantie die Tarife vor allem im Alter in schwindelerregende Höhen steigen.
- Wichtig zu wissen: Nach Vertragsende wird – im Unterschied zur gemischten Lebensversicherung (Sparversicherung) – keine Zahlung der Versicherungsgesellschaft fällig. Es handelt sich also um eine reine Risikoversicherung.
- Wie die Prämienzahlungen und Leistungen einer Invalidenrente steuerlich behandelt werden, steht im K-Tipp-Ratgeber «So sparen Sie Steuern» (Bestelltel. 044 253 90 70 oder www.ktipp.ch).

### Abschluss einer Invalidenrente: Das müssen Sie wissen

Wichtige Tipps für den Abschluss:

- Versichern Sie nur so viel Rente, wie Sie effektiv brauchen – ab-

Fortsetzung auf Seite 164

CHECKLISTE

## Der richtige Abschluss einer Erwerbsunfähigkeits-Versicherung

- Prüfen Sie zuerst, wie viel Sie bei Invalidität infolge Krankheit von der staatlichen Invalidenversicherung (IV) und von Ihrer Pensionskasse erhalten. Ist das bedeutend weniger als Ihr jetziger Lohn, können Sie diese Lücke mit einer Erwerbsunfähigkeits-Versicherung (private Invalidenrente) schliessen.
- Holen Sie mehrere Offerten ein. Nutzen Sie das Sparpotenzial, das die günstigeren Versicherungen bieten. Das gilt auch, wenn Sie ein Haus kaufen und die Bank Ihnen gleich einen Vorschlag für eine Erwerbsunfähigkeits-Versicherung macht: Es kann sein, dass dieses Angebot teurer ist als bei einer Versicherung.
- Einige Anbieter haben Tarife, die von der beruflichen Tätigkeit der Antragsteller abhängen; gute Risiken zahlen dann weniger. Leute mit risikoarmen Berufen (etwa Notare) sollten also eine solche Gesellschaft wählen, denn hier zahlen sie weniger als beispielsweise Plattenleger oder Maurer, bei denen die körperlichen Verschleisserscheinungen des Berufes höher sind.
- Fragen Sie nach sogenannten Preferred-Risk-Tarifen, falls Sie gesund, Nichtraucher und nicht übergewichtig sind.
- Prüfen Sie, ob Sie bei Invalidität durch Unfall schon ausreichend versichert sind. Falls ja, können Sie die Unfalldeckung bei der privaten Invalidenrente ausschliessen und so rund zehn Prozent Prämien sparen.

**Bei den Gesundheitsfragen dürfen Sie nichts verschweigen!**

- Füllen Sie den Gesundheitsfragebogen äusserst genau aus (siehe auch Seite 13ff.). Bei älteren Antragstellern und hohen Versicherungssummen ist in der Regel eine Arztuntersuchung vorgeschrieben (die die Gesellschaft bezahlt). Je nach Versicherungssumme wird auch ein Aidstest verlangt.

Bei gesundheitlichen Problemen werden Antragstellerinnen und Antragsteller entweder abgelehnt oder nur mit einem Gesundheitsvorbehalt oder mit einem hohen Prämienzuschlag versichert.

- Auch Hausfrauen können sich mit einer Invalidenrente absichern. Für die kurzfristige Überbrückung einer Krankheit oder eines Unfalls kann ein Taggeld von Vorteil sein.
- Vielleicht brauchen Sie nicht nur eine Invalidenrente, sondern auch ein Todesfallkapital, um Ihre Familie abzusichern. Was Sie dabei beachten müssen, steht auf Seite 168ff.

Wer beide Deckungen braucht, kann diese bei zwei verschiedenen Gesellschaften abschliessen und jeweils die günstigste Variante auswählen. So bleibt man flexibler als mit einem Kombiprodukt bei einem einzigen Anbieter.

**Überprüfen Sie Ihre Situation nach einem Stellenwechsel**

- Überprüfen Sie Ihre Deckung von Zeit zu Zeit – insbesondere wenn Sie bedeutend mehr Lohn erhalten, denn mit steigendem Einkommen wird die Lohnlücke im Falle einer Invalidität immer grösser. Lohnsteigerungen (und die Inflation) könnte man zwar auch mit einer indexierten Rente auffangen; solche Renten, die jedes Jahr automatisch höher werden, sind allerdings auch bedeutend teurer und nur bei wenigen Gesellschaften erhältlich. Erkundigen Sie sich!

Denkbar ist aber auch, dass Sie nach einem Stellenwechsel eine bessere Pensionskasse haben. Dann können Sie die private Rente entweder herabsetzen oder kündigen.

- Viele Versicherungsvertreter werden Ihnen eine sogenannte gemischte Lebensversicherung verkaufen wollen, die eine Invalidenrente mit einem Sparprozess verbindet. Davon ist abzuraten – warum, können Sie auf Seite 176ff. nachlesen.
- Sie können Risikoversicherungen (also auch eine reine Invalidenrente) auch im Rahmen der steuerbegünstigten 3. Säule abschliessen und so Steuern sparen.

Fortsetzung von Seite 162

gestimmt auf Ihre persönliche Situation. Eine Versicherungssumme, mit der Sie weit über Ihren jetzigen Lohn kämen, würde Ihnen die Gesellschaft übrigens verweigern.

- Wählen Sie für den Überschuss (siehe den Kasten auf Seite 161) wenn immer möglich die Nettovariante (Überschussverrechnung): Die Gesellschaft verrechnet Ihnen dann die Überschüsse jeweils mit Ihrer nächsten Prämie, Ihre Rechnung wird so tiefer.
- Beharren Sie wenn möglich auf einer Summenversicherung, damit Sie im Leistungsfall keine bösen Überraschungen erleben (siehe Kasten unten).
- Wenn Sie einen Versicherungsantrag unterschrieben haben, räumen Ihnen etliche Gesellschaften freiwillig das Recht ein, innert 7 oder 14 Tagen (je nach Gesellschaft) nach der Unterschrift ohne weitere Verpflichtung zurückzutreten beziehungsweise den Antrag zu widerrufen. Es kann sogar sein, dass die Frist erst nach Zustandekommen des Versicherungsvertrages zu laufen beginnt. Die Details regeln die allgemeinen Versicherungsbedingungen (AVB).

## Schleichender Wechsel zur Schadenversicherung

Was beim Taggeld schon üblich ist (siehe Kasten auf Seite 147), kommt nun auch bei der Erwerbsunfähigkeits-Versicherung in Mode: Die Versicherer verlangen im Leistungsfall einen Nachweis des effektiven Verdienstausfalls; dieser dient als Basis für die Auszahlung der Rente. Die Versicherer behalten sich damit auch vor, bei einer Überversicherung ihre Zahlungen zu kürzen. Das ist das Prinzip der Schadenversicherung. Damit sind unliebsame Diskussionen programmiert.

Besser wäre eine Summenversicherung, die bei Invalidität die vertraglich abgemachte Summe ohne Wenn und Aber auszahlt – und zwar einzig abhängig vom Invaliditätsgrad.

**Deshalb der Tipp:** Schliessen Sie wenn möglich ausdrücklich eine Summenversicherung ab.

## Finanzielle Hilfe für Eltern von invaliden Kindern

Ein invalides Kind kann hohe Mehrkosten verursachen. In diesem Abschnitt steht, mit welchen zwei Policen Eltern diese finanzielle Belastung absichern können: mit einer einmaligen Kapitalauszahlung bei Invalidität (Tabelle rechts) sowie mit einer anschliessenden jährlichen Rente.

Mit der einmaligen Kapitalauszahlung lassen sich zum Beispiel behindertengerechte Umbauten oder dringend benötigte Anschaffungen finanzieren, falls ein Kind invalid wird. Die zusätzliche Rente dient dazu, laufende Mehrkosten für die künftige Pflege und Betreuung zu decken.

Eine Kombination dieser beiden Risikodeckungen ist auf dem Markt nicht erhältlich.

Mit einer solchen zweigleisigen Versicherungslösung kommen Eltern zu Geld, das sie von den Sozialversicherungen nicht erhalten:

- Die Krankenkassen zahlen nur Heilungskosten von Ärzten und Spitälern, aber kein Barkapital und keine Rente.

## Kapitalversicherung für Kinder

Jahresprämien in Franken für ein einjähriges Kind; versichert ist ein einmaliges Invaliditätskapital von 100 000 Franken infolge Krankheit oder Unfall.

| Anbieter | Name des Produkts | Jahresprämie | Progression auf 350 % bei Unfall | Inkl. Kapital bei Tod | Wartefrist | Versicherungsbeginn |
|---|---|---|---|---|---|---|
| Helsana-Gruppe | Prevea | 51.60 | Ja | Ja | Keine | Vorgeburtlich |
| Swica | UTI und KTI | 60.– | Ja | Nein | Keine | 1 Monat nach Geburt |
| KPT | KUTI | Knaben 76.80<br>Mädchen 61.20 | Nein | Ja | Keine | Ab Geburt |
| Visana-Gruppe | TUP und KTI | 63.60 | Ja | Ja | Keine | Vorgeburtlich |
| Mobiliar | MobiSana | 85.20 | Ja | Ja[1] | Keine | Ab Geburt |
| Concordia | TIKU Unfall/Krankheit | 96.– | Nein | Ja | 12 Monate | Ab Geburt |
| Sanitas | PKIS und PUIS | 192.– | Ja | Ja | 12 Monate | Ab Geburt |
| ÖKK | UTI und KTI | 136.80 | Ja | Ja | Unfall: bis Feststellung Invalidität; Krankheit: 24 Monate | Ab Geburt |
| **Online-Angebot** | | | | | | |
| KPT | KUTI | Knaben 73.20<br>Mädchen 57.60 | Nein | Ja | Keine | Ab Geburt |

Bei etlichen Krankenkassen ist das Invaliditätskapital nur erhältlich, wenn das Kind oder ein Familienmitglied bei dieser Kasse noch eine Krankenversicherung hat. 1 Nur bei Unfalltod

QUELLE: VZ VERMÖGENSZENTRUM, STAND ANFANG 2012

- Die staatliche Invalidenversicherung (IV) zahlt für Kinder unter 18 Jahren nur eine Hilflosenentschädigung von maximal 1856 Franken pro Monat – falls das Kind zu Hause gepflegt wird.
- In besonders schweren Fällen kommt für minderjährige Kinder noch ein Intensivpflegezuschlag der IV dazu. Beispiel: Muss das Kind, das zu Hause lebt, während mindestens vier Stunden pro Tag intensiv betreut werden, zahlt die IV den Eltern zusätzlich noch 464 Franken pro Monat aus.

Eine eigentliche Rente zahlt die IV erst ab dem 18. Altersjahr, und zwar in der Höhe von 1547 Franken pro Monat. Das sind 133 ⅓ Prozent der ordentlichen Minimalrente (alle Zahlen Stand 2012).

### Kapitalversicherung: Das sind die Details

Die Tabelle oben zeigt, was es kostet, eine einmalige Kapitalauszahlung von 100 000 Franken infolge Krankheit oder Unfall zu versichern. Anbieter sind vor allem Krankenkassen.

Beachten Sie dazu die folgenden Details.

■ Die Tabelle zeigt die Prämie für ein einjähriges Kind. In der Regel bleibt diese Prämie gleich, bis das Kind 19 bzw. 21 Jahre alt wird (je nach Gesellschaft). Dann kann es die Versicherung ohne Gesundheitsprüfung mit der gleichen Versicherungssumme weiterführen – allerdings steigen dann die Prämien.

Die Weiterführung ist möglich bis Alter 59 oder maximal 65 (je nach Anbieter). Die Kündigung ist auf Ende eines Kalenderjahres möglich – auch im Kindesalter.

■ Die Versicherungssumme beträgt im Prämienbeispiel 100 000 Franken. Wer möchte, kann weniger oder mehr versichern – mindestens 10 000 Franken, maximal 300 000 Franken, je nach Anbieter. In Ausnahmefällen sind auch höhere Versicherungssummen möglich.

### Ein Todesfallkapital wäre bei Kindern nicht nötig

■ Die Tabelle zeigt, dass die meisten Anbieter zum ausbezahlten Kapital bei Invalidität auch noch zwangsweise ein Todesfallkapital mitversichern (meist zwischen 2500 und 10 000 Franken). Dieses wird ausbezahlt, falls das Kind infolge Krankheit oder Unfall stirbt.

Diese Deckung wäre aber nicht nötig, weil der Tod eines invaliden Kindes die Eltern finanziell sogar eher entlastet.

■ Die Tabelle zeigt auch Unterschiede bei den Wartefristen. Diese fängt dann an zu laufen, wenn die Invalidität des Kindes medizi-

**TIPP**

## Risiko Invalidität: So sind Studierende sozial abgesichert

Wird ein Vollzeitstudent vor dem 25. Altersjahr voll invalid, erhält er zurzeit von der IV 1547 Franken pro Monat. Das sind 133⅓% der ordentlichen Minimalrente, Stand 2012). Voraussetzung ist, dass er die Minimalprämie der AHV ab dem 21. Altersjahr immer bezahlt hat.

Da könnte es sich anbieten, eine private Erwerbsunfähigkeitsrente für den Krankheitsfall zu versichern. Mit einer Jahresprämie von rund 500 Franken können sich Studentinnen und Studenten eine private Zusatzrente von 1000 Franken im Monat kaufen.

Die Frage ist nur: Lohnt es sich, eine solche private Rente zu kaufen?

Die Antwortet lautet «Nein», falls die Betroffenen im Invaliditätsfall Ergänzungsleistungen (EL) beziehen. Darauf haben alle AHV- und IV-Rentner einen Anspruch, es sind keine Almosen.

Bei der Berechnung der EL zeigt sich nämlich: Wer eine private Rente kauft, schmälert damit seinen Anspruch auf Ergänzungsleistungen. Und das ist der Grund, warum bei Studenten von einer privaten Erwerbsunfähigkeitsrente eher abzuraten ist.

Anders ausgedrückt: Eine private Erwerbsunfähigkeitsrente lohnt sich nur für Studenten, die auf Ergänzungsleistungen verzichten wollen.

nisch feststeht. Dass Eltern bei einigen Anbietern anschliessend noch 12 oder gar 24 Monate lang auf die Auszahlung des Geldes warten sollen, ist unverständlich.

### Der Grad der Invalidität ist massgebend

Der Grad der Invalidität infolge Krankheit wird vom Arzt und von der IV festgelegt. Die Invalidität bemisst sich daran, wie stark das Kind später bei der Ausübung eines Berufs behindert sein wird beziehungsweise wie gross später die Erwerbseinbusse im Berufsleben sein wird. Liegt dieser Grad über 66 oder 70 Prozent, zahlen die Anbieter das volle versicherte Kapital aus.

Liegt er unter 25 oder 40 Prozent (je nach Versicherer), gibt es gar nichts. Dazwischen wird die Auszahlung nach dem Grad der Invalidität abgestuft.

- Nach Unfällen bemisst sich die Invalidität auch in Anlehnung an die sogenannte Gliederskala. Der Verlust einer Hand ergibt zum Beispiel einen Invaliditätsgrad von 60 Prozent, der Verlust eines Auges 30 Prozent. Wer vollständig gelähmt ist oder völlig blind, ist zu 100 Prozent invalid.
- Für die Auszahlung des Kapitals kommt nach Unfällen aber noch die in der Tabelle erwähnte Progression zum Zug, also eine Erhöhung der Entschädigung über den eigentlichen IV-Grad hinaus.

Bei einem IV-Grad von 63 Prozent erfolgt zum Beispiel eine Auszahlung von 165 Prozent der versicherten Summe, bei 100-prozentiger Invalidität werden 350 Prozent der versicherten Summe ausbezahlt.

Aber eben: Diese Progression gibt es nur nach Unfällen.

- Die Tabelle zeigt auch Unterschiede beim Versicherungsbeginn. Anbieter, die das Kind erst nach der Geburt versichern, nehmen es nur auf, wenn es gesund ist. Besser ist theoretisch die Möglichkeit, das Kind schon vor der Geburt versichern zu können. Geburtsgebrechen sind dann allerdings explizit ausgeschlossen – und damit ist die vorgeburtliche Anmeldung kein grosser Vorteil.

### IV-Rente: Nur die Mobiliar zahlt für Kleinkinder

Auf Seite 164 ist es schon erwähnt: Zur Absicherung der Mehrkosten für ein invalides Kind können Eltern nebst dem Invaliditätskapital noch eine anschliessende jährliche Rente abschliessen.

Dazu gibt es in diesem Ratgeber keinen Prämienvergleich, weil dafür nur die Mobiliar ein brauchbares Angebot hat.

Konkret: Eine Kinderinvalidenrente von 2000 Franken pro Monat, die im Invaliditätsfall bis zum Alter 65 ausbezahlt wird, kostet bei der Mobiliar eine Jahresprämie von Fr. 562.10 (mit einer Wartefrist von einem Jahr und inklusive Prämienbefreiung bei Erwerbsunfähigkeit nach einem Jahr).

Im Unterschied zu anderen Anbietern zahlt die Mobiliar 100 Prozent der versicherten Summe bei vollständiger Invalidität schon bei Kleinkindern aus.

Wie bei der einmaligen Kapitalversicherung gilt auch hier, dass die Versicherung mit Erreichen der Mündigkeit weitergeführt werden kann, dass sich die Auszahlung der Rente am Grad der Invalidität bemisst und dass Geburtsgebrechen nicht versicherbar sind.

**Noch ein Tipp für Eltern:** Meiden Sie Angebote, bei denen von einem «kindgerechten Versicherungsschutz» die Rede ist oder von «vollumfänglicher» Absicherung, die aber nur den Unfall decken.

Nur den Unfall zu versichern, ist zwar viel günstiger, aber eben keine «vollumfängliche» Absicherung.

Auch viele Krankenkassen bieten übrigens Zusatzversicherungen an, die nur die Unfallfolgen abdecken.

Warum auch Krankheiten eingeschlossen sein sollten, ergibt sich aus der Statistik. Nach Schätzungen der Versicherungsgesellschaft Convia werden Kinder siebenmal häufiger durch Krankheit invalid als durch Unfall.

Eher zu meiden sind auch Angebote, die die Risikodeckung mit einem Sparprozess kombinieren. Auch bei der Kinderversicherung ist es besser, sich beim Sparen auf Angebote der Banken zu konzentrieren und die Versicherung separat abzuschliessen.

## Für die Nachkommen: Die Absicherung des Todesfalls

Stirbt der Ernährer einer Familie, hat die Witwe oft ein finanzielles Problem, denn das laufende Einkommen ist jetzt empfindlich schmäler geworden: AHV, Pensionskasse und eventuell Unfallversicherung des Mannes zahlen der Witwe zusammen nie so viel aus, wie der Mann vorher verdiente.

Ist auch noch ein Haus oder eine Wohnung da, wird die Schuldenlast wegen der Hypothek vielleicht so gross, dass die Witwe das Wohneigentum verkaufen muss.

### Ein finanzieller Fallschirm für die Hinterbliebenen

Für diesen Fall gibt es eine Versicherung; der Mann zahlt (zum Beispiel für die Versicherungssumme von 250 000 Franken) eine Prämie von unter 1000 Franken pro Jahr, und dafür kann die Familie frei von finanziellen Ängsten in die Zukunft schauen.

Möglich macht dies die Todesfallrisiko-Versicherung: Sie dient als finanzieller Fallschirm für die Hinterbliebenen und zahlt der Witwe die vereinbarte Summe bar auf die Hand, falls ihr Mann eine solche Police abgeschlossen hatte und stirbt (egal ob wegen Krankheit oder wegen Unfalls).

Mit diesem Geld kann die Witwe beispielsweise die Hypothek reduzieren.

### Junge ohne Verpflichtungen: Kein Todesfallschutz nötig

Die wichtigste Frage vor dem Abschluss einer Todesfallrisiko-Police lautet demnach: Ist es nötig, dass jemand von einer Versicherungsgesellschaft eine Kapitalauszahlung bekommt, wenn ich sterbe?

Bei jungen Leuten ohne Familie, Haus oder sonstige Verpflichtungen ist das meist nicht der Fall; sie müssen also das Risiko Tod nicht versichern. Familienväter hingegen sollten eine Abdeckung des Todesfallrisikos ins Auge fassen – insbesondere wenn sie Hausbesitzer sind und Hypotheken haben.

Witwen erhalten (nebst der AHV-Rente) auch eine Rente von der obligatorischen Unfallversicherung sowie allenfalls von der Pensionskasse.

Die Tabellen auf den nächsten Seiten zeigen, was eine solche Todesfallrisiko-Police kostet.

Die Prämien für die Todesfallrisiko-Police sind in erster Linie abhängig von der abgemachten Versicherungssumme, die im Todesfall zur Auszahlung kommt, sowie vom Alter der Person zum Zeitpunkt des Abschlusses.

Eine prämienbestimmende Rolle spielen aber auch noch Laufzeit, Geschlecht, Gesundheitszustand oder der Nikotinkonsum. Bei ein paar wenigen Anbietern wird sogar der Beruf oder der BMI berücksichtigt (siehe auch Kasten auf Seite 160). Hier lohnt es sich etwa für Akademiker, nach Rabatten zu fragen.

## Die Prämien sind entweder nivelliert...

Ein wichtiges Kriterium für den Abschluss ist die Frage, nach welchem System die Gesellschaft die Jahresprämie für die Todesfallrisiko-Police berechnet:

Alle Gesellschaften haben Angebote mit nivellierten Durchschnittsprämien. Die Tabelle auf Seite 170 zeigt die entsprechenden Angebote.

Nivellierte Durchschnittsprämie bedeutet: Der Kunde zahlt im Prinzip jedes Jahr gleich viel. Dies heisst gleichzeitig, dass der Kunde zu Vertragsbeginn eher zu viel zahlt, denn er ist jetzt noch jung und seine statistische Sterbewahrscheinlichkeit ist noch nicht so hoch.

Umgekehrt zahlt dieser Kunde am Ende der Laufzeit wegen des nun höheren Sterberisikos eher zu wenig.

Dafür sind nivellierte Prämien (bezogen auf die Bruttoprämie) in der Regel garantiert; es sind also keine Überraschungen wegen einer unerwarteten Prämienerhöhung zu befürchten.

Und: Nivellierte Prämien haben zur Folge, dass Kunden zu viel gezahlt haben, wenn sie die vereinbarte Laufzeit nicht einhalten, sondern frühzeitig aus dem Vertrag aussteigen.

## ...oder sie sind jährlich erneuerbar

Einige Gesellschaften bieten zusätzlich den «jährlich erneuerbaren» Tarif an; Anbieter sprechen hier von «rollenden» Prämien. In diesem System wird die Prämie jedes Jahr neu aufgrund des effektiven Sterberisikos der jeweiligen Altersstufe des Versicherten berechnet. «Jährlich erneuerbar» bedeutet, dass die Prämien hier zu Beginn der Laufzeit günstiger sind,

## Prämien für die Todesfallrisiko-Versicherung mit konstantem Kapital – mit nivellierten Prämien

Konstantes Todesfallkapital von 200000 Fr. (inkl. Unfall) für einen 35-jährigen Mann (Nichtraucher), Laufzeit 20 Jahre, Prämienbefreiung nach 3 Monaten, Überschüsse werden zur Prämienreduktion verwendet, mit Prämiengarantie. Angaben in Franken. Rangiert nach dem Bruttoprämien-Barwert.

| Gesellschaft | Bruttoprämie pro Jahr | Nettoprämie im 1. Jahr | Nettoprämie ab 2. Jahr | Bruttoprämien-Barwert[1] | Nettoprämien-Barwert[1] | Prämienzahldauer | Zuschlag für Raucher |
|---|---|---|---|---|---|---|---|
| Generali[2] | 395.– | 393.– | 393.– | 6588.– | 6555.– | 20 Jahre | Ja |
| Mobiliar | 426.– | 426.– | 426.– | 7112.– | 7112.– | 20 Jahre | Ja |
| Swiss Life | 429.– | 366.– | 429.– | 7147.– | 7092.– | 20 Jahre | Ja |
| Nationale[2,3] | 433.– | 415.– | 415.– | 7228.– | 6918.– | 20 Jahre | Nein |
| Groupe Mutuel Vie | 476.– | 476.– | 476.– | 7939.– | 7939.– | 20 Jahre | Ja |
| Zürich | 486.– | 451.– | 451.– | 8106.– | 7522.– | 20 Jahre | Ja |
| Axa Winterthur | 491.– | 453.– | 453.– | 8189.– | 7555.– | 20 Jahre | Ja |
| Postfinance[4] | 494.– | 451.– | 451.– | 8239.– | 7522.– | 20 Jahre | Ja |
| Vaudoise | 508.– | 508.– | 508.– | 8473.– | 8473.– | 20 Jahre | Ja |
| Basler | 515.– | 474.– | 474.– | 8583.– | 7906.– | 20 Jahre | Ja |
| Allianz | 549.– | 514.– | 514.– | 9156.– | 8573.– | 20 Jahre | Ja |
| Raiffeisen | 600.– | 495.– | 495.– | 10007.– | 8254.– | 20 Jahre | Ja |
| Helvetia | 625.– | 515.– | 515.– | 10424.– | 8596.– | 20 Jahre | Ja |
| Pax | 648.– | 545.– | 545.– | 10808.– | 9090.– | 20 Jahre | Ja |

**So lesen Sie die Prämientabellen:** Siehe Kasten auf Seite 157.

1 Prämientotal über die gesamte Vertragslaufzeit (diskontiert mit 2%) 2 Raucher erhalten tiefere Überschüsse 3 Prämie kann je nach Beruf höher ausfallen 4 Prämienbefreiung nach 12 Monaten (nach 3 Monaten nicht möglich)

Aktuelle Prämienvergleiche finden Sie im Internet unter www.vermoegenszentrum.ch.

QUELLE: VZ VERMÖGENSZENTRUM, STAND ANFANG 2012

gegen Ende aber drastisch ansteigen können.

Die Prämienbelastung ist also für die versicherte Person auf der Zeitachse ungleich verteilt – und die offerierten Tarife sind hier meist nicht garantiert (oder nur für die ersten fünf Jahre), es gibt also keine Tarifgarantie (allerdings sind hier Erhöhungen während der Laufzeit eher unwahrscheinlich).

Die Tabelle oben rechts zeigt jährlich erneuerbare Tarife. Diese Art der Prämienberechnung ist vorteilhaft für Leute, die schon beim Abschluss wissen oder vermuten, dass sie die vereinbarte Laufzeit nicht einhalten werden, sondern den Versicherungsschutz frühzeitig aufgeben wollen oder können – je nach der persönlichen Lagebeurteilung. Oder für Leute, die

## Prämien für die Todesfallrisiko-Versicherung mit konstantem Kapital – mit jährlich erneuerbaren Prämien

Konstantes Todesfallkapital von 200 000 Franken (inkl. Unfall) für einen 35-jährigen Mann (Nichtraucher), Laufzeit 20 Jahre, Prämienbefreiung nach 3 Monaten, keine Überschüsse (ausser Nationale). Angaben in Franken. Rangiert nach dem Bruttoprämien-Barwert.

| Gesellschaft | Bruttoprämie im 1. Jahr | Nettoprämie im 1. Jahr | Nettoprämie ab 2. Jahr | Bruttoprämien-Barwert[1] | Nettoprämien-Barwert[1] | Prämienzahldauer | Prämiengarantie | Zuschlag für Raucher |
|---|---|---|---|---|---|---|---|---|
| Mobiliar[2] | 265.– | 265.– | 265.– bis 817.–[3] | 7358.– | 7358.– | 20 Jahre | Nein | Ja |
| Basler | 335.– | 335.– | 335.– bis 816.–[3] | 7663.– | 7663.– | 20 Jahre | 5 Jahre | Ja |
| Nationale[4,5] | 441.– | 371.– | 371.– bis 779.–[3] | 8972.– | 7472.– | 20 Jahre | Ja | Nein |
| Vaudoise | 398.– | 398.– | 398.– bis 941.–[3] | 9296.– | 9296.– | 20 Jahre | Nein | Ja |

**So lesen Sie die Prämientabellen:** Siehe Kasten auf Seite 157.

1 Prämientotal über die gesamte Vertragslaufzeit (diskontiert mit 2%) 2 Jährliche Verlängerung bis max. Alter 65 möglich 3 Nettoprämie schwankt in den Folgejahren zwischen diesen beiden Werten 4 Prämie kann je nach Beruf höher ausfallen 5 Raucher erhalten tiefere Überschüsse

Aktuelle Prämienvergleiche finden Sie im Internet unter www.vermoegenszentrum.ch.

QUELLE: VZ VERMÖGENSZENTRUM, STAND ANFANG 2012



zu Versicherungsbeginn möglichst wenig zahlen möchten.

Achtung: Wer eine Police mit jährlich erneuerbaren Prämien abschliesst, sollte sich in der Offerte aufzeigen lassen, wie stark die Prämie mit zunehmendem Alter voraussichtlich ansteigt und ob der Versicherungsschutz beliebig verlängerbar ist.

Bei einigen Gesellschaften muss man nämlich beim Abschluss einen Vertragsablauf festlegen. Will der Versicherte den Todesfallschutz nach dem vereinbarten Policenablauf verlängern, so muss er wiederum eine Gesundheitsprüfung bestehen.

Ist der Versicherte dannzumal gesundheitlich angeschlagen, besteht die Gefahr, dass die Gesellschaft eine Verlängerung ablehnt.

Beim Abschluss sollte man deshalb eine möglichst lange Vertragsdauer vereinbaren. Ohne Verlust aussteigen kann der Versicherte trotzdem jedes Jahr.

Prämienmässig über die ganze Laufzeit betrachtet, sind die beiden Varianten «nivelliert» und «jährlich erneuerbar» etwa gleich teuer.

Bei den jährlich erneuerbaren Tarifen spielen Überschüsse meist keine Rolle.

### Todesfallkapital: Konstant oder abnehmend

Bei den Prämienangaben oben links und oben ist ein konstantes Todesfallkapital versichert.

Konstant heisst hier: Die versicherte Summe bleibt während der ganzen Vertragsdauer gleich. Ob die versicherte Person schon ein Jahr nach Unterzeichnung stirbt oder erst viel später – die zur Auszahlung gelangende Summe ist

## Prämien für die Todesfallrisiko-Versicherung mit abnehmendem Kapital – mit nivellierten Prämien

Anfängliches Todesfallkapital von 200 000 Franken (inkl. Unfall) für einen 35-jährigen Mann (Nichtraucher), linear abnehmend, Laufzeit 20 Jahre, Prämienbefreiung nach 3 Monaten, Überschüsse werden zur Prämienreduktion verwendet, mit Prämiengarantie. Angaben in Franken. Rangiert nach dem Bruttoprämien-Barwert.

| Gesellschaft | Bruttoprämie pro Jahr | Nettoprämie im 1. Jahr | Nettoprämie ab 2. Jahr | Bruttoprämien-Barwert[1] | Nettoprämien-Barwert[1] | Prämienzahldauer | Zuschlag für Raucher |
|---|---|---|---|---|---|---|---|
| Generali[2] | 222.– | 221.– | 221.– | 2910.– | 2896.– | 15 Jahre | Ja |
| Swiss Life | 280.– | 280.– | 280.– | 3670.– | 3670.– | 15 Jahre | Ja |
| Mobiliar | 257.– | 257.– | 257.– | 3748.– | 3748.– | 17 Jahre | Ja |
| Groupe Mutuel Vie | 295.– | 295.– | 295.– | 3866.– | 3866.– | 15 Jahre | Ja |
| Axa Winterthur | 285.– | 261.– | 261.– | 3947.– | 3615.– | 16 Jahre | Ja |
| Postfinance[3] | 287.– | 260.– | 261.– | 3975.– | 3615.– | 16 Jahre | Ja |
| Nationale[2,4] | 308.– | 308.– | 298.– | 4042.– | 3912.– | 15 Jahre | Nein |
| Zürich | 326.– | 302.– | 302.– | 4273.– | 3958.– | 15 Jahre | Ja |
| Basler | 371.– | 342.– | 342.– | 5134.– | 4736.– | 16 Jahre | Ja |
| Pax | 395.– | 342.– | 342.– | 5177.– | 4482.– | 15 Jahre | Ja |
| Allianz | 401.– | 374.– | 374.– | 5256.– | 4902.– | 15 Jahre | Ja |
| Raiffeisen | 433.– | 357.– | 357.– | 5675.– | 4678.– | 15 Jahre | Ja |
| Helvetia | 449.– | 371.– | 371.– | 5885.– | 4856.– | 15 Jahre | Ja |

**So lesen Sie die Prämientabellen:** Siehe Kasten auf Seite 157.
1 Prämientotal über die gesamte Vertragslaufzeit (diskontiert mit 2 %) 2 Raucher erhalten tiefere Überschüsse
3 Prämienbefreiung nach 12 Monaten (nach 3 Monaten nicht möglich) 4 Prämie kann je nach Beruf höher ausfallen

Aktuelle Prämienvergleiche finden Sie im Internet unter www.vermoegenszentrum.ch.

QUELLE: VZ VERMÖGENSZENTRUM, STAND ANFANG 2012

immer gleich hoch wie zu Beginn vereinbart.

Möglich ist aber auch die Variante «abnehmendes Todesfallkapital». Bei dieser Variante verringert sich die im Todesfall zur Auszahlung gelangende Summe jährlich linear um einen gleichbleibenden Betrag, zum Beispiel bei einer Laufzeit von 20 Jahren jedes Jahr um einen Zwanzigstel.

Die Tabelle oben zeigt, dass diese Versicherung mit abnehmendem Kapital bei einer Laufzeit von 20 Jahren insgesamt um rund 50 Prozent günstiger ausfällt als die Variante mit konstantem Todesfallkapital. Der Grund ist klar: Die versicherte Leistung ist insgesamt auch nur etwa halb so gross.

Eine Versicherungslösung mit abnehmendem Kapital kann dann

sinnvoll sein, wenn auch das versicherte Risiko kontinuierlich abnimmt. Dies ist beispielsweise bei einer Hypothek mit regelmässiger Amortisation der Fall oder wenn die Kinder älter werden und die Mutter wieder ins Arbeitsleben einsteigt.

Bei der Variante mit abnehmendem Kapital sind die Prämien in der Regel nivelliert.

**Tipp:** Die Versicherungsvertreter verkaufen lieber die Todesfallrisiko-Versicherung mit konstanter Versicherungssumme, weil sie so mehr Provisionen erhalten. Verlangen Sie, dass man Ihnen auch die Variante mit abnehmendem Kapital offeriert.

### Todesfallrisiko-Police: Tipps für den Abschluss

Das sind die wichtigsten Hinweise für den Abschluss:

- Welche Todesfallsumme Sie abschliessen wollen – wenn überhaupt –, hängt ganz von Ihren persönlichen Umständen ab. Überlegen Sie, wie viel Sie brauchen, und lassen Sie berechnen, wie viel Geld beispielsweise die Witwe oder der Witwer von AHV, Pensionskasse und Unfallversicherung bekämen.

  Denken Sie immer daran, dass das Unfallrisiko bedeutend kleiner ist als die Wahrscheinlichkeit, wegen einer Krankheit zu sterben. Gerade für Selbständigerwerbende ist diese Überlegung zentral.
- Auch Frauen können eine Todesfallrisiko-Police kaufen – etwa Mütter, damit der Ehemann bei ihrem vorzeitigen Tod eine Haushalthilfe anstellen kann. Im Vergleich zu den Männern zahlen Frauen im Schnitt 20 bis 30 Prozent weniger Prämien.
- Eine Todesfallrisiko-Police kann auch sinnvoll sein, um einen Kredit oder eine Hypothek abzusichern. Viele Banken setzen bei der Vergabe einer Hypothek für ein Haus sogar zwingend voraus, dass der Kreditnehmer eine solche Versicherung abgeschlossen hat.

  Es gibt sogar Banken, die ein entsprechendes Versicherungsangebot gleich selber machen. Diese Lösung ist meist teuer, es lohnt sich auf jeden Fall, Konkurrenzofferten bei Versicherungen einzuholen.
- Selbständigerwerbende können mit dieser Versicherung den Fortbestand ihres Unternehmens sicherstellen, indem sie beispielsweise den Geschäftspartner als Begünstigten einsetzen.

### Die Begünstigung der Geliebten

- In der Branche wird die Todesfallrisiko-Versicherung oft Liebhaberin-Versicherung genannt. Der Grund: In der Regel kann der Versicherungsnehmer frei festlegen, wer im Todesfall die versicherte Summe erhalten soll. Es muss nicht unbedingt die Ehefrau sein. Voraussetzung ist aber, dass die Police in der freien Vorsorge und nicht etwa im Rahmen der steuerbegünstigten Säule 3a abgeschlossen wurde.
- Achten Sie auf die Prämienbefreiung bei Erwerbsunfähigkeit. Sie bedeutet: Wird die versicherte

Person invalid, muss sie die Prämien für die Todesfallrisiko-Police nicht mehr zahlen und bleibt dennoch versichert. Die Prämienbefreiung erfolgt ganz oder teilweise, je nach dem Grad der Erwerbsunfähigkeit.

Gemäss der Vorgabe für die Prämienberechnung in den Tabellen auf den Seiten 170 bis 172 mussten die angefragten Gesellschaften die Prämienbefreiung nach drei Monaten ansetzen.

Es gibt übrigens auch Angebote ohne Prämienbefreiung; diese sind jedoch nicht sinnvoll.

### Überschussbeteiligung: Wählen Sie die Nettovariante

- Bei vielen Anbietern erhalten die Versicherten nicht garantierte Überschüsse (siehe Stichwort auf Seite 161). Wählen Sie für den Überschuss wenn möglich die Nettovariante: Die Gesellschaft verrechnet dann die Überschüsse jeweils mit der nächsten Prämie (die sogenannte Überschussverrechnung). Bei den Prämien in den Tabellen ist dies auch der Fall.
- Ein Ausstieg aus dem Vertrag ist nach dem ersten Versicherungsjahr jederzeit möglich. Sie zahlen dann einfach die Jahresprämie nicht mehr ein. Bei nivellierten Prämien (siehe Seite 169) haben Sie dann allerdings gemessen an der verkürzten Laufzeit zu viel bezahlt.

### Riskante Sportarten können ausgeschlossen sein

- Betreiber von eher risikoreichen Sportarten sollten sich erkundigen, ob die Gesellschaft ihre Leistungen kürzt, falls der Sportler seinen eigenen Tod grobfahrlässig herbeiführt.

Es kann sein, dass solche Sportler – etwa Taucher, Kletterer oder Fallschirmspringer – einen Zuschlag zahlen müssen. Es ist sogar möglich, dass besonders riskante Sportarten von der Deckung gänzlich ausgeschlossen sind.

- Viele Krankenkassen-Versicherte haben aus Tradition noch ein Unfallkapital versichert, und zwar über eine freiwillige Zusatzversicherung. Beachten Sie jedoch: Solche Zusatzdeckungen zahlen nur bei Tod infolge Unfall, aber nicht beim Tod nach einer Krankheit.
- Ist eine Person auf einer Reise gestorben, sollten die Hinterbliebenen prüfen, ob der Verstorbene eine Reiseversicherung hatte, die bei Unfall- oder Flugunfall-Tod zahlt. Oft haben die Hinterbliebenen auch Geld zugut, wenn der Verstorbene die Reise mit der Kreditkarte gezahlt hat.
- Beachten Sie, dass der Empfänger die ausbezahlte Todesfallsumme einmalig versteuern muss, auch wenn die begünstigte Person zum Beispiel die Ehefrau ist. Je nach Wohnort und Höhe der Summe frisst die Steuer zwischen 5 und 10 Prozent des ausbezahlten Betrages weg.

Beispiel: Für ein Todesfallkapital von 200 000 Franken muss ein Begünstigter mit Wohnort Zug 8466 Franken, in Lausanne VD hingegen 16 957 Franken Steuern abliefern (Steuerjahr 2011; inkl. 2507 Franken Bundessteuer).

Klären Sie also beim Abschluss ab, wie viel in etwa die voraussichtlichen Steuern betragen, und kalkulieren Sie diese Summe bei der Höhe der Todesfallsumme mit ein.

# 5 Sparversicherung und Leibrente
## So können Sie Ihr Sparziel absichern

**Sparversicherung, Leibrente, Einmaleinlage und Fondspolice: Bei vielen Geldangelegenheiten kommt auch ein Versicherungsaspekt dazu. Das kann im Einzelfall sinnvoll sein. Wer allerdings seinen Sparbatzen einer Versicherungsgesellschaft anvertraut, zahlt dafür hohe Kosten.**

In diesem K-Tipp-Ratgeber sind Versicherungen das Thema – und damit auch die Schicksalsschläge des Lebens, die uns an Hab und Gut sowie an Leib und Leben treffen können.

Diese Unglücksfälle lassen sich zwar mit einer Versicherung nicht verhindern; mit der richtigen Police kann man sich aber gegen die finanziellen Folgen absichern.

Wenn nun in diesem Kapitel vom Sparen die Rede ist, so hat das zwar primär nichts mit Versicherungen zu tun – doch es gibt einen Typ von Versicherung, der den Sparprozess mit der finanziellen Absicherung der Risiken Tod und Invalidität verbindet und gleichzeitig das Erreichen dieses Sparziels bei Invalidität garantiert.

Dieses Kombiprodukt ist die klassische Sparversicherung – oft auch gemischte Versicherung oder kapitalbildende Lebensversicherung genannt (siehe Stichwort auf Seite 178).

Wer für eine solche Versicherung unterschreibt, verpflichtet sich, jahre- oder gar jahrzehntelang die vereinbarte Prämie zu zahlen.

**STICHWORT**

### Lebensversicherung

Den Begriff «Lebensversicherung» (ohne Zusatz) finden Sie in diesem K-Tipp-Ratgeber nirgends. Denn das ist ein Sammelbegriff für mehrere Versicherungstypen – und «Lebensversicherung» ist in dieser allgemeinen Form als Begriff nicht brauchbar.

Die Rede ist vielmehr von Risikoversicherungen (siehe Stichwort auf Seite 156) sowie von der Sparversicherung, die die Risikoabsicherung mit einem Sparprozess kombiniert. Im Zusammenhang mit der Sparversicherung ist auch oft von der Fondspolice die Rede (Seite 189ff.).

Auch Einmaleinlagen (siehe Kästen auf den Seiten 184 und 185) sowie Leibrenten fallen unter den Oberbegriff der «Lebensversicherung».

### Das Kombinieren hat gewichtige Nachteile

Eine solche Kombination von Risikodeckung und Sparprozess kann sinnvoll sein. Sie hat aber nicht nur Vor-, sondern auch gewichtige Nachteile.

Deshalb vorweg die acht wichtigsten Punkte, die Sie zum Thema Sparversicherung wissen müssen:

**1.** Sparen fürs Alter oder mit einem klar umschriebenen Ziel ist empfehlenswert – aber es gibt neben der Sparversicherung noch etliche andere Möglichkeiten, die punkto Rendite teilweise bedeutend attraktiver sind.

**2.** Eine Sparversicherung kann in seltenen Fällen sinnvoll sein, falls Sie eine Risikodeckung brauchen. Ob Sie sich gegen die Risiken Tod und Invalidität absichern sollten, können Sie im Kapitel 4 dieses Buches auf Seite 154ff. in allen Details nachlesen.

**3.** Die Sparversicherung hat den Vorteil der Prämienbefreiung bei Erwerbsunfähigkeit. Das bedeutet: Falls die versicherte Person infolge Invalidität eine Verdiensteinbusse erleidet und die Prämien nicht mehr zahlen kann, zahlt die Versicherung für sie weiter – und das definierte Sparziel ist somit garantiert, wird also dennoch erreicht.

**4.** Eine Sparversicherung kann dann sinnvoll sein, wenn Sie sich selber einen Spardruck auferlegen wollen. Der Vertrag verpflichtet Sie, jahrelang regelmässig die vereinbarte Prämie zu zahlen. Für viele Sparwillige kann diese langfristige Verpflichtung ein Segen sein.

### Ein Tummelfeld für unseriöse Policenverkäufer

**5.** Sie sollten eine Sparversicherung nur abschliessen, wenn Sie absolut sicher sind, dass Sie bis ans Ende der vereinbarten Vertragsdauer durchhalten und Jahr für Jahr Ihre Prämie zahlen können.

Die gemischte Versicherung hat nämlich einen gravierenden Nachteil: Wer frühzeitig aus einem solchen langjährigen Vertrag aussteigt, verliert in den ersten Jahren die ganze oder einen grossen Teil der einbezahlten Prämiensumme – und das können Tausende von Franken sein.

Auch ein späterer Ausstieg ist mit Verlust verbunden. In keiner anderen Versicherungsart wirken sich Fehler so gravierend für den Versicherten aus.

**6.** Die Sparversicherung ist ein Tummelfeld für unseriöse Policenverkäufer, weil hier für den Verkäufer die höchsten Provisionen locken. Deshalb der Ratschlag: Suchen Sie unbedingt kompetente Beratung und meiden Sie Feierabendverkäufer.

**7.** In fast allen Fällen ist es besser, die beiden Prozesse Sparen und Versichern zu trennen: sparen bei der Bank, sich gegen die Risiken Tod und Invalidität versichern bei einer Versicherungsgesellschaft.

**8.** Die Sparversicherung kann ein Vehikel sein, um die Steuerbelastung zu senken. Steuern sparen

**IN DIESEM KAPITEL**

kann man aber auch auf anderem Wege.

### Sparen ist sinnvoll – aber es gibt viele Möglichkeiten

Wer Geld sparen will, hat eine Fülle von Möglichkeiten zur Hand – angefangen beim Lohn- oder Privatkonto mit der magersten Rendite bis hin zu den Aktienfonds, bei denen man aufgrund des langjährigen Durchschnitts in der Vergangenheit – und trotz der zwischenzeitlichen herben Kurseinbrüche – von einer künftigen jährlichen Rendite von rund 7 Prozent ausgehen

**STICHWORT**

## Klassische gemischte Sparversicherung

Die klassische gemischte Lebensversicherung ist eine Sparversicherung mit Risikoschutz. Der grössere Teil der fest abgemachten Prämie geht in den Spartopf und ergibt – falls der Kunde regelmässig einzahlt – das sogenannte Erlebensfallkapital, das dann ausbezahlt wird, wenn der Versicherungsnehmer den Ablauf des Vertrages «erlebt».

Das Erlebensfallkapital setzt sich zusammen aus einem garantierten Teil, der auf einer festen Verzinsung von zurzeit 1,5 Prozent beruht (Stand 2012), und den Überschüssen.

Es wird aber nur ein Teil der Prämie verzinst, nämlich der Sparanteil. Eventuell kommen bei der Auszahlung des Erlebensfallkapitals nicht garantierte Überschüsse dazu (siehe das Stichwort auf Seite 161).

Stirbt der Versicherungsnehmer vor Ablauf der Vertragsdauer, erhalten die Begünstigten das Todesfallkapital ausbezahlt, das in der Regel gleich hoch ist wie das garantierte Erlebensfallkapital. In den Verträgen ist das die «Versicherungssumme, zahlbar im Todesfall oder Erlebensfall». In diesem Sinne ist die Sparversicherung auch eine Todesfallrisiko-Versicherung.

Für den auf der Seite rechts erwähnten 35-jährigen Mann, der 30 Jahre lang jährlich 6682 Franken einzahlen will, heisst das: Sollte er schon ein Jahr nach Vertragsabschluss sterben, erhalten die Begünstigten ein garantiertes Todesfallkapital zwischen 202 000 und 222 000 Franken – je nach Gesellschaft.

Nebst einem Todesfallrisiko-Schutz kann man in eine gemischte Lebensversicherung auch eine Erwerbsunfähigkeits-Rente einbauen. Sie sichert dann auch ein vereinbartes Ersatzeinkommen bei Invalidität – wie in Kapitel 4 auf Seite 154 ff. beschrieben.

In der Regel mitversichert ist bei der klassischen gemischten Lebensversicherung die Prämienbefreiung bei Erwerbsunfähigkeit. Das bedeutet: Wird der Versicherungsnehmer invalid, zahlt die Gesellschaft die Prämien weiter, das Sparziel wird also dennoch erreicht.

Zur Deckung dieser Risiken zieht die Gesellschaft einen Teil der einbezahlten Prämie ab. Es geht also nicht die gesamte einbezahlte Prämie in den Sparteil.

Auch happige Abzüge für die Kosten fallen ins Gewicht.

Im Schnitt frisst die Deckung von Risiko und Kosten bei einer klassischen Sparversicherung einen Viertel der Prämie.

Verwandte der Sparversicherung sind die Sparversicherung mit minimalem Todesfallkapital (siehe Kasten auf Seite 180) sowie die Fondspolice (siehe Seite 189 ff.).

Alle drei Arten kann man auch gebunden im Rahmen der steuerbegünstigten 3. Säule abschliessen (siehe dazu das Stichwort auf Seite 181).

In der Regel erfolgt die Einzahlung mittels jährlich zu zahlender Prämien (sonst ist es eine Einmalprämien-Versicherung, siehe Kästen auf den Seiten 184 und 185).

kann (siehe dazu die Tabelle unten).

Gerade im Vergleich mit Aktien oder Aktienfonds ist aber die klassische gemischte Sparversicherung (siehe Kasten links) ein Sparinstrument, das eine hohe Sicherheit bietet, aber wenig Rendite.

Bei den nicht garantierten Überschüssen hingegen (siehe Kasten auf Seite 161) ist für den Sparversicherungs-Kunden absolut unklar, wie viel er dereinst bekommen wird.

Auch die Kosten sind bei der Sparversicherung für die Kundschaft nicht nachvollziehbar. Beispiel: Ein 35-jähriger Mann zahlt 30 Jahre lang jährlich 6682 Franken (aktueller Maximalbetrag in der 3. Säule, Stand 2012) für eine klassische Sparversicherung ein; das sind total 200 460 Franken.

Dafür garantieren ihm die Gesellschaften zurzeit (Stand Januar 2012) nach Ablauf der 30 Jahre eine Summe zwischen 202 000 und 222 000 Franken – je nach Gesellschaft (im Rahmen der 3. Säule, siehe Kasten auf Seite 181).

Das entspricht einer garantierten jährlichen Rendite zwischen 0,07 und 0,68 Prozent (bezogen auf die einbezahlte Prämiensumme). Dazu kommen allenfalls noch nicht garantierte Überschüsse.

Zusammen mit den Überschüssen stellen die Gesellschaften zurzeit bei der gleichen einbezahlten Summe eine Auszahlung zwischen 227 000 und 274 000 Franken in Aussicht.

Das entspricht einer nicht garantierten jährlichen Rendite zwischen 0,81 und 1,95 Prozent (vor Steuern, Stand Januar 2012).



## Die Renditen unterschiedlicher Anlageformen

| **Anlageform** | **Renditeerwartung** (Jahresdurchschnitt nach Gebühren) | **Anlagehorizont** |
|---|---|---|
| Privatkonto | 0,125 bis 0,2 % | Kurzfristig |
| Sparkonto | 0,2 bis 0,625 % | Kurzfristig |
| Festgeld in Fr. (Laufzeit 12 Monate) | 0 bis 0,75 % | Gemäss Laufzeit |
| Einmaleinlagen (Laufzeit 10 Jahre) | 0,65 bis 1,8 % | Gemäss Strategie |
| Sparkonto 3a | 1,5 bis 2,375 % | Gemäss Laufzeit |
| Staats-Obligationen in Fr.[1] | 0 bis 0,7 % | 2 bis 10 Jahre |
| Unternehmens-Obligationen in Fr.[2] | 0,9 bis 2 % | 3 bis 5 Jahre |
| Staats-Obligationen in US-Dollar[1] | 0,1 bis 2 % | 5 Jahre |
| Aktien Schweiz[3] | 6,5 % | Über 10 Jahre |
| Aktienfonds Ausland[3] | 7,2 % | Über 10 Jahre |

1 Abhängig von der Laufzeit, ohne Berücksichtigung von Währungseffekten 2 Je nach Bonität des Schuldners 3 Prognosen, abgeleitet aus langfristigen Vergangenheitsrenditen

QUELLE: VZ VERMÖGENSZENTRUM, STAND ANFANG 2012

### Die Sparversicherung ist keine gute Geldanlage

Fazit: Die klassische Sparversicherung mit einer sicheren Rendite ist keine gute Geldanlage. Klassische gemischte Versicherungen mit Jahresprämien bewegten sich in der Vergangenheit punkto Rendite meist im Bereich um 0,8 bis 1,4 Prozent pro Jahr (Nettorendite nach Abzug der Kosten für den Versicherungsschutz). Das reicht meist nicht einmal, um die Teuerung aufzufangen.

Diese garantierte Rendite kann sich zwar im Vergleich etwa zum Sparbuch sehen lassen, aber an der Börse waren – ebenfalls in der Vergangenheit – langfristig betrachtet bedeutend höhere Renditen zu erzielen.

STICHWORT

## Sparversicherung mit minimalem Todesfallkapital

Die klassische Sparversicherung mit fester Jahresprämie ist unflexibel: Sie versichert ein Todesfallkapital zwingend auch dann, wenn der Versicherungsnehmer diesen Risikoschutz im Grunde gar nicht braucht.

Auf diesen für viele störenden Umstand haben die Gesellschaften mit Produkten reagiert, die bei Tod – je nach Kundenwunsch – nur ein geringes Todesfallkapital auszahlen. Bei diesen Produkten steht praktisch nur noch das Sparziel zur Debatte (reiner Erlebensfalltarif). Die Jahresprämie ist aber meist immer noch fix – also ist man auch hier nicht flexibel.

Wer so abschliesst, betreibt fast nur noch das reine Sparen, hat aber immer noch den Vorteil des selbst auferlegten Spardrucks sowie der Prämienbefreiung bei Erwerbsunfähigkeit. Das Sparziel ist also nach wie vor garantiert (falls die Kundin oder der Kunde nicht vor Ablauf aussteigt).

Wie die Renditeerwartung der unterschiedlichen Anlageformen ist, ersehen Sie aus der Tabelle auf der vorhergehenden Seite.

Aber: Die Sparversicherung hat den Vorteil der Prämienbefreiung bei Erwerbsunfähigkeit (siehe Details auf der Seite rechts).

### Wer keine Risikodeckung braucht, zahlt unnötig Geld

Falls Sie eine Sparversicherung haben, aber im Grunde keine Absicherung des Todesfalls und auch keinerlei Ersatzeinkommen bei Invalidität brauchen, zahlen Sie Geld für eine unnötige Versicherungsdeckung. Dieses hinausgeworfene Prämiengeld verringert das später ausbezahlte Sparkapital, das sogenannte Erlebensfallkapital. (Falls Sie einen Risikoschutz benötigen, sollten Sie Sparen und Versichern trennen, siehe Seite 186 ff.)

Besonders junge Leute ohne Unterstützungspflichten brauchen keine Todesfallrisiko-Deckung (siehe Details auf Seite 168 ff.). Denn in der Regel hinterlassen junge Leute im Todesfall keine Angehörigen, die dringend auf dieses Geld angewiesen sind. Auch das Fachblatt der Branche, die «Schweizer Versicherung», schrieb klipp und klar, gemischte Lebensversicherungen mit Todesfallkapital seien für junge, ungebundene Leute «völlig fehl am Platz».

Trotzdem verkaufen Gesellschaften und Berater auch Jungen weiterhin genau diese meist unnötige Versicherungsdeckung. Solche Verkäufer haben nicht das

STICHWORT

## 3. Säule

Die 3. Säule ist eine Sparform, die steuerlich begünstigt ist: Wer in die 3. Säule einzahlen darf, kann den einbezahlten Betrag in der Steuererklärung vom Einkommen abziehen.

Selbständigerwerbende ohne Pensionskasse dürfen maximal 20 Prozent ihres Erwerbseinkommens einzahlen (aber maximal 33 408 Franken, Stand 2012). Für Angestellte mit Pensionskasse liegt der maximale Einzahlungsbetrag bei 6682 Franken (Stand 2012).

Die Limite von 6682 Franken gilt auch für Teilzeitler, falls sie einer Pensionskasse angeschlossen sind. Teilzeitler ohne Pensionskasse können bis 20 Prozent ihres Erwerbseinkommens in die 3. Säule einzahlen.

Nichterwerbstätige (zum Beispiel Hausfrauen) dürfen nicht in die 3. Säule einzahlen.

Die Spargelder in der 3. Säule sind gebunden und können frühestens fünf Jahre vor Erreichen des AHV-Alters bezogen werden. Eine vorzeitige Barauszahlung ist aber möglich für den Erwerb von Wohneigentum oder wenn man eine ganze Rente der IV bezieht oder sich selbständig macht.

Auch Sparversicherungen lassen sich im Rahmen der steuerbegünstigten 3. Säule (also gebunden) abschliessen. Und auch dann können Sparerinnen und Sparer die Prämien in der Steuererklärung abziehen.

Kündigt die versicherte Person eine gebundene Police vorzeitig und erhält sie einen Rückkaufswert, so kann sie dieses Geld nicht bar beziehen, sondern muss es auf ein 3a-Konto bei einer Bank transferieren lassen (oder allenfalls für Wohneigentum einsetzen).

Bei gemischten Versicherungen, die nicht im Rahmen der 3. Säule laufen, können Versicherungsnehmer auch Konkubinats- oder gleichgeschlechtliche Lebenspartner ohne Weiteres begünstigen (im Rahmen der 3. Säule nur unter gewissen Voraussetzungen).



Wohl ihrer Kunden im Auge, sondern einzig den eigenen Profit.

Seit einigen Jahren gibt es auch Sparversicherungen mit nur minimalem Todesfallkapital (siehe Stichwort links). Allerdings hat auch diese Versicherungsart – gleich wie die konventionelle kapitalbildende Sparversicherung – den grossen Nachteil, dass sie punkto Einzahlungen wenig flexibel ist und eine vorzeitige Auflösung den Kunden teuer zu stehen kommt.

### Die Prämienbefreiung bei Erwerbsunfähigkeit

Die Sparversicherung mit Jahresprämien hat einen attraktiven Vorteil: die Prämienbefreiung bei Erwerbsunfähigkeit, die in den Verträgen meist inbegriffen ist.

Das heisst: Sollte die versicherte Person wegen Krankheit oder Unfall erwerbsunfähig werden und nichts mehr verdienen können, muss sie für die Sparversicherung (nach einer gewissen Wartefrist, in der Regel drei Monate) auch keine Prämien mehr zahlen.

Die versprochene Geldsumme (Erlebensfallkapital) erhält die versicherte Person aber bei Vertragsablauf trotzdem. Das Sparziel ist also garantiert, ebenso die Auszahlung der Todesfallsumme bei vorzeitigem Tod (vor Erreichen des Vertragsendes).

**Tipp:** Wenn schon eine Sparversicherung, dann nur *mit* Prämienbefreiung bei Erwerbsunfähigkeit. Sonst ist die Sparversicherung fragwürdig, weil das Sparziel bei Invalidität ja nicht garantiert ist.

**Auch wichtig:** Wer bei der Bank spart und dazu separat eine Todesfallrisiko-Versicherung mit abnehmendem Kapital sowie eine Invalidenrente als «Ersatz» für die Prämienbefreiung abschliesst, erzielt den gleichen Effekt – und fährt so erst noch günstiger.

## Kritik an der gemischten Lebensversicherung

Im Februar 2011 hat das unabhängige Finanzberatungsunternehmen Vermögenspartner AG in Winterthur die Sparversicherung analysiert und ist zum Schluss gekommen: «Sparen und Versichern zu trennen verspricht eine höhere Rendite und viel mehr Flexibilität.»

Weiter heisst es in der Analyse: «Langfristige gemischte Lebensversicherungen bringen den Kunden wenig Rendite und tiefe Flexibilität – für Versicherungsgesellschaften sind sie aber umso lukrativer. Es ist in den allermeisten Fällen zu empfehlen, Sparen und Versichern strikte zu trennen. Das gilt in der 3. Säule ganz besonders.» Meistens sei dieses Vorgehen auch bei Sparversicherungen empfehlenswert, die nicht 3a-steuerbegünstigt seien.

Und weiter: «Eine gemischte Lebensversicherung im Rahmen der 3. Säule hat für Anleger im Vergleich zum getrennten Sparen und Versichern keine Vorteile. Entscheidend sind die Nettorendite auf den Anlagen, die Kosten der Risikoversicherungen sowie die mögliche Flexibilität bei sich verändernden Bedürfnissen. In all diesen Bereichen schneidet die gemischte Lebensversicherung deutlich schlechter ab als das getrennte Sparen und Versichern.

Alle Risiken, die mit einer gemischten Lebensversicherung abgedeckt werden können, können auch separat über eine reine Risikoversicherung versichert werden. Auch die viel gelobte Prämienbefreiung kann von Kontosparern indirekt mit einer Invalidenrente organisiert werden.»

### Wer vorzeitig aus dem Vertrag aussteigt, verliert viel Geld

Die gemischten Versicherungen (Sparversicherungen) haben meist eine sehr lange Vertragsdauer. Deshalb sollte man solche Verträge nur unterschreiben, wenn man erstens die Risikodeckung für die ganze Vertragsdauer braucht und wenn man zweitens absolut sicher ist, dass man den Vertrag bis zum Schluss erfüllen kann und will.

Wer vorher aussteigt, erhält vor allem in den ersten zehn Jahren einen enttäuschend tiefen Rückkaufswert (siehe Stichwort auf der Seite rechts) und verliert viel Geld.

Es gibt viele Verträge, die sogar voraussetzen, dass die versicherte Person mindestens zwei oder drei Jahre lang einbezahlt hat; wer solche Verträge vorher kündigt, erhält gar nichts zurück. So verlieren insbesondere junge Leute immer wieder Tausende von Franken. Das sei «legaler Diebstahl», klagte einer der Betroffenen im K-Tipp.

Wer die Prämien nicht mehr zahlen kann oder will, kann die Police auch prämienfrei stellen; doch das ist ebenfalls ein schlechtes Geschäft (siehe Stichwort auf der Seite rechts).

Das Prinzip ist also klar: Solche Sparversicherungen sind auf Vertragstreue ausgelegt, nicht auf vorzeitigen Ausstieg.

### Nehmen Sie sich vor Feierabendverkäufern in Acht!

Seit etlichen Jahren ziehen viele schlecht oder ungenügend ausgebildete Versicherungsverkäufer durchs Land; sie sind oft spezialisierten Vertriebsorganisationen angeschlossen.

Diese Vertreter haben in erster Linie ihre Provision im Kopf, und sie haben deshalb alles Interesse, ihren Opfern gemischte Versicherungen zu verkaufen; dafür erhalten sie von den Gesellschaften die höchsten Provisionen.

In der Regel ist das Angebot dieser Verkäufer beschränkt auf Policen von sehr wenigen Gesellschaften.

### Verkäufer verlangen Adressen von Freunden und Bekannten

Würde ein Verkäufer hingegen getrenntes Vorgehen empfehlen

STICHWORT

## Rückkaufswert

Kündigt die versicherte Person eine Sparversicherung vor dem vereinbarten Vertragsablauf, erhält sie den Rückkaufswert ausbezahlt. Der entspricht aber insbesondere in den ersten Jahren keineswegs der Höhe der einbezahlten Prämien.

Denn von den einbezahlten Prämien zieht die Gesellschaft in der Regel erst mal die Provision ab, die an den Versicherungsverkäufer ging – egal ob er angestellt ist oder als unabhängiger Vermittler unterwegs war. Die Höhe dieses Abzugs kann bis zum Betrag der ersten Jahresprämie reichen, also mehrere Tausend Franken betragen.

Auch die bis anhin aufgelaufenen internen Verwaltungskosten gehen weg, dazu noch die Kosten für den bereits geleisteten Versicherungsschutz; die Begünstigten hätten ja viel Geld bekommen, falls die versicherte Person vor diesem Zeitpunkt gestorben wäre. Dieser Prämienteil ist sozusagen aufgebraucht.

Viele Gesellschaften gewähren erst nach zwei oder drei Jahren überhaupt einen Rückkaufswert; wer vorher aussteigt, erhält hier also gar nichts zurück. Kundenfreundliche Versicherungen weisen allerdings schon nach einem Jahr einen Rückkaufswert aus.

Die gängigste Alternative zu einem Rückkauf ist die Sistierung (auch Prämienfreistellung genannt). Konkret: Die Versicherung läuft mit reduziertem Risikoschutz und kleinerem Sparteil weiter, aber der Versicherungsnehmer muss keine Prämien mehr zahlen.

Doch auch die Sistierung ist für den Kunden ein schlechtes Geschäft, weil die Gesellschaften die Sistierung (auch Umwandlung genannt) zunächst wie einen Rückkauf behandeln – was für den Kunden ebenfalls einen Geldverlust bedeutet, weil entsprechend weniger Geld in die sistierte (umgewandelte) Police geht.

Möglich ist auch die Belehnung der Police. Die Gesellschaft gewährt dem Kunden ein Darlehen – aber ebenfalls nur in der Höhe des Rückkaufswerts.

**Tipp:** Es kommt immer wieder vor, dass Versicherte mit einer Sparversicherung eine Jahresprämie nicht zahlen können – oder gar nicht dürfen, wenn die Police im Rahmen der 3. Säule läuft und die versicherte Person vorübergehend kein Einkommen erzielt (siehe Seite 188). Bitten Sie in solchen Fällen die Gesellschaft, die Police trotzdem weiterlaufen zu lassen. Der Versicherungsschutz bleibt dann gewährleistet, aber das Erlebensfallkapital verringert sich entsprechend.

Diese Lösung ist aber nur möglich, wenn Sie die Prämie ein oder höchstens zwei Jahre lang nicht zahlen können.

Inzwischen gibt es auch Sparversicherungen, von denen die Gesellschaften behaupten, hier sei der Kunde flexibel. Doch dieses Argument darf nicht darüber hinwegtäuschen, dass auch diese Produkte trotzdem noch alle anderen in diesem Kapitel aufgezählten Nachteile aufweisen.

STICHWORT

## Einmaleinlage

In einem gewissen Sinne gehört auch die Einmaleinlage zu den Sparversicherungen. Bei dieser Form zahlt der Kunde die Prämie nicht jährlich, sondern zur Gänze im Voraus ein.

Ein Beispiel: Wenn ein 50-jähriger Mann heute (Stand Januar 2012) 100 000 Franken in eine Einmaleinlage mit einer 10-jährigen Laufzeit einzahlt, stellen ihm die Gesellschaften ein voraussichtliches Erlebensfallkapital (Auszahlung bei Vertragsablauf) zwischen 107 000 und 119 000 Franken in Aussicht (je nach Gesellschaft, inklusive Überschüsse).

Mit den (nicht garantierten Überschüssen) entspricht dies einer Rendite von 0,7 bis 1,78 Prozent. Ohne Überschüsse resultiert nur eine garantierte Rendite von 0,25 bis 0,88 Prozent.

Der Versicherungsteil der Einmaleinlage besteht darin, dass die Erben ein garantiertes Todesfallkapital erhalten, falls der Versicherte vor Vertragsablauf stirbt. Im obigen Beispiel wären das je nach Gesellschaft zwischen 102 000 und 109 000 Franken.

Die Höhe des Todesfallkapitals entspricht gleichzeitig dem, was der Prämienzahler nach Ablauf der Versicherung garantiert ausbezahlt erhalten würde (falls die Gesellschaft ihre Überschüsse komplett streichen würde).

Die Einmaleinlage kann auch eine sinnvolle Alternative zu Anlagen in Obligationen sein, insbesondere dann, wenn die Gesellschaft zur Ankurbelung des Geschäfts die Stempelabgabe übernimmt, die bei einer Investition von 100 000 Franken immerhin 2439 Franken ausmacht.

Laufend aktualisierte Vergleiche der Offerten für Einmalprämien finden Sie beispielsweise auf www.vermoegenszentrum.ch.

**Tipp:** Holen Sie mehrere Offerten ein und lassen Sie sich nicht von hohen (unrealistischen) Überschussprognosen blenden.

Nebst dieser klassischen Einmaleinlage mit konventioneller Verzinsung gibt es auch fondsgebundene Varianten. Hier haben schon viele Sparer eine böse Überraschung erlebt, weil die effektiv realisierten Gewinne in keiner Art und Weise dem entsprachen, was man ihnen beim Abschluss vorgegaukelt hatte (siehe Kasten auf der Seite rechts).

(Sparen bei der Bank, reine Risikoversicherung bei einer Versicherung), so wäre das zwar für viele Kundinnen und Kunden der bessere Weg, aber der Verkäufer erhielte nur eine kleine oder gar keine Provision.

Viele Fälle aus der Beratungspraxis des K-Tipp zeigen, wo die Probleme liegen, wenn solche Verkäufer auf unbedarfte Laien losgehen:

- Die Verkäufer melden sich meist telefonisch: Bei diesem ersten Kontakt reden sie nicht von Versicherungen, sondern von tollen Sparmöglichkeiten. Oder sie verschaffen sich unter einem anderen Vorwand Zugang zum potenziellen Kunden.
- Oft wollen diese Verkäufer keine Unterlagen und nicht einmal ein Visitenkärtchen überreichen, falls der Kunde Bedenkzeit wünscht. Vielmehr drängen sie auf sofortigen Abschluss.
- In der Regel gehen solche Verkäufer zuerst auf ihre Verwandten und Bekannten los.
- Solche Verkäufer verlangen von ihren Kunden oft Adressen von Freunden und Bekannten. So kommen sie schneeballartig an neue Opfer.
- Oft nehmen es die Verkäufer mit der Wahrheit nicht sehr genau. So beklagen sich viele Opfer, man habe sie nicht auf die empfindlichen Rückkaufsverluste bei vorzeitiger Kündigung hingewiesen. Im Gegenteil: Viele Kunden bekommen zu hören, ein früher Ausstieg und die Auszahlung der einbezahlten Prämien seien problemlos möglich

– was schlicht falsch ist. Beachten Sie aber: Heute schreibt das Gesetz vor, dass die Gesellschaft Infos über den Rückkaufswert geben muss (siehe dazu den Kasten auf Seite 17).

- Wenn es sich um Mitarbeiter von sogenannten Strukturvertrieben handelt, so sind sie stark darauf angewiesen, dass sie ständig neue Mitarbeiter rekrutieren. So steigt der Anwerber in der Hierar-

### Fondsgebundene Einmaleinlage: «Ein Blödsinn»

Im Jahr 1998 kaufte ein Mann eine «fondsgebundene Lebensversicherung» der damaligen CS Life, die heute zur Axa Winterthur-Versicherung gehört, für 500 000 Franken.

Im Juni 2004 löste der Mann die Life-Fund-Versicherung vorzeitig auf – und erhielt lumpige 335 452 Franken ausbezahlt. Sein Verlust betrug 33 Prozent.

Der Anleger wurde Opfer eines fatalen Mechanismus, den er beim Abschluss des Vertrages nicht durchschauen konnte, auf den er nicht hingewiesen wurde und der sich auch nicht aus den Vertragsbedingungen herauslesen liess. «Niemand sagte mir, dass bei grossem Wertverlust der Risikoteil den kümmerlichen Restwert explosionsartig vernichtet», empörte sich der Mann gemäss der Zeitschrift K-Geld.

Der Mann hatte als 63-Jähriger eine Fondspolice mit Einmaleinlage abgeschlossen, weil er seine Freundin finanziell absichern wollte. Wäre er vor Ablauf der zehnjährigen Vertragszeit gestorben, hätte seine Lebenspartnerin 720 874 Franken bar auf die Hand erhalten.

In der Offerte wurden ihm die Kosten für diesen Todesfallrisiko-Schutz vorgerechnet beziehungsweise prognostiziert: In den ersten vier Jahren je rund 8500 Franken, danach jährlich weniger. (Dass die Axa Winterthur für sich selber noch happige 20 000 Franken für eigene Kosten und Umtriebe abzwackte, sei hier nur am Rande erwähnt.)

Was der Mann nicht ahnen konnte: Weil die Börsenkurse später absackten und seine Fondsanteile an Wert verloren, stiegen diese Risikokosten automatisch. Denn bei sinkenden Kursen zieht die Axa Winterthur (wie viele andere Gesellschaften) mehr ab zur Deckung des Todesfallrisikos, weil nun die Differenz zwischen aktuellem Fondsguthaben und garantiertem Todesfallkapital grösser ist.

Deshalb kassierte die Axa Winterthur in den ersten Jahren je rund 9500 Franken, anschliessend 14 101 und 19 582 Franken. Den Höhepunkt erreichten die Kosten 2004: Nun waren es 30 367 Franken.

Da hatte der Mann endgültig genug, und er löste die Police vorzeitig auf.

Aus den Versicherungsbedingungen lässt sich diese Konsumentenfalle nicht herauslesen. Dort steht nur ganz vage: «Zukünftige Risikoprämien und Folgekosten werden periodisch aus dem Fondsbestand finanziert.»

Und – genauso verklausuliert: Die erforderlichen Rückstellungen für das Todesfallkapital müssten «jederzeit durch Ihr Fondsvermögen abgedeckt werden können».

Würden die Versicherungsgesellschaften ihren Kundinnen und Kunden reinen Wein über die zu erwartenden Kosten einschenken, liesse sich kein Mensch auf eine derart nachteilige Versicherung ein. Auch für den Betroffenen im geschilderten Fall ist klar: «Einen solchen Blödsinn mache ich nie mehr.»

Die gleiche schlechte Erfahrung machte ein Mann, der im November 1999 25 000 Franken einzahlte. Zehn Jahre später erhielt er nur gerade 15 286 Franken ausgezahlt.

Seine Ersparnisse waren in einen stark aktienlastigen Fonds angelegt; diese Anteile verloren von November 1999 bis November 2009 15,7 Prozent an Wert. Seine Ersparnisse hingegen schmolzen wegen der Abzüge für Kosten und Umtriebe um 38,9 Prozent.

**STICHWORT**

### Indirekte Amortisation

Hausbesitzer mit einer 2. Hypothek (die man in der Regel abzahlen, also amortisieren muss) können eine Sparversicherung sinnvoll zur indirekten Amortisation einsetzen.

Konkret: Der Hausbesitzer zahlt die Prämien normal an die Versicherung, die Police ist aber als Sicherheit an die Bank verpfändet. Bei Vertragsablauf kassiert die Bank die Erlebensfallsumme – und die 2. Hypothek ist auf einen Schlag amortisiert.

Diese indirekte Amortisation hat gegenüber der direkten Amortisation – also den direkten Zahlungen an die Bank zur Tilgung der Schuld – etliche Vorteile:

- Bei der indirekten Amortisation nimmt die Hypothekarschuld nicht ab, sondern bleibt in der vollen Höhe bestehen. Die Zinsen für diese 2. Hypothek muss der Hausbesitzer weiterhin zahlen – er kann sie aber auch weiterhin in der Steuererklärung vom Einkommen abziehen und so Steuern sparen (man spart dank der Hypothek Steuern und amortisiert doch). Bei der direkten Amortisation hingegen verringern sich Kapitalschuld und Schuldzinsen.
- Zusätzlich kann der Hausbesitzer die indirekte Amortisation mit den Vorteilen der gebundenen Vorsorge der 3. Säule kombinieren (siehe Stichwort auf Seite 181), was den Steuerspareffekt noch vergrössert – aber auch die Kosten erhöht.
- Dazu hat der Hausbesitzer mit einer Sparversicherung zur indirekten Amortisation auch ein Todesfallkapital versichert, das die Banken von vielen Hypothekarschuldnern bei der Hausfinanzierung zwingend verlangen.

Allerdings gilt auch hier die Einschränkung: Wer indirekt mit der Sparversicherung amortisiert, bindet sich für eine gewisse Zeit. Indirekt amortisieren kann man auch mit getrenntem, flexiblem Vorgehen: sparen bei der Bank, sich versichern bei der Versicherung.

Und: Die Zeitschrift K-Geld hat in ihrer Ausgabe 3/09 vorgerechnet, dass sich die indirekte Amortisation – rein rechnerisch betrachtet – nur für Spitzenverdiener lohnt. Und auch für diese nur unter idealen Bedingungen.

chie nach oben – und er verdient mehr.

Für die Kundinnen und Kunden heisst das: Wer einmal für eine Police unterschrieben hat, wird gleich zum Mitmachen animiert – mit meist übertriebenen Verdienstversprechen.

- Es gibt immer wieder Fälle, in denen Verkäufer den Kunden sogar zum Ausstieg aus einer bereits bestehenden Sparversicherung raten – was immer mit einem Geldverlust verbunden ist.

## Sparen bei der Bank, sich versichern bei der Versicherung

Fürs klassische Sparen sind die Banken zuständig. Nur sie offerieren die ganze Palette von Anlagemöglichkeiten – vom sicheren Sparheft bis zur oft rentablen, aber auch riskanten Börsenlösung mit Aktien oder Anlagefonds (siehe Kasten auf Seite 179).

Die Versicherungsgesellschaften sind hingegen die Profis für den Versicherungsschutz, hier insbesondere für das Todesfallrisiko oder das Ersatzeinkommen bei Invalidität.

Das Grundprinzip lautet deshalb: Wenden Sie sich an die Bank, wenn es ums Sparen geht. Und vertrauen Sie Ihr Anliegen einer Versicherung an, wenn Sie einen Todesfallschutz oder eine private Invalidenrente brauchen (siehe Kapitel 4 auf Seite 154ff.).

## Hauskäufer sind mit der Sparversicherung schlecht bedient

Sparen und Versicherungsschutz mittels Sparversicherung zu kom-

**CHECKLISTE**

## Der richtige Umgang mit der Sparversicherung

- Eine konventionelle gemischte Versicherung ist nur für Leute sinnvoll, die ganz sicher sowohl eine Risikodeckung während der ganzen Vertragsdauer brauchen (Tod oder Erwerbsausfall oder beides) und die sich gleichzeitig einem Spardruck unterstellen wollen, indem sie sich verpflichten, jahrelang die Prämien zu zahlen.
- Es gibt keine Verpflichtung, eine Sparversicherung bis zum ordentlichen Pensionierungsalter bzw. bis fünf Jahre davor laufen zu lassen (ausser wenn sie über die 3. Säule läuft). Es ist beispielsweise auch eine zehnjährige Vertragsdauer möglich – abhängig von Ihrem Sparziel.
- Falls Sie eigenverantwortlich handeln können, brauchen Sie den Spardruck der Sparversicherung nicht. Sie können dann sparen via Bank und die beiden Risiken Tod und Invalidität – falls nötig – separat und eigenständig versichern. So bleiben Sie flexibel – und fahren erst noch günstiger.
- Wer vorzeitig aus einem langfristigen Lebensversicherungs-Vertrag aussteigt, verliert viel, in Einzelfällen sogar das gesamte eingezahlte Geld. Unterschreiben Sie also nur, wenn Sie absolut sicher sind, dass Sie die Prämien bis zum Vertragsende zahlen wollen und können.
- Junge Leute sollten keine langfristigen Verträge mit Einzahlungszwang eingehen.
- Fragen Sie vor dem Abschluss nach dem Rückkaufswert zu verschiedenen Zeitpunkten. Die Versicherungsgesellschaften sind gesetzlich verpflichtet, diese Zahlen auf den Tisch zu legen.
- Schliessen Sie eine Sparversicherung – wenn überhaupt – nur mit Prämienbefreiung bei Erwerbsunfähigkeit ab.
- Kündigen Sie nie eine bestehende Sparversicherung, um eine andere abzuschliessen. Meist ist der Verlust grösser als der Zugewinn durch ein vermeintlich besseres Angebot.
- Lassen Sie sich nicht von hohen Überschussprognosen blenden. Sie sind allein noch kein verlässliches Kriterium für die Wahl zwischen verschiedenen Offerten. In den letzten Jahren haben die Gesellschaften die Überschüsse bedenkenlos gekürzt, wenn ihnen schlechte Zahlen von den Geld- oder Kapitalmärkten dazu Anlass gaben.
- Hüten Sie sich vor Feierabendverkäufern von aggressiven Verkaufsorganisationen, die sich unter einem Vorwand in Ihr Haus schleichen. Geben Sie nie Adressen von Verwandten oder Bekannten an solche Verkäufer weiter.



binieren, ist nur selten sinnvoll. Eine solche Kombination von Sparen und Risikodeckung hat zwar einen leichten Steuervorteil (ausser in der 3. Säule), verhindert aber die nötige Flexibilität. Wer zum Beispiel erbt, braucht vielleicht von einem Tag auf den anderen keinen Todesfallschutz mehr – oder nur noch einen reduzierten.

Besonders gefährlich ist es, ein kurz- oder mittelfristiges Sparziel mit einer Sparversicherung erreichen zu wollen, also beispielsweise den Erwerb von Wohneigentum.

Viele Versicherungsverkäufer preisen nämlich Sparversicherungen mit dem falschen Argument an, beim Kauf eines Hauses liessen sich die einbezahlten Prämien problemlos beziehen.

Doch dies trifft nicht zu. Wer das Geld vor Ablauf der abgemachten

Versicherungsdauer bar beziehen will, muss einen empfindlichen Rückkaufsverlust tragen (siehe das Stichwort auf Seite 183).

Zwar lassen sich solche Policen auch als Sicherheit hinterlegen, doch rechnet die Bank als Eigenmittel auch nur den tieferen Rückkaufswert an – der übrigens bei Fondspolicen auch noch vom aktuellen Wert der Fondsanteile abhängt, was in Zeiten einer Börsenbaisse sehr negativ sein kann.

Demnach ist der Versicherungssparer beim Hauskauf in der Regel schlechter gestellt als der Sparer, der seinen Spargroschen der Bank anvertraute und im Bedarfsfall sein ganzes eingezahltes Geld plus Zinsen für den Kauf von Wohneigentum einsetzen kann.

Aber: Wer das reine Sparen über eine Bankenlösung betreibt, hat keine Garantie, dass er das Sparziel effektiv erreicht. Bei der Sparversicherung hingegen ist das Sparziel bei Invalidität garantiert, weil hier die Prämienbefreiung bei Erwerbsunfähigkeit zum Zug kommt.

### Junge Frauen: Hände weg von der Sparversicherung

Ein beliebtes Argument der Verkäufer von gemischten Versicherungen ist der Steuerspareffekt.

Erwerbstätige können nämlich Sparversicherungen ebenfalls gebunden im Rahmen der steuerbegünstigten 3. Säule abschliessen (siehe Stichwort auf Seite 181); dann darf die versicherte und erwerbstätige Person die Prämie in der Steuererklärung vom Einkommen abziehen – wie beim reinen 3a-Banksparen. Aber eben – nur falls diese Person auch wirklich erwerbstätig ist.

Genau das ist das Problem bei vielen Frauen, die in jungen Jahren als ledige und erwerbstätige Person eine gebundene 3a-Sparversicherung abschliessen, dann aber heiraten, Kinder bekommen und (zumindest für eine gewisse Zeit) nicht mehr erwerbstätig sind.

Jetzt dürfen diese Frauen gar nichts mehr in die 3. Säule einzahlen (weil sie ja nicht mehr erwerbstätig sind) und sind deshalb gezwungen, die Police stillzulegen oder zu kündigen – was mit einem empfindlichen Geldverlust verbunden ist.

Gebundene Sparversicherungen im Rahmen der 3. Säule sind also für junge Frauen sinnlos, weil etliche von ihnen dereinst vom versprochenen Steuerspareffekt gar nicht mehr profitieren können.

Deshalb noch einmal der Tipp: Wer mit der 3. Säule nur sparen will, sollte zur Bank gehen. Dort gibt es keine Einzahlungspflicht – aber den gleichen Steuervorteil.

Übrigens: Sie können auch reine Risikoversicherungen (ohne Sparteil) im Rahmen der 3. Säule und damit steuerbegünstigt abschliessen.

Wie die Prämienzahlungen und Leistungen einer Sparversicherung steuerlich behandelt werden, steht im K-Tipp-Ratgeber «So sparen Sie Steuern». Sie können das Buch über Telefon 044 253 90 70 bestellen oder im Internet unter www.ktipp.ch.

## Die Fondspolice: Sparen nach den Launen der Börse

Wie die klassische Sparversicherung kennt auch die Fondspolice ein garantiertes Todesfallkapital bei Tod vor Vertragsablauf.

Sehr viele Gesellschaften kennen aber kein garantiertes Erlebensfallkapital, also keinen garantierten Betrag für die Barauszahlung bei Ablauf des Vertrages. Der Grund liegt darin, dass der Sparteil nicht fest verzinst wird, sondern in Anlagefonds und damit an der Börse investiert wird (siehe Stichwort rechts).

Das verspricht bei guter Börsenlage – je nach gewählter Strategie – höhere Erträge (Erlebensfallkapital) als mit der festen Verzinsung; floppen jedoch die Börsen, erhält der Kunde bei Vertragsende ein kleineres Erlebensfallkapital als mit einer klassischen Sparversicherung.

Die Rendite hängt hier also entscheidend vom Gang der Börsen und von der Wahl der erfogreichen Anlagefonds ab.

Bei der Wahl dieser Anlagefonds haben die Kundinnen und Kunden das letzte Wort – wobei aber die zur Verfügung stehende Auswahl in den jeweiligen Fondspolicen in der Regel eher klein ist.

### Erträge und Gewinne sind meist steuerfrei

Das in einer Fondspolice erwähnte Todesfallkapital ist garantiert. Und die Prämienbefreiung bei Erwerbsunfähigkeit ist bei der Fondspolice in der Regel ebenfalls mitversichert.

Wie bei «normalen» Sparversicherungen sind Erträge und Gewinne aus den Fondsanteilen ebenfalls steuerfrei. Bedingung ist aber eine minimale Laufzeit von zehn Jahren. Im Unterschied zum reinen Sparen mit Fondsanlagen ohne Versicherungsschutz sind bei der Fondspolice sogar die Zinserträge aus den Obligationenfonds einkommenssteuerfrei.

Aus steuerlicher Sicht lohnen sich also Fondspolicen im Vergleich mit reinen Bank-Fondssparplänen vor allem dann, wenn der Obligationenanteil in der Fondspolice mindestens 50 Prozent beträgt (Faustregel).

**STICHWORT**

### Anlagefonds

(Anlage-)Fonds sind Sammelbecken für Gelder von vielen Anlegern. Der einzelne Anleger kauft in der Regel ganze Fondsanteile. Die Fondsleitung bündelt dieses Geld und investiert es in ausgewählte Wertpapiere an der Börse oder in Immobilien. Das Risiko des Einzelnen ist damit kleiner.

Der Anleger kann jederzeit neue Fondsanteile dazukaufen oder die Anteile verkaufen – immer zum jeweils aktuellen Preis. Dieser Preis errechnet sich aus dem aktuellen Wert des Fondsvermögens geteilt durch die Anzahl Fondsanteile.

Fondsanleger gehen ein Börsenrisiko ein. Sausen die Börsenkurse in den Keller, verlieren die Fondsanleger Geld.

Das grösste Risiko (aber auch die grössten Renditechancen) haben Anlagefonds, die nur Aktien im Portefeuille haben.

Alle wichtigen Informationen zur Geldanlage stehen im K-Tipp-Ratgeber «Geld anlegen – gut und sicher» (Bestelltelefon 044 253 90 70, im Internet unter www.ktipp.ch erhältlich).

Fondspolicen können Sie auch in der steuerbegünstigten 3. Säule oder als Einmaleinlage abschliessen (siehe Kästen auf den Seiten 184 und 185).

Vergessen Sie aber nicht: Auch die Banken bieten im Rahmen der 3. Säule fondsgebundene Lösungen an – das sogenannte Wertschriftensparen. Auch hier wird das Geld des 3.-Säule-Sparers via Fonds an den Börsen investiert.

Die entsprechenden Produkte der Banken sind zudem meist wesentlich kostengünstiger, weil unter anderem die hohen Provisionen der Policenverkäufer wegfallen. Und der Steuervorteil ist genau gleich wie bei der Versicherungslösung.

### Nur 84 Prozent der Einzahlungen wurden investiert

Wie schlecht Fondspolicen rentieren können, hat die Zeitschrift K-Geld vorgerechnet. Ein Sparer zahlte während zehn Jahren (1995 bis 2005) insgesamt 24 000 Franken in eine Fondspolice ein. Nach zehn Jahren erhielt er 23 692 Franken ausbezahlt.

Von Rendite also keine Spur, im Gegenteil: Er erhielt nicht einmal so viel, wie er ursprünglich eingezahlt hatte.

Der Grund für das enttäuschende Abschneiden liegt vor allem darin, dass Fondspolicen veritable Kostenfresser sind. Statt 24 000 Franken wurden nur 20 232 Franken in Anlagefonds investiert (deshalb der Name Fondspolice), also nur 84 Prozent. 16 Prozent gingen für die Unkosten drauf. Im Detail:

- 1080 Franken für Abschlusskosten.
- 1632 Franken für Inkassokosten. Der Betrag ist auch deshalb so hoch, weil der Sparer jeweils vierteljährlich 600 Prämienfranken einzahlte statt einmal pro Jahr 2400 Franken.
- 600 Franken frassen die Verwaltungskosten auf.

Bescheiden hingegen präsentieren sich die Kosten für die zwei Leistungen, die dem Kunden effektiv zugute kamen:

- Die Deckung des Todesfalls kostete für die ganzen zehn Jahre nur gerade 120 Franken. Wäre der Mann während der Vertragsdauer gestorben, hätten seine Erben garantiert 23 320 Franken erhalten.
- Insgesamt 336 Franken kostete die Prämienbefreiung bei Erwerbsunfähigkeit – und das ist bei Sparversicherungen ein echter Mehrwert für den Kunden: Wird er während der Vertragsdauer invalid, zahlt die Versicherung die Prämien weiter, der Kunde erreicht also sein Sparziel trotzdem.

### Keine Aufklärung über die horrenden Kosten

Von diesen horrenden Kosten stand in den damaligen Offerten kein Wort. «Hätte ich das gewusst, hätte ich sicher die Finger davon gelassen», sagt der düpierte Anleger. Und er ärgert sich: «Das Verschweigen der Kosten ist eine bewusste Täuschung des Konsumenten.» Die betroffene Gesellschaft betont übrigens, diese Kosten seien branchenüblich.

Das VZ Vermögenszentrum hat ausgerechnet: Hätte der Mann zehn Jahre lang in jedem Quartal 600 Franken via Bank-Fondssparplan in den gleichen Fonds investiert, hätte sein Fondsguthaben nach zehn Jahren fast 27 000 Franken betragen statt nur 23 692 Franken wie bei seiner Versicherung (unter Berücksichtigung von Ausgabekommissionen und Steuern).

Allerdings hätte der Mann dann keinen Todesfallschutz und keine Prämienbefreiung gehabt. Doch er ist sicher: «Darauf hätte ich gut verzichten können. Ich wollte einfach etwas Geld sparen – und das ist gründlich in die Hosen gegangen.»

Inzwischen gibt es auch Fondspolicen mit Kapitalgarantie. Wer auf Nummer sicher gehen will, wählt diese Variante; dann ist auch in Börsenturbulenzen ein (bescheidenes) Erlebensfallkapital garantiert. Allerdings sind dann die Kosten noch höher, denn diese Garantie ist nicht gratis.

Fazit: Wer einer Versicherungsgesellschaft Spargelder anvertrauen möchte, sollte sich das wegen der hohen Kosten sehr gut überlegen.

**STICHWORT**

### Leibrente

Die Leibrente (auch Leibrenten-Versicherung genannt) ist eine Versicherungslösung, keine Geldanlage. Sie vertrauen eine bestimmte Summe einer Versicherungsgesellschaft an, und diese garantiert Ihnen im Gegenzug ein lebenslanges Einkommen (Rente) – auch wenn Sie 100 Jahre alt werden und das von Ihnen einbezahlte Kapital längst aufgebraucht ist.

Die Verantwortung für Ihr Erspartes ist also delegiert, Sie können ruhig schlafen.

Ausser der Garantie der lebenslangen Zahlung enthält die Leibrente keinen Versicherungsschutz. Der Gesundheitszustand spielt daher für den Abschluss im Prinzip keine Rolle.

Die Auszahlungen von Leibrenten sind zu 40 Prozent als Einkommen steuerbar.

Alle Steuerdetails finden Sie im jährlich aktualisierten K-Tipp-Ratgeber «So sparen Sie Steuern» (Bestelltelefon 044 253 90 70 oder www.ktipp.ch).

## Lebenslang garantiert: Die Leibrente

Wer an die Zeit nach der Pensionierung denkt, stellt sich unweigerlich die Frage: Werde ich dereinst noch genug Einkommen haben, um meinen Lebensstandard einigermassen halten zu können?

Die Antwort hängt vom Bedarf ab. Es ist daher wichtig, dass Sie ein Budget aufstellen; darin listen Sie Ihre künftigen Ausgaben für die Zeit nach der Pensionierung auf.

Diesen Ausgaben stellen Sie in einem zweiten Schritt Ihre künftigen Einnahmen entgegen. Das ist einmal die AHV, bei vielen auch die Rente der Pensionskasse; dazu ist oft noch Erspartes vorhanden, das man allenfalls langsam aufbrauchen kann.

### Fünf Strategien für die Zeit nach der Pensionierung

Um dieses allfällige Ersparte geht es hier – genauer um die Frage, wie man die Ersparnisse sinnvoll zur Sicherstellung oder Ergänzung des Einkommens im Alter einsetzen kann (falls man das überhaupt nötig hat).

Grundsätzlich gibt es dazu fünf Möglichkeiten (bzw. eine Kombination davon):

**1.** Sie können Immobilien kaufen und von den Mieterträgen zehren.
**2.** Sie können Obligationen kaufen und die Zinsen kassieren.
**3.** Sie können Aktien kaufen und die Dividenden kassieren.

Bei diesen ersten drei Möglichkeiten bleibt Ihr Kapital (die Substanz) erhalten. Sie müssen aber in der Lage sein, Ihr Geld aktiv zu bewirtschaften, oder Sie benötigen dazu professionelle Hilfe.

**4.** Die vierte Möglichkeit ist der Substanzverbrauch: Sie nehmen sich vor, Ihr Erspartes über eine gewisse Zeit aufzubrauchen.

Wenn Sie das beispielsweise in einem Zeitraum von zehn Jahren tun, resultiert daraus ein Einkommen von jährlich 11 bis 13 Prozent des Anfangskapitals. Dieses Vorgehen (oft auch Kapitalentnahmeplan genannt) gibt Ihnen die maximale Flexibilität – aber wenn das Kapital aufgebraucht ist, stehen Sie mit leeren Händen da.

Auch die Banken bieten Entnahmepläne an.

Im Internet gibt es Rechner, mit denen Sie solche privaten Entnahmepläne mit mehreren Variablen durchspielen können; Sie sehen dort, wie viel Sie sich unter welchen Bedingungen auszahlen lassen können und wie viel von Ihrem Geld dann nach x Jahren noch übrigbleibt (zum Beispiel auf www.rente-oder-kapital.ch unter «Zeitrenten-Rechner»).

### Die Leibrente: Eine bequeme und sichere Lösung

**5.** Die fünfte Möglichkeit – und gleichzeitig das Thema dieses Kapitelabschnitts – ist die private Leibrente: Sie vertrauen Ihr Erspartes einer Lebensversicherungsgesellschaft an, und die Gesellschaft garantiert Ihnen dafür im Gegenzug eine Rente in der abgemachten Höhe – und zwar lebenslang.

## So viel bringt die Leibrente im Alter – und zwar lebenslang

| | Einzahlung | Summe | Rente ab | Rückgewähr | Jahresrente in Franken[1] | Rente pro Monat |
|---|---|---|---|---|---|---|
| Mann | Alter 65 | 300 000 | Sofort | Ja | 11 500.– bis 13 100.– | 958.– bis 1092.– |
| Mann | Alter 75 | 300 000 | Sofort | Ja | 14 700.– bis 17 700.– | 1225.– bis 1475.– |
| Ehepaar | Alter 65/64 | 300 000 | Sofort | Ja | 10 800.– bis 11 300.–[2] | 900.– bis 942.– |
| Mann | Alter 60 | 300 000 | Alter 70 | Ja | 13 800.– bis 15 600.– | 1150.– bis 1300.– |
| Mann | Alter 65 | 300 000 | Sofort | Nein | 13 600.– bis 15 400.– | 1133.– bis 1283.– |

1 Je nach Gesellschaft. Erwartete Jahresrente inklusive Überschüsse, jährliche Auszahlung
2 Hundertprozentiger Übergang, siehe Erläuterungen zur Ehepaarrente auf Seite 196f.
Aktuelle Vergleiche finden Sie im Internet unter www.vermoegenszentrum.ch.

QUELLE: VZ VERMÖGENSZENTRUM, STAND ANFANG 2012

Bei der Leibrente wird die Substanz ebenfalls aufgebraucht.

Die Leibrente ist eine Variante für Leute, die sich nicht aktiv um ihr Vermögen kümmern können oder wollen.

### Vor dem Abschluss: Drei wichtige Entscheide treffen!

Beim Abschluss einer Leibrente müssen Sie drei Entscheide treffen. Alle Entscheide haben teils bedeutende Auswirkungen auf die Höhe der ausbezahlten Rente:

**1.** Soll die Rentenzahlung sofort beginnen oder erst später?

**2.** Soll die Rente mit oder ohne Rückgewähr abgeschlossen sein?

**3.** Soll man eine Einzelrente abschliessen oder eine (Ehepaar-) Rente auf zwei Leben?

In den meisten Fällen schliessen die Interessierten eine Leibrente mit sofortigem Beginn ab: Man zahlt beispielsweise mit Alter 65 die ganze Summe ein und erhält ab sofort eine Rente von der Versicherungsgesellschaft.

Wie viel das ungefähr sein kann, ersehen Sie aus der Tabelle links.

Sie können aber eine Leibrenten-Versicherung auch über Jahre mit regelmässigen Beiträgen vorfinanzieren.

Und: Interessenten können auch eine aufgeschobene Rente abschliessen, also beispielsweise mit 60 Jahren einzahlen und abmachen, dass die Rente erst ab Alter 65 oder 70 fliessen soll.

Das erhöht die ausbezahlte Summe deutlich (siehe die Tabelle links), ist jedoch dann nachteilig, wenn Sie sich bis zum Beginn der Rentenzahlungen anders entscheiden und die Police vorher wieder auflösen wollen. Der Fiskus behandelt die vorzeitige Auflösung wie den Rückkauf einer sofort beginnenden Leibrente – und das wird steuerlich sehr teuer.

Wie hoch die Leibrente ausfällt, hängt vom Umwandlungssatz ab sowie von der Summe des einbe

Fortsetzung auf Seite 195

FRAGE

### Verhindert eine Leibrente, dass mein Erspartes für die Pflege draufgeht?

**Ich bin schwer krank, kann aber noch in meiner Wohnung gepflegt werden. Bald muss ich ins Pflegeheim. Ein Bekannter hat mir den Tipp gegeben, mein Erspartes in eine Leibrenten-Police zu investieren. Dann könne das Pflegeheim nicht auf das gesamte Vermögen zurückgreifen und es bleibe noch etwas für meine Erben übrig. Stimmt das?**

**Nein.** Mit dem Kauf einer Leibrente lässt sich der Vermögensverzehr im Pflegefall nicht umgehen, und es lassen sich so auch keine höheren Ergänzungsleistungen erschleichen.

Bei der Berechnung von Ergänzungsleistungen wird der Rückkaufswert einer bereits laufenden Leibrente als Vermögen und die Rente zu 80 Prozent als Einkommen angerechnet. Bei Leibrenten ohne Rückkaufswert wird die gesamte Rente als Einkommen angerechnet.

Besser fahren die Erben, wenn keine Leibrente abgeschlossen wird, sondern das Vermögen «normal» aufgebraucht wird. Denn so fallen für die Berechnung der Ergänzungsleistungen nur das Einkommen (also die Vermögenserträge) sowie ein Anteil am Vermögen als sogenannter Vermögensverzehr an.

CHECKLISTE

## Der richtige Abschluss einer privaten Leibrente

- Die Leibrente ist auch für Leute geeignet, die auf Sicherheit bedacht sind und die Erspartes so einsetzen wollen, dass sie im Alter eine lebenslang garantierte Rente haben – und zwar so, dass sie sich nicht um ihr Geld kümmern müssen.
- Holen Sie mehrere Offerten ein. Mit der richtigen Wahl der Gesellschaft erhalten Sie lebenslang mehr als bei einem anderen Anbieter.
- Je später Sie die Rente kaufen und je später Sie den Zeitpunkt für den ersten Rentenbezug ansetzen, desto höher fällt die Leibrente aus. Sie können also nach der Pensionierung Ihr Erspartes selber verwalten (falls Sie sich das zutrauen) und die Leibrente erst dann kaufen, wenn Sie spüren, dass Ihre geistige Fitness nachlässt.
- Offerten für Leibrenten enthalten zwei Zahlen: eine garantierte Jahresrente und eine Jahresrente inklusive Überschuss, der vom Geschäftsgang der Gesellschaft abhängig ist. Die Rente inkl. Überschüsse ist jeweils um rund 10 bis 20 Prozent höher – aber der Überschuss ist nicht garantiert. Lassen Sie sich nicht von hohen Überschüssen blenden. Achten Sie beim Abschluss im Gegenteil vor allem auf die Höhe der garantierten Rente, falls Sie auf dieses Einkommen unbedingt angewiesen sind und Sie den Gürtel im Falle von Überschusskürzungen erheblich enger schnallen müssten. Kürzungen sind gang und gäbe, einige Gesellschaften haben die Überschüsse sogar bis auf null gekürzt.
- Bei einigen Gesellschaften können Sie die Leibrente mit konstanter, fallender oder steigender Rentenhöhe wählen – je nach Ihrem Bedürfnis.
- Leibrenten-Versicherungen gibt es auch in Fremdwährungen; je nach Zinssituation resultieren daraus bedeutend attraktivere Renten. Die Rente wird aber ebenfalls in der Fremdwährung ausgezahlt – und damit ergibt sich auf lange Sicht ein Fremdwährungsrisiko. Einkommensorientierte Anleger sollten eine Leibrente in derjenigen Währung abschliessen, in der auch ihre Lebenshaltungskosten anfallen.
- Einige Gesellschaften bieten auch eine fondsgebundene Leibrenten-Versicherung an. Das verspricht zwar eine höhere Rendite; sie kann aber auch kleiner als prognostiziert ausfallen, falls die Börsenkurse absacken.
- Die Zeitschrift K-Geld hat bereits öfter darauf hingewiesen, dass sich Leibrenten finanziell eher nicht lohnen. Sie bieten zwar ein lebenslanges, sicheres Einkommen und sind bequem, weil man sich nicht um das Anlegen der Ersparnisse kümmern muss. Sie sind aber steuerlich nachteilig, weil 40 Prozent der Rente als Einkommen zu versteuern sind. Wer sein Kapital steueroptimiert anlegt und selber verbraucht, fährt unter dem Strich meist besser als mit einer Leibrente. Leibrenten lohnen sich also nur für Leute, die sehr alt werden.
- Es lohnt sich nicht, Pensionskassenkapital in eine Leibrente zu investieren. Wer das Pensionskassenkapital bar bezieht und mit diesem Geld eine Leibrente kauft, macht einen Fehler: Einerseits zahlt man zweimal Steuern und andrerseits ist die jährliche Leibrente tiefer als die Rente der Pensionskasse (schlechterer Umwandlungssatz).

Policenverkäufer empfehlen immer wieder, sich das Pensionskassenkapital bar auszahlen zu lassen und damit eine Leibrente abzuschliessen. Vorteile bringt diese Variante aber höchstens für die Witwe, denn ihr bleibt mit einer Leibrente mit Rückgewähr mehr Geld, als wenn das Kapital in der Pensionskasse geblieben wäre.

Lassen Sie sich also von den Argumenten der Policenverkäufer nicht blenden – denn sie lockt nur eine hohe Abschlussprovision. Am besten lassen Sie sich vor dem Bezug des Pensionskassengeldes von einer neutralen Stelle beraten.

Fortsetzung von Seite 193

zahlten Betrages – aber auch von der angenommenen statistischen Lebenserwartung der Schweizerinnen und Schweizer: Die Versicherungsgesellschaft rechnet ungefähr aus, wie lange sie dem Bezüger die Rente noch zahlen muss. Dabei wird sie die Lebenserwartung eher zu hoch ansetzen, um pro Jahr weniger auszahlen zu müssen – ein gutes Geschäft für die Versicherer.

### Schlechter Umwandlungssatz bei der Leibrente

Konkret hat das folgende Konsequenzen:

- Bei der Leibrente kommt ein schlechter Umwandlungssatz zur Anwendung. Dieser Satz bestimmt, wie hoch die Auszahlung aus dem bestehenden Topf ausfällt. Rechnet man die nicht garantierten Überschüsse dazu, gewähren die Gesellschaften bei der Leibrente nur einen Umwandlungssatz von rund 4,65 Prozent. Zum Vergleich: Bei den Pensionskassen beträgt er in der Regel über 6 Prozent, im Pensionskassenobligatorium sogar um die 6,9 Prozent (Stand 2012).

  Die Tabelle auf Seite 192 zeigt die Ansätze ohne Überschüsse. Da beträgt der Umwandlungssatz im Durchschnitt 4,23 Prozent (je nach Anbieter).
- Je später die Rente zur Auszahlung kommt, desto höher fällt sie aus. Wer also erst mit 75 Jahren einzahlt und ab diesem Zeitpunkt sofort eine Rente bezieht, erhält deutlich mehr als eine Person, die das Gleiche mit 65 macht. Der Unterschied macht bei einer einbezahlten Summe von 300 000 Franken rund 4000 Franken pro Jahr aus (siehe Tabelle auf Seite 192).
- Weil Frauen statistisch länger leben – die Gesellschaft die Rentenzahlungen also für mehr Jahre garantieren muss –, erhalten sie bei gleicher Einzahlung eine kleinere Rente als Männer.
- Bei Ehepaarrenten ist die Kombination des Alters von Mann und Frau die Berechnungsgrundlage für die Höhe der Rente.

### Leibrente mit oder ohne Rückgewähr

Rückgewähr bedeutet: Stirbt die versicherte Person, so geht das Restkapital – falls es noch nicht gänzlich aufgebraucht ist – an die begünstigten Erben. Das ist der Fall, wenn Sie die Leibrente «mit Rückgewähr» abschliessen.

Als Anhaltspunkt gilt dabei: Schliesst eine 65-jährige Person eine sofort beginnende Leibrente ab, so ist der Topf bei der Versicherung ungefähr mit Alter 82 bis 90 leer. Danach gibt es keine Rückgewähr mehr.

Schliesst hingegen eine Einzelperson für sich allein «ohne Rückgewähr» ab, so fällt die Rente zwar um rund 10 bis 18 Prozent höher aus (je nach Gesellschaft), aber das vollständige Restkapital fällt bei ihrem Tod an die Versicherung – selbst wenn diese Person schon ein Jahr nach Vertragsabschluss sterben sollte. Und die Nachkommen erhalten von dieser Investition nichts zurück.

Dies gilt in der Regel auch dann, wenn man eine aufgeschobene Leibrente gekauft hat und noch während der Aufschubszeit stirbt.

Konkretes Beispiel: Beim Mann in der ersten Zeile der Tabelle auf Seite 192 beträgt das höchste Angebot mit Rückgewähr 13 100 Franken, ohne Rückgewähr sind es 15 400 Franken. Auf den Monat umgerechnet ergibt das eine Differenz von 192 Franken.

Bei Leibrenten auf zwei Leben (siehe diese Seite) sind die Unterschiede zwischen den Varianten «mit Rückgewähr» und «ohne Rückgewähr» minim.

Eine Leibrente ohne Rückgewähr ist also vor allem für Einzelpersonen empfehlenswert, die entweder keine Erben haben oder keine Erben berücksichtigen wollen und nur auf das eigene Einkommen im Alter schauen. Eltern werden ohne Rückgewähr abschliessen, wenn sie sich mit den Nachkommen zerstritten haben.

### Wer an die Erben denkt, verzichtet auf Rendite

Die Versicherungsberater verschweigen oft, dass man Leibrenten auch ohne Rückgewähr kaufen kann; man wolle keinen Ärger mit den Erben, heisst es dazu bei den Versicherungen.

Die Allianz ist sogar dazu übergegangen, eine Mindest-Rückgewährsdauer von fünf Jahren zu verlangen. Das heisst: Stirbt die Person innerhalb von fünf Jahren nach Abschluss, geht ein Grossteil des einbezahlten Geldes zwingend an die Erben zurück.

Doch die Zurückhaltung der Versicherungsberater darf Sie nicht irritieren: Die Erben haben zu Ihrem Entscheid gar nichts zu sagen. Zu Lebzeiten darf jeder mit seinem Vermögen machen, was er will.

Mit anderen Worten: Wer eine Leibrente abschliesst, darf sich durchaus fragen, ob er zugunsten der Erben auf einen ansehnlichen Teil der Rente verzichten will.

**Tipp:** Beachten Sie die Rückgewährsdauer. Innert dieser Frist erhalten die Erben das Kapital ausbezahlt, das beim Tod des Rentners noch nicht aufgebraucht ist. Die Dauer der Rückgewähr ist bei den meisten Gesellschaften frei wählbar. Generell gilt: Je kürzer die Rückgewährsdauer, desto höher die Rente.

### Der Unterschied zwischen Einzelrente und Ehepaarrente

Lebenspartner haben die Möglichkeit, eine Leibrente «auf zwei Leben» abzuschliessen. Das können Ehepaare sein, aber auch unverheiratete Lebenspartner; es gibt in diesem Punkt keine Einschränkung.

In einem solchen Fall zahlt die Versicherung die vereinbarte Rente so lange, bis auch die zweite Person gestorben ist.

Die zwei Versicherten können auch die Vereinbarung treffen, dass die Rente an die hinterbliebene Person kleiner wird; die vorher ausbezahlte gemeinsame Rente wird dadurch höher. Die Zahlen in der Tabelle auf Seite 192 zur Ehepaarrente gehen von einem 100-prozentigen Übergang aus, das heisst, die Rente bleibt nach dem Tod des einen Partners gleich hoch.

# 6 Die Privathaftpflicht-Versicherung

## Wer ohne sie lebt, riskiert sein Vermögen

**Die Privathaftpflicht-Versicherung kann vor dem finanziellen Ruin schützen – für wenig Geld. Sie ist deshalb sehr empfehlenswert. Allerdings lauern im Kleingedruckten ein paar Stolpersteine, die es zu beachten gilt.**

Die Privathaftpflicht-Versicherung ist freiwillig – aber ein absolutes Muss. Mit einer solchen Police können Einzelpersonen Millionenforderungen zu Prämien zwischen 70 und 150 Franken abdecken, für Familien kostet der Schutz zwischen 80 und 200 Franken.

Der Hintergrund: Wer einer anderen Person einen Schaden zufügt oder Eigentum von Dritten beschädigt, muss dafür mit seinem gesamten Einkommen und Vermögen geradestehen.

Und «Schaden» ist ein weiter Begriff: Wer beispielsweise einen jungen selbständigen Architekten, der selber keine Unfallversicherung hat, auf der Skipiste umfährt und so schwer verletzt, dass er im Rollstuhl landet, muss seinen gesamten künftigen Lohnausfall übernehmen – und dem Opfer unter Umständen auch ein Schmerzensgeld zahlen.

Solche Forderungen können in die Millionen gehen.

Zum Glück gibt es die Privathaftpflicht-Versicherung. Sie übernimmt Ansprüche von Dritten, denen die versicherte Person als Privatperson einen Körper- oder Sachschaden zugefügt hat – und zwar bis zur vereinbarten Garantiesumme; meistens sind das fünf Millionen Franken.

Ohne die Privathaftpflicht-Versicherung zu leben ist also nur etwas für Gutbetuchte – zumal diese Versicherung auch unberechtigte Ansprüche der Geschädigten abwehrt, in solchen Fällen also auch

**FRAGE**

### Sind Schäden im eigenen Haushalt versichert?

**Mein siebenjähriger Sohn hat zu Hause beim Spielen unseren teuren neuen Fernsehapparat umgeworfen. Das Gerät erlitt Totalschaden. Muss meine Privathaftpflicht-Versicherung den Schaden übernehmen?**

**Nein.** Für derartige Schäden im eigenen Haushalt besteht kein Versicherungsschutz.

Grundsätzlich kommt eine Haftpflicht-Versicherung dann auf, wenn die versicherte Person einer fremden Person oder Sache einen Schaden zufügt und diesen ersetzen muss.

Die Privathaftpflicht-Versicherung zahlt hingegen nicht, wenn eine Person einer anderen, mit der sie zusammenwohnt, einen Schaden zufügt. Das gilt auch bei Konkubinatspaaren und anderen Mehrpersonenhaushalten – und auch dann, wenn diese Personen die Privathaftpflicht bei verschiedenen Gesellschaften abgeschlossen haben.

Auch wenn Sie etwa Ihre eigene wertvolle Porzellanvase fallen lassen oder wenn Ihr Ehegatte auf Ihre Sonnenbrille tritt, kommt die Privathaftpflicht-Versicherung nicht für den Schaden auf.

Der Hausratversicherung können Sie den Schaden ebenfalls nicht melden. Sie deckt nur Schäden am Hausrat, die Ihnen durch Feuer, Naturgewalten oder Diebstahl entstehen.

als passive Rechtsschutz-Versicherung fungiert.

Der Selbständigerwerbende, der wegen eines Skiunfalls im Rollstuhl landet, ist ein extremes Beispiel. Die folgende Aufzählung zeigt aber, dass die Privathaftpflicht-Police auch im normalen Alltag nötig sein kann.

### Schutz für eilige Fussgänger, Shopper und Hauseigentümer

In all den nachfolgend aufgezählten Fällen übernimmt die Versicherung den Schaden:

- Sie sind Familienoberhaupt und Ihre Kinder schlagen beim Fussballspielen eine Scheibe beim Nachbarhaus ein.
- Sie sind Tierhalter und passen schlecht auf Ihren Hund auf, worauf er einen Passanten beisst.
- Sie sind Mieter; wegen Ihrer Unachtsamkeit fällt eine Parfümflasche ins Lavabo der Mietwohnung und hinterlässt einen Riss im Lavabo.
- Sie sind Einfamilienhausbesitzer und vom Dach Ihres selbst bewohnten Hauses fällt ein Ziegelstein herunter und verletzt den Pöstler (diese Deckung gilt auch für Eigner von Häusern mit höchstens drei Wohnungen, aber nicht für Stockwerkeigentümer).
- Sie sind als Fussgänger in Eile und rempeln eine Person so an, dass sie stürzt und sich verletzt.
- Sie sind am Einkaufen und stossen in einem exklusiven Laden ein Gestell mit tausendfränkigen Glaswaren um.
- Sie sind Velofahrer (siehe Kasten auf der nächsten Seite).

**IN DIESEM KAPITEL**

## Die Velovignette ist abgeschafft

Seit Januar 2012 müssen Fahrräder nicht mehr mit einer Vignette versehen sein. Die Vignette war ein obligatorischer Versicherungsschutz: Der Fahrer war versichert für Schäden, die er Dritten zufügt. Es handelte sich also um eine Haftpflichtversicherung.

Jetzt sind Schäden, die Velofahrer verursachen, über die normale Privathaftpflicht-Versicherung gedeckt. Das Gleiche gilt für Besitzer von schwächeren Elektrobikes mit Tretunterstützung bis 25 Kilometer pro Stunde sowie für Benutzer von sogenannten FäGs, also «fahrzeugähnlichen Geräten». Gemeint sind Inline-Skates, Mini-Trottinette, Kickboards, Rollbretter und ähnliche Gefährte.

Was aber gilt, wenn ein Velofahrer oder FäG-Benutzer, der keine Privathaftpflicht-Versicherung hat, einen Verkehrsunfall baut und dabei ein Auto oder eine Person schädigt? In solchen Fällen springt der Nationale Garantiefonds ein (siehe Seite 351) – und zwar bis zu einer Deckungssumme von 2 Millionen Franken.

Der Garantiefonds zieht aber den Geschädigten eine Kostenbeteiligung von 1000 Franken ab. Diese 1000 Franken kann der Geschädigte vom Fahrer einfodern. Und allein schon aus diesem Grund lohnt sich für den Fahrer eine Privathaftpflicht-Versicherung. Denn hier beträgt der Selbstbehalt für den Versicherten in der Regel nur 200 Franken.

Mehr noch: Der Garantiefonds könnte theoretisch sogar auf den «Täter» zurückgreifen, also in einem sogenannten Regressverfahren beim Verursacher die an das Opfer ausbezahlte Summe eintreiben.

- Sie haben einen Gegenstand vorübergehend zum Gebrauch übernommen und beschädigen ihn. Diese sogenannten Obhutsschäden (zum Beispiel am ausgeliehenen Fotoapparat oder an der Videokamera oder am Rasenmäher des Nachbarn) sind in der Regel versichert. Ausgenommen sind aber gemietete Gegenstände und «Kostbarkeiten», und auch sehr schadenanfällige Geräte wie etwa Laptops können ausgeschlossen sein.
- Sie sind Hauseigentümer und lassen Ihr Haus renovieren. Dabei fällt ein Gerüstteil auf die Strasse und beschädigt ein dort parkiertes Auto. Dafür können Sie als Bauherr verantwortlich gemacht werden.
- Falls Sie gelegentlich (aber nicht regelmässig!) ein fremdes Auto benützen und einen Unfall bauen, so erleidet der Halter in der Regel einen Bonusverlust bei seiner Autohaftpflicht-Versicherung. Diesen Bonusverlust zahlt normalerweise die Grunddeckung der Privathaftpflicht-Versicherung des Ausleihers.

Einige Gesellschaften zahlen auch den Selbstbehalt in der Autohaftpflicht-Versicherung.

Aber Achtung: Für den angerichteten Blechschaden am ausgeliehenen Auto braucht der Ausleiher meist eine Zusatzdeckung. Diese ist insbesondere dann zu empfehlen, wenn der Besitzer des Autos keine Vollkasko-Versicherung hat, die den Schaden in einem solchen Fall übernehmen würde (mehr Details dazu stehen weiter hinten in diesem Kapitel auf Seite 216ff.).

### Eine wichtige Regel: Ohne Haftung gibt es kein Geld...

Grundsätzlich zahlt die Privathaftpflicht-Versicherung nur, wenn die versicherte Person haftpflichtig ist. Und das ist laut Gesetz nur dann der Fall, wenn diese Person den Schaden durch Nachlässigkeit oder Unaufmerksamkeit (oder mit Absicht) verursacht hat.

Das musste zum Beispiel jene Reiterin erfahren, die ein Pferd auslieh und damit ausritt. Das Tier knickte plötzlich ein und verletzte sich – doch ihre Privathaftpflicht-Versicherung musste die Tierarztkosten nicht übernehmen, weil die Reiterin keinen Reitfehler beging und sie somit kein Verschulden traf.

Mit der Begründung «Kein Verschulden» können die Gesellschaften bei der Privathaftpflicht-Versicherung also immer abwinken, falls der Schadenverursacher nichts falsch gemacht hat und ihm daher kein Vorwurf zu machen ist.

Das gilt auch bei Schäden, die durch Kleinkinder oder durch Hunde verursacht wurden (siehe Kästen auf den Seiten 202 und 209).

### ...und dieses Grundprinzip gilt auch beim Sport

Das gleiche Prinzip («Kein Geld ohne Haftung des Schadenverursachers») kommt auch beim Sport zum Zug. Dass beispielsweise ein Fussballspieler einem anderen aus Versehen die Brille kaputt schlägt, kommt häufig vor.

Auch hier muss die Versicherung nicht zahlen, denn Zusammenstösse sind beim Fussball – und auch in anderen Sportarten – kaum zu vermeiden und deshalb auch niemandem anzulasten.

Das gilt auch, wenn beispielsweise ein entgegenfliegender Tennisball den Mund des Spielers trifft und die Zahnprothese Schaden nimmt.

Deshalb gelten beim Sport largere Regeln. Wer mitmacht, nimmt ein gewisses Risiko in Kauf und muss allfällige Schäden meist selber tragen. Eine Haftpflicht besteht nur bei groben Fouls (wobei die Gesellschaft bei der Kostenübernahme vielleicht einen Abzug wegen Grobfahrlässigkeit macht).

**Tipp:** Etliche Versicherungsgesellschaften zahlen freiwillig auch für Sachschäden bei Spiel und Sport ohne eigentliche Haftung – entweder im Rahmen der normalen Deckungssumme oder beschränkt auf beispielsweise 1000 oder 2000 Franken. Fragen Sie nach oder lesen Sie die Versiche-

**FRAGE**

### Zahlt die Versicherung das Auswechseln der Schlösser?

**Mir wurde die Handtasche gestohlen; darin befanden sich mein Portemonnaie samt Adresse sowie der Schlüssel zu meiner Mietwohnung. Mir ist klar, dass ich diesen Schlüssel ersetzen muss. Muss ich auch für das Auswechseln der Schlösser geradestehen?**

**Ja.** In Ihrem konkreten Fall ist klar: Weil der Dieb nun weiss, zu welcher Wohnung der Schlüssel gehört, besteht die Gefahr eines Einbruchs. Das wäre auch der Fall, wenn Sie den Schlüssel gleich vor der Haustüre verloren hätten.

Der Vermieter wird also entweder von sich aus aktiv werden oder die Initiative zum Schlosswechseln Ihnen überlassen. Zahlen müssen Sie die Kosten in jedem Fall.

Ob Ihnen die Handtasche gestohlen wurde oder ob Sie sie aus Unsorgfalt irgendwo liegen liessen, spielt dabei keine Rolle.

Solche Kosten sind über Ihre Privathaftpflicht-Versicherung gedeckt – es sei denn, man kann dem Mieter oder der Mieterin grobe Fahrlässigkeit im Umgang mit den Schlüsseln vorwerfen. Dann würde die Leistung gekürzt.

rungsbedingungen. So können Sie unter Umständen sicherstellen, dass ein Spielgegner (zumindest teilweise) entschädigt wird.

### Bei Grobfahrlässigkeit und Vorsatz gibt es weniger Geld

Wie die Hausrat- kann auch die Privathaftpflicht-Versicherung ihre Zahlungen kürzen, falls die versicherte Person ihre Sorgfaltspflicht grob verletzt hat (siehe dazu auch den Kasten auf Seite 231).

Das könnte beispielsweise der Fall sein, wenn Sie Wasser in die Badewanne einlaufen lassen und dann in den Garten zum Jäten gehen; einen solchen Mieterschaden wird die Versicherung eventuell nur mit Abzug zahlen.

Das Gleiche gilt, wenn Sie Ihre Kinder in einem Antiquitätenladen

FRAGE

## Wann zahlt die Privathaftpflicht-Versicherung für Kinderschäden?

**Wir waren mit unserem dreijährigen Sohn bei Bekannten zu Besuch. Während wir im Wohnzimmer plauderten, rannte unser Sohn völlig unerwartet im gleichen Raum in eine teure Bodenvase, die zersplitterte; auch der Parkettboden wurde in Mitleidenschaft gezogen. Es entstand ein Sachschaden von 1200 Franken. Zahlt das meine Privathaftpflicht-Versicherung?**

Generell gilt: Die Privathaftpflicht-Versicherung der Eltern muss dann für den Schaden einstehen, wenn das Kind urteilsfähig war oder wenn die Eltern den Sprössling ungenügend beaufsichtigt haben.

Bei der Urteilsfähigkeit stellt sich die Frage, ob das Kind absehen konnte, dass sein Herumrennen einen solchen Schaden anrichten würde. Bei einem Dreijährigen ist das wohl nicht der Fall, er war also nicht urteilsfähig.

Die Versicherung stellt also bei der Beurteilung der Urteilsfähigkeit auf das Alter der Kinder und die jeweilige Handlung ab. Je nachdem sind Kinder früher oder später urteilsfähig.

Falls das Kind tatsächlich urteilsfähig war, wird es selber schadenersatzpflichtig. Haben seine Eltern eine Familien-Privathaftpflicht-Versicherung (in welche Kinder im gleichen Haushalt stets eingeschlossen sind), wird sie zahlen.

War das Kind nicht urteilsfähig, muss die Privathaftpflicht-Versicherung den Schaden grundsätzlich nur zahlen, wenn die Eltern ihre Beaufsichtigungspflicht verletzt haben (wenn sie es beispielsweise zuliessen, dass ein Kind mit einer brennenden Kerze spielte). In diesem Fall sind die Eltern haftbar und die Versicherung muss einspringen.

Im schlimmsten Fall bedeutet das: Verursacht ein nicht urteilsfähiges, aber korrekt beaufsichtigtes Kind einen Schaden, kann niemandem ein Vorwurf gemacht werden; es haftet – juristisch gesehen – niemand. Der Schaden bleibt am Geschädigten hängen.

Im konkreten Fall des Dreijährigen handelt es sich um ein nicht urteilsfähiges Kind, welches die Eltern korrekt (das heisst im Rahmen des zumutbaren Möglichen) beaufsichtigt haben; also haftet niemand.

**Tipp für Eltern mit Kleinkindern:** Alle Privathaftpflicht-Versicherungen haben für das Kleinkinderrisiko eine Sonderlösung getroffen. Sie verpflichten sich freiwillig, Schäden zu übernehmen, die durch Urteilsunfähige verursacht wurden. Allerdings entspricht die Deckungssumme bei solchen Schäden bei einigen Gesellschaften nicht der Summe der Grunddeckung (oft 5 Millionen), sondern sie ist auf 100 000 oder 200 000 Franken beschränkt.

voller teurer Vasen frei herumtoben lassen und Sie die Kinder klar auf die Gefährlichkeit ihres Tuns hinweisen. Oder wenn Sie mit brennender Zigarette im Bett einschlafen und einen Brand «legen».

Ebenso wenig versichert sind vorsätzliche Handlungen, zum Beispiel wenn der 15-jährige Sohn nachts auf Spraytour geht.

### Keine Kürzungen bei leichter Fahrlässigkeit

Zusammenfassend lässt sich sagen: Viele Schäden, bei denen der versicherten Person keine Schuld nachzuweisen ist, zahlt die Privathaftpflicht-Versicherung in der Regel nicht, weil die versicherte Person für den Schaden nicht aufkommen muss. Und bei Schäden, die man bewusst in Kauf genommen hat, kann sie die Zahlung kürzen – oder ebenfalls ganz verweigern.

Bei grober Fahrlässigkeit kann die Versicherung die Schadenzahlung kürzen. Das könnte zum Beispiel der Fall sein, wenn man stark alkoholisiert jemanden auf der Skipiste umfährt. Bei leichter Fahrlässigkeit hingegen – und das ist die Mehrheit der Fälle – muss die Privathaftpflicht-Versicherung den Schaden übernehmen.

### Schäden durch Abnützung sind nicht versichert

Abnützungsschäden sind nicht versichert (etwa Rauchspuren von Rauchern in einer Mietwohnung). Das ist aber nicht weiter tragisch, weil Mieter für normale Abnützungsschäden gar nicht haften.

**FRAGE**

### Schaden nach Epilepsieanfall: Zahlt die Haftpflicht-Versicherung den Glasbruch?

**Während eines Epilepsieanfalles hat meine Frau in einer alten Jugendstil-Apotheke wertvolle Glasscheiben zerbrochen. Die Inhaberin der Apotheke meinte: «Ich hoffe, dass Sie eine Haftpflicht-Versicherung haben.» Wird diese den Schaden überhaupt übernehmen?**

**Nein.** Die Privathaftpflicht-Versicherung muss Schäden am Eigentum fremder Personen nur übernehmen, wenn dem Verursacher ein Missgeschick passiert ist und ihn deshalb ein Verschulden trifft, wenn er also haftpflichtig ist.

Wenn aber Ihre Frau aufgrund der Epilepsie ihr Verhalten nicht mehr kontrollieren kann, fehlt diese Haftung. Deshalb muss weder Ihre Frau noch Ihre Privathaftpflicht-Versicherung den Schaden übernehmen.

Die Kosten für das zerbrochene Glas hat die Apotheke selber zu tragen. Allenfalls ist sie über eine eigene Betriebsversicherung abgedeckt.

Ebenfalls nicht versichert sind allfällige Schäden, die Sie im Rahmen Ihrer beruflichen Tätigkeit oder bei gewissen gefährlichen Hobbys verursachen (siehe Details auf Seite 208f. oder im Kasten auf Seite 219).

### Wer im gleichen Haushalt wohnt, geht leer aus

Die Privathaftpflicht-Versicherung gibt es für Einzelpersonen sowie für Familien beziehungsweise Mehrpersonenhaushalte (siehe die Prämientabelle auf der nächsten Seite).

Warum viele Gesellschaften von Mietern und Hauseigentümern für die Privathaftpflicht verschieden hohe Prämien verlangen, steht auf Seite 211.

Bei Familien und Mehrpersonenhaushalten sind ein paar Besonderheiten zu beachten:

- Schäden von Personen, die mit einer versicherten Person im gleichen Haushalt leben, sind nicht versichert (siehe Kasten auf Seite 198).
- Unmündige Kinder unter 18 Jahren sind immer in der Familienpolice mitversichert. Die Versicherung zahlt also im Prinzip für Schäden, die Kinder unter 18 anrichten – eventuell mit den Einschränkungen, die im Kasten auf Seite 202 beschrieben sind.

Ob und wie lange erwachsene Kinder über 18 Jahre in der Familienpolice gedeckt sind, hängt vom genauen Wortlaut der Versicherungsbedingungen ab. Erkundigen Sie sich, denn die Regelungen unterscheiden sich von Gesellschaft zu Gesellschaft.

## Prämien: Das kostet die Privathaftpflicht-Versicherung

**Angaben für Einzelpersonen:** Mann, 40 Jahre alt, seit 5 Jahren schadenfrei, Versicherungssumme 5 Mio. Franken, Selbstbehalt generell 200 Franken (teils mit Abweichungen), Jahresprämien inkl. 5 % Stempelabgabe. Ohne (Kombinations-)Rabatte. Ohne gelegentliches Fahren fremder Autos. Standort der Wohnung: 8001 Zürich. Vergleich für eine Standarddeckung.

| Jahresprämien für Mieter | |
|---|---|
| Axa Winterthur | 76.70 |
| Smile direct | 86.– |
| Zürich | 102.60 |
| Sympany[1] | 102.90 |
| Visana[1,2] | 104.– |
| Nationale[2] | 105.– |
| Vaudoise | 111.20 |
| Generali | 115.50 |
| Mobiliar[3] | 119.10 |
| Basler | 121.90 |
| CSS[1,2] | 123.50 |
| Allianz | 127.60 |
| Helvetia | 147.10 |
| **Online-Angebote[4]** | |
| www.baloisedirect.ch | 76.30 |
| www.smile-direct.ch[5] | 77.40 |
| www.generali.ch (Casa compact) | 83.– |
| www.zurichconnect.ch | 85.80 |
| www.allianz24.ch | 88.40 |

| Jahresprämien für Wohneigentümer | |
|---|---|
| Smile direct | 65.– |
| Axa Winterthur | 76.7 |
| Zürich | 78.3 |
| Basler | 79.9 |
| Sympany[1] | 82.3 |
| Helvetia | 92.4 |
| Nationale[2] | 93.2 |
| Vaudoise | 94.6 |
| Generali | 100.8 |
| Visana[1,2] | 104.– |
| Allianz | 106.6 |
| Mobiliar[3] | 108.3 |
| CSS[1,2] | 123.5 |
| **Online-Angebote[4]** | |
| www.smile-direct.ch[5] | 58.5 |
| www.allianz24.ch | 75.8 |
| www.zurichconnect.ch | 77.2 |
| www.generali.ch (Casa compact) | 83.– |
| www.baloisedirect.ch | 84.2 |

Angaben in Franken. 1 Rabatt für CSS-, Sympany- und Visana-Krankenversicherte ist nicht berücksichtigt 2 Teils abweichende Regelung beim Selbstbehalt 3 Inkl. gelegentliches Fahren fremder Autos 4 Siehe Erläuterungen im Kasten auf Seite 20 5 10 % Onlinerabattt, kein eigenständiges Internetprodukt

- Lehrlinge, die noch zu Hause wohnen, sind normalerweise ebenfalls versichert.
- Studenten sind in der Regel ebenfalls in der Familienpolice versichert. Bei den meisten Gesellschaften gilt dies aber nur, solange sie zu Hause wohnen oder zumindest am Wochenende im Hotel Mama auftauchen (Wochenaufenthalter). Bei vielen Gesellschaften gilt dies überdies nur für ledige Studierende.

Umgekehrt geben sich einige wenige Versicherer besonders grosszügig: Sie versichern Studenten in der Familienpolice der Eltern auch dann noch, wenn diese permanent auswärts wohnen. Das ist aber die Ausnahme.

- Studenten mit regelmässigen Ferienjobs müssen aufpassen. Es gibt Gesellschaften, die hier auf den Verdienst abstellen. Wer nur ein Sackgeld verdient, ist noch versichert, wer hingegen mit regel-

**ngaben für Familien und Konkubinatspaare:** Mann, 40 Jahre alt (Frau 35 Jahre, Kinder), seit 5 Jahren schadenfrei, Versicherungssumme 5 Mio. Franken, Selbstbehalt enerell 200 Franken (teils mit Abweichungen), Jahresprämien inkl. 5% Stempelabgabe. hne (Kombinations-)Rabatte. Ohne gelegentliches Fahren fremder Autos. Standort der ohnung: 8001 Zürich. Vergleich für eine Standarddeckung.

| **hresprämien für Mieter** | |
|---|---|
| a Winterthur | 101.90 |
| mile direct | 112.50 |
| sana[1,2] | 137.– |
| ympany[1] | 138.90 |
| enerali | 140.70 |
| ationale[2] | 145.30 |
| irich | 145.30 |
| audoise | 150.40 |
| obiliar[3] | 163.30 |
| asler | 171.60 |
| lianz | 172.10 |
| SS[1,2] | 174.50 |
| elvetia | 205.70 |
| **nline-Angebote[4]** | |
| ww.smile-direct.ch[5] | 101.20 |
| ww.baloisedirect.ch | 101.80 |
| ww.generali.ch (Casa compact) | 104.– |
| ww.zurichconnect.ch | 115.70 |
| ww.allianz24.ch | 120.– |

| **Jahresprämien für Wohneigentümer** | |
|---|---|
| Smile direct | 91.50 |
| Axa Winterthur | 101.90 |
| Sympany[1] | 108.– |
| Zürich | 108.40 |
| Generali | 122.90 |
| Vaudoise | 125.10 |
| Helvetia | 127.60 |
| Nationale[2] | 128.50 |
| Visana[1,2] | 137.– |
| Allianz | 140.60 |
| Mobiliar[3] | 141.10 |
| Basler | 171.60 |
| CSS[1,2] | 174.50 |
| **Online-Angebote[4]** | |
| www.smile-direct.ch[5] | 82.30 |
| www.baloisedirect.ch | 96.70 |
| www.allianz24.ch | 103.20 |
| www.generali.ch (Casa compact) | 104.– |
| www.zurichconnect.ch | 104.20 |

QUELLE: VZ VERMÖGENSZENTRUM, STAND ANFANG 2012

6 Privat-haftpflicht-Versicherung

FRAGE

## Zügelschaden: Darf meine Versicherung die Zahlung kürzen?

**Als ich einem Kollegen kürzlich beim Zügeln half, liess ich aus Versehen seine Geige fallen. Die Reparatur kostet rund 1800 Franken. Meine Privathaftpflicht-Versicherung teilt mir nun mit, sie könne nur 1300 Franken übernehmen, weil ich dem Kollegen einen Gratisdienst erwiesen hätte. Darf die Versicherung diese Kürzung vornehmen?**

**Ja.** Die Privathaftpflicht-Versicherungen müssen laut dem Gesetz Schäden nur insoweit übernehmen, als die versicherte Person selber haftpflichtig geworden ist.

Zum Umfang der Haftung sagt das Obligationenrecht (OR) in Artikel 99 aber, dass sie «milder beurteilt» werde, wenn das «Geschäft» für den Haftpflichtigen «keinerlei Vorteil bezweckt».

Im Klartext: Da Sie Ihrem Kollegen unentgeltlich geholfen haben, müssen Sie nicht für den ganzen Schaden aufkommen – und damit auch Ihre Versicherung nicht.

Der Gesetzgeber wollte damit erreichen, dass jemand, der bei einer Gefälligkeitshandlung einen Schaden verursacht, weniger hart angefasst wird als jemand, der gegen Entgelt handelt.

Das ist für Sie aber ein schwacher Trost, denn Sie müssen sich nun entscheiden, ob Sie die Differenz aus dem eigenen Sack zahlen wollen – oder ob Sie den Kollegen verärgern und ihm nur das geben, was Ihnen die Versicherung auszahlt.

Diesem Dilemma tragen einige wenige Gesellschaften Rechnung: Sie verzichten freiwillig auf Abzüge bei Gefälligkeiten (teils aber nur bei kleinen Schäden). Andere Versicherer schöpfen jedoch die gesetzlichen Möglichkeiten aus und kürzen unter Umständen um bis zu 50 Prozent.

**Tipp:** Reden Sie noch einmal mit Ihrer Versicherung. Bei solchen Kürzungen gibt es immer einen Verhandlungsspielraum. Wenn Sie ein guter Kunde sind, der noch nie einen Schaden angemeldet hat, oder wenn Sie bei der gleichen Gesellschaft noch andere Policen haben, stehen Ihre Chancen durchaus gut.

mässigen Jobs seinen Lebensunterhalt mitfinanziert, fällt aus der Familienpolice. Gleiches gilt für Werkstudenten.

- Studenten müssen zudem aufpassen, wenn sie 25 Jahre alt geworden sind. Bei den meisten Gesellschaften fallen sie dann aus dem Kreis der Versicherten, andere Versicherer beenden den Schutz im 30. Altersjahr.
- Junge Erwerbstätige, die zu Hause wohnen, sind meist nicht mehr versichert. Sie müssen selber für einen Versicherungsschutz sorgen.

**Die drei wichtigsten Hinweise und Tipps zu diesem Thema:**

- Einige Gesellschaften bieten an, dass junge Erwerbstätige, die noch zu Hause wohnen, weiterhin in der Familienpolice bleiben können – gegen eine bescheidene Mehrprämie. Erkundigen Sie sich.
- Die Gesellschaften informieren nicht von sich aus, wenn junge Leute aus der Familienpolice fallen. Sobald ihre Kinder ins Erwachsenenalter kommen, sollten Eltern also selber regelmässig prüfen, ob der Nachwuchs noch mitversichert ist.
- Im Zweifelsfall: Eine Privathaftpflicht-Versicherung für Einzelpersonen kostet nur rund 100 Franken pro Jahr – eine kleine Investition, die den Versicherten vor dem Ruin retten kann.

### Getrennt oder geschieden: Das müssen Sie wissen

Konkubinatspaare sollten sich als Mehrpersonenhaushalt versichern; das ist bedeutend billiger als zwei

Einzelpolicen. Dafür kommen aber nur Gesellschaften in Frage, die das Konkubinat – auch von gleichgeschlechtlichen Paaren – als der Ehe gleichwertig betrachten.

Das ist bei fast allen Gesellschaften der Fall. Im Zweifelsfall erkundigen Sie sich, und lassen Sie sich die schriftliche Bestätigung geben, dass Sie als Konkubinatspaar nicht schlechter gestellt sind als Ehepaare. Vielleicht braucht es einen namentlichen Eintrag in der Police (siehe auch die Kästen auf den Seiten 218 und 230).

- Bei getrennt lebenden oder geschiedenen Eltern genügt es, wenn derjenige Elternteil, der das Sorgerecht hat, eine Familienpolice hat. So ist das Kind auch dann versichert, wenn es beispielsweise übers Wochenende beim anderen Elternteil weilt. (Der andere Elternteil sollte aber eine Einzelpolice haben.)

### Der Deckungsumfang ergibt sich einzig aus dem Vertrag

Der genaue Deckungsumfang der Privathaftpflicht-Versicherung ist nicht gesetzlich vorgeschrieben, sondern ergibt sich einzig aus den jeweiligen Versicherungsbedingungen – und die unterscheiden sich in etlichen Punkten von Gesellschaft zu Gesellschaft. Für viele Versicherte gelten zudem noch ältere Bedingungen, die in Einzelpunkten etwas anderes besagen können.

Das sind die wichtigsten Punkte, in denen sich die Versicherungsbedingungen bzw. der konkrete Vertrag unterscheiden können:

- **Selbstbehalte.** Je nach Gesellschaft kommen unterschiedliche Selbstbehalte zur Anwendung.

Das betrifft insbesondere die häufigen Mieterschäden (siehe Details auf Seite 212 ff.) sowie die Obhutsschäden (Definition auf Seite 200). Das heisst: Dieser spezielle Selbstbehalt kann obligatorisch sein – auch wenn vorne in der Police ausdrücklich steht, die Versicherung sei ohne Selbstbehalt abgeschlossen.

Bei den übrigen Schäden verlangen die meisten Gesellschaften keinen obligatorischen Selbstbehalt.



**TIPP**

### Geschädigte: Zuerst zahlt Krankenkasse oder Unfallversicherung

Wer von einer fremden Person körperlich geschädigt wird und deswegen ärztlich behandelt werden muss, kann die Arzt- und Spitalrechnung seiner Krankenkasse (zum Beispiel bei Kindern) oder seiner Unfallversicherung (bei Angestellten) einschicken. Diese beiden Sozialversicherungen sind verpflichtet, die Rechnungen zu übernehmen. Dem Unfallopfer kann es also egal sein, ob der «Täter» den Schaden anerkennt oder sogar keine Versicherung hat.

Krankenkasse oder Unfallversicherung haben dann die Möglichkeit, nachträglich auf den Unfallverursacher bzw. seine Haftpflicht-Versicherung zurückzugreifen (das ist der sogenannte Regress).

**Tipp:** Die Krankenkasse vergütet die Arzt- und Spitalrechnungen nicht zu 100 Prozent, weil sie zuerst die Franchise und den Selbstbehalt abzieht. Den fehlenden Rest schuldet der Schädiger aber ebenfalls, das Opfer muss sich dafür direkt an den Schädiger wenden. Fragen Sie Ihre Krankenkasse, ob sie Ihnen dabei hilft (siehe dazu den Kasten auf Seite 64).

Wer will, kann mit höheren freiwilligen Selbstbehalten Prämien sparen. Angesichts des generell tiefen Prämienniveaus lohnt sich das aber kaum.

Lassen Sie sich also keinen höheren Selbstbehalt aufschwatzen – auch wenn die Versicherungsvertreter darauf drängen und bei der ersten Offerte von sich aus nicht die Variante mit dem geringsten Selbstbehalt offerieren.

FRAGE

### Privathaftpflicht und Selbstbehalt: Muss mir die Versicherung den ganzen Schaden zahlen?

**Ein Mädchen fuhr mit dem Trottinett in mein Auto. Die Privathaftpflicht-Versicherung seiner Eltern zahlt mir direkt, zieht mir aber den Selbstbehalt ab. Diesen Selbstbehalt von 200 Franken müsse ich selber von der «Täterin» einfordern. Wäre die Privathaftpflicht-Versicherung verpflichtet, mir die ganze Schadenssumme auszuzahlen?**

**Nein.** Im Grunde muss Ihnen die Versicherung gar nichts zahlen. Denn Sie haben keine vertragliche Verbindung mit der Versicherung. Und Sie haben damit auch kein direktes Forderungsrecht gegenüber der Versicherung.

Nur das Kind beziehungsweise seine Eltern haben einen Vertrag mit der Versicherung und damit einen Anspruch auf Übernahme des Schadens. Die Höhe des dabei geltenden Selbstbehalts ist für Sie als «Opfer» unerheblich.

Anders ausgedrückt: Im Prinzip müssen Sie Ihren Schaden bei der «Täterin» geltend machen. Sie haben Anspruch auf Ersatz des ganzen Malheurs – ohne irgendwelche Abzüge.

Es gibt aber Versicherungen, die in solchen Fällen direkt dem Geschädigten zahlen. Falls Sie dabei nicht alles erhalten, was Sie zugut haben, können Sie den Betrag als Anzahlung betrachten und den Rest vom «Täter» einfordern.

Umgekehrt ist es bei einigen Gesellschaften möglich, einen an sich vorgeschriebenen Selbstbehalt gegen Mehrprämie auszuschliessen. Die Prämien in der Tabelle auf Seite 204 f. sind auf der Basis eines generellen Selbstbehalts von 200 Franken gerechnet.

Übrigens: Die Zürich stuft ihre Prämien auch in der Privathaftpflicht-Versicherung nach Regionen ab. Allerdings gibt die Zürich nicht bekannt, in welchen Regionen sie höhere beziehungsweise tiefere Prämien verlangt und wie hoch diese Prämienunterschiede sind.

■ **Grobfahrlässigkeit.** Wie bei der Hausratversicherung (siehe Seite 231) können die Gesellschaften auch bei der Privathaftpflicht-Versicherung die Zahlung kürzen, falls der Kunde grobfahrlässig gehandelt oder gesetzliche Vorschriften missachtet hat.

Bei einigen wenigen Gesellschaften kann man diese Kürzungsmöglichkeit gegen Mehrprämie wegbedingen. Doch bei Schäden infolge Alkohol, Drogen oder Medikamentenmissbrauchs kürzen viele Versicherer immer.

## Der Feierabend-Job ist meist nicht versichert

■ **Nebenberufliche Tätigkeit.** Im Prinzip sind Schäden aus beruflicher Tätigkeit durch die Privathaftpflicht-Versicherung nicht gedeckt.

Einige Gesellschaften versichern aber die nebenberufliche

Fortsetzung auf Seite 210

## Versicherungspflicht: Für Hundehalter genügt die «normale» Police

In etlichen Kantonen müssen Hundehalter eine Haftpflichtversicherung haben. Dafür genügt die «gewöhnliche» Privathaftpflicht-Versicherung, denn dort ist man auch als Hundehalter versichert.

Ein paar Details dazu:

- Der Kanton Zürich etwa verlangt eine Deckungssumme von 1 Million Franken. Das ist kein Problem, denn die meisten Policen haben heute eine Deckung von 3 oder 5 Millionen Franken.
- In der Regel sind alle Hunderassen versichert. Einzige Ausnahme: Bei Smile direct sind «Kampfhunde» in der Deckung ausgeschlossen. Gemeint seien Pitbull-Terrier, American Staffordshire-Terrier, Staffordshire-Bullterrier, Bullterrier, Dobermänner, Argentinische Doggen, Rottweiler sowie die jeweiligen Kreuzungen (Stand 2012).
- Wer mit seinem Tier ein Einkommen erzielt, ist nicht versichert (bei einigen Gesellschaften gibt es eine Freigrenze). Das betrifft z. B. Halter von Polizeihunden oder Züchter.
- Wer sich nicht an die Gesetzesbestimmungen hält, muss im Schadenfall allenfalls mit Kürzungen oder in krassen Fällen gar mit einer Verweigerung der Versicherungsleistung rechnen. Das könnte etwa der Fall sein, wenn man verbotene Hunde hält oder gegen die Leinen- oder Maulkorbpflicht verstösst oder die Ausbildungsvorschriften missachtet.
- Wenn ein Hundehalter sein Tier einer fremden Person für eine gewisse Zeit zum Hüten anvertraut, so sind Schäden, die in dieser «Hütephase» anfallen, ebenfalls über die Privathaftpflicht-Police des Halters gedeckt. Allerdings nur, wenn das Hüten gratis war.

Gehen Hunde aber gegen Bezahlung zu einem gewerbsmässigen Hundesitter, greift die Police des Halters nicht mehr. Solche Hundesitter und Tierheime müssen sich selber versichern.

**Keine Spezialpolicen für Hundehalter.** Separate Haftpflichtversicherungen, die nur das Hundehalter-Risiko abdecken, gibt es bei keiner Gesellschaft. Interessenten müssen das handelsübliche Paket mit der Basisdeckung nehmen.

Eine solche Police zu haben lohnt sich aber auch dort, wo sie nicht vorgeschrieben ist.

Denn wer ein Haustier hält, haftet grundsätzlich für Schäden, die das Tier verursacht. Das können z. B. Arztrechnungen sein, falls Ihr Hund jemanden beissen sollte, im schlimmsten Fall sogar ein Lohnausfall, falls das Opfer längere Zeit arbeitsunfähig ist.

Zwar ist denkbar, dass Sie für einen Tierschaden nicht haften – dann nämlich, wenn Sie gemäss Gesetz nachweisen, dass Sie «alle nach den Umständen gebotene Sorgfalt in der Verwahrung und Beaufsichtigung angewendet» haben. In der Praxis sind solche Fälle aber eher selten. Sie haften auch nicht, falls das Opfer Ihren Hund absichtlich provoziert hat.

Viel wahrscheinlicher ist, dass Ihnen eine kleine Nachlässigkeit passiert und Sie dann haftpflichtig werden. Das kann zum Beispiel der Fall sein, wenn Ihnen Ihr Hund versehentlich «entwischt». Dann ist eine Privathaftpflicht-Police sehr nützlich.

**Kürzung bei Grobfahrlässigkeit.** Allerdings: Sollte Ihnen die Versicherung nachweisen können, dass Sie Ihre Aufsichtspflicht grobfahrlässig verletzt haben, könnte es für Sie kritisch werden. Das ist etwa dann der Fall, wenn Sie einen Hund frei herumlaufen lassen, von dem Sie genau wissen, dass er sehr aggressiv ist.

In einem solchen Fall wird die Gesellschaft – besonders bei sehr hohen Schadensummen – den Schaden nicht vollständig zahlen, sondern eine Kürzung vornehmen. Die geschädigte Person erhält also von der Versicherung nur einen Teil der Kosten ersetzt, für den Rest muss sich das Opfer direkt an den Tierhalter wenden.

Übrigens: Für das (Fehl-)Verhalten von Katzen sind Katzenbesitzer nie haftbar (siehe Kasten auf Seite 352).

Fortsetzung von Seite 208

Tätigkeit automatisch, also beispielsweise dann, wenn der Fachmann nach Feierabend einem Kollegen einen Freundschaftsdienst erweist. Oder wenn sich der Schreiner nebenher als Abwart ein Zubrot verdient.

Lesen Sie aber das Kleingedruckte: Es kann sein, dass diese nebenberufliche Tätigkeit nicht versichert ist, falls der Kollege dafür ein Entgelt zahlt – oder nur bis zu einem gewissen Zusatzeinkommen, je nach Gesellschaft zwischen 3000 und 20 000 Franken im Jahr (es gibt auch Gesellschaften, die beim Einkommen keine Begrenzung machen).

Bei einigen Gesellschaften ist es möglich, nebenberufliche Tätigkeiten (zum Beispiel Bergführer oder Hauswart) gegen Mehrprämie mitzuversichern.

Um berufliche Haftungen abzusichern, brauchen Selbständigerwerbende aber in jedem Fall eine gesonderte Berufs- bzw. Betriebshaftpflicht-Versicherung.

■ **Bauherrenhaftpflicht.** Für die Hausbesitzer ist die Bauherrenhaftpflicht wichtig. In etlichen Grunddeckungen sind kleinere Umbauten und Renovationen bis zu einem Volumen von meistens 100 000 Franken versichert.

**Wichtiger Tipp dazu:** Bei einem grösseren Bauvorhaben sollten Sie unbedingt eine separate Bauherrenhaftpflicht-Versicherung abschliessen (siehe Seite 250 ff.).

**FRAGE**

### Müssen wir als Mieter die kaputte Fensterscheibe zahlen?

**Wir sind Mieter einer Parterrewohnung neben einer Spielwiese; unsere Junioren spielen dort öfter Fussball mit anderen Kindern. Jüngst kam ein verirrter Ball geflogen und zerstörte unser Stubenfenster. Der Übeltäter liess sich nicht ausmachen. Wir haben die Rechnung für die neue Scheibe unserer Haftpflicht-Versicherung weitergeleitet. Die will aber den Fall nicht übernehmen und auch unsere Hausverwaltung nicht. Müssen wir die Fensterreparatur selber zahlen?**

**Nein.** Die Haftpflicht-Versicherung deckt in der Regel nur Schäden, die der Versicherungsnehmer oder Mitglieder seiner Familie verursacht haben. Im konkreten Fall ist also der – leider unbekannte – Schütze des verirrten Balles haftpflichtig.

Weil aber der Täter nicht zu eruieren ist, muss der Vermieter für den Schaden aufkommen. Er ist ja Eigentümer der Fenster seiner vermieteten Wohnungen; und das Risiko von Verlust oder Beschädigung einer Sache trägt immer der Eigentümer (siehe auch Kasten auf Seite 224). Das gilt ebenfalls, wenn ein Unwetter eine Scheibe beschädigt. Oder wenn böse Buben den Briefkasten des Hauses mit Knallkörpern demolieren.

Hausbesitzer können sich gegen solche Schäden versichern.

### Hauseigentümer erhalten nicht überall einen Rabatt

■ **Mieterschäden.** Für Mieterinnen und Mieter ist die Privathaftpflicht-Versicherung wichtig; sie springt ein, wenn Mieter Einrichtungsgegenstände beschädigen, die dem Hausbesitzer gehören (zum Beispiel Fensterscheiben, siehe Kasten links).

Wie bedeutend Mieterschäden wie zerrissene Tapeten oder beschädigte Lavabos sind, zeigt die interne Statistik der Versicherer:

Mieterschäden machen rund 30 bis 40 Prozent der gesamten Schadenaufwendungen der Privathaftpflicht-Versicherer aus.

Im Zusammenhang mit den Mieterschäden stellt sich die Frage, ob die Privathaftpflicht-Versicherung für Haus- und Wohnungseigentümer günstiger ist, weil ja Bewohner der eigenen Immobilie nie gegenüber einem fremden Besitzer haftpflichtig werden.

Aus der Prämientabelle auf Seite 204f. geht hervor, dass nicht alle Gesellschaften diese Unterscheidung machen und für die Privathaftpflicht-Versicherung von Hausbesitzern weniger als von Mietern verlangen.

Bei Axa Winterthur, CSS und Visana ist die Prämie im Gegenteil gleich hoch, obwohl Hauseigentümer keinen Vermieter schädigen können und folglich für die Versicherung ein markant kleineres Risiko sind als Mieter.

Die Baloise Direct schert in diesem Punkt bei den Tarifen für Einzelpersonen sogar ins Gegenteil aus. Sie verlangt hier von Wohneigentümern mehr als von Mietern. Begründung: Die Baloise Direct will gezielt junge Leute anziehen und lockt sie mit einem sehr günstigen Einsteiger-Tarif.

Und wie sind Hauseigentümer versichert, die zwar als Nichtmieter einen Rabatt erhalten, nun aber dennoch für ein paar Wochen eine Ferienwohnung mieten? Das ist kein Problem: Die Privathaftpflicht-Versicherung zahlt im üblichen Rahmen, wenn solche Hauseigentümer in der gemieteten Fe-



## So zahlt die Privathaftpflicht-Versicherung für Mieterschäden

Beim Auszug aus der Mietwohnung müssen Mieterinnen und Mieter Erneuerungen nur so weit bezahlen, als die zu ersetzende Sache nicht durch Alterung bereits entwertet ist. Sie müssen also nicht den Neuwert zahlen.

Ist beispielsweise nach dem Auszug eine zehnjährige «normale» Raufaser-Tapete zu ersetzen, weil Kinder sie bemalt haben, so ist die Tapete nach der im Mietrecht geltenden Lebensdauertabelle ohnehin ersetzungsbedürftig; die Erneuerung muss folglich der Vermieter komplett übernehmen, der Mieter muss nichts zahlen.

Zog die Familie hingegen vor fünf Jahren in eine neu tapezierte Wohnung und müssen nun diese Tapeten beim Auszug ersetzt werden, so wird die Familie zu 50 Prozent (das ist die Hälfte von zehn Jahren) ersatzpflichtig; hier springt die Privathaftpflicht-Versicherung ein.

Das heisst konkret: Der Vermieter muss die andere Hälfte übernehmen, und er darf diesen Betrag nicht vom Mieter verlangen.

Diese Deckung für Mieterschäden gilt aber nicht für die normale Abnützung: Diese ist ohnehin mit dem Mietzins abgegolten, also entsteht aus normaler Abnützung für den Mieter auch keine Ersatzpflicht. Dazu gehören Bildschatten an den Tapeten, korrekt gefüllte Dübellöcher, leichte Laufspuren im Teppich oder kleine Gebrauchskratzer im Parkett.

Einen Auszug aus der Lebensdauertabelle für Mieterinnen und Mieter finden Sie im Anhang auf Seite 358f.

**Wichtiger Tipp:** Mieterinnen und Mieter sollten bei Schäden in der Mietwohnung nie selber einen Handwerker beauftragen, sondern dies dem Vermieter überlassen. Dann muss sich der Vermieter mit der Rechnung des Handwerkers herumschlagen.

rienwohnung (oder in einem Hotelzimmer) einen Schaden anrichten.

### Ein Selbstbehalt «pro Raum» ist ungünstig für Familien

Ein sehr wichtiger Punkt beim Mieterschaden ist die Handhabung des Selbstbehaltes. Gerade Familien mit Kindern sollten eine Gesellschaft vorziehen, bei der Mieterschäden ohne Selbstbehalt versichert sind oder bei der man den Selbstbehalt gegen Mehrprämie wegbedingen kann.

Bei denjenigen Gesellschaften aber, die bei Mieterschäden generell einen obligatorischen Selbstbehalt verlangen (meist 100 oder 200 Franken), gilt es, ein wichtiges Detail zu beachten: In diesem Fall fahren nämlich Mieterinnen und Mieter schlecht, falls beim Auszug aus der Mietwohnung in mehreren Räumen Schäden anfallen und die Gesellschaft den Selbstbehalt gemäss den Versicherungsbedingungen «pro Raum» berechnet.

Unliebsame Folge: Falls dann zum Beispiel in fünf Räumen verschiedene Schäden, die während der Mietdauer entstanden, zu beheben sind, zieht die Versicherungsgesellschaft vom Total der Handwerkerrechnungen gleich 1000 Franken ab (falls ein obligatorischer Selbstbehalt von 200 Franken pro Raum zur Anwendung kommt).

## Zeitwert: Die Versicherungen zahlen oft zu wenig

Anders als die Hausratversicherung (siehe Seite 234) ersetzt die Privathaftpflicht-Versicherung bei Sachschäden immer nur den aktuellen Wert zum Zeitpunkt des Schadenereignisses, also den sogenannten Zeitwert unter Berücksichtigung der Amortisation (Wertverminderung).

Das heisst: Wenn die Lebensdauer abgelaufen ist, gibt es kein Geld mehr.

«Zeitwert» ist aber ein dehnbarer Begriff. Oft gehen Versicherer von einer zu kurzen Lebensdauer von Gegenständen aus. Da eine geringere Lebenszeit automatisch zu einer tieferen Entschädigung führt, sparen sie so viel Geld.

Beispiel: Einem Geschädigten teilte die Versicherung mit, sein Kopierapparat habe eine durchschnittliche Lebensdauer von fünf bis acht Jahren. Und weil das beschädigte Gerät bereits neun Jahre alt und somit amortisiert sei, erhalte er kein Geld.

Der Generalvertreter der betreffenden Marke spricht hingegen von einer Lebensdauer von durchschnittlich zehn Jahren bei normalem Gebrauch.

**Tipp:** Wenn Sie mit der Entschädigung der Versicherung nicht einverstanden sind, gehen Sie wie folgt vor:

- Überprüfen Sie die Lebensdauer, von der die Versicherung ausgeht. Auskünfte erhalten Sie etwa im Verkaufsgeschäft oder beim Fachverband. Verlangen Sie eine schriftliche Bestätigung, für welchen Preis das fragliche Gerät auf dem Markt verkauft werden könnte. Schicken Sie dieses Papier der Versicherung.
- Suchen Sie im Internet (Kleinanzeigen-Portale, Ebay, Ricardo) oder in einschlägigen Fachpublikationen (Automobilrevue) nach vergleichbaren Occasions-Angeboten, mit denen Sie den Wert der zerstörten Sache belegen können. Fordern Sie von der Versicherung, dass sie diesen Verkehrswert ersetzt oder Realersatz leistet.
- Für Mieterinnen und Mieter gibt es die sogenannte paritätische Lebensdauertabelle (siehe Details im Anhang auf Seite 358f.).

## In besonders schlimmen Fällen genügt die Deckung nicht

Forderungen von Geschädigten können in die Millionen gehen. Ist der Unfallverursacher ungenügend versichert, muss er aus dem eigenen Sack nachzahlen. Das zeigt der tragische Fall von Barbara S. aus Ibach SZ. Sie stürzte mit dem Velo, schlug hart mit dem Kopf auf und verletzte sich dabei schwer.

Das damals neunjährige Mädchen war mit der Schulklasse auf dem Weg ins Schwimmbad. Als Mitschüler aus der korrekt fahrenden Velokolonne ausscherten und ein Wettrennen veranstalteten, liess sich Barbara anstecken und zog mit. So kam es zum fatalen Sturz.

Die zwei beteiligten Mitschüler bzw. ihre Haftpflicht-Versicherungen müssen nun mit Forderungen in Millionenhöhe rechnen – obwohl das Opfer ein Stück weit mitschuldig ist.

Barbara S.s Anwalt hat ihren Schaden genau berechnet – nicht nur die lebenslangen Betreuungskosten, sondern auch das, was sie in Zukunft nicht verdienen kann; Erwerbsschaden nennen das die Advokaten. Dazu kommen Fahrtkosten, Spesen, Anwaltshonorar sowie Schmerzensgeld.

Der Fall geht ins Geld, weil die bleibenden Folgen fatal sind: Die Hirnverletzung hat die intellektuelle Leistungsfähigkeit massiv beeinträchtigt. Barbara S. wird nie mehr selbständig leben können, sie wird immer auf fremde Betreuung angewiesen sein. Arbeiten kann sie nur in einer geschützten Werkstätte. Unter dem Strich kommt der Anwalt auf eine Schadenersatzsumme von zehn Millionen Franken.

Üblicherweise beträgt die Deckungssumme in der Haftpflicht-Versicherung fünf Millionen Franken. Der Fall S. zeigt, dass das in Extremfällen ungenügend sein kann. Ein Schadenverursacher müsste für den Rest mit seinem persönlichen Einkommen und Vermögen geradestehen.

Das kann etwa der Fall sein, wenn ein fahrlässiger Skifahrer einen anderen umfährt und schwer schädigt. Handelt es sich beim Opfer um einen jungen Selbständigerwerbenden, kann die Schadenersatzforderung die Grenze von fünf Millionen übersteigen. Solche Fälle sind selten – aber nicht ausgeschlossen.

Bei etlichen älteren Privathaftpflicht-Policen sind noch drei Millionen versichert. Üblich sind aber heute fünf Millionen.

Die erwähnten Ausnahmefälle zeigen, dass es sich lohnen könnte, die Deckungssumme von fünf auf zehn Millionen zu erhöhen. Die Prämie steigt dadurch um rund 10 bis 20 Prozent – je nach Anbieter.

**Tipp:** Eine solche Erhöhung ist jederzeit möglich, also auch während des laufenden Versicherungsjahres. Sie riskieren aber, dass Sie einen komplett neuen Vertrag mit Bedingungen erhalten, die unter Umständen schlechter sind als bisher.

6 Privathaftpflicht-Versicherung

### Auszug aus der Mietwohnung: Das «Ereignis» als Streitpunkt

In älteren Versicherungsbedingungen ist die Selbstbehalt-Regelung beim Wohnungswechsel gar nicht umschrieben – oder unklar mit dem Ausdruck «pro Ereignis».

Falls nun die Gesellschaft beim Auszug jeden einzelnen Schaden in jedem Raum als Schadenereignis taxiert und Ihnen mehrere Selbstbehalte verrechnet, müssen Sie das nicht akzeptieren.

Vielmehr gilt der Auszug aus der Mietwohnung als ein einziges Ereignis und Sie müssen den Selbstbehalt nur einmal zahlen.

**Tipp:** Falls Sie während der Mietdauer die Privathaftpflicht-Versicherung kündigen und zu einer anderen Gesellschaft wechseln, sollten Sie schon bestehende

**FRAGE**

### Ist Verhandeln hinter meinem Rücken erlaubt?

**Ich bin aus einer Mietwohnung ausgezogen und muss für ein paar Schäden geradestehen; das habe ich auch meiner Privathaftpflicht-Versicherung gemeldet. Jetzt erfahre ich, dass die Versicherung direkt mit meinem Vermieter über die Entschädigung verhandelt hat.**
**Mehr noch: Ich bekomme vom Vermieter und nicht etwa von der Versicherung die Aufforderung, ihm meinen Selbstbehalt von 200 Franken zu zahlen. Muss ich das akzeptieren?**

**Im Prinzip nein.** Will die Versicherung eine auch für Sie gültige Vereinbarung mit dem Vermieter treffen, braucht es dazu eine gültige Vollmacht von Ihnen – mündlich oder schriftlich. Sonst ist die zwischen der Versicherung und dem Vermieter getroffene Abmachung nur zwischen diesen beiden Parteien gültig.

Als Mieter müssen Sie also den Selbstbehalt nur zahlen, wenn er berechtigt ist und wenn Sie mit der ausgehandelten Lösung einverstanden sind.

Mit anderen Worten: Es ist zwar durchaus üblich und zulässig, dass die Privathaftpflicht-Versicherung des Mieters direkt mit dem geschädigten Vermieter verhandelt, ihm allenfalls eine Entschädigungsvereinbarung zum Unterschreiben vorlegt und dann das Geld direkt überweist. Aber für den Versicherten verbindlich ist die Abmachung nur, wenn er die Versicherung bevollmächtigt hat, in seinem Namen zu handeln, oder wenn er die Vereinbarung nachträglich genehmigt.

grössere Schäden in der Mietwohnung, die Sie verursacht haben, der bisherigen Gesellschaft melden. Sie erhalten dann allenfalls eine pauschale Entschädigung.

Es könnte nämlich passieren, dass Ihre neue Gesellschaft beim Auszug die Zahlung kürzt mit dem Argument, Sie seien nicht während der ganzen Mietdauer bei ihr versichert gewesen. Das widerspricht aber dem Gesetz: Das Ereignis, das den Schadenanspruch begründet, entsteht beim Auszug aus der Mietwohnung, und falls der Mieter zu diesem Zeitpunkt versichert war, muss die betreffende Versicherung auch alles zahlen. Doch die Versicherungsgesellschaften sehen das teilweise anders.

**Tipp:** Mitglieder des Schweizerischen Mieterinnen- und Mieterverbandes können für 12 Franken pro Jahr den Selbstbehalt ihrer Privathaftpflicht-Versicherung bei Mieterschäden «rückversichern». Dann übernimmt die Versicherung des Mieterverbandes den Selbstbehalt.

Mehr noch: Falls Mitglieder mit einer solchen «Rückversicherung» keine eigene Privathaftpflicht-Versicherung haben, so übernimmt die Versicherung des Mieterverbandes sämtliche Schäden, für die Mieter haften – und zwar ohne Selbstbehalt.

### Wenn der Vermieter eine Versicherung verlangt

Übrigens: Wenn ein Mieter einen Mietvertrag unterschreibt, in dem verlangt ist, der Mieter müsse eine Privathaftpflicht-Versicherung abschliessen, so muss der Mieter diese Forderung des Vermieters erfüllen. Dies ist jedenfalls die Meinung einiger Juristinnen und Juristen.

Am besten bitten Sie die Versicherungsgesellschaft, Ihnen in einem Schreiben zu bestätigen, dass Sie eine entsprechende Versicherung haben. Mit dieser Bestätigung muss sich der Vermieter zufriedengeben, er kann nicht verlangen, dass Sie ihm die Police auch noch zeigen.

Man könnte aber auch anders argumentieren: Falls der Mieter bereits die maximale Sicherheitsleistung (Kaution) von drei Monatszinsen hinterlegt hat, darf der Vermieter keine weiteren Sicherheiten – etwa in Form einer Versicherung – verlangen, die den Mieter oder die Mieterin etwas kosten.

Wie dem auch sei: Der Abschluss einer Privathaftpflicht-Versicherung ist so oder so empfehlenswert.

Übrigens: Auch die meisten Pflegeheime verlangen von den Heimbewohnern eine Privathaftpflicht-Versicherung. Das ist sinnvoll, denn auch Heimbewohner können anderen Bewohnern einen Schaden zufügen.

**Noch ein Tipp zur Kaution:** Die Zürich Versicherung und der Hauseigentümerverband Schweiz (HEV) bieten gemeinsam die prämienpflichtige sogenannte Mietkautionsversicherung an. Sie ist für Mieter gedacht, die das Bargeld für das Mietzinsdepot nicht bar aufbringen können.

Das Angebot ist allerdings sehr teuer – wie übrigens auch die Bürgschaft der Firma Swisscaution AG, die ebenfalls für Leute gedacht ist, die die Barkaution nicht flüssig haben. Betroffene sollten in solchen Fällen versuchen, das Geld für das Mietzinsdepot bei Eltern, Freunden, Bekannten oder beim Arbeitgeber zu beschaffen.



## «Die Privathaftpflicht-Versicherung sollte obligatorisch werden»

Ein junger Mann verletzte eine Frau auf der Skipiste schwer. Das Opfer fordert nun von ihm 1,5 Millionen Franken Schadenersatz. Diese hohe finanzielle Last wird der Mann nie mehr los – denn er hatte keine Privathaftpflicht-Versicherung. Er hat nun ein Leben lang Schulden.

Für die Frau – sie ist jetzt zu 100 Prozent invalid und kann nicht mehr arbeiten – ist der Ausgang genauso tragisch: Sie erhält ein praktisch wertloses Papier, den Verlustschein, weil der junge Mann in Privatkonkurs geht.

Zwar sind in solchen Fällen Arzt- und Spitalkosten des Opfers gedeckt. Falls die Unfallversicherung zum Zug kommt, sind auch Taggelder und eine lebenslange Invalidenrente bezahlt. Geld schickt auch die Invalidenversicherung (und allenfalls die Pensionskasse).

Doch damit ist der ganze effektive Schaden des Unfallopfers noch nicht gedeckt: Im Prinzip muss der Unfallverursacher der Frau auch den allfälligen künftigen Lohnausfall ersetzen, der von den Versicherungen nicht gedeckt ist. Dazu kommen in solchen Fällen meist eine Haushalthilfe, Schmerzensgeld und die Anwaltskosten. All dies hätte die Privathaftpflicht-Versicherung des Skifahrers gezahlt – wenn er eine gehabt hätte.

Deshalb fordert die Frau, dass diese Versicherung für alle obligatorisch wird. Der Unfallverursacher selber ist gleicher Meinung; auch ihn hätte ein Obligatorium vor dem finanziellen Desaster geschützt.

Geschädigtenanwälte finden ein Obligatorium ebenfalls eine gute Idee.

Die Versicherungsbranche allerdings will von dem Anliegen nichts wissen. Nach Schätzungen der Versicherungen seien 80 bis 90 Prozent der Bevölkerung bereits freiwillig versichert.

**FRAGE**

## Firmenschlüssel verloren: Muss ich fürs Auswechseln der Schlösser zahlen?

**Kürzlich wurde mir das Portemonnaie mitsamt Geschäftsschlüssel gestohlen. Mein Arbeitgeber liess daraufhin im gesamten Betrieb die Schlösser auswechseln und schickte mir anschliessend die Rechnung in der Höhe von über 1500 Franken. Meine Privathaftpflicht-Versicherung will den Schaden nicht übernehmen. Muss ich diese Rechnung tatsächlich bezahlen?**

**Nein.** Wenn es in einem Betrieb um Schadenersatz durch fehlerhaftes Verhalten der Angestellten geht, richtet sich die Haftung nach der Schwere des Verschuldens. Hat jemand mit Absicht einen Schaden verursacht, muss er den Schaden voll übernehmen. Bei fahrlässig verursachten Schäden müssen Betroffene höchstens für einen Teil des Schadens aufkommen – abhängig vom Grad der Fahrlässigkeit.

Da Ihnen der Schlüssel gestohlen wurde, trifft Sie kein Verschulden. Somit müssen Sie für das Auswechseln der Schlösser nicht zahlen.

In solchen Fällen gilt zudem, dass der Arbeitgeber den Schaden möglichst gering halten muss. Das heisst: Falls der Finder des verlorenen Firmenschlüssels gar nicht herausfinden kann, zu welchem Betrieb der gefundene Schlüssel passt, muss der Betrieb auch nicht alle Schlösser auswechseln lassen.

### Das «gelegentliche Ausleihen» als Knacknuss

Es kommt immer wieder mal vor, dass jemand das Auto von Freunden oder Bekannten ausleiht. Wenn dann ein Unfall passiert, gilt Folgendes:

- Die Grunddeckung der Privathaftpflicht-Versicherung der meisten Gesellschaften zahlt in solchen Fällen den Bonusverlust des Halters in der Autohaftpflicht-Versicherung (also die Mehrprämie wegen des Verlusts einer tiefen Bonusstufe); bei wenigen Anbietern ist auch ein allfälliger Selbstbehalt in der Autohaftpflicht-Versicherung des Halters gedeckt.
- Dabei ist noch zu unterscheiden: Einige Versicherer zahlen dies aus der Grunddeckung bei jedem Unfall (ungeachtet der Häufigkeit der Ausleihe), andere Versicherer hingegen zahlen nur bei gelegentlicher Ausleihe.
- Damit bleibt aber am Ausleiher immer noch der Blechschaden am ausgeliehenen Fahrzeug hängen; den zahlt zum Beispiel die Mobiliar aus der Grunddeckung der Privathaftpflicht-Versicherung, die anderen Anbieter tun das in der Regel nicht.

Bei den anderen Gesellschaften braucht es dazu die Zusatzdeckung für die «gelegentliche Benützung fremder Fahrzeuge». Dieser Zusatzbaustein übernimmt dann auch noch den Blechschaden am ausgeliehenen Auto.

Hat der rechtmässige Autobesitzer eine Vollkasko-Versicherung, so übernimmt dieser Zusatz den Selbstbehalt und den allfälligen Bonusverlust (den eigentlichen Blechschaden zahlt ja in diesem Fall die Vollkasko-Versicherung).

Die Tabelle rechts zeigt die Prämien für Familien und Einzelpersonen, die in diesem Zusatzbaustein recht hohen obligatorischen Selbstbehalte sowie die maximale Versicherungssumme.

Wichtig: Die hier verwendeten Begriffe «gelegentliches Fahren» oder «unregelmässige Benützung» sind schwammig und können zu Streitigkeiten führen, weil sie in vielen Versicherungsbedingungen nicht näher umschrieben sind.

### Willkürentscheide nicht akzeptieren!

So hat beispielsweise das St. Galler Kantonsgericht geurteilt, zwei Ausleihen pro Monat seien schon «eine lockere Regelmässigkeit» und kein «Gelegentlich» mehr.

Umgekehrt pfiff das Bundesgericht jene Versicherung zurück, die einer Frau keine Vergütung zahlen wollte, weil sie das Auto ihrer Mutter in zweieinhalb Monaten fünfmal ausgeliehen hatte.

Geben Sie sich also im Schadenfall nicht mit der erstbesten

## Gelegentliches Fahren fremder Autos: Prämien und Konditionen

| Gesellschaft | Prämienzuschlag für Familie | Prämienzuschlag für Einzelperson | Selbstbehalt | Versicherungssumme |
|---|---|---|---|---|
| Allianz | 47.25 | 47.25 | 10 %, mind. 500.–, max. 5000.– | 100 000.– |
| Axa Winterthur[1] | 23.10 | 23.10 | 20 %, mind. 1000.– | Analog GDS |
| Basler | 90.30 | 87.15 | 200.– | Analog GDS |
| CSS[2] | 69.30 | 69.30 | 10 %, mind. 500.– | Analog GDS |
| Generali | 61.95 | 61.95 | 500.– | Analog GDS |
| Helvetia | 60.– | 54.– | 500.– | Analog GDS |
| Mobiliar | In der Grunddeckung inbegriffen | | 200.– | Analog GDS |
| Nationale | 42.– | 42.– | 10 %, mind. 500.– | 100 000.– |
| Smile direct | 63. | 63. | 10 %, mind. 500.– | Analog GDS |
| Sympany[2,3] | 56.60 | 56.60 | Kein Selbstbehalt | 80 000.– |
| Vaudoise[3] | 87.50 | 87.50 | 500.– | 50 000.– |
| Visana[2] | 70.– | 70.– | 500.– | Analog GDS |
| Zürich | 40.– | 40.– | 500.– | Analog GDS |
| **Online-Angebote**[4] | | | | |
| www.allianz24.ch | 63.– | 63.– | 10 %, mind. 500.–, max. 5000.– | 100 000.– |
| www.baloisedirect.ch | 73.20 | 70.60 | 200.– | Analog GDS |
| www.generali.ch | 57.80 | 57.80 | 10 %, mind. 1000.– | Analog GDS |
| www.smile-direct.ch[4] | 56.70 | 56.70 | 10 %, mind. 500.– | Analog GDS |
| www.zurichconnect.ch | 63.70 | 63.70 | 500.– | Analog GDS |

Angaben in Franken, inklusive 5 % Stempelabgabe. GDS = Grunddeckungssumme. Das Versichertenprofil ist gleich wie in der Tabelle auf Seite 201 f. **1** Gilt für Variante Box Basic, bei Variante Box Optima in der Grunddeckung inbegriffen **2** Rabatt für CSS-, Sympany- und Visana-Krankenversicherte ist nicht berücksichtigt **3** Andere Versicherungssummen und Selbstbehalte möglich **4** Siehe Fussnoten auf Seite 204

QUELLE: VZ VERMÖGENSZENTRUM, STAND ANFANG 2012

6 Privathaftpflicht-Versicherung

Antwort der Versicherung zufrieden.

In diesem Zusammenhang ist etwa der Mobiliar ein Kränzchen zu winden. Sie hat den Baustein nicht nur in die Standarddeckung integriert, sondern das «Gelegentlich» auch genau – und zwar grosszügig – definiert: «Höchstens 24 Tage pro Kalenderjahr, gleichgültig, ob tageweise oder an aufeinanderfolgenden Tagen benützt.»

FRAGE

## Wir ziehen zusammen: Was passiert mit den Versicherungen?

**Ich ziehe zu meinem Freund. Kann einer von uns beiden seine Privathaftpflicht- und Hausratversicherung kündigen? Und machen die Gesellschaften einen Unterschied zwischen Ehe und Konkubinat?**

Paare, die zusammenziehen, sollten ihre Policen zusammenlegen, denn eine gemeinsame Police ist billiger als zwei Einzelpolicen. Sie sollten also ihren Hausrat gemeinsam bei einer Gesellschaft versichern und die beiden einzelnen Haftpflicht-Policen durch eine Familienpolice (Mehrpersonenhaushalt-Police) ersetzen. Auch die Rechtsschutz-Versicherungen und die Jahres-Reiseversicherungen können sie zusammenlegen.

Eine solche Zusammenlegung ist mit der vorzeitigen Auflösung einer der beiden Einzelpolicen verbunden, was die Gesellschaften natürlich nicht so gerne sehen. Ein Recht des Versicherten auf vorzeitige Kündigung «wegen Zusammenwohnens» besteht nicht.

**Ehepaare** sollten in der Regel dennoch keine Probleme bekommen, wenn sie ihre Policen zusammenlegen. Gemäss der Branchenusanz ist dies bei einer Heirat ohne Weiteres möglich. In der Regel geschieht das, wenn das nächste Mal eine Prämie fällig wird. Welche der beiden Einzelpolicen aufgehoben werden soll, handeln die betreffenden Gesellschaften meist untereinander aus. Einige stellen dabei auf das Alter der Police ab, wobei im Regelfall die jüngere aufgelöst wird.

Andere richten sich untereinander danach, welche Gesellschaft bei der anderen zuerst ein «Freigabegesuch» stellt. Verlangt beispielsweise die Gesellschaft der Ehefrau als Erste von der Versicherung des Ehemannes, sie solle ihn ziehen lassen, wird seine Police aufgelöst.

Weiss ein Ehepaar genau, bei welcher der beiden Gesellschaften es sich gemeinsam versichern will, sollte es dies den betroffenen Gesellschaften mitteilen.

Bei **Konkubinatspaaren** sind einige Anbieter zurückhaltender, wenn es darum geht, eine von beiden Einzelpolicen aufzulösen. Erhalten Sie eine ablehnende Antwort und wollen Sie sich damit nicht abfinden, appellieren Sie zunächst an die Kulanz. Nützt das nichts, können Sie an die Generaldirektion schreiben – mit Kopie an den K-Tipp.

Ansonsten betrachten heute die meisten Gesellschaften Ehe und Konkubinat als gleichwertig. Das heisst: Der Konkubinatspartner eines Versicherungsnehmers ist nach der Zusammenlegung in dessen Familienpolice mitversichert.

Bei einigen Gesellschaften geschieht dies – wie bei Ehepaaren – automatisch, bei anderen muss der Konkubinatspartner namentlich in der Police erwähnt werden, damit er den Versicherungsschutz geniesst.

**Tipp:** Machen Sie der Gesellschaft auf jeden Fall Mitteilung und verlangen Sie eine schriftliche Bestätigung dafür, dass Ihr Konkubinatspartner auch wirklich versichert ist.

Auch wichtig: Wird ein gemeinsamer Haushalt aufgelöst, sollte der ausziehende Partner daran denken, für sich eine eigene Privathaftpflicht-Versicherung abzuschliessen. (Mehr zum Thema steht im Kasten auf Seite 230.)

CHECKLISTE

## Der richtige Umgang mit der Privathaftpflicht-Versicherung

- Schliessen Sie nur Einjahresverträge ab, die sich jedes Jahr stillschweigend um ein weiteres Jahr erneuern, falls sie von keiner Seite gekündigt werden.
- Sie sind nicht verpflichtet, die Privathaftpflicht- und die Hausratversicherung bei der gleichen Gesellschaft zu haben. Getrenntes Vorgehen ermöglicht es Ihnen, in beiden Bereichen jeweils das beste Angebot auszuwählen.
- Wählen Sie die Deckungssumme von fünf oder zehn Millionen. Ab und zu wird auch die Zwei- oder Drei-Millionen-Variante offeriert. Darauf sollten Sie nicht eingehen.
- Bei gewissen Hobbys sollten Sie sich bei Ihrer Gesellschaft erkundigen, ob Sie für Schäden aus dieser Tätigkeit in der Grunddeckung versichert sind oder ob es dazu einen Zusatz braucht. Das gilt etwa für Besitzer von ferngesteuerten Modellflugzeugen, Jäger, Reiter von fremden Pferden, Fallschirmspringer, Deltasegler, Kitesurfer usw.
- Auch Halter von wilden Tieren brauchen in der Regel eine Zusatzdeckung. Fragen Sie, ob Ihr exotisches Tier als wildes Tier gilt. Es gibt Fälle, in denen schon Papageien aus der Sicht der Versicherung als wilde Tiere galten.
- Achtung bei gemieteten/geleasten Sachen (z. B. Fernseher) oder bei Apparaten, die Gegenstand eines Miet-Kaufvertrages sind: Sie sind nicht bei allen Gesellschaften gedeckt.
- Hausbesitzer sollten eine Gesellschaft wählen, die ihnen wegen des Ausfalls des Mieterrisikos einen Rabatt gewährt.
- Mieterinnen und Mieter sollten eine Gesellschaft wählen, die bei den Mieterschäden keinen Selbstbehalt verlangt. Falls doch einer gefordert ist, so sollte er nur pauschal pro Auszug (beziehungsweise pro Ereignis) gelten und nicht pro Raum.
- Fragen Sie nach speziellen Rabatten. Üblich sind Schadenfreiheitsrabatte, Treuerabatte, Seniorenrabatte für Personen ab 60 Jahren oder Rabatte für junge Leute in der ersten eigenen Wohnung.

  Achtung: Senioren müssen sich selber melden, falls sie in den Genuss des Rabattes kommen wollen. Oft gibt es auch Reduktionen für Alleinerziehende sowie Kombirabatte, falls man die Privathaftpflicht- und die Hausratversicherung bei der gleichen Gesellschaft versichert hat.
- Punkto Kündigungsmöglichkeiten gilt das Gleiche wie bei den übrigen Sachversicherungen (siehe Seite 30 ff.).
- Beachten Sie die Meldepflicht im Schadenfall, die in den Versicherungsbedingungen genau erläutert ist.
- Hausbesitzer sollten bei Umbauten oder Renovationen prüfen, ob sie eine zusätzliche Bauherrenhaftpflicht-Police und/oder eine Bauwesenversicherung brauchen (siehe Details auf Seite 250 ff.).

Bei der Basler heisst es, gelegentlich sei die Benützung «insbesondere, wenn sie 6-mal in den letzten drei Monaten nicht übersteigt».

### Mit einem fremden Auto in die Ferien: So sind Sie versichert

Probleme drohen auch, wenn Sie mit einem fremden Auto in die Ferien fahren. Hier ist die Praxis der Gesellschaften ebenfalls unterschiedlich; während die einen nur eine Ferienreise von einer Woche erlauben, liegen bei anderen sogar vier Wochen drin (oder die «gesamte Dauer der Ferien» wie etwa bei der Basler Versicherung).

**Tipp:** In solchen Fällen sollten Sie in der Police die erlaubte Dauer nachschauen. Im Zweifelsfall lassen Sie sich die erlaubte Dauer von der Gesellschaft schriftlich geben.

Und auch hier gilt der Grundsatz, dass Ansprüche von Personen, die im gleichen Haushalt leben, nicht versichert sind. Hier hilft nur eine Vollkasko-Versicherung. Wer also das Auto der Konkubinatspartnerin braucht und kaputtfährt, hat keinerlei Ansprüche auf eine Entschädigung.

### So ist das Ersatzfahrzeug des Garagisten versichert

Und was gilt, wenn man mit dem Auto eines Garagisten unterwegs ist?

- Falls man mit einem kostenlosen Ersatzfahrzeug eines Garagisten unterwegs ist, während das eigene Auto in der Werkstatt ist, ist das bei einigen wenigen Gesellschaften versichert, bei den meisten aber nicht.
- Falls man ein kostenpflichtiges Ersatzfahrzeug eines Garagisten fährt und damit einen Schaden verursacht, ist das nur bei den wenigsten Versicherern gedeckt.
- Auch bei Probefahrten mit einem Fahrzeug des Garagisten sind die Angebote der Versicherer höchst unterschiedlich. Während die einen solche Fahrten wie die gelegentliche private Benützung fremder Fahrzeuge von Bekannten

**FRAGE**

## Benzin statt Diesel: Muss ich den Schaden selber zahlen?

**Eine Kollegin hat mein Diesel-Auto ausgeliehen. Dafür sie bot mir an, den leeren Tank auf ihre Kosten zu füllen. Leider tankte sie Normalbenzin, worauf das Auto in die Reparatur musste. Nun will meine Kollegin den Schaden nicht zahlen. Sie wirft mir vor, ich hätte ihr nichts vom Diesel gesagt. Ist sie im Recht?**

**Nein.** Von einem Autoausleiher kann man erwarten, dass er die Problematik des Falschtankens kennt. Zwar laufen die meisten Autos mit bleifreiem Benzin 95. Dennoch konnte Ihre Kollegin nicht ohne Weiteres davon ausgehen, dass das auch bei Ihrem Auto zutrifft. Zumal die Tankdeckel von Diesel-Autos deutliche Hinweise enthalten.

Zudem steht in der Regel im Betriebshandbuch, das sich zum Beispiel im Handschuhfach befindet, welche Treibstoffart das Auto benötigt. Da Ihre Kollegin diese zumutbaren Abklärungen unterlassen hat, kann man ihr Fahrlässigkeit vorwerfen, weshalb sie selber für den Schaden aufkommen muss. Hat Ihre Kollegin eine Privathaftpflicht-Versicherung, sollte sie den Schaden dort melden. Ob diese den Schaden allerdings zahlt, ist unsicher.

Eine Umfrage des K-Tipp bei 13 Anbietern der Privathaftpflicht-Versicherung hat ergeben (Stand 2012):

- Einzig die Sympany sagt, ein solcher Schaden sei bei ihr in der Grunddeckung ohne Einschränkung versichert.
- Etliche Versicherer sagen, der Tankschaden sei nur versichert, wenn Ihre Kollegin in der Privathaftpflicht-Versicherung die Zusatzdeckung «Gelegentliche Benützung fremder Fahrzeuge» hat (zum Beispiel Allianz, Basler, Nationale und Smile direct).
- Die anderen Versicherer würden gemäss der Umfrage für den Schaden nicht aufkommen.

oder Freunden behandeln, gilt bei anderen ein kategorisches «nicht versichert».

In allen drei Fällen sollten Sie sich also beim Garagisten erkundigen, wie er seine Autos versichert hat. Falls er das nur ungenügend getan hat, drohen nach einem Schadenfall Probleme.

Übrigens: Schäden an Mietautos von kommerziellen Autovermietern (zum Beispiel Avis oder Hertz) sowie an geleasten Autos sind über die Privathaftpflicht-Police nie versichert.

# 7 Die Hausratversicherung

## Der beste Schutz für Ihre Siebensachen

**Die richtigen Bausteine wählen und dafür nicht zu viel Prämien zahlen: Das ist das Wichtigste bei jeder Versicherung – auch bei der Hausratpolice. In diesem Kapitel steht alles, was Sie über die Hausratversicherung wissen müssen.**

Wer nichts hat, kann nichts verlieren und braucht auch nichts zu versichern. Dieses Prinzip gilt auch in der Hausratversicherung: Besteht die Einrichtung eines jungen Menschen nur gerade aus Bett, Tisch, Pult, Stuhl und einer Lampe, erübrigt sich die Versicherung eines solchen Mager-Hausrats.

Wenn hingegen zu Hause viele teure Gegenstände herumstehen, so ist es durchaus sinnvoll, eine Police gegen Diebstahl von persönlichen Sachwerten sowie gegen Schäden an der eigenen Wohnungseinrichtung zu haben.

### Bei wertvollen Gegenständen: Kaufbelege aufbewahren!

Im Schadenfall will die Versicherung Kaufbelege sehen. Bewahren Sie also Quittungen (und eventuell Fotos) von teuren Gegenständen an einem sicheren Ort auf, wo sie auch vor Verbrennen geschützt sind. Das gilt beispielsweise für Foto- und Filmausrüstung, Schmuck, Bilder, Teppiche oder antike Möbel. Denken Sie daran: Die Versicherungssumme allein ist noch kein Beweis, sondern legt nur den maximalen Rahmen der Entschädigung fest.

Am besten ist es, bei wertvollen Gegenständen dem Versicherungsantrag einen Schätzungsbeleg beizulegen oder sie explizit in der Police aufführen zu lassen, wie das bei separaten Wertsachenversicherungen (siehe Seite 248 f.) üblich ist.

Grund: Ein grosser Schaden – etwa ein folgenschwerer Brand – wäre finanziell nur schwer verkraftbar. Schon der Brand einer Kaffeemaschine oder eines Fernsehers kann wegen der damit verbundenen Rauchschäden schnell einmal 30 000 Franken kosten. Wer sich dagegen nicht absichert, geht ein hohes finanzielles Risiko ein.

### Was in der Basisdeckung versichert ist

In einer Basisdeckung ist der Hausrat gegen Feuer, Elementarereignisse, Wasser und Diebstahl (Einbruch, Beraubung sowie «einfacher Diebstahl zu Hause») versichert. Diese drei Bausteine sind in der Regel über die Basisversicherung gemeinsam gedeckt.

Mögliche Zusatzversicherungen sind Glasbruch (Seite 230 ff.), erweiterte Deckungen wie etwa höhere Versicherungssummen für Schmuck oder Geldwerte (Kasten auf Seite 236) oder die Zusatzdeckung für den «einfachen Diebstahl auswärts» (Seite 238 ff.).

Zum Hausrat gehört – grob gesagt – alles, was man beim Zügeln mitnimmt, inklusive gemietete und geleaste Sachen und Haustiere. Feste Einrichtungen wie zum Beispiel Parkett oder Kücheneinrichtungen gehören hingegen nicht zum Hausrat.

Über die Hausratversicherung sind auch allfällige Folgeschäden versichert, also zum Beispiel Rauchschäden nach einem Feuer oder Beschädigungen nach dem Einsatz von Löschwasser oder

Feuerlöscher. Oder defekte Türen oder Fenster nach einem Einbruch (das ist für Wohnungseigentümer wichtig).

Gedeckt sind auch Schadenminderungskosten (siehe Seite 28 im Kapitel 1).

Der Geltungsbereich der Hausratversicherung ist der Standort gemäss Police, also die Wohnung beziehungsweise das Haus – inklusive Keller, Garage, Einstellhalle, Balkon, Terrasse, Abstellraum, Treppenhaus, Gartensitzplatz, Garten und Estrich.

Für Schäden am Hausrat, der sich vorübergehend ausserhalb des Geltungsbereichs befindet (den Sie zum Beispiel auf sich tragen oder sonstwie dabeihaben), sind die Leistungen in der Regel beschränkt (siehe Seite 236 f.).

Besitzer eines Ferienhauses müssen den Hausrat, der sich ganzjährig am Feriendomizil befindet, entweder separat versichern oder in der Police eigens aufführen lassen.

Der Deckungsumfang der Hausratversicherung ist nicht vom Gesetz vorgegeben, sondern ergibt sich einzig aus den Versicherungsbedingungen – und die unterscheiden sich in etlichen Punkten von Gesellschaft zu Gesellschaft.

**IN DIESEM KAPITEL**



### Der Versicherungsschutz bei Feuer- und Elementarschäden

Die Versicherung des Hausrats deckt einerseits Feuerschäden; dazu zählen Brand-, Blitz-, Explosions- und in der Regel auch Implosionsschäden (TV-Gerät) und daraus entstehende Rauchspuren.

Wenn also Hi-Fi-Geräte nach einem Blitzeinschlag defekt sind, so werden sie entweder repariert oder ersetzt. Kein Geld gibts hingegen in der Regel von der Versicherung, wenn eine Überspannung

## Mieter und Hausbesitzer müssen sich unterschiedlich versichern

Ein Grundsatz der Hausratversicherung lautet: Sie versichert nur Sachen, die dem Versicherungsnehmer gehören (dazu noch Gästeeffekten und anvertraute Sachen sowie oftmals auch gemietete oder geleaste Gegenstände).

Für Mieterinnen und Mieter heisst das: Sie müssen in der Hausratversicherung nichts versichern, was dem Hausbesitzer gehört – also keine Fensterscheiben, Klosetts, Lavabos und Glaskeramikherde.

Beschädigt ein Mieter eine Türe oder eine Fensterscheibe oder den Glaskeramikherd, ist dieser Schaden am Eigentum des Vermieters durch die (hoffentlich vorhandene) Privathaftpflicht-Versicherung des Mieters unter dem Titel Mieterschaden gedeckt (siehe Seite 210ff.).

Wohnungs- und Hausbesitzer hingegen sind Eigentümer ihrer Fenster und Lavabos. Sie sollten also darauf achten, dass Brüche von Fensterscheiben, Glastüren, Klosetts, Lavabos, Glaskeramikherden und Küchenabdeckungen aus Naturstein versichert sind. Bei den üblichen Basisprodukten ist das der Fall.

Diese unterschiedlichen Bedürfnisse von Mietern und Eigentümern begründen denn auch einen wesentlichen Unterschied in der Prämientabelle auf Seite 235: Bei der Basisversicherung für Mieter ist Glasbruch meist nicht dabei, bei der Basisversicherung für Haus- und Wohnungseigentümer hingegen schon.

Was es zur Unterscheidung von Mobiliar- und Gebäudeglas zu beachten gilt, steht auf Seite 230ff.

Die Prämien für Mobiliar- und Gebäudeglas zusammen belaufen sich auf rund 60 bis 100 Franken pro Jahr. In der Regel ziehen die Gesellschaften hier keinen obligatorischen Selbstbehalt ab.

Hausbesitzer mit aussergewöhnlichen Einrichtungen sollten im Einzelfall abklären, was versichert ist und was nicht. Das gilt etwa für Wintergärten, Lichtkuppeln aus Kunststoff, Fassaden- und Wandverkleidungen, Leucht- und Neonröhren und Sonnenkollektoren.

Ebenso wichtig: Eigenheimbesitzer sollten an die Gebäudewasser-Versicherung denken (siehe Seite 262ff.).

des Stromnetzes (ohne Sturm oder Gewitter) der Auslöser für den Defekt war.

Ob bei starken Schwankungen der Stromstärke oder -spannung das Produktehaftpflichtgesetz greift (weil Strom als Produkt gilt), ist umstritten. Dann würde allerdings ein hoher Selbstbehalt von 900 Franken gelten.

**Tipp:** Gegen Überspannungsschäden kann man sich mit speziellen Schutzsteckern schützen.

Was bei Christbaumbränden gilt, steht im Kasten auf Seite 226.

### Kerzenfans: Auf die Deckung der Sengschäden achten!

Andererseits deckt die Hausratversicherung auch Elementarschäden. Darunter fallen Steinschlag, Hagel, Überschwemmung, Hochwasser oder Sturmschäden bei Windgeschwindigkeiten über 75 Kilometer pro Stunde (siehe Näheres dazu im Kasten auf Seite 255).

Ferner sind Schäden durch Lawinen, Schneedruck, Felssturz und Erdrutsch versichert, aber in der Regel nicht durch Erdbeben. Was bei Unwettern gilt, steht im Kasten auf Seite 259.

Cheminéebesitzer, Raucher sowie Fans von Kerzen sollten zusätzlich darauf achten, dass Sengschäden durch sogenannte Nutzfeuer gedeckt sind (zum Beispiel Löcher im Teppich wegen eines aus dem Cheminée herausgefallenen Holzteils oder wegen einer heruntergefallenen Zigarette). Das ist nicht bei allen Gesellschaften der Fall.

Das Gleiche gilt für andere Schäden «durch Nutzfeuer und Wärme». So ein Schaden entsteht beispielsweise, wenn man einen Gegenstand zu nahe an eine brennende Kerze oder an ein heisses Bügeleisen hält und der Gegenstand dann verkohlt ist oder wenn ein Gegenstand ins Cheminée fällt.

Sengschäden vergüten die meisten Anbieter nur begrenzt (zwischen 2000 und 5000 Franken, je nach Versicherungsgesellschaft).

### Der Versicherungsschutz bei Wasserschäden

Zu den versicherten Wasserschäden zählen Schäden am Hausrat, die durch Bruch von Wasserleitungen entstehen oder durch Auslaufen aus Apparaten und Einrichtungen, die an Wasserleitungen angeschlossen sind, sowie Schäden durch Überlaufen von Badewannen und Lavabos.

Der Hausrat ist auch versichert, falls Regen, Schnee oder Schmelzwasser durch das undichte Dach eindringen (aber nicht, wenn eine offen gelassene Dachluke die Ursache ist).

Ebenso sind in der Regel Hausratschäden aus auslaufenden Wasserbetten und Aquarien sowie Rückstau aus der Kanalisation versichert (Achtung: Schäden am eigentlichen Gebäude durch Wasser sind anderweitig versichert, siehe Seite 255 ff.).

Die Hausratversicherung zahlt auch, wenn Flüssigkeiten (inklusive Öl) aus Heizungs- oder Wärmegewinnungsanlagen auslaufen.

### Die Versicherungen kennen drei Arten von Diebstahl

Bei Diebstählen unterscheiden die Versicherungen zwischen 1. Einbruchdiebstahl, 2. Beraubung und 3. dem sogenannten «einfachen Diebstahl»:

**1. Einbruchdiebstahl** (auch qualifizierter Diebstahl genannt) ist in der Basisdeckung grundsätzlich versichert und liegt dann vor, wenn die Täterschaft mit Gewalt in ein Gebäude oder in einen Raum eindringt oder in einem Gebäude ein Behältnis aufbricht.

**FRAGE**

## Diebstahl aus dem Garderobenkästchen: Zahlt das Hallenbad?

**Als ich nach dem Schwimmen im Hallenbad in die Garderobe zurückkam, war mein abgeschlossenes Garderobenkästchen aufgebrochen und mein Portemonnaie weg. Kann ich den Betreiber des Hallenbads zur Verantwortung ziehen?**

**Nein.** Sie hatten in der Garderobe ein Kästchen mit Schloss. Rechtlich handelt es sich dabei um einen Gebrauchsleihevertrag. Dabei hat Ihnen das Hallenbad einzig und alleine den Raum zur Verfügung gestellt, um Ihre Sachen zu deponieren. Weitergehende Verpflichtungen Ihnen gegenüber bestehen nicht.

Da der Betreiber des Hallenbads keine Pflicht hatte, Ihre Sachen sicher aufzubewahren, kann ihm wegen des Diebstahls Ihres Portemonnaies auch kein Vorwurf gemacht werden. Er haftet somit nicht für den Verlust.

Melden Sie den Schaden aber Ihrer Hausratversicherung. Diese Art Einbruchdiebstahl ist in der Grunddeckung enthalten. Es kann sein, dass Sie sich mit 200 Franken Selbstbehalt an den Kosten beteiligen müssen – das hängt vom Vertrag ab. Die Versicherungen verlangen in solchen Fällen, dass der Schaden sofort gemeldet wird und dass Bestohlene bei der Polizei Anzeige erstatten.

In diesem Zusammenhang sind auch böswillige Beschädigungen des Hausrats versichert.

Geschieht dieser Einbruch zu Hause, so zahlt die Hausratversicherung im Prinzip bis zur vereinbarten Versicherungssumme – für Schmuck, Bargeld und Wertgegenstände allerdings meist nur mit Beschränkungen, sofern die Schmucksachen nicht in einem Kassenschrank von mindestens 100 Kilo Gewicht oder in einem eingemauerten Wandtresor eingeschlossen waren.

**Tipp:** Falls Sie Schmuck im Wert von 30 000 Franken oder mehr besitzen, sollten Sie den Abschluss

FRAGE

## Christbaumbrand: Welche Versicherung zahlt welche Schäden?

**Am 30. Dezember haben wir noch einmal die Kerzen am Weihnachtsbaum angezündet. Als wir durch unser Enkelkind kurz abgelenkt waren, brannte der Baum plötzlich lichterloh. Zum Glück gelang es meinem Mann, das Feuer rasch zu löschen. Trotzdem entstand ein beträchtlicher Schaden. Eine Wand im Wohnzimmer ist jetzt schwarz, Vorhänge, Teppich und eine Kommode haben Brandspuren. Können wir das einer Versicherung melden?**

**Ja,** allerdings sind verschiedene Versicherungen zuständig.

**Schäden am Gebäude.** Die Gebäudefeuer-Versicherung deckt die Schäden am Gebäude selbst und in der Regel auch an allen fest damit verbundenen Einrichtungen – und zwar zum Neuwert. In den meisten Kantonen ist die Gebäudeversicherung für Hauseigentümer obligatorisch (siehe Seite 255 ff.).

■ Mieter müssen also einen solchen Vorfall ihrem Vermieter melden, damit er als Versicherungsnehmer den Schaden seiner Gebäudefeuer-Versicherung anmelden kann.

Es gibt Kantone, in denen die Gebäudefeuer-Versicherung nicht obligatorisch ist (Genf, Tessin und Wallis sowie Appenzell AI ohne Bezirk Oberegg). Hier würde die Privathaftpflicht-Versicherung des Mieters einspringen, falls der Hauseigentümer sein Haus nicht freiwillig versichert hat – aber natürlich nur, wenn den Mieter ein Verschulden trifft.

■ Wer in den eigenen vier Wänden wohnt, muss sich direkt bei seiner Gebäudefeuer-Versicherung melden.

**Schäden am Hausrat.** Die Hausratversicherung deckt die Schäden am Mobiliar. Falls Sie eine Hausratversicherung haben, können Sie den Schaden an Kommode, Vorhängen und Teppich bei dieser Versicherung anmelden.

Über die Hausratversicherung sind auch Folgeschäden versichert, also beispielsweise Schäden wegen der Rauchentwicklung oder wegen des Einsatzes von Wasser oder Feuerlöscher.

In der Regel zahlt die Hausratversicherung die Reparaturkosten; bei Totalschaden wird die beschädigte Sache zum Wiederbeschaffungswert entschädigt (meist unter Abzug eines Selbstbehaltes).

Im Prinzip können alle erwähnten Versicherungen ihre Zahlungen kürzen, falls der versicherten Person eine grobe Verletzung der Sorgfaltspflicht vorzuwerfen ist.

In Ihrem konkreten Fall liegt aber keine Fahrlässigkeit vor. Grobfahrlässig hätten Sie zum Beispiel gehandelt, wenn Sie nach dem Anzünden der Kerzen das Haus verlassen oder wenn Sie die Kerzen lange Zeit nach Weihnachten an einem verdorrten Baum angezündet hätten.

einer separaten Wertsachenversicherung prüfen (siehe mehr Details auf Seite 248f.).

Geschieht ein solcher gewaltsamer Einbruch ausserhalb des Domizils, zahlen die Versicherungen mit Beschränkungen (meist maximal 10 000 bis 20 000 Franken, je nach Gesellschaft).

Ein solcher gewaltsamer Einbruch ausserhalb des Domizils liegt etwa bei einem Einbruch in ein Hotelzimmer oder in eine gemietete Ferienwohnung oder in ein Garderobenkästchen vor (siehe Kasten auf Seite 225).

Achtung: Wenn Diebe Ihr Auto aufbrechen – egal ob mit sichtbaren Spuren oder nicht – und Gegenstände des Hausrates klauen, so zählt dies nicht als Einbruchdiebstahl im Sinne der Hausratversicherung. Dazu braucht es die Zusatzdeckung «einfacher Diebstahl auswärts» (siehe Details auf Seite 238ff.).

### Mit Gewalt oder Androhung von Gewalt: Das gilt als Beraubung

**2. Beraubungsschäden** sind im Grundsatz ebenfalls in der Basisdeckung und gleich wie Einbruchdiebstahl versichert. Beraubung liegt dann vor, wenn der Täter mit Gewalt oder mit Androhung von Gewalt vorgeht – also beispielsweise dem Opfer ein Messer an den Hals setzt.

Der Versicherungsschutz bei «Beraubung» gilt auch, wenn das Opfer infolge Tod oder Ohnmacht beziehungsweise nach einem Unfall keinen Widerstand leisten kann.

## Die Entschädigungslimiten beim Schmuck

Die Gesellschaften ersetzen Schmucksachen üblicherweise bis zu einem Betrag zwischen 10 000 und 30 000 Franken (je nach Gesellschaft).

Dies gilt für Einbruchdiebstahl (falls der Schmuck nicht in einem schweren oder eingemauerten Tresor aufbewahrt war) sowie für den «einfachen Diebstahl zu Hause».

Wenn Ihnen ein Dieb hingegen auf der Strasse ein Messer an den Hals setzt und Sie zwingt, ihm Ihre Halskette zu geben, so fällt das unter Beraubung, und Sie werden von den meisten Gesellschaften bis zur Maximalsumme entschädigt, die für Hausrat gilt, der sich ausserhalb des Hauses befindet (meistens 10 000 bis 20 000 Franken, je nach Gesellschaft).

Wurde jemand ausser Haus Opfer eines Trickdiebstahls, so ist Schmuck nur innerhalb der Erstrisiko-Deckungssumme für «einfachen Diebstahl auswärts» versichert.

Auch hier kann man sich gegen eine Mehrprämie besser versichern oder allenfalls eine separate Wertsachenversicherung abschliessen (siehe mehr Details auf Seite 248f.).

**Tipp für Tresorbesitzer:** Falls Sie Ihren Schmuck in einem zertifizierten Tresor haben, der strengen Sicherheitsanforderungen genügt, so ersetzen viele Gesellschaften geraubten Schmuck ohne Beschränkung. Das ist nicht bei allen Anbietern der Fall. Erkundigen Sie sich!

Achtung: Der Trickdiebstahl fällt nicht in diese Kategorie.

Auch bei der Beraubung ersetzen die Versicherungen Schmucksachen und Bargeld – wie beim Einbruchdiebstahl – nur mit Beschränkungen.

### Knifflige Fragen beim Entreissdiebstahl

Knifflige Fragen stellen sich beim Entreissdiebstahl, also beispielsweise dann, wenn der Dieb per Velo oder Motorrad von hinten her-

## Zügelversicherungen decken die häufigsten Schäden nicht

Wer zügelt, kommt schnell einmal in Versuchung, eine Zügelversicherung abzuschliessen.

Dieser Schutz ist aber trügerisch, denn ausgerechnet Kratzspuren – und damit wohl die häufigsten Zügelschäden – sind von der Deckung ausgenommen. Ebenfalls nicht gedeckt sind Schramm- und Scheuerschäden, Druckschäden und Politurrisse. Man kann also auch ohne Transportversicherung leben. Bei Zügelschäden haftet ohnehin die Zügelfirma, falls sie fahrlässig gehandelt hat.

Dazu kommt: Wird Hausrat während des Umzugs durch ein Elementarereignis oder Feuer beschädigt oder wird er gestohlen, zahlt die Hausratversicherung – zumindest bis zur Obergrenze für «Hausrat auswärts», die meist zwischen 10 000 und 20 000 Franken liegt.

anbraust und die Handtasche mit einem schnellen Ruck an sich reisst – wobei das Opfer nicht die geringste Chance hat, sich zu wehren.

Vereinzelte Gesellschaften sehen darin keine eigentliche Beraubung mit Gewaltanwendung, weil die bestohlene Person gar keine Möglichkeit hat, sich zu wehren – und ersetzen mit diesem Argument kein Bargeld (weil Geldwerte beim «einfachen Diebstahl» überhaupt nicht versichert sind).

Opfer haben aber in solchen Fällen Anspruch auf Deckung des Verlustes. Denn: Wenn Gewalt im Spiel war, handelt es sich im juristischen Sinne um Raub.

### Beim «einfachen Diebstahl» gibt es zwei Varianten

**3.** Nach einem «**einfachen Diebstahl**» (ohne Einbruch oder Gewaltanwendung) sind in der Regel keine Spuren feststellbar. Hier ist wiederum zu unterscheiden:

- Der «**einfache Diebstahl zu Hause**» ist ein Baustein, der in der Basisdeckung in der Regel mitversichert ist. Darunter fallen Einschleichdiebstähle ins Haus – wenn man beispielsweise aus Versehen ein Fenster offen gelassen hat.

Bargeld ist hier nicht versichert und Schmuck meistens nur mit einer Begrenzung zwischen 10 000 und 20 000 Franken.

- Der «**einfache Diebstahl auswärts**» ist ein Baustein, den man zur Basisdeckung dazuversichern kann und der relativ teuer ist (in den Prämienangaben der Tabelle auf Seite 235 ist er inbegriffen; was er separat kostet, ersehen Sie aus der Tabelle auf Seite 239).

Beim «einfachen Diebstahl auswärts» ist aber eine maximale Versicherungssumme festzulegen; üblich sind 2000 Franken. Das ist eine sogenannte Erstrisikodeckung (siehe Kasten rechts).

Bargeld ist hier ebenfalls nicht versichert. Und in der Regel gilt ein Selbstbehalt von 200 Franken.

Die Zusatzdeckung «einfacher Diebstahl auswärts» zahlt beispielsweise Velodiebstähle und Klau von anderen Sportgeräten sowie Diebstähle von Gepäck oder Handys aus dem Auto.

Auch Taschen- beziehungsweise Trickdiebstähle sind hier versichert – und zwar in der Regel auch im Ausland. Diese Zusatzdeckung zahlt zum Beispiel auch, wenn einem im Restaurant der Mantel abhanden kommt.

### Wer etwas verliert, erhält dafür keinen Ersatz

Versichert ist beim «einfachen Diebstahl auswärts» auch gestohlenes Reisegepäck.

Wer jedoch wertvolles Reisegepäck zusätzlich gegen Verlust und Beschädigung (zum Beispiel durch die Fluggesellschaft) versichern will, kann diese Deckung bei vielen Gesellschaften dazukaufen (siehe dazu auch Seite 242 f.).

Das kann sich lohnen, weil die Fluggesellschaften bei Verlust nur für einen gewissen Teil des von ihnen verursachten Schadens einstehen müssen (abhängig vom Gewicht, was allerdings reicht, wenn man kein übertrieben teures Gepäck mitführt).

Aber: Wer selber etwas durch Unachtsamkeit verliert (ohne genau zu wissen wo), erhält über die Standarddeckung der Hausratpolice keinen Ersatz – weil dann weder Wegnahme noch Diebstahl gegeben sind (aber das Verlieren kann man versichern, siehe Kasten auf Seite 236).

Etwas besser sieht es aus, wenn man beispielsweise auf der Toilette einen Ring liegen lässt und das auch bald bemerkt, der Ring dann aber nach ein paar Minuten schon verschwunden ist. Das gilt als Diebstahl – wobei die Versicherung vielleicht einen Abzug wegen Grobfahrlässigkeit macht.

Einen Abzug wegen Grobfahrlässigkeit muss man auch akzeptieren, wenn man im Auto Sachen bei offenem Fenster oder mit aufgeklapptem Cabrioverdeck liegen lässt und diese dann gestohlen werden (siehe dazu auch den Kasten auf Seite 324).

### Für gestohlenes Bargeld gibt es oft keinen Ersatz

Beim Ersetzen von gestohlenen Geldwerten (inklusive Sparhefte, Münzen, ungefasste Edelsteine und Perlen) machen die Gesellschaften empfindliche Beschränkungen. Generell zahlen sie maximal 3000 bis 5000 Franken – auch nach einem Feuer. Wem beispielsweise bei einem Einbruch

**STICHWORT**

## Erstrisikodeckung

Versicherung auf erstes Risiko heisst: Für einen bestimmten Baustein vereinbaren Kunde und Gesellschaft eine maximale Summe für die Entschädigung, die viel kleiner ist als die generelle Versicherungssumme, die im Normalfall gilt und meist vorne in der Police erwähnt ist.

Beispiele: 2000 Franken für den «einfachen Diebstahl auswärts» oder 3000 Franken für die Versicherung von Gebäudeglas.

Die Versicherung zahlt dann maximal diesen Betrag, auch wenn der Schaden höher ist (abzüglich des vereinbarten Selbstbehalts).

Bei einer Erstrisikodeckung ist keine Unterversicherung möglich, also erfolgt im Schadenfall auch keine Kürzung der Entschädigung, falls die Versicherungssumme zu tief ist (siehe mehr dazu auf Seite 243 ff.).

Eine interessante Variante bietet die Visana-Gruppe: Hier kann man auch die Deckung für Wasser- und Diebstahlschäden auf erstes Risiko abschliessen. Der Grund: Bei Wasser- und Diebstahlschäden gebe es praktisch nie einen Totalverlust. Das verringert natürlich die Prämien – um fast 15 Prozent.

Von den anderen grossen Gesellschaften bietet auch noch die Basler diese Prämiensparmöglichkeit an (allerdings erst ab einer Versicherungssumme von 100 000 Franken).

oder bei einer Beraubung 20 000 Franken Bargeld gestohlen werden, erhält im Normalfall je nach Gesellschaft lediglich 3000 oder 5000 Franken ersetzt – maximale vereinbarte Versicherungssumme gemäss Police hin oder her.

Beim «einfachen Diebstahl» hingegen gibt es nie Ersatz für Bargeld.

Opfer von Taschendieben ausserhalb des Hauses (ohne Gewalt oder Gewaltandrohung) erhalten also von der Hausratversicherung keinen Bargeldersatz, sondern nur Ersatz für den Wert des gestohlenen Portemonnaies.

Und man geht beim Bargeld auch leer aus, wenn sich der Dieb ohne Gewalt in ein Haus einschleichen kann (etwa durch ein offenes Fenster) – es sei denn, das Geld war in einem Tresor oder in einer abschliessbaren Schublade. Falls der Dieb ein solches Behältnis aufbricht, fällt die Tat unter Einbruchdiebstahl, und das Bargeld wird – mit den erwähnten Beschränkungen von 3000 bis 5000 Franken – ersetzt.

Gegen Mehrprämie kann man sich aber teilweise besser versichern und auf diese Weise die maximale Entschädigungssumme heraufsetzen. Schlauer ist es allerdings, zu Hause keine grösseren Bargeldbeträge aufzubewahren.

### Hausratpolice und Konkubinat

Ziehen zwei Singles zusammen, die beide schon je eine Hausratversicherung haben, so sollten sie ihre beiden Policen zu einer einzigen zusammenlegen, also den zusammengeführten Hausrat gemeinsam bei einer einzigen Gesellschaft versichern. Sonst zahlen sie zu viel, denn eine gemeinsame Police ist günstiger als zwei einzelne.

Wie Konkubinats- und Ehepaare vorgehen sollten, wenn sie Policen mit langer Vertragsdauer in den gemeinsamen Haushalt mitbringen, steht im Kapitel zur Privathaftpflicht-Versicherung im Kasten auf Seite 218.

**Tipp für Konkubinatspaare:** Stellen Sie zusammen mit der Versicherungsgesellschaft klar, dass Sie als Mehrpersonenhaushalt gelten. Bei einigen wenigen Gesellschaften sind Konkubinatspartner automatisch in der Familienpolice versichert, bei anderen braucht es einen speziellen Eintrag.

Ein paar Gesellschaften sagen, es genüge eine Mitteilung und dann sei alles klar – aber in den Versicherungsbedingungen steht nichts darüber.

Seien Sie in solchen Fällen auf der Hut und lassen Sie sich eine schriftliche Bestätigung geben.

## Der Versicherungsschutz bei Glasbruch

Die Glasbruchversicherung zählt zu den Zusatzmodulen, die Sie nur abschliessen sollten, wenn Sie dafür wirklich einen Bedarf haben. Überlegen Sie als Wohneigentümer also genau, was Sie versichern wollen, und lassen Sie sich dann eine auf Ihre Bedürfnisse zugeschnittene Deckung zusammenstellen.

Dabei ist zu unterscheiden zwischen Mobiliarglas und Gebäudeglas (wobei es Anbieter gibt, die beide Typen nur gemeinsam im Paket versichern, bei anderen kann man sie getrennt abdecken).

**Mobiliarglas:** Einen Zusatz für Mobiliarglas brauchen Sie nur, falls Sie teure Glasvitrinen, Aquarien, Spiegel, Spiegelschränke oder Tischplatten aus Glas haben.

## Fragwürdige Kürzungen bei Grobfahrlässigkeit

Die Gesellschaften verlangen von ihren Versicherten einen gewissen Grad von Achtsamkeit im Umgang mit den eigenen Siebensachen. Der Versicherte habe «die nach den Umständen gebotenen Massnahmen zum Schutze der versicherten Sachen» zu treffen, heisst es beispielsweise in den Bedingungen der Helvetia. Die Mobiliar verlangt die «nach den Umständen gebotenen» Schutzmassnahmen.

Muss also beispielsweise ein Velo abgeschlossen sein oder nicht, wenn man den Baustein «einfacher Diebstahl auswärts» versichert hat?

Eine Gesellschaft schreibt dazu: «Auf privaten Grundstücken, etwa im Veloraum des Arbeitgebers, im Innenhof eines Bekannten usw., wird ein Abschliessen nicht verlangt. Stellt ein Versicherungsnehmer sein Velo jedoch stets unabgeschlossen beim Bahnhof ab, so kann allenfalls ein Abzug wegen Grobfahrlässigkeit vorgenommen werden.»

Kürzungen dürften auch nicht zu umgehen sein, wenn ein Dieb ein offen herumliegendes Handy aus einem Cabrio mit offenem Verdeck klaut. Oder wenn jemand sehr wertvolle Gegenstände in einem nicht abschliessbaren Gartenhaus aufbewahrt.

Pech hatte auch der Kunde, dem in Andalusien Kleider aus dem Mietauto gestohlen wurden. Die Hausratversicherung kürzte die Entschädigung um 25 Prozent mit dem (fragwürdigen) Argument: «Der Umstand, dass Sie das Reisegepäck in Ihrem Fahrzeug auf einem unbewachten Parkplatz liessen, gilt als grobfahrlässig.»

Erst als sich der Kunde auf der Direktion beschwerte, lenkte die Versicherung ein: Er erhielt doch noch die volle Schadensumme, aber nur «entgegenkommenderweise». Die zuerst vorgenommene Kürzung sei «aufgrund der objektiven Kriterien» zwar «durchaus vertretbar» gewesen, liege aber «im Ermessensbereich», schrieb die Versicherung.

Das Beispiel zeigt: Unter dem Titel «Grobfahrlässigkeit» haben die Versicherungen einen Gummiparagrafen zur Hand, mit dem sie eigenmächtig und oft auch willkürlich operieren, wenn sie dem Versicherten eine Leistung kürzen wollen.

Dabei spielt auch eine Rolle, ob der Kunde schon früher relativ viele Schäden angemeldet hat oder ob er unbescholten ist und auch noch mehrere Policen bei der gleichen Gesellschaft hat.

Es ist auch schon vorgekommen, dass die Versicherung den vorliegenden Fall zahlte, in einem Brief aber unmissverständlich ankündigte, beim nächsten Mal drohe eine Leistungskürzung.

**Tipp** für den Fall, dass Sie mit der Entschädigung unzufrieden sind: Wenden Sie sich mit einem freundlichen Brief an die Generaldirektion, wenn Sie mit dem Entscheid einer Regionalagentur nicht einverstanden sind.

Sie können auch anbieten, dass Sie künftig mit einem höheren Selbstbehalt einverstanden sind, falls der aktuelle Fall ohne Abzug wegen Grobfahrlässigkeit erledigt wird.

Es kann jedoch passieren, dass die Gesellschaft den aktuellen Fall ohne Kürzung auszahlt, der Kunde aber anschliessend die Kündigung im Schadenfall erhält (siehe Seite 29).

Übrigens: Bei leichter Fahrlässigkeit sind Kürzungen nicht erlaubt.



Die Mobiliarglas-Zusatzdeckung kostet zwischen 20 und 50 Franken pro Jahr.

Bei dieser Art Versicherung müssen sich die Versicherten bei etlichen Gesellschaften für eine bestimmte Versicherungssumme auf erstes Risiko entscheiden (zum Beispiel 2000 Franken, siehe das Stichwort auf Seite 229).

Nicht versichert sind in der Regel Schäden an Handspiegeln, op-

### Die «Kosten»: Zusätzliches Geld für Opfer

Unter dem Titel «versicherte Kosten» übernehmen die Gesellschaften nach einem versicherten Schadenfall und bis zu einem bestimmten Betrag (in der Regel 5000 Franken) Folgendes:

- Kosten für die Räumung und die fachgerechte Entsorgung der Überreste des Hausrats (zum Beispiel nach einem Brand);
- zusätzliche Lebenshaltungskosten, etwa Hotelspesen, falls die Wohnung nach einem Wasserschaden oder nach einem Brand unbewohnbar ist;
- Kosten für Notverglasungen, Nottüren und Notschlösser sowie für das Auswechseln der Schlösser.

Oft sind unter dem Titel «Kosten» auch die Auslagen für die Wiederbeschaffung von Ausweisen und anderen Dokumenten versichert.

**Tipp:** Achten Sie nach einem Schadenfall darauf, ob Sie in der Grunddeckung der Hausratversicherung einen kostenlosen Notfalldienst inbegriffen haben, der beispielsweise sofort Handwerker organisiert. Etliche Versicherungen zahlen dies unter dem Titel «Home Assistance» (allenfalls mit einer Beschränkung, zum Beispiel auf 1000 Franken).

tischen Gläsern (Linsen und Brillen), Glasgeschirr, Hohlgläsern (etwa Vasen), Beleuchtungskörpern, Glühbirnen sowie Leucht- und Neonröhren.

Aus dem Gesagten wird klar, dass eine allfällige Mobiliarglas-Versicherung sowohl für Mieter als auch für Wohneigentümer in Frage kommen kann.

**Tipp:** Besitzer von Tischplatten aus Natur- oder Kunststein und ähnlichen Einrichtungsgegenständen sollten sich erkundigen, ob auch solche Platten bei der Mobiliarglas-Versicherung gegen Bruch mitversichert sind. In der Regel ist das der Fall. Nicht versichert sind jedoch blosse Kratzer an solchen Gegenständen.

**Gebäudeglas:** In diese Kategorie gehören die Fensterscheiben, der Wintergarten, Lichtkuppeln, Lavabos und WC-Schüsseln. Diese Deckung brauchen in der Regel nur Wohnungs- und Hausbesitzer (siehe dazu auch den Kasten auf Seite 224). Was Wohnungs- und Hauseigentümer zum Thema Glasversicherung auch noch wissen müssen, steht ebenfalls im Kasten auf Seite 224.

### Der Versicherungsschutz bei Erdbeben für Mieter

Im Kapitel 8 steht, wie sich Gebäudebesitzer gegen die Folgen von Erdbeben versichern können. Doch wie sieht es für Mieter aus, wenn es kräftig schüttelt und ihr Hausrat Schaden nimmt?

Bei der Generali ist der Hausrat automatisch auch gegen Erdbebenfolgen versichert. Allerdings ist der Selbstbehalt hoch: fix zehn Prozent der Versicherungssumme, ohne Mindestbetrag.

Bei etlichen anderen Gesellschaften ist der Einschluss von Erdbebenschäden in die normale Hausratversicherung gar nicht möglich.

Bei anderen Hausratversicherern wiederum ist eine Deckungserweiterung möglich – oft allerdings unter erschwerten Bedingungen und zu unattraktiven Konditionen. Und der Prämienaufschlag ist vergleichsweise hoch: rund 10 bis 30 Prozent. Wer das will, sollte sich nach den genauen Modalitäten erkundigen, insbesondere nach den Selbstbehalten, die teils exorbitant sind.

### So vergütet die Hausratversicherung Ihre Schäden

Im Grundsatz vergütet die Hausratversicherung die in Mitleidenschaft gezogenen oder gestohlenen Gegenstände zum sogenannten Wiederbeschaffungswert (oft Neuwert genannt).

Die Versicherten erhalten also diejenige Summe, die sie (zum Zeitpunkt des Schadeneintritts) ausgeben müssten, um einen gleichwertigen neuen Gegenstand zu erstehen.

Das gilt im Prinzip auch, wenn man den Gegenstand früher zum Beispiel an einer Börse als Occasion gekauft hat oder geschenkt erhielt.

Allerdings: Rein rechtlich betrachtet könnten sich die Versicherer bei einem Occasionskauf auf den Standpunkt stellen, eine Entschädigung zum Neupreis habe für den Kunden eine Überentschädigung zur Folge. Das tun aber nur wenige, die meisten vergüten auch in einem solchen Fall den Neuwert (immer unter der Voraussetzung, dass der Neuwert versichert ist und die gestohlene Sache nicht ausdrücklich zum Zeitwert gedeckt war, siehe Seite 238).

Das Prinzip der Neuwertentschädigung trifft auch zu, wenn man ein Handy zusammen mit einem Mobiltelefon-Abonnement gratis oder sehr günstig bekommen hat. (Beim Diebstahl des Handys zählt übrigens nicht nur das gestohlene Gerät zum Schaden, sondern auch die SIM-Karte sowie die Kosten, die zum Sperren entstanden sind.)

Die Neuwertregel der Hausratversicherung steht im Gegensatz zur Privathaftpflicht-Versicherung, die nur den geringeren Wert zum Zeitpunkt des Schadenereignisses, den sogenannten Zeitwert, ersetzt. Oder anders ausgedrückt: Die Privathaftpflicht-Police ersetzt

**TIPP**

#### Spezielle Skiversicherungen sind meist nicht nötig

Wer in einem Geschäft Wintersportartikel mietet oder kauft, kann in der Regel auch eine Versicherung abschliessen, die während der Mietdauer den Diebstahl sowie das Bruch- und Beschädigungsrisiko abdeckt. Diese Versicherung ist freiwillig und kostet meist 10 Prozent des Mietbetrags oder rund 100 Franken beim Kauf.

Klar ist: Wenn Sie kein Extremraser sind und das Leihmaterial so behandeln, wie das der Sportsfreund normalerweise tut, können Sie getrost auf diese Versicherung verzichten. Zudem gehören die Mietski dem Geschäft, also ist es nicht Aufgabe des Ausleihers, dessen Eigentum zu versichern.

Wer sich dennoch absichern will, muss Folgendes wissen:

- Um sich vor Haftpflichtansprüchen zu schützen, sollte man sich unbedingt den vollen, ganzjährigen Schutz der Privathaftpflicht-Versicherung zulegen (siehe Kapitel 6). Das gilt auch für junge Leute. Dann braucht es keine spezielle Ski- oder Snowboard-Haftpflicht-Versicherung.

  Bei einigen Gesellschaften (aber nicht bei allen) springt die Privathaftpflicht-Versicherung auch ein, wenn Sie gemietete Ski aus Unachtsamkeit stark beschädigen. Beachten Sie aber: Die normale Abnützung des Sportgeräts zahlen Sie mit der Miete.
- Das Bruchrisiko von Ski und Snowboards ist zwar in der Hausratpolice nicht versichert – aber es ist auch gering. Deshalb muss man es nicht versichern.

nur den Wiederbeschaffungswert abzüglich der Abnützung.

### Ersatz zum Neuwert: Das sind die Konsequenzen

Eine Konsequenz dieser Entschädigungspraxis in der Hausratversicherung ist übrigens: Wenn Sie von der Hausratversicherung einen Computer ersetzt erhalten, für den Sie vor einigen Jahren 3000 Franken bezahlt haben, so bekommen Sie vielleicht nur 2000 Franken, weil ein gleichwertiger neuer Computer heute für bedeutend weniger Geld erhältlich ist.

Liebhaberwerte vergütet die Hausratversicherung nicht, ersetzt wird jeweils nur der materielle Wert.

Wichtig ist in diesem Zusammenhang auch: Ist eine Reparatur möglich, zahlt die Versicherung die Reparaturkosten.

Beachten Sie aber, dass Sie bei Unterversicherung weniger erhalten (siehe Seite 243ff.), dass Sie oft einen obligatorischen Selbstbehalt übernehmen müssen (siehe Seite 243) und dass gewisse Gegenstände trotz Neuwertgrundsatz bei einigen Gesellschaften nur zum geringeren Zeitwert versichert sind (siehe Seite 238).

Neuerdings gibt es etwa bei der Axa Winterthur auch den Naturalersatz nach dem Motto «Ware statt Geld». Das ist dann interessant, wenn man beispielsweise ein gestohlenes Handy rasch über ein Internetportal bestellen kann, nachdem man von der Versicherung dafür ein Passwort sowie ein Einkaufsguthaben erhalten hat. Mobiltelefone gehören gemäss Axa Winterthur zu den am häufigsten gestohlenen Objekten.

### Trotz Rabatten: Achten Sie auf die Höhe der Grundprämie

Die Tarife in der Tabelle rechts sind insofern mit Vorsicht zu lesen, als noch Rabatte ins Spiel kommen können. Denn die Angaben in der Tabelle gelten für den erstmaligen Abschluss oder wenn Konsumentinnen und Konsumenten den Versicherer wechseln.

- Etliche Gesellschaften gewähren nach einigen Jahren sogenannte Schadenfreiheitsrabatte, also einen Prämiennachlass für Kundinnen und Kunden, die keine Schäden anmelden. Bei der CSS zum Beispiel erreichen Kundinnen und Kunden nach acht Jahren den maximalen Bonus von 40 Prozent.
- Zudem belohnen ein paar Anbieter diejenigen Kundinnen und Kunden mit Treuerabatten, die sich auf Verträge mit fester, langjähriger Laufzeit einlassen (wovon eher abzuraten ist).
- Einige Versicherer geben Kombirabatte, falls die versicherte Person auch die Privathaftpflicht-Police beim gleichen Anbieter hat. Dieses Paket heisst dann oft «Haushaltversicherung».

Dennoch: All diese und auch weitere Rabatte dürfen niemals der alleinige Grund sein, sich für eine bestimmte Gesellschaft zu entscheiden. Das generelle Prämienniveau und der Leistungsumfang sind für den Wahlentscheid viel wichtiger.

Übrigens: Es gibt neuerdings Versicherungsgesellschaften (zum Beispiel die Zürich Versicherung), die die Prämien auch in der Hausratversicherung nach Kantonen oder Regionen abstufen. Allerdings gibt die Zürich nicht bekannt, in welchen Regionen sie höhere beziehungsweise tiefere Prämien verlangt.

## Prämienvergleich: So viel kostet die Hausratversicherung

**Single-Haushalt (1)**
24-jährige Mieterin, erste eigene Wohnung, VS 50 000.–, 2½-Zimmer-Wohnung (50 m²), 1 Paar Ski, 1 Velo. Ohne Glasbruch. Wohnort Bern.

| Single-Haushalt (1) | |
|---|---|
| Helvetia | 160.10 |
| Zürich | 171.20 |
| Generali | 176.– |
| Smile direct | 184.50 |
| Visana[1] | 189.– |
| Mobiliar | 189.70 |
| Vaudoise[2] | 195.90 |
| Nationale[3] | 199.20 |
| Basler | 203.90 |
| Axa Winterthur[4] | 217.40 |
| Allianz | 218.10 |
| CSS[1] | 244.– |
| Sympany[1] | 244.20 |
| **Online-Angebote[5]** | |
| www.generali.ch[6] | 143.90 |
| www.smile-direct.ch[7] | 166.– |
| www.allianz24.ch | 171.90 |
| www.zurichconnect.ch | 187.50 |

**2-Personen-Haushalt (2)**
Mann 40-jährig, Frau 35-jährig, Mieter, VS 120 000.–, 4½-Zimmer-Wohnung (110m²), 2 Paar Ski, 1 Snowboard, 1 Gleitschirm, 2 Velos. Schadenfrei seit 5 Jahren. Ohne Glasbruch. Wohnort Luzern.

| 2-Personen-Haushalt (2) | |
|---|---|
| Helvetia | 278.40 |
| Generali | 299.– |
| Vaudoise[2] | 303.50 |
| CSS[1] | 317.70 |
| Smile direct | 319.20 |
| Sympany[1] | 331.80 |
| Mobiliar | 343.10 |
| Basler | 352.40 |
| Zürich | 356.30 |
| Nationale[3] | 364.60 |
| Visana[1] | 365.40 |
| Allianz | 365.50 |
| Axa Winterthur[4] | 383.40 |
| **Online-Angebote[5]** | |
| www.generali.ch[6] | 251.80 |
| www.smile-direct.ch[7] | 287.30 |
| www.allianz24.ch | 289.70 |
| www.zurichconnect.ch | 310.20 |

**4-Personen-Haushalt (3)**
Mann 45-jährig, Frau 40-jährig, Kinder 5- und 10-jährig, Eigentümer, VS 190 000.–, Doppel-Einfamilienhaus (170 m²), 4 Paar Ski, 2 Snowboards, 5 Velos. 1 E-Bike (unter 25 km/h). Schadenfrei seit 5 Jahren. Mit Glasbruch (mindestens 2000.–). Mit Wintergarten. Wohnort Schwyz.

| 4-Personen-Haushalt (3) | |
|---|---|
| Helvetia | 438.60 |
| Sympany[1] | 439.70 |
| Vaudoise[2] | 458.10 |
| Generali | 476.10 |
| Zürich | 486.30 |
| Nationale[3] | 519.30 |
| Mobiliar | 542.50 |
| Allianz | 542.60 |
| Smile direct | 545.60 |
| Basler | 548.10 |
| CSS[1] | 579.40 |
| Axa Winterthur[4] | 587.20 |
| Visana[1] | 604.80 |
| **Online-Angebote[5]** | |
| www.generali.ch[6] | 383.90 |
| www.zurichconnect.ch | 446.60 |
| www.allianz24.ch | 448.50 |
| www.smile-direct.ch[7] | 491.– |

VS = Versicherungssumme.
Standard-Grunddeckung für Feuer-/Elementarschäden, Wasserschäden, Einbruchdiebstahl und «einfachen Diebstahl zu Hause». Inklusive 2000 Franken für «einfachen Diebstahl auswärts». Mit Zusatzdeckung Sportgeräte zum Neuwert. Selbstbehalt generell 200 Franken (teils mit Abweichungen). Ohne Privathaftpflicht. Jahresprämien in Franken (inkl. 5 % Stempelabgabe) für eine einjährige Laufzeit. Neuabschluss, ohne Rabatte.
1 Rabatt für CSS-, Visana- und Sympany-Krankenversicherte ist nicht berücksichtigt 2 Diebstahl auswärts in der Grunddeckung inbegriffen 3 Sportgeräte mit Ersatzteildeckung 2000.– 4 Produkt Box Optima 5 Siehe Ausführungen im Kasten auf Seite 20 6 Produkt Casa compact 7 10 % Onlinerabatt, kein eigenständiges Internetprodukt

QUELLE: VZ VERMÖGENSZENTRUM, STAND ANFANG 2012

7 Hausratversicherung

### Einschränkungen und Limiten bei der Entschädigung

In vielen Bereichen ist die Entschädigung der Standarddeckung eingeschränkt – auch wenn die eigentliche Versicherungssumme gemäss Police noch so hoch ist:

- Die Beschränkungen bei Bargeld und Schmuck sind im Kasten auf Seite 227 sowie auf Seite 229f. erläutert.
- Hausratgegenstände, die sich ausserhalb der eigenen Wohnung befinden, sind bei etlichen Versicherungsgesellschaften nur beschränkt versichert. Die Obergrenze liegt meistens bei 10 000 oder 20 000 Franken.
- Ebenso weit unter der vereinbarten Versicherungssumme liegt oft die Entschädigung für persönliche Effekten von Gästen, die bei Ihnen zu Besuch weilen, sowie für anvertraute Sachen, für fremde Besitztümer also, die der Versicherungsnehmer zu sich in Obhut (zur Verwahrung) genommen hat.

Meist liegt diese Entschädigungsgrenze zwischen 2000 und 5000 Franken.

Bei fremdem Eigentum, das man zum Gebrauch ausgeliehen hat, zahlt grundsätzlich die Privathaftpflicht-Versicherung, sofern man für den Schaden überhaupt verantwortlich ist.

**Tipp:** Achten Sie darauf, ob bei den Gästeeffekten und anvertrauten Sachen Geldwerte mitversichert sind oder nicht. Meist ist das nicht der Fall.

Beachten Sie auch: Bei den anvertrauten Sachen sind oft nur «dem privaten Gebrauch dienen-

## Erweiterte Deckung, Hausrat-Kasko und All-Risk-Police

Die Prämien in der Tabelle auf der vorhergehenden Seite zeigen die Ansätze für eine Standard- bzw. Basisdeckung. In der Regel genügt dieser Versicherungsschutz.

Es ist aber in diesem Kapitel mehrfach angesprochen: Gewisse Entschädigungslimiten kann man individuell erhöhen. Das gilt etwa beim Schmuck, bei Geldwerten oder beim «Hausrat auswärts». Zudem kann man zum Beispiel die Deckung auf Vandalismus erweitern oder Seng- und Stromwirkungsschäden mitversichern.

Für Leute mit speziellen Bedürfnissen gibt es bei einigen Gesellschaften auch Hausrat-Kaskopolicen.

Bei der Allianz zum Beispiel sind dann sämtliche Sport- und/oder Elektrogeräte, die zum Hausrat gehören, pauschal gegen Beschädigung und Zerstörung durch eine äussere Einwirkung und Herunterfallen versichert. Für eine Versicherungssumme von 1000 Franken kostet das bei der Allianz Fr. 31.50 pro Jahr, die Deckung und der Preis sind also abhängig von der gewählten Versicherungssumme (Erstrisikodeckung).

Noch weiter gehen sogenannte All-Risk-Deckungen, die es bei einigen wenigen Anbietern gibt. Hier sind zum Beispiel auch das Verlieren, Verlegen oder Abhandenkommen von Schmuck, Uhren, Pelzen, Musikinstrumenten und Hörgeräten versichert.

So ist zum Beispiel auch eine teure Vase versichert, die zu Boden fällt, oder der Laptop, wenn der Besitzer aus Unachtsamkeit eine Flüssigkeit darüber ausschüttet.

Die Allianz nennt das «den kompromisslosen Schutz ohne Wenn und Aber», bietet ihn aber nur Kunden an, bei denen die Hausrat-Versicherungssumme über 200 000 Franken liegt.

FRAGE

## Ist das Mofa versichert? Und was ist mit E-Bikes?

**Unser Sohn hat sich zum 14. Geburtstag ein Ciao-Mofa gekauft. Zwei Jahre später hätte er es für 970 Franken verkaufen können – doch kurz vor der Übergabe wurde das Mofa aus der Autoeinstellhalle geklaut. Muss meine Hausratversicherung diesen Schaden übernehmen?**

**Nein.** Bei den meisten Versicherern sind Motorfahrräder gemäss den Versicherungsbedingungen explizit ausgeschlossen.

Nur bei einigen wenigen Gesellschaften (zum Beispiel Generali und Smile direct) sind Mofas im Grundsatz versichert – allerdings nur zum schlechteren Zeitwert. Oder sie sind – wie etwa bei der Visana – nur gegen Brand- und Elementarschäden versichert, jedoch nicht gegen Diebstahl.

**Tipp:** Bei einigen Gesellschaften – aber nicht bei allen – kann man Mofas gegen eine zusätzliche Jahresprämie von bis zu 100 Franken auch gegen Diebstahl zum Neuwert versichern. Erkundigen Sie sich.

**Elektrovelos.** Bei E-Bikes ist zu unterscheiden:

- Schwächere Elektrovelos mit Tretunterstützung bis zu 25 km/h und mit einer Höchstleistung des Motors von maximal 0,25 Kilowatt sind in der Regel in der Hausratversicherung den Velos gleichgestellt und damit mitversichert.
- Stärkere E-Bikes, die mehr als die genannten Leistungswerte bieten, gelten gemäss Gesetz als Motorfahrräder – und sind dann entsprechend den obigen Ausführungen zu den Mofas in der Regel nicht oder nur gegen Mehrprämie versichert.

**Tipp:** Erkundigen Sie sich und lassen Sie sich Zusicherungen schriftlich geben, weil Elektrovelos relativ neu auf dem Markt sind und in den Versicherungsbedingungen noch nicht ausdrücklich erwähnt sind.

Beachten Sie auch: Alle diese Angaben betreffen die Grunddeckung der Hausratversicherung, also den Hausrat zu Hause bzw. in der Garage.

Für Hausrat, der sich auswärts befindet, muss man die Zusatzdeckung «einfacher Diebstahl auswärts» abschliessen. Auch dann sind schwächere Elektrovelos in der Regel mitversichert, bei stärkeren E-Bikes ist hingegen zu unterscheiden: Entweder sind sie automatisch mitversichert, oder es braucht dafür eine spezielle Zusatzdeckung.



de» Sachen versichert. Der Laptop (und andere Sachen des Arbeitgebers) ist dann nicht gedeckt. Das ist weiter nicht verwunderlich, denn solche Sachen gehören dem Arbeitgeber, also ist ein allfälliger Diebstahl dessen Problem.

### Teures Fleisch im Tiefkühler? Das können Sie versichern

- Wer im Tiefkühler wertvollen Inhalt hat und diesen versichern will, sollte sich beim Abschluss erkundigen. Bei einigen Versicherern ist diese Zusatzdeckung inbegriffen (oft mit Begrenzung auf 1000 bis 5000 Franken), bei anderen Anbietern muss man sie gegen Mehrprämie dazukaufen.

Bedenken Sie aber: Wenn nach einem Sturm der Strom ausfällt und dadurch Tiefgekühltes Schaden erleidet, so ist dieses Malheur auf ein Elementarereignis zurückzuführen und damit in jedem Fall in der Basisversicherung gedeckt.

Fällt der Tiefkühler hingegen wegen Altersschwäche aus oder der Stromausfall ist nicht auf ein Elementarereignis zurückzuführen, sondern beispielsweise auf eine Panne des Stromlieferanten (bei denen die Elektrizitätswerke oft eine Haftung ablehnen), so ist der Inhalt nur versichert, wenn das in der Police so vorgesehen ist.

### Beschränkungen kann man gegen Mehrprämie umgehen

Bei allen erwähnten Beschränkungen gilt: Sie sind nicht in Stein gemeisselt; vielmehr können Sie sich bei den meisten Gesellschaften gegen Mehrprämie freiwillig besser versichern.

Das bedeutet aber auch, dass bestehende ältere Versicherungsverträge abweichende Limiten haben können. Prüfen Sie Ihre Police und die gültigen allgemeinen Versicherungsbedingungen.

Für Leute mit hohem Versicherungsbedürfnis gibt es übrigens sogenannte All-Risk- oder Hausrat-Kaskopolicen. Sie sind viel teurer, dafür ist dann zum Beispiel auch das Verlieren oder Abhandenkommen von Gegenständen versichert (siehe dazu den Kasten auf Seite 236).

### Für Sportgeräte wird oft nur der Zeitwert bezahlt

Wie schon gesagt: Im Grundsatz vergütet die Hausratversicherung beschädigte oder gestohlene Sachen zum Neuwert beziehungsweise zum Wiederbeschaffungswert eines gleichwertigen neuen Gegenstandes. Das ist aber nicht in jedem Fall so. Gewisse Gegenstände ersetzen einige Anbeiter in der Hausratversicherung gemäss den Versicherungsbedingungen dennoch nur zum (geringeren) aktuellen Zeitwert. Sie machen also einen Abzug für die Amortisation.

Das ist insbesondere bei nicht mehr gebrauchten Sachen der Fall sowie bei bestimmten Sportgeräten wie Velos, Ski und Snowboards.

Wer will, kann seine Sportgeräte bei diesen Versicherungsgesellschaften gegen eine Mehrprämie zum Neuwert versichern. Das kann sich durchaus lohnen, weil die Versicherungen bei Ski, Velos und Snowboards mit einer jährlichen Wertminderung von mindestens 10 Prozent rechnen.

Bei den Prämienangaben auf Seite 235 ist diese Neuwertdeckung für Sportgeräte inbegriffen.

## Der Zusatzbaustein «einfacher Diebstahl auswärts»

Es gibt Gefahren, die im Basispaket in der Regel nicht enthalten sind, insbesondere der sogenannte «einfache Diebstahl auswärts» (ausserhalb der Wohnung) ohne Gewaltanwendung (Definition auf Seite 228).

Wer diesen Baustein will, muss ihn separat versichern; was eine solche «Aussenversicherung» zusätzlich kostet, steht in der Tabelle rechts. Allerdings: Wer keine wertvollen Dinge ausserhalb der

Fortsetzung auf Seite 240

## Zusatzdeckung «einfacher Diebstahl auswärts» (2000 Franken)

| Gesellschaft | Jahresprämie | Inklusive Verlust und Beschädigung von Reisegepäck | Selbstbehalt (SB) |
|---|---|---|---|
| Allianz | Haushalt 1: 20.20<br>Haushalt 2: 21.40<br>Haushalt 3: 21.30 | Haushalt 1: 40.20<br>Haushalt 2: 41.40<br>Haushalt 3: 41.30 | 200.– |
| Axa Winterthur[1] | 58.80 | 98.70 | 200.– |
| Basler | Haushalt 1: 56.10<br>Haushalt 2: 85.10<br>Haushalt 3: 115.90 | Haushalt 1: 56.10<br>Haushalt 2: 85.10<br>Haushalt 3: 115.90 | 200.– |
| CSS[2] | 70.– | Kein Angebot | 200.– |
| Generali | 55.40 | 86.80 | 200.– (nur bei Diebstahl) |
| Helvetia | 76.80 | 129.30[3] | 200.– |
| Mobiliar | Haushalt 1: 75.90<br>Haushalt 2: 78.20<br>Haushalt 3: 74.30 | Haushalt 1: 89.30<br>Haushalt 2: 92.–<br>Haushalt 3: 87.40 | 200.– |
| Nationale | 84.– | 52.50 | 200.– |
| Smile direct | 63.– | Kein Angebot | 200.– |
| Sympany[2] | 30.50 | 53.– | 200.– |
| Vaudoise | 55.20 | 83.40[3] | 200.– |
| Visana[2] | 63.– | 63.– | 200.– |
| Zürich | Haushalt 1: 69.10<br>Haushalt 2: 86.40<br>Haushalt 3: 86.40 | Haushalt 1: 108.–<br>Haushalt 2: 135.–<br>Haushalt 3: 135.– | Schäden bis 2000.–: SB 200.–<br>Schäden über 2000.–: kein SB |
| **Online-Angebote** | | | |
| www.allianz 24.ch | Haushalt 1: 37.80<br>Haushalt 2: 24.50<br>Haushalt 3: 25.20 | Haushalt 1: 52.20<br>Haushalt 2: 40.–<br>Haushalt 3: 41.20 | 200.– |
| www.generali.ch | 41.80 | 74.30 | 200.– |
| www.smile-wdirect.ch | 56.70 | Kein Angebot | 200.– |
| www.zurichconnect.ch | Haushalt 1: 58.–<br>Haushalt 2: 58.–<br>Haushalt 3: 50.80 | Haushalt 1: 96.60<br>Haushalt 2: 96.60<br>Haushalt 3: 92.– | 200.– |

Die Tabelle zeigt Jahresprämien in Franken (inkl. 5 % Stempelabgabe). Die Haushalttypen sind gleich wie in der Tabelle auf Seite 235.

1 Produkt Box Optima 2 Rabatt für CSS-, Visana- und Sympany-Krankenversicherte ist nicht berücksichtigt
3 Deckung nur möglich im Rahmen einer erweiterten Basisversicherung (Hausrat-Kasko), die zum Beispiel auch die Beschädigung von Hausratgegenständen umfasst (siehe Kasten auf Seite 236)

QUELLE: VZ VERMÖGENSZENTRUM, STAND ANFANG 2012

7 Hausratversicherung

Fortsetzung von Seite 238

Wohnung mitführt oder gut auf seine Siebensachen aufpassen will, kann auf diese vergleichsweise teure Zusatzdeckung verzichten.

Beachten Sie: In der Prämientabelle auf Seite 235 sind 2000 Franken für den «einfachen Diebstahl auswärts» bereits inbegriffen.

### «Aussenversicherung» mit Erstrisikodeckung

Wer den Zusatzbaustein «einfacher Diebstahl auswärts» will, muss entscheiden, bis zu welcher maximalen Summe mitgeführte Sachen gegen «einfachen Diebstahl auswärts» versichert sein sollen (sogenannte Erstrisikodeckung, siehe Kasten auf Seite 229).

Mehr als 10 000 Franken versichert kaum eine Gesellschaft (die Prämien steigen linear mit zunehmender Versicherungssumme).

Die maximale Entschädigung ist dann begrenzt auf diese speziell vereinbarte Versicherungssumme – auch wenn Ihnen ein teurerer Gegenstand gestohlen wurde (wobei Sie aber in fast jedem Fall bei einem Schaden einen Selbstbehalt von 200 Franken übernehmen müssen, siehe Tabelle auf der vorhergehenden Seite).

Wie viel eine versicherte Summe von 2000 Franken kostet, sehen Sie in der gleichen Tabelle.

Dieser Zusatzbaustein ist relativ teuer – unter anderem auch deshalb, weil nicht nur Fahrräder und Ski unter diese Rubrik fallen, sondern auch die bei Dieben sehr beliebten Mobiltelefone. Denn auch der Handyklau aus dem Auto gilt als «einfacher Diebstahl auswärts» (siehe auch Ausführungen auf Seite 228).

**Tipp für Sportmuffel:** Bei einigen Gesellschaften können Sie beim Zusatzbaustein «einfacher Diebstahl auswärts» Velos und/ oder Ski bzw. Snowboards von der Deckung ausschliessen. Das senkt die Prämie.

**Tipp für Velofahrer:** Achten Sie darauf, ob Ihr Fahrrad zum besseren Neuwert oder nur zum Zeitwert versichert ist.

Fragen Sie allenfalls Ihre Versicherung, ob Sie Fahrräder auch im Zusatzbaustein «einfacher Diebstahl auswärts» gegen Mehrprämie besser (zum Neuwert) versichern können, als es die Standarddeckung Ihrer Police anbietet.

Die Ausführungen auf der Seite 238 gelten nämlich auch für den Zusatzbaustein «einfacher Diebstahl auswärts».

### Es lohnt sich, gut auf das Velo aufzupassen

Und vergessen Sie nicht: Falls Ihr (teures) Velo mehrmals gestohlen wird, kann die Versicherung den Vertrag kündigen und Ihnen einen neuen Vertrag mit schlechteren Bedingungen anbieten, der zum Beispiel einen höheren Selbstbehalt enthält oder Fahrräder von der Deckung ganz ausschliesst. Es lohnt sich also, seinen Drahtesel

Fortsetzung auf Seite 242

CHECKLISTE

## Der richtige Umgang mit der Hausratversicherung

- Überlegen Sie vor dem Abschluss, welche Deckungen für Sie wichtig sind und welche nicht. Wer beispielsweise nichts Wertvolles ausser Haus mitnimmt oder keine sehr teuren Glasmöbel hat, kann sich mit dem Standardprodukt zufriedengeben und sich beispielsweise die Prämie für Glasbruch sparen.
- Denken Sie daran, dass sich die Hausratversicherung modulartig und massgeschneidert zusammensetzen lässt.
- Falls Sie Sonderwünsche haben, können viele Gesellschaften darauf eingehen. Das kann beispielsweise der Fall sein, wenn Sie mit wertvollem Gepäck reisen. Oder wenn Sie ein teures Velo unbedingt zum Neuwert versichern wollen. Oder wenn Sie zu Hause viele Wertsachen aufbewahren (siehe auch Seite 248f.). Sie können oftmals auch die im Standardprodukt vorgesehenen Leistungsbegrenzungen (zum Beispiel für Geldwerte oder Hausrat auswärts) gegen Aufpreis erhöhen.
- Mieter müssen die Sachen des Vermieters (etwa Fensterglas oder Lavabo) nicht versichern.
- Sie sind nicht verpflichtet, die Privathaftpflicht- und die Hausratversicherung bei der gleichen Gesellschaft zu haben. Mit getrenntem Vorgehen können Sie in beiden Bereichen jeweils das beste Angebot suchen.
- Holen Sie mehrere Offerten ein. Fragen Sie vor dem Abschluss auch Freunde und Bekannte nach ihren Erfahrungen mit den Gesellschaften, die für Sie in Frage kommen.
- Lassen Sie sich nicht von kleinen Besonderheiten blenden, welche die Gesellschaften gross herausstreichen. Sie sind oft billige Verkaufstricks.
- Verzichten Sie auf höhere Selbstbehalte. Sie lohnen sich in der Hausratversicherung nicht.
- Fragen Sie nach Prämiensparmöglichkeiten – zum Beispiel nach einer Ermässigung, wenn Velos oder Ski oder Geldwerte nicht versichert sein sollen. Oder fragen Sie nach einem Rabatt beim Diebstahlrisiko für den Fall, dass Sie eine taugliche Alarmanlage einbauen lassen oder weitere Einbruchschutzmassnahmen treffen.
- Achten Sie bei der Auswahl der Gesellschaft nicht nur auf den Preis, sondern auch auf den Leistungsumfang. Lesen Sie die Vertragsbedingungen vor allem im Hinblick auf Deckungseinschränkungen.
- Bestehen Sie auf Kurzfristverträgen, die sich nach einem Jahr automatisch verlängern. So bleiben Sie flexibel. Langfristig fahren Sie am besten, wenn Sie das für Sie massgeschneiderte Angebot mit jährlich kündbarem Vertrag wählen.
- Punkto Kündigungsmöglichkeiten gilt das Gleiche wie beispielsweise bei der Autoversicherung (siehe Details auf den Seiten 30ff. und 325ff.).
- Überprüfen Sie alle fünf Jahre oder nach grösseren Neuanschaffungen, ob die vereinbarte Versicherungssumme immer noch möglichst dem effektiven Neuwert Ihres Hausrats entspricht.
- Im Grundsatz umfasst die Hausratpolice das Eigentum sämtlicher Familienmitglieder. Probleme könnte es aber dort geben, wo noch familienfremde Personen im gleichen Haushalt wohnen. Erkundigen Sie sich nach der Praxis Ihrer Versicherungsgesellschaft.
- Auch Konkubinatspaare sollten sicherstellen, dass sie wie eine Familie behandelt werden (bei einigen Gesellschaften müssen beide Partner in der Mehrpersonen-Haushaltpolice namentlich erwähnt sein).
- Lesen Sie in den Vertragsbedingungen, welche Vorsichtsmassnahmen die Gesellschaft von Ihnen verlangt, damit sie im Schadenfall zahlt.
- Melden Sie Schäden auch dann, wenn Sie das betreffende Schadenereignis in den Versicherungsbedingungen nicht finden. Vielleicht hat die Gesellschaft in der Zwischenzeit ihre Praxis geändert.

Fortsetzung von Seite 240

gut zu hüten (siehe auch Ausführungen im Kasten auf Seite 231).

## So ist Gepäck auch gegen Beschädigung und Verlust versichert

Gegen Feuer- und Elementarschäden, Einbruchdiebstahl, Wasser und Beraubung (mit Gewalt) ist Reisegepäck in der Basisversicherung versichert – und zwar bis zur Höhe von maximal 10 000 oder 20 000 Franken (je nach Gesellschaft).

Falls Sie zusätzlich den Baustein «einfacher Diebstahl auswärts» haben, ist Ihr Gepäck beispielsweise auch gegen Trickdiebstahl versichert (siehe Seite 228).

Sie können Ihr Reisegepäck noch besser versichern: Als Erweiterung zum «einfachen Diebstahl auswärts» bieten viele Gesellschaften eine verbesserte Deckung von Reisegepäck an. Wie hoch die Prämie inklusive dieser Deckung ist, ersehen Sie aus der Tabelle auf Seite 239.

Mit dieser Erweiterung sind Koffer und beispielsweise die Videokamera nicht nur gegen Diebstahl, sondern auch gegen Beschädigung von aussen versichert – und auch dann, wenn das Reisegepäck während oder am Ende der Reise nicht mehr auffindbar ist.

### Das Reisegepäck versichern: Darauf müssen Sie achten

Aber: Falls Sie mit teurem Gepäck reisen, sollten Sie sich vor dem Abschluss nach den genauen Modalitäten der jeweiligen Gesellschaft erkundigen. Es gibt nämlich etliche Einschränkungen:

- Wann beginnt der Schutz? Eventuell ist Reisegepäck erst versichert, wenn die Reise mindestens eine Übernachtung umfasst oder man mindestens 30 Kilometer vom Wohnort entfernt ist. In der Regel ist es aber versichert, sobald man aus dem Haus ist.
- Welche Sachen sind nicht versichert? Häufig ausgeschlossen sind etwa Handys, Laptops, Musikinstrumente und Kunstgegenstände.
- Was bedeutet «Beschädigung»? In der Regel sind Beschädigungen durch Temperatur- und Witterungseinflüsse nicht versichert.

Lesen Sie also die Bedingungen genau durch.

Auf keinen Fall ist Ihr Reisegepäck versichert, wenn Sie es selber verlieren, verlegen oder vergessen – ausser Sie haben eine sogenannte All-Risk-Deckung (oft auch Hausrat-Kasko genannt, siehe Kasten auf Seite 236).

**Tipp:** Die Reisegepäck-Versicherung ist im Rahmen der Hausratversicherung günstiger als die speziellen Reisegepäck-Versicherungen, die Sie zum Beispiel im Reisebüro beschränkt für die Ferienzeit abschliessen können. Zudem hat man mit der Hausratversicherung einen Ganzjahresschutz für das Reisegepäck, und so ist auch der Wochenendtrip ins Tessin versichert (siehe auch Seite 309 ff.).

Dazu kommt, dass die speziellen Reisegepäck-Versicherungen vom Reisebüro juristisch als Transportversicherung gelten. Die weitreichende Folge: Die Gesellschaften dürfen schon bei leichter Fahrlässigkeit die Leistung kürzen, falls diese Kürzungsmöglichkeit in den Bedingungen erwähnt ist (siehe auch Seite 310 f.). Bei den übrigen Versicherungen hingegen sind Kürzungen bei leichter Fahrlässigkeit nicht erlaubt.

### Hausratversicherung: Höhere Selbstbehalte lohnen sich nicht

Die allermeisten Gesellschaften verlangen vom Kunden, dass er sich in vielen Fällen mit einem Selbstbehalt von mindestens 200 Franken an den entstandenen Kosten mitbeteiligt. Die Entschädigung an den Kunden verringert sich also um diesen Betrag. Das heisst auch: Für Bagatellschäden unter 200 Franken gibt es keine Entschädigung. In der Regel ist es auch nicht möglich, diesen obligatorischen Selbstbehalt mittels Mehrprämie wegzubedingen.

Allerdings müssen Sie beachten, dass dieser minimale Selbstbehalt nicht bei allen Schadenarten automatisch zur Anwendung kommt und somit nicht in jedem Fall obligatorisch ist.

Bei Elementarschäden (aber nicht bei Feuerschäden) gilt übrigens ein vom Bund vorgeschriebener Selbstbehalt von zurzeit 500 Franken (Stand 2012).

Während also der Selbstbehalt bei Elementarschäden wegen einer Gesetzesvorschrift abgezogen wird, gibt es etliche Gesellschaften, die bei genau definierten Schadenarten keinen Selbstbehalt verlangen.

Umgekehrt könnten Versicherungsnehmer, die mehr Risiko selber tragen wollen, den Selbstbehalt erhöhen (beispielsweise auf 1000 Franken); die Gesellschaften belohnen dieses Verhalten allerdings mit einer geringen Prämienreduktion. Es lohnt sich also nicht.

## Am falschen Ort gespart: Viele Haushalte sind unterversichert

Neben vielen anderen Details ist bei der Hausratversicherung die Versicherungssumme wichtig.

Wer den Neuwert seines Hausrates unterschätzt und ihn nicht gemäss dem effektiven Neuanschaffungspreis versichert, ist unterversichert – und das kann im Schadenfall zu einer unangenehmen Leistungskürzung führen. Und zwar auch bei einem Teilschaden.

Ein Beispiel: Der Hausrat ist 100 000 Franken wert, doch die Versicherungssumme beträgt nur 80 000 Franken (= 80 %). Bei einem Totalverlust erhält der Versicherungsnehmer nur 80 000 Franken.

Beim Teilschaden gilt dann analog: Beträgt die Schadensumme 25 000 Franken, werden nach einem Schaden anteilsmässig auch nur 80 Prozent ersetzt, im konkre-

Fortsetzung auf Seite 245

## Wie hoch ist der Wert Ihres Hausrates?

Anhand dieser Tabelle können Sie die Versicherungssumme für die Hausratversicherung grob abschätzen oder nach dem Abschluss periodisch überprüfen. Die Summe ist abhängig vom Standard Ihrer Einrichtung und von der Anzahl Personen und Zimmer. Hinzuzählen müssen Sie allfällige besondere Gegenstände.

E: Einfacher Einrichtungsstandard **M: Mittlerer Einrichtungsstandard**
G: Gehobener Einrichtungsstandard

| | | **Anzahl bewohnte Räume** | | | | | | | | | | | |
|---|---|---|---|---|---|---|---|---|---|---|---|---|---|
| **Personen*** | | **1** | **1½** | **2** | **2½** | **3** | **3½** | **4** | **4½** | **5** | **5½** | **6** | **6½** |
| | E | 28 | 29 | 33 | 35 | 44 | 46 | 56 | 58 | 67 | 69 | 78 | 80 |
| **1** | M | **38** | **40** | **54** | **58** | **72** | **75** | **89** | **93** | **107** | **110** | **124** | **127** |
| | G | 49 | 52 | 72 | 76 | 95 | 99 | 117 | 121 | 140 | 144 | 162 | 166 |
| | E | 31 | 32 | 38 | 40 | 49 | 51 | 61 | 63 | 72 | 74 | 83 | 85 |
| **1½** | M | **44** | **46** | **63** | **66** | **80** | **83** | **98** | **101** | **115** | **118** | **133** | **136** |
| | G | 61 | 64 | 83 | 87 | 106 | 110 | 128 | 133 | 151 | 155 | 174 | 178 |
| | E | 36 | 38 | 44 | 46 | 56 | 58 | 67 | 69 | 78 | 80 | 89 | 91 |
| **2** | M | **51** | **54** | **71** | **74** | **88** | **91** | **106** | **109** | **123** | **126** | **141** | **144** |
| | G | 72 | 75 | 95 | 99 | 117 | 121 | 140 | 144 | 162 | 166 | 185 | 189 |
| | E | | 43 | 49 | 51 | 61 | 63 | 72 | 74 | 83 | 85 | 95 | 97 |
| **2½** | M | | **62** | **78** | **81** | **96** | **99** | **113** | **116** | **131** | **134** | **148** | **151** |
| | G | | 86 | 106 | 110 | 128 | 133 | 151 | 155 | 174 | 178 | 196 | 200 |
| | E | | | 56 | 58 | 67 | 69 | 78 | 80 | 89 | 91 | 101 | 103 |
| **3** | M | | | **87** | **90** | **105** | **108** | **122** | **125** | **140** | **143** | **157** | **160** |
| | G | | | 117 | 121 | 140 | 144 | 162 | 166 | 185 | 189 | 208 | 212 |
| | E | | | | 63 | 72 | 74 | 83 | 85 | 95 | 97 | 106 | 108 |
| **3½** | M | | | | **98** | **112** | **115** | **129** | **133** | **147** | **150** | **164** | **167** |
| | G | | | | 133 | 151 | 155 | 174 | 178 | 196 | 200 | 219 | 223 |
| | E | | | | | 78 | 80 | 89 | 91 | 101 | 102 | 112 | 114 |
| **4** | M | | | | | **121** | **124** | **139** | **142** | **156** | **159** | **174** | **177** |
| | G | | | | | 162 | 166 | 185 | 189 | 208 | 212 | 230 | 234 |
| | E | | | | | | 85 | 95 | 97 | 106 | 108 | 117 | 119 |
| **4½** | M | | | | | | **132** | **146** | **149** | **163** | **166** | **181** | **184** |
| | G | | | | | | 178 | 196 | 200 | 219 | 223 | 241 | 246 |
| | E | | | | | | | 101 | 103 | 112 | 114 | 123 | 125 |
| **5** | M | | | | | | | **155** | **158** | **173** | **176** | **190** | **194** |
| | G | | | | | | | 208 | 212 | 230 | 234 | 253 | 257 |
| | E | | | | | | | | 108 | 117 | 119 | 128 | 131 |
| **5½** | M | | | | | | | | **165** | **180** | **183** | **197** | **200** |
| | G | | | | | | | | 223 | 241 | 246 | 264 | 268 |
| | E | | | | | | | | | 123 | 125 | 135 | 137 |
| **6** | M | | | | | | | | | **189** | **192** | **207** | **210** |
| | G | | | | | | | | | 253 | 257 | 275 | 279 |
| | E | | | | | | | | | | 131 | 140 | 142 |
| **6½** | M | | | | | | | | | | **199** | **214** | **217** |
| | G | | | | | | | | | | 268 | 287 | 291 |

* Kinder unter 14 Jahren = ½ Person Beträge in tausend Franken.

QUELLE: MOBILIAR, STAND 2012

Fortsetzung von Seite 243

ten Beispiel also nur 20 000 Franken.

### Entscheidend ist der Neuwert des gesamten Hausrats

Eine korrekte Versicherungssumme muss also dem effektiven Neuwert des gesamten Hausrates entsprechen:

- Der Neuwert ist diejenige Summe, die man heute ausgeben müsste, um einen gleichwertigen Ersatz für die gestohlenen oder in Mitleidenschaft gezogenen Gegenstände zu beschaffen. Die Altersentwertung von älteren Sachen spielt hier also keine Rolle. Verbrennt ein altes Sofa, zahlt die Versicherung ein neues in der gleichen Qualität zum heutigen Preis.

  Aber sie erwartet im Gegenzug, dass der Hausrat auch entsprechend dem Neuwert versichert wird. Das gilt auch, wenn man die Polstergruppe als Geschenk erhalten oder als Occasion gekauft hat.
- Die korrekte Versicherungssumme richtet sich im Prinzip nach

TIPP

## So ermitteln Sie die korrekte Versicherungssumme

- Nehmen Sie sich Zeit, um alle Gegenstände sorgfältig zu erfassen. Vergessen Sie Keller, Estrich, Balkon, Gartensitzplatz, Übungsraum, Bastelraum und Garage nicht. Auch Geschenke gehören zum Hausrat, ebenso Reservebrillen, Hörapparate, Haustiere (inkl. Terrarien usw.), geleaste und gemietete Gegenstände, Vereinstrachten oder -uniformen, Militärsachen, Campingausrüstung, Weinkeller sowie Musikinstrumente.
- Bewahren Sie alle Quittungen (ab 300 Franken) und allfällige Fotos feuersicher auf. So können Sie in einem Schadenfall Ihre Ansprüche leichter geltend machen.
- Falls Sie unsicher sind: Bitten Sie einen Versicherungsagenten, Ihnen zu helfen. Die Versicherungen haben in der Regel detaillierte Erfassungsblätter.

  Aber: Auch der Versicherungsberater sieht nicht alles. Machen Sie ihn auf besondere Werte aufmerksam. Die Verantwortung liegt bei Ihnen!
- Solche Erfassungsblätter können Sie auch selber bei der Versicherung verlangen oder im Internet herunterladen. Sie finden sie auf den Homepages von etlichen Versicherungsgesellschaften. Eine Tabelle mit Richtwerten finden Sie auf der Seite links. Anhand dieser Angaben können Sie grob abschätzen, ob Sie in etwa richtig liegen – abhängig von Zimmer- und Personenzahl sowie Einrichtungsstandard (einfach, mittel oder gehoben).
- Falls Ihr Haushalt noch in der Aufbauphase steckt, können Sie eine Reserve einbauen. Die Versicherungen empfehlen 10 Prozent der Versicherungssumme. Bei jungen Leuten kann es auch mehr sein.
- Bei einigen Versicherungsgesellschaften können Sie bestimmte Gegenstände vertraglich von der Deckung ausschliessen, falls deren Neuwert nicht bestimmt werden kann. Das ist etwa bei Sammlungen, Bildern und geerbten Gegenständen denkbar (siehe Kasten auf Seite 248).
- Viele Verträge enthalten die (an sich sinnvolle) automatische, teuerungsindexierte Summenanpassung (siehe Kasten auf der nächsten Seite). Lassen Sie sich davon aber nicht täuschen: Die Teuerung kann grössere Neuanschaffungen niemals auffangen.

dem gesamten Hausrat. Wer denkt: «Nach einem Schaden würde ich einen Drittel meines jetzigen Hausrates nicht mehr ersetzen, also kann ich die Versicherungssumme entsprechend tief ansetzen», ist im Irrtum.

Denn auch dies wäre aus der Sicht der Gesellschaft eine Unterversicherung (wobei man aber gewisse Gegenstände gezielt aus der Deckung ausschliessen kann, siehe Erläuterung im Kasten auf Seite 248).

### Abschied vom Ikea-Niveau: Wert des Hausrats nimmt zu

Unterversicherte Haushalte sind in der Schweiz nach Ansicht der Versicherungen relativ weit ver-

### Trotz Indexierung: Die Versicherungssumme kann auch sinken

Viele Hausratversicherte haben eine Police mit Indexierung (oft auch stillschweigende oder automatische Summenanpassung genannt). Das heisst: Die Versicherungssumme wird jedes Jahr dem Index angepasst.

Dieser Index kann steigen – aber er kann auch sinken.

Es kann also sein, dass jemand in einem Jahr eine Versicherungssumme von beispielsweise 30 000 Franken hat, dass aber diese Summe auf der nächsten Prämienrechnung nur noch 29 300 Franken beträgt.

Entscheidend ist hier, wie dieser Index definiert ist. Viele Gesellschaften wenden den sogenannten Hausratindex an – und der war auch schon rückläufig; im September 1999 lag er noch bei 217 Punkten, im September 2002 bei 211 Punkten und auf den September 2005 ist er auf 206 Punkte gesunken.

Im September 2007 lag er wieder bei 211 Punkten. Für 2008 lag er bei 214, 2009 bei 217 Punkten. Für die Jahre 2010 und 2011 sank er wiederum auf 216 Punkte.

Dieser Hausratindex wird vom Schweizerischen Versicherungsverband (SVV) gestützt auf die Zahlen des Bundesamts für Statistik berechnet und umfasst im Wesentlichen die Preise von:

- Bettwaren, Bett- und Haushaltwäsche, Teppichen, Vorhängen,
- Wohn- und Schlafzimmermöbeln,
- elektrischen Haushaltmaschinen und -apparaten, Geschirr und Besteck,
- Bekleidung,
- Radio- und Fernsehapparaten, Foto- und Filmapparaten.

Folge: Falls eine Versicherung diesen SVV-Hausratindex anwendet, sinkt die Versicherungssumme, wenn der Index sinkt, weil etwa Kleider billiger werden – und damit linear auch die Prämie. Ein Ansteigen des Index hebt umgekehrt Versicherungssumme und Prämie an.

Allerdings richten sich nicht alle Anbieter nach dem erwähnten Hausratindex. Einige passen die Versicherungssumme dem offiziellen Landesindex der Konsumentenpreise an. Hier ist die Versicherungssumme in den letzten Jahren fast immer erhöht worden.

**Tipp:** Die Indexierung der Hausratversicherungssumme fängt nur die Teuerung auf. Kaufen Sie hingegen laufend mehr oder teurere Einrichtungsgegenstände dazu, sollten Sie Ihre Versicherungssumme alle paar Jahre überprüfen.

Beachten Sie auch: Selbst wenn die Versicherungssumme gemäss Index ändert, bleiben andere wichtige Eckwerte und Leistungsbegrenzungen der Hausratversicherung unverändert (zum Beispiel die Summe für den «einfachen Diebstahl auswärts» oder für Geldwerte).

Übrigens: Wenn wegen einer Summenanpassung die Prämie steigt, haben Sie kein Recht, die Police infolge Prämienerhöhung zu kündigen.

breitet; die Schätzungen gehen bis 25 Prozent.

In vielen Fällen beträgt die Abweichung wegen der Unterversicherung gemäss den Angaben des Schweizerischen Versicherungsverbandes (SVV) 20 bis 30 Prozent, in Einzelfällen sogar 50 Prozent.

Ein typisches Beispiel: Nach der Familiengründung wächst der Haushalt, die Einrichtung wechselt mit der Zeit vom Ikea-Niveau auf einen gehobeneren Standard, es kommen Kindersachen, teurere Kleider, technische Geräte, Computer und Sonstiges dazu – aber man vergisst, die Versicherungssumme entsprechend anzupassen. Nur selten machen Versicherungsvertreter ihre Kunden auf diesen Umstand aufmerksam.

### Wertgegenstände sollte man fotografieren

Das sind typische Warengruppen, die gerne unterschätzt oder vergessen werden:

- Kleider und Schuhe.
- Platten-, CD- und DVD-Sammlungen können sich im Lauf der Zeit zu erheblichen Sachwerten summieren. Das gilt auch für Bücher.
- Zu den Computern gehört auch die Software.
- Auch im Garten bzw. Gartenhäuschen kommt einiges an Wert zusammen. Das Gleiche gilt für die Garage. Ersatzpneus zum Beispiel zählen zum Hausrat.
- Schwierig ist die Schätzung von Kunstgegenständen, Antiquitäten, alten Möbeln, exotischen Dekorationsgegenständen, Teppichen und Sammlungen. Hier könnte es sich lohnen, von einem Fachmann eine Wertanalyse (Expertise) machen zu lassen. Auf jeden Fall sollten Sie alles fotografieren.

Es lohnt sich, etwa alle drei bis fünf Jahre oder beim Zügeln den Wert des Hausrates zu überdenken und die Versicherungssumme allenfalls anzupassen. Eine solche Anpassung ist jederzeit möglich – auch bei langjährigen Verträgen.

### Gesellschaft muss eine Unterversicherung beweisen können

Natürlich könnte man denken: «Ich nehme das Risiko einer Unterversicherung und Leistungskürzung bewusst in Kauf, um so Prämien zu sparen.»

Das wäre allerdings am falschen Ort gespart: Das Risiko beträgt bei einem grösseren Schaden mehrere Tausend Franken, während die jährliche Mehrprämie (etwa beim Schritt von 100 000 auf 130 000 Franken) lediglich etwa 60 bis 100 Franken ausmacht.

Übrigens: Viele Gesellschaften verzichten auf die beschriebene Kürzung infolge Unterversicherung, falls die Schadensumme kleiner ist als 10 Prozent der Versicherungssumme oder kleiner als 20 000 Franken.

Einige Anbieter verzichten sogar ganz auf Kürzungen.

Wichtig: Will eine Gesellschaft im Schadenfall Unterversicherung geltend machen, muss sie dies auch beweisen können.

FRAGE

## Kann ich meine antiken Schränke ausschliessen?

**Ich habe zwei alte Schränke aus einer Erbschaft, die mir persönlich viel bedeuten. Aber ich weiss nicht, ob sie wertvoll sind oder nicht. Kann ich einzelne Gegenstände aus der Deckung der Hausratversicherung ausschliessen, damit es in einem Schadenfall keine Probleme gibt?**

**Ja,** bei den meisten Gesellschaften ist das möglich. In der Tat könnte es zu Differenzen kommen, wenn die Versicherung beispielsweise nach einem Brand den Schaden reguliert. Sie könnte argumentieren, die Schränke hätten einen grossen antiquarischen Wert gehabt und deswegen sei die Versicherungssumme insgesamt zu klein gewesen.

Und wenn diese zu niedrig ist, weil der Neuwert des gesamten Hausrats höher ist, kann die Versicherung im Schadenfall ihre Leistung kürzen. Das gilt auch bei Teilschäden (siehe Details auf Seite 243 f.).

Es kann sich also lohnen, beispielsweise alte Möbelstücke von der Deckung auszuschliessen. Denkbar ist das auch bei anderen Gegenständen, deren Wert nicht genau bestimmbar ist, etwa für Sammlungen, Bilder oder geerbte Gegenstände. Oder bei Gegenständen, bei denen ein Ersatz entweder gar nicht mehr möglich oder schlicht unerwünscht ist.

Umgekehrt gilt: Falls Sie besonders kostbare Wertsachen haben, wie zum Beispiel Musikinstrumente oder Schmuck, empfiehlt sich der Abschluss einer separaten Wertsachenversicherung (siehe dazu diese Seite).

Beachten Sie aber in diesem Zusammenhang auch das Prinzip, dass Liebhaberwerte grundsätzlich nicht versichert sind. Gemeint sind Gegenstände, die für die Besitzerin oder den Besitzer «nur» einen persönlichen, subjektiven Wert haben.

Es gibt aber auch Haushalte, die überversichert sind – wenn zum Beispiel erwachsene Kinder ausgezogen sind. Das kostet nur Prämiengeld, bringt aber keinerlei Vorteile.

Falls Sie mehr versichern, als Ihr Hab und Gut wert ist, zahlen Sie zu viel – und erhalten im Schadenfall trotzdem nie mehr als den Wiederbeschaffungswert (Neuwert) der Sache.

Insbesondere Paare, die sich trennen, sollten diesen Punkt nicht vergessen und die Versicherungssumme nach der Trennung reduzieren; kulante Versicherungsgesellschaften passen die Versicherungssumme (inklusive der zu zahlenden Prämie) auch während des laufenden Versicherungsjahres an.

## Für Betuchte: Die Wertsachenversicherung

Für besondere Wertsachen wie Bilder, Skulpturen, Teppiche, Pelzmäntel, Uhren, Musikinstrumente, Schmuckstücke oder einen exklusiven Weinkeller empfiehlt sich unter Umständen der Abschluss einer separaten Wertsachenversicherung.

Auch teure Geräte der Unterhaltungselektronik oder Kameras können darunterfallen.

Im Gegensatz zur Hausratversicherung, die den Hausrat nur gegen die Risiken Feuer, Elementarereignisse, Wasser und Diebstahl versichert, zahlt eine spezielle Wertsachenversicherung auch dann, wenn die Wertgegenstände durch andere Einflüsse beschädigt oder zerstört wurden.

Unter Umständen ist sogar das Herunterfallen einer teuren Vase versichert.

### Lackschäden und Kratzspuren sind oft ausgeschlossen

Ausgenommen sind hier aber normale Abnützungsschäden, Schäden durch Ungeziefer oder durch Lichteinwirkung sowie Beschädigungen infolge chemischer oder klimatischer Einflüsse.

Nicht gedeckt sind auch Schäden, die entstehen können, wenn Dritte den versicherten Wertgegenstand reinigen, reparieren oder erneuern. Oft sind auch Lackschäden oder Kratzspuren ausgeschlossen.

Zusätzlich können Interessierte bei einigen Anbietern vereinbaren, dass die Versicherung sogar bei Verlieren oder Verlegen oder «anderweitigem Abhandenkommen» von gewissen Wertgegenständen zahlt – also beispielsweise dann, wenn ein Edelstein aus seiner Fassung fällt und deshalb verlorengeht.

Beachten Sie auch: Bei einigen Versicherungsgesellschaften müssen Versicherungsnehmer ihre Wertsachenversicherung zusammen mit der Hausratversicherung bei der gleichen Gesellschaft abschliessen. Bei anderen Anbietern ist ein separater Vertrag möglich.

Und: Längst nicht alle Hausratversicherer haben ein Angebot für die Wertsachenversicherung. Andere haben nur eine Einzelversicherung im Angebot, bei der jedes einzelne Objekt mit der entsprechenden Versicherungssumme aufgeführt und tarifiert ist.

Die Prämien sind relativ hoch: Wer zum Beispiel Schmuck im Wert von 40 000 Franken versichern will, zahlt dafür 420 bis 525 Franken im Jahr (je nach Gesellschaft). Bilder im gleichen Wert kosten zwischen 126 und 158 Franken.

**Tipp:** Für Besitzer von wertvollen Gemälden bzw. Kunstwerken gibt es noch spezielle Kunstversicherungen.

# 8 Die Gebäudeversicherung

## Der richtige Schutz für Eigenheimbesitzer

**Wer ein Haus baut oder ein Eigenheim kauft, muss sich auch mit einer Reihe von Versicherungsfragen befassen. Bereits bestehende Versicherungen gilt es anzupassen – sonst drohen Versicherungslücken.**

Die Tabelle auf Seite 252 zeigt die wichtigsten Details für Bauherren und Hausbesitzer – wobei Stockwerkeigentümer wichtige Besonderheiten beachten müssen.

Grundsätzlich gilt: Wer mit einer Generalunternehmung (GU) baut, hat es leichter. Solche Haus- oder Wohnungskäufer müssen sich erst ab Schlüsselübergabe um vorgeschriebene und sinnvolle Versicherungen kümmern. Wer hingegen selber Bauherr «spielt», muss vom ersten Tag an nicht nur die Handwerker im Auge behalten, sondern auch die Policen.

### Die Bauherrenhaftpflicht-Versicherung

Wer ein Haus baut, haftet für Schäden, die Dritte erleiden. Das können Nachbarn beziehungsweise deren Gebäude sein; es kann auch Passanten treffen.

Diese strenge Haftung besteht aufgrund der Kausalhaftung auch dann, wenn den Bauherrn selber gar kein Verschulden trifft. Die Betroffenen müssen lediglich nachweisen, dass ein Schaden effektiv vorhanden ist und dass er ursächlich mit den Bauarbeiten zusammenhängt. Es reicht nicht, lediglich ein Schild aufzustellen mit dem Hinweis «Betreten der Baustelle verboten».

Die möglichen Schadenursachen auf einer Baustelle sind vielfältig: So kann es bei Aushubarbeiten zu Rissen im Fundament des Nachbarhauses kommen. Ein Fass mit giftigen Chemikalien kann umkippen und fremden Boden verseuchen. Ein zusammenstürzender Stapel mit Baumaterialien kann ein spielendes Kind verletzen. Oder ein Baukran kann umstürzen und ein Nachbargebäude beschädigen.

Schäden dieser Art übernimmt die Bauherrenhaftpflicht-Versicherung. Gleichzeitig dient sie dem Bauherrn als passiver Rechtsschutz zur Abwehr unberechtigter Ansprüche bzw. Forderungen.

Der Bauherr haftet übrigens nicht bloss für Schäden, die er persönlich anrichtet, sondern auch für Schäden, die beispielsweise sein Architekt, ein beauftragtes Bauunternehmen oder ein Handwerker verursacht hat.

Der Bauherr kann zwar seinerseits auf den eigentlichen Verursacher – zum Beispiel einen Handwerker – zurückgreifen. In der Praxis ist es jedoch oft schwierig, den eigentlichen Verursacher auszumachen; auch hier springt die Bauherrenhaftpflicht-Versicherung ein.

#### Schäden später entdeckt? Die Versicherung zahlt

In der Grunddeckung der Bauherrenhaftpflicht-Versicherung mit dabei sind meist auch Montage-, Bau- und Gärtnerarbeiten, die der

Versicherte selber ausführt, sowie allfällige Umweltschäden.

Aber: Übernimmt der Bauherr zugleich die Planung und Bauleitung, braucht er eine Zusatzversicherung.

Im Grundsatz erlischt eine Bauherrenhaftpflicht-Versicherung am Tag der Bauabnahme. Schäden, die erst nachher entdeckt werden, die aber noch während der Bauzeit entstanden sind, bleiben allerdings versichert.

Was die Bauherrenhaftpflicht-Versicherung bei den verschiedenen Versicherungsgesellschaften für die ganze Bauzeit kostet, zeigt die Tabelle auf Seite 253.

**Tipps für die Bauherrenhaftpflicht-Versicherung:**

- Mit der freiwilligen Bauherrenhaftpflicht-Versicherung können Sie mögliche Schäden in Millionenhöhe für wenige Hundert Franken pro Jahr absichern. Sie ist also sehr empfehlenswert.
- Für kleinere Umbauten bis maximal 100 000 Franken haben die meisten Versicherungsgesellschaften den Bauherrenhaftpflicht-Schutz in die Grunddeckung der Privathaftpflicht-Versicherung eingebaut (siehe Seite 210).
- Vergessen Sie nicht: Auch nach dem Bezug des Eigenheims können Eigentümer haftpflichtig werden – etwa für Schäden durch Dachlawinen, vereiste Vorplätze, ungenügende Sicherheitsmassnahmen oder schadhafte Einrichtungen. Dafür genügt meist die «normale» Privathaftpflicht-Versicherung (siehe Seite 199).

**IN DIESEM KAPITEL**



## Vollkasko-Deckung für das Haus im Bau: Die Bauwesenversicherung

Auch wenn ein Haus noch im Bau ist, können Feuer und Naturereignisse Schäden anrichten. Dagegen schützt die meist obligatorische oder allenfalls freiwillig abgeschlossene Gebäudeversicherung (siehe Seite 255 ff.).

Doch während des Baus drohen noch andere Beschädigungen, die nicht unter Feuer oder Elementar fallen. Es lohnt sich, diese in Ergänzung zur «offiziellen» Gebäudeversicherung ebenfalls abzudecken mit einer sogenannten Bau-

Fortsetzung auf Seite 253

## Übersicht: Das müssen Haus- und Wohnungseigentümer beachten

### Bei einem Neubau oder Umbau

| Versicherung | Beschreibung | Beispiel | Tipp | Jahresprämie |
|---|---|---|---|---|
| Bauherren-haftpflicht | Schäden, die Dritten durch die Bautätigkeit zugefügt werden | Risse im Nachbarhaus wegen Aushub | Unbedingt abschliessen (bei Umbau häufig bis 100 000 Franken in Privat-haftpflicht mitversichert) | Siehe Tabelle auf Seite 253 |
| Bauwesen-versicherung | Schäden am Bauobjekt, Kosten durch Bau-unfälle und Diebstahl | Einsturz einer frisch betonierten Decke | Empfehlenswert | Siehe Tabelle auf Seite 253 |
| Bauzeit-versicherung | Schäden am Neubau durch Brand oder Elementarereignisse | Sturm bringt Aussenmauer zum Einsturz | Meist obligatorisch, unbedingt abschliessen | 100.– bis 600.–[1] |

### Bei einem bestehenden Haus

| Versicherung | Beschreibung | Beispiel | Tipp | Jahresprämie |
|---|---|---|---|---|
| Gebäude-versicherung | Schäden am Gebäude durch Feuer oder Elementarereignisse | Hausbrand, Sturm-schäden | Meist obligatorisch, unbedingt abschliessen | Siehe Tabelle auf Seite 256 |
| Gebäude-haftpflicht-Versicherung | Schäden, die Dritten durch das Gebäude zugefügt werden | Ziegel fällt vom Dach | Unbedingt abschliessen (bis 3-Familien-Haus in Privathaftpflicht inbegriffen) | — |
| Gebäude-wasser-Versicherung | Schäden am Gebäude durch Wasser aus Leitungen | Wasserrohr-bruch, Öl läuft aus einem Tank aus | Sehr empfehlenswert | Siehe Tabellen auf Seiten 256 und 263 |
| Hausrat-versicherung | Schäden am Hausrat durch Feuer, Wasser oder Diebstahl | Zimmerbrand, Einbruch | Sehr empfehlenswert | Siehe Tabelle auf Seite 235 |
| Gebäudeglas-Versicherung | Schäden an der Gebäudeverglasung | Unbekannter be-schädigt Fenster | In die Hausratversicherung einschliessen | Siehe Seiten 224 und 235 |

### Speziell für Stockwerkeigentümer

| Versicherung | Beschreibung | Beispiel | Tipp | Jahresprämie |
|---|---|---|---|---|
| Bauwesen-versicherung bei einem Umbau | Schäden an bestehenden Bauten | Wasserschaden | Sehr empfehlenswert | Siehe Tabelle auf Seite 253 |
| Gebäude-haftpflicht-Versicherung | Schäden, die Dritten durch das Gebäude zugefügt werden | Unfall durch defektes Treppen-geländer | Unbedingt gemeinsam ab-schliessen (in Ergänzung zu Privathaftpflicht-Versicherung) | ca. 50.– bis 120.–[2] |
| Gebäude-wasser-Versicherung | Schäden am Gebäude durch Wasser aus Hausleitungen | Wasserrohrbruch, Öl läuft aus einem Tank aus | Unbedingt gemeinsam abschliessen | ca. 600.– bis 1000.–[3] |
| Gebäude-beschädigung (Einbruch und Glasbruch) | Schäden an der Gebäudehülle | Beschädigung der Haus-eingangstüre bei Einbruchversuch | Gemeinsam versichern | ca. 70.– bis 150.–[4] |

1 Für Einfamilienhaus mit Bauwert 500 000.– 2 Total für Wohnblock (6 Wohnungen), Versicherungssumme 5 Mio. 3 Total für Wohnblock (6 Wohnungen), Versicherungssumme 2 Mio. 4 Bei Erstrisikodeckung 3000.– bzw. 5000.–, Vollversicherung kostet bis 300.–

Angaben in Franken

Fortsetzung von Seite 251

wesenversicherung. Was die Bauwesenversicherung für die ganze Bauzeit kostet, steht in der Tabelle unten.

Das sind typische Vorfälle, die über die Bauwesenversicherung gedeckt sind – immer unter der Voraussetzung, dass nicht die Haftpflicht-Versicherung eines beteiligten Bauunternehmens einspringen muss:

- Hangwasser könnte die Baugrube in ein Schwimmbad verwandeln,
- der Baugrund könnte wegsacken,
- ein Loch im Flachdach oder eine undichte Leitung führt zu einem Wasserschaden,
- ein einstürzendes Gerüst könnte die Fassade beschädigen,
- eine Decke stürzt ein und es ist unklar, wer an diesem Pfusch schuld ist,
- die bereits montierte Küche oder Sanitäreinrichtungen werden über Nacht geklaut,
- Baumaschinen werden fehlerhaft bedient,
- Fremde richten Vandalenschäden an,
- Diebstähle von Material sind auf Baustellen leider auch keine Seltenheit.

## Prämien für Bauwesen- und Bauherrenhaftpflicht-Versicherung

Einmalprämie (für die ganze Bauzeit) für ein Neubau-Einfamilienhaus in Bern mit 3 Geschossen, Bausumme 750 000 Franken, guter trockener Baugrund (leicht geneigt), keine besonderen Gefahren, konventionelle Baumethode. Bei der Haftpflicht beträgt die Versicherungssumme 5 Millionen Franken mit einem Selbstbehalt von 1000 Franken. Angaben in Franken, inklusive 5 % Stempelabgabe.

| Gesellschaft | Bauwesen-versicherung | Zusatzdeckung für besondere Risiken[1] | Bauherren-haftpflicht | Total[2] |
|---|---|---|---|---|
| Mobiliar | 693.– | 267.– | 307.– | 1267.– |
| Zürich | 811.30 | 351.20 | 459.60 | 1459.90 |
| Generali | 929.30 | 317.90 | 405.60 | 1487.50 |
| Basler | 840.–[3] | 441.– | 388.50 | 1502.60 |
| Vaudoise | 1013.60 | 484.80 | 523.40 | 1617.40 |
| Nationale | 735.– | 440.– | 460.– | 1635.– |
| Allianz[4] | 874.20 | 529.70 | 540.80 | 1750.20 |
| Helvetia | 940.80 | 340.20 | 500.90 | 1781.90 |
| Axa Winterthur | 1015.90 | 367.50 | 584.30 | 1967.70 |

1 Versicherungssumme 25 000.– 2 Inklusive Kombirabatt, die anderen Prämienangaben sind Einzeltarife ohne Kombirabatt 3 Selbstbehalt 1000.– 4 Bauzeit nur 12 Monate, Verlängerung ist prämienpflichtig

QUELLE: VZ VERMÖGENSZENTRUM, STAND ANFANG 2012

Solche Schäden übernimmt die Bauwesenversicherung. Es kann sogar sein, dass die Bank, die den Bau finanziert, den Abschluss einer solchen Versicherung verlangt.

Bauherren sollten allerdings die Versicherungsbedingungen genau studieren und sich vom Architekten beraten lassen. Oft sind nämlich in der Grundversicherung einzelne Risiken nicht enthalten, die nicht zum eigentlichen Gebäude gehören, die aber dennoch Folgekosten haben können.

In der Prämientabelle auf der vorhergehenden Seite findet sich deshalb noch die Spalte «Zusatzdeckung für besondere Risiken». Unter diesem Titel kann man beispielsweise auch noch Schäden an Gerüst- und Schalungsmaterial versichern, dazu Hilfsbauten und Abschrankungen.

Auch Baumaschinen kann man versichern (etwa für den Fall, dass eine einstürzende Betondecke die teure Standsäge des Schreiners beschädigt) und auch Kosten, die entstehen, wenn die Baugrube einstürzt oder eine Böschung abrutscht und wiederhergestellt werden muss.

Ins gleiche Kapitel fällt bei Umbauten eine bestehende Wand, die an sich nicht zum Umbau gehört, aber dennoch beschädigt wird. In diesem Fall sind auch Geräte im Nebenraum versichert, falls die bestehende Wand einstürzt und diese beschädigt.

Versichert ist der Zeitwert. Entschädigungsgrenze ist die vereinbarte Versicherungssumme (Erstrisikodeckung, siehe Stichwort auf Seite 229).

Allmähliche Witterungseinflüsse sind in der Bauwesenversicherung normalerweise ausgeschlossen. Elementarschäden zahlt die Bauzeitversicherung (siehe Details auf Seite 255 ff.).

**Tipps für die Bauwesenversicherung:**

- Die freiwillige Bauwesenversicherung bietet dem Bauherrn die Gewissheit, dass er seinen Traum selbst bei Schadenfällen ohne Mehrkosten und ohne grössere zeitliche Verzögerungen realisieren kann. Diese «Kaskoversicherung» des Bauwerks ist also empfehlenswert.
- Achten Sie darauf, ob bei Ihrer Bauwesenversicherung die Bevorschussung inbegriffen ist. Bei vielen Schäden dauert es lange, bis der Schuldige und seine genaue Haftung eruiert sind. Die Bauwesenversicherung bevorschusst nun die Schadenbehebung, sodass ohne Verzögerung weitergebaut werden kann.
- Machen Sie genau ab, welche Sachen und Kosten versichert sein sollen. Darunter können auch Aufräumungs- und Entsorgungskosten fallen.
- Bauherren von grösseren Liegenschaften oder Mehrfamilienhäusern können die Prämie für die Bauwesenversicherung den beteiligten Handwerkern anteilsmässig verrechnen, weil die Handwerker so ihre eigene Versicherung nicht in Anspruch nehmen müssen – falls sie haftpflichtig werden.

- Die Bauwesenversicherung deckt auch Eigenschäden des Handwerkers, die dieser nicht über eine eigene Haftpflicht-Versicherung gedeckt hat (zum Beispiel: Der Sanitär lässt eine Rohrzange in die soeben installierte Badewanne fallen).
- Sie können die Bauwesendeckung selber abschliessen oder Ihren Architekten bitten, dies zu regeln.
- Wer sein Haus schlüsselfertig kauft (und erst zu diesem Zeitpunkt den Boden, auf dem es steht), braucht sich weder um die Bauherrenhaftpflicht- noch um die Bauwesenversicherung zu kümmern; das ist dann Sache des Generalunternehmers (GU). Denn ein Käufer übernimmt Risiko und Haftung erst ab dem Datum des Kaufs.

Ein Prämienbeispiel für die Bauwesenversicherung finden Sie in der Tabelle auf der Seite 253.

## In den meisten Kantonen obligatorisch: Die Gebäudeversicherung

Auf einer Baustelle wird geschweisst, und der Funkenschlag könnte Chemikalien zur Explosion

STICHWORT

### Sturmschaden

Damit ein Sturmschaden im Sinne der privaten Versicherer vorliegt, braucht es als Voraussetzung Windgeschwindigkeiten (Böenspitzen) von über 75 Stundenkilometern (km/h), die in der Umgebung Bäume umwerfen oder Gebäude abdecken. So steht es meist in den Versicherungsbedingungen der privaten Versicherer. Diese Definition gilt auch bei einigen wenigen Monopolanstalten.

Nach der Definition der meisten öffentlichen Versicherer ist dann ein Sturm gegeben, wenn die Windgeschwindigkeit im Zehn-Minuten-Mittel mindestens 63 km/h erreichte oder mehrere Böenspitzen von mindestens 100 km/h gemessen wurden.

Fragen Sie im Zweifelsfall bei Meteo Schweiz nach (www.meteoschweiz.admin.ch), wie der Wind in Ihrer Gegend war. Tel. 0900 162 403 (Mo bis Fr 9.30 – 11.30 Uhr, Fr. 3.– pro Anruf plus Fr. 1.50 pro Minute).

Falls Sie eine schriftliche Antwort benötigen, schreiben Sie ein Mail an klimainformation@meteoschweiz.ch. Schriftliche Antworten werden mit einem Mindest-Zeitaufwand von 1 Stunde verrechnet bei einem Stundenansatz von Fr. 181.50 (Stand 2012).

Hat der Wind die genannten Geschwindigkeitswerte erreicht, ist die Sache klar und die Versicherung muss zahlen – ausser sie kann Konstruktionsmängel oder vernachlässigten Unterhalt geltend machen.

Sollten aber keine genauen Messdaten vorhanden sein, liegt ein Sturmschaden auch dann vor, wenn der Wind in der Umgebung der versicherten Sache mehrere Häuser ganz oder teilweise abgedeckt oder gesunde Bäume erheblich beschädigt hat. Die Versicherer nennen das ein «Kollektivschadenbild».

Das kann bedeuten: Wenn Sie Opfer einer einzelnen starken Böe werden, gehen Sie leer aus, falls in der Umgebung keine weiteren Schäden zu beobachten sind. Oder die Versicherung wird argumentieren, Ihr Haus sei schlecht unterhalten gewesen, wenn Sie nach einem starken Wind in der näheren Umgebung das einzige Opfer sind.

## Die Prämien für die Gebäudeversicherung

Jahresprämien (Einjahresvertrag, für Neuabschluss) für ein selbst bewohntes Einfamilienhaus in Freienbach SZ[1], massiv gebaut, mit Hydrant, kein Flachdach, keine Bodenheizung, Versicherungssumme 700 000 Franken. Mit 200 Franken Selbstbehalt. Mitversichert sind Aufräumungskosten bei Feuer- und Wasserschäden in der Höhe von 70 000 Franken sowie 5000 Franken für Freilegungskosten. Angaben in Franken, inklusive 5 % Stempelabgabe. Ohne Kombirabatte, falls der Kunde bei der gleichen Gesellschaft noch andere Versicherungen hat.

| Gesellschaft | Prämie für das Risiko Feuer/Elementar[2] | Prämie für das Risiko Gebäudewasser[3] | Total[4] |
|---|---|---|---|
| Generali[5] | 558.60 | 208.70 | 767.30 |
| Axa Winterthur | 465.70 | 335.50 | 801.20 |
| Sympany | 558.30 | 294.50 | 852.80 |
| Allianz | 546.20 | 366.60 | 912.80 |
| Vaudoise | 540.40 | 373.80 | 914.20 |
| Helvetia | 566.30 | 360.30 | 926.60 |
| Visana | 624.80 | 441.– | 964.30 |
| Zürich | 636.90 | 359.10 | 996.– |
| Mobiliar[6] | 575.– | 462.90 | 1019.50 |
| Nationale[7] | 609.– | 477.– | 1086.– |
| Basler | 714.30 | 445.10 | 1124.70 |
| **Online-Angebot**[8] | | | |
| www.zurichconnect.ch | 544.30 | 298.50 | 842.80 |

1 Bei den Prämien gibt es kantonale Unterschiede 2 Die Feuer-/Elementardeckung kann nur in den Kantonen Genf, Uri, Schwyz, Tessin, Appenzell-Innerrhoden (ohne Bezirk Oberegg), Wallis und Obwalden bei privaten Versicherern abgeschlossen werden. In allen anderen Kantonen ist die Monopolanstalt zuständig 3 Die Gebäudewasser-Deckung kann in den Kantonen Aargau, Basel-Landschaft und Glarus vorteilhaft bei der kantonalen Gebäudeversicherung abgeschlossen werden 4 Inklusive Kombirabatt 5 Selbstbehalt 500.– 6 Inkl. Umbauten und Servicepaket 7 Aufräumungskosten bei Feuer 5 %, max. 50 000.– 8 Siehe Hinweise im Kasten auf Seite 20

QUELLE: VZ VERMÖGENSZENTRUM, STAND ANFANG 2012

bringen. Heizgebläse sollen einen Raum austrocknen, dabei könnten aber Kleider entflammen, die zum Trocknen aufgehängt wurden, was zu einem Brandschaden am Gebäude führt.

In solchen Fällen springt die Gebäudeversicherung ein – die dann, während sich das Haus noch im Bau befindet, Bauzeitversicherung heisst.

In den Kantonen, in denen die Feuer- und Elementarschaden-Versicherung obligatorisch ist, besteht eine Versicherungspflicht, in den anderen Kantonen ist diese Police aber dennoch sehr empfehlenswert.

Aber Achtung: Ein Versicherungsschutz besteht nur, falls der Bau bei der Gebäudeversicherung angemeldet wurde und die Prämien bezahlt wurden. Viele Architekten vergessen, den Bauherrn über mögliche Folgen einer fehlenden Bauzeitversicherung aufzuklären.

Nach dem Bezug des Eigenheims könnte erhitztes Speiseöl die Kücheneinrichtung verbrennen. Ein Kabelbrand könnte ein Feuer verursachen. Auch Hochwasser, Sturm (siehe Stichwort auf Seite 255), Steinschlag, Lawinen und Feuersbrünste bedrohen das Gebäude.

Auch dafür ist – ähnlich wie beim Hausrat die Hausratversicherung – die Gebäudeversicherung zuständig. Sie zahlt dann die Reparatur oder Instandstellung beziehungsweise den Wiederaufbau der Immobilie. Im Einzelnen decken die Bauzeit- und Gebäude-

### Gebäudepolice: Hitzeschäden sind keine Naturereignisse

Wenn die «Elemente» verrückt spielen, wenn also Stürme toben, Flüsse über die Ufer treten oder Lawinen wüten und Häuser zerstören – so ist das ein Elementarschaden. Und damit ein Fall für die Gebäudeversicherung.

Wenn grosse Hitze den Lehmboden unter einem Haus schrumpfen lässt, das Gebäude dadurch absinkt und teure Sanierungsmassnahmen nötig werden – so ist das ebenfalls ein Elementarschaden. Doch in diesem Fall zahlt die Gebäudeversicherung nicht.

Mit dieser für Laien kaum verständlichen Tatsache muss sich Urs Rickli aus Erlinsbach AG abfinden. Die Konsequenzen brachten ihn an den Rand des Ruins.

Schuld ist die Rekordhitze des Sommers 2003. Ricklis Haus steht seit Jahrzehnten stabil auf einer rund drei Meter dicken Erdschicht, die stark lehmhaltig ist. Doch die hohen Temperaturen im Jahr 2003 liessen die Lehmschicht schrumpfen – das Haus kippte talwärts.

Zentimeterbreite Risse in den Wänden und eine geborstene Wasserleitung waren die Folge; das Dachgebälk drohte ins Wohnzimmer zu stürzen. Die Sanierung hat über 100 000 Franken gekostet. Der Verkaufswert des Hauses dürfte gegen null tendieren.

Doch die Aargauer Gebäudeversicherung fühlt sich nicht zuständig. Laut kantonalem Gesetz sind nur «Sturm, Hagel, Hochwasser, Überschwemmung, Lawinen, Schneedruck, Schneerutsch, Erdrutsch und Steinschlag» versichert. Die Aufzählung sei «abschliessend», andere Elementarschäden sind also nicht gedeckt.

Versichert wäre zwar auch noch der «Erdfall». Doch Ricklis Schaden gehört nicht dazu. Gemeint seien, so die Versicherung in ihrem Absagebrief, «Hohlräume im Untergrund», die dann entstehen und einstürzen, wenn Salz- oder Gipsgesteine «durch Wasser gelöst werden». Das Schrumpfen des Bodens infolge Hitze und Wasserentzug falle nicht darunter.

Den gleichen negativen Bescheid erhielten neun weitere Gebäudeeigentümer im Kanton Aargau.

Im Kanton Bern gab es rund zehn Betroffene mit einem vergleichbaren Problem, im Kanton Solothurn fünf.

Landesweit gilt die Regel, dass Elementarschäden durch allmähliche Einwirkung nicht gedeckt sind. Vielmehr braucht es dazu ein plötzliches Ereignis – ein heisser Sommer fällt nicht darunter.

Immerhin: Vom «Schweizerischen Fonds für Hilfe bei nicht versicherbaren Elementarschäden» (siehe Kasten auf Seite 259) hat der betroffene Urs Rickli ein paar Tausend Franken erhalten.

## «Kollateralschäden» sind nicht versichert

Nach einem Hotelbrand entschädigte die Gebäudeversicherung des Kantons Graubünden den Besitzer mit dem Neuwert, machte aber einen Abzug für «brauchbare Überreste», also für wiederverwendbare Gebäudeteile mit noch intakter Bausubstanz.

Doch der Hotelbesitzer verlangte einen kleineren Abzug. Er argumentierte, er müsse die noch brauchbaren Gebäudeteile wegen geänderter Bauvorschriften und neuer behördlicher Auflagen umbauen (zum Beispiel Treppen wegen geänderter Vorschriften der Feuerpolizei).

Doch damit kam der Hotelbesitzer nicht durch, ein solcher «Kollateralschaden» sei nicht versichert, befanden die Bundesrichter. Andernfalls käme das einer Überentschädigung gleich (Bundesgerichtsurteil 2C_702/2010).

versicherung Schäden am Gebäude durch:

- **Feuer** (Brand, Rauch, Blitzschlag und Explosionen). Aber: Sengschäden, die nicht Folge eines Brandes (also eines Schadenfeuers) sind, sind oft nicht versichert oder nur bis zu einem gewissen Betrag von beispielsweise 5000 Franken.
- **Elementarereignisse** bzw. Naturereignisse (Hochwasser, Hagel, Lawinen, Sturm [siehe das Stichwort auf Seite 255], Schneedruck, Überschwemmungen, Erdrutsch, Felssturz und Steinschlag).

Übrigens: Setzungsschäden und Risse in den Wänden durch einen stark schwankenden Grundwasserspiegel sind nicht versichert – auch wenn starke Regenfälle den Grundwasserspiegel beeinflusst haben. Dies ergibt sich aus dem Bundesgerichtsurteil 2C_419/2008).

Und noch ein Detail dazu: Bei Elementarschäden muss höhere Gewalt im Spiel sein, also ein Naturereignis. Ist ein Erdrutsch hingegen die Folge eines Leitungsbruchs, so muss die kantonale Gebäudeversicherung nicht zahlen. Dies gilt gemäss Bundesgericht auch, wenn der Ausschluss von Leitungsschäden nicht im Gesetz steht, sondern «nur» in den kantonalen Ausführungsbestimmungen (Bundesgerichtsurteil 2C_741/2009).

Erdbeben sind – ausser beschränkt im Kanton Zürich – vorderhand noch kaum versichert (siehe dazu die Ausführungen auf Seite 265 ff.).

### Das kantonale Monopol ist weitverbreitet

Weil Brände und Unwetterschäden zu enormem Vermögensverlust führen können, sind die Gebäudeversicherungen (oftmals auch Feuer- und Elementarschaden-Versicherung genannt) in den meisten Kantonen obligatorisch – ausser in GE, TI und VS sowie im inneren Landesteil von Appenzell Innerrhoden (also mit Ausnahme des Bezirks Oberegg).

In den allermeisten Kantonen mit Obligatorium besteht eine staatliche Monopolanstalt – mit Ausnahme des Bezirks Oberegg im Kanton AI sowie der Kantone OW, SZ und UR, wo man sich an einen privaten Versicherer wenden muss.

Generell lässt sich sagen, dass die Prämien bei den Monopolanstalten tiefer sind als bei den Privatversicherern (allerdings liegen die Kantone mit Obligatorium auch in Landesteilen mit kleinerem Elementarschaden-Risiko).

Nicht abgedeckt sind aber bei den Monopolanstalten in der Regel Mietzinsausfälle oder Ihre eigenen Zusatzkosten für eine Ersatzwohnung oder auswärtige Verpflegung und längere Fahrwege, beispielsweise nach einem Brand.

Solche Auslagen können Sie bei einigen privaten Versicherungsgesellschaften über eine Zusatzver-

## Lothar und Co.: Der Versicherungsschutz bei Unwettern

Nach Elementarschäden (Hagel, Hochwasser, Lawinen, Sturm, Überschwemmungen, Schneedruck, Eisregen, Erdrutsch, Felssturz und Steinschlag) oder nach Feuersbrünsten sieht die Versicherungssituation so aus:

**Gebäudeschäden**

Sturmschäden an Gebäuden und damit fest verbundenen Teilen (Dach, Mauern und Fenster) deckt die obligatorische Feuer- und Elementarschaden-Versicherung (Gebäudeversicherung). Sie zahlt auch Schäden an inneren Teilen des Gebäudes (Treppe, Parkett, Tapete), wenn beispielsweise Wasser eindringt.

Die Gebäudeversicherung zahlt auch, wenn wegen eines Sturmes (siehe Stichwort auf Seite 255) Bäume auf das versicherte Gebäude stürzen – egal, ob es eigene Bäume oder Bäume des Nachbarn sind.

Wenn aber Gärten, Geräteschuppen, Brunnenanlagen, Skulpturen, Gartenzäune oder Briefkästen in Mitleidenschaft gezogen werden, muss die Gebäudeversicherung nicht zahlen (es sei denn, dass eine Zusatzversicherung einspringt, wie das in einigen wenigen Kantonen der Fall ist). Bei der Helvetia etwa kann man in allen Kantonen sowohl in der Gebäude- als auch in der Hausrat-Versicherung eine sogenannte Umgebungsversicherung miteinschliessen; für eine versicherte Summe von 5000 Franken kostet das eine Jahresprämie von 25 Franken.

Erdbebenschäden sind (ausser beschränkt im Kanton Zürich) noch nicht versichert, eine solche Versicherung ist aber für die ganze Schweiz immer wieder im Gespräch.

**Mobiliarschäden**

Für bewegliche Einrichtungsgegenstände in Haus und Garten (wie Möbel, TV-Gerät, Pingpong-Tisch und mobiler Gartengrill) steht die Hausratversicherung mit der darin eingeschlossenen Feuer- und Elementarschaden-Deckung gerade.

**Körperschäden**

Erleiden Passantinnen oder Passanten einen Schaden durch herumwirbelnde Gegenstände, zahlt deren Unfallversicherung oder Krankenkasse die anfallenden Arzt- und Spitalkosten.

**Auto-/Wohnwagenschäden**

Beschädigt eine Naturkatastrophe Ihr Auto, zahlt die freiwillige Teilkasko-Versicherung – falls Sie eine haben. Autobesitzer ohne Kaskoschutz gehen hingegen in der Regel leer aus.

**Tipp für Geschädigte**

Wenn die Versicherungen nach Unwetterkatastrophen nicht zahlen müssen, gibt es für Härtefälle den «Schweizerischen Fonds für Hilfe bei nicht versicherbaren Elementarschäden».

Auf www.elementarschadenfonds.ch steht, an welche Stelle Sie Gesuche einreichen müssen.

Wer nach Naturkatastrophen durch alle Versicherungsmaschen fällt, darf vielleicht auf die «Glückskette» hoffen. Betroffene müssen das Unterstützungsbegehren an ihre Wohngemeinde richten.

sicherung abdecken. Das ist auch empfehlenswert – ausser Sie können in solchen Situationen mit nachbarschaftlicher und familiärer Hilfe rechnen.

Für Besitzer von Mehrfamilienhäusern ist dieser Zusatz wegen der Mietzinsausfälle allerdings ein Muss.

Noch ein Detail dazu: Wenn Wasser durch ein undichtes Dach eindringt, fällt das nicht in die Zuständigkeit der kantonalen Gebäudeversicherung, sondern der privaten freiwilligen Gebäudewasser-Versicherung (siehe die Ausführungen auf Seite 262ff.).

**Tipps für die klassische Gebäudeversicherung:**

- Grundlage für die Feuerversicherung ist die Versicherungssumme, die dem ortsüblichen Wiederherstellungswert des Gebäudes entspricht.

Die Prämie für ein massiv gebautes Haus mit einem Wiederherstellungswert von 700 000 Franken schwankt bei den öffentlichen Gebäudeversicherungen zwischen 220 und 460 Franken pro Jahr, bei den privaten Anbietern zwischen 460 und 710 Franken (inklusive beschränkt versicherter Aufräumungskosten, siehe Tabelle auf Seite 256).

- Die Gebäudeversicherung ist schon ab Grundsteinlegung obligatorisch und heisst während der Bauphase Bauzeitversicherung.
- Stockwerkeigentümer müssen die Feuerversicherung gemeinsam abschliessen.
- In zwei Kantonen ist der Hausrat bei der Monopolanstalt obligatorisch gegen Feuer- und Elementarschäden versichert (NW und VD). Betroffene können also in ihrer privaten Hausratversicherung diese Deckung streichen, weil ihr Hausrat sonst doppelt gegen Feuer versichert ist.
- Beachten Sie: Es gibt ältere Häuser, in denen das Heizsystem auf Wärmepumpe umgestellt wurde. Viele dieser Wärmepumpen stehen im Freien. Dem K-Tipp ist ein Fall aus dem Kanton St. Gallen bekannt, bei dem ein Sturm eine solche Wärmepumpe umkippte und zerstörte. Die Gebäudeversicherungsanstalt des Kantons St. Gallen zahlte nicht, und zwar mit dem Argument, das Aggregat stehe ausserhalb des Hauses und sei deshalb nicht versichert.
- Eine Liste mit allen 19 kantonalen Gebäudeversicherungen mit direkten Links auf deren jeweilige Homepage finden Sie auf www.kgvonline.ch.
- **Tipp** für Kantonsangehörige ohne Monopolanstalt bzw. Versiche-

**TIPP**

### Aufpassen bei Sonnenstoren!

Es kommt immer wieder vor, dass starke Winde Sonnenstoren oder Markisen beschädigen. Dazu braucht es weder Stürme noch Orkane, weil Sonnenstoren sehr anfällig sind auf Windschäden.

Bei der Gebäudeversicherung gilt aber auch für Sonnenstoren: Schäden sind nur bezahlt, falls ein Sturm wütete oder es ein «Kollektivschadenbild» gab (siehe Kasten auf Seite 255). Aus diesem Grund gehen immer wieder Geschädigte leer aus.

Es lohnt sich also, Sonnenstoren frühzeitig einzuziehen, wenn starke Winde angesagt sind.

rungszwang: Wie bei allen Versicherungen gibt es auch bei der Gebäudeversicherung Prämienunterschiede; es lohnt sich also, mehrere Offerten einzuholen (siehe Tabelle auf Seite 256).

### Kürzung der Leistung bei Grobfahrlässigkeit

Übrigens: Die kantonalen Gebäudeversicherungen können ihre Schadenzahlungen wegen Grobfahrlässigkeit kürzen. Dies musste ein Gebäudebesitzer aus dem Kanton Appenzell Ausserrhoden erfahren. Er hatte im Keller einen elektrisch betriebenen Kompressor zur Lärmdämmung in einen Holzschrank gestellt und mit Glaswollmatten verkleidet. So kam es zu einer Überhitzung des Kompressors, die schliesslich den Brand auslöste.

Gemäss Bundesgericht durfte die Gebäudeversicherung ihre Zahlung wegen grobfahrlässigem Verhalten um rund einen Fünftel kürzen (Bundesgerichtsurteil 2C_676/2011).

## Die Gebäudehaftpflicht-Versicherung für Eigentümer

Fällt jemandem ein Ziegel oder eine Dachlawine auf den Kopf, stolpert ein Gast auf der schadhaften Treppe, rutscht ein Kind auf dem vereisten Vorplatz aus, kann ein Kleinkind durch ein ungeeignetes Balkongitter schlüpfen und fällt dann hinunter, so haftet im Prinzip der Hauseigentümer für den Schaden.

Für Einfamilienhausbesitzer genügt dafür die «normale» Privathaftpflicht-Versicherung (siehe die Seite 199).

Genauer: Sie genügt für Eigentümer von selbst bewohnten Einfamilien- sowie von selbst bewohnten Mehrfamilienhäusern mit maximal drei Wohnungen (ohne Gewerbeteil).

Das gilt auch für das Ferienhaus, falls es nicht vermietet wird.

Die Privathaftpflicht-Versicherung des Einfamilienhausbesitzers deckt seine Haftung auch dann, wenn jemand in einen ungesicherten Schacht, in eine Grube, in den Gartenteich oder in ein ungenügend abgesperrtes Schwimmbecken stürzt.

Besitzer von Einfamilienhäusern müssen also (nach Abschluss der Bauarbeiten) keine zusätzliche Gebäudehaftpflicht-Versicherung abschliessen, falls sie bereits eine Privathaftpflicht-Versicherung haben.

### Die Police für gemeinsames Eigentum von Hausbesitzern

Anders sieht es bei der Eigentümergemeinschaft aus, also bei Stockwerkeigentümern oder wenn in einer Reiheneinfamilienhaus-Siedlung auch noch gemeinsames Eigentum besteht (etwa die Tiefgarage oder die Wege zwischen den Häusern).

Auch hier haften grundsätzlich die Eigentümer – wenn zum Beispiel ein defektes Treppengeländer einen Sturz in die Tiefe auslöst oder wenn jemand auf einem vereisten Weg stürzt.

Um solche Risiken abzudecken, sollte eine Eigentümergemeinschaft eine separate Gebäudehaftpflicht-Versicherung haben.

Sie kommt für die berechtigten Schadenersatzforderungen auf, die auch hier Hunderttausende von Franken betragen können. Abgedeckt sind beim gemeinsamen Grund- und Hauseigentum insbesondere:

- Personen- und Warenaufzüge;
- Abstellplätze und Einstellhallen für Motorfahrzeuge;
- Kinderspielplätze;
- gemeinsame Schwimmbassins;
- Nebengebäude (Geräteschuppen, Treibhäuser und so weiter).

Prämienbeispiel: Die gemeinsame Gebäudehaftpflicht-Versicherung für Stockwerkeigentümer kostet für einen durchschnittlichen Wohnblock mit sechs Wohnungen rund 50 bis 120 Franken (siehe Übersicht auf Seite 252).

**Tipps für die Gebäudehaftpflicht-Versicherung:**

- Falls Stockwerkeigentümer und Besitzer von Reiheneinfamilienhäusern mit gemeinsamem Besitz zusätzlich zu ihren persönlichen Privathaftpflicht-Policen noch gemeinsam eine Gebäudehaftpflicht-Police abschliessen, so hat das einen weiteren Vorteil: Die persönlichen Privathaftpflicht-Versicherungen zahlen aus der Haftung aus Stockwerkeigentum zusätzlich jenen Teil der Entschädigung, welcher die Versicherungssumme der von der Stockwerkeigentümer-Gemeinschaft abgeschlossenen gemeinsamen Gebäudehaftpflicht-Police übersteigt (das ist eine sogenannte Subsidiärdeckung).

Wenn hingegen die Eigentümergemeinschaft keine solche gemeinsame Police abgeschlossen hat, entfällt auch diese ergänzende Deckung aus der persönlichen Privathaftpflicht.

Die Gesellschaften müssten daher bei der Privathaftpflicht-Versicherung den einzelnen Stockwerkeigentümern – im Vergleich zu Hauseigentümern – einen Prämiennachlass gewähren, da für diese ja die Hausbesitzer-Haftpflicht, die in der Deckung automatisch mitversichert ist, wegfällt (bis auf die Subsidiärdeckung natürlich). Das macht zum Beispiel die Helvetia, andere Versicherungsgesellschaften tun es nicht.

- Falls Stockwerkeigentümer ihre Wohnung umbauen, genügt die gemeinsame Haftpflicht-Police nicht, um sich gegen Schäden am benachbarten Stockwerkeigentum abzusichern. Hier ist eine Bauwesenversicherung notwendig, um beispielsweise Wasserschäden oder grobe Risse im Mauerwerk des Nachbarn abzusichern.

## Empfehlenswert: Die Gebäudewasser-Versicherung

Wenn in einem Haus Wasser aus einer Wasserleitung ausläuft, kann Mobiliar Schaden nehmen – das ist ein Fall für die Hausratversicherung. Was aber, wenn auslaufendes Wasser den Parkettboden und die Tapeten zerstört oder einen anderen Schaden anrichtet, der nicht den Hausrat betrifft, sondern das Gebäude selbst?

Ist ein Sturm oder eine Überschwemmung schuld, zahlt diesen Schaden am Gebäude die meist obligatorische Gebäudefeuer-Versicherung (Feuer- und Elementarschaden-Versicherung, siehe Seite 255 ff.).

Ist hingegen ein Rohrleitungsbruch im Haus selber die Ursache für das Wasserauslaufen, sind die Folgeschäden am Gebäude nicht versichert – ausser man hat die freiwillige Gebäudewasser-Versicherung; man nennt sie deshalb oft auch Leitungswasser-Versicherung. Der konkrete Deckungsumfang ergibt sich aus den allgemeinen Versicherungsbedingungen (AVB).

Versichert sind in der Regel (unter anderem):

## Gebäudewasser-Versicherung: Das sind die Leistungsunterschiede

| Gesellschaft | Obligatorischer Selbstbehalt | Aufräumungskosten in der Grunddeckung | Ortungs- und Suchkosten vor der Freilegung | Prämie für 5000.– zusätzliche Freilegungskosten |
|---|---|---|---|---|
| Allianz | Nein | 10% der VS | 10 000.– | 29.90 |
| Axa Winterthur | Nein | 5000.– | 10% der VS | 40.– |
| Basler | Nein | Nicht in Grunddeckung enthalten | 5000.– | 47.90 |
| Generali | Im Prinzip nein, bei Sengschäden 200.– | 5% der VS | 10 000.– | 43.30 |
| Helvetia | Nein | 50 000.– | 5000.– | 48.50 |
| Mobiliar | Nein | Bis 20% der VS, mind. 10 000.– | 10 000.– | 54.65 |
| Nationale | Nein | In der Grunddeckung nicht enthalten | | 25.– |
| Sympany | 200.– | 5% der VS | 5% der VS | Nicht möglich |
| Vaudoise | Nein | 20% der VS | 5000.– | 11.60 |
| Visana[1] | 200.– | 10% der VS | 10 000.–[2] | 61.95 |
| Zürich | Schäden bis 2000.–: SB 200.–; Schäden über 2000.–: kein SB | 10% der VS | 10 000.– | 54.– |
| **Online-Angebot**[3] | | | | |
| www.zurich connect.ch | Nein | 10% der VS | 10 000.– | 52.50 |

Die Angaben gelten für das gleiche Haus wie in der Tabelle auf Seite 256. Dort sehen Sie auch die Prämien für die Gebäudewasser-Versicherung. VS = Versicherungssumme, SB = Selbstbehalt, Angaben in Franken, inkl. 5% Stempelabgabe. 1 Andere Selbstbehalte wählbar 2 Für Ortungs-, Such- und Freilegungskosten zusammen 3 Siehe Hinweise im Kasten auf Seite 20

QUELLE: VZ VERMÖGENSZENTRUM, STAND ANFANG 2012

- Schäden aus gebäudeeigenen Wasserleitungen und daran angeschlossenen Anlagen sowie von Zierbrunnen und Aquarien. Dazu zählen auch Schäden durch auslaufende Badewannen und Wasserbetten. In der Regel ist auch die Fehlersuche versichert.
- Bricht ein Rohr ausserhalb des Hauses, werden Folgeschäden ebenfalls übernommen – falls es sich um eine Zuleitung zum Haus handelt.
- Schäden durch Regen-, Schnee- und Schmelzwasser, das zum Beispiel durch ein undichtes Hausdach ins Innere des Gebäudes eindringt, sind versichert; lässt der Besitzer aber ein Fenster oder eine Dachluke offen, zahlt die Gebäudewasser-Versicherung nicht.

### Die Reparatur der Leitung ist meist nicht versichert

In der Regel mitversichert sind auch:

- Rückstau von Abwasserkanalisation oder Grundwasser.
- Bei den meisten Gesellschaften (siehe Tabelle auf der vorhergehenden Seite) die Fehlersuche, also das Orten der geborstenen oder schadhaften Wasserleitungen.
- Im Zusammenhang mit der Reparatur das Freilegen, Zudecken und Zumauern von Wasserleitungen bis zum Betrag von meistens 5000 Franken; die eigentliche Reparatur der Wasserleitung ist aber in der Regel nicht versichert.
- Bei einigen Gesellschaften Aufräumungs- und Entsorgungskosten, also Ausgaben für das Aufräumen von Überresten versicherter Sachen und deren Abführung und Entsorgung.
- Frostschäden (Auftauen und Reparatur der Wasserleitungen).
- Schäden durch das Ausfliessen von Heizöl aus Heizungsanlagen oder Tanks oder durch Flüssigkeiten aus Wärmetauschern oder aus Wärmepumpen-Kreislaufsystemen.
- Nach einem Wasserschaden im Keller deckt die Gebäudewasser-Police auch die Kosten für das Austrocknen der Mauern und die Reparatur beziehungsweise den Ersatz der Waschmaschine, falls sie im Keller stand.

### Für Baufehler haftet der «Hersteller»

- Nicht versichert sind die Kosten hingegen, falls der Wasserschaden als Folge fehlerhafter baulicher Konstruktion entstanden ist. In diesem Fall müsste die Versicherung des Generalunternehmens, des Architekten oder des Ingenieurs für den Schaden aufkommen.

Die Tabelle auf Seite 256 zeigt die Prämien für die Gebäudewasser-Versicherung (für ein selbst bewohntes Einfamilienhaus, Ferienhäuser sind teurer); in der Tabelle auf der vorhergehenden Seite sehen Sie die wichtigsten Leistungsunterschiede.

**Tipps für die freiwillige Gebäudewasser-Versicherung:**

- Flachdächer, Bodenheizungen und alternative Wärmegewinnungs-

Anlagen (zum Beispiel Erdsonden) können das Risiko erhöhen, was eine höhere Prämie bedeutet. Prüfen Sie auf jeden Fall Ihren Versicherungsschutz, falls Ihr Haus ungewöhnliche Eigenheiten aufweist.

- Besitzer von teuren Bodenbelägen (zum Beispiel Granit- oder Marmorplatten) mit Bodenheizung sind eventuell unterversichert, wenn die Gesellschaft für das Freilegen und wieder Zumauern einer defekten Wasserleitung nur gerade 5000 Franken zahlt. Eine Aufstockung dieser Summe drängt sich hier auf. Einige Gesellschaften versichern standardmässig 10 000 Franken.
- Stockwerkeigentümer sollten eine gemeinsame Police abschliessen.

### Auch beim Gebäudewasser ist Unterversicherung möglich

- Gerade bei der Gebäudewasser-Versicherung sollten Betroffene in Überbauungen gemeinsam auftreten und Grössenrabatte verlangen.
- In den Kantonen Aargau, Basel-Landschaft sowie Glarus kann man die Gebäudewasser-Versicherung günstig bei der kantonalen Gebäudeversicherung abschliessen.
- Die Versicherungssumme der Gebäudewasser-Versicherung richtet sich nach dem Gebäudewert, den die kantonale Gebäudeversicherung festgelegt hat. Falls also die kantonale Gebäudeversicherung den Wert des Hauses plötzlich markant höher einschätzt, müssen sich Betroffene auch bei der eigenen Gebäudewasser-Versicherung melden – sonst droht Unterversicherung, und dann kann die Gesellschaft ihre Zahlung kürzen.
- Wird ein Haus verkauft, so läuft die freiwillige Gebäudewasser-Versicherung weiter und geht an den neuen Besitzer über. Dieser kann sie innert 30 Tagen kündigen.

Das Gleiche gilt auch für die Gebäudeversicherung (Feuerversicherung) in denjenigen Kantonen, in denen diese freiwillig ist.

## Die Erdbebenversicherung

Mehrere Hundert Todesopfer, zahlreiche zerstörte Häuser: Das war die Bilanz eines schweren Erdbebens, das 1356 die Region Basel erschütterte.

Im Jahr 2000 hat die Rückversicherungsgesellschaft Swiss Re in einer Studie das Erdbebenrisiko in Erinnerung gerufen: «Was sich 1356 in Basel ereignete, kann sich jederzeit wiederholen. Es ist nur eine Frage der Zeit, bis es wieder so weit ist.»

Ein ähnlich verheerendes Beben wie in Basel würde heute gemäss Swiss Re Gebäudeschäden im Wert von 45 Milliarden Franken verursachen.

Deshalb gibt es zurzeit politische Bestrebungen zur Einführung einer obligatorischen und flächendeckenden Erdbebenversicherung.

In sieben Kantonen gibt es aktuell überhaupt keinen Schutz gegen Erdbebenschäden. Das sind die sogenannten Gustavo-Kanto-

## Erdbebenversicherung: Die Prämie für ein Einfamilienhaus

Jahresprämien in Franken für ein selbstbewohntes Einfamilienhaus an drei Standorten, Versicherungssumme 500 000 Franken (analog Feuerversicherung), Baujahr 1970, Einjahresvertrag, gültig für Neuabschluss, inkl. Stempelabgabe, ohne Spezialrabatte. Gedeckt ist nur das Erdbebenrisiko für das Gebäude.

| Anbieter | Selbstbehalt in % der Versicherungssumme | Standort Sion | Standort Basel | Standort Spiez |
|---|---|---|---|---|
| Basler (HIS Solutions/Lloyd's) | 2 | 407.90 | 432.20 | 407.90 |
| Basler (HIS Solutions/Lloyd's) | 10 | 320.60 | 335.10 | 320.60 |
| Generali | 10 | 378.– | 378.– | 210.– |
| Helvetia | 10 | 567.– | 309.80 | 309.80 |
| Helvetia (HIS Solutions) | 2 | 388.50 | 388.50 | 346.50 |
| Helvetia (HIS Solutions) | 10 | 283.50 | 283.50 | 252.– |
| HIS Solutions (Lloyd's) | 2 | 407.90 | 432.20 | 407.90 |
| HIS Solutions (Lloyd's) | 10 | 320.60 | 335.10 | 320.60 |
| Mobiliar | 10[1] | 315.– | 288.80[3] | 210.–[3] |
| Nationale[2] | 5 | 367.50 | 367.50 | 262.50 |
| RMS (Lloyd's) | 2 | 604.– | 480.50[5] | 314.–[5] |
| RMS (Lloyd's) | 10 | 463.– | 369.50[5] | 241.60[5] |
| Sympany | 10 | 294.50 | 294.50[3] | 278.10[3] |

Fussnoten siehe Tabelle rechts

ne, so benannt nach den Anfangsbuchstaben von GE, UR, SZ, TI, AI, VS und OW.

In diesen sieben Kantonen ist die «normale» Gebäudeversicherung für Feuer und Elementarschäden (auch Feuerversicherung genannt) entweder gar nicht vorgeschrieben, oder die Hausbesitzer können ihre Immobilie bei jeder beliebigen Privatgesellschaft versichern. Da ist aber das Erdbebenrisiko immer ausgeschlossen.

Die restlichen Kantone kennen das Monopol (siehe Seite 258). Aber auch in diesen Monopolkantonen sind Erdbeben von der Versicherung ausgeschlossen (ausser im Kanton Zürich).

Immerhin: Die Monopolkantone (ohne Kanton Zürich) haben zusammen einen gemeinsamen Schadenpool für Erdbeben, der maximal zwei Milliarden Franken auszahlt (der aktuelle Wert aller Gebäude liegt aber bei 1600 Milliarden). Es besteht kein Rechtsanspruch.

Ist der Schaden grösser, werden die Vergütungen an die Hauseigentümer proportional gekürzt. Nach einem Grossschaden ist das also klar zu wenig. Der Selbstbehalt beträgt hier übrigens zehn Pro-

## Erdbebenversicherung: Die Prämie für einen Wohnblock

Jahresprämien in Franken für ein Mehrfamilienhaus (mit 6 Wohnungen) an drei Standorten, Versicherungssumme 2 Millionen Franken (analog Feuerversicherung), Baujahr 1995, Einjahresvertrag, gültig für Neuabschluss, inkl. Stempelabgabe, ohne Spezialrabatte. Gedeckt ist nur das Erdbebenrisiko für das Gebäude. Der Selbstbehalt beträgt 10 Prozent der Versicherungssumme (Nationale und Mobiliar 10 % der Entschädigung).

| Anbieter | Standort Sion | Standort Basel | Standort Spiez |
|---|---|---|---|
| Basler (HIS Solutions/Lloyd's) | 1282.10 | 1340.30 | 1282.10 |
| Generali | 1512.– | 1512.– | 840.– |
| Helvetia | 1522.50 | 787.50 | 787.50 |
| Helvetia (HIS Solutions) | 1134.– | 1134.– | 1008.– |
| HIS Solutions (Lloyd's) | 1282.10 | 1340.30 | 1282.10 |
| Mobiliar | 1260.– | 1155.–[3] | 840.–[3] |
| Nationale[4] | 1470.– | 1470.– | 1050.– |
| RMS (Lloyd's) | 1852.– | 1478.–[5] | 966.40[5] |

Kontaktdaten der weniger bekannten Versicherungen: HIS Solutions, Tel. 061 706 94 44 (www.his-solutions.ch), RMS, Tel. 061 264 99 33 (www.rms.ch).

1 Selbstbehalt in % der Entschädigung 2 Selbstbehalt 5 % der Entschädigung, mindestens 10 000.– 3 Versicherung zahlt in den Monopolkantonen nur die Differenz, falls die Leistung des Pools ungenügend ist (Subsidiärlösung) 4 Selbstbehalt 5 % der Entschädigung, mindestens 20 000.– 5 Versicherung zahlt in den Monopolkantonen nur die Differenz, falls die Leistung des Pools ungenügend ist (Subsidiärlösung, Produkt Swissplus). Volle Deckung ohne Berücksichtigung des Pools (Produkt Swisscomfort) wäre rund 30 % teurer.

QUELLE: VZ VERMÖGENSZENTRUM, STAND ANFANG 2012



zent der Versicherungssumme, maximal aber 50 000 Franken.

Mit anderen Worten: In den Gustavo-Kantonen ist eine Erdbebenversicherung sicher bedenkenswert, und in den Monopolkantonen kann sie die begrenzte und ungenügende Pooldeckung der kantonalen Feuerversicherer ersetzen oder allenfalls ergänzen.

Kommt noch dazu, dass die Monopolkantone nur zahlen, wenn das Beben eine gewisse Stärke erreicht, die als «Stärkegrad VII der seismischen Intensitätsskala» definiert ist. Der Text dazu lautet: «Möbel verrutschen und viele Gegenstände fallen aus Regalen und offenen Schränken. Viele normale Gebäude werden beschädigt, so etwa durch Mauerrisse und teilweise einstürzende Kamine.» Die privaten Anbieter kennen bezüglich Stärke in der Regel keine Einschränkung.

Selbst im Kanton Zürich, wo die Gebäudeversicherung für Erdbebenschäden über eine Milliarde Franken verfügt, könnte deshalb eine Zusatzdeckung von Nutzen sein.

Zürcher sollten aber genau nachfragen, inwiefern die private Zusatzdeckung die staatliche Versicherung ergänzen kann. Nützlich ist sie zum Beispiel, wenn sie den hohen Pool-Selbstbehalt abdeckt, der im Kanton Zürich in jedem Fall 10 Prozent, aber mindestens 50 000 Franken beträgt.

Übrigens: Erdbebenschäden sind nicht nur abhängig von der Beschaffenheit des Untergrunds, sondern auch vom Schadenpotenzial. Und das ist zum Beispiel in Basel höher als im Wallis, weil die Grossstadt eine höhere Konzentration von teuren Gebäuden und Infrastruktureinrichtungen aufweist.

Bei den privaten Lösungen gibt es eine wichtige Unterscheidung, die die Monopolkantone mit ihrem Schadenpool betrifft:

- Einige Angebote (zum Beispiel Generali oder HIS Solutions) übernehmen den Schaden vorab und unabhängig vom «öffentlichen» Schadenpool. Hanspeter Heiz von HIS Solutions: «Unser Ziel ist es, den Schaden vier Wochen nach der Schadenaufnahme zu ersetzen.» Das hat zur Folge, dass Schadenopfer schnell und voll gemäss ihrer Versicherungssumme entschädigt werden und vom Pool anschliessend in der Regel nichts mehr erhalten. Eine Überentschädigung ist nicht möglich.

### Bis der Pool zahlt, kann es mehrere Jahre dauern

- Andere Anbieter bieten nur eine subsidiäre Deckung, die erst im Anschluss an den Pool zum Zug kommt und im Nachgang denjenigen Schadenteil übernimmt, den der Pool nicht deckt (siehe Fussnoten in den Tabellen). Hier müssen also Hausbesitzer lange auf die Versicherungszahlung warten.

RMS hat beide Varianten im Angebot. Zur subsidiären Deckung schreibt RMS selber, die Zahlung erfolge «sobald die Abrechnung des Erdbebenpools abgeschlossen ist. Dies kann mehrere Jahre dauern.»

Was kostet es, sein Gebäude privat gegen Erdbeben zu versi-

**TIPP**

## Tipps für Besitzer von Solaranlagen

Jedes Jahr werden in der Schweiz rund 14 000 neue Solaranlagen auf Dächern oder an Fassaden von Wohn- und anderen Häusern montiert. Entweder handelt es sich um Sonnenkollektoren zur Erwärmung von Wasser oder um Solarzellen für die Stromproduktion.

- Solaranlagen auf dem Dach oder an der Fassade sind bei der Gebäudeversicherung (Feuer- und Elementarschaden-Deckung) mitversichert. Sie sollten aber neu erstellte Anlagen melden, denn die Anlage erhöht den Versicherungswert und damit die Prämie. Die Mehrprämie für eine Anlage im Wert von 20 000 Franken erhöht die Prämie der Gebäudeversicherung um 5 bis 33 Franken (je nach Anbieter).
- Solaranlagen haben teils ungeschützte Gummileitungen, die gerne von Mardern zerbissen werden – auch auf dem scheinbar unerreichbaren Dach. Dieses Risiko ist in der Grunddeckung der Gebäudeversicherung nicht gedeckt (allenfalls in einer Zusatzdeckung, wie sie etwa von der Gebäudeversicherung des Kantons Bern angeboten wird).

Achten Sie also bei der Montage darauf, dass keine Gummileitungen offen geführt werden. Andernfalls können Sie das Marderrisiko bei den Privatversicherungen eigens versichern. Es gibt dazu spezielle Angebote unter den Titeln Maschinen-Versicherung, Versicherung für haustechnische Anlagen, Tierschäden-Versicherung oder mit anderen Bezeichnungen.

chern? Die Jahresprämien sehen Sie in der Tabelle auf der vorhergehenden Doppelseite.

Und das sind die Details, die Sie zum Thema Erdbebenversicherung wissen müssen:

- Die Prämienbeispiele gelten für die stark erdbebengefährdeten Orte Sion VS und Basel sowie für Spiez, wo das Erdbebenrisiko gering ist. Das Einfamilienhaus hat eine Versicherungssumme von 500 000, der Wohnblock von 2 Millionen Franken. Diese Summe entspricht dem Versicherungswert der «normalen» Gebäudeversicherung (Feuerversicherung).

### Es gibt Anbieter mit zwei Selbstbehaltvarianten

- Versichert ist der Wiederaufbau des Gebäudes in gleicher Art, Grösse und Ausbaustandard.
- Erkundigen Sie sich beim Abschluss, ob allenfalls Aufräumungs- und Entsorgungskosten mitversichert sind. Bei RMS ist das beispielsweise der Fall.
- Fragen Sie auch, ob der Anbieter eine Gesamthaftungslimite hat. Dann gibt es bei Grossereignissen eine maximale Entschädigungslimite für alle Betroffenen, was beim Einzelnen dazu führen kann, dass nicht der ganze Schaden übernommen wird.
- Der Hausrat ist in den angegebenen Prämien nicht gedeckt. Er kann aber meistens gegen Mehrprämie mitversichert werden (siehe auch Seite 232 ff.).
- Die Anbieter kennen teils beim Selbstbehalt unterschiedliche Varianten; einige sind deshalb zweimal aufgeführt – mit 2 Prozent sowie mit 10 Prozent.

Angesichts des eher kleinen Prämienunterschieds lohnt es sich, falls möglich den 2-prozentigen Selbstbehalt zu wählen.

10 Prozent einer Versicherungssumme von 500 000 sind ja immerhin 50 000 Franken, bei der 2-Prozent-Variante beträgt der Selbstbehalt nur noch 10 000 Franken.

- Auch die Generali hat zwei Selbstbehaltvarianten. Die Tabelle zeigt die Tarife beim Selbstbehalt «10 % der Versicherungssume». Die Generali hat aber auch die Variante «10 % der Entschädigung, mindestens 20 000 Franken». Das ist im Schadenfall besser, kostet aber 20 Prozent mehr.

### Rabatte für Mitglieder des Hauseigentümerverbandes

- Viele Angebote in der Tabelle sind nur erhältlich, wenn der Interessent bei dieser Versicherungsgesellschaft schon eine andere Police hat – meist die «normale» Gebäudeversicherung oder die Gebäudewasser-Versicherung. Die Angebote von Basler, HIS Solutions und RMS beispielsweise sind als eigenständige Produkte erhältlich.
- Fragen Sie beim Abschluss auch nach möglichen Rabatten. Mitglieder des Hauseigentümerverbandes zum Beispiel erhalten bei HIS-Solutions 5 Prozent Rabatt. Falls Ihr Gebäude die Normen für erdbebensicheres Bauen erfüllt, erhalten Sie bei RMS 10 Prozent Rabatt.

## Sachversicherungen für Stockwerkeigentümer

Im Kapitel zur Hausratversicherung ist ausführlich beschrieben, wie Einfamilienhausbesitzer und Eigner von Stockwerkeigentum ihr Gebäudeglas und ihr Mobiliarglas versichern können, falls sie dieses nicht als Bagatellrisiko betrachten (siehe Seite 230ff.).

Ein spezielles Problem stellt sich in diesem Zusammenhang für Stockwerkeigentümer. Beschädigt ein Einbrecher die Eingangstüre zu ihrer eigenen Wohnung oder ein Fenster in ihrer eigenen Wohnung, so ist die Reparatur über die Hausratversicherung gedeckt – und zwar unter dem Titel Einbruchdiebstahl.

Für die Eingangstüre des Mehrfamilienhauses hingegen und für gemeinsam benutzte Räume braucht es eine separate Versicherung, die bei Bedarf auch allfällige Schlossänderungskosten übernimmt.

Solche Schäden an massiven Eingangstüren oder Rollläden können sehr kostspielig sein.

Eine separate Versicherungslösung für solche Schäden könnte dort empfehlenswert sein, wo das Einbruchrisiko gross ist. Sie kostet eine bescheidene Jahresprämie von bis 150 Franken (bei einem 6-Wohnungen-Mehrfamilienhaus und einer Erstrisikodeckung von 5000 Franken, siehe das Stichwort auf Seite 229).

Auch das Glasbruchrisiko gilt es im Auge zu behalten. Bei Mehrfamilienhäusern mit verglasten Eingangstüren oder mit Oberlichtern im Treppenhaus oder mit Fenstern in gemeinsam benutzten Räumen ist eine entsprechende Versicherung ratsam.

Diese deckt Bruchschäden an Glas, welches Teil des Gebäudes ist, Schäden an Lichtkuppeln aus Plexiglas oder Ähnlichem sowie die Kosten für die Notverglasung.

**Tipps für die Glasversicherung:**

- Die Gebäudeglas-Versicherung sollten Stockwerkeigentümer für die gemeinsam benützten Räume gemeinsam abschliessen. Für einen durchschnittlichen 6-Wohnungen-Block kostet sie pro Jahr rund 130 Franken (mit Erstrisikodeckung 5000 Franken).
- Glasbruch für die eigenen vier Wände hingegen sollte jeder Eigentümer in seine Hausratpolice einschliessen; das ist meist günstiger.

# 9 Der Rechtsschutz
## So setzen Sie Ihr gutes Recht durch

**Recht haben ist gratis. Seine Rechte durchsetzen kann aber teuer werden. Hier springt die Rechtsschutz-Versicherung ein. Allerdings sind mit einer solchen Police längst nicht alle Rechtshändel versichert.**

Viele Rechtsschutz-Versicherte verlassen sich im Streitfall blind auf ihre Versicherung – und werden oft enttäuscht.

Grund: Viele Kundinnen und Kunden erwarten schlicht zu viel. Sie übersehen, dass sie mit einer solchen Versicherung keinen Partner für alle Fälle haben. Die Verträge decken nämlich nur Kosten von Streitigkeiten in bestimmten Rechtsgebieten.

**TIPP**

### Sie wünschen Versicherungsschutz: Schadenfall sofort melden!

Mit seiner Unterschrift unter den Versicherungsantrag verpflichtet sich der Kunde, der Gesellschaft einen Schadenfall, für den er Rechtsschutz beanspruchen will, sofort schriftlich zu melden. Einzelne Gesellschaften setzen dafür im Kleingedruckten eine Frist von 14 Tagen, andere von 10 Tagen ein.

Wer sich aber zu lange Zeit lässt, riskiert, dass die Versicherung ihre Leistungen um den Betrag kürzt, um den die Kosten durch die verspätete Anzeige des Falles grösser wurden (siehe auch Kasten auf Seite 27). Die Versicherung darf aber die Übernahme des Falls nicht komplett verweigern.

Übrigens: Schadenvergrösserungen durch verzögerte Anmeldung sind nur in sehr seltenen Fällen überhaupt möglich.

Apropos Schadenfall: Auch beim Rechtsschutz ist es üblich, dass die Versicherungen die Police im Schadenfall kündigen, wenn der Kunde die Versicherung «über Gebühr in Anspruch nimmt», wie es die Assista einmal formuliert hat.

Mehr noch: Im Laufe der letzten Jahre haben die Anbieter immer mehr Ausnahmen in die allgemeinen Versicherungsbedingungen (AVB) aufgenommen. So sind beispielsweise nicht mehr überall alle Streitigkeiten aus Arbeitsverträgen gedeckt.

Eine weitere Einschränkung: Der grösste Teil der Prozesse, die vor Gerichten und Verwaltungsbehörden stattfinden, kann nicht versichert werden. Dies betrifft in erster Linie familienrechtliche Prozesse (Unterhalts-, Eheschutz- und Scheidungsverfahren), Erbstreitigkeiten, Bauprozesse, Steuerverfahren sowie sehr viele Strafverfahren.

Auch wer sich in Geldanlage-Fragen schlecht beraten fühlt, kann das Verlorene nicht mit dem Rechtsschutz zurückholen (siehe Kasten auf Seite 275).

### Der Streit um die Aussichtslosigkeit

Selbst bei Streitigkeiten, die grundsätzlich durch die Police gedeckt wären, kann die Versicherung eine Übernahme von Prozesskosten ablehnen – dann nämlich, wenn sie eine Klage, einen Rekurs an eine obere Instanz oder eine Beschwerde als aussichtslos einschätzt.

Eine solche Ablehnung muss aber in den Versicherungsbedingungen geregelt sein: Für den Fall, dass die Versicherung ein gerichtliches Vorgehen als aussichtslos betrachtet, muss sie in den Versicherungsbedingungen ein besonderes Verfahren vorsehen, in dem entschieden wird, ob ein Prozess tatsächlich als aussichtslos gelten kann oder nicht.

Enthält das Kleingedruckte keine solche Klausel oder macht die Versicherung ihren Kunden bei der Ablehnung eines konkreten Schadenfalles nicht auf die Möglichkeit des Schiedsverfahrens aufmerksam, muss sie so oder so zahlen.

Kommt es zu einem solchen Schiedsverfahren, entscheidet ein vom Kunden und von der Versicherung gemeinsam beauftragter Schiedsrichter – in der Regel ein Anwalt – über die Chancen eines Vorgehens. Die Kosten des Verfahrens gehen meist zulasten des Verlierers.

Findet der Schiedsrichter, der Fall sei effektiv aussichtslos, kann der Kunde immer noch auf eigene Kosten für sein Recht kämpfen. Erzielt er dabei mindestens einen Teilerfolg, so muss ihm die Versicherung nachträglich dennoch alle Auslagen ersetzen.

### Der Anspruch auf Unterstützung und Kostengutsprache

Dass die Versicherungen nicht vorschnell kneifen dürfen, hat auch das Bundesgericht 1993 in Erinnerung gerufen: Danach haben die Versicherten grundsätzlich einen klagbaren Anspruch auf Unterstützung und Kostengutsprache.

Und: Die subjektive Einschätzung der Prozesschancen durch die Versicherung könne nicht entscheidend sein, die Frage müsse objektiv beurteilt werden.

Im konkreten Fall räumten die Richter in Lausanne einem Prozess gegen eine Versicherung dennoch gewisse Erfolgschancen ein, obwohl die Forderung bereits verjährt war. Denn: Ohne Prozess war noch nicht sicher, ob die Versicherung im Verfahren die Verjährung überhaupt geltend machen würde.

Wichtig: Die Versicherung muss den Kunden schriftlich auf das Schiedsverfahren hinweisen, falls sie Aussichtslosigkeit geltend macht.

Unterlässt sie diesen Hinweis, so gilt das Rechtsschutzbedürfnis laut der «Verordnung über die Beaufsichtigung von privaten Versicherungsunternehmen» als anerkannt.

### Die Versicherungen haben das Sagen

Aussichtslos oder nicht, weitermachen oder aufgeben – das ist also die heikle Streitfrage, über die sich

**IN DIESEM KAPITEL**

Versicherte und Gesellschaften oft in die Haare geraten.

Die Interessenlagen in diesem Punkt sind naturgemäss unterschiedlich: Die Versicherten haben die finanziellen Folgen eines Verfahrens abgedeckt und jahrelang dafür Prämien bezahlt. Sie geben sich deswegen in der Regel weniger kompromissbereit und wollen das Maximum herausholen.

Anders die Versicherungen: Sie wollen die Kosten eines Verfahrens möglichst niedrig halten. Sie sind deswegen eher bereit, einem Vergleich zuzustimmen.

Entscheidend ist deshalb, wer im Schadenfall das Sagen hat: Aufgrund der Bestimmungen im Kleingedruckten sind es in der Regel die Versicherungen. Ihre Sachbearbeiter behandeln den Rechtsstreit zuerst intern; sie versuchen, mit der Gegenpartei eine Einigung zu erzielen, oder beraten den Versicherten, wie er vorgehen soll. So versuchen die Versicherungen, ihren eigenen Aufwand nach Möglichkeit zu begrenzen.

### Das Recht auf die freie Wahl eines Anwalts

Vorteilhaft für die Rechtsschutz-Versicherten ist es, wenn sie bei Bedarf jederzeit selber eine Anwältin oder einen Anwalt ihres Vertrauens mit dem Streitfall beauftragen können. Erstens haben sie so in der Regel einen besser ausgebildeten und zudem prozesserfahrenen Rechtsvertreter, als wenn sie sich mit einem Versicherungsjuristen begnügen müssen, der nicht Anwalt zu sein braucht.

Zudem besteht so eher die Gewähr, dass ihre Interessen optimal

### Anwälte würden Coop Rechtsschutz oder Assista wählen

Was taugen die Rechtsschutz-Versicherungen? Der K-Tipp hat Ende 2010 5800 Anwältinnen und Anwälte der Deutschschweiz nach ihren Erfahrungen mit den acht grössten Rechtsschutz-Versicherern befragt: Wie speditiv werden die Rechtsschutzfälle abgewickelt? Wie häufig lehnen es die Versicherungen ab, die Kosten für einen Anwalt zu übernehmen, und bearbeiten den Fall nur hausintern? Wie häufig werden die von den Versicherten vorgeschlagenen Anwälte abgelehnt? Wie wird die Kompetenz der Rechtsschutzjuristen beurteilt? Werden Rechtsschutzgesuche zu häufig wegen angeblicher Aussichtslosigkeit abgelehnt?

458 der angefragten Juristen hatten Erfahrung mit Rechtsschutz-Versicherern und beantworteten die Fragebogen. Die Umfrageergebnisse sind nicht repräsentativ, aufgrund der Fachkenntnisse der Befragten aber aussagekräftig. Resultat: Nur zwei Versicherungen erhielten die Note «gut» – Coop Rechtsschutz und die Assista des TCS. Alle anderen waren nur «genügend».

Das gute Urteil für Coop Rechtsschutz gilt sinngemäss auch für andere Versicherte, deren Streitfälle ebenfalls von Coop Rechtsschutz betreut werden. Es sind dies Kunden von Helvetia, Helsana, KPT, Nationale und Mitglieder diverser Gewerkschaften wie Unia, SEV, VPOD oder Syna.

Die schlechtesten Noten gaben die Anwälte der Fortuna und der DAS.

Laut der Fortuna müssten die Versicherten befragt werden, um die Qualität der Versicherer zu prüfen. Die DAS hält die Bewertung durch Anwälte für unseriös, da diese nicht neutral seien.

gewahrt sind. Denn ein Jurist einer Rechtsschutz-Versicherung steht immer in einem Interessenkonflikt: Sein Arbeitgeber, die Versicherung, hat ein Interesse, dass der Fall so wenig wie möglich kostet.

Die versicherte Person hingegen will in erster Linie zu ihrem Recht kommen – egal was es kostet. Dafür hat sie ja eine Versicherung abgeschlossen.

Zum Vergleich: Die Krankenkasse bestimmt in der Regel auch nicht, welchen Arzt eine versicherte Person aufsuchen muss. Sie übernimmt vielmehr die Kosten des frei gewählten Arztes.

**FRAGE**

**Hilft mir der Rechtsschutz bei Problemen mit der Bank?**

**Die Credit Suisse hat mir Papiere der Bank Lehman Brothers mit sogenanntem Kapitalschutz angedreht. Wegen des Lehman-Konkurses droht mir nun der Totalverlust. Die CS will mich nicht entschädigen, obwohl sie mir die Risiken verschwiegen hat. Kann ich mit meiner Rechtsschutz-Versicherung gegen die Bank vorgehen?**

**Nein.** Die Rechtsschutz-Versicherungen schliessen eine Deckung für solche Streitfälle aus. Das steht in den allgemeinen Versicherungsbedingungen.

Alle Gesellschaften formulieren dies in mehr oder weniger ähnlichem Wortlaut: Nicht versichert seien Streitfälle aus Kauf und Verkauf von Wertpapieren sowie Beteiligungen an Unternehmen, aus Bank- und Börsengeschäften, Spekulations- und Termingeschäften sowie anderen Finanz- und Anlagegeschäften.

Viele Gesellschaften bieten jedoch eine einmalige Kurzberatung an.

### Die Versicherung erteilt eine Kostengutsprache

Vor Gericht zugelassene Anwältinnen und Anwälte dürfen im Übrigen nicht zwei Herren dienen. Sie müssen unabhängig sein. Das verlangt das Gesetz ausdrücklich.

Die Folge davon: Sie dürfen nicht von einer Rechtsschutz-Versicherung beauftragt werden, sondern nur vom Versicherten selbst. Ihm sind sie Rechenschaft schuldig, der Versicherte als Auftraggeber muss auch das Honorar bezahlen.

In der Praxis erteilt aber die Versicherung dem vom Versicherten gewählten Anwalt eine Kostengutsprache, sodass der Anwalt die Rechnung direkt der Versicherung stellen kann.

Achtung: Nach dem Wortlaut der Versicherungsbedingungen (AVB) erlauben nicht alle Gesellschaften den Versicherten, bei einem Streitfall einen Anwalt frei zu bestimmen.

Dieser Passus ist nur teilweise gültig: nämlich nur für aussergerichtliche Schadenerledigungen und einige wenige Verfahren. In der Regel haben die Versicherten trotz dieser Klausel im Falle eines Gerichtsverfahrens laut Gesetz das Recht auf einen selbst gewählten Anwalt.

Einige Versicherungen behalten sich in den AVB das Recht vor, den vom Versicherten vorgeschlagenen Anwalt abzulehnen. Der Kunde darf dann in solchen Fällen drei weitere Anwälte vorschlagen, von denen die Versicherungsgesellschaft einen akzeptieren muss. Auch die Gültigkeit dieser Klausel ist umstritten: Das Versicherungsaufsichtsgesetz (VAG) verlangt ausdrücklich die freie Anwaltswahl für Gerichtsverfahren, die unter das Anwaltsmonopol fallen. Ohne Wenn und Aber. Mit der Verweigerung der freien Anwaltswahl setzen sich einige Versicherungsgesellschaften also über geltendes Recht hinweg.

**Tipp:** Bestehen Sie bei einem Prozess darauf, dass Sie selber festlegen können, welcher Anwalt oder welche Anwältin Sie vertreten

## Viele Betriebe haben einen mangelhaften Rechtsschutz

Es geschieht jeden Tag: Firmen und Gewerbetreibende erhalten Angebote für teure Einträge in nutzlose Register. Wer nicht aufpasst und unterschreibt, geht damit einen Vertrag ein. Die Registerhaie schrecken sogar vor Lügen nicht zurück, um Unterschriften von ihren Opfern zu erschleichen.

Wer allerdings auf ein solches Schwindelangebot hereinfällt, den Fax unterschreibt, der zugestellt wurde, und sich dann mit Unterstützung der Betriebsrechtsschutz-Versicherung gegen die Mahnungen und Betreibungsandrohungen wehren will, blitzt oft ab. Die DAS zum Beispiel schrieb 2008 einer betroffenen Firmeninhaberin, versichert seien im Wesentlichen lediglich «Streitigkeiten aus Versicherungsrecht, Miet- oder Pachtrecht und Arbeitsrecht».

Das heisst: Ausgerechnet Rechtsprobleme mit Kunden und Lieferanten sind in gewissen Firmenpolicen nicht gedeckt.

Die DAS hat inzwischen den Deckungsumfang ihres Produktes erweitert. Doch auch jetzt noch sind Streitigkeiten aus obligationenrechtlichen Verträgen nur über eine Zusatzdeckung versichert.

Das Beispiel zeigt: Nicht nur beim Rechtsschutz für Private, sondern auch bei der Variante für Betriebe sind die Versicherungen nicht Partner für alle Fälle:

- Bei der Assista TCS zum Beispiel sind Kaufverträge von Unternehmen versichert – aber nur, falls die Firma Maschinen und Mobiliar kauft.
- Die Fortuna bietet einerseits eine abgespeckte Grunddeckung für die Gebiete Arbeits-, Miet-, Versicherungs-, Straf- und Nachbarrecht. Der geschilderte Fall des Registerhai-Opfers wäre nur bei der erweiterten Deckung «Complete» unter dem Titel «Rechtliche Streitigkeiten aus Lieferanten- und Kundenbeziehungen» vollumfänglich versichert.
- Das Gleiche gilt bei CAP. Oft ist allerdings in der «Sparvariante» wenigstens eine einfache Rechtsberatung enthalten.
- Bei Orion braucht es zur Deckung von vertraglichen Streitigkeiten mit Lieferanten und Kunden entweder eine besondere Vereinbarung oder den Abschluss eines erweiterten Versicherungspakets. In der Basisversion sind vertragsrechtliche Streitigkeiten mit Kunden und anderen Dienstleistungserbringern nicht versichert.
- Auch die Axa-Arag würde den Fall nur mit einer zusätzlichen Deckung für Vertragsrecht übernehmen. Diese kostet allerdings 700 bis 1400 Franken mehr pro Jahr.
- Bei der Protekta sind Streitigkeiten aus Inseratverträgen seit 2010 nicht mehr in der Grunddeckung versichert, sondern nur noch über den speziellen «Branchen-Vertragsrechtsschutz». Dieser würde dann auch bei Streitigkeiten mit Registerhaien einspringen (alle Angaben Stand 2012).

**Tipp** für Betriebe, die eine Rechtsschutz-Versicherung abschliessen wollen: Die Unterschiede zwischen den einzelnen Deckungen sind im Betriebsrechtsschutz viel grösser als beim Privat-Rechtsschutz. Prüfen Sie also genau, welche Bereiche Sie abgedeckt haben möchten, und lassen Sie sich dann eine massgeschneiderte Lösung offerieren.

soll. Das ist Ihr gutes Recht, auch wenn in den Versicherungsbedingungen etwas anderes steht.

### Prozessieren ist nicht in jedem Fall teuer

Wer sich den Abschluss einer Rechtsschutz-Police überlegt, sollte bedenken, dass Prozessieren nicht in jedem Fall teuer ist:

- Die grosse Mehrheit aller gerichtlichen Streitigkeiten über finanzielle Forderungen endet mit einem Vergleich. Das heisst konkret: Die Parteien einigen sich – vom Gericht dazu motiviert – auf einen Kompromiss, verzichten auf ein begründetes Urteil, und die Richter setzen die Gerichtskosten relativ tief an.
- Arbeitsgerichtliche Streitigkeiten bis zu einem Streitwert von 30 000 Franken sind von jeglichen Gerichtskosten befreit.
- Betroffene, die über kein Vermögen verfügen und nur so viel verdienen, dass es für den Lebensunterhalt reicht, können in der Regel gratis prozessieren (das ist die sogenannte unentgeltliche Prozessführung).

Allerdings müssen die Betroffenen damit rechnen, dass der Staat diesen Vorschuss später wieder einzutreiben versucht, wenn sie wieder zu Vermögen gekommen sind.

- Wer auf dem Existenzminimum oder knapp darüber lebt, hat ferner das Recht auf einen kostenlosen Anwalt, falls er für ein Verfahren einen Rechtsbeistand benötigt.

**Tipp:** Alle wichtigen Details zur unentgeltlichen Prozessführung stehen im Saldo-Ratgeber «So kommen Sie zu Ihrem Recht». Dort finden Sie die Infos, die Sie zum Thema Prozessieren vor Gericht brauchen. Sie können das Buch im Internet auf www.saldo.ch bestellen oder per Tel. 044 253 90 70.

**TIPP**

**Streitkosten bei den Sozialversicherungen: Anspruch auch mit Rechtsschutz!**

Eine Frau kämpfte gegen die Invalidenversicherung um eine Rente und erhielt vor Bundesgericht recht. In solchen Fällen – es geht um eine Sozialversicherung – sagt das Gesetz seit 2003 klar: «Die obsiegende Person hat Anspruch auf Ersatz der Parteikosten.»

Was aber, wenn die Person einen Rechtsschutz hatte und deswegen ihren Anwalt gar nicht selber zahlen muss? Sie hat dennoch Anspruch auf Ersatz der sogenannten Parteikosten, hat das Bundesgericht entschieden.

Folge für die versicherte Person: Mit diesem Geld muss sie ihren Anwalt zahlen: Die Rechtsschutz-Versicherung muss dann dem Anwalt entsprechend weniger vergüten oder gar nichts, falls die Parteikosten-Entschädigung hoch genug ausfiel (Bundesgerichtsurteil 9C_475/2009).

### Grosse Unterschiede bei den Prämien

Wer sich für eine Rechtsschutz-Police entscheidet, sollte auch auf die Prämien achten; die Unterschiede sind hier beträchtlich.

Die Leistungen hingegen sind im Grossen und Ganzen ähnlich. Sie werden in der Regel ohne Abzug eines Selbstbehalts erbracht.

Allerdings: Nach Ansicht von Anwältinnen und Anwälten sind Rechtsschutz-Versicherte im Schadenfall bei Coop Rechtsschutz und Assista am besten aufgehoben (siehe Kasten auf Seite 274).

Bei den Rechtsschutz-Versicherungen sind die Prozesskosten grundsätzlich in zwei Bereichen (einzeln oder kombiniert) gedeckt: im Verkehrs- und im Privatrechtsschutz.

Beide Policen kann man separat abschliessen – ausser bei den Krankenkassen Helsana, KPT und Visana, wo die zwei Deckungen in einer einzigen Versicherung enthalten sind. (Bei der CAP ist der Privatrechtsschutz allein nicht erhältlich.)

Beim Kombiprodukt gewähren viele Versicherer Rabatte (siehe Tabelle unten).

Betrachtet man die Prämien ohne Berücksichtigung der Angebote der Verkehrsverbände TCS, VCS und ACS (wo ja noch die Mitgliedergebühren dazukommen beziehungsweise inbegriffen sind), so ergibt sich folgendes Bild (ohne Online-Angebote):

### Rechtsschutz-Prämien für Einzelpersonen

| Gesellschaft | Privatrechtsschutz | Verkehrsrechtsschutz | Kombiprodukt |
|---|---|---|---|
| Visana [1] | – | – | 115.20 |
| Helsana [2] | – | – | 117.60 |
| KPT [3] | – | – | 117.60 |
| DAS | 165.– | 115.– | 255.– |
| Assista TCS [4,5] | 225.– | 66.– | 258.– |
| Protekta [5,6] | 200.– | 110.– | 260.– |
| Orion [6] | 231.– | 115.50 | 277.20 |
| Fortuna | 165.– | 135.– | 280.– |
| CAP [7] | – | 80.90 | 289.80 |
| VCS [4] | 210.– | 90.– | 290.– |
| Axa-Arag | 209.– | 132.30 | 299.30 |
| Coop Rechtsschutz | 235.– | 135.– | 320.– |
| Helvetia | 264.30 | 95.90 | 322.30 |
| Zürich [8] | 195.– | 150.– | 345.– |
| ACS [9] | 195.– | 290.– | 485.– |
| **Online-Angebote [10]** | | | |
| www.das.ch [11] | 148.50 | 103.50 | 229.50 |
| www.baloisedirect.ch | 150.60 | 93.80 | 244.30 |
| www.zurichconnect.ch [8] | 170.50 | 136.40 | 306.90 |

Jahresprämien für eine Basisdeckung in Franken für Neuabschlüsse, inkl. 5 % Stempelabgabe. Einjähri Vertragsdauer. Ohne allfällige Treue- und Schadenfreiheitsrabatte. Rangiert nach dem Preis für das Kombiprodukt. Bei der Familie gelten die Angaben für 2 Elternteile und 2 minderjährige Kinder.

1 Preis für Visana-Kunden mit Grundversicherung, sonst 144.– bzw. mit 2 minderjährigen Kindern 288
2 Nur für Kunden der Helsana-Gruppe mit Zusatzversicherung Top oder Completa; inkl. 2 minderjährige Kinder bis 18 sind gratis. Jährliche Mehrkosten von 58.80 pro Kind ab 19 Jahren
3 Online-Rabatt erhältlich; inkl. 2 minderjährige Kinder, Kinder bis 18 gratis, danach Mehrprämie von 5

■ Beim **Verkehrsrechtsschutz** liegen die Prämien (Stand Frühjahr 2012) für einen Alleinstehenden zwischen Fr. 80.90 (CAP) und Fr. 150.– (Zürich).

Eine Familie zahlt zwischen Fr. 122.90 (Helvetia) und Fr. 175.– (Fortuna). Die Details sehen Sie in der Tabelle unten.

■ Im **Privatrechtsschutz** sind die Unterschiede ebenfalls markant: Die Single-Deckung schwankt zwischen Fr. 165.– (DAS und Fortuna) und Fr. 264.30 (Helvetia), für Familien zwischen Fr. 195.– (Zürich) und Fr. 322.40 (Helvetia).

■ Für das **Kombipack** verlangt die teuerste Gesellschaft mehr als doppelt so viel wie die günstigste: Für Fr. 172.80 ist die Familie bei der Visana versichert, während sie bei der Helvetia mit happigen Fr. 393.10 rechnen muss.

Hier ist allerdings zu beachten: Das Visana-Familienangebot gibt es zu diesem Preis nur, wenn die Eltern die Grundversicherung bei der Visana haben. Und es gilt

## Rechtsschutz-Prämien für Familien und Konkubinatspaare

| Gesellschaft | Privatrechtsschutz | Verkehrsrechtsschutz | Kombiprodukt |
|---|---|---|---|
| Visana [1] | – | – | 172.80 |
| Helsana [2] | – | – | 175.20 |
| KPT [3] | – | – | 176.40 |
| VCS [4] | 210.– | 90.– | 290.– |
| Assista TCS [4,5] | 245.– | 96.– | 311.– |
| DAS | 205.– | 150.– | 335.– |
| Zürich [8] | 195.– | 150. – | 345.– |
| CAP [7] | – | 130.20 | 346.50 |
| Protekta [5,6] | 240.– | 160.– | 350.– |
| Fortuna | 210.– | 175.– | 365.– |
| Orion [6] | 315.– | 147.– | 369.60 |
| Axa-Arag | 251.– | 162.80 | 371.70 |
| Coop Rechtsschutz | 280.– | 165.– | 375.– |
| Helvetia | 322.40 | 122.90 | 393.10 |
| ACS [9] | 195.– | 290.– | 485.– |
| **Online-Angebote** [10] | | | |
| www.das.ch [11] | 184.50 | 135.– | 301.50 |
| www.baloisedirect.ch | 198.50 | 122.70 | 321.20 |
| www.zurichconnect.ch [8] | 221.10 | 164.80 | 385.90 |

pro Jahr pro Kind; inkl. 50 % Rabatt für Lebenspartner **4** Nur für Mitglieder, zuzüglich Mitgliedergebühren (Kombiprämien des TCS ohne Mitgliedschaft 315.–/375.–) **5** Für Personen bis zum 26. Altersjahr gibt es Jugendrabatt **6** Sonderkonditionen für Senioren (Orion ab Alter 60, Protekta ab 55) **7** Prämie für Hauseigentümer 399.– bzw. 455.70; Privatrechtsschutz nicht separat im Angebot **8** Rechtsschutz wird nur in Kombination mit einer anderen Versicherung angeboten **9** Privatrechtsschutz separat abschliessbar, Verkehrsrechtsschutz nur als Teil der «Premium»-Mitgliedschaft, zusammen mit Assistance, Pannendienst, Reiseversicherung und weiteren Deckungen versichert **10** Siehe Erläuterungen im Kasten auf Seite 20 **11** 10 % Onlinerabatt, kein eigenständiges Internetprodukt

QUELLE: VZ VERMÖGENSZENTRUM, STAND ANFANG 2012

genau betrachtet nicht für jede beliebige Familie, sondern für zwei Erwachsene mit zwei minderjährigen Kindern. Werden Kinder dann 18 Jahre alt, so kostet das bei der Visana eine jährliche Mehrprämie von Fr. 57.60 pro Kind, falls dieses ebenfalls die Grundversicherung bei der Visana hat.

Gleiche Einschränkung beim Helsana-Familienangebot: Werden Kinder 18 Jahre alt, so kostet das bei der Helsana eine Mehrprämie von Fr. 58.80 pro Kind (bis sie 25 werden).

Bei den anderen Versicherern hingegen sind nicht erwerbstätige Kinder in beliebiger Zahl auch noch in der Familienpolice gratis mitversichert; in der Regel gilt dies auch dann noch, wenn sie über 18 und damit erwachsen sind, aber weiterhin zu Hause wohnen.

**Tipp:** Wie lange erwachsene Kinder noch in der Familienpolice eingeschlossen sind, ist in den Versicherungsbedingungen genau geregelt. Oft gilt hier das Gleiche wie bei der Privathaftpflicht-Versicherung (siehe Seite 204ff.).

Achten Sie also darauf und fordern Sie Ihre Kinder auf, selber einen Rechtsschutz abzuschliessen, sobald sie von zu Hause ausziehen.

Inzwischen gibt es übrigens auch Policen mit einer sogenannten Haushaltsdeckung, in der alle erwachsenen Kinder, die noch zu Hause wohnen, versichert sind. Diese sind auch für Wohngemeinschaften geeignet

Für Alleinstehende liegt die Prämienspannweite beim Kombiprodukt zwischen Fr. 115.20 (Visana mit KVG-Grundversicherung, sonst 144.–) und Fr. 345.– (Zürich).

### Zwei Produkte mit unterschiedlichen Deckungssummen

Beim Anbieter DAS ist zu beachten, dass die Prämien in der Tabelle auf den vorhergehenden Seite für das Produkt Classic gelten. Dieses ist vergleichbar mit den Angeboten der Konkurrenz.

Bei der günstigeren DAS-Variante Basic ist die Deckungssumme kleiner (200 000 Franken), es gilt ein genereller Selbstbehalt von 500 Franken, und die Deckung ist auf die Schweiz beschränkt.

Beim teureren Top-Produkt ist die versicherte Deckungssumme höher (300 000 Franken), und die Deckung gilt weltweit.

Auch bei anderen Anbietern ist es möglich, gegen Mehrprämie eine höhere Versicherungssumme

**TIPP**

## Fragen Sie nach Kollektivrabatten

Wie bei den Krankenkassen gibt es auch bei der Rechtsschutz-Versicherung günstige Tarife für gewisse Kollektive. Etwa bei der Gewerkschaft Unia: Mitglieder erhalten dort eine vollumfängliche Rechtsschutz-Versicherung für die ganze Familie zur günstigen Jahresprämie von 108 Franken.

In der Versicherung inbegriffen ist der Verkehrs- sowie der Privatrechtsschutz, und die ganze Familie ist mitversichert. Eingeschlossen sind auch alle ledigen, nicht erwerbstätigen Kinder – selbst wenn sie auswärts wohnen.

Andere Gewerkschaften (SEV, VPOD, Syna usw.) haben ähnliche Angebote. Auch Verbandsmitglieder können allenfalls profitieren.

sowie gezielte Deckungserweiterungen zu versichern.

### Verkehrsbussen müssen Sie selber zahlen …

Abgesehen von wenigen Details ist die Deckung bei allen Anbietern ungefähr gleich: Die Rechtsschutz-Versicherung übernimmt in der Regel die Anwalts- und Gerichtskosten inklusive Gutachten, Parteientschädigungen an die Gegenpartei sowie Kautionen in Strafsachen.

Teilweise werden zudem auch Inkassokosten und Fahrspesen ersetzt.

Das heisst: Die Kosten für Prozesse in den versicherten Bereichen sind gedeckt, und zwar in der Regel ohne Selbstbehalte. Das gilt auch für die vom Gericht verlangten Vorschüsse.

Nicht auf die Rechtsschutz-Versicherung überwälzt werden können Bussen, weil es sich dabei um persönliche Strafen handelt und nicht um Verfahrenskosten.

### … und auch Delinquenten wird nicht geholfen

Bei Vorsatzdelikten wie Diebstahl, Mord oder Verstoss gegen das Betäubungsmittelgesetz hilft die Rechtsschutz-Versicherung nicht (eventuell übernimmt sie die Kosten nachträglich, falls ein Freispruch erfolgte).

Die Deckung ist in der Regel auf einen Betrag von maximal 250 000 Franken beschränkt. Diese Beträge reichen angesichts der tatsächlich versicherten Leistungen bei weitem aus.

Geografisch limitieren die meisten Gesellschaften den Rechtsschutz auf Europa und die Mittelmeer-Randstaaten. Für gewisse Teilgebiete (zum Beispiel im Vertrags- oder Arbeitsrecht) kann die Deckung auf Ereignisse in der Schweiz und im Fürstentum Liechtenstein beschränkt sein.

Aber Achtung: Auch andere Versicherungen zahlen zum Beispiel bei Vertragsstreitigkeiten nicht, falls ausländisches Recht anwendbar ist oder der Prozess im Ausland stattfindet.

### Geringe Unterschiede beim Verkehrsrechtsschutz

Wesentlich beim Rechtsschutz ist der Umfang der versicherten Rechtsstreitigkeiten. Gering sind die Unterschiede im **Verkehrsrechtsschutz.** Ein paar Details:

- Gedeckt sind bei allen Gesellschaften Streitigkeiten mit Haftpflichtigen, Versicherungen, Vertragspartnern (etwa bei Kauf, Verkauf, bei Miete oder Reparatur von Autos sowie Leasing) und dem Staat (Verletzung von Verkehrsregeln, Führerausweisentzug).
- Die Versicherung gilt in der Regel für alle Motorfahrzeuge, die auf den Namen einer versicherten Person (Versicherungsnehmer, Familienmitglied) eingelöst sind. Ausserdem geniessen die versicherten Personen bei praktisch allen Gesellschaften Rechtsschutz als Lenker jedes beliebigen Fahrzeugs.
- Der Verkehrsrechtsschutz erstreckt sich bei den meisten Gesellschaften auch auf Vorfälle als

Fussgänger, Velofahrer und als Passagier von öffentlichen oder privaten Verkehrsmitteln.

### Eingeschränkte Deckung beim Arbeitsrecht

Grösser sind die Deckungslücken im **Privatrechtsschutz:**

- Besonders wichtig ist hier die Deckung für Prozesskosten aus Vertragsstreitigkeiten (vor allem Kauf-, Miet-, Werk-, Darlehens-, Arbeits- und Pauschalreisevertrag sowie einfacher Auftrag). Wer eine Versicherung abschliesst, sollte darauf achten, dass mindestens diese Gebiete gedeckt sind.

  Es kann durchaus sein, dass Kaufverträge, die im Ausland abgeschlossen wurden, nicht versichert sind (je nach Gesellschaft).
- Einzelne Anbieter zahlen solche Streitigkeiten erst ab einem Mindeststreitwert von beispielsweise 300 oder 500 Franken. Dies ist allerdings sinnvoll, denn um Kleinigkeiten sollte man nicht prozessieren.

**CHECKLISTE**

## Tipps für den Abschluss einer Rechtsschutz-Versicherung

Wenn Sie nicht sicher sind, ob Sie eine Rechtsschutz-Police brauchen, beantworten Sie für sich zuerst die folgenden Fragen:

- Sind die wichtigeren Risiken schon versichert (Krankheit und Unfall inklusive Taggeld, Todesfall- und Erwerbsausfall-Risiko, Haftpflicht- und Hausratdeckung)?
- Besteht bereits Rechtsschutz über andere Versicherungen oder Verbandsmitgliedschaften (Gewerkschaften, Mieterverband, Schutzbrief usw.)? Soll der Rechtsschutz allenfalls auf weitere Bereiche ausgedehnt werden?

  **Tipp:** In solchen Fällen entweder die bisherige Deckung erweitern oder den Gesamtschutz neu abschliessen.
- Wie gross ist das konkrete Risiko eines Rechtsstreites in wichtigen finanziellen Fragen, die auch tatsächlich versichert werden können (zum Beispiel im Arbeitsrecht, Miet- oder Kaufrecht)?

Falls Sie sich für eine Rechtsschutz-Police entscheiden, sollten Sie Folgendes beachten:

- Sind beim Verkehrsrechtsschutz auch Streitigkeiten über Kauf, Verkauf, Miete oder die Reparatur des Autos gedeckt?
- Sind beim Privatrechtsschutz alle wichtigen vertraglichen Streitigkeiten gedeckt (Kauf, Miete, Darlehens-, Arbeits- und Werkverträge, Aufträge sowie Auseinandersetzungen mit Versicherungen)?
- Übernimmt die Gesellschaft bei nicht versicherten Streitigkeiten zum Beispiel aus Familien- oder Erbrecht wenigstens eine einmalige Konsultation bei einem frei gewählten Anwalt?
- Schliessen Sie nur kurzfristige Verträge ab. So haben Sie eine feste Laufzeit von einem Jahr sowie eine automatische Verlängerung um jeweils ein weiteres Jahr, falls keine Kündigung erfolgt. Auf diese Weise können Sie die Police dem aktuell benötigten Schutz anpassen (Anzahl Autos, Anzahl Versicherte, Ausdehnung des Vertragsrechtsschutzes usw.).
- Passen Sie bei freien Vermittlern auf: Sie versuchen, auch beim Rechtsschutz mehrjährige Verträge zu vermitteln, weil ihnen das eine höhere Verkaufsprovision bringt. Darauf sollten Sie nicht eingehen.
- Paare, die zusammenziehen, sollten ihre Policen zusammenlegen, denn eine gemeinsame Police ist billiger als zwei Einzelpolicen.

Bei der Assista TCS gilt allerdings eine Mindest-Streitwertgrenze von 2000 Franken, falls es vor Gericht gehen soll. Und das ist eine eher hohe Hürde.

- Im für die meisten wohl wichtigsten Bereich des Arbeitsrechts schränken immer mehr Anbieter ihren Rechtsschutz ein. Meist sind Arbeitnehmer nicht versichert, falls sie gleichzeitig Direktor oder Mitglied des Verwaltungsrates oder der Geschäftsleitung sind.

Vereinzelt sind auch noch «leitende Angestellte» ausgeschlossen – ein unklarer Begriff, der nicht selten zu Abgrenzungsproblemen führt.

Zudem zahlen einige Anbieter bei einem Streitwert über 100 000 Franken allfällige Prozesskosten nur noch anteilsmässig.

- Gedeckt sind Versicherungsnehmer zudem, wenn ihnen ein Schaden zugefügt wurde und sie nun beim Schadenverursacher ihre Haftpflichtansprüche (Schadenersatz, eventuell Genugtuung) durchsetzen wollen.

Wer selber einen Schaden verursacht hat, darf aber nicht auf die Unterstützung durch die Rechtsschutz-Versicherung zählen. Hier käme eine allfällig vorhandene Haftpflicht-Versicherung zum Zug.

### Familien- und Erbrecht ist nicht versichert…

- Auseinandersetzungen mit privaten und öffentlichen Versicherungen sind im Leistungskatalog der Privatrechtsschutz-Versicherungen ebenfalls enthalten. Auch in diesem Punkt herrscht unter den Gesellschaften praktisch Übereinstimmung.

Ausnahme: Prozesse gegen die Rechtsschutz-Versicherung selber sind nicht versichert.

- Nicht mehr durchwegs gedeckt sind nachbarrechtliche Streitigkeiten und Auseinandersetzungen über Eigentum und Besitz von Liegenschaften. Hier ist der Versicherungsschutz unterschiedlich. Beim Nachbarrecht zum Beispiel kann die Deckung auf 3000 Franken beschränkt sein – oder es gibt nur eine Beratung (siehe Kasten auf der nächsten Seite).
- Rechtsschutz aus Grundstückverträgen (Kauf oder Verkauf, Belehnung oder Verpfändung) lehnen die Gesellschaften fast durchwegs ab.
- Generell nicht versichert sind Personen-, Familien- und Erbrechtsprozesse. Verschiedene Gesellschaften bieten aber – ausser teilweise bei Scheidungen – eine einmalige Rechtsberatung pro Fall durch eigene Juristen an.

Einige übernehmen bei Familien- und Erbstreitereien die Kosten für einen externen Anwalt bis zu einem Maximalbetrag von 300 oder 500 Franken pro Fall und Jahr.

### …Vereinsrecht und Steuerrecht ebenfalls nicht

- Nicht versichert sind Streitigkeiten aus Gesellschaftsrecht (Vereinsrecht, Genossenschaftsrecht usw.), die meisten verwaltungsrechtlichen Auseinandersetzungen (Steuerrecht, Baubewilligungen usw.) oder Ansprüche aus Immaterialgüterrecht (etwa Urheberrechte, Patentrechte). Einige Gesellschaften bieten hier aber eine einmalige Beratung im Wert von 300 oder 500 Franken an.

- Durch einen Privatrechtsschutz nicht gedeckt sind auch Selbständigerwerbende bei Streitigkeiten aus ihrem Gewerbe (siehe auch Kasten auf der Seite 276).
- In mietrechtlichen Konflikten versichern die meisten Gesellschaften nur Verfahren gegen den Vermieter. Eigentümer können Prozesskosten aber zum Teil separat zusätzlich versichern.

### Günstiger für die Versicherung: Der sogenannte Prozessaufkauf

Eine Rechtsschutz-Versicherung muss in einem Streitfall nicht unbedingt die Rechtskosten übernehmen. Sie kann der versicherten Person auch «das wirtschaftliche Interesse ganz oder teilweise ersetzen», wie es zum Beispiel in den Versicherungsbedingungen der Orion heisst.

Konkret: Wenn eine Versicherung zum Schluss kommt, dass der Versicherte zwar im Recht ist, es aber viel zu teuer käme oder aussichtlos wäre, seinen Anspruch vor Gericht zu erkämpfen, so kann sie dem Kunden den Schaden ersetzen. Etwa indem sie eine Reparatur zahlt, deren Übernahme eine Autoversicherung verweigert. Oder indem sie defekte Ware vergütet, weil der Händler pleite ist.

## Unterschiedliche Deckungen beim Nachbarrecht

Im Prinzip fallen auch nachbarrechtliche Streitigkeiten unter die versicherten Bereiche der Rechtsschutz-Versicherungen – insbesondere dann, wenn sich zwei Eigentümer von benachbarten Parzellen in den Haaren liegen.

Ein Blick auf die AVB zeigt aber gewisse Unterschiede bei den einzelnen Anbietern, die im Streitfall wichtig sein könnten:

- Bei der Assista des TCS sind nachbarrechtliche Streitigkeiten in der normalen Privatrechtsschutz-Police überhaupt nicht gedeckt, sondern nur im separat abschliessbaren Gebäude-Rechtsschutz.
- Während normalerweise die versicherte Summe 250 000 oder 300 000 Franken beträgt, beschränkt Coop Rechtsschutz die Kostenübernahmen bei «zivilrechtlichen Streitigkeiten mit direkt angrenzenden Nachbarn wegen Immissionen und Grenzfragen» auf 3000 Franken. Das Gleiche gilt für Helsana Advocare. Helvetia hat ein Kostendach von 5000 Franken.
- Es kann sein, dass die Versicherungsgesellschaft die möglichen nachbarrechtlichen Streitigkeiten detailliert einzeln aufzählt und die Aufzählung als abschliessend bezeichnet.

Bei der Krankenkasse Visana heisst es zum Beispiel, die Deckung gelte «bei nachbarrechtlichen Streitigkeiten in folgenden Fällen: Grenzfragen, Immissionen, im Grundbuch eingetragene aktive und passive Dienstbarkeiten sowie Grundlasten, Unterhalt von Bäumen, Hecken und Grenzabschrankungen (diese Aufzählung ist abschliessend)».

Das bedeutet, dass Auseinandersetzungen aus anderen Gründen (zum Beispiel Einsprachen gegen Bauvorhaben des Nachbarn) nicht gedeckt sind.

- Die Axa-Arag schliesst «Einsprachen gegen nachbarliche Bauvorhaben» sogar explizit aus. Bei der Orion hingegen gehören solche Einsprachen ausdrücklich zu den versicherten Bereichen.

Solche Zahlungen sind für die Rechtsschutz-Versicherer oft günstiger als der Versuch, das Geld auf dem Gerichts- und Betreibungsweg einzutreiben.

### Eine Stunde Anwalt kostet mehr als eine Jahresprämie

Ist also eine Rechtsschutz-Versicherung grundsätzlich zu empfehlen? Für eine solche Police spricht, dass die Prämien im durchschnittlichen Familienbudget nicht allzu stark ins Gewicht fallen dürften; die Kosten von gerichtlichen Verfahren – auch von arbeitsgerichtlichen, falls man einen Anwalt benötigt – können aber schon in einer einzigen Instanz rasch auf 10 000 Franken hochschnellen.

Wer also deutlich über dem Existenzminimum lebt und deshalb am Gericht nicht unentgeltlich prozessieren darf, sollte einen Abschluss durchaus prüfen.

Viele Prozesse lassen sich zwar durch aussergerichtliche Verhandlungen abwenden. Aber welcher Mieter oder Arbeitnehmer kann schon mit Sicherheit ausschliessen, dass er seinem Vermieter oder Arbeitgeber nicht einmal vor Gericht gegenüberstehen muss?

### Auch für Jüngere kann sich ein Rechtsschutz lohnen

Die richtige Rechtsschutz-Versicherung ist jedenfalls für viele Normalverdiener ohne Vermögen eine gute Investition. Die durchschnittliche Jahresprämie ist schon nach einer einstündigen Beratung bei einer Anwältin oder einem Anwalt amortisiert.

**FRAGE**

### Unfall-Spätfolgen: Deckung durch Rechtsschutz?

**Ich hatte als Schüler einen Unfall, der meine Zähne beschädigte. Jetzt, nach 23 Jahren, ist eine Nachbehandlung nötig. Die jetzt zuständige Krankenkasse will nicht alles zahlen. Und die Rechtsschutz-Versicherung will mir nicht helfen. Ist mein Fall durch die Rechtsschutz-Versicherung gedeckt?**

**Nein.** Hier gilt das Prinzip: Ein brennendes Haus kann man nicht versichern. Mit anderen Worten: Der Versicherungsschutz gilt nur für Rechtsfälle, die während der Dauer des Vertrages eintreten. Was vorher passierte und jetzt noch andauert, muss der Rechtsschutz nicht übernehmen.

Deshalb argumentiert die Rechtsschutz-Versicherung korrekt, wenn sie die jetzt fällige Nachbehandlung als direkte Folge Ihres Unfalls in der Schulzeit betrachtet. Damit war der Unfall schon geschehen, als Sie die Police abgeschlossen hatten. Und der nun entstandene Streit ist nicht versichert.

Immerhin hat Ihnen Ihre Rechtsschutz-Versicherung eine einmalige Zahlung von 1000 Franken angeboten. Dazu wäre sie nicht verpflichtet gewesen.

Aus den Fällen, die regelmässig an die K-Tipp-Rechtsberatung herangetragen werden, zeigt sich deutlich: Auch für jüngere Leute kann sich eine Rechtsschutz-Versicherung lohnen.

Jüngere sind zum Beispiel oft anfälliger für aggressiv auftretende Firmen, die ihnen einen schnellen Verdienst versprechen. Mit einer Rechtsschutz-Versicherung im Rücken gelingt es leichter und billiger, aus ungültigen Verträgen rauszukommen.

Gegen eine Rechtsschutz-Police spricht, dass Rechtsstreitigkeiten nicht zu den teuersten Gefahren des Lebens gehören: Nur wer die wichtigsten und grössten Risiken bereits versichert hat, sollte sich auch noch den Abschluss einer Rechtsschutz-Police überlegen.

### Ein brennendes Haus kann man nicht versichern

Ohne Zweifel wichtiger sind aber Kranken- und Unfallversicherung, Todesfallrisiko- und allenfalls Erwerbsausfall-Versicherung sowie Privathaftpflicht- und Hausratdeckung.

**Tipp:** Viele Krankenkassen bieten ihren Versicherten einen Patientenrechtsschutz an. Dieser hilft bei Auseinandersetzungen mit Ärzten und Spitälern wegen Fehlbehandlungen oder bei Streitigkeiten mit der Kranken- oder Unfallversicherung. Diesen Schutz zu haben, kann durchaus nützlich sein; er kann aber einen «vollständigen» Rechtsschutz nicht ersetzen.

Und ganz zum Schluss: Vergessen Sie den allgemeinen Grundsatz nicht, wonach man ein brennendes Haus nicht versichern kann. Will heissen: Wenn Sie schon mitten in einem Rechtsstreit stecken, gibt es für diesen Fall keine Hilfestellung, wenn Sie die Versicherung erst jetzt abschliessen.

Mehr noch: Für gewisse Fälle besteht vielleicht noch eine Wartefrist von beispielsweise drei Monaten. Das bedeutet, dass ein Streitfall, der während dieser Wartefrist entsteht, nicht versichert ist.

# 10 Gut versichert in die Ferien
## So können Sie beruhigt verreisen

**Ein Unfall, eine schwere Krankheit, eine Autopanne oder ein Diebstahl in den Ferien kann die schönsten Tage des Jahres gründlich vermiesen. Mit der richtigen Versicherung im Gepäck sparen Sie Geld und Ärger. In diesem Kapitel steht, worauf Sie beim Abschluss achten sollten.**

Prospekte studieren, das Ferienziel auswählen, die Reise buchen, das Feriengeld wechseln, die Koffer packen – das sind die meist angenehmen Vorbereitungen, die uns auf die schönsten Wochen im Jahr einstimmen.

Vor der Abreise sollte man aber auch an die Versicherungen denken. Das ist zwar für viele etwas Unangenehmes – aber die Details zu beachten kann sich lohnen.

Der wichtigste Grundsatz lautet auch hier: Versichern Sie das Richtige und das Nötige. Denn gerade bei der Ferienversicherung ist die Gefahr gross, dass man gewisse Deckungen doppelt hat und damit Geld zum Fenster hinauswirft.

Der Grund liegt darin, dass die klassischen Reiseversicherungen und Schutzbriefe meistens Paketlösungen sind; darin inbegriffen sind im Einzelfall auch Deckungen, die man nicht braucht oder schon anderweitig versichert hat.

Das Gleiche gilt für viele Versicherungslösungen, die den Kundinnen und Kunden im Reisebüro für eine bestimmte Reise angeboten werden.

### Sechs Punkte, auf die Sie achten müssen

Entscheidend ist aber einzig und allein, dass Sie an die eigentlichen Risiken des Reisens denken – und dann entsprechend handeln. Hier sind sechs Punkte wichtig:

### Die Rettungsflugwacht (Rega) ist keine Versicherung

Gegen die Gönnerschaft bei der Rega ist nichts einzuwenden. Aber erstens ist die Rega keine Versicherung, es besteht also kein eigentlicher Rechtsanspruch. Zweitens umfasst die Dienstleistung der Rega im Ausland nur gerade den Rücktransport von Personen, bei denen das medizinisch notwendig ist – und erst recht keine eigentlichen Heilungskosten.

Der Gönnerbeitrag ist also keine Versicherungsprämie, sondern eine Spende. Deshalb erhalten selbst Gönnerinnen und Gönner nach einem Rettungseinsatz eine Rechnung zur Weiterleitung an ihre Versicherung.

Der Vorteil für Gönner ist aber: Falls keine Krankenkasse und keine andere Versicherung die Einsatzkosten der Rega übernimmt, müssen die Gönnerinnen und Gönner diese nicht aus dem eigenen Sack berappen. Gönner müssen auch nichts zahlen, wenn die Rückführung aus dem Ausland sehr teuer wird und die Deckungsgrenze der Versicherung übersteigt.

Das Leistungspaket der Reiseversicherungen ist hingegen bei Reisezwischenfällen bedeutend umfangreicher (beispielsweise auch Rücktransport aus Unruhegebieten oder vorzeitige Rückreise, falls am Arbeitsplatz der Stellvertreter des Reisenden ausgefallen ist).

Für Reisende heisst das: Allein auf die Gönnerschaft bei der Rega sollte man sich nicht verlassen.

**1.** Sehr wichtig: Sind Ihre Arzt- und Spitalkosten (Heilungskosten) vollständig gedeckt, falls Sie im aussereuropäischen Ausland krank werden oder verunfallen? Ist auch die eventuell nötige Repatriierung gedeckt, also die Rückführung in die Schweiz?
**2.** Wollen Sie Ihre Annullierungskosten (falls Sie aus einem triftigen Grund nicht abreisen können) selber tragen oder versichern?
**3.** Möchten Sie eine Personen-Assistance für den Fall, dass Sie Ihre Reise unerwartet abbrechen müssen?
**4.** Eventuell: Ist Ihr Auto noch genügend versichert, wenn Sie die Grenze ins Ausland überquert haben? Und wie sieht es mit der Pannenhilfe im In- und Ausland aus?
**5.** Ganz wichtig: Je nachdem, ob Sie Ferien in der Schweiz, in Europa oder im aussereuropäischen Ausland machen, müssen Sie darauf achten, ob der gewünschte Versicherungsschutz auch für die betreffende Destination gilt. Hier gibt es immer wieder Überraschungen.
**6.** Wollen Sie Ihr Gepäck versichern?

**IN DIESEM KAPITEL**



## Hohe Arzt- und Spitalkosten im Ausland: So sorgen Sie vor

Wer im Ausland ärztliche Hilfe braucht, erhält von der obligatorischen Grundversicherung der Krankenkasse oder von seiner Unfallversicherung (UVG/Suva) maximal das Doppelte dessen vergütet, was die Behandlung beim Arzt oder auf der allgemeinen Abteilung im Spital im Wohnkanton gekostet hätte. (Die Krankenkasse zieht noch Franchise und Selbstbehalt ab.)

Auch die von der Grundversicherung der Krankenkassen gedeckten Transportkosten sind im Ausland knapp bemessen (siehe Seite 53 ff.), und an Rettungskosten zahlt die Grundversicherung im Ausland überhaupt nichts.

## Buchen im Reisebüro: Achten Sie auf die Reisegarantie!

Ein wichtiger Grundsatz lautet: Zahlen Sie die Reise nicht im Voraus. Oder buchen Sie vorausbezahlte Pauschalreisen nur in Reisebüros, die ihre Kundengelder abgesichert haben.

Es gibt nämlich immer noch Reisebüros und -veranstalter, die sich um die entsprechende Vorschrift des Pauschalreisegesetzes foutieren; dieses verlangt klar, dass Reisebüros für den Fall von Zahlungsunfähigkeit oder Konkurs vorsorgen und die von den Kunden bezahlten Leistungen inklusive Rückreise absichern müssen.

Wer also bei einem Reisebüro ohne Reisegarantie bucht, geht ein finanzielles Risiko ein, falls er vorauszahlt.

In diesem Fall springt auch keine Reiseversicherung ein, denn bei dieser Versicherungslösung sind Vorauszahlungen ans Reisebüro nicht versichert, falls dieses Pleite macht.

Das Gleiche gilt für den Fall, dass Reisende im Ausland nicht mehr weiterkommen und beispielsweise ihren Heimflug selber noch einmal zahlen müssen, weil der Reiseveranstalter genau in dieser Zeit zahlungsunfähig wird und kein Geld mehr schickt.

Ob Ihr Reisegeld abgesichert ist, können Sie bei diesen Adressen herausfinden:

- Garantiefonds der Schweizer Reisebranche, Telefon 044 488 10 70; www.garantiefonds.ch.
- Schweizerischer Reisebüro-Verband, Telefon 044 487 30 50. Im Internet: www.srv.ch.
- Verband der Reisebüros «Swiss Travel Association of Retailers» (STAR), Telefon 044 439 60 60. Im Internet unter www.star.ch (→ Swiss Travel Security).
- Travel Professionals Association (TPA), Telefon 021 799 44 66; www.tpassociation.ch.

Übrigens: In der Regel gelten die Reisegarantien nur bei Kombi-Pauschalreisen (etwa Flug inklusive Hotel). Wer hingegen zum Beispiel eine private Unterkunft hat und deshalb nur den Flug bucht, ist über die Reisegarantie nicht geschützt.

Ausnahme: Bei der Swiss Travel Security (siehe STAR) sind auch Einzelleistungen versichert, also zum Beispiel dann, wenn man im Reisebüro nur einen Flug bucht oder nur eine Schiffspassage.

Für Ferien in Europa sollten Sie immer Ihre «Europäische Krankenversicherungskarte» mitnehmen. Das ist die Rückseite der Krankenversicherungskarte in Kreditkartenform, die versicherte Personen (auch Kinder) von ihrer Krankenversicherung erhalten.

Falls Sie die «Europäische Krankenversicherungskarte» nicht automatisch erhalten, müssen Sie sie bei Ihrer Krankenkasse verlangen.

Und falls Sie die «Europäische Krankenversicherungskarte» nicht auf die Reise mitgenommen haben, können Sie im Falle einer Behandlung sofort bei Ihrer Krankenkasse eine provisorische Ersatzbescheinigung verlangen. Diese kann Ihnen direkt an den Ferienort gesandt oder gefaxt werden.

In den Ländern der Europäischen Union sowie in Island, Liechtenstein und Norwegen (Efta-Staaten) haben Sie mit der Karte bei Arztbesuchen und Spitalaufenthalten Anspruch auf eine angemessene Behandlung – und zwar zu den Bedingungen der Sozialversicherung, die im betreffenden Land gelten.

### Selbstbehalt kann in Europa höher sein als in der Schweiz

Wichtiger Vorteil der Karte: Sie müssen die Behandlung vor Ort in vielen Fällen nicht selber zahlen, und die beteiligten Krankenkassen regeln die Kostenübernahme untereinander über die sogenannte Leistungsaushilfe.

Voraussetzung ist aber, dass der Arzt oder das Spital bei diesem

System auch mitmacht und die Karte akzeptiert. Das ist nicht immer und überall der Fall – etwa bei Privatspitälern, die nicht über die soziale Krankenversicherung abrechnen können.

Falls der Arzt oder das Spital im Ausland nicht über die soziale Krankenversicherung abrechnet, müssen Sie die Rechnung vor Ort selber zahlen und anschliessend Ihrer Krankenkasse in der Schweiz zur Rückvergütung einreichen.

In diesem Fall zahlt die Krankenkasse maximal den doppelten Tarif der Schweiz (in Europa genügt das in der Regel), und Sie selber müssen die Kostenbeteiligung gemäss den schweizerischen Regeln übernehmen.

Wichtig ist dabei: Wenn Sie die Karte im Ausland vorlegen können, müssen Sie in der Regel trotzdem vor Ort die im Ferienland geltende Kostenbeteiligung bar zahlen – und die kann sehr hoch ausfallen.

In Frankreich zum Beispiel zahlen stationäre Spitalpatienten 20 Prozent selber, bei ambulanter Spitalbehandlung sind es sogar 30 Prozent. Auch Belgien ist diesbezüglich sehr teuer, während zum Beispiel in Griechenland im Spital überhaupt kein Selbstbehalt anfällt.

Ein solch hoher Selbstbehalt wird bei Abwicklung über die «Europäische Krankenversicherungskarte» von der Schweizer Krankenkasse nicht rückvergütet.

**Tipp 1:** Wer im Ausland in ein Spital muss, kann bei Spitaleintritt die Krankenkasse (oder deren Notrufzentrale) anrufen, den Fall melden und sich gleichzeitig nach der Selbstbehaltregelung im jeweiligen Land erkundigen. Vielleicht hilft die Kasse mit einem Vorschuss. Es kann auch sein, dass eine vorhandene Reiseversicherung einen Vorschuss gewährt.

**Tipp 2:** Informationen zu Ferien im europäischen Ausland und über den Leistungsanspruch finden Sie im Internet auf www.kvg.org (→ Ferien im Ausland).

**Tipp 3:** Fragen Sie Ihre Krankenkasse, ob die erwähnten hohen Selbstbehalte im europäischen Ausland über eine allfällig schon vorhandene Zusatzversicherung abgedeckt sind. Bei der Helsana zum Beispiel übernehmen die Zusatzversicherungen Top oder Completa die in der EU oder Efta anfallenden Franchisen, Selbstbehalte usw. vollumfänglich, sofern der Betrag 300 Franken übersteigt.

Die Assura übernimmt mit ihrem Produkt Mondia die ganze «ausländische» Kostenbeteiligung ohne Selbstbehalt. Wer den auf Seite 297 erwähnten Heilungskosten-Zusatz des TCS für Europareisen hat, erhält diese Kostenbeteiligung in der EU oder Efta ebenfalls vollständig ersetzt.

### Notfall in den USA – Horror-Rechnung vom Spital

Auf Reisen in entferntere Destinationen ausserhalb der EU/Efta wie zum Beispiel Russland, Nordamerika, Karibik, Vereinigte Arabische Emirate, Afrika, Australien

Fortsetzung auf Seite 293

## Der Auslandschutz der Krankenkassen

| Krankenkasse | Zusatz-versicherung | Arzt- und Spitalkosten im Ausland | Repatriierung | Leistungs-beurteilung |
|---|---|---|---|---|
| Helsana-Gruppe [1] | Top | Ambulant 90 % unbegrenzt, im Spital unbegrenzt | Unbegrenzt | 🙂 |
| Visana-Gruppe [2] | Ambulant II | Unbegrenzt | Unbegrenzt | 🙂 |
| KPT [2] | Kr.-Pflege-Plus | Unbegrenzt | Unbegrenzt | 🙂 |
| Assura [5] | Mondia | Unbegrenzt | Unbegrenzt | 🙂 |
| Swica | Completa Top | 90 % unbegrenzt [4] | Unbegrenzt | 🙂 |
| CSS-Gruppe | Myflex Balance | Ambulant 90 % unbegrenzt, im Spital unbegrenzt | Unbegrenzt | 🙂 |
| EGK [1] | Sun Basic A3 | Ambulant unbegrenzt, im Spital max. 60 Tage/Jahr | Unbegrenzt | 😐 |
| Wincare [1] | Diversa Komfort | Ambulant unbegrenzt, im Spital max. 60 Tage/Fall | Unbegrenzt | 😐 |
| Concordia [1] | Diversa | Ambulant unbegrenzt, im Spital max. 30 Tage/Fall | Unbegrenzt | 😐 |
| Atupri | Mivita reala | Max. 200 000.–/Jahr [3] | Unbegrenzt | 🙁 |
| Groupe Mutuel | Mundo | Max. 100 000.–/Jahr | Unbegrenzt | 🙁 |
| ÖKK | Family | Ambulant unbegrenzt, im Spital allgemeine Abteilung gedeckt | Max. 50 000.– pro Jahr | 🙁 |
| Sympany | Plus natura | Ambulant unbegrenzt, im Spital keine Leistungen | Max. 40 000.– pro Jahr (Selbstbehalt pro Fall 200.–) | 🙁 |
| Sanitas | Classic | Ambulant 90 % während max. 180 Tagen, im Spital keine Leistungen | Max. 2000.– pro Jahr [6] | 🙁 |

🙂 = Überdurchschnittliche Leistungen 😐 = Durchschnittlich 🙁 = Unterdurchschnittlich

**Hinweis:** Einige Kassen bieten eine erweiterte Auslanddeckung in der Spital-Zusatzversicherung, weshalb ihre Krankenpflege-Zusätze keine oder nur geringe Leistungen vorsehen. Dargestellt sind die meistverkauften Krankenpflege-Zusätze. Zudem gibt es einzelne Krankenkassen, die die alleinige Auslanddeckung als separates Produkt verkaufen.

Angaben in Franken

1 Deckung für Auslandaufenthalt von max. 12 Monaten 2 Deckung für Auslandaufenthalte von max. 8 Wochen pro Reise. Zusätzlich ist auch eine Versicherung für Reisegepäck, Annullierungskosten und Auslandrechtsschutz inbegriffen 3 Deckung für Auslandaufenthalt von max. 90 Tagen, inkl. Annullierungskosten-Versicherung 4 Es wird eine Franchise von 600 Franken (für Erwachsene) verrechnet. Eine allenfalls in der Grundversicherung bereits bezahlte Franchise wird angerechnet 5 Deckung für Auslandaufenthalt von max. 45 Tagen 6 Erhöhte Kostenübernahme für Repatriierung über Leistungskonto im Produkt Familiy, Abschluss nur für Familien möglich (mindestens ein Elternteil und ein Kind)

QUELLE: VZ VERMÖGENSZENTRUM, STAND 2012

Fortsetzung von Seite 291

oder Japan riskieren Sie, dass Sie einen grossen Teil der Behandlungskosten selber berappen müssen, wenn Sie nur die Deckung der obligatorischen Grundversicherung haben. Hier bringt die «Europäische Krankenversicherungskarte» gar nichts.

Gerade USA-Reisende erleben immer wieder böse Überraschungen, wenn horrende Rechnungen kommen und die Grundversicherung der Krankenkasse nur einen Bruchteil zahlt. Das gilt auch für gewisse Drittweltländer (und es kann sogar in Athen oder auf Mallorca passieren, falls Sie dort die Behandlung in einer Privatklinik wünschen).

Für viele Länder ist also eine Zusatzdeckung für Arzt- und Spitalkosten unabdingbar.

Um eine solche Zusatzdeckung abzuschliessen, haben Sie grundsätzlich drei Möglichkeiten:

### Schutz über die Zusatzversicherung der Krankenkasse

**1. Möglichkeit:** Viele Krankenkassen-Versicherte haben ganzjährig eine «kleine» Zusatzversicherung mit einer ganzen Palette von zusätzlichen Deckungen inklusive Auslandschutz.

Überdurchschnittliche Leistungen bieten hier Helsana-Gruppe, Visana-Gruppe, KPT, Assura, Swica und CSS-Gruppe (siehe die Tabelle links).

Falls Sie bei einer dieser Kassen sind und die entsprechende Zusatzversicherung haben, sind Sie das ganze Jahr weltweit für unbegrenzte Arzt- und Spitalkosten versichert (allerdings bei einigen Kassen nicht mehr, wenn die Ferien länger als beispielsweise acht Wochen dauern).

Sie können sich also im Ausland in den meisten Kliniken behandeln lassen, ohne böse Überraschungen fürchten zu müssen. Setzen Sie sich aber im Ernstfall unbedingt sofort mit der Krankenkasse in Verbindung, vielleicht wird man Sie von einer Luxusklinik in eine «normale» Klinik verlegen lassen.

Bei diesen kleinen Zusatzversicherungen der Krankenkassen sind auch die Kosten für die medizinisch notwendige Rückführung (Repatriierung) in die Schweiz gedeckt – und zwar bei den meisten unbegrenzt.

Sollten Sie bei einer anderen Krankenkasse einen ähnlich ausgestalteten Zusatzbaustein haben, müssen Sie unbedingt in den allgemeinen Versicherungsbedingungen nachschauen, ob ein Auslandschutz überhaupt inbegriffen ist und ob – falls ja – die Leistungen begrenzt sind. Wenn die Arztkosten auf 100 000 Franken pro Jahr begrenzt sind – wie beim Produkt Mundo der Groupe Mutuel – so kann das in schweren Fällen zu wenig sein.

Das gilt auch, wenn Sie bei Ihrer Krankenkasse privat spitalversichert sind. Denn auch hier sind ab und zu Auslandleistungen mitversichert.

**Tipp:** Verreist eine Familie in die Ferien, so müssen auch die Kinder die hier beschriebene Krankenkassen-Zusatzversicherung haben.

### Die Heilungskosten nur für ein paar Wochen versichern

**2. Möglichkeit,** um nicht gedeckte Arzt- und Spitalkosten im Ausland zu versichern: Wer keine gut ausgebaute Ganzjahres-Zusatzversicherung der Krankenkasse hat, kann eine zeitlich beschränkte Ferien-Heilungskosten-Versicherung abschliessen, die nur für die Dauer der Ferien gilt.

Die Tabelle unten zeigt, wie viel einige ausgewählte Krankenkassen für einen Ferientrip von 14 Tagen verlangen.

Sich so zu versichern ist günstiger als mit einer ganzjährigen Zusatzversicherung bei der Krankenkasse.

Der Abschluss ist simpel: Einzahlen – und schon ist die Deckung abgeschlossen (auch wenn Sie sonst bei dieser Kasse nichts versichert haben). Die Postquittung gilt als Versicherungsausweis. Es findet keine Gesundheitsprüfung statt.

**Tipp:** Visana-Kunden mit den Zusatzversicherungen Spital, Ambulant oder Basic haben die Ferienversicherung Vacanza für eine Reise von maximal acht Wochen pro Jahr kostenlos dabei (plus weitere Leistungen wie zum Beispiel Annullierungskosten-Deckung).

### Summenbeschränkungen können ins Auge gehen

Bei den in der Tabelle unten aufgeführten Krankenkassen ist gewährleistet, dass Arzt- und Spital-

## Reiseversicherung: Prämienvergleich für 14 Tage Auslandferien

**Leistungsbeschrieb:** Weltweit volle Deckung bei notfallmässigen ambulanten und stationären Behandlungen, inkl. medizinisch begründete Transporte und Rückführungen in die Schweiz. Teilweise sind Leistungen wie Auslandrechtsschutz oder Hotel- und Unterkunftskosten für eine Begleitperson inbegriffen.

Berücksichtigt sind nur Krankenkassen, bei denen eine kurzzeitige Auslanddeckung auch dann zu haben ist, wenn man die Grundversicherung nicht bei dieser Kasse hat. Angaben in Franken.

| Für eine erwachsene Person | | Für eine Familie (2 Erwachsene, 2 Kinder) | |
|---|---|---|---|
| Atupri | 24.– | CSS | 50.– |
| CSS | 24.– | KPT | 50.– |
| Sanitas | 24.– | Atupri | 60.– |
| KPT | 25.– | Sanitas | 60.– |
| Visana | 30.– | Concordia | 72.– |
| Concordia | 32.– | Visana [1] | 80.– |

1 Für acht Wochen

QUELLE: VZ VERMÖGENSZENTRUM, STAND 2012

STICHWORT

## Jahres-Reiseversicherung

Jahres-Reiseversicherungen sind Pakete mit etlichen Leistungskomponenten: Die wichtigsten sind Annullierungskosten-Versicherung sowie Personen- und Auto-Assistance.

Diese Pakete sind in der Regel direkt bei der betreffenden Versicherungsgesellschaft beziehungsweise bei den Verkehrsclubs erhältlich, in Einzelfällen auch im Reisebüro.

Die Tabelle auf der nächsten Seite zeigt die Prämien der Jahres-Reiseversicherungen. Sie gelten für ein vordefiniertes Paket; es ist auf Ferienreisende zugeschnitten, die mit dem Flugzeug verreisen. Die Autopannenhilfe (Fahrzeug-Assistance) ist in den aufgeführten Prämien in der Regel nicht inbegriffen.

Bei vielen Anbietern ist es möglich, das Versicherungspaket individuell nach dem Baukastensystem zusammenzustellen.

Grundsätzlich können Sie die einzelnen Deckungen einer Jahres-Reiseversicherung (Annullierungskosten, Assistance usw.) auch für wenige Wochen abschliessen – und zwar im Reisebüro.

Eine Jahres-Reiseversicherung lohnt sich meist ab zwei Auslandreisen pro Jahr und vor allem für Familien.

Wie andere Sachversicherungen verlängern sich auch alle Jahres-Reiseversicherungen nach Ende des ersten Vertragsjahres automatisch um ein weiteres Jahr, falls sie nicht vorher mit einer Frist von drei Monaten gekündigt werden.

Da lauert also eine Konsumentenfalle. Viele meinen, die Versicherung erlösche nach einem Jahr automatisch, weil sie ja auch nur einmalig für eine oder allenfalls zwei Reisen gebucht wurde. Das ist aber nicht so!

Die Schutzbriefe der Automobilverbände ACS, VCS und TCS bieten als Paketlösungen in etwa das Gleiche. Wer einen Schutzbrief nach einem Jahr nicht mehr will, muss ihn bei VCS und TCS nicht kündigen; es genügt im Prinzip, einfach die Prämie nicht mehr einzuzahlen (machen Sie aber trotdem eine kurze Mitteilung, das erspart dem Verband administrative Kosten).

Beim ACS muss zwingend drei Monate vor Ablauf gekündigt werden.

Etliche Anbieter bieten im Rahmen ihrer Jahres-Reiseversicherung noch zusätzliche Dienste wie zum Beispiel einen Kredit- und Kundenkarten-Sperrservice.

kosten sowie eine medizinisch notwendige Rückführung in die Heimat (Repatriierung) unbegrenzt versichert sind.

Sollten Sie eine ähnliche Feriendeckung bei einer anderen Krankenkasse haben, müssen Sie darauf achten, ob die Versicherungsleistung summenmässig beschränkt ist (das kann etwa bei einem teuren Spitalaufenthalt finanziell ins Auge gehen) und ob auch die Rückführung in die Schweiz versichert ist. Es lohnt sich, sich zu erkundigen.

### Jahres-Reiseversicherung mit Heilungskosten

**3. Möglichkeit,** um nicht gedeckte Arzt- und Spitalkosten im Ausland zu versichern: Sie schliessen eine Jahres-Reiseversicherung inklusive des Bausteins Heilungskosten ab. (In der Prämientabelle auf der nächsten Seite ist dieser Heilungskosten-Baustein nicht dabei.)

Einen solchen umfassenden zusätzlichen Heilungsschutz gibt es

Fortsetzung auf Seite 297

## So viel kostet die Jahres-Reiseversicherung

### Tarife für Einzelpersonen

| Gesellschaft | Name des Produkts | Jahresprämie |
|---|---|---|
| Allianz Global Assistance (Elvia)[1,2] | Junior / Secure Trip light | 64.– |
| Mobiliar[1] | Mobi Jeunes | 65.– |
| Allianz GA (Elvia)[1] | Junior / Secure Trip | 77.– |
| Europäische[1] | Multi Trip | 84.– |
| Allianz GA (Elvia)[2] | Secure Trip light | 89.– |
| Europäische | Multi Trip | 104.– |
| Allianz GA (Elvia) | Secure Trip | 105.– |
| Axa Winterthur | Intertours | 109.60 |
| Mobiliar | Mobi Tour | 111.– |
| CSS | Personenassistance und Annullierung | 120.– |
| VCS[3] | Schutzbrief | 125.– |
| ACS | Annullierungskosten und Reiseschutz | 130.– |
| Generali[4] | Assistance | 141.80 |
| Zürich | Relax Assistance | 149.– |
| Allianz | Reiseversicherung | 150.20 |
| Helvetia | Assistance | 153.50 |
| TCS[5] | ETI Schutzbrief | 167.– |
| **Online-Angebote**[6] | | |
| www.baloise.ch | Medi Service und Annullation | 86.– |
| zurichconnect.ch | Assistance | 88.90 |

### Tarife für Familien

| Gesellschaft | Name des Produkts | Jahresprämie |
|---|---|---|
| Mobiliar[1] | Mobi Jeunes | 124.– |
| VCS[3] | Schutzbrief | 125.– |
| ACS | Annullierungskosten und Reiseschutz | 130.– |
| Zürich | Relax Assistance | 149.– |
| Allianz Global Assistance (Elvia)[2] | Secure Trip light | 155.– |
| Axa Winterthur | Intertours | 169.20 |
| Mobiliar | Mobi Tour | 171.– |
| Europäische | Multi Trip | 177.– |
| Allianz GA (Elvia) | Secure Trip | 179.– |
| TCS[5] | ETI Schutzbrief | 223.– |
| CSS | Personenassistance und Annullierung | 227.90 |
| Helvetia | Assistance | 230.40 |
| Allianz | Reiseversicherung | 233.10 |
| Generali[4] | Assistance | 236.30 |
| **Online-Angebote**[6] | | |
| zurichconnect.ch | Assistance | 135.– |
| www.baloise.ch | Medi Service und Annullation | 152.30 |

Allianz GA = Allianz Global Assistance (vormals Elvia)

Die Tabelle zeigt die Jahresprämien in Franken inkl. 5 % Stempelabgabe für ein Standardpaket (Annullierung und Ferien-Personen-Assistance), weltweite Deckung inklusive Schweiz, ohne Heilungskosten und in der Regel ohne Pannenhilfe (einjährige Vertragslaufzeit, ohne Berücksichtigung von allfälligen Treue-, Schadenfreiheits- oder Kombirabatten). Beim VCS kommen noch die Mitgliederbeiträge dazu.

1 Für junge Erwachsene bis 26 2 20 % Selbstbehalt bei Annullierung 3 Ohne Mitgliederbeiträge 4 Inkl. Pannenhilfe 5 Inkl. Zusatz Welt, Reiserechtsschutz und Mitgliedschaft für Nichtmotorisierte (32.– pro Jahr) 6 Siehe Hinweise im Kasten auf Seite 20

QUELLE: VZ VERMÖGENSZENTRUM, STAND ANFANG 2012

Fortsetzung von Seite 295

zum Beispiel bei der CSS für 62 Franken im Jahr für die Einzelperson (149 Franken für die Familie). Auch bei der erweiterten Variante der Allianz Global Assistance mit der Bezeichnung «Secure trip plus» ist er dabei (in der Prämientabelle links ist diese Variante nicht aufgeführt).

Ein solcher Einschluss ist auch beim TCS möglich: Er bietet im Rahmen des Schutzbriefes für 45 Franken pro Jahr eine ganzjährige Zusatzdeckung mit unbegrenzten Heilungskosten an. Im Vergleich zu den Tarifen für entsprechende Produkte bei den Krankenkassen ist dieses Angebot unschlagbar.

Dieser TCS-Zusatzbaustein empfiehlt sich für Reisende, die bei ihrer Krankenkasse lediglich die obligatorische Grundversicherung haben und dort auf freiwillige Zusatzversicherungen jeglicher Art verzichten.

Beachten Sie aber: Diese TCS-Deckung gilt nur im aussereuropäischen Raum.

Wer sich beim TCS die Heilungskosten nur für Europareisen versichern will, erhält diesen separaten Baustein für 32 Franken (bei den Prämien auf der Seite links ebenfalls nicht enthalten).

**Tipp:** Lassen Sie sich nicht von den versprochenen Kostenvorschüssen für Arzt- und Spitalkosten blenden, die in den meisten Paketen der Jahres-Reiseversicherungen inbegriffen sind: Diese Geldbeträge (meist sind es 5000 Franken) müssen Sie der Versicherung anschliessend zurückzahlen; es sind also keine «richtigen» Leistungen, sondern nur kurzfristige Darlehen.

**FRAGE**

### Annullierungskosten: Muss ich die Storno-Rechnung zahlen?

**Ich habe bei ITS Coop Travel eine Reise gebucht, musste aber absagen, weil ich schwer krank wurde. Nun schickt mir das Reisebüro eine Stornorechnung über 622 Franken, die ich noch bezahlen soll, weil ich erst eine Anzahlung gemacht habe. Es wäre doch einfacher, wenn diese Rechnung direkt an meine Annullierungskosten-Versicherung ginge. Muss ich sie zahlen und dann selber der Versicherung schicken?**

**Ja.** Sie haben einen Vertrag mit dem Reisebüro und einen Vertrag mit der Versicherung. Das Reisebüro und die Versicherung hingegen haben miteinander keinen Vertrag.

Es ist also korrekt, wenn Sie vom Reisebüro eine Rechnung erhalten. Die entsprechende Zahlungsfrist müssen Sie im Prinzip einhalten und das Geld damit vorschiessen.

Schicken Sie aber die Rechnung sofort an Ihre Reiseversicherung weiter. So erhalten Sie das Geld vielleicht noch vor der Fälligkeit der Rechnung. Und wenn nicht, können Sie das Reisebüro um einen Zahlungsaufschub bitten.

## Reiseabsage: So sind Annullierungskosten versichert

Ein wesentlicher Bestandteil der Jahres-Reiseversichungen und der Schutzbriefe ist die Deckung der Annullierungskosten.

Falls Sie schwer verunfallen, schwer krank werden oder sterben und deshalb eine gebuchte und vorausbezahlte Reise nicht antre-

**FRAGE**

### Reise wegen Krankheit abgesagt: Muss ich die Bearbeitungsgebühr trotz Versicherung selber zahlen?

**Ich habe eine Fluss-Schifffahrt gebucht und 800 Franken angezahlt. Leider musste ich die Reise aus gesundheitlichen Gründen abblasen; ein Arzt hat die Krankheit bestätigt. Weil ich früh genug abgesagt habe, musste mir das Reisebüro die 800 Franken zurückschicken. Als das Geld kam, fehlten aber 120 Franken. In der Abrechnung des Reisebüros steht, das sei eine Bearbeitungsgebühr. Nun weigert sich die Annullierungskosten-Versicherung des TCS, mir diese Bearbeitungsgebühren zu ersetzen. Muss ich das akzeptieren?**

**Ja.** Sie haben einen «ETI-Schutzbrief» vom TCS, und in den Bedingungen steht klar, dass diese Versicherung solche Bearbeitungsgebühren nicht zahlt (wie Kosten für Visa, Impfungen und Versicherungsprämien, die der TCS ebenfalls nicht zurückvergütet).

Sie haben also Pech gehabt; die allermeisten anderen grossen Anbieter von Reiseversicherungen hätten solche Bearbeitungsgebühren bezahlt.

Das gilt aber in der Regel nur für Jahres-Reiseversicherungen, die man direkt bei den grossen Anbietern kaufen kann. Wenn man hingegen im Reisebüro nur eine «temporäre» Annullierungskosten-Police kauft, die also nur für die eine Reise gilt, so sind in diesen Spezialangeboten der Reiseveranstalter die Bearbeitungsgebühren meist ebenfalls nicht gedeckt.

Mit anderen Worten: Viele Reiseveranstalter verkaufen ihren Kundinnen und Kunden eine lückenhafte Kurzzeit-Versicherung.

Entscheidend ist das Kleingedruckte: Wenn in den Bedingungen von Annullierungskosten-Versicherungen ausdrücklich steht, die Bearbeitungsgebühren des Reisebüros im Zusammenhang mit einer Reiseabsage würden übernommen, haben Sie Glück gehabt.

Bezahlen muss die Versicherung übrigens auch dann, wenn die Bearbeitungsgebühren nicht ausdrücklich erwähnt sind, in den Bedingungen aber steht, es würden alle «vertraglich geschuldeten» Annullierungskosten vergütet.

ten können, zahlt das Reisebüro – je nach dem Datum der Absage – wenig oder gar kein Geld zurück.

Dieses Risiko der Reiseabsage deckt die Annullierungskosten-Versicherung. Sie zu haben, kann sich besonders bei teuren Pauschalarrangements lohnen, wenn zusätzlich die ganze Familie gemeinsam verreist.

In der Regel zahlen die Annullierungskosten-Versicherungen sogar dann, wenn man kurz vor der Abreise den Arbeitsplatz verliert (siehe Kasten auf der Seite rechts). Und sie springen auch ein, wenn Ereignisse wie Naturkatastrophen oder Unruhen im Ferienland die Reise verunmöglichen.

Eine Annullierungskosten-Versicherung ist also grundsätzlich sinnvoll – zumal sie in der Regel auch dann zahlt, wenn eine nicht mitreisende nahestehende Person (auch Geschwister) oder ein Reisepartner oder der Stellvertreter am Arbeitsplatz schwer erkrankt, verunfallt oder stirbt.

Allerdings gilt auch hier der Versicherungsgrundsatz: Man kann auf die Deckung verzichten, wenn man das Risiko selber tragen will.

**Tipp:** Lesen Sie die Versicherungsbestimmungen genau, damit Sie wissen, welche Absagegründe gedeckt sind und welche nicht. Es kann zum Beispiel sein, dass Pandemien kein Absagegrund sind – wie zum Beispiel bei der Mobiliar. In solchen Fällen zahlen aber kundenfreundliche Reiseveranstalter das Geld zurück.

Umgekehrt kann es zum Beispiel sein, dass eine gerichtliche

Vorladung als bezahlter Absagegrund gilt.

### Nur schwere Krankheiten sind versichert

Ist eine Krankheit der Grund für die Reiseabsage, so muss sie schwer sein; nur eine vorübergehende Unpässlichkeit oder eine normale Grippe ist nicht versichert.

Pech hatte deshalb eine Frau, die kurz vor der Abreise schwanger wurde und das Kind medikamentös abtreiben liess. Ihre Reiseunfähigkeit aufgrund der Abtreibung liess die Versicherung nicht als «schwere» Krankheit gelten.

Besser erging es einer Frau, die eine Reise nach Kenia gebucht hatte und dann schwanger wurde. Ihr Arzt bestätigte, die für Kenia nötige Malariaprophylaxe sei eine Gefahr für das ungeborene Kind. Ihre Auslagen wurden von der Versicherung gedeckt.

Das bedeutet umgekehrt: Eine normal verlaufende Schwangerschaft ohne Komplikationen wäre

**FRAGE**

### Neuer Job oder Jobverlust: Ist die Ferienabsage versichert?

**Ich war arbeitslos und hatte auf den 10. September eine Reise gebucht und vorausbezahlt. Mitte August habe ich überraschend einen Job bekommen, den ich am 1. September antreten muss. Mein neuer Arbeitgeber will, dass ich die gebuchten Ferien absage. Muss die Reiseversicherung meine Annullierungskosten zahlen?**

Es kommt auf den konkreten Vertrag an. In den Versicherungsbedingungen der Gesellschaften sind auch die Reiseabsagegründe und die Details dazu abschliessend aufgezählt.

Der unvorhergesehene Stellenantritt ist bei gewissen Anbietern versichert – allenfalls unter der Bedingung, dass die neue Stelle innerhalb der letzten 30 Tage vor Reisebeginn angetreten werden muss.

Bei anderen Versicherungen ist dieser Reiseabsagegrund nicht versichert.

Anders ist es beim Verlust der Arbeitsstelle. Er ist bei den meisten Versicherern als Grund für eine gedeckte Reiseabsage aufgeführt.

Doch auch hier gilt: Massgeblich ist einzig der genaue Wortlaut. So ist zum Beispiel bei gewissen Anbietern der Jobverlust nur versichert, wenn die Kündigung «unerwartet und ohne eigenes Verschulden vom Arbeitgeber aus betrieblichen Gründen» ausgesprochen wurde.

Das heisst: Bringt jemand im Job eine ungenügende Leistung und wird er deswegen entlassen, ist eine Reiseabsage oft nicht eingeschlossen.

Bei anderen Anbietern ist es zwar egal, aus welchem Grund der Arbeitgeber kündigt – dafür gilt die Deckung aber nur, wenn die Kündigung innerhalb der letzten 30 Tage vor Reisebeginn erfolgte. Andere Versicherer kennen hier keine zeitliche Einschränkung.

Vorsicht: Kündigt man selber, ist die Reiseabsage bei keinem Anbieter versichert.

Wenig kundenfreundlich sind in diesem Punkt ein paar wenige Versicherungen: Der Jobverlust ist bei diesen Anbietern nicht versichert.

Apropos Arbeitsstelle: Bei den meisten Versicherern ist die Reiseabsage auch dann versichert, wenn der Stellvertreter oder die Stellvertreterin am Arbeitsplatz schwer krank wird, verunfallt oder stirbt und die Anwesenheit der versicherten Person dadurch «unerlässlich» wird.

auch in einem späteren Stadium der Schwangerschaft nicht versichert.

Und: Wenn eine Frau beim Buchen bereits schwanger ist und nun erst merkt, dass es wegen der Malariaprophylaxe Probleme geben könnte, wird sich die Annullierungskosten-Versicherung ebenfalls querstellen. Sie können von der Annullierungskosten-Versicherung auch kein Geld verlangen, falls Sie die Reise aus persönlichen Gründen absagen (etwa weil eine Beziehung in die Brüche ging oder sich die Reisepartner zerstritten haben).

Ebenfalls kein Geld gibt es, wenn das Wetter in der Feriendestination schlecht ist. Oder wenn Sie Tauchferien absagen mit der Begründung, Sie hätten inzwischen gemerkt, dass Sie beim Tauchen Angstzustände kriegen.

### Zu kleines Kostendach: Im Ernstfall ein Problem

**Tipp 1:** Achten Sie bei der Annullierungskosten-Versicherung darauf, ob sie nur für Europa inklusi-

## Winterferien in der Schweiz: Skisportler müssen aufpassen

Ein Lawinenwinter kann den Wintersportlern Ungemach bringen: Feriengäste können zum Beispiel das vorausbezahlte Hotel oder die vorausbezahlte Ferienwohnung in der Schweiz oder im nahen Ausland nicht beziehen, weil die Strassen wegen Lawinen oder Lawinengefahr gesperrt sind.

Das ist grundsätzlich ein Fall für die Annullierungskosten-Versicherung. Sie zahlt im Prinzip den nicht verbrauchten Teil des vorausbezahlten Ferienarrangements zurück.

- Achten Sie aber darauf, dass Ihre Annullierungskosten-Versicherung auch im Inland gilt. Sonst sind Ihre Ferien in den heimischen Bergen nicht versichert.
- Noch ein Haken: In einigen Annullierungskosten-Versicherungen, die von Kurvereinen angeboten werden, sind Elementarereignisse nicht erwähnt. Dann sind Lawinen sowie Strassensperrungen wegen Lawinengefahr nicht versichert. Lesen Sie deshalb vor dem Abschluss die Bedingungen.
- Beachten Sie auch: In vielen Vertragsbestimmungen fehlt die nähere Umschreibung dessen, was genau als Naturkatastrophe beziehungsweise Elementarereignis gilt. Ist dann auch eine Strassensperrung wegen viel Schnee schon ein Elementarereignis, obwohl noch keine Lawine niedergegangen ist?

Bestehen Sie im Streitfall darauf, dass die Gesellschaft die Begriffe zu Ihren Gunsten auslegt.

- Beim Produkt Intertours der Axa Winterthur sind die Elementarereignisse genau aufgezählt – auch Lawinen. Weil aber Strassensperrungen wegen Lawinengefahr hier nicht erwähnt sind, sind Axa-Winterthur-Kunden im Prinzip nicht versichert, wenn sie wegen starken Schneefalls, Lawinengefahr oder präventiver Strassensperrung nicht anreisen können. Die Axa Winterthur sagt aber, sie zahle trotzdem.
- Es könnte sein, dass Sie am Ende der Ferien – zum Beispiel wegen Lawinengefahr – nicht wie geplant nach Hause reisen können und Mehrkosten haben, weil Sie länger bleiben müssen. Hier springt die sogenannte Personen-Assistance ein, welche bei den Jahres-Reiseversicherungen und bei den Schutzbriefen meistens dabei ist. Auch hier gilt es aber, Versicherungsbedingungen zu prüfen. Es könnte beispielsweise sein, dass die Personen-Assistance in der Schweiz nicht versichert ist.

ve Schweiz gilt oder weltweit. Bei den Prämien in der Tabelle auf Seite 296 ist die Weltdeckung dabei.

Es kann sein, dass die Schweiz gemäss den Bedingungen nicht zu «Europa» gehört. Das könnte denjenigen Kunden zum Verhängnis werden, die Ferien in der Schweiz absagen müssen.

**Tipp 2:** Wer sich dazu entschliesst, das Annullierungskosten-Risiko mit einer Jahres-Reiseversicherung oder mit einem Schutzbrief abzudecken, sollte beachten, dass die Kostenübernahme bei Annullierungen nach oben meist begrenzt ist.

Bei einigen Angeboten ist diese Obergrenze schon bei 10 000 Franken pro Person bzw. 20 000 Franken pro Familie erreicht.

Bei der Europäischen etwa müssen Einzelpersonen bei Annullierungskosten über 10 000 Franken 10 Prozent des darüberliegenden Betrags selber zahlen, Familien 20 Prozent ab 20 000 Franken.

Wer sehr teure Ferienarrangements bucht, sollte also die Deckungssumme beachten und sich bei der Versicherung nach der Höhe der Kostenübernahme erkundigen. In der Regel ist eine Erhöhung dieser Deckung gegen Mehrprämie möglich.

Noch ein Punkt zu diesem Thema: Beim Online-Anbieter Zurich connect zum Beispiel können Sie die Reiseversicherung gezielt mit einzelnen Bausteinen abschliessen und etwa die Deckungssumme bei den Annullierungskosten frei wählen. Aber: Wenn Sie dort die Deckungssumme auf 5000 Franken heruntersetzen, weil das markant billiger ist, so könnte die Versicherungssumme im «Ernstfall» zu klein sein.

**Tipp 3:** Wenn Sie alle übrigen Risiken bereits gut abgedeckt haben, können Sie bei einigen Gesellschaften oder unter Umständen auch im Reisebüro die Annullierungskosten-Deckung allein und separat für ein ganzes Jahr abschliessen. Ein solcher alleiniger Annullierungskosten-Jahresschutz lohnt sich aber nur, falls Sie mehrmals pro Jahr beziehungsweise mit Familie reisen.

Wenn hingegen eine Einzelperson nur einmal ins Ausland verreist, fährt sie am billigsten, wenn sie den vom Reisebüro angebotenen einmaligen Annullierungskosten-Schutz wählt, der lediglich für diese eine Reise gilt.

### Annullierungskosten versichern ist immer freiwillig

**Tipp 4:** Sie können die oft als «obligatorisch» bezeichnete Annullierungskosten-Versicherung des Reisebüros ablehnen, falls Sie die Annullierungskosten anderweitig versichert haben oder dieses Risiko gar nicht versichern wollen. Das gilt auch, wenn Ihnen ein Ferienwohnungsvermittler oder -vermieter eine solche Deckung aufzwingen will.

**Achtung bei Internetbuchungen:** Viele Reiseanbieter und Fluggesellschaften haben ihre Online-Buchungsformulare so eingerichtet, dass man automatisch eine Versicherung abschliesst, wenn man das fragliche, auf der Web-

CHECKLISTE

## Der richtige Abschluss der Reiseversicherung

- Überlegen Sie zuerst, welches Risiko Sie überhaupt versichern wollen. Das grösste Risiko sind die Heilungskosten (Arzt und Spital) für Krankheit oder Unfall in einem teuren Land wie beispielsweise den USA.
- Dann müssen Sie sich entscheiden, ob Sie eine Kurzzeitlösung nur für die Dauer der einen Reise oder ein Jahrespaket wollen. Ab zwei Auslandreisen pro Jahr lohnt sich meist eine Jahres-Reiseversicherung.
- Lassen Sie sich vom Reisebüro keine Deckung aufschwatzen, die Sie nicht brauchen oder schon anderweitig versichert haben. Sie können solche Deckungen ablehnen, insbesondere die vielfach angebotene, angeblich «obligatorische» Annullierungskosten-Versicherung.
- Konkubinatspaare sollten sich erkundigen, ob in der Familienversicherung beide Partner gedeckt sind.
- In der Familienversicherung sind in der Regel nur Mitreisende gedeckt, die im gleichen Haushalt wohnen.
- Wer bereits Mitglied bei einem Verkehrsclub ist, kauft dort mit dem Schutzbrief eine günstige Deckung für Reiseunbill ein.
- Falls Sie länger als zwei Monate verreisen, sollten Sie fragen, ob auch Ihr Reiseschutz so lange gültig ist. Bei einigen Anbietern gibt es diesbezüglich keine Beschränkungen, andere begrenzen die maximal erlaubte Ferienlänge auf 60 oder 90 Tage.
- Achten Sie bei der Reisezwischenfall-Versicherung auf versteckte Fallen. Etliche Reiseversicherungen zahlen zum Beispiel nichts, wenn Reisende wegen einer Epidemie erkranken. Es kann auch sein, dass der Ferienabbruch infolge Krieg, Erdbeben oder Naturkatastrophen nicht versichert ist (wobei Tsunamis zu den Erdbeben zählen).
- Prüfen Sie den Versicherungsbeginn Ihrer Police, falls Sie kurz vor Reisebeginn abschliessen. Falls der Versicherungsbeginn – aus welchen Gründen auch immer – auf den Tag des Reiseantritts festgelegt ist, sind Absagen vor diesem Tag nicht versichert.

site bereits angekreuzte Feld beim Buchungsprozedere übersieht und versäumt, es zu deaktivieren.

Was viele nicht wissen: Bei einer Reiseabsage muss man unter Umständen – trotz Annullierungskosten-Versicherung – eine «Bearbeitungsgebühr» des Reisebüros selber übernehmen (siehe Kasten auf Seite 298).

Das ist besonders oft bei Kurzzeit-Versicherungen der Fall, die man nur für die Dauer der jeweiligen Reise abschliesst. Bei diesen Angeboten kann es sogar passieren, dass die Versicherung einen Selbstbehalt von der Entschädigung abzieht.

Bei der Europäischen gibt es seit kurzem die «Versicherung gegen Elementarereignisse». Die Europäische verkauft ihr Produkt mit dem Argument, bei den meisten Reiseversicherungen seien Elementarereignisse grundsätzlich nicht versichert. Das Produkt der Europäischen zahlt also auch bei Vulkanausbrüchen. Allerdings sind die Leistungen bei Annullationen auf 2000 und bei Reisezwischenfällen auf 700 Franken pro Person beschränkt.

### Beim Buchen schon krank: Ein Arztzeugnis vorlegen!

Ein Problem sind bereits vorhandene Krankheiten. Wer beim Buchen krank ist, aber noch auf Heilung hofft und dann trotzdem nicht abreisen kann, erhält in der Regel keinen Ersatz.

Ähnliches passiert, wenn sich vor Reiseantritt der Gesundheitszustand des Reisenden oder einer nahe verwandten Person verschlimmert und diese Krankheit beim Buchen schon bekannt war. Oder wenn der Zustand anlässlich der Buchung stabil ist, aber ein Untersuchungstermin schon bekannt ist, der vielleicht überraschend eine schlechte Diagnose ergibt.

**Tipp:** In solchen Fällen empfiehlt es sich, bei der Versicherung eine schriftliche Bestätigung zu verlangen, dass sie auch dann zahlt, wenn sich der Zustand der Person verschlimmert und dies eine Reiseabsage oder eine frühzeitige Rückkehr nötig macht.

Die Versicherung wird aber im Normalfall ein Arztzeugnis verlangen, das bestätigt, dass der Zustand der Person stabil ist und während der Reise keine aussergewöhnlichen Komplikationen zu erwarten sind.

### Chronisch krank: Arzt muss stabilen Zustand bescheinigen

Ein solches Arztzeugnis sollten auch jene Reisenden beschaffen, die ein chronisches Leiden haben, das an und für sich eine Reise erlaubt. Bitten Sie Ihren Arzt, den stabilen Zustand zu bescheinigen; dann sind Annullierungskosten gedeckt, falls sich das chronische Leiden vor der Abreise wider Erwarten verschlimmern sollte.

Das Gleiche gilt, wenn Sie noch an den Folgen einer Verletzung laborieren, aber die Heilungschancen gut sind und Sie trotzdem eine Reise buchen wollen. Oder wenn Sie vor Reiseantritt überraschend ins Spital müssen, es aber

**FRAGE**

### Reiseabsage: Darf die Reiseversicherung ein Zeugnis vom Psychiater verlangen?

**Meine Frau und ich haben eine Reise nach Australien gebucht und gleichzeitig eine Reiseversicherung bei der Elvia abgeschlossen. Eine Woche vor Abflug mussten wir die Reise absagen, weil meine Frau plötzlich gesundheitliche Probleme hatte: Sie litt unter Schlafstörungen, Appetitverlust und Halluzinationen. Unser Hausarzt bestätigte, dass sie die Reise aufgrund ihrer starken psychischen Leiden nicht antreten konnte. Jetzt weigert sich aber Elvia, die vorausbezahlten Reisekosten zu übernehmen. Die Begründung: Es fehle ein Arztzeugnis von einem psychiatrischen Facharzt. Hätte meine Frau tatsächlich zu einem Psychiater gehen müssen?**

**Ja.** In den AVB der Elvia (sie nennt sich neu Allianz Global Assistance) steht, in welchen Fällen die Versicherung bei einer Reiseabsage die Annullierungskosten übernimmt. Das macht sie grundsätzlich bei schweren Erkrankungen, bei Unfällen oder Tod. Bei psychischen Leiden bezahlt die Elvia jedoch nur, «wenn ein Psychiater die Reise- und Arbeitsunfähigkeit belegt».

Auch andere Reiseversicherungen verlangen im Kleingedruckten das Arztzeugnis eines Psychiaters: So Allianz, Axa Winterthur, Europäische und Mobiliar.

Die Allianz verlangt zudem, dass ein «stationärer Aufenthalt erforderlich» war. Bei arbeitstätigen Personen verlangen Elvia und Europäische zudem eine Abwesenheitsbestätigung durch den Arbeitgeber.

Für Personen, die beim VCS reiseversichert sind, gelten dieselben Bedingungen wie bei der Europäischen.

Bei anderen Annullierungskosten-Versicherungen reicht laut den Allgemeinen Versicherungsbedingungen grundsätzlich das Zeugnis eines Allgemeinmediziners. So bei Basler, CSS, Helvetia, Generali, TCS und Zürich. Die Bedingungen von Zürich gelten auch für ACS-Versicherte.

Die Zürich weist jedoch darauf hin, dass sie stets eine Untersuchung durch einen von ihr bestimmten Arzt verlangen kann.

absehbar ist, dass die Sache medizinisch noch vor Reiseantritt «erledigt» ist.

In solchen Fällen sollte Ihnen der Arzt bestätigen, dass der geplante Reisezeitpunkt im Hinblick auf einen normalen Heilungsverlauf unproblematisch ist, dass Sie also die Reise voraussichtlich antreten können.

Sollten sich dann bei der Heilung trotzdem unerwartete Schwierigkeiten einstellen, wäre so eine spätere Reiseabsage wegen dieser Komplikationen versichert. Mit anderen Worten: Solange der Arzt der Ansicht ist, dass man bis zum Abreisedatum wieder gesund wird, muss man nicht annullieren.

**Aber:** Sobald Ihr Arzt feststellt, dass Sie nicht reisen können, sollten Sie die Reise annullieren und sich umgehend bei der Versicherung melden. Je länger Sie warten, desto höher werden die Annullierungskosten. Diese inzwischen gestiegenen Kosten übernimmt die Versicherung nicht – wegen Verletzung der sogenannten Schadenminderungspflicht.

**Wichtig:** Es gibt immer wieder Reisende, die sich in solchen heiklen Situationen nur ans Reisebüro wenden statt an die Versicherung. Das ist falsch und gefährlich, denn Vertragspartner ist die Versicherung und nicht der Reiseveranstalter. Und Reisebüroangestellte sind

**FRAGE**

## Zahlt die Versicherung den späteren Rückflug?

**Meine Frau stammt aus Thailand. Jedes Jahr besuchen wir dort ihre Familie. Dieses Jahr wurde meine in Thailand lebende Schwiegermutter kurz vor unserer Rückreise krank. Deshalb blieb meine Frau länger dort. Wir haben die Reiseversicherung «Mobitour», aber die Mobiliar will das neue Rückflugticket meiner Frau nicht zahlen. Es kostete rund 1500 Franken. Dieser Fall sei nicht versichert. Haben wir einen Anspruch?**

**Nein.** Laut den AVB der Mobiliar sind solche Zusatzkosten beispielsweise dann gedeckt, wenn jemand früher nach Hause reisen muss, weil eine nahestehende Person erkrankt. Dies fällt unter die sogenannte Personen-Assistance bzw. Reisezwischenfall-Versicherung.

Muss jemand aber länger im Ausland bleiben, weil dort lebende Verwandte erkranken oder verunfallen, besteht gemäss AVB bei fast keiner Versicherung eine Deckung.

Ausnahmen: Die Europäische Reiseversicherung (ERV) zum Beispiel hätte in Ihrem Fall das Rückflugticket zahlen müssen. Gemäss AVB besteht nämlich bei der ERV Versicherungsschutz, wenn «die versicherte Person ihre Reise abbrechen, unterbrechen oder verlängern muss», weil eine nicht mitreisende nahestehende Person unvorhergesehen schwer erkrankt, verunfallt oder stirbt.

Dann zahlt die Versicherung die Mehrkosten für die Rückreise (Touristenklasse) sowie auch Kosten für Unterkunft und Verpflegung bis maximal 700 Franken.

Bei Basler, Allianz Global Assistance (Elvia) und Generali sowie beim TCS-Schutzbrief und bei der Zürich wäre Ihr Fall ebenfalls nicht gedeckt gewesen. Die Zürich sagte dem K-Tipp, sie würde in einem solchen Fall aber trotzdem aus Kulanz zahlen.

TIPP

**Auslandreisen: Notfallnummern notieren und sofort anrufen!**

Wenn im Ausland etwas passiert, sollten Sie immer und raschmöglichst Ihre Versicherung informieren. Das gilt sowohl für die Krankenkassen-Zusatzversicherung als auch für die anderen Versicherungen, die in diesem Kapitel beschrieben sind.

Notieren Sie deshalb die Notfallnummer vor der Abreise, damit Sie aus dem Ausland anrufen können (und speichern Sie sie auf Ihrem Handy).

Sorgen Sie auch dafür, dass Sie die Nummer Ihrer Police bei sich haben.

Die Notfallnummer ist ein gewichtiges Plus der Krankenkassen und Jahres-Reiseversicherungen; über diese Nummer können Sie 24 Stunden pro Tag Hilfe anfordern. Die Angestellten im Help-Zentrum organisieren dann die nötigen Schritte – auch in Krisenregionen und Ländern, die nicht auf die Bedürfnisse des Massentourismus eingestellt sind. Sie helfen insbesondere bei der Suche nach qualifizierter medizinischer Betreuung.

**Achtung:** Wenn Sie die Notrufzentrale zu spät anrufen oder sogar in Eigenregie Massnahmen organisieren, kann es passieren, dass die Gesellschaft die Kostenübernahme gemäss ihren Bedingungen kürzt, falls der Schaden dadurch grösser wurde.

Dass es sich lohnt, sich gegen Zahlungsverweigerungen zu wehren, zeigt der folgende Fall. Ein Ehepaar erfuhr in den Ferien, dass die Tochter plötzlich schwer erkrankt war. Es beauftragte deshalb das Reisebüro, sofort einen Rückflug zu buchen. Die dabei anfallenden Umbuchungsgebühren in der Höhe von 200 Franken wären eigentlich ein Fall für die Elvia-Reiseversicherung gewesen. Doch die Elvia wollte nicht zahlen. Begründung: Das Paar hätte den Vorfall laut den Allgemeinen Versicherungsbedingungen unverzüglich der Elvia melden müssen. Es sei jedoch ohne Zustimmung der Versicherung vorzeitig zurückgereist.

Diese Bestimmung ist in dieser absoluten Form ungültig. Die Versicherung muss den versicherten Schaden übernehmen. Sie darf die Entschädigung kürzen – aber nur, wenn der Schaden wegen der verspäteten Meldung grösser wurde, was im vorliegenden Fall nicht passierte. Das hat auch die Elvia eingesehen, nachdem sich der K-Tipp eingeschaltet hatte: Sie hat die 200 Franken gezahlt.

keine Spezialisten für Fragen des Annullierungsschutzes.

Bei psychischen Krankheiten prüfen die Versicherungen übrigens noch gründlicher – und argumentieren schneller, die Krankheit habe beim Buchen schon bestanden, und die Absage sei deshalb nicht versichert.

### Annullierung: Verkehrsclub-Mitglieder sind versichert

ACS-, TCS- und VCS-Mitglieder haben sehr oft auch einen Schutzbrief; damit haben sie die Annullierungskosten bereits versichert. Sie haben also über den Schutzbrief ein wichtiges Risiko bereits gedeckt und sie können auch die Pannenhilfe relativ günstig mitversichern. Zudem profitieren sie auch von der Personen-Assistance während der Reise.

**Tipp:** Klären Sie mit Ihrem Club Ihre Deckung, bevor Sie ins Ausland reisen. Falls Sie nur die Mitgliedschaft haben oder zum Beispiel nur die Pannenhilfe Schweiz, haben Sie noch keinen Annullierungskosten-Schutz und auch kei-

### Der Rechtsschutz im Ausland

Bei allen Schutzbriefen und bei einigen Jahres-Reiseversicherungen ist ein weltweiter Rechtsschutz dabei oder Sie können ihn günstig dazuversichern. Das kann nützlich sein, falls Sie im Ausland mit dem Mietauto einen Unfall verursachen. Oder wenn Sie im Ausland mit dem Gesetz in Konflikt geraten.

Die Chance, dass man im Inland in einen Rechtshändel verstrickt wird, ist aber genauso gross wie im Ausland.

Grundsätzlich gilt daher: Wer vom Nutzen eines Rechtsschutzes überzeugt ist, sollte eine «normale» Police bei einer spezialisierten Rechtsschutz-Versicherung abschliessen (siehe Kapitel 9). Dann ist man ganzjährig auch in der Schweiz vollumfänglich versichert.

ne Personen-Assistance. Und: Achten Sie darauf, dass Sie die Pannenhilfe nicht doppelt oder gar dreifach versichert haben (siehe Seite 311).

### Entscheidend ist, ob EDA oder BAG von einer Reise abraten

Bei den Jahres-Reiseversicherungen und Schutzbriefen sind im Normalfall auch Reiseabsagen gedeckt, wenn im Ferienland ein Krieg ausbricht oder die Terrorgefahr so gross wird, dass das Eidgenössische Departement für auswärtige Angelegenheiten (EDA) von Reisen in das betreffende Gebiet abrät. Oder wenn das Bundesamt für Gesundheit wegen einer Epidemie warnt (im Internet: www.eda.admin.ch und www.bag.admin.ch).

Das heisst umgekehrt: Wer aus Angst vor Anschlägen eine Reise in ein Land absagt, vor dem EDA oder BAG nicht warnen und nur allgemeine Verhaltenshinweise geben, darf von der Versicherung kein Geld erwarten. (Allenfalls zeigt sich der Reiseveranstalter kulant und zahlt freiwillig zurück oder ermöglicht unbürokratisch eine Umbuchung.)

Achtung: Bei den im Reisebüro angebotenen Kurzzeit-Versicherungen können kriegerische Ereignisse, Terrorgefahr und Epidemien als Absagegrund ausgeschlossen sein. In solchen Fällen zahlen aber kundenfreundliche Reiseveranstalter das Geld zurück.

## Schlimme Zwischenfälle während der Ferien: Die Assistance hilft

Ein wesentlicher Bestandteil der Jahres-Reiseversicherungen und der Schutzbriefe ist die sogenannte Assistance.

Während einer Reise kann es zu Zwischenfällen kommen. Der Einzelreisende oder ein Familienmitglied wird beispielsweise ernsthaft krank und muss zurück in die Schweiz.

Oder politische Unruhen erzwingen eine vorzeitige Ausreise. Oder Naturkapriolen setzen der Feriendestination so schwer zu, dass Ferien dort nicht mehr zumutbar sind oder zusätzliche Hotelaufenthalte nötig werden.

Oder eine vorzeitige Rückreise wird nötig, weil zu Hause eine nahestehende Person oder der Stellvertreter am Arbeitsplatz schwer erkrankt, verunfallt oder stirbt.

In solchen Fällen zahlt die sogenannte Personen-Assistance,

oft auch Reiseschutz- oder Reisezwischenfall-Versicherung genannt. Dabei ist zwischen «Hauptleistungen» und «Mehrkosten» zu unterscheiden:

- **Hauptleistungen:** Bei Unfall oder schwerer Krankheit zahlt die Versicherung die Repatriierung, also die Transportkosten für die frühzeitige Rückkehr in die Schweiz – sogar der ganzen Familie, falls die Fortsetzung der Reise ohne die schwer erkrankte Person nicht zumutbar ist. Nur leichte Erkrankungen sind aber nicht versichert. In der Regel ist der Betrag für die Repatriierung unbegrenzt.

### Einbruch zu Hause: Oft ist die Rückreise bezahlt

Zu diesen Hauptleistungen gehören auch Zahlungen für Suche, Bergung und Rettung der versicherten Person; diese sind oft auf 10 000 bis 30 000 Franken begrenzt, je nach Anbieter.

Solche Beträge versichert zu haben, lohnt sich insbesondere angesichts der Tatsache, dass die Leistungen der obligatorischen

## Unvollständige Angebote haben nur einen beschränkten Nutzen

Auf dem Gebiet der Reiseversicherung gibt es Angebote, die zwar verlockend klingen, aber nicht immer sehr tauglich sind:

- Bei einigen Jahres-Reiseversicherungen kann auch ein Unfallkapital eingeschlossen werden, das nach Tod oder Invalidität infolge Unfall ausbezahlt wird. Auch bei Kreditkarten ist oft ein Unfallkapital versichert, falls die Reise mit der Karte bezahlt wird.

Das kann im Einzelfall als Ergänzung zu den staatlichen Sozialversicherungen nützlich sein. Grundsätzlich sollten Sie aber Ihre Risikodeckung (Todesfallschutz) so organisieren, dass Sie ganzjährig und auch in der Schweiz gut versichert sind – und nicht nur auf Reisen. Und nicht nur bei Unfall, sondern auch bei Krankheit. Worauf Sie dabei achten müssen, steht im Kapitel 4 zur Risikoversicherung.

- In der Regel gewähren die Kreditkarten keine Annullierungskosten-Deckung. In Einzelfällen können Kreditkartenkunden eine kostengünstige Annullierungskosten-Versicherung separat bei ihrer Kreditkartenfirma abschliessen; diese zahlt aber nur, falls die Reise mit der Karte beglichen wird.
- Auch die übrigen Versicherungsangebote der Kreditkarten sind beschränkt und können den vollen Schutz einer Jahres-Reiseversicherung niemals ersetzen.

Wenn es in den Kreditkartenbedingungen zum Beispiel heisst, man habe eine «Kollektiv-Reise- und -Flug-Unfallversicherung» oder so ähnlich, so ist das eben nur eine Unfallversicherung und keine (wichtige) Annullierungskosten-Deckung.

- Mehr noch: Über die Reise-Unfallschutzdeckung der Kreditkarten sind Reisende nur dann versichert, wenn sie ein öffentliches Verkehrsmittel benutzen oder in einem Mietauto fahren, das sie mit der Kreditkarte bezahlt haben.

Das dürfte viele in falscher Sicherheit wiegen, denn alle anderen Unfälle sind nicht versichert. Wer also im Ausland stolpert und sich dabei verletzt oder als Fussgänger angefahren wird, geht hier leer aus.

- Ein anderes Beispiel für eine unnütze Kreditkarten-Versicherung: Bei den Karten des Vielfliegerprogramms Miles and More ist auch der Gepäckverlust versichert – aber nur so weit, als man sofort notwendige Kleider und Hygieneartikel kauft und mit der Karte zahlt. Es sind also unter dem Titel «Gepäckverlust» nur Ersatzkäufe gedeckt.

TIPP

## Die Forderung nach Originalquittungen ist schikanös

In den Versicherungsbedingungen der Elvia (heute Allianz Global Assistance) zur Reisgepäckversicherung steht wörtlich: «Die Höhe des Schadens ist mit Originalquittungen nachzuweisen. Ist dies nicht möglich, kann die Versicherung ihre Leistungen kürzen oder ablehnen.»

Diese Bedingung ist schikanös und rechtlich gesehen «Unsinn», wie das Konsumentenmagazin Saldo schrieb.

Richtig ist: Versichert sind laut der Elvia-Police unter anderem gestohlene Sachen. Im Schadenfall müssen die Kundinnen und Kunden nachweisen, was gestohlen wurde und welchen Neuwert die Ware hatte. Diesen Beweis können sie aber nicht nur mit Quittungen, sondern mit allen gesetzlichen Beweismitteln erbringen – also auch mit Zeugen.

Dennoch musste eine Elvia-Kundin in einem konkreten Fall eine Kürzung der Schadensleistung um 30 Prozent akzeptieren. Die Elvia machte den Abzug, weil die Originalquittungen fehlten. Begründung: Die Kundin haben die Schadenshöhe nicht genau nachweisen können.

Fazit: Wer nicht sämtliche Originalquittungen seiner Waren aufbewahrt, darf bei der Elvia offensichtlich nicht mit vollem Schadenersatz rechnen.

Versicherungen (Krankenkasse oder Unfallversicherung) im Ausland nicht immer kostendeckend sind: An Rettungskosten im Ausland zahlt die Grundversicherung gar nichts, für medizinisch notwendige Transportkosten übernimmt sie nur gerade 50 Prozent der Kosten, maximal aber 500 Franken pro Jahr.

Die UVG-Versicherer zahlen im Ausland aktuell maximal 25 200 Franken an Rettungs-, Bergungs- und Transportkosten (Stand 2012).

Die Personen-Assistance springt im Prinzip auch ein und zahlt die Zusatzkosten, wenn die versicherte Person während der Ferien nur vorübergehend nach Hause muss, weil beispielsweise eine nahestehende Person gestorben ist oder im Eigenheim eingebrochen wurde. Viele Gesellschaften zahlen auch, wenn der Stellvertreter am Arbeitsplatz ausfällt.

In all diesen Fällen werden – wenn überhaupt – die Zusatzkosten (Bahn- oder Flugbillett) übernommen.

### Vorschüsse für Arztkosten müssen Sie zurückzahlen!

Wenn die versicherte Person im Ausland im Spital ist, zahlen die meisten Versicherungen auch einen begrenzten Teil der Reisekosten von Angehörigen für einen Spitalbesuch im Ausland. Und sie gewähren rückzahlbare Vorschüsse für Arzt- und Spitalkosten.

Die Personen-Assistance zahlt auch, wenn Sie einen Hotelaufenthalt verlängern müssen, weil beispielsweise Unruhen, Naturkatastrophen oder Ausfall der öffentlichen Verkehrsmittel Sie an der Weiterreise hindern.

- **Mehrkosten:** Bezahlt sind auch «Mehrkosten bei Reisezwischenfällen» in der Höhe von 500 bis 1000 Franken. Gemeint sind zusätzliche allgemeine und unerwartete Aufwendungen im Zusammenhang mit den versicherten und aufgezählten Reisezwischenfällen.

Konkret: Die Versicherungen zahlen unter diesem Titel Mehrkosten, welche anfallen, weil die Reisenden ihre Reise nicht wie vorgesehen fortsetzen können (zum Beispiel Telefonspesen oder zusätzliche Kleider).

### Reise abgebrochen: Versicherung zahlt Restgeld zurück

Die Reiseversicherung leistet auch Schadenersatz für eine abgebrochene Reise. Genauer: Sie erstattet denjenigen Anteil der Reisekosten zurück, den man wegen des Abbruchs der Ferien nicht «benutzen» konnte.

Hier gelten ähnliche Limiten wie bei der Annullierungskosten-Versicherung (siehe Details auf Seite 300f.).

Einige Anbieter zahlen über die Jahres-Reiseversicherung statt Schadenersatz eine Ersatzreise in der Höhe des ursprünglich gebuchten Arrangements – und zwar bei schwerer Erkrankung oder Verletzung und nur dann, wenn die so versicherte Person die Ferien abbrechen und nach Hause geschafft werden musste.

Einige zahlen eine solche Entschädigung bar aus; der Kunde kann dann mit dem Geld machen, was er will. Andere Anbieter geben in solchen Fällen einen Gutschein ab, der in einem Reisebüro bei der nächsten Buchung einzulösen ist.

Ein solcher Gutschein kann nachteilig sein. Denn möglicherweise kann oder will jemand nach einem schweren Unfall im Ausland gar nicht mehr verreisen. In diesem Fall sollten Sie das Gespräch mit der Reiseversicherung suchen und um die Barauszahlung des Gutscheins bitten. Die Anbieter sagen, das sei in Ausnahmefällen möglich.

Auch hier gilt: Achten Sie darauf, ob der Schutz weltweit gilt oder nur in Europa.

**Tipp:** Bei einigen Anbietern können Sie bei der Jahres-Reiseversicherung die Personen-Assistance allein und separat abschliessen (wenn Sie sonst nichts brauchen).

**Achtung:** Die fälschlicherweise oft als «obligatorisch» bezeichnete Annullierungskosten-Versicherung der Reisebüros gilt nur für Ereignisse vor der Abreise.

Zwischenfälle während der Reise hingegen (also Kosten für frühzeitige Rückreise oder die Rückerstattung des nicht «benützten» Arrangementspreises) sind wie geschildert nur über die Jahres-Reiseversicherung oder mit einem Schutzbrief gedeckt.

## Reisegepäck: Besser über die Hausratpolice versichern!

Bei einigen Schutzbriefen und Jahres-Reiseversicherungen der Privatgesellschaften kann man das Gepäck separat gegen Mehrprämie (und nur für die Dauer der Reise) versichern.

Auch die Reisebüros bieten zeitlich beschränkte Reisegepäck-Versicherungen an.

Diese Reisegepäck-Versicherungen zahlen nicht nur bei Diebstahl, sondern auch bei Verlust und Beschädigung des Reisegepäcks. Das kann sich lohnen, weil die Fluggesellschaften bei Verlust nur für einen gewissen Teil des von ihnen verursachten Schadens einstehen müssen.

Einige Gesellschaften zahlen auch 1000 Franken für Ersatzkleider, falls das eigene Gepäck am Ferienziel verspätet ausgeliefert wird. Das ist zwar nett, aber ein Risiko, das man notfalls auch selber tragen kann.

Grundsätzlich gilt aber: Wenn Sie Ihre Siebensachen gegen Diebstahl und Verlust versichern wollen, dann sollten Sie das über die Hausratversicherung tun; dort gibt es zu diesem Zweck den Baustein «einfacher Diebstahl auswärts» mit der prämienpflichtigen Zusatzdeckung für Verlust und Beschädigung von Reisegepäck (siehe Details auf Seite 242f.). Ihr Hab und Gut ist dann während des ganzen Jahres und auch in der Schweiz geschützt – und nicht nur während der Auslandferien.

### Kürzung schon bei leichter Fahrlässigkeit

Sollten Sie Ihr Reisegepäck trotzdem via Reisebüro zeitlich beschränkt gegen Diebstahl, Verlust und Beschädigung versichern, müssen Sie daran denken, dass gewisse Reisegepäck-Versicherer nur den Zeitwert versichern, also einen Abzug für die Altersentwertung machen.

Und: Die speziellen Reisegepäck-Versicherungen gelten juristisch als Transportversicherung. Folge: Falls es in den Versicherungsbedingungen so erwähnt ist, darf die Gesellschaft hier schon bei leichter Fahrlässigkeit des Besitzers die Schadenzahlung verweigern oder kürzen, was sie hingegen bei der Hausratversicherung nicht darf.

Dieser Umstand wurde beispielsweise einem Touristen zum Verhängnis, dem in der Transithalle des Flughafens Bukarest eine Videoausrüstung im Wert von 4700 Franken gestohlen wurde. Nach seinen eigenen Angaben war der Tourist kurz eingedöst, er hatte dabei aber die Tragriemen der Videotasche um sein Bein geschlauft.

### Zahlungsverweigerung: Gang zum Gericht kann sich lohnen

Das Gericht kam zum Schluss, der Reisende habe nicht «für eine gehörige Sicherung der Videotasche gesorgt» – und die Reisegepäck-Versicherung musste nicht zahlen.

Dabei spielte auch die Tatsache eine Rolle, dass die Versicherung in ihren Bedingungen eine Zahlung nicht nur bei grober Fahrlässigkeit ausschliesst, sondern auch dann, wenn «Ausserachtlassung der allgemein gebotenen Sorgfaltspflicht durch die versicherte Person» vorliegt. Das Obergericht Zürich kam zum Schluss, das sei eine gültige Umschreibung der leichten Fahrlässigkeit.

Ein anderer Gerichtsfall zeigt allerdings, dass es sich lohnen kann, eine Leistungsverweigerung der Gesellschaft wegen leichter Fahrlässigkeit gerichtlich zu bekämpfen.

Einem Mann war in einem Flughafen in Argentinien eine teure Fotoausrüstung gestohlen worden, obwohl er ständig neben seinem Gepäck stand und nur für rund eine halbe Minute in Richtung Flughafenausgang geschaut hatte.

Das Bundesgericht korrigierte die Zahlungsverweigerung der Versicherung mit dem Argument, das sei keine leichte Fahrlässigkeit; man könne nicht verlangen, dass Reisende ihren Blick permanent auf das Gepäck richten, wenn sie danebenstehen.

### Die Pannenhilfe für Touristen, die mit dem Auto verreisen

Autofahrer, die bereits Mitglied bei einem Verkehrsclub sind, haben (ausser beim VCS) die Pannenhilfe in der Schweiz automatisch mitversichert. Wenn diese Clubmitglieder mit dem Auto ins Ausland fahren, lösen sie am besten noch den Schutzbrief dazu; dann haben sie die Pannenhilfe in ganz Europa mitversichert.

Beim ACS ist die Pannenhilfe europaweit im Mitgliederbeitrag eingeschlossen. Pannenhilfe allein für die Schweiz ist beim ACS gar nicht erhältlich.

Dazu kommen jeweils noch gewisse Extraleistungen im Rahmen der Pannenhilfe wie zum Beispiel Kostenersatz für verlängerten Aufenthalt, Abschleppkosten, Speditionskosten für Ersatzteile, Heimschaffungskosten des Fahrzeuges oder Ersatzwagen für die Weiterreise.

Denjenigen Auto-Auslandfahrern, die nicht bei einem Verkehrsclub sind, stehen die Privatversicherungen als Alternative zur Verfügung. Sie bieten auf Wunsch in ihren Paketen ebenfalls die Pannenhilfe (auch in der Schweiz) sowie die übrigen Dienstleistungen der Auto-Assistance an.

Nichtautobesitzer hingegen und Autofahrer, die während der Ferien das Auto zu Hause lassen und auf jeden Fall mit Zug oder Flugzeug verreisen (und zwar mehrmals pro Jahr), müssen die Auto-Assistance nicht dazuversichern; sie zahlen so bei der Jahres-Reiseversicherung weniger.

**Tipp:** Achten Sie darauf, dass Sie die Pannenhilfe nicht doppelt oder gar dreifach versichert haben. Denn bei vielen Autoversicherungen ist eine sogenannte Assistance inbegriffen – und das ist nichts anderes als eine Pannenhilfe für Automobilisten. Kommt noch dazu, dass beim Neukauf eines Autos oft auch der Autohersteller einen Pannenschutz für ein paar Jahre «mitgibt». Ein solches Geschenk kann es auch nach einem Service in der Garage geben.

Und noch ein wichtiger Hinweis: In den Bedingungen des TCS zur Pannenhilfe steht, jede Panne und jeder Unfall müsse dem TCS gemeldet werden, damit dieser die Hilfeleistung organisieren könne. Wer also selber eine Garage in der Nähe anruft und sein Auto von dieser abschleppen lässt, erhält für diese Kosten vom TCS keinen Ersatz.

# 11 Die Versicherung für Ihr Auto
## So zahlen Sie nicht zu viel

**Autofahrer müssen klar unterscheiden – zwischen der obligatorischen Haftpflicht-Versicherung und der freiwilligen Kaskoversicherung. Für beide Deckungen gilt: Am besten fahren Versicherte, die nicht nur die Prämien vergleichen, sondern auch den Versicherungsumfang genau unter die Lupe nehmen.**

Die Autoversicherer verlangen nicht national einheitliche Tarife, sondern nehmen jede Kundin und jeden Kunden genau unter die Lupe. Das ergibt ein individuelles Profil für jeden einzelnen Antragsteller, nach welchem sich dann die massgeschneiderte Grundprämie richtet – sowohl bei der obligatorischen Autohaftpflicht-Versicherung als auch bei der freiwilligen Kaskoversicherung (siehe Seite 334 ff.).

Anders ausgedrückt: Die Prämie richtet sich in entscheidendem Masse nach dem Schadenrisiko des einzelnen Kunden – genauer: des häufigsten Lenkers oder der häufigsten Lenkerin.

Um die Grundprämie festzulegen, ordnet der Versicherer den häufigsten Lenker einer Risiko-

### FRAGE

### Am Unfall unschuldig: Warum bin ich trotzdem haftbar?

**Ein Inlineskater ist mir seitlich ins Auto gefahren. Die Reparatur meines Wagens kostete über 500 Franken, der Skater war verletzt. Jetzt erfahre ich, dass die Privathaftpflicht-Versicherung des Inlineskaters den Schaden an meinem Auto nicht vollständig ersetzen will. Mehr noch: Meine eigene Autohaftpflicht-Versicherung muss sogar noch einen Teil der Arztkosten des Inlineskaters übernehmen, obwohl ich völlig unschuldig bin. Warum ist das so?**

Autos stellen generell eine grosse Gefahr für schwächere Verkehrsteilnehmer dar. Weil dieses Gefährdungspotenzial des Autos massiv ist, müssen alle Autofahrer nach Gesetz einen Teil der Haftung quasi automatisch übernehmen, sobald sie sich mit dem Auto auf die Strasse begeben und so eine Gefahrenquelle in die Welt setzen.

Anders ausgedrückt: Autos sind schon an sich eine Gefahr. Die Juristen sprechen von Betriebsgefahr und Gefährdungshaftung. Die Folge: Bei allen Zusammenstössen zwischen Autos und schwächeren Verkehrsteilnehmern (auch mit Tieren) bleibt in den allermeisten Fällen ein Teil des Schadens am Automobilisten beziehungsweise an seiner eigenen Autoversicherung hängen – selbst wenn er komplett unschuldig ist.

Dies gilt auch, wenn ein Velofahrer ein Vortrittssignal missachtet und in ein stehendes Auto fährt: Seine allfällig vorhandene Privathaftpflicht-Versicherung übernimmt nur einen Teil der Reparaturkosten des Wagens. Denn auch ein stehendes Auto mit laufendem Motor ist gemäss Gerichtspraxis in Betrieb und unterliegt der strengen Haftung des Strassenverkehrsgesetzes.

Gerichte ziehen für die Betriebsgefahr des Autos in der Regel rund einen Drittel ab. Deshalb muss der schuldlose Autofahrer bzw. seine Versicherung einen Drittel des Schadens des Unfallverursachers übernehmen. Nur in einem Fall haben unschuldige Autolenker Anspruch auf vollen Schadenersatz gegenüber einem Fussgänger, Velo- oder Mofafahrer: Wenn dieser grobfahrlässig gehandelt hat.

gruppe zu, von der er aufgrund interner Statistiken weiss, wie sie sich verhält und wie oft sie die Versicherung in Anspruch nimmt.

Nach welchem Rezept das genau geschieht – darüber geben die Versicherer keine präzisen Auskünfte. Immerhin sind die Risikofaktoren mehr oder weniger bekannt, nach denen die Versicherer ihre Kunden röntgen und ihnen eine Prämie massschneidern. Für die Haftpflicht-Versicherung (und in den meisten Fällen auch für die Kaskoversicherung) sind es meist die folgenden Faktoren:

- **Alter.** Jüngere zahlen mehr als Ältere, weil sie gemäss Statistik häufiger Unfälle verursachen und damit für die Versicherung ein schlechteres Risiko darstellen. Einige Versicherer verlangen auch von Seniorinnen und Senioren höhere Prämien.
- **Geschlecht.** Etliche Anbieter geben Frauenrabatte, weil Frauen nach statistischen Erhebungen sicherer fahren als Männer.
- **Häufigster Lenker.** Der Halter des Autos ist der eigentliche Versicherungsnehmer. Für die Prämie massgebend ist aber der häufigste Lenker. Das mag in sehr vielen Fällen die gleiche Person sein, kann aber dann prämienmässig interessant werden, wenn der Familienvater die Gattin als häufigste Lenkerin einsetzt. Das darf er aber nur, wenn die Frau auch tatsächlich häufiger fährt. Ebenso sollten Familienväter nicht als Versicherungsnehmer für ihre erwachsenen Söhne oder Töchter fungieren (sonst kann die Versi-

**IN DIESEM KAPITEL**

cherung die Bezahlung eines allfälligen Schadens ablehnen).

■ **Nationalität.** Bei Antragstellern aus osteuropäischen oder südlichen Ländern können die Prämien geradezu explodieren, weil diese Versichertengruppe gemäss Statistik häufiger Unfälle verursacht. Solche erhöhten «Balkan-Prämien» verlangen einige Gesellschaften übrigens auch von Lenkern aus dem Norden wie bei-

## Änderungen Ihres persönlichen Risikoprofils sollten Sie unbedingt Ihrer Versicherungsgesellschaft melden!

Wenn Sie beim Abschluss der Autoversicherung falsche Angaben machen oder wichtige «Ereignisse» wie Fahrausweisentzüge oder Kündigung durch einen früheren Versicherer verschweigen, kann das fatal enden: Bauen Sie einen Unfall, kann die Versicherung rückwirkend vom Vertrag zurücktreten und auf Sie Rückgriff (Regress) nehmen (siehe Seite 13 ff. und Kasten auf Seite 324).

Das gilt auch, wenn Versicherungswechsler Angaben zu den Bedingungen ihres bisherigen Vertrages machen müssen. Achten Sie also beispielsweise darauf, dass Sie die Bonusstufe Ihres bisherigen Vertrages korrekt angeben. Oft tauschen die Versicherungen diese Informationen untereinander aus.

Beachten Sie deshalb diese Tipps:

■ Füllen Sie das Antragsformular von A bis Z selber aus – und zwar wahrheitsgetreu (siehe Seite 13 ff.).

■ Lassen Sie sich nicht vom Versicherungsagenten zu irgendwelchen Unwahrheiten verleiten unter dem Motto «Das ist nicht so wichtig». Der Antrag trägt Ihre Unterschrift.

■ Machen Sie eine Kopie des Antragsformulars oder verlangen Sie nachträglich eine Kopie Ihres Antrages bei der Versicherung. Dann wissen Sie, welche Angaben Sie bei Vertragsabschluss gemacht haben.

■ Kundenfreundliche Gesellschaften notieren auf der Police die prämienbestimmenden Merkmale. Dann können Kundinnen und Kunden jederzeit nachschauen, was sie bei Vertragsabschluss unterschrieben haben.

■ Sollten sich prämienbestimmende Faktoren ändern, müssen Sie dies unbedingt mit eingeschriebenem Brief melden. Beispiel: Der Versicherte gibt bei Vertragsabschluss an, er fahre pro Jahr nicht mehr als 10 000 Kilometer; dafür belohnt ihn die Versicherung mit einem Rabatt. Später verursacht er einen Unfall. Dabei bemerkt die Versicherung, dass der Kunde inzwischen mehr fährt, diesen Umstand aber nie gemeldet hat. Nun kann die Versicherung die Zahlung allenfalls kürzen.

■ Allerdings gibt es Gesellschaften, die in solchen Fällen kulant sind oder für die Prämienberechnung nur Faktoren heranziehen, die sich während der Vertragsdauer nicht ändern können, ohne dass es die Versicherung erfährt. Darauf zu bauen kann aber trügerisch sein. Melden Sie deshalb der Versicherung alle wichtigen Änderungen. Das kostet Sie vielleicht in der Folge ein paar Prämienfranken mehr, kann Ihnen aber viel Ärger ersparen. Unter Umständen resultiert durch die Meldung sogar eine Prämienreduktion (falls Sie zum Beispiel weniger fahren).

■ Fragen Sie im Zweifelsfall beim Abschluss, welche Änderungen des persönlichen Risikoprofils Sie melden müssen.

■ Wenn Sie während einer mehrjährigen Vertragsdauer eine Änderung melden und dann mehr Prämie zahlen müssen, gibt Ihnen diese Prämienerhöhung keine Kündigungsmöglichkeit. Schliessen Sie also nur Einjahresverträge ab, sonst müssen Sie die vereinbarte Vertragsdauer wohl oder übel absitzen.

■ Wenn Sie Änderungen melden, kann die Versicherung den Vertrag innert 14 Tagen kündigen. Reagiert sie nicht, so gilt die Änderung als genehmigt.

spielsweise aus Belgien, Irland, Luxemburg oder den Niederlanden.

- **Fahrpraxis.** Wer jahrelang unfallfrei unterwegs war, fährt besser als «Bruchpiloten».
- **Wohnort.** Viele Versicherer haben die Prämien auch nach Kantonen differenziert. Schlechtere Risiken sind grundsätzlich Kunden, die in der Westschweiz, im Tessin, in einer Grenzregion oder in der Stadt wohnen. Innerschweizer hingegen kommen aus Kantonen, in denen die Prämien am günstigsten sind. Es kann auch sein, dass eine Gesellschaft einen bestimmten Kanton schärfer als Risikokanton einstuft als eine andere Versicherung.

  Es ist durchaus möglich, dass die Gesellschaften künftig die Prämien noch weiter regional verfeinern und beispielsweise nach Bezirken abstufen oder sogar nach Postleitzahl oder Quartier.
- **Fahrkilometer pro Jahr.** Wer viel abspult, zahlt bei einigen Gesellschaften mehr als Sonntagsfahrer.
- **Verwendung.** Wer das Auto nur privat einsetzt, zahlt weniger als Fahrer, die mit dem Privatauto auch an den Arbeitsort fahren oder gar beruflich unterwegs sind oder regelmässig ins Ausland fahren.

  Umgekehrt kann man bei einigen Anbietern die Grundprämie vergünstigen, wenn man sich dazu verpflichtet, das Auto keinem Fahrer unter 26 Jahren zu überlassen. (Wer es dann trotzdem tut und der junge Fahrer baut einen Unfall, muss einen höheren Selbstbehalt zahlen.) Möglich ist auch, die «zugelassenen» Lenker in der Police namentlich zu benennen.
- **Fahrzeugmarke und -typ.** Neben den genannten persönlichen Faktoren bestimmen natürlich auch Marke, Hubraum, Abgasausstoss und Anzahl PS des Autos die Grundprämie. Grössere und stärkere Wagen kosten mehr. Eine bessere Sicherheitsausstattung (beispielsweise Fahrzeugortungssystem) kann den Tarif senken. Und bei Axa Winterthur und Allianz erhalten junge Autofahrer einen Rabatt, falls sie einen Crash-Recorder einbauen lassen.

Vor allem in der Kaskoversicherung zählen noch:

- **Alter und Katalogpreis des Fahrzeuges.** Geleaste Autos kosten zudem oft einen Aufpreis.
- **Garage.** Entscheidend ist auch, ob das Fahrzeug nachts in einer geschützten Garage steht oder im Freien. Das hat einen Einfluss auf das Diebstahl- und Marderrisiko.

### Die Transparenz ist unter die Räder geraten

Wichtig zu wissen ist auch, dass die einzelnen Gesellschaften die aufgezählten Risikofaktoren unterschiedlich gewichten.

Es ist also nicht so, dass beispielsweise die Zahl der gefahrenen Kilometer bei sämtlichen Gesellschaften die Grundprämie gleich stark beeinflusst. Zudem gibt es Gesellschaften, die nur wenige der aufgezählten Kriterien berücksichtigen.

Fazit: Es gibt keine Transparenz. Zudem kann das persönliche Risikoprofil bei jedem Versicherer anders ausfallen. Möglich ist auch, dass eine Gesellschaft Personen mit bestimmten Risikomerkmalen gar nicht versichert. Und es gibt Gesellschaften, die bestimmte Risikogruppen – zum Beispiel Junglenker – abwimmeln, indem sie ihnen abschreckend hohe Prämienofferten erstellen.

## Die Autoversicherungen: Welche Police zahlt welche Schäden?

■ Die **Autohaftpflicht-Versicherung** (1. Teil dieses Kapitels) ist obligatorisch und zahlt, wenn der Halter oder ein anderer berechtigter Lenker mit dem versicherten Fahrzeug fremde Sachen beschädigt und/oder einer Drittperson – zum Beispiel Mitfahrer (auch Ehepartner), Velofahrer, Fussgänger oder andere Autofahrer – einen Körperschaden zufügt.

Nebst diesen Sach- und Personenschäden sind auch Vermögensschäden gedeckt, also beispielsweise der Lohnausfall oder die Invalidenrente einer geschädigten Person.

Die Autohaftpflicht-Versicherung wehrt für den Versicherten auch unbegründete Ansprüche ab und zahlt Anwalts-, Gerichts- und Expertisekosten.

Dieser Deckungsbereich ist gesetzlich vorgeschrieben und bei allen Gesellschaften gleich.

Achtung: Sachschäden des Halters selber oder seiner Familienangehörigen (siehe Kasten auf Seite 333) sind nicht versichert. Wenn also der Halter sein eigenes Garagentor demoliert und dabei auch noch Spielsachen seiner Kinder zerstört, ist das nicht gedeckt.

Die Deckungssumme muss mindestens 5 Millionen betragen. Wählen Sie aber die Garantiesumme 100 Millionen, der Prämienaufschlag ist bescheiden.

Die Selbstbehalte sind in der Haftpflicht bei den meisten Versicherungsgesellschaften einheitlich: Junge Fahrer bis 25 Jahre haben einen obligatorischen Selbstbehalt von 1000 Franken. Von Neulenkern über 25, die den Fahrausweis noch nicht zwei Jahre lang haben, verlangen die Gesellschaften in der Regel einen obligatorischen Selbstbehalt von 500 Franken.

Alle übrigen Fahrer müssen in der Autohaftpflicht-Versicherung in der Regel keinen Selbstbehalt zahlen – es sei denn, sie haben ihn freiwillig vereinbart oder er ist ihnen von der Gesellschaft aufgezwungen worden.

Schäden am eigenen Auto zahlt die Autohaftpflicht-Versicherung nicht (dazu braucht es eine Kaskoversicherung).

■ Anders als die obligatorische Haftpflicht-Police ist die **Kaskoversicherung** freiwillig (siehe Seite 334 ff.). Hier ist hauptsächlich zu unterscheiden zwischen Teilkasko- und Vollkasko-Versicherung.

■ Die **Parkschaden-Versicherung** übernimmt Beschädigungen, die unbekannte Personen (Vandalen) oder Fahrzeuglenker an Ihrem parkierten Fahrzeug verursachen (soweit diese Schäden nicht anderweitig gedeckt sind, siehe Details auf Seite 351 ff.). Mit dieser Zusatzversicherung entfallen bei solchen Schäden der in der Vollkasko vereinbarte Selbstbehalt sowie die Bonusrückstufung.

■ Eine **Insassen-Unfallversicherung** ist meist unnötig (Details auf Seite 353 ff.).

■ Ein **Verkehrsrechtsschutz** ist empfehlenswert, weil bei Verkehrsunfällen häufig rechtliche Schwierigkeiten auftauchen. Mehr zur Rechtsschutz-Versicherung steht auf Seite 272 ff.

■ Wie Sie die **Pannenhilfe** im In- und Ausland am besten organisieren, steht auf Seite 311.

■ Wer kein eigenes Auto hat und in Ausnahmefällen von Bekannten ein Auto ausleiht, kann sich bei der Privathaftpflicht-Versicherung die Zusatzdeckung «gelegentliches Fahren fremder Autos» zulegen. Mehr dazu steht im Kapitel zur Privathaftpflicht-Versicherung auf Seite 216 ff.

### So kommen Sie zur richtigen Versicherung

Für die richtige Auswahl der Autohaftpflicht-Versicherung ist also zu beachten:

**1.** Der Deckungsumfang ist in der Autohaftpflicht-Versicherung – weil gesetzlich vorgeschrieben – bei allen Gesellschaften mehr oder weniger gleich. Dieser Punkt ist für die Wahl der Gesellschaft unwesentlich. Sie können diesbezüglich nichts falsch machen.

**2.** Holen Sie Offerten von drei bis vier günstigen Gesellschaften ein.

**3.** Achten Sie darauf, ob die Gesellschaft darauf verzichtet, auf Sie Regress zu nehmen, falls Sie den Unfall grobfahrlässig verursacht haben (siehe Kasten auf Seite 324).

**4.** Entscheidend ist auch, welche Bonusstufe Sie offeriert erhalten und wie das **Bonus-Malus-System** der Gesellschaft ausgestaltet ist (siehe Stichwort auf Seite 321).

Sie sollten also auch das Bonus-Malus-System derjenigen Gesellschaften studieren, von denen Sie prämienmässig attraktive Offerten erhalten haben. Ihre Wahl sollten Sie erst dann treffen, wenn Sie auch wissen, was punkto Bonus und Malus auf Sie zukommen kann.

Die Tabelle auf Seite 320 f. zeigt die Einzelheiten dieser ausgeklügelten Rabattordnung in der Autohaftpflicht-Versicherung. Die Details sind bei jeder Gesellschaft anders:

- Zu sehen ist, wie sich die Prämienstufe nach jedem unfallfreien Jahr nach unten anpasst.

## Autoversicherung: So lesen Sie die Tabellen in diesem Kapitel

Die Prämienvergleiche für Autos zeigen jeweils die offerierten Netto-Jahresprämien für Einjahresverträge in Franken für bisher unfallfreie Neukunden.

Netto heisst: Es ist die Prämie, die effektiv zu bezahlen ist, die Bonusstufe ist also berücksichtigt.

Die Prämien sind präzis auf die sechs definierten persönlichen Fahrerprofile mit dem jeweiligen Beispielfahrzeug zugeschnitten. Es handelt sich damit um Näherungswerte: Schon bei kleinsten Abweichungen im Profil des häufigsten Lenkers oder beim Autotyp kann die (Netto-)Prämie anders ausfallen.

Die für Sie massgeschneiderte Prämie erfahren Sie also nur, wenn Sie konkrete Offerten einholen.

Die Prozentzahl neben der Prämie gibt an, auf welcher Bonusstufe die offerierte Prämie für das jeweilige Fahrerprofil basiert. Für die effektive Prämie ist also entscheidend, auf welche Rabattstufe die Gesellschaften den Antragsteller setzen. Wichtig für die effektive Prämie ist auch, wie grosszügig die Gesellschaft das Bonus-Malus-System ausgebaut hat (siehe Seiten 317 ff. und 342 ff.).

Beim TCS kommen noch die Mitgliedsgebühren dazu, je nach Sektion zwischen 87 und 105 Franken (Stand 2012).

**Die Grundprämie.** In den Tabellen nicht zu sehen ist die Grundprämie (auch Bruttoprämie genannt). Das ist die 100-Prozent-Ausgangsbasis, von der aus die Gesellschaft die Prämie des einzelnen Kunden berechnet. Für diese Grundprämie sind die Risikofaktoren des Halters sowie das Auto selber massgebend.

Die 100-Prozent-Grundprämie ist aber selten das, was der Kunde effektiv zahlt. Genauso ausschlaggebend ist das Bonus-Malus-System. Erst diese beiden Faktoren zusammen machen den Frankenbetrag aus, den die versicherte Person auf ihrer Prämienrechnung effektiv vorfindet.

- Ebenfalls zu erkennen ist die höchstmögliche Rabattstufe, die ein Kunde nach mehrjährigem unfallfreiem Fahren überhaupt erreichen kann. Gemäss Schätzungen sind über 50 Prozent aller Versicherten auf der maximalen Rabattstufe.

■ Die Tabelle zeigt auch, wie viele Jahre es dauert, bis der unfallfreie Kunde auf die tiefste Rabattstufe kommt. Ob das 8 Jahre dauert wie bei Smile direct oder 16 Jahre wie bei der Mobiliar, ist insbesondere für Neulenker von Interesse, weil diese oft auf einer ungünstigeren Bonusstufe beginnen müssen.

## Prämien im Vergleich: Autohaftpflicht-Versicherung inkl. Teilkas

### Prämie für eine Junglenkerin

Schweizerin, 21-jährig, ledig, Detailhändlerin, wohnt in Winterthur. Fahrausweis seit 2009, 7000 km pro Jahr, keine Garage, verwendet das Auto privat (inkl. Ausland).
**Auto:** Peugeot 206 CC 1.6 16V, Gebrauchtwagen, im Jahr 2006 kostete der PW Fr. 26 415.–. Zubehör Fr. 2641.–

| Gesellschaft | Netto-prämie | Bonus-stufe HP |
|---|---|---|
| Mobiliar[1,2] | 1113.70 | 50 % |
| Helvetia[3] | 1345.60 | 60 % |
| Zürich[4] | 1430.– | 51 % |
| Generali | 1447.– | 68 % |
| Sympany[5] | 1490.80 | 60 % |
| Smile direct[1] | 1555.40 | 80 % |
| Vaudoise[6,7] | 1606.10 | 71 % |
| Allianz | 1615.50 | 65 % |
| Axa Winterthur | 1681.60 | 70 % |
| Nationale | 1859.10 | 70 % |
| Auto-TCS[8] | 1872.40 | 80 % |
| **Online-Angebote**[9] | | |
| Generali.ch | 1284.70 | 68 % |
| Smile-direct.ch[1] | 1400.20 | 80 % |
| Zurichconnect.ch[4,10] | 1476.50 | 60 % |
| Allianz24.ch | 1622.30 | 70 % |
| Baloisedirect.ch | 2036.70 | 90 % |

### Prämie für einen Junglenker

Schweizer, 20-jährig, ledig, Automechaniker, wohnt in Bern. Fahrausweis seit 2011, 20 000 km pro Jahr, keine Garage, verwendet das Auto privat und für Arbeitsweg (inkl. Ausland).
**Auto:** Alfa 147, Gebrauchtwagen, im Jahr 2004 kostete der PW Fr. 28 600.–. Zubehör Fr. 2860.–

| Gesellschaft | Netto-prämie | Bonus-stufe HP |
|---|---|---|
| Mobiliar[1,2] | 1344.– | 55 % |
| Generali | 1685.80 | 73 % |
| Sympany[5] | 1688.10 | 66 % |
| Helvetia[3] | 1710.70 | 70 % |
| Zürich[4] | 1810.90 | 60 % |
| Allianz | 1942.20 | 70 % |
| Vaudoise[6,7] | 1957.80 | 75 % |
| Nationale | 2228.90 | 75 % |
| Auto-TCS[8] | 2339.70 | 100 % |
| Axa Winterthur | 2502.10 | 75 % |
| Smile direct[1] | 3932.90 | 90 % |
| **Online-Angebote**[9] | | |
| Generali.ch | 1498.90 | 73 % |
| Zurichconnect.ch[4,10] | 1861.70 | 70 % |
| Baloisedirect.ch | 2281.80 | 100 % |
| Allianz24.ch | 2495.90 | 70 % |
| Smile-direct.ch[1] | 3540.– | 90 % |

### Prämie für einen Familienva

Schweizer, 40-jährig, verheiratet, Zivilstandsbeamter, wohnt in Chur. Fahrausweis seit 1992, 15 000 km pro Jahr, Garage am Wohnort, verwendet das Auto privat und für Arbeitsweg (inkl. Ausland).
**Auto:** Skoda Octavia Combi 1.9 TD Elegance, Gebrauchtwagen, im Jahr 2007 kostete der PW Fr. 35 290.–. Zubehör Fr. 3529.–

| Gesellschaft | Netto-prämie | Bon-stuf |
|---|---|---|
| Nationale | 675.60 | 30 |
| Zürich[4] | 814.10 | 30 |
| Sympany[5] | 858.80 | 30 |
| Vaudoise[6,7] | 861.30 | 40 |
| Generali | 894.80 | 35 |
| Allianz | 910.40 | 30 |
| Auto-TCS[8] | 911.80 | 30 |
| Helvetia[3] | 967.– | 35 |
| Mobiliar[2] | 975.20 | 35 |
| Axa Winterthur | 987.30 | 30 |
| Smile direct | 1066.20 | 40 |
| **Online-Angebote**[9] | | |
| Generali.ch | 786.70 | 35 |
| Zurichconnect.ch[4,10] | 798.10 | 30 |
| Baloisedirect.ch | 916.30 | 30 |
| Allianz24.ch | 949.20 | 30 |
| Smile-direct.ch | 959.90 | 40 |

Der Vergleich zeigt Jahres-Nettoprämien in Franken für eine einjährige Vertragsdauer für Haftpflicht und Teilkasko, ohne Spezialrabatte. Alle Lenker haben weder Unfälle noch Fahrausweisentzüge gehabt. In den Jahresprämien inbegriffen sind Stempelgebühr (5 %), Unfallverhütungsbeitrag (0,75 %) und Fr. 4.20 für den Garantiefonds. Die Prozentzahl hinter den Prämien zeigt die offerierte Bonusstufe. Der Bonusschutz ist in der Regel dabei (mit Ausnahmen), ebenso der Verzicht auf Kürzung bei Grobfahrlässigkeit (ebenfalls mit Ausnahmen). Die Basler hat keine Angaben geliefert.

**Haftpflicht** mit 100 Mio. Franken Deckung. Selb behalt 0 Franken, 1000 Franken für jugendliche Lenker und 500 Franken für Neulenker (siehe Kasten auf Seite 316).
**Teilkasko** mit Selbstbehalt 0 Franken. Deckung Feuer/Elementar, Diebstahl, Glas (inkl. Kleingla und Xenonscheinwerfer), Marderschäden (inkl. Folgeschäden), Tierkollision und Vandalenschä Mit Zeitwertzusatz.

■ Die beste Bonusstufe allein ist jedoch noch keine Gewähr für eine günstige Prämie. Mitentscheidend ist auch die Höhe der 100%-Grundprämie, von welcher der prozentuale Rabatt abgezogen wird.

■ Langjährige Kunden, die auf der Bonusskala schon auf dem günstigsten Platz mit dem maximalen Rabatt stehen, wollen natürlich wissen, wie man sie nach einem Unfall behandelt. Dazu ist aus der

**rämie für einen Vielfahrer**
chweizer, 35-jährig, ledig, ankkaufmann, wohnt in Frauenfeld. ahrausweis seit 1996, 30 000 km ro Jahr, Garage am Wohnort, erwendet das Auto privat (inkl. usland).
**uto:** Audi S4 Cabrio 4.2 quattro, ebrauchtwagen, im Jahr 2005 ostete der PW Fr. 99 500.–. ubehör Fr. 12 000.–

**Prämie für eine Hausfrau**
Schweizerin, 43-jährig, verheiratet, wohnt in Lugano. Fahrausweis seit 1991, 12 000 km pro Jahr, Garage am Wohnort, verwendet das Auto privat (inkl. Ausland).
**Auto:** VW Sharan 2.0 Comfortline, Gebrauchtwagen, im Jahr 2003 kostete der PW Fr. 42 120.–. Zubehör Fr. 4212.–

**Prämie für einen Rentner**
Schweizer, 68-jährig, verheiratet, wohnt in Goldau. Fahrausweis seit 1964, 7000 km pro Jahr, Garage am Wohnort, verwendet das Auto privat (inkl. Ausland).
**Auto:** Subaru Forester 2.0X Ltd. (Club), Gebrauchtwagen, im Jahr 2006 kostete der PW Fr. 40 000.–. Zubehör Fr. 4000.–

| esellschaft | Nettoprämie | Bonusstufe HP | Gesellschaft | Nettoprämie | Bonusstufe HP | Gesellschaft | Nettoprämie | Bonusstufe HP |
|---|---|---|---|---|---|---|---|---|
| mile direct | 1202.80 | 40 % | Smile direct | 830.70 | 40 % | Auto-TCS[8] | 730.60 | 30 % |
| uto-TCS[8] | 1267.50 | 30 % | Zürich[4] | 835.– | 30 % | Zürich[4] | 847.40 | 30 % |
| ürich[4] | 1454.– | 30 % | Mobiliar[2] | 935.80 | 35 % | Nationale | 865.30 | 30 % |
| ationale | 1465.70 | 30 % | Generali | 951.90 | 35 % | Axa Winterthur | 922.20 | 30 % |
| enerali | 1609.20 | 35 % | Auto-TCS[8] | 985.– | 30 % | Mobiliar[2] | 943.70 | 35 % |
| ympany[5] | 1616.50 | 30 % | Vaudoise[6,7] | 1003.40 | 40 % | Sympany[5] | 962.40 | 30 % |
| llianz | 1632.10 | 30 % | Helvetia[3] | 1016.20 | 35 % | Allianz | 996.40 | 30 % |
| audoise[6,7] | 1656.– | 40 % | Nationale | 1038.70 | 30 % | Vaudoise[6,7] | 1045.70 | 40 % |
| elvetia[3] | 1705.40 | 35 % | Allianz | 1060.60 | 30 % | Generali | 1076.– | 35 % |
| obiliar[2] | 1798.10 | 35 % | Sympany[5] | 1062.40 | 30 % | Helvetia[3] | 1132.– | 35 % |
| xa Winterthur | 1935.40 | 30 % | Axa Winterthur | 1085.70 | 30 % | Smile direct | 1842.60 | 40 % |
| **nline-Angebote[9]** | | | **Online-Angebote[9]** | | | **Online-Angebote[9]** | | |
| mile-direct.ch | 1082.90 | 40 % | Smile-direct.ch | 748.– | 40 % | Baloisedirect.ch | 749.10 | 30 % |
| aloisedirect.ch | 1264.50 | 30 % | Generali.ch | 835.60 | 35 % | Zurichconnect.ch[4,10] | 769.60 | 30 % |
| urichconnect.ch[4,10] | 1366.40 | 30 % | Zurichconnect.ch[4,10] | 856.50 | 30 % | Generali.ch | 949.60 | 35 % |
| enerali.ch | 1412.10 | 35 % | Baloisedirect.ch | 987.70 | 30 % | Allianz24.ch | 1064.80 | 30 % |
| llianz24.ch | 1788.40 | 30 % | Allianz24.ch | 1151.50 | 30 % | Smile-direct.ch | 1658.70 | 40 % |

**P** = Haftpflicht.

Ohne Verzicht auf Kürzung bei Grobfahrlässigkeit Kein Selbstbehalt für Neulenker in der Haftpflicht Teilkasko-Bonusstufe für die Junglenkerin 85 %, für en Junglenker 95 %, für alle anderen Fahrer 60 % Ohne Bonusschutz und ohne Verzicht auf Kürzung bei robfahrlässigkeit **5** Rabatt für Sympany-Krankenversicherte ist nicht berücksichtigt **6** Keine Selbstbehalte für Jung- bzw. Neulenker in der Haftpflicht, falls diese als Lenker im Antrag aufgeführt sind **7** Junglenker erhalten eine Gutschrift von 200 Franken auf die erste Jahresprämie. Nach abgeschlossener Zweiphasenausbildung werden Junglenker beim Bonus um eine Stufe bessergestellt **8** Kein Selbstbehalt für Neulenker **9** Siehe Erläuterungen im Kasten auf Seite 20 **10** Teilkasko-Bonusstufe für die Junglenkerin 80 %, für den Junglenker 90 %, für alle anderen Fahrer 30 %

QUELLE: VZ VERMÖGENSZENTRUM, STAND ANFANG 2012

Tabelle unten einerseits ersichtlich, um wie viele Stufen die Gesellschaft den Kunden nach einem Schadenfall zurücksetzt (falls man den Schaden überhaupt anmeldet, statt ihn selber zu bezahlen, siehe Seite 333 f.).

- Ein Lesebeispiel aus der Tabelle unten: Bei Auto-TCS, Basler, Baloise direct, Nationale und Zurich connect erfolgt die Rückstufung nach einem Unfall ausgehend von 30 Prozent um vier Stufen auf 50 Prozent.

- Die Tabelle unten zeigt auch, wie sich diese Rückstufung in der Prämienrechnung als prozentuale Prämienerhöhung auswirkt. Bei den genannten fünf Gesellschaften beispielsweise erhöht sich die Jahresprämie nach einem Unfall um 67 Prozent. (Zahlenbeispiel: Bei der Grundprämie von Fr. 1000.– zahlt der Kunde bei Maximalbonus Fr. 300.–; nach einer Rückstufung von 30 auf 50 Prozent zahlt er Fr. 500.–, das ist ein Prämienaufschlag um 67 Prozent.)

## Autohaftpflicht-Versicherung: Die Details des Bonus-Malus-Systems

**Prämienstufe nach ... Jahren in Prozent**

| Gesellschaft | 0 | 1 | 2 | 3 | 4 | 5 | 6 | 7 | 8 | 9 | 10 | 11 | 12 | 13 | 14 | 15 |
|---|---|---|---|---|---|---|---|---|---|---|---|---|---|---|---|---|
| Allianz | 100 | 90 | 80 | 70 | 65 | 60 | 55 | 50 | 46 | 42 | 38 | 34 | 30 | | | |
| Auto-TCS | 100 | 90 | 80 | 75 | 70 | 65 | 60 | 55 | 50 | 45 | 40 | 35 | 30 | | | |
| Axa Winterthur | 100 | 90 | 80 | 75 | 70 | 65 | 60 | 55 | 50 | 45 | 40 | 36 | 33 | 30 | | |
| Basler | 100 | 90 | 80 | 75 | 70 | 65 | 60 | 55 | 50 | 45 | 40 | 35 | 30 | | | |
| Generali | 99 | 92 | 85 | 79 | 73 | 68 | 63 | 58 | 54 | 50 | 47 | 44 | 41 | 38 | 35 | |
| Helvetia | 100 | 90 | 80 | 70 | 65 | 60 | 55 | 50 | 45 | 40 | 35 | | | | | |
| Mobiliar | 100 | 95 | 90 | 85 | 80 | 75 | 70 | 65 | 60 | 55 | 50 | 45 | 43 | 41 | 39 | 37 |
| Nationale | 100 | 90 | 80 | 75 | 70 | 65 | 60 | 55 | 50 | 45 | 40 | 35 | 30 | | | |
| Smile direct | 100 | 90 | 80 | 70 | 60 | 55 | 50 | 45 | 40 | | | | | | | |
| Sympany | 100 | 90 | 80 | 73 | 66 | 60 | 54 | 49 | 44 | 40 | 36 | 33 | 30 | | | |
| Vaudoise | 100 | 95 | 90 | 85 | 80 | 75 | 71 | 67 | 63 | 59 | 55 | 52 | 49 | 46 | 43 | 40 |
| Zürich | 100 | 90 | 80 | 75 | 70 | 65 | 60 | 55 | 51 | 47 | 43 | 39 | 35 | 30 | | |
| **Online-Angebote** | | | | | | | | | | | | | | | | |
| www.allianz24.ch | 100 | 90 | 80 | 70 | 65 | 60 | 55 | 50 | 46 | 42 | 38 | 34 | 30 | | | |
| www.baloisedirect.ch | 100 | 90 | 80 | 75 | 70 | 65 | 60 | 55 | 50 | 45 | 40 | 35 | 30 | | | |
| www.generali.ch | 99 | 92 | 85 | 79 | 73 | 68 | 63 | 58 | 54 | 50 | 47 | 44 | 41 | 38 | 35 | |
| www.smile-direct.ch | 100 | 90 | 80 | 70 | 60 | 55 | 50 | 45 | 40 | | | | | | | |
| www.zurichconnect.ch | 100 | 90 | 80 | 75 | 70 | 65 | 60 | 55 | 50 | 45 | 40 | 35 | 30 | | | |

Die Angaben gelten für die üblichen Produkte – und zwar ohne Bonusschutz (siehe Erläuterungen auf Seite 321 ff.)

1 Falls der Fahrer auf der untersten Prämienstufe war, in Proz der Jahresprämie ausgedrückt (gilt für das darauffolgende Jah

### Der Bonusschutz – auch für Lenker mit wenig Fahrpraxis

Die Angaben zu den einzelnen Stufen in der Tabelle unten gelten für den «Normalfall». Kundinnen und Kunden können aber auch noch den Bonusschutz abschliessen – falls er nicht schon gratis dabei ist.

Der Bonusschutz funktioniert in der Regel nach dem Motto «Ein Schaden ist kein Schaden» und setzt so die «normale» Bonus-Malus-Regelung mit der üblichen Rückstufung gemäss der Tabelle unten quasi ausser Kraft. Konkret heisst das: Der Kunde muss nach einem oder eventuell auch nach mehreren Unfällen mit keiner oder nur mit einer geringen Prämienerhöhung rechnen. Dieser Zusatz könnte sich also lohnen. Erkundigen Sie sich nach den Modalitäten und dem Aufpreis.

Bei einigen Gesellschaften ist der Bonusschutz nur erhältlich, wenn der Fahrer auf der für ihn günstigsten Bonusstufe angelangt ist. Diese Versicherer sagen also: Bevor jemand den Bonusschutz erhält, soll er ihn durch viele unfallfreie Jahre «abverdienen».

| ückstufung m chadenfall | Max. Prämienerhöhung im Schadenfall[1] | Maximale Malusstufe |
|---|---|---|
| 4 Stufen | + 53 % | 240 % |
| 4 Stufen | + 67 % | 270 % |
| 4 Stufen | + 47 % | 150 % |
| 4 Stufen | + 67 % | 270 % |
| 4 Stufen | + 34 % | 200 % |
| 4 Stufen | + 57 % | 140 % |
| 5 Stufen | + 29 % | 250 % |
| 4 Stufen | + 67 % | 300 % |
| 4 Stufen | + 50 % | 160 % |
| 4 Stufen | + 47 % | 160 % |
| 5 Stufen | + 38 % | 200 % |
| 4 Stufen | + 57 % | 150 % |
| | | |
| 4 Stufen | + 53 % | 240 % |
| 4 Stufen | + 67 % | 270 % |
| 4 Stufen | + 34 % | 200 % |
| 4 Stufen | + 50 % | 160 % |
| 4 Stufen | + 67 % | 150 % |

QUELLE: VZ VERMÖGENSZENTRUM, STAND ANFANG 2012

**STICHWORT**

### Bonus-Malus-System

Der Bonus ist ein Rabatt, den die Kundschaft bezogen auf die 100-Prozent-Grundprämie erhält. Die Bonusstufe ist derjenige Wert, den Sie in Prozent der Grundprämie effektiv noch zahlen.

Beispiel: Ein Fahrer, der nach mehreren unfallfreien Jahren auf der Bonusstufe 60 Prozent angelangt ist, zahlt nur 60 Prozent der Grundprämie. Er erhält so mit einen Prämienrabatt von 40 Prozent.

Pro schadenfreies Jahr erreicht der Kunde automatisch die nächstbessere Bonusstufe, bis der maximale Rabatt erreicht ist.

Wer hingegen einen Unfall hat, verliert (je nach aktueller Stufe) den Bonus teilweise oder ganz oder landet sogar im Malus – und zwar unabhängig davon, ob der Schaden teuer war oder nicht. Wer im Malus ist, zahlt entsprechend mehr als 100 Prozent der Grundprämie.

Entscheidend ist also, ob die Versicherung für Sie zahlen muss oder nicht. Unfallfreie Fahrer profitieren, die anderen werden höher belastet.

Wichtig: Die Bonusstufe ist auch Verhandlungssache (siehe Kasten auf der nächsten Seite). Und achten Sie auf den Bonusschutz (siehe Ausführungen oben).

**TIPP**

### Betrachten Sie den Bonus als Verhandlungssache! So können Sie viel Prämiengeld sparen

Es gibt Gesellschaften, die auch bei jüngeren Kunden und bei älteren Neulenkern ohne grosse Fahrpraxis im Extremfall bis auf 45 Prozent der Grundprämie heruntergehen. 80 Prozent als Einstiegsstufe sind heute weitgehend üblich.

Es kann auch sein, dass Sie bei einem Wechsel zu einer anderen Gesellschaft bonusmässig besser eingestuft werden als bei Ihrer jetzigen Gesellschaft.

Dabei ziehen die Versicherungen auch in Betracht, ob der Kunde noch andere Policen bei ihr hat (zum Beispiel Hausrat- oder Lebensversicherung).

Achten Sie deshalb genau auf die jeweilige Prozentangabe in der Offerte und lassen Sie sich nicht mit dem erstbesten Vorschlag abspeisen. «Märten» Sie! Betonen Sie diejenigen Eigenschaften, die Sie als gutes Risiko darstellen könnten. Und scheuen Sie sich nicht, mit der offerierten Bonusstufe der Gesellschaft A zur Gesellschaft B zu gehen – die sie vielleicht unterbietet.

Die Gesellschaften liefern sich einen unerbittlichen Kampf um die «guten» Autofahrer. Machen Sie sich diesen Umstand zunutze.

Gute Risiken mit sieben- bis zehnjähriger unfallfreier Fahrpraxis sollten sich nur mit der maximalen (tiefsten) Bonusstufe zufriedengeben.

Aber: Ein attraktiver Einsteigerrabatt bei einer Gesellschaft mit hohen Grundprämien ist letztlich ein Lockvogel: Wenn Sie den tiefen Anfangsbonus von einer sonst teuren Gesellschaft erhalten, zahlen Sie nach dem ersten Unfall überproportional mehr.

Etliche Gesellschaften gehen jedoch weiter: Sie geben den Bonusschutz sogar dann, wenn der (Jung-)Lenker erst Bonusstufe 90 oder 80 Prozent erreicht hat. Sie geben also auch Lenkern mit weniger Fahrpraxis die Gelegenheit, für den Fall eines Unfalls den Bonusschutz zu versichern. Es gibt aber auch Versicherungsgesellschaften, die Junglenkern gar keinen Bonusschutz gewähren.

Der Bonusschutz macht – falls inbegriffen – etwa 10 bis 15 Prozent der offerierten Prämie aus.

**Tipp:** Fragen Sie, ob der Bonusschutz sowohl für die Haftpflicht- als auch für die allenfalls mitversicherte Vollkasko-Deckung gilt.

Die maximale Malusstufe für Crash-Piloten beträgt gemäss Tabelle auf der vorhergehenden Seite je nach Gesellschaft zwischen 140 und 300 Prozent.

Dieser Wert ist aber insofern unwichtig, als die Gesellschaften Policen von unliebsamen Strassenrowdys ohnehin nach jedem Schadenfall kündigen können. Unfallfahrer kommen dann nur noch unter erschwerten Bedingungen und mit hohen Prämien wieder zu einem Versicherungsschutz.

Übrigens: Die Vaudoise wirbt mit dem Spruch, bei ihr gelte der Bonus «lebenslang», wenn die maximale Bonusstufe einmal erreicht sei. Das ist trügerisch – denn auch die Vaudoise kann jede Police nach einem Schadenfall kündigen. Einem Betroffenen nützt dann der angeblich «lebenslange» Maximalbonus überhaupt nichts mehr.

### Wie die Autohaftpflicht-Versicherung Schäden vergütet

Wenn die Autohaftpflicht-Versicherung nach einem Zusammenstoss den Schaden am fremden Auto vergütet, gilt Folgendes:

- Der geschädigte und unschuldig in den Unfall verwickelte Autolenker hat keinen Anspruch auf ein neues Auto. Der geschädigte Fahrer hat «nur» Anspruch auf kostenlose Wiederherstellung seines Autos (und allenfalls auf eine Minderwertentschädigung).

- Der Anspruch auf Reparatur gilt dann, wenn die veranschlagten Reparaturkosten unter dem Zeitwert des Autos des Geschädigten liegen. Der Geschädigte kann sich die Reparaturkosten und die Minderwertentschädigung auch bar auszahlen lassen und das Auto in beschädigtem Zustand verkaufen.
- Übersteigen aber die Reparaturkosten (inklusive die Minderwertentschädigung) den vor dem Unfall massgebenden Zeitwert des Autos des Geschädigten, so wird ein Totalschaden angenommen, und das Fahrzeug wird nicht mehr repariert (siehe Kasten unten).

### Die Entschädigung für den Minderwert des Unfallautos

Wird ein Unfallauto repariert, hat der geschädigte Autobesitzer – je

**FRAGE**

### Bargeld statt Reparaturkosten: Ist das korrekt?

**Ich wurde unschuldig in einen Autounfall verwickelt. Nun weigert sich die Autohaftpflicht-Versicherung des Unfallverursachers, für die Reparatur meines Autos aufzukommen. Die Versicherung will mir stattdessen einen Betrag auszahlen. Muss ich das akzeptieren?**

**Ja.** Der Grund liegt darin, dass die Reparatur teurer wäre, als Ihr Auto vor dem Unfall wert war. Grundsätzlich hat die Autohaftpflicht-Versicherung des «Täters» den effektiven Schaden zu ersetzen. Bei kleineren Schäden folgt daraus, dass Betroffene ihr Auto auf Kosten der Versicherung reparieren lassen können.

Zudem erhalten sie eine Minderwertentschädigung (siehe diese Seite).

Sind die veranschlagten Reparaturkosten – inklusive Minderwert des Autos nach der Reparatur – jedoch höher als der Zeitwert des Autos vor dem Unfall, spricht die Versicherung von einem Totalschaden. Das ist bei Ihnen der Fall.

Unter dieser Voraussetzung muss die Autohaftpflicht-Versicherung nicht mehr die Reparaturkosten übernehmen, sie ist aber im Gegenzug verpflichtet, Ihnen den Zeitwert Ihres Autos auszuzahlen. Sie erhalten also faktisch den Betrag, den Sie für den Kauf eines gleichwertigen Autos auf den Tisch legen müssten.

Auch wenn Sie Ihr Auto trotz allem reparieren lassen, erhalten Sie nur diesen Zeitwert ersetzt. Bei sehr exklusiven oder raren Fahrzeugen gibt es allerdings Ausnahmen.

**Tipp:** Haben Sie selber eine Vollkasko-Versicherung mit Zeitwertzusatz abgeschlossen, ersetzt Ihnen diese die Differenz zwischen Zeitwert und Zeitwertzusatz – je nach Gesellschaft vielleicht sogar ohne Selbstbehalt und auch ohne Bonusverlust.

Um den Zeitwert zu bestimmen, richten sich die Versicherungsgesellschaften oft nach dem sogenannten Eurotax-Tarif. Eurotax ist ein in Europa führender Bewertungsdienst für Neu- und Occasionswagen.

Die Eurotax-Bewertung über den aktuellen Fahrzeugwert kann im Internet auf www.eurotaxglass.ch abgefragt werden und kostet 11 Franken (Zahlung per Kreditkarte, Click2Pay oder Telefon, Stand Anfang 2012). Die Adresse: EurotaxGlass's International AG, Division Schweiz, Wolleraustr. 11a, 8807 Freienbach, Telefon 055 415 81 00.

nach Alter des Autos und Art der Beschädigung – noch Anspruch auf eine Minderwertentschädigung, weil ein repariertes Fahrzeug nach grösseren Beschädigungen als Unfallwagen gilt und bei einem allfälligen Verkauf auch als solches zu deklarieren ist. Das mindert natürlich den Preis (ausser bei Bagatellschäden wie Kratzern,

## Die Kürzung bei grober Fahrlässigkeit und der Regress

Hat ein Autolenker einen Unfall grobfahrlässig verursacht, kann die Haftpflicht-Versicherung ihre Zahlungen je nach Schwere des Verschuldens kürzen. Genauer: Die Geschädigten erhalten zwar alles, was sie zur Deckung ihres Schadens zugut haben, aber die Haftpflicht-Versicherung kann auf den Lenker Rückgriff nehmen und bei ihm einen Teil des ausbezahlten Geldes eintreiben. Das nennen die Fachleute Regress.

Der «Täter» trägt demnach in einem solchen Fall einen Teil des von ihm verursachten Schadens selber.

Grobfahrlässige Unfallverursacher müssen also unter Umständen mit happigen Geldforderungen von Seiten ihrer Haftpflicht-Versicherung rechnen. Zu solchen Kürzungen führen beispielsweise gewagte Überholmanöver, Überfahren einer Sicherheitslinie oder eines Rotlichts, Fahren unter Alkohol- oder Drogeneinfluss oder mit völlig vereisten Scheiben (nur mit Guckloch), ausserdem Fahren mit ungeeigneten Schuhen (zum Beispiel mit Flip-Flops oder hochhackigen Schuhen) oder barfuss.

Beim Fahren ohne gültigen Führerausweis dürfen die Haftpflicht-Versicherer ebenfalls auf den Fahrer Regress nehmen.

Deutsche Gerichte haben auch schon das Fahren mit dem Handy am Ohr als grobfahrlässig eingestuft.

Grundsätzlich liegt die Rückgriffsquote bei Grobfahrlässigkeit zwischen 10 und 50 Prozent. Laut Gerichtspraxis müssen fehlbare Lenker etwa mit folgenden Rückgriffen rechnen:

- 20 Prozent des Schadens musste ein Fahrer zahlen, der eine lange Reise übermüdet fortgesetzt hatte.
- Ein Chauffeur, der übermüdet und angetrunken zu schnell gefahren war, musste 50 Prozent der Unfallkosten übernehmen.
- Ein Lenker, der statt mit den erlaubten 70 mit 100 km/h auf einer unübersichtlichen Kuppe unterwegs war, musste 30 Prozent des Schadens zahlen.
- Ein unaufmerksamer Automobilist missachtete ein Rotlicht. Er musste deshalb 25 Prozent selber zahlen.

Kürzungen wegen Grobfahrlässigkeit gibt es auch in der Kaskoversicherung.

**Tipp:** Bei den Gesellschaften kann man sich gegen eine Mehrprämie (von rund 30 bis 65 Franken) gegen solche Rückgriffe und Kürzungen versichern. Das ist empfehlenswert.

Achten Sie aber darauf, ob diese Deckung sowohl für den Haftpflicht- als auch für den Kaskobereich gilt.

In den Prämientabellen in diesem Kapitel ist dieser Verzicht auf Kürzungen bei Grobfahrlässigkeit in der Regel inbegriffen.

Bei einigen Gesellschaften ist der Regressverzicht in der Haftpflicht immer automatisch inbegriffen, bei einigen auch in der allfällig mitversicherten Kaskoversicherung.

Achtung: Dieser Zusatzschutz hilft nicht immer. Wenn bei einem Unfall Alkohol oder Drogen im Spiel waren oder die Geschwindigkeit massiv überschritten wurde, werden die Gebüssten in der Regel trotz Zusatzversicherung zur Kasse gebeten.

In diesen Fällen liegt allerdings kaum mehr grobfahrlässiges Verhalten vor – sondern Eventualvorsatz. Davon sprechen die Juristen, wenn jemand nicht nur unsorgfältig handelt, sondern einen Schaden bewusst in Kauf nimmt.

kleinen Beulen oder Transportschäden).

Allerdings gilt das nur für jüngere Autos. Betrug der Wert des Autos vor dem Unfall weniger als 60 Prozent des ursprünglichen Katalogpreises, so ist eine Minderwertentschädigung in der Regel ausgeschlossen.

Eine dem Minderwert entsprechende Entschädigung wird in der Regel nach den folgenden Grundsätzen errechnet:

- Wurden sekundär tragende Teile wie zum Beispiel kleinere Quer- und Längsträger, geklebte oder eingeschweisste Heck- beziehungsweise Frontbleche beschädigt, so sind bis zu 3 Prozent des gegenwärtigen Zeitwerts als Minderwertentschädigung durchaus üblich.
- Wurden jedoch primär tragende, das heisst zur Sicherheit der Fahrgastzelle beitragende Aufbauelemente (etwa Chassis, Türpfosten, Dachholm, Querträger) beschädigt, beträgt der Minderwert bis zu 10 Prozent des Zeitwerts.

**Tipp:** Erkundigen Sie sich als Geschädigter beim Garagisten nach der Art des Schadens. Das ermöglicht Ihnen, danach kritisch auf den Vorschlag der Gesellschaft einzugehen; dies gilt vorab bei Beschädigung primär tragender Teile.

Betrachten Sie die von der Haftpflicht-Versicherung des Schuldigen genannte Minderwertentschädigung als unverbindliche Offerte und machen Sie einen Gegenvorschlag.

### Autoausleihe aus Gefälligkeit: Versicherung zahlt nicht alles

Ein Autohalter überliess einem Cousin sein Auto aus Gefälligkeit. Der Cousin verursachte einen Unfall und wurde dabei verletzt. Nun gilt im Prinzip, dass die Autohaftpflicht-Versicherung des Autohalters für den Schaden des Lenkers (also des Cousins) aufkommen muss; dazu gehören Arzt- und Spitalkosten, allenfalls auch Lohnausfall und andere Kosten.

Aber: Der Richter kann diese Haftung kürzen, um damit dem Umstand Rechnung zu tragen, dass der Autobesitzer einem Bekannten oder Verwandten einen Gefallen tat. Denn bei Gefälligkeiten (ohne Eigeninteresse) sieht das Obligationenrecht eine Haftungsreduktion vor (siehe Kasten auf Seite 206).

Im konkreten Fall erachtete das Bundesgericht einen Abzug von 30 Prozent als gerechtfertigt, weil sich der Autohalter als überaus grosszügig erwies: Er stellte das Auto für eine Fahrt ins Ausland zur Verfügung, die acht bis zehn Tage dauern sollte. Diese 30 Prozent der Kosten muss der Cousin demnach selber tragen.

### Die Autoversicherung kündigen: Das sind die Modalitäten

Wer die Versicherung wechseln will, muss Folgendes wissen (gilt sowohl für Autohaftpflicht als auch für Kasko):

- Sie können auf **Ablauf** kündigen. Die Kündigungsfrist dafür beträgt drei Monate. Sie finden den Ablauftermin und die Kündigungsfrist in der Police. Der Ablauf muss nicht zwingend mit dem Jahreswechsel übereinstimmen.

Achtung: Falls Sie nicht kündigen (und sich auch die Versicherung nicht meldet), verlängert sich die Police trotz «Ablauf» stillschweigend um ein weiteres Jahr (siehe Kasten auf Seite 31).

Bei den langjährigen Verträgen kommt dieser «Ablauf» erst nach

**STICHWORT**

### Direktes Forderungsrecht

Vergessen Sie nicht: Geschädigte haben gegenüber der Haftpflicht-Versicherung des Unfallverursachers ein direktes Forderungsrecht. Das heisst: Sollte sich der Unfallverursacher als unwilliger Querulant erweisen, brauchen Sie nur das Kontrollschild abzulesen, auf dem Strassenverkehrsamt nach dem Namen der Versicherung zu fragen – und Sie können Ihre Forderung direkt an die Versicherung richten.

dem Ende der beispielsweise fünfjährigen Vertragsdauer. Sie bleiben also im Grundsatz gebunden und können nicht von günstigeren Konkurrenzofferten profitieren – falls Sie stets das gleiche Auto fahren und keinen Schaden haben.

## Die Regeln und Fallstricke beim Wechseln des Autos

- Eine Möglichkeit zum Ausstieg aus einem langjährigen Vertrag haben Sie, wenn Sie das **Auto wechseln,** also ein neues Gefährt oder eine andere Occasion erwerben: Sie können für das neue Auto Offerten einholen, und die bisherige Versicherung wird ohne Probleme aufgelöst – auch wenn der Vertrag eine mehrjährige Laufzeit hat.

Die bisherige Gesellschaft muss bei solchen Handänderungen den nicht verbrauchten Teil der vorausbezahlten Prämie zurückerstatten, falls Sie sich für eine andere Versicherung entscheiden.

Beachten Sie aber: Für das Auto gibt es punkto Handänderung eine Spezialregelung. Hier geht die obligatorische Motorfahrzeug-Haftpflicht-Versicherung weiterhin mit dem Auto mit, damit nie ein unversichertes Auto herumfährt. Der neue Besitzer kann dann die bisherige Police innert 30 Tagen ablehnen beziehungsweise aufheben lassen, sobald er den Versicherungsnachweis einer anderen Gesellschaft erhalten hat. Der bisherige Besitzer kriegt die Restprämie zurück (sofern der Vertrag länger als ein Jahr in Kraft war).

Auch eine allfällig vorhandene Kaskoversicherung geht auf den Käufer über; der neue Besitzer kann sie ebenfalls innert 30 Tagen kündigen (siehe Seite 32). Das Gleiche gilt, wenn Erben von einem Verstorbenen ein Auto (oder den Hausrat) erben.

- **Prämienerhöhungen** und **Änderungen** des Selbstbehaltes oder des Prämienstufensystems geben Ihnen ebenfalls ein Kündigungsrecht. Solche Änderungen teilt die Gesellschaft vor dem Inkrafttreten (meist auf Beginn eines neuen Versicherungsjahres) rechtzeitig mit – zum Beispiel mit einer Frist von 25 Tagen.

Sie können dann bis zum letzten Tag vor Prämienverfall kündigen – das heisst, die Kündigung muss am letzten Tag bei der Gesellschaft eingetroffen sein, also rechtzeitig und eingeschrieben abschicken!

Diese Ausstiegsmöglichkeit auf Ende des Vertragsjahres gilt auch bei langjährigen Verträgen – ausser wenn die Prämienerhöhung auf eine Änderung Ihres persönlichen Risikoprofils (siehe Kasten auf Seite 314) oder auf eine Änderung Ihrer Bonusstufe nach einem Unfall zurückzuführen ist.

**Die vorausbezahlte Jahresprämie wird nicht immer zurückerstattet**

- Nach einem **Schadenfall** können beide Parteien kündigen. Egal ob die Gesellschaft oder der Autohalter kündigt: Die Versicherung muss im Prinzip den nicht verbrauchten Teil der vorausbezahlten Jahresprämie zurückzahlen. Zwei Spezialfälle dazu:
- Falls nach einem Totalschaden des Autos (Reparatur nicht mehr

FRAGE

## Sohn fährt mit Familienauto: Was muss ich beachten?

**Ich fahre schon lange unfallfrei. Nun ist mein Sohn volljährig und hat die Fahrprüfung bestanden. Er darf deshalb mein Auto mitbenützen, und ich schätze, dass wir beide jetzt ungefähr gleich viele Kilometer fahren. Was muss ich tun, damit ich mit der Versicherung keine Probleme kriege?**

Das Wichtigste ist absolute Ehrlichkeit; Sie müssen die Versicherung sofort über die geänderten Verhältnisse korrekt ins Bild setzen.

Im konkreten Fall fahren Sie und Ihr Sohn gleich häufig. Es gibt Gesellschaften, die unter solchen Umständen beide Fahrer als häufigsten Lenker eintragen oder den Sohn als zweiten regelmässigen Lenker vormerken.

Ein solcher Vermerk ist wichtig. Würde der Sohn nun einen Unfall verursachen, müsste die Versicherung jetzt ihre vertraglichen Leistungen ohne Wenn und Aber zahlen.

Wäre die Versicherung hingegen über die wahren Verhältnisse nicht im Bild, könnte ein Unfall des Sohnes böse Folgen haben. Der Grund: Bei der Autoversicherung richten sich Prämie und Bonusstufe nach den Risikomerkmalen des häufigsten Lenkers. Sollte sich aber nach einem Unfall herausstellen, dass die angegebene Person gar nicht (oder nicht mehr allein) der häufigste Lenker war, kann die Versicherung wegen Anzeigepflichtverletzung vom Vertrag zurücktreten. In einem Haftpflichtfall würde sie dann auf den Lenker Regress nehmen (siehe Kasten auf Seite 324), in einem Kaskofall die Leistung kürzen.

Die Meldung an die Versicherung wird allerdings bei etlichen Anbietern zur Folge haben, dass die Prämie steigt, weil ja der Sohn mit wenig Fahrpraxis ein höheres Risiko darstellt.

**Tipp:** Verlangen Sie in solchen Fällen (Vater und Kind fahren gleich häufig) eine schriftliche Bestätigung der Gesellschaft. Sie sollte klarstellen, dass die Versicherung bei einem Unfall des Sohnes ohne Einschränkung zahlt.

Anders sieht es aus, wenn Ihr Sohn das Familienauto nur ab und zu fährt; dann müssen Sie im Prinzip nichts unternehmen.

Ausnahme: Es gibt Familienväter und -mütter, die einen Prämienrabatt erhalten, weil ihre Police «keine jugendlichen Lenker bis 25 Jahre» vorsieht. Melden Sie sich bei der Gesellschaft, sobald Ihr Kind volljährig wird und mit dem Familienauto fährt. Dadurch geht dieser Rabatt allerdings verloren.

Klar ist der Fall auch dann, wenn der Sohn (allenfalls später) mit dem Familienauto häufiger fährt als der Vater: Hier muss ebenfalls eine Meldung an die Versicherung erfolgen. Sie hat zur Konsequenz, dass nun der Sohn als häufigster Lenker gilt und damit die Police teurer wird.

**Warnung:** Sollte der Sohn ein eigenes Auto kaufen, ist klar, dass er dann der häufigste Lenker ist. Es gibt aber Versicherungsvertreter, die in solchen Fällen den Rat geben, das Auto des Kindes auf den Namen des Vaters (oder der Mutter) laufen zu lassen, um so zu einer günstigeren Prämie zu kommen.

Das Deklarieren eines falschen häufigsten Lenkers ist fatal: Würde die Versicherung bei einem Unfall davon erfahren, würde sie wegen falscher Antragsdeklaration nichts oder weniger zahlen.

möglich) die Kaskoversicherung den Schaden ersetzt, darf sie die Restprämie für das laufende Versicherungsjahr behalten.

- Wenn die Versicherung nach einem Teilschaden die Reparatur zahlt und der Kunde die Versicherung anschliessend kündigt, muss ihm die Gesellschaft die Restprämie zurückgeben – aber nur, falls der Vertrag länger als ein Jahr lief. Im ersten Versicherungsjahr nach einem Teilschaden fordert das Gesetz keine Rückerstattung.

Übrigens: Ein Wechsel der Haftpflicht-Versicherung hat zur Folge, dass das Strassenverkehrsamt einen neuen Ausweis ausstellen muss. Das kostet je nach Kanton zwischen 30 und 50 Franken.

### FRAGE

## Bei einem Unfall geholfen: Zahlt die Versicherung?

**Kürzlich fuhr ich an eine Unfallstelle heran. Ein Lenker konnte sich nicht aus dem brennenden Fahrzeug befreien. Ich half, den Fahrer zu bergen und den Brand mit meinem Auto-Feuerlöscher zu löschen. Dabei zerriss ich meine Hose und verdreckte meine Wolldecke. Muss die Autohaftpflicht-Versicherung des Fahrzeughalters meine Kosten ersetzen?**

**Ja.** Gemäss Strassenverkehrsgesetz haftet der Autohalter auch für «Schäden infolge Hilfeleistung, sofern er für den Unfall haftbar ist oder die Hilfe ihm selbst oder den Insassen seines Fahrzeugs geleistet wurde». Am besten melden Sie die erlittenen Schäden seiner Autohaftpflicht-Versicherung. Auch die Neufüllung des Feuerlöschers wird bezahlt.

Diese Versicherung müsste übrigens auch zahlen, wenn Sie bei der Hilfeleistung einen Schaden verursacht hätten – zum Beispiel, indem Sie den Verunfallten falsch transportiert und damit seine Verletzungen verschlimmert hätten. Oder wenn Sie die Unfallstelle schlecht gesichert und damit noch einen weiteren Unfall verursacht hätten.

### Vorsicht vor schleichenden Vertragsänderungen

Wie schon gesagt: Wer sein altes Auto weggibt und ein anderes kauft, muss nun nicht mehr bei der bisherigen Versicherung bleiben.

Wer es trotzdem tut, muss aufpassen. Die Gesellschaften schicken dann einen neuen Vertrag, und sie benutzen solche Vertragsänderungen sehr oft, um eine schleichende Erhöhung der Prämien vorzunehmen. Holen Sie andere Offerten ein!

In diesem Zusammenhang gibt es eine Unsitte, die häufig vorkommt: Viele Gesellschaften versuchen bei solchen Gelegenheiten, dem Kunden eine neu beginnende langjährige Vertragsdauer unterzujubeln.

Das müssen Sie nicht akzeptieren; bestehen Sie darauf, dass Ihnen Ihr bisheriger Versicherer bei der Police für das neue Auto das ursprüngliche Versicherungsablaufdatum «mitgibt». Kontrollieren Sie deshalb den Versicherungsablauf auf den neuen Versicherungspapieren genau!

Wenn Sie damit nicht einverstanden sind, müssen Sie beim Versicherer eine Korrektur verlangen – meist innerhalb von 30 Tagen nach Erhalt der neuen Versicherungspolice.

**Tipp** für Kunden mit langjährigen Verträgen: Bitten Sie Ihre Ver-

Fortsetzung auf Seite 331

CHECKLISTE

## Der richtige Abschluss der Autohaftpflicht-Versicherung

- Beachten Sie die allgemeinen Tipps zum Vertragsabschluss in Kapitel 1.
- Halten Sie sich beim Ausfüllen des Antrags an die Wahrheit.
- Schieben Sie als Mann nicht zum Prämiensparen einen anderen häufigsten Lenker vor (zum Beispiel Ehefrau oder Konkubinatspartnerin), wenn Sie selber am meisten fahren.
- Holen Sie mehrere Offerten ein; das ist meist auch per Internet möglich. Prämienunterschiede von bis zu 50 Prozent sind keine Seltenheit.
- Machen Sie sich den Konkurrenzkampf unter den Gesellschaften zunutze. Dann können Sie zur Gesellschaft wechseln, die das beste Angebot macht. Oder Sie können Ihre jetzige Versicherung mit einer tieferen Konkurrenzofferte dazu bewegen, Ihre bisherige Prämie für das nächste Versicherungsjahr zu senken.
- Achten Sie darauf, ob in den offerierten Prämien die gesetzlichen Abgaben inbegriffen sind. Sonst müssen Sie diese Zuschläge für einen korrekten Vergleich dazuzählen.
- Achten Sie bei Prämienvergleichen darauf, dass die Angebote auf der gleichen Grundlage basieren.
- Verhandeln Sie über Ihre Bonusstufe.
- Achten Sie auf die Ausgestaltung des Bonus-Malus-Systems.
- Fragen Sie nach dem Bonusschutz, falls Sie schon den maximalen Rabatt haben.
- Prüfen Sie, ob der Versicherer auf die Kürzung bei Grobfahrlässigkeit verzichtet oder ob er diesen Verzicht gegen Mehrprämie anbietet.
- Schliessen Sie nur Einjahresverträge ab, die sich anschliessend automatisch um je ein weiteres Jahr verlängern. Meiden Sie Gesellschaften, die auf eine längere Vertragsdauer pochen und/oder für Einjahresverträge einen Zuschlag verlangen.
- Besitzer von Autos mit wenig Schadstoffausstoss erhalten oft Öko-Tarife.
- Junglenker sollten sich nach speziellen Produkten erkundigen. Sie profitieren dann von Prämienreduktionen, reduziertem Selbstbehalt oder geringerem Bonusverlust im Schadenfall oder von einem Prämienrabatt bei Absolvierung eines Verkehrssicherheits-Kurses (oder nach Einbau eines Crash-Recorders).

  Doch Achtung: Wenn die Gesellschaft an sich schon teuer ist, kostet sie trotz grosszügigem Rabatt mehr als die Konkurrenz.
- Grössere Firmen und Vereine haben Kollektivverträge abgeschlossen. Mitarbeiter oder Vereinsmitglieder profitieren so von besseren Konditionen oder Leistungen.
- Lesen Sie die Vertragsbedingungen.

**Nach dem Abschluss:**

- Beachten Sie die Meldepflicht im Schadenfall (siehe Versicherungsbedingungen).
- Melden Sie eine Änderung Ihrer Risikomerkmale (siehe Seite 314).
- Zahlen Sie die Jahresprämie wenn immer möglich nicht in Halbjahresraten. Bei der Zürich zum Beispiel kostet das einen Aufschlag von 40 Franken (20 Franken pro Rate). Wer gar vierteljährlich zahlt, muss damit einen Aufschlag um 80 Franken akzeptieren.
- Geben Sie Ihre Daten auch regelmässig bei Ihrer eigenen Gesellschaft im Internetrechner ein. So können Sie allfällige Tarifsenkungen feststellen und reagieren. Gerade die Autoversicherer führen immer wieder neue Tarife ein, um Neukunden anzulocken. Bestehende Kunden haben das Nachsehen: Wenn sie sich nicht wehren, läuft ihre Police nach dem alten – oft teureren – Tarif weiter.

  Reagieren heisst dann: Ordentlich kündigen (meist mit drei Monaten Frist) und neu abschliessen. Falls Sie die Kündigungsfrist verpasst haben, können Sie auch die Deckung ändern und so quasi eine neue – meist günstigere – Versicherung beantragen.

  Manchmal genügt schon ein simpler Anruf bei der Gesellschaft, um eine günstigere Prämie zu erhalten! Das können Sie zum Beispiel tun, wenn die Prämienrechnung kommt.

## Mit dem Auto ins Ausland: Grüne Karte und Unfallprotokoll

- Verlangen Sie von Ihrem Versicherer die Grüne Karte als Bestätigung Ihrer Haftpflicht-Versicherung und nehmen Sie sie mit. Sie ist zwar nur noch für Fahrten in wenige Länder obligatorisch (zum Beispiel Bosnien, Serbien, Montenegro, Mazedonien), aber überall nützlich. Darauf finden Sie Angaben, die bei einem Unfall im Ausland wichtig sind. (Im Kosovo muss man eine Grenzversicherung abschliessen.)
- Fahren Sie nie ohne ein Europäisches Unfallprotokoll. Sie erhalten es in der Regel gratis bei Ihrer Versicherung.
- Inhaber eines Schutzbriefes sollten daran denken, die Notrufnummer ihres Automobilclubs (ACS, TCS, VCS) mitzunehmen und im Handy zu speichern.
- Falls Sie weiter wegfahren als in angrenzende Länder, erkundigen Sie sich zur Sicherheit bei Ihrer Versicherung nach dem Versicherungsschutz. Bereits in Serbien, Bosnien, Montenegro, Mazedonien oder im Kosovo können Deckungslücken bestehen.
- Gewisse europäische Länder verlangen, dass Autofahrer für den Fall einer Panne auch eine Signalweste dabeihaben.

**Nach einem Unfall:**

- Füllen Sie ein Europäisches Unfallprotokoll aus, auch wenn der andere Unfallbeteiligte verspricht, er zahle alles. Achten Sie darauf, das «gegnerische» Kontrollschild im Protokoll richtig zu notieren. Halten Sie die Unfallsituation möglichst genau fest. Unterschreiben Sie das Protokoll gegenseitig. Damit anerkennen Sie noch keine Haftung.

  Unterschreiben Sie es nicht, wenn Sie über kein deckungsgleiches Protokoll in deutscher Sprache verfügen, auf dem Sie sich von der Richtigkeit der Angaben überzeugen können.
- Überprüfen Sie die Personalien des andern Unfallbeteiligten aufgrund zuverlässiger Dokumente. Verifizieren Sie auch sein Kennzeichen mit den vorhandenen Dokumenten.
- Sehr wichtig: Notieren Sie die Namen und Adressen allfälliger Zeugen. Und fotografieren Sie die verunfallten Fahrzeuge in unveränderter Stellung.
- Unterschreiben Sie keine weiteren Papiere, die als Schuldanerkennung gelten könnten.
- Rufen Sie die Polizei, wenn der andere Autolenker den Zusammenstoss verschuldet hat, das Protokoll nicht unterschreiben will oder wenn es Verletzte gegeben hat.
- Falls Sie einen Schutzbrief haben, kontaktieren Sie den entsprechenden Automobilclub. Je nach Schutzbrief sind verschiedene Leistungen gedeckt (Notfalltransport, Pannenhilfe, Mehrkosten während der Reparatur des Fahrzeugs, Heimschaffung des Autos usw.).
- Benachrichtigen Sie unverzüglich Ihre Autoversicherung. Auch diese Telefonnummer sollten Sie vor der Abreise notieren bzw. im Handy speichern. Sie finden sie auch im Feld 8 der Grünen Karte.
- Denken Sie daran, eine allfällige Verkehrsrechtsschutz-Versicherung zu informieren.
- Erkundigen Sie sich bei der Auskunftsstelle des Nationalen Versicherungsbüros Schweiz (NVB), wo Sie Ihre Schadenersatzansprüche geltend machen können (Telefon 0800 831 831, aus dem Ausland 0041 44 628 89 30). Im Internet: www.nbi.ch.

  Die Auskunftsstelle des Versicherungsbüros kann anhand des Kontrollschilds und der Automarke abklären, bei welcher Gesellschaft der andere Fahrzeuglenker versichert ist und wer als Schadenregulierungs-Beauftragter dieser Gesellschaft in der Schweiz amtet. An ihn können Sie sich dann mit Ihren Forderungen richten (man muss sich also nicht mehr wie früher mit einem ausländischen Versicherer herumschlagen).

  Dies gilt aber nicht für alle Länder. Beispielsweise in Bosnien, Albanien oder Serbien muss man sich an den dortigen Versicherer halten.
- Weitere Informationen über das Versicherungssystem im internationalen Strassenverkehr und über das Verhalten bei einem Unfall finden Sie im Internet unter www.nbi.ch.

Fortsetzung von Seite 328

sicherung, bei einem neuen Auto nur noch einen Einjahresvertrag zu machen. Bei kundenfreundlichen Versicherern nützt es.

### Wer das Auto verkauft, erhält die Restprämie zurück

Und das gilt, wenn Sie das Auto verkaufen und längere Zeit keines mehr anschaffen wollen: Wer auswandert oder das Autofahren wegen Krankheit oder aus Geld-, Alters- oder anderen Gründen aufgibt und das Auto verkauft, erhält von den Gesellschaften die Restprämie zurück – ungeachtet der Vertragsdauer und auch dann, wenn der Vertrag noch kein Jahr lang gelaufen ist.

### Nach einem Unfall: Die Polizei ist nicht immer nötig

Nach einem Unfall stellt sich die wichtige Frage: Soll man die Polizei rufen oder nicht? Und wie soll man vorgehen?

Beachten Sie in diesem Zusammenhang folgende Grundsätze:

- Bei allen Unfällen auf einem Parkplatz oder auf der Strasse müssen Sie unbedingt anhalten – auch wenn nur Sachschäden entstanden sind. Sonst begehen Sie Fahrerflucht, und das ist strafbar. Ein Fahrer, der auf der Autobahn einen Hund überfuhr und nicht anhielt, wurde gemäss Bundesgericht zu Recht gebüsst (Bundesgerichtsurteil 6B_677/2011).
- Bei reinen Blechschäden und klarem Verschulden ist es nicht nötig, die Polizei zu rufen.
- In folgenden Fällen verlangt aber das Gesetz, dass die Polizei vor Ort erscheint: wenn ein Unfall Tote oder Verletzte gefordert hat (ausser bei unbedeutenden Prellungen oder Schürfungen und wenn die verletzte Person damit einverstanden ist), wenn der Unfallverursacher nicht sofort alle Geschädigten benachrichtigen kann (das Hinterlassen einer Visitenkarte an einem beschädigten Gartenzaun genügt nicht), wenn Verkehrssignale oder Leitplanken beschädigt wurden und wenn der Unfall den öffentlichen Verkehr behindert.
- Wenn die Polizei kommt, so setzt das in der Regel Bussen ab für einen oder beide Beteiligten.
- Wichtig: Rufen Sie die Polizei, wenn Sie auch nur den kleinsten Verdacht haben, dass jemand verletzt sein könnte. Das gilt insbesondere nach Schlägen auf den Kopf und nach einer Überdehnung des Nackens, deren oft schlimme Nachwirkungen (Schleudertrauma) sich manchmal erst einige Stunden oder Tage nach dem Unfall manifestieren.

Gehen Sie sofort zum Arzt, falls Sie nachträglich Augenflimmern, Schwindel, Übelkeit oder Kopf- oder Nackenschmerzen spüren.

### Bei Unstimmigkeiten sollten Sie die Polizei rufen

- Rufen Sie auch dann die Polizeiorgane, wenn das «gegnerische» Auto ein ausländisches Kontrollzeichen hat.
- Falls Sie die Polizei nicht rufen, ist es sehr wichtig, dass die Be-

teiligten das Europäische Unfallprotokoll sehr genau ausfüllen (vorher die Anweisungen lesen!) und unterschreiben. Skizzieren Sie falls möglich die Unfallsituation mit Kreide am Boden und machen Sie Fotos. Sie können auch selber ein Protokoll inklusive Skizze aufsetzen. Bestehen auch nur die kleinsten Unstimmigkeiten oder will die «Gegenpartei» nicht unterschreiben, sollten Sie die Polizei rufen. Die Polizei schreibt dann einen Rapport und hält die Unfallspuren und Aussagen der Beteiligten und allfälliger Zeugen fest.

- Ein Unterzeichnen des Europäischen Unfallprotokolls gilt nur als Feststellung des Sachverhalts und nicht als Schuldanerkennung. Unterschreiben Sie auf keinen Fall weitere Papiere, die unter Umständen als voreilige Schuldanerkennung gelten könnten.
- Bauen Sie nicht auf das mündliche Versprechen des Unfall-«Gegners», er zahle alles ohne Probleme. Solche Zusagen sind wertlos. Benutzen Sie das Unfallprotokoll.
- Versuchen Sie, allfällige Zeugen des Unfalls anzusprechen, damit sich diese für Zeugenaussagen zur Verfügung stellen.
- Melden Sie den Unfall unverzüglich Ihrer Versicherung. Melden Sie ihn auch dann, wenn Sie nach dem Unfall entscheiden, dass Sie

**FRAGE**

## Unfall: Muss ich ab sofort mehr zahlen?

**Ich habe einen harmlosen Unfall verursacht und dies meiner Autoversicherung gemeldet. Vielleicht werde ich aber nach Abschluss der Abklärungen und Reparaturen die Kosten selber tragen, um meine gute Bonusstufe nicht zu verlieren. Trotzdem hat die Gesellschaft meine Prämie schon jetzt auf der nächsten Rechnung erhöht. Darf sie das?**

**Ja.** Die Versicherungsbedingungen Ihrer Gesellschaft besagen, dass die Prämienstufe (Bonusstufe) neu festgelegt wird, wenn in der betreffenden Beobachtungsperiode ein Schaden eingetreten bzw. angemeldet worden ist.

Ein ähnlicher Wortlaut findet sich bei den meisten Versicherungsgesellschaften. Oder es heisst im Kleingedruckten, dass die Bonusstufe ändert, wenn ein Ereignis eingetreten ist, wofür die Versicherung eine «Rückstellung» machen muss, also Geld für den noch zu beziffernden Schaden beiseitelegen muss.

Für Betroffene heisst das: Ihre nächste Rechnung fällt zwar höher aus, weil sie den Schaden angemeldet haben. Die höhere Prämie müssen sie auch zahlen. Falls sie aber den Schaden später doch noch selber übernehmen (um die Gesellschaft nicht zu belasten) oder wenn sie unschuldig sind und gar nichts zahlen müssen, so wird die Gesellschaft diese Erhöhung wieder nach unten korrigieren und den zu viel bezahlten Prämienanteil verrechnen.

**Tipp:** Es kann sich also lohnen, Bagatellunfälle selber zu berappen oder die Summe der Versicherung zurückzuschicken, falls sie den Schaden schon vergütet hat. Die meisten Versicherungsgesellschaften teilen den Kundinnen und Kunden in solchen Fällen die finanziellen Vor- und Nachteile mit (siehe Text rechts).

FRAGE

## Haftpflicht: Ist der Schaden am Auto des Vaters gedeckt?

**Ich habe auf dem Vorplatz unseres Hauses mit meinem Auto ein unglückliches Wendemanöver gemacht und bin dabei in das Auto meines Vaters gefahren, der bei uns zu Besuch war. Muss nun meine Autohaftpflicht-Versicherung den Schaden am Auto des Vaters übernehmen?**

**Nein.** Der Grund liegt in einer Bestimmung des Strassenverkehrsgesetzes (SVG). Diese erlaubt den Autoversicherern das Ausschliessen von «Ansprüchen aus Sachschäden des Ehegatten des Halters, seiner Verwandten in auf- und absteigender Linie sowie seiner mit ihm im gemeinsamen Haushalt lebenden Geschwister». In der Regel haben die Autoversicherer diese Klausel (sie gilt nicht für Körperschäden!) sinngemäss in ihre Bedingungen übernommen.

Das heisst: Wer mit seinem Auto dasjenige eines Verwandten in auf- und absteigender Linie (wie Vater, Mutter, Tochter, Sohn) beschädigt, ist über die Motorfahrzeug-Haftpflicht-Versicherung nicht versichert. Dies betrifft in der Regel nicht nur Sachschäden am Auto von Verwandten, sondern auch die übrigen Sachschäden – wenn zum Beispiel die Tochter mit ihrem Auto den Gartenzaun des Vaters touchiert oder den Hund der Mutter überfährt.

Übrigens: Hätten Sie das Auto Ihrer Schwiegermutter touchiert, würde die Autohaftpflicht-Versicherung zahlen. Denn Schwiegereltern sowie Schwiegersöhne und -töchter sind nicht Verwandte in auf- und absteigender Linie.

Diese Regelung bei der Autohaftpflicht-Versicherung unterscheidet sich markant von den Bedingungen der Privathaftpflicht-Versicherung, die für Missgeschicke im Alltag (ohne Auto) aufkommt. Denn hier sind in der Regel nur Schäden ausgeschlossen, die man einer Person zufügt, mit der man im gemeinsamen Haushalt (oft Wohn- oder Hausgemeinschaft genannt) lebt (siehe Kasten auf Seite 198).

die Kosten selber zahlen, um einen Bonusverlust zu verhindern.

- Bei Fahrerflucht zahlt der Nationale Garantiefonds Schweiz (NGF, Adresse im Anhang auf Seite 361).

### Manchmal lohnt es sich, den Schaden selber zu zahlen

Nach einem Unfall steigt die Haftpflicht-Prämie gemäss Bonus-Malus-System meistens. Daher kann es sich lohnen, den Schaden nicht der Versicherung zu überbürden, sondern selber zu zahlen – und zwar dann, wenn die aus dem Bonusverlust resultierenden Mehrprämien der nächsten Jahre höher sind als die Reparaturkosten.

Die Berechnung der Kosten einer solchen Bonusrückstufung ist allerdings nicht so einfach. Sie hängt einerseits von der aktuellen Prämienstufe ab, auf der sich der Versicherte befindet, sowie von der Anzahl Jahre, die der Versicherte benötigt, bis er auf derjenigen Bonusstufe ist, die er ohne Unfall viel früher erreicht hätte.

Zudem stellt sich auch die Frage, ob jeweils noch ein Selbstbehalt zu zahlen ist, und wer es genau nimmt, müsste auch noch den Zinsverlust miteinberechnen.

Deshalb die **Tipps:**

- Zahlt Ihre Versicherung einen Haftpflicht-Schaden, teilt sie Ihnen

FRAGE

### Surfbrett fällt vom Auto: Wer haftet?

**Ich hatte mein Surfbrett auf dem Autodach befestigt. Während der Fahrt löste sich die Halterung. Das Brett fiel auf die Fahrbahn und beschädigte die Kühlerhaube des Autos hinter mir. Der Lack meines Wagens ist zerkratzt, mein Surfbrett kaputt. Welche Versicherung zahlt für welchen Schaden?**

Als Fahrzeughalter sind Sie für die Sicherung der Ladung verantwortlich. Deshalb haften Sie für den Schaden an der Kühlerhaube des anderen Autos.

Anders wäre es, wenn der Lenker hinter Ihnen mit zu wenig Abstand fuhr. Dann wäre er mitschuldig. Das würde Ihre Haftung reduzieren. Sie müssten nicht den ganzen Betrag für die Reparatur der Kühlerhaube übernehmen.

Melden Sie den Schaden Ihrer Auto-Haftpflichtversicherung. Sie zahlt die Reparatur des anderen Fahrzeugs. Allerdings wird die Versicherung einen Teil der Kosten von Ihnen zurückfordern, falls sich herausstellen sollte, dass Sie das Surfbrett unsorgfältig befestigt haben. Das gilt dann, wenn man Ihnen vorwerfen kann, dass Sie grobfahrlässig gehandelt haben. Leichte Fahrlässigkeit genügt nicht für eine Leistungskürzung.

Den Lackschaden an Ihrem Auto und den Totalschaden am Surfbrett übernimmt Ihre Haftpflichtversicherung nicht. Sie deckt nur Schäden an fremden Sachen oder Personen. Die Teilkasko-Versicherung zahlt zwar für Schäden an Ihrem eigenen Fahrzeug, jedoch nur, wenn Sie den Schaden nicht selber verursacht haben. Sollten Sie eine Vollkaskoversicherung haben, können Sie den Lackschaden dort melden.

mit der Abrechnung gleichzeitig auch mit, wie sich dies auf Ihren Bonus-Malus-Stand auswirkt.

- Lassen Sie sich von der Versicherung vorrechnen, ob es sich lohnt, den Schaden selber zu zahlen oder nicht.
- Bei dieser Berechnung müssen Sie aufpassen, falls Sie noch nicht auf der tiefsten Bonusstufe angelangt sind. Viele Versicherungen rechnen so, dass Sie die Mehrprämie des Versicherten nur insoweit veranschlagen, bis der Versicherte wieder auf der ursprünglichen Bonusstufe (wie vor dem Unfall) angelangt ist. Dabei lassen sie ausser Acht, dass der Versicherte in der gleichen Zeit ohne Unfall in der Bonusskala noch weiter nach unten gerutscht wäre. Wenn korrekt gerechnet wird, lohnt es sich eher, einen Schaden selber zu tragen, statt ihn der Versicherung aufzubürden (siehe Details im K-Geld 4/2007).
- Falls Sie den Schaden doch selber übernehmen, haben Sie 30 Tage Zeit, um die Schadensumme der Versicherung zurückzuzahlen. So vermeiden Sie eine Bonus-Rückstufung.
- Das Gesagte gilt auch für die Kaskoversicherung.

## Die freiwillige Autokasko-Versicherung

Die Teilkasko-Versicherung ist freiwillig und deckt die vom Fahrer nicht selber verschuldeten Schäden an seinem eigenen Auto. Hier können Sie also diejenigen Risiken versichern, die Sie als Fahrzeughalter selber gar nicht oder nur zu einem Teil beeinflussen können:

- Zu den grösseren Teilkasko-Risiken gehören Feuer (Brand, Explosion, Kurzschluss) und Diebstahl sowie Elementarschäden (zum Beispiel Steinschlag, Hagel, Sturm, Lawinen).

- Zu den kleineren gedeckten Teilkasko-Schäden zählen Glasschäden (zum Beispiel Bruch oder Beschädigung von Scheiben oder Dachfenstern), Kollision mit Tieren, Marderschäden inkl. Folgekosten eines dadurch verursachten Unfalls sowie Vandalenakte (böswillige Beschädigung), aber nicht Zerkratzen (siehe Kasten unten).

### Zubehör bis zehn Prozent ist automatisch mitversichert

Fest eingebautes Zubehör oder Ausrüstungsgegenstände, die über die serienmässige Normalausrüstung hinausgehen, sind in der Regel bis zu einem Wert von zehn Prozent des Fahrzeug-Katalogpreises

## Das Zerkratzen: Meistens kein versicherter «Vandalenschaden»

«Vandalismus» oder «böswillige Beschädigung» seien versichert, heisst es oft in den Verkaufsunterlagen der Autoversicherung und oft auch in der Leistungsübersicht im vorderen Teil der Police. Wer allerdings nur eine Teilkasko-Deckung hat, geht in vielen Fällen trotzdem leer aus – besonders dann, wenn eine unbekannte Person das Auto zerkratzt.

Der Grund: Gemäss den detaillierten allgemeinen Versicherungsbedingungen (AVB) sind üblicherweise in der Teilkasko versichert: «Mutwilliges oder böswilliges Abbrechen von Antennen, Rückspiegeln, Scheibenwischern oder Ziervorrichtungen, Zerstechen der Reifen und Hineinschütten von schädigenden Stoffen in den Treibstofftank.»

Als Zusatz steht in den AVB in der Regel noch der Satz: «Diese Aufzählung ist abschliessend.» Oder: «Andere Vandalenschäden sind ausgeschlossen.»

Kratzschäden fehlen in den Aufzählungen – und deshalb ist das böswillige Zerkratzen durch Vandalen bei keiner Autoversicherung in der Grunddeckung der Teilkasko-Versicherung inbegriffen. Das ist ärgerlich, denn das Entfernen eines tiefen oder langen Kratzers ist ungleich teurer als beispielsweise das Ersetzen eines demolierten Rückspiegels oder einer abgebrochenen Antenne.

Auch der Nationale Garantiefonds (siehe Seite 351f.) zahlt solche Kratzschäden von Vandalen nicht.

Das müssen Autobesitzer zum Thema Vandalenschäden wissen:

- Wer garantiert alle Vandalenschäden versichert haben will (also auch das Zerkratzen), braucht eine Vollkasko-Deckung und allenfalls noch eine Parkschaden-Versicherung. Erkundigen Sie sich bei Ihrer Versicherung.

  Achten Sie aber darauf, ob es für die Schadenvergütung eine vertragliche Obergrenze gibt.
- Wer alle Vandalenschäden über Vollkasko oder Parkschaden versichert hat, muss im Schadenfall meistens einen Selbstbehalt tragen und auch eine Bonusrückstufung hinnehmen, was in der Teilkasko in der Regel nicht der Fall ist.
- Auch das Bemalen und Bespritzen mit Farbe ist in der Teilkasko-Versicherung oft nicht drin.
- Bei der Zürich-Versicherung und beim Online-Anbieter Zurich connect kann man in der Teilkasko-Versicherung gegen eine Aufprämie die Variante «Vandalismus alle» vereinbaren. Dann gibt es keine Diskussionen.
- Viele Gesellschaften halten sich noch ein zusätzliches Hintertürchen offen. Ist der Schaden anlässlich innerer Unruhen, während Krawallen, Tumulten oder «Zusammenrottungen» passiert, zahlen sie im Prinzip nicht – ausser der Versicherte kann glaubhaft nachweisen, dass er alles Zumutbare getan hat, um den Schaden zu vermeiden.

gratis mitversichert; der Wert des Zubehörs muss im Versicherungsantrag trotzdem deklariert werden.

Wer mehr Zubehör versichern will, zahlt einen Aufpreis. Bei neuen teureren Autos macht das Zubehör in den meisten Fällen mehr als zehn Prozent aus.

**Tipp:** Melden Sie sich bei Ihrer Gesellschaft, wenn Sie nachträglich sehr teures Zubehör einbauen (zum Beispiel Schiebedach, Speziallackierung, teure Musikanlage, fest montiertes Navigationsgerät).

Was für Reisegepäck und Handys gilt, steht auf Seite 345 f.

## Prämien im Vergleich: Autohaftpflicht-Versicherung mit Vollkask

### Prämie für eine Junglenkerin

Schweizerin, 20-jährig, ledig, medizinische Praxisassistentin, wohnt in Sitten VS. Fahrausweis seit 2010, 17 000 km pro Jahr, keine Garage, verwendet das Auto privat und für Arbeitsweg (inkl. Ausland). **Auto**: Citroën C1 1.0i Chic, Neuwagen (Fr. 16 040.–). Zubehör Fr. 1604.–

| Gesellschaft | Nettoprämie | Bonusstufe VK | Bonusstufe HP |
|---|---|---|---|
| Helvetia[1] | 1569.90 | 65% | 65% |
| Mobiliar[2] | 1665.30 | 55% | 55% |
| Zürich[3] | 1746.10 | 55% | 55% |
| Axa Winterthur | 1833.70 | 75% | 75% |
| Vaudoise[4,5] | 2021.20 | 70% | 75% |
| Auto-TCS[6,7] | 2193.– | 90% | 90% |
| Nationale | 2201.50 | 75% | 75% |
| Sympany[8] | 2425.70 | 66% | 66% |
| Generali | 2518.40 | 63% | 73% |
| Smile direct[9] | 2619.– | 80% | 80% |
| Allianz | 3057.30 | 70% | 70% |
| **Online-Angebote[10]** | | | |
| Zurichconnect.ch[3] | 1850.60 | 75% | 65% |
| Baloisedirect.ch[6] | 2108.60 | 90% | 90% |
| Generali.ch | 2183.20 | 63% | 73% |
| Smile-direct.ch[9] | 2357.40 | 80% | 80% |
| Allianz24.ch | 4061.10 | 70% | 70% |

### Prämie für einen Junglenker

Schweizer, 19-jährig, ledig, Landschaftsgärtner, wohnt in St. Gallen. Fahrausweis seit 2011, 25 000 km pro Jahr, keine Garage, verwendet das Auto privat und für Arbeitsweg (inkl. Ausland). **Auto**: Seat Léon Cupra R, geleaster Gebrauchtwagen, im Jahr 2010 kostete der PW Fr. 43 300.–. Zubehör Fr. 4330.–

| Gesellschaft | Nettoprämie | Bonusstufe VK | Bonusstufe HP |
|---|---|---|---|
| Helvetia[1] | 3977.70 | 70% | 70% |
| Vaudoise[4,5] | 4374.20 | 70% | 75% |
| Sympany[8] | 4588.20 | 73% | 73% |
| Auto-TCS[6,7] | 4597.90 | 100% | 100% |
| Generali | 5317.– | 63% | 73% |
| Zürich[3] | 5378.40 | 75% | 75% |
| Nationale | 5793.40 | 80% | 80% |
| Mobiliar[2] | 5912.50 | 60% | 60% |
| Smile direct[9] | 6896.50 | 90% | 90% |
| Allianz | 6991.– | 70% | 70% |
| Axa Winterthur | 9086.90 | 80% | 80% |
| **Online-Angebote[10]** | | | |
| Baloisedirect.ch[6] | 4419.10 | 100% | 100% |
| Generali.ch | 4617.50 | 63% | 73% |
| Zurichconnect.ch[3] | 5253.80 | 100% | 90% |
| Smile-direct.ch[9] | 6207.20 | 90% | 90% |
| Allianz24.ch | 6996.80 | 70% | 70% |

### Prämie für einen Familienv

Schweizer, 45-jährig, verheiratet, Notar, wohnt in Biel. Fahrausweis seit 1987, 15 000 km pro Jahr, Garage am W verwendet das Auto privat und für Arbeitsweg (inkl. Ausland). **Auto**: Volvo V70 2.5T Kinetic, Gebrauchtwagen, im Jahr 2008 kostete der PW Fr. 55 700.–. Zubehör Fr. 8500.–

| Gesellschaft | Nettoprämie | Bonu VK |
|---|---|---|
| Smile direct | 1528.90 | 40% |
| Axa Winterthur[6] | 1541.– | 30% |
| Zürich[3] | 1556.10 | 30% |
| Allianz | 1568.10 | 30% |
| Sympany[8] | 1569.10 | 30% |
| Auto-TCS[7] | 1612.50 | 30% |
| Nationale | 1778.90 | 30% |
| Mobiliar | 1795.30 | 35% |
| Helvetia[1] | 1799.10 | 35% |
| Generali | 2008.10 | 35% |
| Vaudoise[4,5] | 2331.20 | 30% |
| **Online-Angebote[10]** | | |
| Smile-direct.ch | 1376.30 | 40% |
| Zurichconnect.ch[3] | 1528.20 | 30% |
| Baloisedirect.ch | 1587.30 | 30% |
| Allianz24.ch | 1627.40 | 30% |
| Generali.ch | 1739.10 | 35% |

**VK** = Vollkasko, **HP** = Haftpflicht. Der Vergleich zeigt Jahres-Nettoprämien in Franken für eine einjährige Vertragsdauer für Haftpflicht, Vollkasko (inkl. Teilkasko) und unbegrenzte Parkschadendeckung ohne Selbstbehalt, ohne Spezialrabatte. Alle Lenker haben weder Unfälle noch Fahrausweisentzüge gehabt. In den Jahresprämien inbegriffen sind Stempelgebühr (5%) Unfallverhütungsbeitrag (0,75%) und Fr. 4.20 für den Garantiefonds. Die Prozentzahl hinter den Prämien zeigt die offerier Bonusstufe für Vollkasko (VK) und Haftpflicht (HP). Der Bonusschutz ist in der Regel dabei (mit Ausnahmen), ebenso der Verzicht auf Kürzung bei Grobfahrlässigkeit (ebenfalls mit Ausnahmen). Die Basler hat keine Angaben geliefert.
Angaben zu Haftpflicht und Teilkasko: Siehe Tabelle auf Seite 318 **Vollkasko:** Mit Zeitwertzusatz, Selbstbehalt 1000.–

Ein Ersatzauto für die Zeit während der Reparatur oder nach einem Diebstahl zahlen die meisten Gesellschaften in der Kaskoversicherung nicht oder nur gegen einen prämienpflichtigen Zusatz. (Aber: Zahlt die Autohaftpflicht-Versicherung des Unfall-«Gegners» nach einem Unfall, kann der Geschädigte ein Ersatzauto der ungefähr gleichen Preisklasse verlangen, falls er beispielsweise beruflich darauf angewiesen ist.)

Die Teilkasko-Versicherung ist in den meisten Fällen empfehlenswert. Aber nicht alle Antrag-

## ıklusive Teilkasko und Parkschaden)

### ·mie für einen Vielfahrer

ıeizer, 36-jährig, verheiratet, ımatiker, wohnt in Zug. ıusweis seit 1996, 00 km pro Jahr, Garage am ıort, verwendet das Auto privat Ausland). : VW Passat 2.0 TSI Comfort, ıster Gebrauchtwagen, im 2010 kostete der PW Fr. 47 950.–. ıhör Fr. 4795.–

| ·llschaft | Netto-prämie | Bonusstufe VK | HP |
|---|---|---|---|
| ɔany[8] | 1338.70 | 30% | 30% |
| ız | 1463.90 | 30% | 30% |
| ıh[3] | 1561.20 | 30% | 30% |
| -TCS[7] | 1657.20 | 30% | 30% |
| ɛtia[1] | 1660.20 | 35% | 35% |
| e direct | 1698.50 | 40% | 40% |
| liar | 1852.20 | 35% | 35% |
| oise[4,5] | 1872.50 | 30% | 40% |
| ɛrali | 1910.30 | 35% | 35% |
| ·nale | 2084.90 | 30% | 30% |
| Winterthur | 2121.70 | 30% | 30% |
| **ıe-Angebote[10]** | | | |
| hconnect.ch[1] | 1436.40 | 30% | 30% |
| e-direct.ch | 1529.30 | 40% | 40% |
| ız24.ch | 1615.70 | 30% | 30% |
| ısedirect.ch | 1627.50 | 30% | 30% |
| ɛrali.ch | 1658.70 | 35% | 35% |

### Prämie für eine Hausfrau

Schweizerin, 42-jährig, verheiratet, wohnt in Basel. Fahrausweis seit 1989, 10 000 km pro Jahr, Garage am Wohnort, verwendet das Auto privat (ohne Ausland). **Auto**: Toyota Prius 1.8 VVT-i HSD Sol, Neuwagen (Fr. 43 300.–). Zubehör Fr. 4330.–

| Gesellschaft | Netto-prämie | Bonusstufe VK | HP |
|---|---|---|---|
| Sympany[8] | 1120.70 | 30% | 30% |
| Mobiliar | 1203.– | 35% | 35% |
| Generali | 1214.60 | 35% | 35% |
| Zürich[3] | 1244.10 | 30% | 30% |
| Nationale | 1294.50 | 30% | 30% |
| Auto-TCS[7] | 1349.70 | 30% | 30% |
| Smile direct | 1358.50 | 40% | 40% |
| Vaudoise[4,5] | 1514.20 | 30% | 40% |
| Axa Winterthur | 1526.30 | 30% | 30% |
| Helvetia[1] | 1558.80 | 35% | 35% |
| Allianz | 1630.70 | 30% | 30% |
| **Online-Angebote[10]** | | | |
| Generali.ch | 1049.– | 35% | 35% |
| Smile-direct.ch | 1223.20 | 40% | 40% |
| Zurichconnect.ch[3] | 1227.40 | 30% | 30% |
| Baloisedirect.ch | 1345.10 | 30% | 30% |
| Allianz24.ch | 1461.10 | 30% | 30% |

### Prämie für einen Rentner

Schweizer, 70-jährig, verheiratet, wohnt in Küsnacht ZH. Fahrausweis seit 1962, 11 000 km pro Jahr, Garage am Wohnort, verwendet das Auto privat (inkl. Ausland). **Auto**: Mercedes E 350 CGI BlueE Avgarde4M, Neuwagen (Fr. 87 305.–). Zubehör Fr. 16 000.–

| Gesellschaft | Netto-prämie | Bonusstufe VK | HP |
|---|---|---|---|
| Sympany[8] | 2090.40 | 30% | 30% |
| Auto-TCS[7] | 2250.– | 30% | 30% |
| Zürich[3] | 2329.30 | 30% | 30% |
| Nationale | 2387.30 | 30% | 30% |
| Smile direct | 2577.90 | 40% | 40% |
| Allianz | 2685.80 | 30% | 30% |
| Mobiliar | 2704.– | 35% | 35% |
| Helvetia[1] | 2725.60 | 35% | 35% |
| Generali | 2796.– | 35% | 35% |
| Vaudoise[4,5] | 2949.50 | 30% | 40% |
| Axa Winterthur | 3002.– | 30% | 30% |
| **Online-Angebote[10]** | | | |
| Baloisedirect.ch | 2145.50 | 30% | 30% |
| Zurichconnect.ch[3] | 2246.30 | 30% | 30% |
| Smile-direct.ch | 2320.50 | 40% | 40% |
| Generali.ch | 2420.40 | 35% | 35% |
| Allianz24.ch | 2637.80 | 30% | 30% |

ırkschaden limitiert auf 5000 Franken **2** Ohne Verzicht auf Kürzung bei Grobfahrlässigkeit **3** Ohne Bonusschutz ɔhne Verzicht auf Kürzung bei Grobfahrlässigkeit **4** Keine Selbstbehalte für Jung- bzw. Neulenker in der Haftpflicht, diese als Lenker im Antrag aufgeführt sind **5** Junglenker erhalten eine Gutschrift von 200 Franken auf die erste ɛsprämie. Nach abgeschlossener Zweiphasenausbildung werden Junglenker beim Bonus um eine Stufe bessergestellt ıne Parkschaden **7** Bei Reparatur in einem Partnerbetrieb reduzierter Selbstbehalt in der Kollisionskasko **8** Inkl. ɛführte Sachen bis 3000 Franken, Rabatt für Sympany-Krankenversicherte ist nicht berücksichtigt **9** Ohne Verzicht auf ıng bei Grobfahrlässigkeit **10** Siehe Erläuterungen im Kasten auf Seite 20

QUELLE: VZ VERMÖGENSZENTRUM, STAND ANFANG 2012

steller kriegen sie: Es kann zum Beispiel sein, dass die Gesellschaft ältere Autos nur eingeschränkt versichert (beispielsweise nicht gegen Diebstahl). Oder dass sie teure Autos gar nicht oder nur mit horrenden Selbstbehalten akzeptiert.

Punkto Entschädigung gelten die gleichen Grundsätze wie bei der Autohaftpflicht-Versicherung (siehe Seite 322 ff.): Der Halter hat entweder Anspruch auf Reparatur (inklusive Abschleppen). Oder bei Totalverlust beziehungsweise bei Diebstahl auf den Zeitwert des Autos (eventuell kommt hier aber noch der Zeitwertzusatz ins Spiel, siehe Seite 345 ff.).

Und auch in der Kaskoversicherung können die Gesellschaften bei Grobfahrlässigkeit beziehungsweise bei Selbstverschulden die Zahlungen kürzen (siehe Kasten auf Seite 324).

Je nach Anbieter kommen in der Kaskodeckung noch beschränkte Zahlungen für Pannenhilfe, Rücktransport und weitere Gelder für besondere Auslagen nach einem Unfall dazu.

Achtung: Wenn die Garage bei einer Reparatur ein ohnehin verschlissenes Einzelteil durch ein neues ersetzen muss, erhält der Kunde einen Mehrwert, und die Gesellschaft kann ihre Entschädigung um diesen Mehrwert kürzen – aber nur, falls dies so in den Bedingungen steht.

Dieser Abzug «neu für alt» gilt etwa, wenn nach einem Unfall die ganze Karosserie neu lackiert werden muss oder wenn abgefahrene Reifen durch neue ersetzt werden.

Auch für die Kündigungsmodalitäten gilt das Gleiche wie für die Autohaftpflicht-Versicherung (siehe Details auf Seite 325 ff.).

TIPP

### Kaskoversicherung: Verlangen Sie einen Altersrabatt

Wer ein älteres Auto kaskoversichert hat, zahlt bei allen Gesellschaften solidarisch für die Neuwagenbesitzer mit. Denn die Höhe der Prämie wird im Wesentlichen aufgrund des Neuwagenpreises berechnet.

Aber: Die maximale Entschädigung nach einem Diebstahl oder nach einem Totalschaden nimmt bei älteren Autos rapide ab.

Das Konsumentenmagazin Saldo hat dieses Missverhältnis zwischen Preis und Leistung für einen VW Golf mit einem Katalogpreis von 28 680 Franken durchgerechnet. Ist dieses Auto 7-jährig, sinkt die Prämie lediglich um 11 bis 30 Prozent – je nach Gesellschaft. Eine allfällige Entschädigung hingegen sinkt um 60 bis 78 Prozent.

**Tipp:** Schliessen Sie nur Einjahresverträge ab und verlangen Sie ab dem Folgejahr einen grosszügigeren Rabatt bei der Kaskoversicherung.

## Nur die aufgezählten Schäden sind versichert

Der Umfang der freiwilligen Teilkasko-Deckung ist nicht gesetzlich vorgeschrieben, sondern ergibt sich einzig aus dem Vertrag beziehungsweise aus den allgemeinen Versicherungsbedingungen (AVB).

Entscheidend ist demnach, welche versicherten Schäden dort aufgezählt sind und wie der Schaden vergütet wird.

Und da gibt es unter den Gesellschaften beträchtliche Unterschiede:

■ Wenn die Kollision mit Tieren nur «auf öffentlichen Strassen» versichert ist, sind Sie nicht geschützt, wenn Sie ein Reh, ein Pferd oder einen Hund auf einer Privatstrasse anfahren.

Achtung: Damit die Kollision mit einem Tier versichert ist, braucht es einen «echten» Zusammenstoss. Wenn Sie hingegen einem Tier «nur» ausweichen und deswegen im Strassengraben landen, so ist dieser Schaden mit der Teilkasko-Police nicht versichert (aber mit einer eventuell vorhandenen Vollkasko-Police).

**Tipp:** Rufen Sie nach einer Kollision mit einem Reh bzw. einem Wildtier auf jeden Fall die Polizei oder einen Jagdaufseher.

Übrigens: Crashtests haben gezeigt, dass der Aufprall mit Tieren weniger gefährlich ist als der Zusammenstoss mit einem Baum oder mit einem Auto auf der Gegenfahrbahn. Das ist ein weiterer Grund, Tieren auf der Fahrbahn eben nicht zu sehr auszuweichen.

### Achten Sie auf den Schutz bei Glasbruch und Marderbiss

■ Wenn es bei den Vandalenakten heisst, die Aufzählung sei «abschliessend», so ist nur das versichert, was in der Aufzählung steht (siehe Kasten auf Seite 335).

■ Wenn bei den Glasschäden Scheinwerfergläser (oder Xenonscheinwerfer) nicht aufgeführt sind, haben Sie Pech, wenn ein aufgeworfener Stein Ihr Scheinwerferglas zerstört (siehe Kasten rechts). Falls Sie auch dieses Risiko versichern möchten, sollten

**FRAGE**

### Ein Stein beschädigte meine Windschutzscheibe: Wer zahlt die Reparaturkosten?

**Kürzlich fuhr ich hinter einem Lastwagen her, der übervoll beladen war mit Steinen. Es kam, wie es kommen musste: Ein paar Steine fielen vom Lastwagen herunter und einer davon flog direkt gegen meine Windschutzscheibe. Die Folge war ein zehn Zentimeter langer Sprung in der Scheibe, die ich in der Garage ersetzen lassen musste. Ich frage mich nun: Muss das Lastwagenunternehmen den Schaden übernehmen?**

**Ja.** Im Strassenverkehrsgesetz steht: «Die Ladung ist so anzubringen, dass sie niemanden gefährdet oder belästigt und nicht herunterfallen kann.» Passiert es trotzdem, haftet die Firma als Halterin des Lastwagens für die Reparaturkosten. Die Firma kann den Schaden ihrer eigenen Haftpflicht-Versicherung melden.

In der Praxis stellt sich allerdings häufig ein Beweisproblem: Würde das Lastwagenunternehmen nämlich bestreiten, dass der Stein von seinem Fahrzeug herunterfiel, könnten Sie Ihren Anspruch kaum durchsetzen.

Für solche Fälle ist eine Teilkasko-Versicherung nützlich. Sie deckt auch Glasbruchschäden – und zwar ungeachtet der Ursache.

Diese Versicherung zahlt auch dann, wenn Sie als «Opfer» vor lauter Schreck vergessen, den Namen der Firma oder das Kennzeichen des Lastwagens zu notieren.

Die Versicherung springt auch ein, wenn ein Stein unter dem Pneu eines fremden Fahrzeugs hervorgeschleudert wird und Ihre Autoscheibe beschädigt.

Allerdings: Was alles unter Glasbruch fällt, definiert jede Gesellschaft für die Teilkasko-Versicherung anders. Front-, Seiten- und Heckscheiben sowie Glasdächer sind in der Regel immer gedeckt, Schäden an Scheinwerfern und Hecklichtern hingegen meist nicht (oder allenfalls gegen Aufpreis).

Übrigens: Blechbeulen wegen eines herumfliegenden Steines sind in der Teilkasko-Versicherung nicht versichert, weil solche «Steinschläge» kein Elementarereignis sind.

Sie sich nach den Modalitäten erkundigen. Ein neuer Scheinwerfer kann durchaus 1000 Franken kosten. In den Autoprämien in diesem Kapitel sind Kleingläser und Xenonscheinwerfer mitversichert.

- Falls es bei den Marderschäden zum Beispiel heisst, der Schaden sei gesamthaft nur bis 3000 Franken versichert, so kann das ein schwerer Nachteil sein, falls ein angeknabberter Bremsschlauch zu einem Totalschaden führen sollte (siehe Seite 346 f.).

Möglich ist auch, dass der Marderschaden in einer abgespeckten Teilkasko-Police gar nicht gedeckt ist, sondern nur mit einer prämienpflichtigen Zusatzversicherung.

- Wenn der Selbstbehalt gemäss Vertrag bei der Diebstahldeckung nur in der Schweiz gilt, sollten Sie besser nicht ins Ausland fahren – weil sonst der Selbstbehalt höher ist (zum Beispiel 20 Prozent), falls Ihnen das Fahrzeug im Ausland gestohlen wird.
- Bei sehr teuren Fahrzeugen (meist ab 100 000 Franken Katalogpreis) müssen Sie bei einigen Gesellschaften bei Diebstahl im

## Vollkasko lohnt sich vor allem für Neuwagen

Wer ein neues Auto kauft, zahlt dafür viel Geld – und verliert alles, wenn der Lenker es durch eigenes Verschulden zu Schrott fährt. Das ist ein hohes finanzielles Risiko. Dagegen hilft die Vollkasko-Versicherung. Sie deckt in Ergänzung zur Teilkasko-Versicherung solche Kollisionsschäden am eigenen Fahrzeug durch selbst verschuldete Unfälle.

Die Vollkasko-Versicherung ist allerdings selbst dann von Nutzen, wenn Sie unschuldig in einen Unfall verwickelt sind. Denn der schuldige Unfallverursacher beziehungsweise seine Versicherung muss Ihnen gemäss Gesetz nur den entstandenen Schaden ersetzen, das heisst lediglich den Zeitwert Ihres beschädigten Fahrzeuges (siehe Seite 345 ff.).

Hier kann die Vollkasko-Versicherung einspringen. Sie zahlt – falls Sie den sogenannten Zeitwertzusatz versichert haben – die Differenz zwischen dem Zeitwertzusatz und dem enttäuschenden Zeitwert. Und das können je nach Fahrzeugalter mehrere Tausend Franken sein. (Den Bonusverlust und den Selbstbehalt übernimmt in der Regel die Haftpflicht-Versicherung des Unfall-«Gegners».)

Weil der Wert eines Autos mit zunehmendem Alter rapide abnimmt, lohnt sich der Abschluss einer Vollkasko-Versicherung mit Zeitwertzusatz vor allem während der ersten zwei bis fünf Betriebsjahre. Danach ist ein Totalverlust finanziell besser verkraftbar.

Sie können die Vollkasko-Deckung auch während einer langen Vertragsdauer auf Teilkasko reduzieren (normalerweise auf das Ende des Versicherungsjahres).

Für Lenker, die sich in der Vollkasko auf der besten Bonusstufe befinden, kann sich die Weiterführung der Vollkasko auch noch länger lohnen, da jetzt die Prämie schon fast auf Teilkasko-Niveau herunter gekommen ist.

Es ist erstaunlich: Rund ein Viertel aller 11- bis 12-jährigen Autos haben immer noch eine Vollkasko-Versicherung. Dies ist das Ergebnis einer repräsentativen Umfrage des Meinungsforschungsinstituts GFK in Luzern. GFK hatte Ende Juli 2011 1200 Autobesitzer befragt, und zwar im Auftrag des Internetvergleichsdienstes Comparis.ch.

Der Schluss daraus liege nahe: Viele Versicherte behalten die Vollkasko-Deckung zu lange bei.

Ausland einen höheren Selbstbehalt berappen – oder die Gesellschaft zahlt dann nur den reinen Zeitwert, auch wenn für alle übrigen Schäden der sogenannte Zeitwertzusatz (siehe Stichwort auf Seite 345) entschädigt wird.

- Gewisse Verträge gewähren keinen Schutz bei Fahrten in besonders gefährliche Länder (oder eventuell nur mit vergleichsweise hohen Selbstbehalten).

### Die Vollkasko-Police deckt Schäden am eigenen Auto

Die ebenso freiwillige Vollkasko-Versicherung deckt im Grundsatz neben den Teilkasko-Schäden auch noch die Kollisionsschäden am eigenen Auto, die aus eigenem Verschulden entstanden sind.

Ein Beispiel: Sie verursachen einen Auffahrunfall oder Sie fahren ohne Fremdeinwirkung gegen eine Mauer. In diesem Zusammenhang ist in den Bedingungen oft von der Kollisionskasko die Rede.

Eine Vollkasko-Deckung ist vor allem für neuere Autos sinnvoll (in der Regel zwei bis fünf Jahre lang) sowie allenfalls für ungeübte Fahrer. Der Grund liegt darin, dass der Totalverlust (oder eine grosse Reparatur) eines neuen Autos ein grosses finanzielles Risiko darstellt (siehe Kasten links).

### Massgeschneiderte Lösungen dank dem Modulsystem

Die meisten Gesellschaften haben die traditionellen Produkte Teilkasko und Vollkasko im Angebot. In der Vollkasko-Police ist dann die Teilkasko-Deckung automatisch inbegriffen. Es gibt aber auch Versicherungsgesellschaften mit Modulsystem. Diese Anbieter betrachten Teil- und Kollisionskasko als separate Bausteine, die man individuell zusammenstellen kann.

Kundinnen und Kunden können so prämiensparend auf Deckungen verzichten, die sie gar nicht brauchen, die jedoch in den bisherigen Standarddeckungen meistens inbegriffen sind.

Wer sich im Baukastensystem versichert, muss aber genau überlegen, welche Deckung er braucht und welche nicht. So kann man etwa die Kollision mit Tieren, den Glasbruch, die Marderschäden oder die Vandalenschäden ausschliessen.

Für die Automobilisten bedeutet das Modulsystem, dass sie sich einerseits eine massgeschneiderte Versicherungsdeckung im Baukastensystem zusammenstellen können – dass aber andererseits Vorsicht geboten ist.

- Ein Vorteil des Modulsystems: Die Teilkasko-Prämie bleibt unverändert, wenn wegen einer selbst verschuldeten Kollision die Kollisionsdeckung teurer wird. Im traditionellen System hingegen ist es so, dass nach einem Selbstunfall auch die Teilkasko teurer wird – was aus Sicht der Kundin oder des Kunden unfair ist.
- Das Baukastensystem erlaubt es, einzelne Deckungen separat mit einem Selbstbehalt zu belegen, während für andere Bausteine kein Selbstbehalt gilt.
- Ebenso ist es möglich, bei einzelnen Bausteinen eine Entschä-

digung nach Zeitwert beziehungsweise nach Zeitwertzusatz zu vereinbaren.

- Das Modulsystem hat aber auch Nachteile: Wer eine Deckung ausschliesst (zum Beispiel den Auslandschutz) und dann genau in diesem Bereich trotzdem einen Schaden hat, wird sich ärgern.

Es ist also nicht ohne Risiko, nur wegen eines Prämienvorteils Deckungsausschlüsse einzugehen.

### Diebstahlsicherung und Garage beeinflussen die Prämie

Auch bei der Kaskoversicherung sind die Grundprämien (wie bei der Haftpflicht) vom individuellen Risikoprofil des Kunden abhängig. Bedeutend stärker fallen hier aber Neupreis sowie Marke und Typ des Autos ins Gewicht und allenfalls auch noch das Vorhandensein einer abschliessbaren Garage oder einer Diebstahlsicherung (vermindert das Diebstahlrisiko).

## Vollkasko-Versicherung: Die Details des Bonus-Malus-Systems

**Prämienstufe nach ... Jahren in Prozent**

| Gesellschaft | 0 | 1 | 2 | 3 | 4 | 5 | 6 | 7 | 8 | 9 | 10 | 11 | 12 | 13 | 14 | 15 |
|---|---|---|---|---|---|---|---|---|---|---|---|---|---|---|---|---|
| Allianz | 100 | 90 | 80 | 70 | 65 | 60 | 55 | 50 | 46 | 42 | 38 | 34 | 30 | | | |
| Auto-TCS | 100 | 90 | 80 | 75 | 70 | 65 | 60 | 55 | 50 | 45 | 40 | 35 | 30 | | | |
| Axa Winterthur | 100 | 90 | 80 | 75 | 70 | 65 | 60 | 55 | 50 | 45 | 40 | 36 | 33 | 30 | | |
| Basler | 100 | 90 | 80 | 75 | 70 | 65 | 60 | 55 | 50 | 45 | 40 | 35 | 30 | | | |
| Generali | 99 | 92 | 85 | 79 | 73 | 68 | 63 | 58 | 54 | 50 | 47 | 44 | 41 | 38 | 35 | |
| Helvetia | 100 | 90 | 80 | 70 | 65 | 60 | 55 | 50 | 45 | 40 | 35 | | | | | |
| Mobiliar | 100 | 95 | 90 | 85 | 80 | 75 | 70 | 65 | 60 | 55 | 50 | 45 | 43 | 41 | 39 | 37 |
| Nationale | 100 | 90 | 80 | 75 | 70 | 65 | 60 | 55 | 50 | 45 | 40 | 35 | 30 | | | |
| Smile direct | 100 | 90 | 80 | 70 | 60 | 55 | 50 | 45 | 40 | | | | | | | |
| Vaudoise[2] | 100 | 90 | 80 | 70 | 62 | 54 | 50 | 46 | 42 | 38 | 34 | 30 | | | | |
| Sympany | 100 | 90 | 80 | 73 | 66 | 60 | 54 | 49 | 44 | 40 | 36 | 33 | 30 | | | |
| Zürich | 100 | 90 | 80 | 75 | 70 | 65 | 60 | 55 | 51 | 47 | 43 | 39 | 35 | 30 | | |
| **Online-Angebote** | | | | | | | | | | | | | | | | |
| www.allianz24.ch | 100 | 90 | 80 | 70 | 65 | 60 | 55 | 50 | 46 | 42 | 38 | 34 | 30 | | | |
| www.baloisedirect.ch | 100 | 90 | 80 | 75 | 70 | 65 | 60 | 55 | 50 | 45 | 40 | 35 | 30 | | | |
| www.generali.ch | 99 | 92 | 85 | 79 | 73 | 68 | 63 | 58 | 54 | 50 | 47 | 44 | 41 | 38 | 35 | |
| www.smile-direct.ch | 100 | 90 | 80 | 70 | 60 | 55 | 50 | 45 | 40 | | | | | | | |
| www.zurichconnect.ch[3] | 100 | 90 | 80 | 75 | 70 | 65 | 60 | 55 | 50 | 45 | 40 | 35 | 30 | | | |

Die Angaben gelten für die üblichen Produkte – und zwar ohne Bonusschutz (siehe Erläuterungen auf Seite 321 ff.). Achtung: Hat die Gesellschaft auch in der Teilkasko-Versicherung ein Bonussystem, so sind die Details dort anders geregelt. Falls bei einer Gesellschaft Kollisions- und Teilkasko getrennte Bonusstufen haben, gilt die hier gezeigte Staffelung für die Kollisionskasko-Deckung.

1 Falls der Fahrer auf der untersten Prämienstufe war, in Proze

Und: Auch in der Kaskodeckung verzichten einige Gesellschaften auf Leistungskürzungen bei Grobfahrlässigkeit – entweder ist diese Deckung automatisch inbegriffen oder sie kann gegen Aufpreis wahlweise eingeschlossen werden (Details im Kasten auf Seite 324).

### Teilkasko: Nur wenige Anbieter haben ein Bonus-Malus-System

Das Bonus-Malus-System spielt in der Teilkasko-Versicherung lediglich bei Helvetia und Zurich connect eine Rolle: Nach ein paar Jahren ohne Schäden gewähren diese Gesellschaften einen Prämienrabatt auf der Teilkasko-Deckung (siehe Prämientabelle auf Seite 336f. Dafür kann man aber hier auch in den Malusbereich rutschen.

Die anderen aufgeführten Gesellschaften kennen in der Teilkasko-Versicherung keinen Bonus, hier verändert sich also die Prämie nicht aufgrund des Schadenverlaufs – mit der Überlegung, dass die Teilkasko-Versicherung ja Schäden deckt, für die der Kunde weitgehend nichts kann (zum Beispiel Unwetterschäden).

In der Vollkasko-Deckung hingegen operieren alle Anbieter mit Bonus-Malus-System. Auch hier gilt: Was Sie mit Ihrem Auto aufgrund Ihres individuellen Risikoprofils und des offerierten Bonusrabatts konkret zahlen müssen, können Sie erst wissen, wenn Sie Offerten eingeholt haben.

### Bonus und Malus in der Vollkasko: Das sind die Details

Die Tabelle links zeigt, wie die Gesellschaften das Bonus-Malus-System in der Vollkasko-Versicherung ausgestaltet haben.

Die Erläuterungen zu den einzelnen Punkten finden Sie im Umfeld der entsprechenden Tabelle für die Autohaftpflicht-Versicherung auf Seite 317ff.

Auch hier gibt es Anbieter, bei denen der Bonusschutz automatisch mitversichert ist, sofern der Versicherte auf der für ihn güns-

| ...ückstufung ...m ...chadenfall | Max. Prämienerhöhung im Schadenfall [1] | Maximale Malusstufe |
|---|---|---|
| ... 4 Stufen | + 53 % | 240 % |
| ... 4 Stufen | + 67 % | 130 % |
| ... 4 Stufen | + 47% | 150 % |
| ... 4 Stufen | + 67 % | 130 % |
| ... 4 Stufen | + 34 % | 200 % |
| ... 4 Stufen | + 57 % | 140 % |
| ... 5 Stufen | + 29 % | 250 % |
| ... 4 Stufen | + 67 % | 300 % |
| ... 4 Stufen | + 50 % | 160 % |
| ... 3/4 Stufen | + 40/53 % | 130 % |
| ... 4 Stufen | + 47 % | 160 % |
| ... 4 Stufen | + 57 % | 150 % |
| | | |
| ... 4 Stufen | + 53 % | 240 % |
| ... 4 Stufen | + 67 % | 130 % |
| ... 4 Stufen | + 34 % | 200 % |
| ... 4 Stufen | + 50 % | 160 % |
| ... 4 Stufen | + 67 % | 150 % |

...hresprämie ausgedrückt (gilt für das darauffolgende ... 2 Erhöhung um 3 Stufen bei Schäden unter ...00.– und um 4 Stufen bei Schäden über 3000.– ...arate Skalen bei Diebstahl und Parkschäden

QUELLE: VZ VERMÖGENSZENTRUM, STAND ANFANG 2012

11 Autoversicherung

**FRAGE**

### Führerausweisentzug: Erhalte ich Prämien zurück?

**Ich bin ausserorts 115 statt 80 Kilometer pro Stunde gefahren und muss nun den Ausweis für drei Monate abgeben. Kann ich in dieser Zeit die Autoversicherung sistieren, damit ich einen Teil der bereits bezahlten Prämie zurückerhalte?**

**Ja.** Dafür müssen Sie aber die Kontrollschilder beim Strassenverkehrsamt deponieren. Für die Rückerstattung gilt:

- Die Prämie für die obligatorische Haftpflichtversicherung erhalten Sie in der Regel vollständig pro rata zurück. Das heisst: Für eine Sistierungszeit von drei Monaten erhalten Sie vom Versicherer einen Viertel der Jahresprämie gutgeschrieben. Das Auto darf dann aber von niemandem mehr benützt werden.
- Die Teilkasko-Deckung läuft in der Regel während der Sistierungsphase unverändert weiter. Denn auch ein nicht eingelöstes, abgestelltes Fahrzeug kann durch Feuer oder Hochwasser beschädigt werden. Deshalb gewähren viele Versicherer hier nur einen beschränkten Sistierungsrabatt – oder gar keinen.

  Erkundigen Sie sich aber nach den Details. Wenn Sie zum Beispiel bei der Basler die Teilkasko-Deckung explizit sistieren, gilt die Versicherung dort nicht mehr.
- Die Vollkasko-Deckung (Kollisionskasko) läuft bei einigen Versicherern ebenfalls weiter. Und auch hier ist die Praxis punkto Rückerstattung unterschiedlich.
- Für die Sistierung verlangen einige Versicherer keine Gebühr, andere 20 bis 40 Franken.
- Einige Versicherer gewähren die Prämienrückerstattung sofort, andere erst beim Ende der Sistierung.
- Eine Sistierung der Versicherung ist nicht unbeschränkt möglich. Nach neun oder zwölf Monaten ist meistens Schluss.

Übrigens: Falls Sie die Kontrollschilder hinterlegen, erhalten Sie auch die Motorfahrzeugsteuer anteilsmässig zurück. In der Regel verlangen die Strassenverkehrsämter aber eine Gebühr, beispielsweise 30 Franken.

tigsten Bonusstufe angelangt ist (in Ausnahmefällen auch schon vorher). Und auch hier ist es bei einigen Versicherern möglich, den Bonusschutz separat und gegen Aufpreis mitzuversichern (siehe Seite 321 ff.).

Beachten Sie auch: Die Bonussysteme der Autohaftpflicht- und der Kaskoversicherung können bei der gleichen Gesellschaft unterschiedlich ausgestaltet sein.

Allerdings ist dies nur ein scheinbarer Vorteil: Denn die Versicherungsgesellschaften können unliebsamen und teuren Kundinnen und Kunden nach jedem Schadenfall den Versicherungsschutz kündigen und ihnen dann schlechtere Bedingungen vorschlagen (zum Beispiel höhere Selbstbehalte oder eine schlechtere Entschädigung).

### Der Deckungsbereich: Die wichtigsten Unterschiede

Weil die Versicherungsgesellschaften bei der Ausgestaltung der Deckung bei der Kaskoversicherung (im Gegensatz zur Haftpflicht) die volle Handlungsfreiheit haben, sollten Sie vor dem Abschluss auch einen Blick auf die Bedingungen werfen (und allenfalls noch auf die sogenannten Assistance-Angebote wie zum Beispiel die kostenlose Pannenhilfe).

Zwar kann man generell feststellen, dass sich die Produkte stark gleichen. Grössere Differenzen sind lediglich bei den mitgeführten persönlichen Effekten, bei der Deckung von Marderschäden, bei den Scheinwerfergläsern, beim

Parkschaden sowie beim Zeitwertzusatz auszumachen (siehe Kasten rechts und Tabelle auf der nächsten Seite).

Differenzen gibt es auch beim Kriterium, ob die Gesellschaft bei Grobfahrlässigkeit ihre Leistungen kürzt oder nicht.

### Persönliche Waren: Die Hausratpolice ist besser geeignet

■ An mitgeführte **persönliche Gegenstände** (zum Beispiel Kleider) zahlen nur einige wenige Gesellschaften in der Grunddeckung üblicherweise 2000 Franken (in Ausnahmefällen 5000 Franken).

Bei den meisten Anbietern braucht es aber für persönliche Gegenstände eine Zusatzversicherung. Diese Zusatzdeckung kostet beispielsweise für eine versicherte Summe von 2000 Franken rund 15 bis 20 Franken.

Achtung: Oft sind in diesen Deckungen Schmuck, Bargeld, CDs, EDV-Hard- und -Software und immer öfter auch Handys und portable (mobile) Navigationsgeräte nicht oder nur beschränkt versichert.

**Tipp:** Beachten Sie, dass persönliche Effekten oft bereits über die Hausratversicherung gedeckt sind, und zwar über den Zusatz «einfacher Diebstahl auswärts» (siehe Seite 238ff.). Wer diesen Zusatz in der Hausratversicherung hat, braucht keine Zusatzdeckung in seiner Autokasko-Versicherung.

Die Zusatzdeckung für «einfachen Diebstahl auswärts» der Hausratversicherung ist sowieso vorteilhafter, weil dann persönli-

STICHWORT

## Zeitwertzusatz

Der Wert eines neuen Fahrzeugs sinkt rapide. Schon im ersten Betriebsjahr kann sein Zeitwert 20 bis 30 Prozent vom ursprünglichen Kaufpreis abweichen – insbesondere wenn Sie viele Kilometer fahren.

Diese übermässige Abschreibung kann man versichern – mit dem Zeitwertzusatz. Dieser garantiert bei Diebstahl (Teilkasko) oder Totalschaden nach einem selbst verursachten Unfall (Kollisionskasko) eine bessere Entschädigung durch die Kaskoversicherung als gemäss dem reinen Zeit- oder Marktwert. Dies gilt auch, wenn man Opfer eines Unfalles wurde und die Haftpflicht-Versicherung des «Gegners» nur den Zeitwert zahlen musste.

Beispiel: Während der Zeitwert eines Fahrzeugs gemäss den Eurotax-Bewertungsrichtlinien nach dem ersten Betriebsjahr schon auf 75 Prozent des Neuwerts sinken kann, beträgt die Entschädigung gemäss Zeitwertzusatz in der Regel immer noch 80 bis 95 Prozent des Neuwerts.

Doch es gibt grosse Unterschiede beim Zeitwertzusatz. Einzelne Gesellschaften zahlen nach einem Diebstahl oder einem Totalschaden im ersten Betriebsjahr 100 Prozent des Katalogpreises – aber nie mehr als den effektiv bezahlten Kaufpreis. Andere vergüten nur 90 bis 95 Prozent.

Die Tabelle auf der nächsten Seite zeigt die Details – auch für die darauffolgenden Betriebsjahre.

**Tipp:** Vielfahrer sollten eine Gesellschaft wählen, die beim Festlegen der Zeitwertzusatz-Entschädigungsskala nur das Alter des Autos berücksichtigt, nicht aber die Zahl der gefahrenen Kilometer.

Beachten Sie auch: Gewisse Gesellschaften geben Ausländern für sehr teure Autos prinzipiell keinen Zeitwertzusatz.

Nach acht Jahren nützt der Zeitwertzusatz in der Regel nichts mehr; die Entschädigung richtet sich dann in jedem Fall nur noch nach dem Zeitwert (Marktwert).

Wichtig: Es gibt Gesellschaften, die in der Kaskoversicherung auch nach Ablauf der acht Jahre noch die höhere Prämie für den Zeitwertzusatz kassieren. Dort müssen Sie sich melden, damit Sie eine Prämienreduktion erhalten – sonst zahlen Sie künftig zu viel.

che Effekten (auch Handys und Kameras) sowie Schmuck beispielsweise auch bei Zugreisen gedeckt sind und nicht nur bei Diebstahl aus dem Auto (Bargeld aber auch nicht).

Mehr noch: Die Hausratversicherung vergütet den Neuwert, die Autoversicherung vereinzelt nur den Zeitwert (dafür kennt die Autoversicherung hier – anders als die Hausratversicherung – keinen Selbstbehalt).

### Ein Kabelbrand kann schlimme Folgen haben

■ **Marder** können Kabelbrände verursachen, deren Reparatur mehrere Tausend Franken kostet. Und noch schlimmer: Ein angeknabberter Bremsschlauch kann während der Fahrt zu einem

## Zeitwertzusatz: Die Details der Entschädigung

| | **Entschädigung pro Betriebsjahr in Prozent des Neuwerts/Katalogpreises** | | | | | | |
|---|---|---|---|---|---|---|---|
| **Gesellschaft** | **1. Jahr** | **2. Jahr** | **3. Jahr** | **4. Jahr** | **5. Jahr** | **6. Jahr** | **(Ab) 7. Jahr** |
| Allianz | 100–90 | 90–82 | 82–74 | 74–66 | 66–58 | 58–51 | 51–45 |
| Auto-TCS (Diebstahl) | 100 | 100–88 | 88–76 | 76–67 | 67–60 | 60–54 | 54–48 |
| Auto-TCS (Kollision) | ZW plus 20% des Katalogpreises, ab dem 8. Betriebsjahr plus 10% des Ka | | | | | | |
| Axa Winterthur | 100 | 90–80 | 80–70 | 70–60 | 60–50 | 50–45 | 45–40 |
| Basler (Diebstahl) | 100 | 100–88 | 88–76 | 76–67 | 67–60 | 60–54 | 54–48 |
| Basler (Kollision) | ZW plus 20% des Katalogpreises, ab dem 8. Betriebsjahr plus 10% des Ka | | | | | | |
| Generali | 95 | 95–90 | 90–80 | 80–70 | 70–60 | 60–50 | 50–40 |
| Helvetia | 95 | 95–90 | 90–80 | 80–70 | 70–60 | 60–50 | 50–40 |
| Mobiliar | 95 | 95–90 | 90–80 | 80–70 | 70–60 | 60–50 | 50–40 |
| Nationale | 95 | 95–90 | 90–85 | 85–70 | 70–60 | 60–50 | 50–40 |
| Smile direct | 90 | 90–80 | 80–70 | 70–60 | 60–50 | 50–40 | ZW |
| Sympany | 95–90 | 90–85 | 85–75 | 75–65 | 65–55 | 55–45 | 45–40 |
| Vaudoise | ZW plus 20% des Katalogpreises | | | | | | |
| Zürich | 95–90 | 90–85 | 85–75 | 75–65 | 65–55 | 55–45 | 45–40 |
| **Online-Angebote** | | | | | | | |
| www.allianz24.ch | 100–90 | 90–82 | 82–74 | 74–66 | 66–58 | 58–51 | 51–45 |
| baloisedirect.ch (Diebstahl) | 91–80 | 80–68 | 68–56 | 56–47 | 47–40 | 40–34 | 34–28 |
| baloisedirect.ch (Kollision) | ZW plus 20% des Katalogpreises, ab dem 8. Betriebsjahr plus 10% des Ka | | | | | | |
| www.generali.ch | 95 | 95–90 | 90–80 | 80–70 | 70–60 | 60–50 | 50–40 |
| www.smile-direct.ch | 90 | 90–80 | 80–70 | 70–60 | 60–50 | 50–40 | ZW |
| www.zurichconnect.ch | 95–90 | 90–85 | 85–75 | 75–65 | 65–55 | 55–45 | 45-40 |

Die Tabelle zeigt die Entschädigung bei Totalschaden oder Diebstahl in Prozenten des Katalogpreises (zur Zeit der Fahrzeugherstellung). Mehr als den bezahlten Kaufpreis erhalten Sie aber nie. Einige Anbieter bieten zwei Modelle für die Zeitwertzusatz-Versicherung an. Dargestellt ist die meistverkaufte Variante.

Bremsversagen führen – und in der Folge unter Umständen zu einem Totalschaden.

Solche Folgeschäden sind heute in den Marderdeckungen meist inbegriffen – teilweise aber mit Einschränkungen. Es kann sein, dass in der Grunddeckung Marderschäden (inklusive möglicher Folgeschäden) nur bis 3000 Franken versichert sind.

| (Ab) 8. Jahr | 9. Jahr | 10. Jahr |
|---|---|---|
| ZW + 20% | | |
| 38–34 | 34–30 | 30–26 |
| | | |
| ZW | | |
| 38–34 | 34–30 | 30–26 |
| | | |
| ZW | | |
| ZW + 10% | | |
| ZW | | |
| ZW | | |
| | | |
| ZW + 20% | | |
| | | |
| ZW | | |
| | | |
| ZW + 20% | | |
| 28–24 | 24–20 | 20–16 |
| | | |
| ZW | | |
| | | |
| ZW | | |

= Zeitwert (nach den Bewertungsrichtlinien des ·andes der Freiberuflichen Fahrzeug-Sachverständ-n).

QUELLE: VZ VERMÖGENSZENTRUM, STAND ANFANG 2012

Beachten Sie bei Gesellschaften mit Baukastensystem, dass Sie den Marderschaden miteinschliessen, falls Ihr Auto häufig im Freien steht.

## Höhere Entschädigung dank Zeitwertzusatz

Das wichtigste Merkmal neben Prämien und Bonussystem ist in der Kaskoversicherung der **Zeitwertzusatz**.

Wer das Auto so versichert, erhält in den ersten Jahren nach einem Totalschaden oder nach einem Diebstahl (Teilkasko) im Durchschnitt deutlich mehr Geld als den reinen Zeitwert (siehe Kasten auf Seite 345).

Aber: Diese nach dem Alter des Autos abgestuften Entschädigungsskalen sind nicht bei allen Gesellschaften gleich grosszügig. Die Tabelle links zeigt, welche Gesellschaften in diesem Punkt brillieren und welche nicht.

Einer der Gründe für die unterschiedliche Bewertung: Einige Gesellschaften berücksichtigen bei der Festlegung des Entschädigungswertes nebst dem reinen Fahrzeugalter auch die gefahrenen Kilometer. Für Vielfahrer sind solche Entschädigungssysteme nachteilig.

Vielfahrer sollten deshalb eine Gesellschaft wählen, die unabhängig von der Anzahl der gefahrenen Kilometer eine fixe Entschädigung in Prozenten des Katalogpreises (zur Zeit der Fahrzeugherstellung) vorsieht.

Fortsetzung auf Seite 349

CHECKLISTE

## Der richtige Umgang mit der Kaskoversicherung

- Beachten Sie die Checkliste zur Autohaftpflicht-Versicherung auf Seite 329. Die allermeisten der dort aufgeführten allgemeinen Grundsätze gelten auch im Kaskobereich.
- In der Regel müssen Sie Teil- und Kollisionskasko bei der gleichen Gesellschaft abschliessen.
- Die Teilkasko-Versicherung ist empfehlenswert, weil Sie damit gegen Schadenursachen versichert sind, die Sie selber kaum beeinflussen können. Bedenken Sie: Eine defekte Frontscheibe kostet für ein zehnjähriges Auto gleich viel wie für ein neues.
- Die Vollkasko-Versicherung ist vor allem für neuere Autos wichtig (siehe dazu den Kasten auf Seite 340).
- Schliessen Sie Teil- und Vollkasko wenn immer möglich nur mit Zeitwertzusatz ab. Der Prämienaufschlag zur Variante «Nur Zeitwert» ist in der Regel gering.
- Fragen Sie, ob und welche Einschränkungen beim Zeitwertzusatz gelten (zum Beispiel bei Diebstahl im Ausland).
- Betrachten Sie den Bonus auch bei der Vollkasko-Police als Verhandlungssache.
- Beachten Sie, dass etliche Versicherungsgesellschaften mehrere Produktelinien mit unterschiedlicher Ausgestaltung haben. Wählen Sie das teurere Produkt nur, falls es Zusatzleistungen enthält, die Sie wirklich brauchen. Oft genügt auch eine Light-Variante ohne Zeitwertzusatz, ohne Bonusschutz und ohne Parkschaden-Deckung.
- Mit solchen Light-Deckungen kann man locker ein paar Hundert Franken sparen. Sie sind vor allem für ältere Autos empfehlenswert, weil Parkschäden und Zeitwertzusatz-Entschädigung jetzt nicht mehr stark ins Gewicht fallen. Ausserdem bieten sie sich für Lenker an, die den fehlenden Bonusschutz finanziell verkraften und auf die Deckung bei einem Unfall nach grobfahrlässigem Verhalten verzichten wollen, weil sie sowieso anständig fahren.
- Prüfen Sie, ob Sie – allenfalls in Teilbereichen – einen (höheren) freiwilligen Selbstbehalt zum Prämiensparen wollen.
- Prüfen Sie, ob die Gesellschaft in ausgewählten Teilbereichen einen obligatorischen oder einen erhöhten Selbstbehalt verlangt, der nicht branchenüblich ist. Das kann zum Beispiel bei Glasschäden der Fall sein oder bei Diebstahl des Autos im Ausland.
- Prüfen Sie, ob das Zerkratzen und Besprayen versichert ist. Diese Deckung kann in der Vollkasko-(evtl. Teilkasko-)Police inbegriffen sein, vielleicht brauchen Sie dazu aber eine Parkschaden-Zusatzversicherung.
- Beachten Sie vor dem Abschluss die Bedingungen für Marderbiss (Folgeschäden!), Zeitwertzusatz und Bonus-Malus-System – und ob die Gesellschaft bei Grobfahrlässigkeit kürzen kann (siehe Kasten auf Seite 324).
- Fragen Sie nach den weiteren Sparmöglichkeiten.

**Nach dem Abschluss:**

- Melden Sie auch Kaskoschäden stets der Versicherungsgesellschaft. Sie können anschliessend immer noch entscheiden, ob Sie den Schaden selber zahlen wollen, um so einen allfälligen Bonus nicht zu verlieren.
- Überprüfen Sie von Zeit zu Zeit (zum Beispiel wenn die Prämienrechnung kommt), wie Sie versichert sind beziehungsweise welche Bausteine Sie nicht haben – damit Sie nicht plötzlich eine Deckung beanspruchen wollen, die Sie gar nicht besitzen.
- Melden Sie Veränderungen Ihrer persönlichen Risikofaktoren (siehe Seite 314).
- Behalten Sie Belege und Quittungen von allen Zubehörteilen auf, die Sie nachträglich einbauen lassen. Melden Sie den Einbau und fragen Sie, ob diese nachträglich eingebauten Zubehörteile gratis mitversichert sind.
- Prüfen Sie nach einem Unfall, welche besonderen Auslagen gemäss den Versicherungsbedingungen zusätzlich gedeckt sind.

Fortsetzung von Seite 347

Beachten Sie auch: Beim Diebstahl im Ausland kann das Zeitwertzusatz-Reglement der Versicherung einen tieferen Entschädigungswert vorsehen als bei einer selbst verschuldeten Kollision.

Es kann auch sein, dass der Zeitwertzusatz bei Diebstahl im Ausland gemäss Versicherungsbedingungen gar nicht zum Tragen kommt; das ist vor allem bei teureren Fahrzeugen (ab ungefähr 100 000 Franken Neuwert) der Fall. Die Gesellschaft zahlt in einem solchen Fall immer nur den reinen Zeitwert.

### Wo sich ein höherer Selbstbehalt lohnt – und wo nicht

Ein freiwilliger Selbstbehalt in der Teilkasko-Versicherung lohnt sich angesichts der relativ tiefen Prämien kaum.

Ein Rechenbeispiel: Bei einer Grundprämie von 300 Franken pro Jahr und einer Prämienersparnis von 25 Prozent mit einem Selbstbehalt von 500 Franken erzielen Sie eine jährliche Einsparung von 75 Franken.

Das ist wenig angesichts der Tatsache, dass Sie nach einem Schadenfall gleich 500 Franken hinblättern müssen.

Zumal sich viele Teilkasko-Schäden auch bei einer sehr defensiven Fahrweise nicht vermeiden lassen: Auch der vorsichtigste Fahrer muss jederzeit mit einer defekten Frontscheibe nach einem Steinschlag, mit einem Diebstahl oder einem Marderbiss rechnen.

Beachten Sie: Einige Gesellschaften verlangen in Teilbereichen einen obligatorischen Selbstbehalt.

### Die Prämienrabatte sind unterschiedlich hoch

Der Selbstbehalt in der Vollkasko-Versicherung beträgt in der Regel mindestens 500 Franken.

Diesen Selbstbehalt hinaufzusetzen lohnt sich angesichts der hohen Prämien eher.

Allerdings: Die Prämienrabatte bei einem höheren Selbstbehalt sind von Gesellschaft zu Gesellschaft derart unterschiedlich, dass nur eine Empfehlung möglich ist: Holen Sie bei mehreren Anbietern Offerten mit verschiedenen Selbstbehalten ein. Aufgrund der Prämienersparnis zwischen zwei Selbstbehaltsvarianten können Sie dann ausrechnen, wie lange Sie unfallfrei fahren müssen, um zu profitieren.

**Tipp:** Der 1000-Franken-Selbstbehalt bietet in der Vollkasko oft das beste Preis-Leistungs-Verhältnis.

Für die Vollkasko-Prämien in der Tabelle auf Seite 336 f. hat das VZ Vermögenszentrum deshalb Prämien mit einem Selbstbehalt von 1000 Franken offerieren lassen.

Bei sehr teuren Fahrzeugen kann sich ein Selbstbehalt in der Höhe von 2000 Franken lohnen.

Aufpassen müssen Eltern, wenn sie das Familienauto ab und zu einem ihrer erwachsenen Kin

Fortsetzung auf Seite 351

## Wenn die Autoversicherung nicht zahlen will

Insbesondere bei Diebstählen im Ausland sind die Versicherungen streng. Das ist zwar verständlich angesichts der Betrüger, die Diebstähle nur vortäuschen – aber es kann zur Folge haben, dass auch unbescholtene Versicherte darunter leiden müssen.

Wer angibt, das Auto sei im Ausland gestohlen worden, braucht Geduld und muss damit leben, dass die Gesellschaft mit Misstrauen reagiert, weil sie einen fingierten Diebstahl vermutet. In der Regel stellen die Gesellschaften – trotz Polizeiprotokoll – eigene Recherchen an. Und das kann dauern.

Als Grundsatz gilt, dass Sie auf jeden Fall nach einem Diebstahl 30 Tage lang auf die Auszahlung der Entschädigung warten müssen. Sie erhalten Ihr Geld erst, wenn das Auto innert dieser Frist nicht wieder zum Vorschein gekommen ist.

Wer allerdings einen teuren Porsche in Osteuropa in einer Seitenstrasse abstellt, obwohl das Hotel sichere Parkplätze in der Tiefgarage anbietet, und dann das Auto als gestohlen meldet, darf sich nicht wundern, wenn die Versicherung «Zweifel an der Sachverhaltsschilderung» anmeldet und die Zahlung verweigert.

**Glück und Pech in Mailand.** Unter Umständen müssen sich Geschädigte vor Gericht wehren. In einem konkreten Fall hat das Bundesgericht eine Versicherung in die Schranken gewiesen, weil sie für einen 123 000-fränkigen Mercedes 560 SEC nicht zahlen wollte, der in Mailand am helllichten Tag für zehn bis zwölf Minuten an einer stark befahrenen Strasse unbewacht parkiert worden war und gestohlen wurde. Der Fahrer habe nicht grobfahrlässig gehandelt, urteilten die obersten Richter (siehe zur Grobfahrlässigkeit auch den Kasten auf Seite 324).

Pech hatte aber ein Mercedesfahrer, der – ebenfalls in Mailand – vor dem Eingang eines Viersternhotels den Autoschlüssel einem Mann gab, der sich anerbot, das Auto in der Hotelgarage zu parkieren. Der vermeintliche Hotelportier und die Luxuskarosse verschwanden spurlos – und das Bundesgericht gab der Versicherung recht, die dafür nicht zahlen wollte. Der Grund: Es handelte sich juristisch nicht um einen Diebstahl, sondern um Veruntreuung – und Veruntreuung ist in den Versicherungsbedingungen ausgeschlossen.

**Grobfahrlässig oder nicht?** Eine Frau ging mit ihrem Mann tanzen und liess den Schlüssel ihres parkierten Autos in der Manteltasche in der Garderobe. Ein Dieb klaute den Schlüssel aus dem Mantel und dann das Auto.

Die Basler Versicherung kürzte die Schadenleistung um 20 Prozent wegen Grobfahrlässigkeit. Eine Umfrage des K-Tipp ergab: Andere Gesellschaften hätten hier nicht gekürzt.

Das Bundesgericht sagt: Grobfahrlässigkeit liegt nur vor, wenn jemand elementarste Vorsichtsgebote verletzt. Von grobfahrlässigem Handeln gehen Schweizer Gerichte etwa dann aus, wenn jemand den Zündschlüssel über Nacht im nicht abgeschlossenen Auto stecken lässt.

**Einbruch ohne Spuren.** Probleme kann es auch beim Gepäckdiebstahl aus dem Auto geben: Wenn es in den Bedingungen für die Versicherung von mitgeführten Effekten heisst, die Deckung gelte nur, «wenn der Dieb durch Aufbrechen des abgeschlossenen Fahrzeugs oder Kofferraums sich ihrer bemächtigt», so ist das für das Opfer ungünstig.

Raffinierte Diebe öffnen heute nämlich fast jedes Auto, ohne Spuren zu hinterlassen. Und so können sich die Gesellschaften elegant aus der Affäre ziehen, indem sie einen Experten bestätigen lassen, dass keine Einbruchspuren nachzuweisen sind.

Fazit: Ohne Spuren kein «Aufbrechen», ohne «Aufbrechen» kein Geld. Selbst das vorhandene Polizeiprotokoll nützt dem Kunden hier nichts. Er ist jetzt der Versicherung relativ machtlos ausgeliefert und kann nur noch auf eine Kulanzlösung hoffen.

Fortsetzung von Seite 349

der überlassen. Wenn solche Autohalter an sich keinen Selbstbehalt haben, kann es trotzdem teuer werden, falls der Junglenker einen Unfall baut; einige Gesellschaften verlangen in solchen Fällen einen gesonderten Selbstbehalt.

Andere Gesellschaften strafen die Eltern nicht, wenn der Sprössling mal Pech hat.

## Parkschaden- und Insassenversicherung

Böswillig angebrachte Kratzer durch Vandalen sind häufig. Ebenso oft kommt es vor, dass ungeübte Parkierer Ihr Fahrzeug streifen.

Besonders Fahrerinnen und Fahrer, deren Auto regelmässig im Freien steht, müssen sich deshalb bewusst sein, dass Zerkratzen in der Grunddeckung der Teilkasko nicht gedeckt ist (siehe Kasten auf Seite 335). Und dass eine Vollkasko-Deckung zwar zahlen würde, wenn Dritte am Auto eine Parkbeule hinterlassen, dass hier aber in der Regel eine Bonusrückstufung erfolgt und ein Selbstbehalt zu tragen ist.

Es könnte sich also lohnen, Kratzer und andere Schäden am parkierten Auto mit einer Parkschaden-Versicherung zu versichern.

Aber: Bedenken Sie vor dem Abschluss, dass es in der Schweiz den Nationalen Garantiefonds gibt, in den sämtliche versicherten Autohalter einzahlen (im Jahr 2012 Fr. 3.40 plus 80 Rappen für das Nationale Versicherungsbüro, zusammen also Fr. 4.20).

Der Garantiefonds übernimmt (nur in der Schweiz und in Liechtenstein verursachte) Parkbeulen durch unbekannte Drittfahrzeuge – allerdings nach Abzug eines generellen Selbstbehalts von 1000 Franken. Und nur unter der Voraussetzung, dass keine andere Versicherung (zum Beispiel Vollkasko- oder Parkschaden-Police) dafür aufkommt.

Vandalenschäden wie zum Beispiel Zerkratzen, Zerschlagen von Scheiben oder Beschädigungen durch Fusstritte übernimmt der Garantiefonds nicht.

Geschädigte melden sich unter der Gratisnummer 0800 831 831 des Nationalen Garantiefonds; es wird ein Polizeiprotokoll verlangt.

Nach den Angaben des Nationalen Garantiefonds passieren

**STICHWORT**

### Parkschaden

Damit aus Sicht der Versicherung ein Parkschaden vorliegt, braucht es die folgenden Voraussetzungen:

- Das Auto musste parkiert sein, durfte also nicht in Bewegung sein.
- Der Schaden muss durch unbekannte Dritte verursacht worden sein, also in der Regel durch andere Autofahrer (Blechbeule) oder durch Vandalen beziehungsweise Fussgänger (Zerkratzen oder Fusstritte).
- Wenn Sie also selber beim Parkiermanöver beispielsweise eine Mauer streifen, so gilt das nicht als Parkschaden. Das zahlt die (allenfalls vorhandene) Vollkasko-Versicherung.
- Für die Erledigung des Schadens verlangen die meisten Versicherungen ein Polizeiprotokoll.

jedes Jahr rund 4500 Fälle, in denen er einspringen muss.

Wer sich für eine Parkschaden-Versicherung interessiert, sollte vor dem Abschluss Folgendes beachten:

- Die Parkschaden-Versicherung hat den Vorteil, dass sie Schäden am parkierten Fahrzeug durch Unbekannte (meistens inklusive Zerkratzen) in der Regel ohne Bonusverlust in der Kasko und – je nach Gesellschaft – auch ohne Selbstbehalt zahlt.
- Der Abschluss ist nur in Verbindung mit einer bestehenden Kaskoversicherung bei der gleichen Gesellschaft und nur für relativ neue Fahrzeuge möglich (maximal drei bis sechs Jahre alt, je nach Gesellschaft). Diese Deckung ist also nicht in jedem Fall erhältlich.
- Die Prämien sind recht hoch und bewegen sich schnell mal im Bereich von 200 bis 500 Franken. Einige Gesellschaften bieten die Parkschaden-Versicherung auch mit Bonus-Malus-System an.
- In der Prämientabelle auf Seite 336f. (Haftpflicht plus Vollkasko) ist die Parkschadendeckung dabei.

FRAGE

## Muss ich den Katzenschaden an meinem Cabrio selber zahlen?

**Ich habe keine Garage und muss deshalb mein Cabrio im Freien parkieren. Das ist mir jetzt zum Verhängnis geworden: Eine Katze ist auf das Verdeck geklettert und hat dort tiefe Kratzspuren im Stoff hinterlassen. Die Reparatur kostet mich 4000 Franken. Die Versicherung will den Schaden nicht übernehmen. Muss ich mich damit abfinden?**

**Ja.** Sie haben eine Teilkasko-Versicherung für Ihr Fahrzeug. Laut Versicherungsbedingungen sind Tierschäden nur gedeckt, falls eine «Kollision mit Tieren» vorliegt. Bei Ihnen gab es keine «Kollision».

Die Versicherung kann sich aus der Affäre ziehen, indem sie auf den genauen Wortlaut der Versicherungsbedingungen abstellt. Die sind übrigens punkto Tierschäden in der Teilkasko-Versicherung bei den meisten Gesellschaften ähnlich formuliert.

Vielleicht wäre Ihr Schaden gedeckt, wenn Sie eine Vollkasko-Versicherung hätten. Zum Beispiel bei der Mobiliar: Dort sind auch Beschädigungen durch «gewaltsame äussere Einwirkung» versichert, und die Mobiliar sagt, unter diesem Titel seien zum Beispiel auch Kratzschäden von Katzen versichert.

Bleibt noch die Frage, ob Sie den Besitzer der Katze haftbar machen können – doch das ist aussichtslos. Katzen dürfen frei herumstreunen. Und Sie können dem Besitzer kaum vorwerfen, er habe sein Tier mangelhaft beaufsichtigt. Sie können auch nicht verlangen, dass jeder Katzenfreund sein Tier einsperrt, wenn sich jemand in der Nachbarschaft ein Cabrio anschafft.

Die gleichen Überlegungen gelten übrigens auch, wenn eine Katze in eine fremde Wohnung eindringt und dort Beschädigungen hinterlässt.

Betroffenen bleibt bei Katzenschäden nur die Hoffnung, dass sich eine Versicherung freiwillig kulant zeigt. Das hängt stark vom Kunden ab.

Eine Gesellschaft hat es mal so formuliert: «Die Art und der Umfang der Kundenbeziehung sowie der Schadenverlauf geben den Kulanzspielraum vor.»

### Die Entschädigung kann begrenzt sein

- Achten Sie vor einem Abschluss auf Leistungseinschränkungen. Einige Anbieter zahlen pro Jahr maximal zwei Schäden, andere begrenzen die Deckung auf 1000 oder 2000 Franken pro Schaden.
- Falls Sie bereit sind, einen allfälligen Parkschaden selber zu tragen, brauchen Sie keine zusätzliche Versicherung. Haben Sie Vollkasko, so sind die «böswilligen Beschädigungen Dritter» oft dort versichert (zum Beispiel der Fusstritt in die Autotüre).

Aber wie schon gesagt: Bei der Kaskoversicherung ist in aller Regel mit einem Bonusverlust zu rechnen, und man muss einen Selbstbehalt zahlen; so gesehen ist die Parkschaden-Versicherung unter Umständen die günstigere Variante.

Bei einigen Gesellschaften ist es auch möglich, eine Parkschaden-Versicherung als Zusatz zur Teilkasko-Deckung abzuschliessen. Die Leistungen sind dann aber oft reduziert.

### Die Insassen-Unfallversicherung ist meist überflüssig

Mancher Familienvater stellt sich die Frage: Wie bin ich selber und wie sind meine Familienangehörigen gegen Unfall versichert? Und wie gegen Invalidität infolge Krankheit? Was man bei ungenügendem Versicherungsschutz tun kann, steht ausführlich im Kapitel 4 zur Risikoversicherung.

Die dort beschriebenen Grundsätze weisen den richtigen Weg, um die finanziellen Folgen von Unfällen und Krankheiten zu versichern.

Gerade für Selbständigerwerbende ist es wichtig, ein Unfalltaggeld zu haben sowie eine private Invalidenrente, die auch bei Unfall zahlt. Dies wird in den entsprechenden Kapiteln immer wieder betont.

Angestellte Schweizerinnen und Schweizer hingegen sind gegen Unfall gut versichert – und das gilt nicht nur für Unfälle am Arbeitsplatz, sondern auch in der Freizeit.

Der Versicherungsschutz bei Unfall umfasst im Wesentlichen Arzt- und Spitalkosten, Taggelder, Erwerbsunfähigkeitsrenten und die Integritätsentschädigung. Ein Erwerbsausfall ist also ebenfalls versichert (siehe Kapitel 3).

Nichterwerbstätige (zum Beispiel Hausfrauen, Kinder und Studenten) sind über die Krankenkasse obligatorisch gegen Unfallfolgen versichert, dort allerdings nur für die Heilungskosten (Arzt und Spital). Sie können bei ihrer Krankenkasse günstig ein Unfalltodes- und Invaliditätskapital dazuversichern.

Vorteil dieser Lösung: So sind sämtliche Unfälle versichert, nicht nur die Autounfälle.

Die von den Gesellschaften angebotene Insassen-Unfallversicherung für Autolenker deckt hingegen nur einen Teilbereich ab, nämlich die Autounfälle. Daraus ergibt sich, dass diese Versicherung der falsche Weg ist, um sich gegen Schicksalsschläge zu versichern. Die Jahresprämie von – je nach Versicherungsvariante – bis zu 150 Franken können sich Lenkerinnen und Lenker also sparen.

### Kürzungen auch bei der Insassenversicherung

Vorsicht: Befürworter der Insassen-Unfallversicherung argumentieren oft, diese Versicherung mache keine Kürzungen bei Grobfahrlässigkeit. Das ist falsch. In einem internen Argumentarium der Axa Winterthur stand einmal, in der Insassen-Unfallversicherung werde bei Regressen lediglich ein «weniger strenger Massstab» angelegt. Diese Formulierung ist sehr schwammig.

## Die Versicherung für das Motorrad

Das Grundprinzip bei der Töffversicherung ist das gleiche wie beim Auto: Es gibt keine Einheitsprämien. Vielmehr ist der Tarif abhängig von der Maschine und vom einzelnen Fahrer.

Das heisst: Die Gesellschaften legen die Prämie individuell fest. Dabei spielen die Grösse und der Preis des Motorrads eine Rolle – aber auch der Fahrer: Männer zahlen oft mehr als Frauen, Ausländer mehr als Schweizer.

Daneben können auch Kriterien wie Fahrpraxis, Wohnkanton, gefahrene Kilometer und Verwendungszweck eine Rolle spielen.

Der Schadenverlauf spielt ebenfalls eine wichtige Rolle. Denn auch die Töffversicherung kennt – wie die Autoversicherung – das Bonus-Malus-System. Langjähriges unfallfreies Fahren hat eine gute Bonusstufe und damit einen attraktiven Rabatt zur Folge. Wer hingegen ab und zu verunfallt, verliert den Bonus wieder oder gerät sogar in den Malus, wo man mehr zahlt als die 100-Prozent-Grundprämie.

## Prämienvergleich: Versicheru

**Prämien für einen 50-Jährigen mit einem E-Scooter**

Schweizer, kaufm. Angestellter, wohnt in Zürich, Fahrausweis seit 1.1.1982, fährt 8000 km pro Jahr, Garage, verwendet Töff privat und für den Arbeitswe, **Roller:** Vectrix VX 1 Li+, 20 Kilowatt, Katalogpreis Fr. 12 950.–. Totalprämie = Haftpflicht und Vollkask inkl. Verzicht auf Kürzung bei Grobfahrlässigkeit und Bonusschutz, jeweils niedrigste Bonusstufe.

| Versicherung | Haftpflicht | Vollkasko | Totalprämie |
|---|---|---|---|
| Helvetia | 55.– | 389.– | 444.– |
| Allianz | 66.– | 411.– | 477.– |
| Nationale | 50.– | 488.– | 538.– |
| Mobiliar | 63.– | 487.– | 550.– |
| Auto-TCS | 125.– | 449.– | 574.– |
| Zurich connect (online) | 69.– | 508.– | 577.– |
| Vaudoise | 70.– | 541.– | 611.– |
| Zürich | 95.– | 570.– | 665.– |
| Smile direct (online) | 60.– | 647.– | 707.– |
| Axa Winterthur | 79.– | 654.– | 733.– |
| Generali | 174.– | 584.– | 758.– |
| Smile direct | 66.– | 719.– | 785.– |
| Sympany | 146.– | 690.– | 836.– |

**Der Prämienvergleich basiert auf den folgenden Grundlagen:**
Alle Pämienangaben in den Tabellen sind in Franken inklusive gesetzliche Abgaben (gerundet).
Prämien bei Neuabschluss der Versicherung inkl. Zeitwertzusatz, ohne Exklusivnutzung des Töffs, Null-Promille-Rabatte oder sonstige Spezialmodelle.
Alle Roller: Erste Inverkehrsetzung 1.1.2012.
**Bonus-Malus-System:** Es spielt bei der obligatorischen Haftpflichtversicherung immer eine Rolle, bei der Vollkasko meistens, bei der Teilkaskodeckung selten.

Wer mehrere Unfälle in kurzer Zeit baut, muss sogar damit rechnen, dass die Versicherung die Police kündigt.

Darum: Wer eine Töffversicherung will, muss auch hier mehrere Offerten einholen. Erst aufgrund der konkreten Offerten erfahren Interessenten genau, welche Prämie sie bei welcher Gesellschaft aufgrund welcher Bonusstufe zahlen müssen (siehe Prämienvergleich unten).

Auch in der Töffversicherung wird zwischen Teil- und Vollkasko unterschieden: Die Teilkasko ver-

## den Roller

### mien für eine 40-Jährige einer Vespa

veizerin, Hausfrau, wohnt in Basel, Fahrausweis 1.1.1992, fährt 5000 km pro Jahr, Garage, endet Töff nur privat.
**er:** Piaggio Vespa GTS 300 Super, 278 ccm, logpreis Fr. 6445. Totalprämie = Haftpflicht und asko inkl. Verzicht auf Kürzung bei Grobässigkeit, niedrigste Bonusstufe.

| icherung | Haftpflicht | Vollkasko | Totalprämie |
|---|---|---|---|
| -TCS | 138.– | 106.– | 244.– |
| etia[2,3] | 125.– | 122.– | 247.– |
| nz24 (online)[2] | 70. | 189. | 259.– |
| h connect (online) | 110.– | 157.– | 267.– |
| nz[2] | 66.– | 202.– | 268.– |
| h | 122.– | 147.– | 269.– |
| loise | 140.– | 132.– | 272.– |
| Winterthur | 152.– | 149.– | 301.– |
| onale | 150.– | 153.– | 303.– |
| iliar[1] | 139.– | 175.– | 314.– |
| pany | 116.– | 232.– | 348.– |
| e direct (online) | 147.– | 208.– | 355.– |
| e direct | 163.– | 231.– | 394.– |
| erali | 229.– | 222.– | 450.– |

### Prämien für einen 20-Jährigen mit einem 125er-Roller

Schweizer, Bäcker, wohnt in Bern, Fahrausweis seit 1.1.2011, fährt 7000 km pro Jahr, keine Garage, verwendet Töff privat und für den Arbeitsweg.
**Roller:** Kymco Super 8, 125 ccm, Katalogpreis Fr. 3201. Totalprämie = Haftpflichtversicherung, teils inkl. Verzicht auf Kürzung bei Grobfahrlässigkeit.

| Versicherung | Bonusstufe Haftpflicht | Haftpflichtprämie |
|---|---|---|
| Zurich connect (online)[1] | 60% | 157.– |
| Zürich[1] | 60% | 181.– |
| Allianz[2] | 70% | 181.– |
| Mobiliar[1] | 55% | 189.– |
| Allianz24 (online)[2] | 70% | 190.– |
| Sympany | 66% | 195.– |
| Axa Winterthur | 70% | 214.– |
| Helvetia[2] | 80% | 226.– |
| Smile direct (online)[1] | 90% | 226.– |
| Smile direct[1] | 90% | 251.– |
| Generali | 63% | 270.– |
| Auto-TCS | 100% | 275.– |
| Vaudoise | 75% | 290.– |
| Nationale | 75% | 291.– |

**pflicht-Versicherung:** Sie gewährt der icherten Person gegenüber Dritten Schutz bei - und Personenschäden, die mit dem cherten Roller verursacht werden. Vorgaben rämienvergleich: maximale Versicherungsme, kein Selbstbehalt.
**asko:** Sie deckt Feuer- und entarschäden, Diebstahl, Glasbruch Kleinglas bzw. Xenonscheinwerfer), lerschaden, Tierkollision, Vandalenschäden. Selbstbehalt für Teilkaskoschäden. Die asko versichert etwa den Diebstahl der Maschine oder wenn es in der Garage brennt und das Motorrad dort parkiert war.
**Vollkasko:** Teilkasko plus Kollisionskasko. Kein Selbstbehalt bei Teilkaskoschäden, Selbstbehalt bei Kollisionsschäden: Fr. 1000.–. Bei der Vollkaskodeckung ist die Maschine auch bei einem Selbstunfall versichert (zum Beispiel Fahrer prallt gegen Baum).

1 Ohne Verzicht auf Kürzung bei Grobfahrlässigkeit
2 Inklusive Bonusschutz
3 Bonusstufe Teilkasko: 60 Prozent

QUELLE: VZ VERMÖGENSZENTRUM, STAND MÄRZ 2012

sichert zum Beispiel den Diebstahl der Maschine oder den Brand in der Garage, die Vollkasko-Deckung enthält auch den Kollisionsschutz: Dann ist die Maschine auch bei Selbstunfall versichert, wenn also der Fahrer ohne Fremdeinwirkung zum Beispiel eine Kurve unterschätzt und gegen einen Baum prallt.

### Eine Töff-Ausfahrt machen – auch mitten im Winter

Im Winter werden viele Töffs überhaupt nicht oder nur selten gefahren. Dies berücksichtigen die Versicherer, indem die meisten zwei Varianten zur Auswahl anbieten: Sistierungsverzicht und Nummerndeponierung.

Die allermeisten Gesellschaften bieten mittlerweile den Sistierungsverzicht an. Das heisst: Wer so versichert ist, muss im Winter das Nummernschild nicht hinterlegen und bezahlt die Prämie während des ganzen Jahres – also auch im Winter, wenn die meisten Töffs im Prinzip nicht gefahren werden. Im Gegenzug erhält man einen Rabatt von 25 bis 30 Prozent.

Der Vorteil dieser Lösung: Wenn im Winter – egal wann – trotzdem ideales Töffwetter herrschen sollte, darf man mit der Maschine ausfahren. Und: Man erspart sich das mühsame Prozedere der Nummernabgabe und Versicherungssistierung – und erhält trotzdem einen Rabatt.

Wer jedoch von Anfang an weiss, dass er den Töff beispielsweise nur sechs Monate lang fährt, entscheidet sich besser für die Variante Nummerndeponierung. In diesem Fall ist die Prämienersparnis in der Regel höher. Der spontane Ausritt liegt dann aber nicht mehr drin.

Die wichtigsten **Tipps** für den Versicherungsabschluss:

- Holen Sie mehrere Offerten ein.
- Sie müssen Haftpflicht- und Kaskoversicherung nicht beim gleichen Anbieter abschliessen. So können Sie für beide Produkte das jeweils beste Angebot wählen. Im Schadenfall kann das aber zu administrativem Mehraufwand führen.

### Auch hier gilt: Der Bonus ist Verhandlungssache

- Betrachten Sie die offerierte Bonusstufe als Verhandlungssache. «Märten» Sie. So erhalten Sie eventuell einen grösseren Rabatt.
- Achten Sie auf die Selbstbehalte. Bei der Haftpflicht-Versicherung haben Lenker bis 25 Jahre bei vielen Gesellschaften einen obligatorischen Selbstbehalt von 1000 Franken (bei einigen jedoch nur von 500 oder 100 Franken oder gar keinen). Auch für Neulenker mit weniger als zwei Jahren Fahrpraxis gibt es spezielle Selbstbehalte. Von den übrigen Fahrern verlangen die Gesellschaften in der Regel keinen Selbstbehalt.

  Bei der Teilkasko-Deckung hingegen besteht in der Regel kein Selbstbehalt, bei der Vollkasko-Deckung beträgt er 1000 Franken.
- Falls Sie den Bonusschutz versichern wollen, ist das bei den meisten Gesellschaften gegen Mehrprämie möglich.

Vorteil: Nach dem ersten Unfall geht ein allfälliger Bonus nicht verloren, die Prämie bleibt demnach gleich.

Prüfen Sie aber vorher, wie das Standard-Bonussystem definiert ist. Vielleicht ist die Prämienerhöhung nach einem Unfall eh schon bescheiden, sodass ein zusätzlicher Bonusschutz unnötig ist.

- Auch bei der Töffkasko-Versicherung gibt es gegen Mehrprämie den sogenannten Zeitwertzusatz: Dieser garantiert bei Diebstahl oder Crash eine bessere Entschädigung als den reinen Zeitwert.

Achten Sie aber auf die Ausgestaltung des Zeitwertzusatzes: Wer sein fabrikneues Motorrad zum Beispiel knapp vor Ablauf des ersten Betriebsjahres selbstverschuldet zu Bruch fährt und einen Totalschaden erleidet, erhält aus der Vollkasko-Versicherung der einen Versicherung vielleicht 95 Prozent des Katalogpreises zurückerstattet, bei einer anderen lediglich 75 Prozent. Unterschied bei einem Katalogpreis von 20 000 Franken: satte 4000 Franken.

- Vergleichen Sie auch das Kleingedruckte. Bei einigen Gesellschaften sind Glasschäden an allfällig vorhandenen Windschutzscheiben oder an Lampen und Blinkern im Standardangebot nicht versichert, aber gegen Mehrprämie einschliessbar. Das Gleiche gilt für Marderbiss und daraus entstehende Folgeschäden.
- Falls Sie auch Ihre Töffbekleidung gegen Beschädigung bei Sturz oder gegen Diebstahl versichern möchten, können Sie diesen Schutz bei den meisten Gesellschaften separat abschliessen.
- Fragen Sie, ob auch eine Pannenhilfe oder eine Parkschaden-Deckung mitversichert sind; das kann bei einigen wenigen Gesellschaften der Fall sein.

## Klarheit über den Zeitwert der Wohnungseinrichtung

| Gegenstand | | Jahre |
|---|---|---|
| **Decken, Wände, Türen** | | |
| **Tapeten** | Mittlere Qualität, Raufaser, bedruckt oder roh gestrichen | 10 |
| | Gute Qualität, glatt, abwaschbar | 15 |
| | Glasfasertapete, streichbar | 20 |
| **Beschichtung von Wand- und Decken-bekleidungen/ Verputzen** | Dispersions-, Leimfarbe (Blanc-Fix, geweisselt) | 8 |
| | Acryl<br>Alkydharzfarben<br>Kunstharz | 15 |
| **Abrieb** | Kunststoffabrieb | 30 |
| | Abrieb, roher Putz, Klosterputz usw. | 25 |
| | Weissputz | 20 |
| **Holztäfer** | Wand roh, Verkleidung | 30 |
| | Lasiert | 20 |
| | Deckend gestrichen | 30 |
| | Lasur, Deckfarbe (Öl-, Acrylharz- oder Kunstharzfarbe), auf Holztäfer | 20 |
| **Decken** | Abgehängt in Metall inkl. Einbauleuchten | 20 |
| | Holz-, Täferdecken | 40 |
| | Holz, gestemmte Decken | 40 |
| **Einbauschränke** | Spanplatten | 20 |
| | Massivholz | 35 |
| **Türen** | Massivholz | 30 |
| | Holzwerkstoff, Pressspan, kunstharzbelegt | 25 |
| | Beschläge | 15 |
| | Öl- oder Kunstharzfarbanstriche bei Türen und Türrahmen | 20 |
| **Glaseinsatz bei Türen** | | 30 |
| **Schiebetüren, Faltwände** | Holzwerkstoff oder massiv | 30 |
| | Rollen | 15 |
| **Türrahmen und -schwellen, innen** | Holz | 30 |
| | Metall | 40 |
| **Fenstersimse, innen, lackiert, Öl-, Acryl- oder Kunstharzfarbanstrich** | | 20 |
| **Schlösser** | Wohnungstüre | 30 |
| | Zimmertüre | 30 |
| **Bodenbeläge** | | |
| **Böden** | PVC, Novilon etc. | 20 |
| | Gummi, Kautschuk | 20 |
| | Linoleum | 20 |
| | Korkboden, versiegelt | 15 |
| **Laminatböden (Kunstparkett)** | Günstige, schlechte Qualität | 10 |
| | Mittlere Qualität | 15 |
| | Gehobene Qualität | 25 |
| **Parkett, Holzriemen-böden** | Klebeparkett, kleinformatiges Massivholzparkett, bis ca. 6-mal renovierbar | 40 |
| | Hartholzriemen, Massivparkett, bis ca. 4-mal renovierbar | 40 |

| Gegenstand | | Ja |
|---|---|---|
| **Parkett, Holzriemen-böden** | Weichholzriemen, Mehrschichtparkett | |
| | Furnierparkett mit Echtholzfurnier oder dünner Holzdecklamelle, meist nicht renovierbar | |
| | Parkett-Versiegelung | |
| **Plattenböden** | Tonplatten | |
| | Naturstein, weich | |
| | Naturstein, hart | |
| | Keramikplatten, lasiert | |
| | Feinsteinzeugplatten | |
| | Kunststeinplatten | |
| **Teppiche** | Naturfaserteppich, Sisal-Kokos | |
| | Kugelgarn | |
| | Nadelfilz | |
| | Spannteppich | |
| **Sockelleisten** | Kunststoff, furniert | |
| | Buchen-, Eichenholz | |
| **Küche** | | |
| **Kühlgeräte** | Kühlschrank, mit integriertem Tiefkühlteil | |
| | Tiefkühltruhe | |
| **Herde** | Gaseinbauherd, mit Backofen | |
| | Glaskeramikkochfeld | |
| | Induktionskochfeld | |
| | Kochherd, Backofen, Mikrowelle | |
| | Herdplatten elektrisch, konventionell | |
| **Geschirrspüler** | | |
| **Dampfabzug, Ventilator, inkl. Metallfilter** | | |
| **Küchen-abdeckung** | Chromstahl | |
| | Granit | |
| | Glas | |
| | Kunstharzoberfläche | |
| | Holz massiv oder Mehrschichtplatte | |
| **Bedienungsarmaturen** | | |
| **Wandplatten** | (siehe Bad, Dusche, WC) | |
| **Küchen-kombinations-möbel** | Massivholz (geölt, lackiert) | |
| | Metall (einbrennlackiert) | |
| | Spanplatten (beschichtet, belegt, MDF-gespritzt) | |
| **Fugendichtungen, Kittfugen** | | |
| **Bad, Dusche, WC** | | |
| **Badewanne, Duschentasse** | Acryl | |
| | Stahl, emailliert | |
| **Emaillierung** | | |
| **Lavabo, WC, Bidet, Pissoir** (Keramik) | | |
| **Waschmaschine in der Wohnung** | | |
| **Tumbler in der Wohnung** | | |
| **Spiegelschränke** | Kunststoff | |
| | Holzwerkstoff | |
| | Metall, einbrennlackiert | |

| genstand | | Jahre |
|---|---|---|
| iegel | | 20 |
| dezimmer-<br>bel | Kunststoff | 10 |
| | Holzwerkstoff | 10 |
| | Metall, einbrennlackiert | 25 |
| schkabine | Kunststoff | 15 |
| | Glaswände | 25 |
| zel-Warmwasserboiler | | 15 |
| rnituren | Seifenschalenhalter, verchromt | 15 |
| | Zahnglashalter, verchromt | 15 |
| | Glastablar | 15 |
| | Handtuchstange, verchromt | 15 |
| | Haltestange, verchromt | 15 |
| | Vorhangstange, verchromt | 10 |
| ndplatten | Keramikplatten, lasiert | 30 |
| | Steinzeug-, Steingutplatten; Glasmosaik (eingefärbt) | 30 |
| | Feinsteinzeugplatten, durchgefärbt, ohne Lasur | 40 |
| gendichtungen, Kittfugen | | 8 |
| **lkone, Sonnenstoren** | | |
| lkone | Holzkonstruktion | 30 |
| | Metallkonstruktion | 40 |
| | Zementplatten | 30 |
| | Feinsteinzeugplatten | 25 |
| | Geländer, Holzlatten, gestrichen | 20 |
| | Geländer, Metallprofile, Rohre, Bleche, gestrichen oder einbrennlackiert | 30 |
| nnenstoren (Stoff) | | 15 |
| rten für Sonnenstoren | | 8 |
| ntergarten | Holz, gestrichen oder lasiert, Kunststoffkonstruktion mit Verglasungen | 20 |
| | Stahl, grundiert und gestrichen mit Verglasungen | 25 |
| | Einbrennlackiertes Aluminium, feuerverzinkte oder einbrennlackierte Stahlkonstruktion mit Verglasung | 30 |
| | Isolierverglasung | 25 |
| | Einfachverglasung | 25 |
| rrassen | Geländer, Holzlatten, gestrichen | 20 |
| | Geländer, Metallprofile, Rohre, Bleche, gestrichen oder einbrennlackiert | 30 |
| ielplatz | Spielgeräte, Metall, Holz, Kunststoff | 15 |

| Gegenstand | | Jahre |
|---|---|---|
| **Fernseh- und Radioempfang, elektrische Anlagen** | | |
| TV-Kabelanschluss | | 10 |
| ISDN-Anschluss | | 10 |
| TV-Antenne/Satellitenschüssel | | 10 |
| Steckdosen, Schalter | | 15 |
| Leuchten, Decken- und Wandleuchten in Küche, Bad, WC | | 20 |
| Leitungen | | 40 |
| **Heizung, Lüftung, Klima** | | |
| Radiator | | 50 |
| Ventile | Thermostat-Radiatorventile | 20 |
| | Gewöhnliche Radiatorventile | 20 |
| Klimagerät, Kleingerät für einzelne Räume | | 15 |
| **Zentrale Warmwasseraufbereitung** | | |
| Boiler | Kombiboiler, mit Heizung kombiniert | 20 |
| | Elektroboiler | 20 |
| | Gasapparate | 20 |
| **Cheminée** | | |
| Cheminéeofen | | 25 |
| Ventilator (zu Rauchabzug) | | 20 |
| Glas und Gitter | | 20 |
| **Gebäudehülle** | | |
| Rollläden | Holz | 25 |
| | Aluminium, Metall | 30 |
| Lamellenstoren | Aussen, Aluminium | 25 |
| | Innen, Aluminium oder Kunststoff | 15 |
| Gurten für Rollläden und Storen | | 8 |
| Kurbeln | | 15 |
| Kurbelhalterungen (Metall) | | 10 |
| Jalousieläden | Holz | 30 |
| | Holz, neuer Anstrich | 15 |
| | Metall, Aluminium | 40 |
| **Gemeinschaftseinrichtungen** | | |
| Waschmaschine und Tumbler | | 15 |
| Gegensprechanlage | | 20 |
| Briefkasten | | 20 |
| Zäune | Metallpfosten: mit Holzstaketen o.Ä., Holz imprägniert | 15 |
| | Metallpfosten: mit Metallstaketen oder Maschendraht | 25 |

nn Mieterinnen und Mieter aus der Mietwohnung ausziehen, müssen sie für Schäden nur den Zeitrt der beschädigten Sache zahlen; es wird also die Amortisation berücksichtigt. Zur Bestimmung des itwerts haben Mieterverband und Hauseigentümerverband eine Lebensdauertabelle herausgegeben; f dieser Doppelseite sehen Sie einen Auszug mit den wichtigsten Einrichtungsgegenständen. Die volländige, gedruckte Übersicht erhalten Sie bei den beiden Verbänden für Fr. 6.– (Mitglieder) bzw. Fr. 8.– ichtmitglieder). Die laufend aktualisierte Tabelle finden Sie im Internet unter www.mietrecht.ch.

# Anhang 2
# Wichtige Adressen und Anlaufstellen für Versicherte

## Aufsichtsbehörden

### Bundesamt für Gesundheit BAG

3003 Bern
Tel. 031 322 21 11
www.bag.admin.ch

Das Bundesamt für Gesundheit (BAG) plant, lenkt und kontrolliert die Durchführung der Sozialversicherungen. Dazu gehört auch die Krankenversicherung. Dieses Amt ist also für die Krankenkassen und die Unfallversicherung zuständig.

### Eidgenössische Finanzmarktaufsicht Finma

Einsteinstrasse 2, 3003 Bern
Tel. 031 327 91 00
www.finma.ch

Die Eidgenössische Finanzmarktaufsicht (Finma) beaufsichtigt unter anderem die privaten Versicherungsunternehmen. Zu ihnen gehören z. B. die Schadens- und Lebensversicherer sowie die Anbieter von freiwilligen Kranken-Zusatzversicherungen, die dem Privatversicherungsrecht (VVG) unterstehen (nicht aber Pensionskassen oder die Krankenkassen für die obligatorische Krankenpflegeversicherung).

Bei Umwandlung oder Rückkauf einer Lebensversicherung überprüft die Finma auf Ersuchen der Versicherten unentgeltlich, ob die Umwandlungs- bzw. Rückkaufswerte korrekt berechnet wurden.

Streitigkeiten zwischen Versicherten und Versicherungsunternehmen sind hingegen nicht Sache der Finma. Hier sind die Gerichte zuständig.

Seit Anfang 2006 führt die Finma auch ein Register, in das sich ungebundene Versicherungsvermittler eintragen lassen müssen (siehe Seite 23).

## Anlaufstellen für Versicherte

### Gratis-Rechtsberatung von K-Tipp und Saldo

Juristinnen und Juristen stehen den Abonnentinnen und Abonnenten täglich während vier Stunden für telefonische Anfragen zur Verfügung: jeweils von 9 bis 13 Uhr. Telefonnummer: 044 253 83 83. Adresse für schriftliche Anfragen (bitte die Abo-Nummer angeben):
K-Tipp, «Beratung»
Postfach 431, 8024 Zürich
oder per Mail: beratung@ktipp.ch

### Ombudsman der Privatversicherung und der Suva

In Gassen 14
Postfach 2646, 8022 Zürich
Tel. 044 211 30 90
www.versicherungsombudsman.ch

Diese Institution vermittelt kostenlos bei Streitigkeiten zwischen privaten Versicherungsgesellschaften und Versicherten. Die Stiftung führt aber keine eigentliche Versicherungsberatung durch.

Und: Für Fragen aus dem Bereich der Sozialversicherung (Ausnahme Unfallversicherung) ist sie nicht zuständig.

Die Anlaufstelle kann auch nicht intervenieren, wenn bereits ein ausgewiesener Rechtsbeistand (Anwalt, Notar, Treuhänder usw.) ein Mandat ausübt.

Sie selber schreibt: «Bitte beachten Sie, dass unsere Aufgabe in der Vermittlung und nicht in der Parteivertretung besteht. Wir können auch keine richterliche oder schiedsrichterliche Funktion übernehmen und keine der Parteien verbindlich zu einem bestimmten Verhalten oder zu einer Leistung zwingen. Ebenso können wir keine Entscheide im Bereich der Unfallversicherung aufheben oder abändern. Das Anrufen der Ombudsstelle unterbricht den Fristenlauf nicht.»

Die Ombudsstelle schreibt in ihrem Jahresbericht 2010, in rund 66 Prozent der Fälle, in denen sie bei einer Versicherungsgesellschaft interveniert habe, habe für die Konsumenten ein besseres Resultat herausgeschaut.

**Ombudsman der Krankenversicherung**
Morgartenstrasse 9
6003 Luzern
Tel. 041 226 10 10
www.secure.om-kv.ch
Tätigkeitsbeschreibung siehe Seite 81.

**Schweizerischer Versicherungsverband SVV**
C. F. Meyer-Strasse 14
Postfach 4288, 8022 Zürich
Tel. 044 208 28 28
www.svv.ch
Der Schweizerische Versicherungsverband (SVV) ist die Branchenorganisation der Schweizer Privatversicherer und damit keine Anlaufstelle für Versicherte.

Auf der Homepage des SVV finden Internetbenutzer aber eine Fülle von Antworten auf häufig gestellte Versicherungsfragen. Die Texte widerspiegeln zwar grundsätzlich die Meinung der Versicherer, können aber auch für die Versicherten nützlich sein.

**Nationales Versicherungsbüro Schweiz/Nationaler Garantiefonds Schweiz**
Postfach, 8085 Zürich
Tel. 044 628 65 19
www.nbi.ch
Bei Schadenfällen mit unbekannten, unversicherten oder ausländischen Fahrzeugen:
Tel. 0800 831 831 (gratis)
Für Anfragen aus dem Ausland:
Tel. +41 44 628 89 30

## Vermittlung eines Anwalts oder einer Anwältin

**Rechtsberatungsstelle UP für Unfallopfer und Patienten**
Lindenstrasse 38, 8008 Zürich
Tel. 0800 707 277
www.rechtsberatung-up.ch
Zurzeit sind etwa 50 Juristinnen und Juristen aus den Regionen Basel, Bern, Luzern, St. Gallen und Zürich in der Beratung aktiv. Es handelt sich um Anwältinnen und Anwälte, die vor allem im Haftpflichtrecht und im Sozialversicherungsrecht arbeiten.

Die Beraterinnen und Berater informieren Sie, welche Versicherungsleistungen Ihnen zustehen. Sie prüfen, ob weitere medizinische Abklärungen nötig sind, und begutachten die Entschädigungsangebote von Versicherungen. Sie zeigen Ihnen, wie Sie zu Ihrem Recht kommen, und vermitteln auf Wunsch kompetente Anwältinnen und Anwälte in der ganzen Deutschschweiz. Das Sekretariat reserviert Ihnen einen Beratungstermin.

Eine Beratung dauert rund 45 Minuten und kostet 80 Franken.

**Demokratische Juristinnen und Juristen**
Schwanengasse 9, 3011 Bern
Tel. 031 312 83 34
www.djs-jds.ch

**Schweizerischer Anwaltsverband**
Marktgasse 4
Postfach 8321, 3001 Bern
Tel. 031 313 06 06
www.swisslawyers.com

## Unabhängige Beratung

**VZ Vermögenszentrum**
Beethovenstrasse 24
8002 Zürich, Tel. 044 207 27 27
www.vermoegenszentrum.ch

**Aarau:** Bahnhofstrasse 41
5000 Aarau
Tel. 062 825 28 28
**Baden:** Stadtturmstrasse 19
5400 Baden, Tel. 056 204 42 42
**Basel:** Aeschengraben 20
4051 Basel, Tel. 061 279 89 89
**Bern:** Spitalgasse 33, 3011 Bern
Tel. 031 329 26 26
**Genf:** Rue Ami-Lévrier 15
1201 Genf, Tel. 022 595 15 15
**Horgen:** Seestrasse 147
8810 Horgen, Tel. 043 430 36 36
**Lausanne:** Rue du Petit-Chêne 11
1003 Lausanne
Tel. 021 341 30 30
**Liestal:** Lindenstrasse 2
4410 Liestal, Tel. 061 921 61 61
**Luzern:** Inseliquai 12a
6005 Luzern, Tel. 041 220 70 70
**Meilen:** Winkelstrasse 15
8706 Meilen, Tel. 043 430 00 00
**Neuenburg:** Av. de la Gare 2
2000 Neuenburg
Tel. 032 854 04 04
**Rapperswil:** Untere Bahnhofstrasse 2
8640 Rapperswil
Tel. 055 222 04 04
**Rheinfelden:** Baslerstrasse 15
4310 Rheinfelden
Tel. 061 564 88 88
**Schaffhausen:** Vordergasse 80
8200 Schaffhausen
Tel. 052 625 04 00
**Solothurn:** Dornacherstrasse 26a
4500 Solothurn
Tel. 032 560 30 30
**St. Gallen:** Neugasse 48
9000 St. Gallen
Tel. 071 231 18 18
**Thun:** Bälliz 48, 3600 Thun
Tel. 033 252 22 22
**Winterthur:** Stadthausstrasse 22
8400 Winterthur
Tel. 052 218 18 18
**Zug:** Bahnhofstrasse 12
6300 Zug, Tel. 041 726 11 11

**Vermögenspartner AG**
Oberer Graben 2
8400 Winterthur
Tel. 052 224 43 43
www.vermoegens-partner.ch

## Verzeichnis der im Buch erwähnten Krankenkassen und Versicherungsgesellschaften

**ACS, Automobil Club der Schweiz**
Wasserwerkgasse 39
3000 Bern 13
Tel. 031 328 31 11
www.acs.ch

**Allianz Global Assistance**
*(vormals Elvia Reisen)*
Hertistr. 2
8304 Wallisellen
Tel. 044 283 32 22
www.allianz-assistance.ch

**Allianz Suisse**
Bleicherweg 19
8002 Zürich
Tel. 058 358 71 11
www.allianz-suisse.ch

**Assista TCS**
Ch. de Blandonnet 4
Postfach 820
1214 Vernier
Tel. 0844 888 111
www.tcs.ch

**Assura**
Avenue C.-F.-Ramuz 70
1009 Pully
Tel. 0842 277 872
www.assura.ch

**Atupri**
Zieglerstr. 29
3000 Bern 65
Tel. 0844 822 122
www.atupri.ch

**Auto-TCS**
Ch. de Blandonnet 4
Postfach 820
1214 Vernier
Tel. 0844 888 111
www.autotcs.ch

**Axa-Arag Rechtsschutz**
Birmensdorferstr. 108
Postfach 9829
8036 Zürich
Tel. 0848 11 11 00
www.axa-winterthur.ch

**Axa Winterthur**
General Guisan-Strasse 40
Postfach 357
8401 Winterthur
Tel. 0800 809 809
www.axa-winterthur.ch

**Basler Versicherung**
Aeschengraben 21
4002 Basel
Tel. 0800 24 800 800
www.baloise.ch

**CAP Rechtsschutz**
Baslerstr. 52
8048 Zürich
Tel. 058 358 09 00
www.cap.ch

**Concordia**
Bundesplatz 15, 6002 Luzern
Tel. 041 228 01 11
www.concordia.ch

**Coop Rechtsschutz**
Entfelderstr. 2
Postfach, 5001 Aarau
Tel. 062 836 00 00
www.cooprecht.ch

**CSS-Gruppe**
*(inkl. Arcosana, Intras und Sanagate)*
Tribschenstr. 21, 6002 Luzern
Tel. 058 277 11 11
www.css.ch
www.sanagate.ch

**DAS Rechtsschutz**
Route de Pallatex 7a
Postfach 152
1163 Etoy
Tel. 021 623 91 71
www.das.ch

**EGK-Gesundheitskasse**
Brislachstr. 2
4242 Laufen
Tel. 061 765 51 11
www.egk.ch

**ETI TCS**
Ch. de Blandonnet 4
Postfach 820
1214 Vernier
Tel. 0844 888 111
www.tcs.ch

**Europäische Reiseversicherung**
Margarethenstrasse 38
Postfach, 4003 Basel
Tel. 058 275 22 10
www.erv.ch

**Fortuna Rechtsschutz**
Soodmattenstr. 2
8134 Adliswil
Tel. 058 472 72 00
www.generali.ch

**Generali Schweiz**
Soodmattenstr. 10
8134 Adliswil 1
Tel. 058 472 44 44
www.generali.ch

**Groupe Mutuel**
*(Avenir, Easy Sana, Mutuel Assurances und Philos)*
Rue du Nord 5
1920 Martigny
Tel. 0848 803 111
www.groupemutuel.ch

**Helsana-Gruppe**
*(inkl. Avanex, Indivo, Maxi.ch, Progrès und Sansan)*
Postfach
8081 Zürich
Tel. 043 340 11 11
www.helsana.ch
www.avanex.ch
www.progres.ch
www.sansan.ch
www.maxi.ch

**Helvetia-Versicherung**
St. Alban Anlage 26
4002 Basel
Tel. 058 280 10 00
www.helvetia.ch

**HIS Solutions AG**
Altenmatteweg 5
Postfach 438
4144 Arlesheim
Tel. 061 706 94 44
www.his-solutions.ch

**KPT**
Postfach 8624
3001 Bern
Tel. 058 310 91 11
www.kpt.ch

**Mobiliar**
Bundesgasse 35
3011 Bern
Tel. 031 389 61 11
www.mobi.ch

**Nationale Suisse**
Steinengraben 41
4051 Basel
Tel. 061 275 21 11
www.nationalesuisse.ch

**ÖKK**
Bahnhofstrasse 9
7302 Landquart
Tel. 058 456 10 10
www.oekk.ch

**Orion Rechtsschutz**
Centralbahnstr. 4
Postfach
4002 Basel
Tel. 061 285 27 27
www.orion.ch

**Pax**
Aeschenplatz 13
Postfach
4002 Basel
Tel. 061 277 66 66
www.pax.ch

**Postfinance**
Nordring 8
3030 Bern
Tel. 0848 888 710
www.postfinance.ch

**Protekta**
Monbijoustr. 68
Postfach
3000 Bern
Tel. 031 389 85 00
www.protekta.ch

**Raiffeisen Schweiz**
Raiffeisenplatz
9000 St. Gallen
Tel. 0844 888 808
www.raiffeisen.ch

**RMS**
Augustinergasse 21
Postfach
4001 Basel
Tel. 061 264 99 33
www.rms.ch

**Sanitas**
*(inkl. Wincare und Compact)*
Jägerstr. 3, 8021 Zürich
Tel. 044 298 63 00
www.sanitas.com
www.wincare.ch
www.sanitas-compact.ch

**Skandia**
Bellerivestr. 30, 8034 Zürich
Tel. 044 388 28 28
www.skandia.ch

**Smile direct**
Hertistr. 25
8304 Wallisellen
Tel. 0844 848 444
www.smile-direct.ch

**Supra**
Ch. de Primerose 35
1000 Lausanne 3 Cour
Tel. 0848 848 878
www.supra.ch

**Swica**
Generaldirektion
Römerstr. 38
8401 Winterthur
Tel. 0800 80 90 80
www.swica.ch

**Swiss Life**
General-Guisan-Quai 40
Postfach, 8022 Zürich
Tel. 043 284 33 11
www.swisslife.ch

**Sympany**
Peter Merian-Weg 4
4002 Basel
Tel. 058 262 30 00
www.sympany.ch

**TCS Versicherungen**
Ch. de Blandonnet 4
Postfach 820
1214 Vernier
Tel. 0844 888 111
www.tcs.ch

**Vaudoise**
Place de Milan
Postfach 120
1001 Lausanne
Tel. 021 618 80 80
www.vaudoise.ch

**VCS, Verkehrs-Club der Schweiz**
Lagerstr. 41
Postfach
3360 Herzogenbuchsee
Tel. 0848 611 611
www.verkehrsclub.ch

**Visana**
*(inkl. Sana24 und Vivacare)*
Hauptsitz
Weltpoststr. 19
3000 Bern 15
Tel. Visana 0848 848 899
Tel. Sana24 0848 72 62 24
Tel. Vivacare 0844 848 222
www.visana.ch
www.vivacare.ch
www.sana24.ch

**Zürich-Versicherung**
Postfach
8085 Zürich
Tel. 0800 80 80 80
www.zurich.ch

**Zurich connect**
Thurgauerstrasse 80
Postfach
8085 Zürich
Tel. 0800 857 857
www.zurichconnect.ch

# Stichwortregister

## H

**I + J**



**K**

## R



## S

## T